THEORIE-WERKAUSGABE

LUDWIG FEUERBACH

WERKE IN SECHS BÄNDEN

Herausgegeben von Erich Thies

4

Kritiken und Abhandlungen III
(1844–1866)

SUHRKAMP

Erste Auflage 1975
© Suhrkamp Verlag Frankfurt am Main 1975
Alle Rechte dieser Ausgabe vorbehalten
Druck: MZ-Verlagsdruckerei GmbH, Memmingen
Printed in Germany

Inhalt

Das Wesen des Glaubens im Sinne Luthers (1844) . . . 7

Über das »*Wesen des Christentums*« in Beziehung auf den »*Einzigen und sein Eigentum*« (1845) 69

Das Wesen der Religion (1846) 81

Vorwort [zu den »*Sämtlichen Werken*«] (1846) . . . 154

Wider den Dualismus von Leib und Seele, Fleisch und Geist (1846) 165

Fragmente zur Charakteristik meines philosophischen Curriculum vitae (1846) 196

Über »*Das Wesen der Religion*« in Beziehung auf »*Feuerbach und die Philosophie*« von R. Haym (1848) 228

Die Naturwissenschaft und die Revolution (1850) . . 243

Spiritualismus und Sensualismus (1858) 266

Theogonie nach den Quellen des klassischen, hebräischen und christlichen Altertums [Auszüge] (1857) 272

Dr. Friedrich Wilhelm Heidenreich (1858) 348

Über Spiritualismus und Materialismus, besonders in Beziehung auf die Willensfreiheit [Auszüge] (1866) . . . 357

Anhang 409

Andenken an Eduard August Feuerbach (1843) . . . 411

Artikel »*Feuerbach*« in: »*Wigands Conversations-Lexikon*« (1847) 419

Vorwort [zu: »*Anselm Ritter von Feuerbachs Leben und Wirken*«] (1852) 427

Anmerkungen und Textvarianten 443

Das Wesen des Glaubens im Sinne Luthers
Ein Beitrag zum »Wesen des Christentums«
[1844][1]

Keine Religionslehre widerspricht, und zwar *mit Wissen und Willen,* mehr dem menschlichen Verstand, Sinn und Gefühl als die lutherische. Keine scheint daher mehr als sie den Grundgedanken vom *Wesen des Christentums* zu widerlegen, keine mehr als sie einen außer- und übermenschlichen Ursprung ihres Inhalts zu beweisen; denn wie könnte der Mensch von selbst auf eine Lehre kommen, welche den Menschen aufs tiefste entwürdigt und erniedrigt, welche ihm, wenigstens vor Gott, d. h. in der höchsten, aber eben deswegen allein entscheidenden Instanz, alle Ehre, alles Verdienst, alle Tugend, alle Willenskraft, alle Gültigkeit und Glaubwürdigkeit, alle Vernunft und Einsicht unbedingt abspricht? So scheint es; aber der Schein ist noch nicht das Wesen.

Gott und Mensch sind *Gegensätze.* »Wenn wir Menschen uns recht abmahlen, wie wir sein für und gegen Gott, so werden wir befinden, daß zwischen Gott und uns Menschen ein großer Unterschied ist und größer denn zwischen Himmel und Erden, ja es kann keine Vergleichung gegeben werden. – Gott ist ewig, gerecht, heilig, wahrhaftig und in Summa, Gott ist alles Gutes. Dagegen aber der Mensch ist sterblich, ungerecht, lügenhaftig, voll Untugend, Sünde und Laster. Bei Gott ist alles Guts, bei den Menschen ist Tod, Teufel und höllisch Feuer. Gott ist von Ewigkeit und bleibet in Ewigkeit. Der Mensch stecket in Sünden und lebet mitten im Tode alle Augenblicke. Gott ist voll Gnade; der Mensch ist voll Ungnade und unter Gottes Zorn. Das ist der Mensch gegen Gott zu rechnen« (Luthers *Schriften und Werke,* Leipzig 1729, T. XVI, S. 536*).

---

* Diese Ausgabe in 23 Foliobänden von 1729 bis 1740 ist immer gemeint, wenn von nun an nur der Teil und die Seitenzahl angegeben werden.

Jedem *Mangel im Menschen* steht eine *Vollkommenheit in Gott* gegenüber: Gott *ist* und *hat* gerade das, was der Mensch *nicht* ist und hat. Was man Gott beilegt, wird dem Menschen abgesprochen, und umgekehrt, was man dem Menschen gibt, entzieht man Gott. Ist z. B. der Mensch Autodidakt und Autonom (Selbstgesetzgeber), so ist Gott *kein* Gesetzgeber, *kein* Lehrer oder Offenbarer; ist es dagegen Gott, so fehlt dem Menschen die Fähigkeit eines Lehrers und Gesetzgebers. Je weniger Gott ist, desto mehr ist der Mensch; je weniger der Mensch, desto mehr Gott.

Willst du daher Gott haben, so gib den Menschen auf; willst du den Menschen haben, so verzichte auf Gott – oder du hast *keinen* von beiden. Die *Nichtigkeit des Menschen* ist die *Voraussetzung* der *Wesenhaftigkeit* Gottes; Gott bejahen heißt: den Menschen verneinen, Gott verehren: den Menschen verachten, Gott loben: den Menschen schmähen. Die Herrlichkeit Gottes gründet sich nur auf die Erbärmlichkeit des Menschen, die göttliche Seligkeit nur auf das menschliche Elend, die göttliche Weisheit nur auf die menschliche Torheit, die göttliche Macht nur auf die menschliche Schwachheit.

»Gottes Natur ist, daß er seine *göttliche Majestät und Kraft* erzeiget durch *Nichtigkeit* und *Schwachheit*. Er spricht selbst zu Paulo 2. Cor. 12: *Meine Kraft ist in denen Schwachen mächtig*« (T. VI, S. 60). »Meine Kraft kann nicht mächtig sein denn nur in eurer Schwachheit. Wo Du nicht schwach sein wirst, so hat meine *Kraft an Dir nichts zu tun*. Wenn ich Dein Christus sein soll und Du wiederum mein Apostel, so wirst Du *Deine Schwachheit mit meiner Kraft, Deine Torheit mit meiner Weisheit, mein Leben mit Deinem Tode zusammenreimen* müssen (T. III, S. 284). »*Gott allein* gehöret zu die *Gerechtigkeit*, die *Wahrheit*, die *Weisheit*, die *Kraft*, die *Heiligkeit*, die *Seligkeit* und *alles Gute. Uns* aber gehört zu die *Ungerechtigkeit*, die *Torheit*, die *Lügen*, die *Schwachheit* und *alles Böse*, wie dieses alles in der Schrift überflüssig bewiesen wird. Denn die *Menschen sind Lügner*, heißt es Psalm 116, 11, und Hos. 13: *Israel, das Verderben ist Dein*. Daher mangeln wir alle des Ruhms, den wir vor Gott haben sollten, auf daß sich vor ihm kein Fleisch rühme, wie Paulus Röm. 3 spricht etc. Derowegen kann die *Ehre Gottes* nicht erzählet werden, *wo nicht zugleich* mit die *Schande derer Menschen* erzählet wird. Und *Gott kann nicht vor wahrhaftig* und *gerecht* und *barmherzig gerühmt* werden, wo *wir nicht vor Lügner* und *Sünder* und *elende Leute öffentlich ausgegeben* werden« (T. V, S. 176).

Entweder – Oder. Entweder ein Teufel gegen den Menschen – »alle Menschen außer Christo sind *Teufelskinder*« (T. XVI, S. 326) –, aber ein Engel gegen Gott – »*Christus* und *Adam* (d. i. Gott und Mensch) sind gegen einander zu halten wie *Engel* und *Teufel*« (T. IX, S. 461) – oder ein Teufel gegen Gott, aber ein Engel gegen den Menschen. Ist der Mensch frei, wahr, gut, so ist Gott *umsonst* gut, wahr und frei; es ist *keine Notwendigkeit, kein Grund* da, daß Gott es sei. Die Notwendigkeit Gottes überhaupt beruht nur darauf, daß *er ist und hat,* was wir *nicht sind und haben*. Sind wir, was er ist, wozu ist er? Ob er ist oder nicht ist – es ist einerlei; wir gewinnen nichts durch sein Sein und verlieren nichts durch sein Nichtsein; denn wir haben an Gott nur eine Wiederholung von uns selbst. Nur wenn *das,* was in Gott ist und Gott zu *Gott* macht, *nicht* ist, *wenn* Gott selbst nicht ist, nur dann ist sein Sein an sich selbst eine Notwendigkeit und dessen Annahme für uns ein Bedürfnis. Dies ist aber nur der Fall, wenn die wesentlichen, d. h. die Gott zu Gott machenden Eigenschaften, wie z. B. Weisheit, Güte, Gerechtigkeit, Wahrheit, Freiheit, nicht auch in uns sind; denn sind sie auch in uns, so *bleiben* sie, Gott *mag sein oder nicht sein,* und es ist daher an die Annahme eines Gottes *kein wesentliches* Interesse geknüpft. Nur dann also, wenn ein herber, durchdringender Unterschied oder vielmehr *Gegensatz* zwischen uns und Gott besteht, ist die *Gleichgültigkeit,* ob er ist oder nicht ist, aufgehoben.

Wir heben den Unterschied Gottes von uns nicht auf – höre ich die Mittelmäßigen einwerfen –, wenn wir auch dem Menschen Güte, Freiheit und andere Eigenschaften Gottes zuschreiben, denn wir legen diese Eigenschaften dem Menschen nur in einem beschränkten, niedrigen, Gott aber im höchsten Grade bei. Allein ein Vermögen, eine Kraft oder Eigenschaft, die wirklich, ihrer Natur nach einer Steigerung fähig ist – denn nicht alle Eigenschaften sind einer Steigerung natur- oder vernunftgemäß fähig –, die verdient erst da als solche anerkannt und mit ihrem eigentümlichen Namen benannt zu werden, wo sie den höchsten Grad erreicht. Der Superlativ ist hier erst der wahre Positiv. Die *höchste* Freiheit *ist erst Freiheit* – ausgemachte, entschiedne, wahre, dem Begriffe der Freiheit entsprechende Freiheit. Was einer Steigerung fähig ist, das schwankt noch zwischen sich und seinem Gegenteil, zwischen Sein und Nichtsein. So schwankt z. B. ein Künstler niedrigen, folglich steigerungsfähigen Rangs zwischen Künstler-Sein und Nicht-Künstler-Sein. Erst ein Künstler ersten Rangs ist unbedingt, unbestritten ein Künstler; nur der letzte, äußerste Grad – nur das *Extrem* ist überall erst Wahrheit. Ist also Gott der höchst Gute, der höchst Freie – nun, so bekennt, daß er auch allein erst gut und frei ist, und laßt eure *mittelmäßige* Freiheit, eure *mittelmäßige* Güte zum Teufel fahren.

»Der Namen *freier Wille* sich zum Menschen nicht reimt, sondern ist ein *göttlicher Titel und Name,* den Niemand führen soll noch mag denn allein die hohe göttliche Majestät, denn *Gott der Herr allein tut* (wie der Psalm 115 sagt), *was und wie er will,* im Himmel, auf Erden, im Meer und allen Tiefen. Wenn ich das von einem Menschen sage, ists gleich, als wenn ich sagete: Ein Mensch hat *göttliche Gewalt und Kraft;* das wäre die höchste Gotteslästerung auf Erden und ein Raub *göttlicher* Ehre und Namens.« »Derhalben, wenn man die *Gnade* und die Hülfe der Gnade preiset, so wird auch zugleich gepredigt, daß der *freie* Wille nichts vermag. Und ist eine gute, starke, feste, gewisse Folge, wenn ich sage: die Schrift preiset allein Gottes Gnade, darum ist der *freie Wille* nichts« (T. XIX, S. 28, S. 121).

Was aber vom freien Willen oder der Gnade Gottes – denn die Gnade ist nichts andres als der göttliche Wille – gilt, dasselbe gilt von allen andern Eigenschaften Gottes, gilt von Gott selbst. Die Göttlichkeit, die Preis- und Anbetungswürdigkeit Gottes beruht eben nur darauf, daß er das hat, was wir nicht haben; denn was man selbst hat, schätzt und preist man nicht. Wenn der Mensch selig wäre – selig in dem überschwenglichen Sinne, als es der Christ verlangt –, wie käme er dazu, ein anderes Wesen außer sich als ein seliges Wesen sich vorzustellen und ob dieser Eigenschaft zum Gegenstand seiner Verehrung und Anbetung zu machen? Selig preist nur der Gefangene den Freien, der Kranke den Gesunden. Seligkeit existiert nur in der Phantasie, nicht in der Wirklichkeit, nur in der Vorstellung vom Besitze, nicht im Besitze selbst. Nur als Gegenstand der Vorstellung, nur in der Entfernung, der Trennung wird das Triviale zum Idealen, das Irdische Himmlisches, das Menschliche Göttliches. Heilig ist uns vergangnes, nicht gegenwärtiges Glück, heilig der Tote, nicht der Lebendige, kurz, heilig nur ein Gegenstand, solange er ein Gegenstand in der Vorstellung, nicht in der Wirklichkeit ist. Alle Naturdinge waren eben deswegen Gegenstände religiöser Verehrung, solange sie nur *Gegenstände der Vorstellung, der Phantasie,* nicht der wirklichen Naturanschauung, folglich nicht als das, was sie in Wirklichkeit sind, den Menschen Gegenstand waren. So waren den Griechen die Gestirne Gegenstände religiöser Verehrung, d. h. sie sahen die Gestirne nicht als Gestirne an, sie stellten sie sich vor als überirdische lebendige Wesen. Aber einige griechische Philosophen stürzten diese Götter vom Throne, d. h. sie versetzten die Gestirne aus dem Himmel der Phantasie auf die Erde der Naturanschauung, erkannten ihre Ununterschiedenheit von dem profanen Erdkörper. Wer daher dem Menschen Eigenschaften Gottes beilegt, d. h. die göttlichen Eigenschaften aus Gegenständen der Vorstellung zu Gegenständen der Wirklichkeit, des Besitzes macht, der hebt nicht nur den himmlischen Zauber der Religion, sondern auch das *Bedürfnis* eines Gottes, das *Fundament* der Religion auf. Die Religion ist nämlich das Band zwischen Gott und dem Menschen; aber wie jedes Band, beruht auch dieses nur auf Bedürfnis, auf Mangel. Habe ich aber, was Gott hat, so fehlt nichts, wenn Gott fehlt. Aber nur wenn mir etwas fehlt, wenn Gott fehlt, ist mir Gott ein Bedürfnis. Nur dem Unseligen ist die Seligkeit, nur dem Sklaven die Freiheit ein Bedürfnis. Auf die *Freiheit Gottes* reimt sich nur die *Knechtschaft des Menschen*; bin ich dagegen frei, nun, so bin ich vor allen Dingen auch frei von Gott. Die Huldigungen, die vom Standpunkt der Freiheit Gott dargebracht werden, sind höchstens nur noch Höflichkeitsbezeugungen, Galanterien, Komplimente. Nur in dem Munde der Not, des Elends, des Mangels hat das Wort *Gott* Gewicht, Ernst und Sinn; aber auf den Lippen der religiösen – freilich auch der politischen – Freiherren klingt das Wort *Gott* nur wie Spott.

Was also Gott ist, das kann unmöglich der Mensch sein, wenn nicht Gott ein bloßer Luxusartikel sein soll. Diese Unmöglichkeit, diese Notwendigkeit, daß jede Bejahung in Gott eine Verneinung im Menschen voraussetzt, ist die Grundlage, worauf Luther sein Gebäude aufgeführt und die römisch-katholische Kirche zertrümmert hat. Ist Gott gut, so ist der Mensch böse, so ist es folglich Gotteslästerung, Gottesverleugnung, wenn der Mensch sich gute Handlungen, gute Werke zuschreibt; denn Gutes kommt nur aus Gutem, »gute Früchte setzen einen guten Baum voraus«; wer sich daher gute Werke zutraut, legt sich gutes Wesen bei, maßt sich eine göttliche Eigenschaft an, macht sich in der Tat selbst zu Gott. Ist Gott selbst der Versöhner des Menschen mit Gott, Gott der Heiland, der Sündentilger, der Seligmacher der Menschen, so kann nicht der Mensch der Tilger seiner Sünden, der Heiland von sich selbst sein – und folglich sind alle sogenannten verdienstlichen Werke, die der Mensch tut, alle Leiden und Martern, die er sich auferlegt, um seine Sünden abzutilgen, sich mit Gott zu versöhnen, sich die göttliche Huld und Seligkeit zu erwerben, eitel und nichtig – eitel und nichtig also der Rosenkranz, die Fastenspeise, die Wallfahrt, die Messe, der Ablaßkram, die Mönchskappe, der Nonnenschleier.

»Können wir eine Sünde mit Werken vertilgen und Gnad erlangen, so ist Christus' Blut *ohne Not und Ursach* vergossen«* (T. XVIII, S. 491). »Jüdischer Glaube ist, durch Werk und *Selbsttun* Gottes Gnade erlangen, Sünde büßen und selig werden. Damit muß Christus *ausgeschlossen* werden, als der *nicht not* oder je nicht groß not sei. – Sie sagen, durch das *strenge Leben* wollen sie ihre Sünde büßen und selig werden, geben das den *Werken* und geistlichen Stande, das *allein Christo* und dem Glauben eignet. Was ist denn das andres, denn *Christum verleugnen*?« (ebend. S. 45). »Wohin führen diesen Glauben die Papisten? Eigentlich *auf sich selbst*. Denn sie lehren die Menschen vertrauen auf ihre Verdienste – der Papisten und Mönche nennet sich keiner mit dem Namen Christus, ihr keiner spricht, ich heiße und will geheißet und genennet sein Christus; aber sie sprechen dennoch allesamt: *Ich bin Christus*. Des Namens enthalten sie sich wohl, aber des *Amts*, des *Werkes* und *Person* maßen sie sich an« (ebend. S. 75). »Was *vergibet Gott*, wenn *wir* für alle Sünde genug tun?« (T. XVII, S. 328). »Wenn nun um *unser Reu* willen die Sünden vergeben würden, so wäre die Ehre *unser* und *nicht Gottes*« (ebend. S. 356). »Die zwei leiden sich nicht zugleich und können nicht beisammen sein, glauben, daß wir um Christi willen ohne unser Verdienst Gottes Gnade haben, und halten, daß wir es auch durch Werke erlangen müssen. Denn so es möchte *durch uns* verdienet werden, so *dürften wir Christi nichts darzu*« (T. XIII, S. 656). »Es muß der zwei *eines untergehen*; stehe ich auf *Gottes Gnade und Barmherzigkeit*, so stehe ich nicht auf *meinem Verdienst und Werke*; also wiederum stehe ich auf *meinen* Werken und *Verdienste*, so stehe ich nicht auf *Gottes Gnade*« (ebend. S. 639).

Gnade *oder* Verdienst; Gnade hebt Verdienst, Verdienst Gnade auf. Aber die Gnade gehört dem Glauben an, das Verdienst dem Werk, und der Glaube gehört Gott an, das Werk

---

* Unter Werken versteht L. keineswegs nur die äußerlichen, zeremoniellen, gottesdienstlichen Werke, sondern auch die moralischen Werke. S. L.s Briefe, Sendschreiben und Bedenken, von de Wette, T. I, S. 40 und L.s Werke, z. B. T. XXI, S. 283; T. XVII, 144-45.

dem Menschen; denn im Glauben betätige ich Gott, im Werke mich, den wirkenden Menschen. Also mußt du es *entweder mit Gott oder mit dem Menschen halten,* entweder *an Gott glauben* und *am Menschen verzweifeln* oder *an den Menschen glauben* und *an Gott verzweifeln.* Zugleich kannst du nicht an Gott glauben und an Gott verzweifeln, zugleich nicht um gnädige Unterstützung betteln und eignes Vermögen besitzen, zugleich nicht Knecht und Herr, zugleich nicht Lutheraner und Papist sein. *Ganz* für Gott und wider den Menschen oder *ganz* für den Menschen und wider Gott.

Luther nun entscheidet sich *ganz,* unbedingt – L. ist ein ganzer Mann – *für Gott* wider den Menschen – Gott ist ihm, wie wir gesehen, alles, der Mensch nichts*; Gott die Tugend, die Schönheit, die Anmut, die Kraft, die Gesundheit, die Liebenswürdigkeit; der Mensch das Laster, die Widerlichkeit, die Häßlichkeit, die Nichtswürdigkeit und Nichtsnutzigkeit in Person. Luthers Lehre ist göttlich, aber unmenschlich, ja barbarisch, eine *Hymne auf Gott,* aber ein *Pasquill auf den Menschen.* Aber sie ist nur unmenschlich im Eingang, nicht im Fortgang, in der Voraussetzung, nicht in der Folge, im Mittel, nicht im Zwecke.

Die Wohltat des Tranks empfindet nur der Durstige, die Wohltat der Speise nur der Hungrige. Keine Befriedigung, kein Genuß ohne Bedürfnis. Wohl ist Pein und Qual der Hunger für sich selbst, der Hunger ohne Speise; aber der Hunger ist ja nicht um seinetwillen, sondern um der Speise willen gegeben; er soll nicht bleiben, sondern vorübergehen; er hat seinen Endzweck nicht in sich, sondern in seinem Gegensatz – in der Befriedigung. Ist also ein Wesen deswegen elend und nichtig, weil es dem Hungerleiden unterworfen ist? Mitnichten; denn dieses Leiden ist ein Leiden zu seinem Heile, ein Wehe zum Wohle, eine Not zum Genuß. Nur dann wäre es wahrhaft elend und nichtig, wenn es zum Hunger und folglich zum

---

* Der Ausdruck, daß der Mensch oder die Kreatur gegen Gott *Nichts* ist, weil sie von ihm aus Nichts geschaffen, findet sich öfter bei Luther, z. B. T. II, S. 296.

Nichtsein verdammt wäre, denn unbefriedigter Hunger endet nur im Ende des Menschen. Aber diese Annahme ist – mit Ausnahme regelwidriger Fälle, die nicht zu rechnen sind – widersinnig, hebt sich selbst auf; denn *der Sinn* des Hungers ist *der Genuß der Speise*; der Hunger ist ja nichts weiter als das Verlangen der Speise.

Und ebenso ist es mit der lutherischen Lehre. Sie versetzt dich in den Zustand des Hungers, wo dem Menschen alle seine Kräfte versagen, sein Mut sinkt, sein Selbstgefühl schwindet, wo er verzweiflungsvoll ausruft: Ach! wie so gar nichts ist doch der Mensch ohne Speise; aber sie versetzt dich nur in diesen unmenschlichen Zustand, um dir durch den Hunger den Genuß der Speise zu würzen: »Der Herr Christus *schmecket niemand* denn einer *hungrigen* und *durstigen* Seele. – Diese Speise gehört *nicht für eine satte Seele*« (T. III, S. 545). »Die schmecken es aber am besten, die in Todesnöten liegen oder die das böse Gewissen drückt: Da ist der Hunger *ein guter Koch*, wie man spricht, der machet, daß die Speise wohl schmecket. – Aber jene verstockten Leute, so da in eigner Heiligkeit leben, auf ihre Werke bauen und ihre Sünde und Unglück nicht fühlen, die schmecken das nicht. Wer am Tische sitzt und hungrig ist, dem schmecket alles wohl; der aber vorhin satt ist, dem schmecket nichts, sondern hat auch ein Grauen über der allerbesten Speise« (T. XI, S. 502-3). Keine Speise ohne Hunger – so keine Gnade ohne Sünde*, keine Erlösung ohne Not, *kein Gott*, der *alles* ist, ohne *einen Menschen*, der *nichts* ist. Was der Hunger nimmt, ersetzt die Speise. Was Luther im Menschen dir nimmt, das ersetzt er *in Gott* dir hundertfältig wieder.

Luther ist nur inhuman gegen den Menschen, weil er einen *humanen Gott* hat und weil die Humanität Gottes den Men-

---

* »Dieweil sie das nicht wollen lassen *Sünde* und *böse* sein, das wahrhaftig *Sünde* und *böse* ist, so lassen sie auch das nicht *Gnade* sein, das Gnade ist, von welcher die Sünde sollte vertrieben werden. Als wer nicht will *krank* sein, der läßt auch die *Arznei* ihm keine *Arznei* sein« (T. XVII, S. 374).

schen der *eignen* Humanität überhebt. Hat der Mensch, was Gott hat, so ist *Gott überflüssig,* der *Mensch ersetzt die Stelle Gottes;* aber ebenso umgekehrt: Hat Gott, was an sich der Mensch hat, so ersetzt *Gott die Stelle des Menschen;* so ist es nicht notwendig, daß der Mensch *Mensch* ist. Denkt Gott für den Menschen – das tut er aber, indem er sich offenbart, sich ausspricht, d. h. dem Menschen vorsagt, was er ihm nachsagen, was er von ihm denken soll –, so braucht der Mensch nicht *Selbstdenker* zu sein; ist Gott ein für den Menschen und dessen Heil und Seligkeit tätiges Wesen, so ist die Tätigkeit des Menschen für sich selbst überflüssig: Gottes Tun hebt mein Tun auf. »So es *Christus tut, so muß ich's nicht tun.* Eins muß heraus: *entweder Christus oder mein eigen Tun*« (T. XXII, S. 124). Hat Gott Sorge für dich, Liebe zu dir, so ist deine *Selbstsorge,* deine *Selbstliebe unnötig;* trägt Gott dich auf den Händen, so brauchst du nicht auf deinen eignen Beinen zu stehen und gehen. Und du kommst ebensogut, ja noch besser auf den Händen eines andern an das Ziel deiner Wünsche als auf deinen eignen Beinen.

»Ei, so heb dich du leidiger Teufel! Du willst mich dahin treiben, daß ich soll *für mich sorgen,* so doch Gott allenthalben spricht: Ich soll ihn lassen für mich sorgen, und sagt: Ich bin dein Gott, d. i.: *Ich sorge für dich,* halt mich dafür und lasse mich sorgen, wie S. Peter spricht: *Werfet alle eure Sorge auf ihn, denn er sorget für euch.* Und David: *Wirf dein Anliegen auf den Herrn, der wird dich versorgen.* Der leidige Teufel, der Gott und Christo feind ist, der will uns – *auf uns selbst* und *auf unsre Sorge* reißen, daß wir uns sollen *Gottes Amt* (welches ist für uns sorgen und unser Gott sein) *unterwinden*« (T. XXII, S. 517). »Wo Christi Jünger sind, die dürfen für sich und für ihre Sünde und zu ihrer Seligkeit nichts tun, sondern das hat Christus Blut schon getan und alles ausgericht und *sie geliebt,* daß sie *sich selbst nicht mehr dürfen lieben* oder *suchen* oder *etwas Guts wünschen*« (T. XVIII, S. 488). »*Deine* Augen sollen *zusein* über dich, dieweil *meine* Augen *offen* sind über dich« (T. V, S. 376).

Gott und Mensch sind gegeneinander wie Mann und Weib – ein von Luther und überhaupt den Christen häufig gebrauchtes Gleichnis. Wenn das Weib für mich kocht, wäscht, spinnt, so brauche ich nicht selbst zu kochen, zu spinnen, zu waschen; wo das Weib tätig ist, bin ich untätig, wo es Etwas ist, da bin ich Nichts. Was ich überhaupt an dem Weibe habe, das brauche ich nicht an mir selbst zu haben; denn was des Weibes ist, ist doch des Mannes, wenngleich das Weib ein anderes Wesen, ein Wesen außer dem Manne ist. Will daher der Mann selber sein und tun, was ihm das Weib ist und tut, will er selbst das Weib sich ersetzen, so vergeht er sich schmählich. Wenn ich nun aber dem Manne die Selbstbefriedigung verwehre, bin ich deswegen ein unmenschlicher Barbar gegen ihn? Durchaus nicht; denn ich verbiete ihm nicht die Befriedigung; ich verbiete ihm nur, daß er selbst sich befriedige, daß er *in sich selbst* suche, was er nur *außer sich* suchen soll und nur außer sich naturgemäß finden kann.

Gerade so ist es nun mit Gott. Was du in Gott hast, das hast du allerdings nicht in und an dir selbst, aber gleichwohl *hast* du es – es ist *dein*, zwar nicht so, wie dein Arm, dein Bein dein ist, aber so, wie dein Weib *dein* ist. Es ist dein nicht als *Eigenschaft* in² dir, sondern als *Gegenstand*, aber als ein Gegenstand, der nicht zufällig, sondern *wesentlich* ein Gegenstand *für dich* ist, denn er hat, was dir fehlt, gehört also zu dir selbst. Gott ist, was du *nicht* bist; aber gerade deswegen ist er dir ebenso unentbehrlich als die Speise dem Hunger, der Trank dem Durste, das Weib dem Manne. Und er ist, was du nicht bist, eben deswegen, *weil* du es nicht bist. Gott ist wahrhaftig, weil wir Lügner, gut, weil wir böse, human, menschlich, weil wir wilde Bestien sind. In Gott ergänzt, befriedigt sich der Mensch; in Gott ist des Menschen mangelhaftes Wesen vollkommenes Wesen. Suchet, so werdet ihr finden. Was ihr bei Luther im Menschen vermißt, das findet ihr in Gott. Was uns als *Gegenstand der Selbsttätigkeit, des Willens* in nichts verschwunden ist: das menschliche Wesen – das strahlt uns als *Gegenstand des Glaubens* selbst als *göttliches*

Wesen entgegen. *In sich* ist und vermag der Mensch nichts, aber *in Gott,* d. h. *im Glauben,* ist und vermag er alles – *selbst über Gott.* »Gott *tut* den *Willen* des *Gläubigen*«.³
Oberflächlich betrachtet, unterscheidet sich der lutherische Glaube seinem wesentlichen Gegenstand und Inhalt nach nicht von dem katholischen Glauben. Gott ist, wie es im Nicenischen Symbolum heißt, »um uns Menschen und um unsrer Seligkeit willen Mensch worden, für uns gekreuzigt, gelitten, begraben und auferstanden« – *das* ist der Grundartikel des lutherischen, dasselbe der Grundartikel des katholischen Glaubens. Luther hat ja so nichts weiter getan, als daß er das Glaubenssystem Augustins, des einflußreichsten Kirchenvaters der katholischen Kirche, wieder ans Licht gezogen hat. Woher sollte also dem wesentlichen Inhalt nach ein erheblicher Unterschied zwischen Luther und der katholischen Kirche kommen? Allein Luther weicht dadurch sogleich von der alten Leier ab, daß er auf das *»um uns Menschen willen«,* auf das *»für uns«* alles Gewicht legt, daß er nicht die Menschwerdung, die Auferstehung, das Leiden Christi *an und für sich selbst,* sondern das *für uns* Menschwerden, das *für uns* Leiden Christi zum *wesentlichen Inhalt* und *Gegenstand* des Glaubens macht, während die Katholiken sich mehr nur an die bloße *Tatsache,* an den Gegenstand für sich selbst hielten.
So beherzigten die Katholiken nur, daß Christus gelitten, aber nicht, daß er für uns gelitten. Allerdings war es für sie auch eine rührende, ja entzückende Vorstellung, daß Gott um der Menschen willen gelitten, aber keine praktische, erfolgreiche Wahrheit; sonst würden sie nicht aus dem Leiden Christi die Notwendigkeit des eignen Leidens zur Erlangung der Seligkeit und Versöhnung mit Gott gefolgert haben. Denn hat Christus wirklich für uns gelitten, so ist eben unser Leiden überflüssig und eitel; was durch unser Leiden erreicht werden *soll, ist* bereits erreicht durch Christi Leiden, oder – ein erschreckliches Oder! – Christus hat umsonst gelitten. Aber nein! sein Leiden ist genug, sein Leiden hebt unser Leiden auf; *sein* Leiden ist *unser* Leiden. Hat er für uns gelitten, so haben wir

ja bereits in ihm gelitten; wenn ich für andere handle, so handle ich ja an ihrer Statt und überhebe sie daher der Notwendigkeit, für sich selbst zu tun, was ich für sie getan. Wenn ich aber das Leiden Christi nur zu einem *Exempel* mache, welches ich durch eignes Leiden nachahmen und repetieren soll, so mache ich das Leiden *für sich selbst* zum Gegenstand, gebe ihm selbständige Bedeutung. Allein nicht das Leiden war Gegenstand und Zweck des Leidens Christi, sondern *unser* Heil, *unsre* Erlösung. Er hat gelitten für uns, d. h. er hat uns befreit, erlöst vom Leiden. Allerdings sollen wir nach Luther, solange wir hier in diesem Jammertal weilen, wo die Folgen der Erlösung Christi keineswegs sich vollständig verwirklichen, das Leiden Christi auch als ein Exempel, geduldig und ergeben gleich ihm zu leiden, uns vorhalten. Aber dieses unser Leiden ist nicht Leiden zum Zweck der Versöhnung und Erlösung, hat nur moralische, nicht mehr religiöse Kraft und Bedeutung, wie im Katholizismus. Nicht also *außer uns,* nicht im Gegenstande, sondern *in uns* liegt der *Zweck* und *Sinn* des Glaubensgegenstandes. Nicht daß Christus Christus, daß er *dir* Christus, nicht daß er gestorben, daß er gelitten, daß er *dir* gestorben, *dir* gelitten – das ist die *Hauptsache.*

»Was haben wir im Papsttum angerichtet? Bekennet haben wir, daß Er (Christus) Gott und Mensch sei, aber daß er *unser* Heiland, als *für uns* gestorben und erstanden etc., das haben wir mit aller Macht verleugnet« (T. XXII, S. 105). »Ein Weib, das ohne Ehe lebt, kann wohl sagen: Das ist ein Mann, aber das kann sie nicht sagen, daß er *ihr* Mann sei: Also könnten (können) wir alle wohl sagen, daß dies ein Gott sei, aber das sagen wir nicht alle, daß er *unser Gott sei*« (T. XI, S. 548). »Darum so ists nicht genug, daß einer glaubt, es sei Gott, Christus habe gelitten u. dgl., sondern er muß festiglich glauben, daß Gott *ihm zu der Seligkeit ein Gott* sei, daß Christus *für ihn* gelitten habe usw.« (T. XVIII, S. 459). »Christus ist Gott und Mensch und ist also Gott und Mensch, daß er *nicht ihm selbst* Christus ist, sondern *uns*« (T. XXII, S. 193). »Alles, was wir im Glauben erzählen, ist *für uns*

geschehen und kommet *uns heim*« (ebend. S. 116). »Obwohl diese Worte, daran sich der Glaube halten muß, *für uns* geboren, gelitten usw., *nicht ausgedrückt* dastehen (im apostolischen Symbolum), so muß mans doch *aus andern* hernach nehmen und *durch alle diese Stücke ziehen*, denn in dem dritten Artikel, da wir sagen: *Ich glaube die Vergebung der Sünden,* glossiert er sich selbst, da er die *Ursach und Nutz* dieses Stücks setzt, warum er geboren, gelitten und alles getan hat. Und rührets zwar auch hie im Text, da wir sprechen: *Unsern Herrn,* damit wir bekennen, daß *alles, was der Mann ist und tut, uns* geschehen ist, als der darum geboren, gelitten, gestorben, auferstanden ist, zu Trost, daß er *unser Herr* sei« (ebend. S. 125).
Hier haben wir den Unterschied des lutherischen Glaubens vom alten Glauben mit Luthers eignen Worten ausgesprochen. Wohl ist, was Luther sagt, schon enthalten im alten Glauben, aber noch nicht ausgesprochen, ausgedrückt, wenigstens nicht so entschieden, so greiflich, so populär – L. erst hat das Geheimnis des christlichen Glaubens ausgeplaudert. Das Wort, was im alten Glauben nur eine *Glosse* ist, macht L. zum *Text,* das Licht, welches jener *unter* den Scheffel, stellt er *auf* den Scheffel, daß es jedermann in die Augen leuchte. In *uns* liegt der Schlüssel zu den Glaubensmysterien, in *uns* ist das Rätsel des christlichen Glaubens aufgelöst. Nicht nur uns ist Gott Mensch geworden, nicht nur uns hat er gelitten, wie es im Nicenischen Symbolum heißt, sondern uns ist er Gott, uns allmächtiger Schöpfer, uns Heiliger Geist, kurz, uns ist er, *was er ist* – das »Uns« zieht sich durch alle Artikel hindurch; das »Uns« umfaßt und begreift alle Artikel in sich. Der alte Glaube spricht auch: Unser Herr, Unser Gott, aber er unterstreicht *Gott,* Luther dagegen unterstreicht *unser,* d. h. er macht dies, daß er der Unsrige, zu einer *wesentlichen* Eigenschaft Gottes selbst. Gott ist *nicht Gott,* wenn er nicht *unser* Gott ist. *Wir* sind das *Salz* nicht nur der Erde, sondern *auch des Himmels.* »Wenn Gott *allein für sich* im Himmel säße«, sagt Luther, »wie ein Klotz, so wäre er *nicht* Gott«. Gott ist ein Wort, dessen *Sinn* nur der Mensch ist.

Das Wesen des Glaubens im Sinne Luthers besteht daher in dem Glauben an Gott als ein sich *wesentlich* auf den Menschen beziehendes Wesen – in dem Glauben, daß Gott nicht ein für sich selbst oder gar wider uns, sondern vielmehr ein *für uns* seiendes, ein *gutes,* und zwar *uns Menschen* gutes Wesen ist. »*Gott haben, ist alle Gnade, alle Barmherzigkeit* haben und *alles, was man gut* nennen kann« (T. XI, S. 548). »*Göttliche Natur ist nichts anders denn eitel Wohltätigkeit* und, als hier Skt. Paulus sagt, *Freundlichkeit und Leutseligkeit* – Philanthropie« (T. XIII, S. 118). »Was heißt einen Gott haben; oder was ist Gott? Antwort. Ein *Gott* heißet das, dazu man sich versehen soll *alles Guten* und *Zuflucht* haben in *allen Nöten;* also daß ein Gott haben nichts anders ist, denn ihm *von Herzen glauben* und *trauen,* wie ich oft gesagt habe, daß allein das Trauen und Glauben des Herzens machet beide, Gott und Abgott. Worauf Du nun Dein Herz hängest und verlässest, das ist eigentlich *Dein Gott. – Gott* alleine der ist, von dem man *alles Guts* empfähet und *alles Unglücks loswird.* Daher auch achte ich, wir Deutschen *Gott* eben mit dem Namen von alters her nennen (feiner und artiger denn kein andere Sprach) nach dem Wörtlein: gut, als der ein ewiger Quellbrunn ist, der sich mit eitel Güte übergeußet und von dem alles, was *gut* ist und heißet, ausfleußt« (T. XXII, S. 55-56). »Die Werke und Gottesdienste aller Völker bezeugen das auch, daß ein *Gott sein anders nichts sei,* denn *den Menschen Gutes tun.* Denn darum rufet einer Jovem, der andere Martem an, aus keiner andern Meinung denn alleine darum, daß sie ihnen wollen geholfen haben. Wiewohl sie nun in der Person Gottes irren um der Abgötterei willen, so ist doch gleichwohl der *Dienst* da, der dem rechten Gott gebühret, das ist die *Anrufung* und *daß sie alles Gutes und Hülfe von ihm gewarten*« (T. II, S. 722). Das, was mich also von allen Übeln, sowohl moralischen als physischen, erlösen kann, worauf ich folglich unbedingt in allen Nöten mich verlassen kann, das ist Gott. Um aber das, also ein Gegenstand unbedingten Glaubens und Vertrauens, folglich Gott zu sein oder vielmehr sein zu können, muß es ein *bedürfnisloses* Wesen sein, denn ein bedürftiges Wesen hat genug für sich selbst zu tun; es muß *wahrhaft* und *unveränderlich* (gut) sein, sonst ist es kein zuverlässiges Wesen; *allgegenwärtig*, sonst kann es mir nur an dem Orte, wo es sich gerade befindet, aber nicht an entfernten Orten helfen; *wissend*, und zwar *allwissend*, denn hat es keine Augen und Ohren, wie die heidnische Götterstatue, so vernimmt es nicht meine Leiden; *allmächtig* und *unbeschränkt*, denn die Schranke seiner Macht, seines Wesens überhaupt ist auch die Schranke meines Vertrauens; *selbständig* und *unabhängig* von allen Dingen, ja mächtig aller Dinge, denn ist es nicht Herr aller Dinge, so ist es auch nicht Herr aller Übel. Alle göttlichen Eigenschaften sind daher nur Mittel zum Zweck der Güte. Gott ist nur allmächtig, um allmächtig gut, unbeschränkt, um unbeschränkt gut, bedürfnislos, um uneigennützig gut zu sein. Alle diese Eigenschaften *für sich selbst*, sie mögen nun einzeln genommen oder zusammengefaßt werden, machen noch nicht Gott zu Gott. Allmächtig, allwissend kann auch ein teuflisches Wesen sein. Auf das *Herz* nur kommt es an; das Herz macht Gott; *Gutsein* heißt erst *Gottsein*; aber Gutsein im höchsten, uneingeschränktesten Sinn, Gutsein ohne die Schranken, die im menschlichen Individuum dem Gutsein entgegenstehen. Denn was ist und hilft der gute Wille ohne die Mittel und Kräfte, diesen Willen durchzusetzen? Wille ohne Vermögen ist nichts als ein ohnmächtiger Wunsch. Was ist die Güte ohne Allwissenheit? Nur zu oft eine das Gegenteil von dem, was sie will, bewirkende und folglich nur verderbliche Güte. Um also absolut gut sein zu können, muß man ein Gott, d. h. ein in jeder Rücksicht unbeschränktes, vollkommenes Wesen sein. Alle Wünsche kann nur der erfüllen, der alle Macht hat, alle Übel nur der heilen, der im Besitze aller Güter ist, alles geben nur der, der alles hat.

Aber Gott ist nicht für sich selbst gut. Um gut zu sein, muß überhaupt etwas *andres* sein, *dem man gut ist*. Ein ganz allein für sich selbst gedachtes Wesen ist weder gut noch böse. Böse ist, was *wider*, gut, was *für* anderes ist. Ein guter Mensch ist nur der, der andern gut ist, Gutes tut; dadurch daß er andern gut, ist er für sich selbst gut. Was für den andern eine *Wohltat,* ist in Beziehung auf mich, den Wohltäter, eine moralisch *gute* Tat, gleichwie was für den andern ein *Übel,* in Beziehung auf mich, den Übeltäter, eine *böse* Tat ist. Verstand, Macht habe ich für mich, Güte nur für andere; Güte ist keine stehende, sondern fließende, übergehende Eigenschaft. Gutsein heißt Lieben – Liebe nur ist Güte –, aber ist Liebe denkbar ohne anderes, das man liebt? Der *Sinn* der Liebe ist ja nur der *Gegenstand* der Liebe. Gott ist aber uns gut; *in uns* also liegt erst der *Sinn* der Güte Gottes; uns nur zugute ist Gott gut. Aber alle göttlichen Eigenschaften sind nur als Eigenschaften eines guten – nicht bösen, teuflischen – Wesens *göttliche* Eigenschaften, – vermittels der Güte sind daher alle göttlichen Kräfte und Eigenschaften Eigenschaften uns zugute, uns zum besten, strömen sie alle auf uns über.

Gott ist allmächtiger Schöpfer, Schöpfer des Himmels und der Erden. Diese Eigenschaft ist die erste, die vornehmste unter den göttlichen Eigenschaften; diese unterscheidet ihn am allermeisten von allen andern Wesen; diese kommt nur ihm allein zu. Was daher von dieser, gilt auch von den andern Eigenschaften, und zwar um so mehr, je weniger sie Gott vom Menschen unterscheiden. Allein Gott ist nicht nur Schöpfer des Himmels und der Erden; er ist auch *unser* Schöpfer, und darin, daß er unser Schöpfer, ist erst der *Sinn* und *Grund* enthalten, warum er Schöpfer des Himmels und der Erden ist. Denn erst im Menschen ist die Schöpfung vollendet, und Himmel und Erden samt allem ihrem Inhalt sind dem christlichen Glauben zufolge nicht für sich selbst, sondern für den Menschen geschaffen. Gott ist also nicht Schöpfer für sich selbst oder Schöpfer der Natur für die Natur, sondern Schöpfer *für den Menschen.* Er schafft, damit wir sind; *wir* sind der Zweck, der Gegenstand seiner schöpferischen Tätigkeit. *Uns* meint, *uns* will Gott, indem er die Welt will. Die *erste göttliche* Eigenschaft ist auch der *erste Beweis* der Güte Gottes gegen uns. Gott ist daher in Beziehung auf uns nicht nur

Schöpfer, sondern auch *Vater,* und er ist nur Schöpfer, weil er *nicht unser Vater sein kann, ohne Schöpfer zu sein.* Der gute Wille setzt Macht, die Liebe physisches Vermögen voraus. Wie kann ich einem Wesen gut, d. h. etwas sein, wenn ich nichts bin? Wie Vater sein, wenn ich keine Kinder *machen* kann? Wie die Quelle alles Guten sein, wenn ich nicht die Quelle des ersten Gutes, des Lebens, des Daseins bin?

Allerdings ist die Schöpfungskraft der Ausdruck einer Macht, die »alles aus nichts und alles *wieder zunichte* machen kann« (T. XXI, S. 519). »Ist es nicht also, wenn er spricht, so ist und bestehet die Welt? Wiederum, wenn er spricht, so ist die Welt *nichts,* sondern fällt plötzlich dahin« (T. VI, S. 20). Die Macht, für sich selbst betrachtet, kann allerdings vernichten, was sie geschaffen, gleichwie auch der menschliche Vater sein eignes Kind wieder vernichten kann. Aber wie im menschlichen Vater an der Menschheit, so findet in Gott an der Gottheit, d. i. an der Güte, diese vernichtende Allgewalt ihre Grenze und Schranke. Gott ist nur böse gegen das Böse, um gegen das Gute gut sein zu können. Wie kann Gott die Gesundheit schaffen, wenn er die Krankheit nicht wegschaffen, wie beleben, wenn er nicht den Tod töten, wie überhaupt für den Menschen sein, wenn er nicht wider das sein kann, was wider den Menschen ist? Aber was ist nicht wider den Menschen oder kann wenigstens nicht in einzelnen Fällen wider ihn sein? Alles, was außer dem Menschen ist, ja auch er selbst; denn wie oft ist der Mensch, sei's nun mit oder ohne Wissen und Willen, nicht nur wider den andern Menschen, sondern auch wider sich selbst? Sooft er sündigt; und wie leicht sündigt der Mensch, aber wie schwer sind die Folgen der Sünde: – der Verlust der Gesundheit, der Heiterkeit, der Gewissensruhe, in den Augen des Religiösen noch überdies der Gnade Gottes, des ewigen Lebens! Um dich daher allseitig zu sichern, dich unzugänglich zu machen allen Feinden, die nur immer, sei's nun von innen oder außen dich bedrohen, mußt du dich unter die Botmäßigkeit einer Allmacht begeben, aber einer Allmacht, die selbst der *Güte untertan* ist. Die Folgen hast du

nur in deiner Gewalt, wenn du die Ursache in deiner Gewalt hast. Der nur kann wollen und machen, daß du selbst mitten im Feuer nicht verbrennst, der will und macht, daß das Feuer brennt. Gott hat vermöge seines allmächtigen Willens mit dem Feuer die Eigenschaft zu verbrennen verbunden; er kann sie ihm daher wieder nehmen, wenn er will. Gott ist der Herr aller Dinge, aber dieser Herr ist *dein* Herr. Alle Dinge sind von Gott – das heißt also: Alle Dinge sind in *Gottes* und vermittels Gottes *als des deinigen* in *deiner Macht;* kein Ding ist und vermag etwas gegen Gott – das heißt: Nichts ist und vermag etwas *wider dich,* denn *Gott ist ein Wesen für dich.*
Die Richtigkeit dieser Erklärung der Schöpfung und Allmacht mögen folgende Stellen aus Luther bestätigen. »Gott vermag Alles, aber *will* nur *das Gute«* (T. XVIII, S. 304). »Gott ist *allmächtig, derowegen will* er, *daß wir alles bitten sollen, was uns nützlich ist«* (T. XI, S. 607). »So er (Gott) denn allmächtig ist, was *mag mir gebrechen, das er mir nicht geben und tun möge? So er Schöpfer Himmels und der Erden ist und aller Dinge ein Herr, wer will mir etwas nehmen oder schaden?* Ja, wie wollen *mir nicht alle Dinge zugut kommen und dienen, wenn der mir Gutes gan** (gönnt?), *dem sie alle gehorsam und untertan sind«* (T. XXII, S. 35). »*Wer einen gnädigen Fürsten hat, der fürchtet kein Ding, das unter demselbigen Fürsten* ist, trotzt darauf, rühmet und bekennet seines Herrn Gnade und Macht. Wie viel mehr trotzt und rühmet ein Christenmensch wider die Pein, Tod, Hölle, Teufel und spricht tröstlich zu ihm: Was magst Du mir tun? Bist Du nicht unter den Füßen meines Herrn? – *Alle Dinge sind unter seinen Füßen, wer will denn wider mich sein?«* (T. XIII, S. 312). »Der *Schnee, Reif, Frost* ist sein (spricht er). Er *schaffet sie selber* und stehen nicht in des *Teufels* oder *Feindes* Hand: Er ist *ihrer gewaltig,* darum müssen sie auch nicht weiter kalt sein, noch mehr uns kälten, denn er will und wir wohl erleiden können. Wenn der Teufel den Frost in der Hand hätte, so müßte nicht allein eitel Winter und ewiger

---

* In der Walchischen Ausgabe (T. X, S. 200) steht: gann.

Frost bleiben und kein Sommer mehr werden, sondern es müßte so hart frieren, daß alle Menschen auf einen Tag erfrören und eitel Eisschollen würden« (T. VI, S. 565). »Ich glaube an Gott, den Vater, Schöpfer Himmels und der Erden. Das zeiget uns hier das Wörtlein *Vater,* daß er zugleich will Vater und allmächtiger Schöpfer sein. Die Tiere können ihn nicht Vater nennen, aber wir sollen ihn Vater nennen und seine Kinder heißen. Das beten und bekennen wir, wenn wir hier im Glauben sprechen: Ich glaube an Gott Vater, daß, gleichwie er *Vater* und *ewig lebet, wir auch* als seine *Kinder ewig leben* und nicht sterben sollen. So sind wir denn nun viel eine höhere und schönere Schöpfung denn andere Kreaturen« (T. XXII, S. 115). »Weil Gott aus Wasser bauen und herfürbringen kann den Himmel und die Erde, item weil er aus einem Tröpflein Wassers kann schaffen Sonne und Mond, sollte er denn *nicht können* meinen *Leib* entweder *wider die Feinde und den Teufel schützen* oder, *wenn er gleich in die Erde verscharret* ist, zu *einem neuen Leben wieder erwecken?* Darum sollen wir hieraus Gottes *allmächtige Kraft* und *Gewalt erkennen* lernen und gar *nicht zweifeln,* es sei *alles wahr,* was Gott in seinem Worte *zugesaget* und *verheißen* hat. Denn hier ist gegründet eine *vollkömmliche Bestätigung aller göttlichen Zusagungen,* nämlich, daß nichts entweder so *schwer* oder *unmöglich* ist, das Gott mit seinem Worte nicht könnte ausrichten« (T. I, S. 315).
Die Allmacht bestätigt die göttlichen Verheißungen, d. h. sie sagt dasselbe, was die Verheißung der Sündenvergebung, die Verheißung der Gebetserhörung, die Verheißung des ewigen Lebens sagt. Aber worin liegt der Sinn der Verheißung z. B.: Du wirst nicht sterben? Darin, daß ich nicht zu sterben *wünsche.* Was wäre eine Zusagung von etwas, was ich nicht wünsche, nicht begehre? Zusagen heißt Ja sagen, setzt also notwendig eine Bitte, einen Wunsch, ein Verlangen in mir voraus. Wenn also die Allmacht die Bestätigung der göttlichen Verheißungen ist, so muß sie auch einen Wunsch, ein Verlangen in uns zur Voraussetzung, zur Grundlage haben.

Und so ist es auch wirklich. Nur stützt sich die Allmacht nicht auf einen *bestimmten* Wunsch, wie sich z. B. die Zusagung des ewigen Lebens auf diesen bestimmten Wunsch von mir bezieht, daß kein Tod, keine Grenze meiner Dauer ist; sie stützt sich nur auf den unbestimmten, allgemeinen Wunsch, daß überhaupt keine Naturnotwendigkeit, keine Schranke, kein Gegensatz des menschlichen Wesens, der menschlichen Wünsche ist – auf den Wunsch, daß alles nur für den Menschen, nichts wider den Menschen ist. Die bestimmten göttlichen Verheißungen finden daher nur in der Allmacht ihre Bestätigung; denn damit *diese* und *jene* Schranke des menschlichen Wesens nicht ist, muß *überhaupt keine Schranke* desselben sein. *Diese* Verheißung nimmt *diese* Schranke weg – wie die Verheißung des ewigen Lebens die Schranken der Zeit –, die Allmacht aber nimmt *alle Schranken* hinweg. Jedes Verlangen, jeder Wunsch hat etwas wider sich, denn ich wünsche, daß etwas, was ist, *nicht* sei, und ein andres dagegen, was nicht ist, sei. So, wenn ich zu essen wünsche, habe ich den Hunger gegen mich und wünsche eben, daß der Hunger, welcher ist, nicht sei, die Sättigung dagegen, welche nicht ist, sei. Jeder Wunsch will aus Sein Nichtsein und aus Nichtsein Sein machen. Jeder Wunsch ist der Wunsch einer Allmacht, einer Schöpfung aus Nichts, denn was ich wünsche, das wünsche ich auch zugleich unmittelbar, ohne Bedingungen, ohne Werkzeuge zu *können*. Aber jeder bestimmte Wunsch ist noch beschränkt und gebunden an einen bestimmten Gegenstand – das *Wesen des Wunsches überhaupt* ist daher erst in dem Wesen der Allmacht frei und unbedingt ausgesprochen. Die Allmacht kann, was ich nur wünsche, was ich nur vorstelle; folglich versteht es sich von selbst, daß sie auch diese und jene bestimmten Wünsche erfüllen kann. *Unbeschränktes Können* setzt *unbeschränktes Wünschen* voraus; Können ohne Wünschen ist sinnlos. Das *Können* aber hat *Gott*, das *Wünschen* der *Mensch*. Die Allmacht geht über die Grenzen der Natur und Vernunft; sie kann, was der Vernunft nach Unsinn, der Natur nach Unmöglichkeit ist; aber sie geht nur über diese

Grenzen hinaus, weil das menschliche Wünschen über die Grenzen der Natur und Vernunft geht – versteht sich der Vorstellung und Einbildung, nicht der Wahrheit und Wirklichkeit nach.

Bemerkt werde noch, daß der entwickelte Sinn der Allmacht und Schöpfung besonders deutlich auch aus *dem* Glauben hervorleuchtet, daß die Natur so, wie sie ist, nicht ursprünglich aus Gott kam. Denn in der Welt, wie sie ist, da ist allerlei Übel, physisches und moralisches, Krankheit und Sünde, Tod und Teufel.[4] Aber in der Welt, wie sie noch nicht durch ein *gottwidriges* Wesen, die Sünde, den Teufel, entstellt und verdorben, wie sie noch reines Werk, reiner Abdruck des göttlichen Wesens war, »im Paradies waren nicht *brennende* Nesseln, noch *stachlichte* Dornen und Disteln, noch *schädliche* Kräuter, Würmer noch Tiere, sondern schöne, edle Rosen und wohlriechende Kräuter; alle Bäume im Garten waren lustig anzuschauen und gut zu essen. Nach Adams Fall ward die Erde verflucht. Daher sind gekommen soviel *schädliche* Kreaturen, die *wider uns* streiten und uns martern und plagen, auch wir Menschen untereinander selbst« (T. VI, S. 64). Was also *wider uns* Menschen ist, das ist *nicht von Gott*. Warum? Weil Gott nur ein Wesen *für uns* und, was daher *wider uns, wider Gott* ist. Allerdings besteht nun diese Welt dennoch mit Gottes Willen. Und dieser Wille ist gleichwohl ein dem Menschen guter Wille. Alle Übel und Leiden, die den Menschen treffen, kommen nicht aus Haß und Feindschaft, sondern aus Liebe Gottes zum Menschen, bezwecken nur sein Wohl, wenn auch nicht sein zeitliches, doch sein ewiges, und sind daher auch im Glauben an diesen wohlwollenden Zweck und Grund vom Menschen als keine Übel aufzunehmen, nicht mit Ärger und Unmut, sondern freudigem Herzen zu ertragen. Aber ungeachtet dieser Vorspiegelungen des Glaubens *widerspricht* diese Welt den menschlichen, respektive christlichen Wünschen*, und sie wird daher von der *Allmacht aufgehoben,* um wieder Platz zu machen jener ur-

---
* »Wer aber glaubet, daß ein Gott sei, der muß bald schließen, daß es

sprünglichen oder vielmehr einer noch herrlichern, *wahrhaft göttlichen* Welt, in welcher *nichts wider* den Menschen ist.
Gott ist ein für uns Menschen seiendes, uns gutes Wesen – was heißt das aber anders als: Gott ist ein *menschlich gesinntes* Wesen? Wie kann ich einem Wesen gut sein, wenn ich ihm nicht in *seinem* Sinne gut bin? Wenn ich einer Blume gut sein will, so muß ich ihren Willen tun; ich muß ihr geben das Licht, die Wärme, das Wasser, die Erde, die sie verlangt. Behandle ich sie nicht nach ihrem, sondern meinem willkürlichen Sinne, so bin ich, statt gut, böse gegen sie. Will ich daher den Blumen gut sein, so muß ich Blumist; will ich dem Menschen gut sein, so muß ich ein im menschlichen Sinn gutes, ein menschlich gesinntes Wesen sein. *Böse* und *unmenschlich*, *gut* und *menschlich* ist einerlei – darum eben auch der *Mensch das höchste Gut des Menschen*, denn kein Wesen ist dem Menschen so gut als der Mensch. Für den *Menschen* gibt es *kein andres Maß des Guten als den Menschen.** Und dieses Maß – versteht sich aber nur, wenn es nicht im Sinne des einzelnen, sondern im Sinne *der Gattung*, die aber, wenigstens als solche, kein Gegenstand des Christentums ist, genommen wird – ist keineswegs ein egoistisches, ein beschränktes, selbst nicht im physikalischen Sinne, denn der Mensch existiert ebensogut unter dem Äquator als unter den Polarkreisen. Was der Tod des Menschengeschlechts wäre, das wäre auch der Tod der Pflanzen- und Tierwelt, wenigstens der gegenwärtigen. Eine absolut unmenschliche Hitze oder Kälte könnten

mit diesem Leben hier auf Erden nicht gar sei ausgerichtet, sondern daß ein anders und ewiges Leben da vornen sei. Denn das *sehen wir in der Erfahrung, daß Gott dieses zeitlichen Lebens sich fürnehmlich nicht annimmt.* – Aber Gott sagt uns zu nach diesem Leben ein ewiges. – Und liegt nichts dran, ob er uns schon in diesem zeitlichen Leben läßt umwaten, *als hätten wir keinen Gott*, der uns helfen wollte oder könnte. Denn seine Hülfe soll eine ewige Hülfe sein« (T. XV, S. 77; s. auch T. XVI, S. 90).

* Wenn daher der oberste Grundsatz der christlichen Moral lautet: Tue das Gute um Gottes willen, der oberste Grundsatz der philosophischen Moral: Tue das Gute um des Guten willen; so lautet dagegen der oberste Grundsatz der auf den Menschen gegründeten Moral: Tue das Gute *um des Menschen willen.*

auch die Tiere und Pflanzen nicht ertragen. Das Maß der Gattung ist ein absolutes, kein relatives wie das der Individuen und Arten, denn was der einen Art gut und zuträglich, ist der andern nicht gut und unerträglich; aber die Gattung faßt alle diese relativen Maße in sich. Was daher dem Menschen im Sinne der *Gattung* gut ist, das ist auch der Tier- und Pflanzenwelt gut, das ist an sich selbst gut.

Aber was gibt uns denn nun die Gewißheit, die untrügliche, unumstößliche Gewißheit, daß Gott wirklich ein Wesen für uns, ein gutes, ein menschlich gesinntes Wesen ist? – Die Erscheinung Gottes *als Menschen* in Christo, die keineswegs eine vorübergegangne Erscheinung ist, denn heute noch ist in Christo *Gott Mensch*. In Christo hat sich Gott geoffenbart, d. h. gezeigt, *bewiesen* als ein menschliches Wesen. In der *Menschheit* Christi ist die *Menschlichkeit* Gottes außer allen Zweifel gesetzt. Das Zeichen, daß Gott gut, das ist erst, daß er Mensch ist. *Gut* sein heißt *Mensch* sein. Gut bin ich nur, wenn ich die Leiden andrer mitfühle, auf mich nehme; aber fühlen mit andern, fühlen für andere, das eben heißt *Mensch* sein. Aber kein Gefühl, am wenigsten Mitgefühl, Mitleiden, Teilnahme, Barmherzigkeit *ohne Sinnlichkeit*. Wo kein Ohr, ist auch keine Klage, wo kein Auge, auch keine Träne, wo keine Lunge, auch kein Seufzer, wo kein Blut, auch kein Herz. Wie kann ich Eingang finden bei einem Wesen, dem die Sinne fehlen? Wer soll mein Vertreter und *Fürsprecher* sein, wenn kein Auge und kein Ohr da ist? Die *Bürgschaft* und *Wahrheit* der Güte und Barmherzigkeit, d. i. Menschlichkeit Gottes liegt daher nur in *Christo* als dem *sinnlichen Wesen* Gottes. »*Gott ohne Fleisch ist nichts nütze*« (Luther, T. VII, S. 61). Ja, er ist, wie eben daselbst und an vielen andern Orten L. sagt, ein »*Schreckbild des Zorns und Todes*«; denn der Gott ohne Fleisch ist auch der Gott *wider das Fleisch, wider den Menschen*. Denn was nicht in Gott gilt, das gilt auch nicht vor Gott, was Gott nicht an sich selbst leiden kann, das kann er auch überhaupt, auch an andern Wesen nicht leiden. Was von Gott verneint, von Gott ausgeschlossen ist, das ist ja eben damit für etwas Gottloses, Gottwidriges, Nichtiges erklärt. Ist daher kein Fleisch in Gott, so ist das Fleisch vor Gott nichts. Nur der Mensch ist für den Menschen, nur Fleisch für Fleisch. Was nicht meines Wesens, ist auch nicht meines Sinnes. Was also kein Wesen von Fleisch, hat auch keinen Sinn, kein Gefühl für Fleisch.

Alle Menschen, sagt mehrmals Luther, *denken* sich unter Gott ein gutes, wohltätiges Wesen, denn wie sollten sie sonst Gott um Hilfe in ihren Nöten anrufen? Weil jedoch dieses gute Wesen für sie nur ein Gedanke von ihnen ist, so geraten sie in Zweifel, ob Gott auch wirklich gut ist, und durch diesen Zweifel in Abgötterei. Aber die Christen haben nicht ihre Meinung, sie haben das Wort Gottes selbst für sich, denn ihnen hat sich Gott selbst in Christo als ein gutes Wesen geoffenbart. Was heißt das? Nichts andres als: Was für die andern Menschen, die Heiden, ein *gemeintes, nur gedachtes* und eben deswegen *bezweifelbares* Wesen, das ist für die Christen ein *sinnliches* und eben deswegen *gewisses* Wesen.

Ist Gott *für den* Menschen, so muß er auch *für die Sinne* des Menschen sein. Was meinen Augen, meinen Ohren, meinem Gefühl sich entzieht, wie soll das ein gutes Wesen für mich sein? Nein! was *wider die Sinne, ist wider den Menschen*. Ist Gott ein geistiges, d. h. unsinnliches, nur gedachtes, nur denkbares Wesen, so muß ich mich verstümmeln, mich meiner Sinne berauben, um dieses nackte Wesen zu erreichen; ein Wesen aber, das mich entleibt, entsinnlicht, entmenscht, ist ein böses, unmenschliches und noch dazu ein unzuverlässiges, ungewisses Wesen; denn es wird nur dadurch gewiß, daß ich die allernächste Gewißheit, die Gewißheit der Sinne aufgebe. Aber ein Wesen, das mir nur im Widerspruch mit dem Gewissesten gewiß wird, dessen Existenz nur auf die Spitze des von den Sinnen abgesonderten Gedankens gestellt ist und daher stets auf dem Spiel des Zweifels steht, ist ein Wesen nur dem Menschen zur Qual und Pein. Nur ein sinnliches Wesen ist ein den Menschen beglückendes und befriedigendes, ein *wohltätiges* Wesen, denn es ist ein *unwidersprechliches,* ein *gewisses* Wesen; aber Gewißheit nur ist Wohltat. Selbst die Gewißheit des Schrecklichsten ist nur so lange erschrecklich, solange sie noch keine unmittelbare, sinnliche, sondern nur eine Gewißheit für die Vorstellung ist. Die Vorstellung ist der Affe der Wirklichkeit, aber je mehr sie die Wirklichkeit erreichen will, desto mehr verfehlt sie sie. Alles für die Vorstellung und Einbildung Maß- und Grenzenlose hat in der Wirklichkeit sein gewisses Ziel und Maß. Das größte, schrecklichste Übel für die Vorstellung, der Tod, ist gerade das gewisse, das sinnfällige Ende aller Schrecken und Übel. Schrecklich ist allerdings der Kampf mit dem Tode, aber da ist eben auch der Tod noch keine unmittelbare, keine sinnliche Gewißheit – der Moment der sinnlichen Gewißheit ist auch der Moment der Versöhnung und Erlösung. Folge mit Vernunft den Sinnen, aber unterbreche sie nicht durch eigenmächtige Vorstellungen, laß sie ihr Thema bis ans Ende ausspielen – und du findest gewiß, wenn auch erst am Schlusse, Befriedigung. Was dem Leibe die Quelle, das ist dem Kopf, dem Geiste der Sinn; Heilkraft liegt in den Sinnen; Kopf und Herz reinigen und befreien die Sinne. Was dich drückt und beängstigt, reizt und befleckt, mache es aus einem Gegenstand der Vorstellung zu einem Gegenstand des Sinnes – und du wirst sicherlich frei. Die Vorstellung benebelt, aber die Sinne machen nüchtern; die Vorstellung macht trübselig, feig, menschenfeindlich, aber die Anschauung heiter, mutig, menschenfreundlich; aus der Vorstellung der Tat kommt das Verbrechen, aber aus der sinnlichen Gewißheit der Tat das Gewissen. Wohl entzünden auch die Sinne das Feuer der Begierde; ihr Feuer ist jedoch ein belebendes, wohltätiges Feuer, aber die Vorstellung, aber der bloße Gedanke ist ein »*verzehrendes Feuer*« wie »die göttliche Majestät«, die nur ein vorgestelltes, gedachtes, kein wirkliches, kein sinnliches Wesen ist.

Der Grundsatz des Christentums: Gott hat sich den Menschen geoffenbart, d. h. ist Mensch geworden, denn die *Menschwerdung Gottes* war ja die *Offenbarung Gottes,* hat also keinen andern Sinn als den: Gott ist im Christentum aus einem Gedankenwesen ein *sinnliches Wesen* geworden. Ein sinnliches Wesen kommt nicht aus meinem Kopfe; es kommt von außen an mich; es wird mir gegeben; die Sinne haben es mir geoffenbart. Es ist kein Produkt der menschlichen Vernunft wie der Gott der Philosophen, aber auch kein Produkt der menschlichen Hände wie der Jupiter des Phidias; es ist ein *selbständiges* Wesen, das folglich nicht durch mich, sondern *durch sich selbst* mir gegeben wird. Ich sehe nur, was sich sehen läßt. Das sinnliche Wesen ist ein sich hingebendes Wesen; dem sinnlichen Wesen gegenüber bin ich nur leidend; es ist kein Gegenstand der Werktätigkeit, sondern nur ein Gegenstand der Anschauung. Was ich sehe, ist kein Verdienst von mir, ist ein Geschenk, ein Glück für mich. Die Offenbarung gibt, was nie einem Menschen in den Kopf gekommen wäre; aber *nur die Sinne* geben dem Menschen, was alle seine Erwartungen und Vorstellungen übersteigt, worauf er nie von selbst gekommen wäre. Kurz: Alles was von der Offenbarung Gottes ausgesagt wird, das gilt nur von der Sinnlichkeit: Das *Wesen der Offenbarung* ist das *Wesen der Sinnlichkeit* im Unterschiede von der menschlichen Selbsttätigkeit, sie sei nun eine moralische oder künstlerische oder philosophische oder religiöse, gottesdienstliche wie die der Juden und Papisten.

Christus ist also die Menschlichkeit Gottes als Mensch, das göttliche, d. h. das uns gute Wesen – denn nicht die Natur, sondern Gott ist das uneingeschränkt, ausschließlich, unvermischt gute Wesen – als untrügliches, als gewisses, d. h. *sinnliches* Wesen. Und die Sinnlichkeit ist keineswegs nur Form, Erscheinung, Einkleidung, nur ein populärer Ausdruck eines an sich unpopulären Gedankens, sie ist Sache, sie ist Wesen selber; denn ein allseitig und folglich wahrhaft gutes Wesen ist, wie gezeigt, nur das, was ein Wesen für die Sinne ist. Was ein Wesen für die Sinne, ist auch ein Wesen für den Verstand, aber nicht umgekehrt, was für den Verstand, ist auch für die Sinne ein Wesen. Mit einem Worte: Was für die Sinne, ist für den *ganzen* Menschen, aber nur, was dem ganzen Menschen ein Gut, ist auch an sich selbst ein ganzes, vollkommnes Gut.

Nun möge Luther selbst reden und bezeugen, daß die Offenbarung Gottes in Christo keinen andern Sinn als den ausgesprochenen hat. »Haben doch die Heiden solches erfahren und bezeugen müssen, daß man mit keinem Gedanken, noch Forschen der Vernunft *Gott gewiß* erlangen möge. – Darum laß Dir diesen Spruch wohl eingebildet sein: Was sagst Du? *Zeige uns den Vater.* (Joh. 14, 8/9). Lieber, fladdere nicht mit Gedanken – Du aber höre und bleibe an dem: *Wer mich siehet, der siehet auch den Vater«* (T. X, S. 38). »Aus einem Gott, der nicht geoffenbaret ist, will ich ein *geoffenbarter* Gott werden und will doch derselbige Gott bleiben. *Ich will Mensch werden* oder will meinen Sohn senden – und also will ich deine Begierde erfüllen und dem genug tun, auf daß Du wissen mögest, ob Du versehen (zur Seligkeit vorausbestimmt) seiest oder nicht. Siehe, das ist mein Sohn, den sollst Du hören, den siehe an – da wirst Du mich gewißlich ergreifen. Denn *wer mich siehet,* spricht Christus Joh. 14, *der siehet auch den Vater selbst.* Niemand hat Gott je gesehen. Und dennoch hat sich Gott uns aus *großer Gnade* (d. i. Güte, Liebe) geoffenbaret. Er hat uns ein *sichtlich Ebenbild* dargestellt und saget: Siehe, da hast Du meinen Sohn, wer den höret und wird getaufet, der ist in das Buch des Lebens eingeschrieben: Das offenbare ich Dir durch meinen Sohn, welchen Du *mit den Händen kannst angreifen* und *mit den Augen sehen.«* »*Und das beweiset und bestätigt er nicht mit geistlichen, sondern mit greiflichen Argumenten und Wahrzeichen.* Denn *ich sehe ja das Wasser* (in der Taufe), *ich sehe das Brot und Wein* (im Abendmahle), ich sehe den Diener des Worts, welches ja alles *leiblich* ist, in welchen *leiblichen Figuren oder Bildern er sich offenbaret.«* »Ja, er hat dieses alles darum eingesetzt, daß er Dich damit wollte ganz *gewiß* machen und aus Deinem Herzen den großen Mangel und Fehler des Zweifels wegnehmen, auf daß Du nicht allein im *Herzen* glauben, sondern auch mit *leiblichen Augen sehen* und darzu mit den *Händen greifen* möchtest. Warum verwirfst Du nun dieses alles und klagest, daß Du nicht wissen könnest, ob Du zur Seligkeit versehen seist?« (T. II, S. 479-482). »Darum saget nun Petrus: Wir haben euch verkündigt und kund getan den Christum, daß er ein Herr sei und herrsche über alle Dinge usw. Solches haben wir *nicht selbst erdacht,* sondern durch Gottes Offenbarung *gesehen* und *gehöret*« (T. XI, S. 553). »*Er wohnete unter uns. Er ist nicht erschienen* wie der Engel Gabriel, denn Engel wohnen nicht sichtbar unter den Leuten, sondern er ist bei uns (spricht der Evangelist) in seiner *menschlichen Natur,* die nach seiner Menschwerdung *unzertrennlich* mit der *göttlichen* vereinigt ist, blieben, mit uns gessen, getrunken, gezürnet, gebetet, traurig gewesen, geweinet usw.« »*Er war kein Gespenst,* sondern ein *wahrhaftiger Mensch.*« — »Die Ketzer Manichäi ärgerten sich daran, daß der Sohn Gottes sollte Mensch worden sein. Es ist *erschrecklich* zu hören, daß sie fürgaben, Christus hätte *nichts gessen, noch getrunken,* die Juden hätten auch den wahren Christum nicht gekreuzigt, sondern ein Gespenst.« »So ist nun der *edelste Schatz* und *höheste Trost,* den wir Christen haben, daß das Wort, der wahre, natürliche Sohn Gottes ist *Mensch* worden, der *allerding Fleisch und Blut* hat wie ein ander Mensch, und um unsertwillen Mensch worden, daß wir zu der *großen Herrlichkeit* kommen, damit unser *Fleisch und Blut, Haut und Haar, Hände und Füße, Bauch und Rücken oben im Himmel Gott gleich sitzen.* Daß wir kühnlich trotzen können wider den Teufel und was uns sonst anficht. Denn da sind wir *gewiß,* daß die (wir) in Himmel gehören und des Himmelreichs Erben sind« (T. IX, S. 457, 458). »Und wir *sahen seine Herrlichkeit.* Was ist das? Er hat sich nicht allein erzeiget mit Gebärden, daß er wahrer Mensch ist – sondern auch *sehen lassen seine Herrlichkeit und Kraft, daß er Gott sei.* Das haben ausgewiesen seine Lehre, Predigt, Mirakel und Wundertaten. Also daß, gleich wie Gott durchs *Wort* (d. i. durch ihn) Himmel und Erden geschaffen, ebenso hat er, was er gewollt, ausgerichtet und getan, nur ein *Wort* gesprochen als: *Mägdlein, stehe auf.* Item: *Jüngling, stehe auf. Lazare, komme heraus.* Zum Gichtbrüchigen: *Stehe auf, sei los von* *deiner Krankheit*; item zu den Aussätzigen: *Seid gereinigt*; item mit *fünf Broten* und *zweien Fischen gespeiset fünf tausend* Mann, daß die, so solche Zeichen sahen, sprachen: *Dieser ist wahrlich der Prophet, der in die Welt kommen soll.* Also auch da groß Ungestüm im Meer sich erhob und der Herr das Meer bedräuete und es stille ward, da verwunderten sich die im Schiffe waren und sprachen: *Wer ist dieser, dem Wind und Meer gehorsam sind?* Item: *Er gebot den Teufeln, so mußten sie ausfahren.* Das konnte er alles durch ein einig Wort ausrichten« (ebend. S. 459).*

Aber was sind denn die Wunder? Sichtbare, augenfällige Beweise allmächtiger, ungebundner, durch keine Schranke der Natur gehemmter Güte und Barmherzigkeit – augenfällige, handgreifliche »Guttaten«, Wohltaten. Aber was sind Wohltaten? Befriedigungen menschlicher Bedürfnisse, Erfüllungen menschlicher Wünsche. Wer nichts bedarf, nichts begehrt, nichts wünscht, dem kann man keine Wohltat erweisen. Der Wunsch des Kranken ist die Gesundheit, des Hungrigen die Speise usw. Wer mir gibt, was ich nicht habe, aber gleichwohl haben will oder wenigstens haben möchte – vorausgesetzt natürlich, daß es nichts Böses, Schlechtes, Unrechtes ist –, der nur ist gut. Die Wunder Christi oder Gottes unterscheiden sich eben dadurch von den – eben deswegen auch an Macht beschränkten, nur oberflächlichen – Wundern des bösen, gottwidrigen Wesens, des Teufels, daß diese dem Menschen zum Schaden und Verderben, jene aber zum Wohl, sowohl zeitlichem als ewigem, gereichen. (S. hierüber L. z. B. T. X, S. 40.)

Aber wie die Tat, so der Täter. Wohltun setzt wohltätiges Wesen voraus; und wohltätiges, gutes Wesen macht das Wesen Gottes aus. Also ist Christus das unsichtbare Wesen Gottes als sichtbares, sinnfälliges Wesen. »Denn wo er (Gott) *Lust* hätte *zu zürnen, verdammen, strafen und plagen,* würde er nicht durch Christum Sünde vergeben und die Strafe dersel-

---

* »Die Evangelien sagen nichts von der Gottheit Christi.« Mag sein; aber was sie nicht mit Worten sagen, das sagen sie mit Taten. Worte sind prosaisch, Taten poetisch.

bigen wegnehmen an den Gichtbrüchigen, Aussätzigen und andern. Item wo er *Lust* hätte zum *Tode,* würde er nicht die Toten auferwecken und lebendig machen: – Also werden wir *gewiß* nicht allein des Artikels, daß Christus wahrhaftiger Gott ist mit dem Vater, sondern auch, daß er ein *barmherziger* Gott und Heiland, und können in allen Werken des Herrn Christi (– ›so ihr vor Augen sehet‹ –) des Vaters *Herz* und *Willen* ergreifen zu *rechtem seligen Trost«* (T. X, S. 38, 39).

Was ihr in Gott *denkt,* das *seht* ihr in Christo, was Gott nur in *Gedanken,* das ist Christus in *Wirklichkeit.* Wenn ihr Christus nicht als Gott erkennt, so kommt das nur her von dem Unterschied, der überhaupt zwischen einem Wesen, wie es gedachtes, und eben demselben, wie es wirkliches ist, stattfindet; denn das gedachte Wesen ist ein allgemeines, das wirkliche oder sinnliche Wesen ein individuelles. Aber ungeachtet dieses Unterschieds oder vielmehr Widerspruchs habt ihr in Christo nur vor euern Augen, was ihr euch unter Gott (Gott wenigstens im christlichen Sinne) denkt. Gott und Christus unterscheiden sich nur, wie das Gemeinte oder Gedachte und das Gesagte sich unterscheiden. Der Meinung ist das Wort immer zu enge, wie euerm Gott der Mensch; die Meinung will sich nicht beim Wort nehmen lassen; sie hat immer noch etwas im Rückhalt, was sie nicht gesagt haben will; sie dünkt sich unendlich mehr als das Wort und will sich daher nicht durch dasselbe beschränken lassen. Diese Meinung kommt aber nur daher, daß, was ich meine oder denke, noch in meiner Macht steht, was ich aber ausspreche, außer dem Bereich meiner Macht ist, daß die Meinung oder der Gedanke, weil abhängig von mir, veränderlich, das Wort aber, weil bereits unabhängig von mir, unveränderlich ist. Deswegen erschrickt der Mensch vor seinem eigenen[5] Worte wie vor einer fremden Macht, wie vor der Macht der unabänderlichen Notwendigkeit, und zieht sich scheu hinter das Bollwerk seiner unaussprechlichen Meinung zurück. Aber gleichwohl ist zwischen dem Worte und Gedanken kein Unterschied dem Wesen, sondern nur dem Zustande nach – kein andrer Unterschied, als der in der Natur zwischen dem gasförmigen oder flüssigen und dem festen Zustand stattfindet. Es ist derselbe Inhalt, dasselbe Wesen, was ich denke und was ich sage – wenn ich es anders richtig, treffend sage –, aber im Gedanken befindet es sich im ungebundnen, im gasförmigen, im flüssigen, im Worte aber im festen Zustande. So ist es nun auch mit Gott und Christus. *Der Gott in euerm Kopfe ist Gas, Luft, der Gott in Christo fixer, fester Körper.*

Wie kann das große, umfassende Wesen in den kleinen Körper des Menschen hinein? Als Gas kann es freilich nicht hinein, denn das Gas ist nicht greifbar und nimmt einen größern Raum ein als der feste Körper. Um fester Körper zu werden, muß es aufhören, Gas zu sein, um zu reden, muß ich aufhören, bloß zu denken, ebenso, um ein sinnliches, faßliches Wesen zu werden, aufhören, ein unsinnliches zu sein. Gas kann nicht zugleich fester Körper, Gedachtes nicht zugleich Gesagtes sein; denn ist es Gesagtes, so ist es nicht mehr Gedachtes, und ist es Gedachtes, so ist es noch nicht Gesagtes; eines schließt das andere aus. Und diesem zufolge sagt ihr ganz richtig: Ist es Gott, so ist es nicht Mensch, und umgekehrt. Aber indem Gott Mensch wird, hört er eben auf, das zu sein, was er in euern *Gedanken* ist: *Gott,* d. h. unsichtbares, unfaßliches, unbegrenztes, unmenschliches, ungegenständliches Wesen. Bringt ihr freilich den Gott in euerm Sinne nicht aus euch heraus, so ist ein gekreuzigter Gott ein ebenso lächerlicher Widerspruch* als ein peinlich bestrafter Gedanke; denn nur was ich sage, was ich von mir gebe, was ich außer mich hinausstelle, aber nicht, was ich meine, was ich denke, ist ein Gegenstand des Kriminalrechts. Die Frage: Wie kann Gott gekreuzigt wer-

---

* Der Glaube, d. h. die christliche Religion, kommt allerdings nicht über diesen Widerspruch hinaus; denn Christus soll zugleich Mensch und Gott, d. i. Wort und Gedankenwesen, fester Körper und himmlisches Gas sein. Aber wir sehen hier von diesem wie allen andern heillosen Widersprüchen des Christentums ab, welche im zweiten Teil des *Wesen des Christentums* behandelt sind.

den? ist daher die Frage: Wie kann der Gedanke, die Meinung bestraft werden? Und die Antwort darauf ist: Wenn du den Gedanken zu einem auch andern außer dir wahrnehmbaren, gegenständlichen, d. i. sinnlichen Wesen machst. Der bloße Gedanke freilich ist unbelangbar und unwiderleglich, erhaben über alle Angriffe und Schranken, eine göttliche, unantastbare Majestät; aber der aus der festen Burg des Kopfs auf die schlüpfrige Zunge herabgleitende, der sich zum Wort erniedrigende, herablassende Gedanke nimmt alle Schmach und Not des menschlichen Lebens auf sich. So ist denn auch der Gott in euerm Kopfe, *der* Gott, welcher nur ein gedachtes, innerliches Wesen, d. h. nur Gedanke ist, freilich kein Gegenstand des Spottes und Gelächters, wohl aber der Gott in Christo, d. h. der *ausgesprochne* Gott; denn sich aussprechen heißt sich verraten, sich veräußern, sich preisgeben. Und doch ist in Christo nichts andres ausgesprochen, als was in Gott gedacht ist, nur mit *dem* Unterschiede, daß, was in Gott noch ungewiß ist, weil bloße Meinung, in Christo unbezweifelbar gewiß ist; denn das Wort ist die Gewißheit des Gedankens. Der bloße Gedanke ist unstet, flatterhaft; kaum ist er da, so ist er schon wieder weg; aber der ins Wort gefaßte Gedanke ist gebannt – das Wort ist beständig, fest, gewiß. Aber Christus ist ja das *Wort Gottes,* d. h. eben, wie es ausgedrückt wurde, der sichtbare, sinnliche und eben deswegen unbezweifelbare, gewisse Gott.

Was? – höre ich mir trotz der bereits gelieferten Beweise einwenden – sinnliches, sichtbares Wesen wäre der Gegenstand der christlichen Offenbarung, des christlichen Glaubens? Heißt es nicht ausdrücklich: »Der Glaube siehet auf das Unsichtbare – der Glaube ist nicht derer Dinge, so man siehet, sondern derer, *die man nicht siehet,* Ebr. 11, 1« (L., T. III, S. 123). Sagt nicht Luther, daß Christus kein Gegenstand der Sinne ist, um ein Gegenstand des Glaubens zu sein?* Ist also

---

* S. z. B. *L.s Briefe* von de Wette, II. Bd., S. 196 und hiezu als Erklärung die im *Wesen des Christentums* II. Aufl., S. 301 aus L. zitierte Stelle.

hier nicht ausdrücklich als der Gegenstand der Offenbarung – denn was andres ist Gegenstand des Glaubens als das Wort Gottes? – das Unsichtbare ausgesprochen? Allerdings ist jetzt Gott, Christus für uns kein Gegenstand der Sinne, aber er war es einst und wird es einst wieder. Jetzt ist nur sein *Wort* in unsern Ohren, aber einst sein *Wesen* vor unsern Augen. Abraham ist das Vorbild des Glaubens. Abraham glaubte der Verheißung Gottes. Aber was war der Gegenstand dieser Verheißung, dieses Glaubens? Ein Sohn – also ein nur jetzt unsichtbares, aber später sichtbares Wesen. »So scharfe Augen hat der Glaube, daß er im Dunkeln sehen kann, da doch nichts überall scheinet, siehet, da nichts zu sehen ist, fühlet, da nichts zu fühlen ist. Also glauben wir auch an den Herrn Christum, daß er droben sitzet zur rechten Hand des Allmächtigen Vaters und regieret also, daß er alle Kreaturen in Händen hat und alles in uns wirket. Das sehen wir nicht, fühlen es auch nicht; doch siehet das Herze *durch den Glauben so gewiß,* als *wenn es mit Augen sähe*« (T. I, S. 92). Der Glaube ist das geistige Auge – das Auge der Einbildungskraft; er sieht, was er nicht sieht, d. h. nicht *gegenwärtig* vor Augen hat – der Glaube haftet nicht am Gegenwärtigen –, er sieht, wie ich ein durch den Tod oder den Raum von mir getrenntes, entferntes Wesen sehe. Der Glaube ist hier getrennt von dem Gegenstand seiner Verehrung; die »Mauer« dieser gegenwärtigen sinnlichen Welt ist zwischen ihm und Gott; aber der Glaube durchbricht diese Mauer: Er ist getrennt *nicht* getrennt, er ist da mit der *Seele,* wo er nicht mit dem *Leibe* ist. Dem Glauben ist das Ferne nahe, aber eben deswegen das Nächste das Fernste. Der Glaube ist »sinnlos« und »widersinnisch«, »blind und taub«, denn er ist woanders mit seinem Sinne, woanders mit seinen Sinnen. Wer Abwesendes sieht, sieht das Gegenwärtige nicht. Aber von einem Wesen dem Leibe nach getrennt und doch dem Herzen nach mit ihm verbunden zu sein, das ist ein Zustand der Zerrissenheit, des Zwangs, denn mein Herz reißt sich mit Gewalt von den Banden meiner Sinne los – ein schmerzlicher Zwiespalt. Einst hebt sich daher dieser Zwiespalt auf; einst verwandelt sich der Glaube in Schauen; einst ist Gott *für* den Gläubigen, was er jetzt nur *an sich* ist: *sinnliches Wesen.* »Reich Christi jetzt auf Erden – ist ein Reich des Glaubens, darinnen er regieret durch das Wort, nicht in *sichtlichen öffentlichen Wesen,* sondern ist gleich wie man die Sonne siehet durch eine Wolke.« – »Du sollst es nicht sehen, sondern glauben, nicht mit den fünf Sinnen fassen, sondern dieselben zugetan (mit geschlossnen Sinnen) allein *hören,* was Dir Gottes Wort sagt, *bis solange* das Stündlein kommt, da Christus wird des ein Ende machen und sich *öffentlich* (offenbar, sichtbar) *darstellen in seiner Majestät und Herrschaft;* da wirst Du *sehen* und *fühlen,* was Du jetzt *glaubest«* (T. X, S. 371).

Christus ist die sinnliche Gewißheit der Liebe Gottes zum Menschen; er ist selbst der den Menschen liebende Gott als sinnlicher Gegenstand, sinnliche Wahrheit. Aber die Untrüglichkeit, die Zuverlässigkeit dieser Liebe liegt eben, wie gesagt, nur in seiner Menschheit; denn den Menschen kann auch nur ein selbst, ein wirklich menschliches Wesen – wenigstens auf eine dem Menschen genügende und entsprechende Weise – lieben. Die Liebe im Sinne eines *nicht-* oder *über-*menschlichen*, unsinnlichen, unleidlichen Gottes oder Wesens ist eine offenbare Lüge; denn mit der Menschheit fällt auch die Liebe weg. Der Sinn der Erlösung und Versöhnung des Menschen mit Gott durch Christus liegt daher auch nicht in der Stellvertretung, der Genugtuung, der Rechtfertigung, der Blutvergießung für sich selbst – er liegt nur in der Liebe oder, was eins ist, in der Menschheit Christi oder Gottes. Der durch das Blut Christi gestillte, aufgehobne Zorn oder Haß Gottes gegen die Menschen ist der durch den Menschen und im Menschen getilgte, aufgehobne unmenschliche Gott. Gott ist *nicht* Gott, d. h. nicht unmenschliches, unsinnliches Wesen; *er ist Liebe, er ist Mensch* – dadurch ist aller Zwiespalt zwischen

---

* Eines wirklich übermenschlichen, denn das übermenschliche Wesen des Glaubens ist nichts andres als das *überschwenglich,* das *übermenschlich menschliche* Wesen.

Gott und Mensch aufgehoben, dadurch die Sünde des Menschen vergeben, der Mensch gerechtfertigt.

»Es sind viel Lieben, aber keine ist also brünstig und hitzig als die Brautliebe. – Eine solche rechte Brautliebe hat uns fürgetragen Gott in Christo, indem, daß er den für uns hat *Mensch werden lassen* und *vereiniget mit der menschlichen Natur,* daß wir in dem seinen freundlichen Willen gegen uns spüren und erkennen. – Das muß ja eine *große unergründliche* und *unaussprechliche Liebe sein Gottes gegen uns,* daß sich die *göttliche Natur also mit uns verbindet* und *senket in unser Fleisch und Blut,* daß Gottes Sohn wahrhaftig wird mit uns *ein Fleisch und Leib* und sich so hoch unser annimmt, daß er nicht allein will *unser Bruder,* sondern auch *unser Bräutigam* sein und an uns wendet und zu eigen gibt alle seine göttliche Güter, Weisheit, Gerechtigkeit, Leben, Stärke, Gewalt, daß wir sollen in ihm auch *teilhaftig sein der göttlichen Natur,* wie Skt. Petrus spricht. – Und wie eine Braut sich mit herzlicher Zuversicht auf ihren Bräutigam verläßt und hält des Bräutigams Herz für ihr eigen Herz, also sollst Du auch von *Grund des Herzens* auf die *Liebe* Christi Dich verlassen und *keinen Zweifel* haben, daß *auch er nicht anders gegen Dir gesinnet ist denn wie Dein eigen Herz«* (T. XIV, S. 353ᵇ-355ᵃ). »Ich darf sagen, daß ich in der Schrift nicht lieblichere Worte habe gelesen von Gottes Gnaden geredet denn diese zwei Worte Chrestotes (*Freundlichkeit*) und Philanthropia (*Menschenliebe*), Tit. 3, 4, darinnen die Gnade also abgemalet ist, daß sie nicht *allein Sünde vergebe,* sondern auch *bei uns wohne,* freundlich mit uns umgehe, willig ist zu helfen und *erbietig, zu tun alles, was wir begehren mögen,* als von einem willigen Freunde, zu dem sich ein Mensch alles Gutes versiehet und sich ganz wohl vermag« (T. XIII, S. 118). »Dies ist mein lieber Sohn, an welchem ich Wohlgefallen habe. – Wenn ich das weiß und gewiß bin, daß der *Mensch* Christus Gottes Sohn ist und dem *Vater wohlgefället* – so bin ich auch gewiß, daß solch Reden, Tun und Leiden Christi, so *für mich geschieht,* wie er sagt, müsse *Gott herzlich wohlgefallen.* Nun, wie könnte sich Gott mehr ausschütten und lieblicher oder süßer dargeben, denn daß er spreche, es gefalle ihm vom Herzen wohl, daß sein Sohn Christus so freundlich mit mir redet, so herzlich mich meinet und *so mit großer Liebe für mich leidet*, stirbt und alles tut. – Weil denn Christus in solchem Wohlgefallen und im Herzen Gottes gefasset, mit alle seinem Reden und Tun Dein ist und Dir damit dienet, wie er selbst saget, so bist Du gewißlich auch *in demselbigen Wohlgefallen* und *ebenso tief im Herzen Gottes als Christus*« (T. XIV, S. 543-44).

»Außer Christo ist kein Wohlgefallen Gottes am Menschen«; »*nur in Christo liebt Gott die Menschen*«, wie ebendaselbst L. sagt. Warum? Weil Gott den Menschen nicht lieben, kein Wohlgefallen an ihm haben kann, wenn er nicht *in und an sich selbst* Mensch ist. Nur in Christo, *nicht in sich selbst*, ohne Christo, außer Christo gedacht, vergibt er die Sünden der Menschen – Vergebung ist aber ein Akt der Liebe. Warum? Weil ein Wesen, das die Menschheit von sich ausschließt, ein unmenschliches Wesen ist, notwendig auch die Sünden der Menschen verdammt. Dem *unmenschlichen* Gesetzgeber steht der seine Gebote übertretende Mensch *nicht als Mensch*, sondern nur als Übertreter, *als Sünder* vor Augen: Er verurteilt daher unbarmherzig, d. h. ohne Unterscheidung, *mit dem Sünder auch den Menschen* zum Tode. Um den Sünder zu begnadigen, muß ich *den Menschen ansehen, den Menschen als Fürsprecher, als Mittler* zwischen dem Richter und dem Sünder aufstellen, muß ich im *Blute* des Menschen meinen kalten, absprechenden Verstand erwärmen. Aber wie kann ich das, wenn ich selbst nur ein blutloses Gespenst bin? Ich muß also vor allen Dingen selbst wirklicher, voller, ganzer Mensch sein, um im Sünder noch den Menschen erkennen und durch den Menschen den Sündiger reinigen und begnadigen zu können. *Nur der Mensch kann dem Menschen die Sünde vergeben.* Daß der Mensch Christus zugleich Gott ist, so daß es heißt: Nicht der Mensch, sondern Gott nur kann die Sünde vergeben, die Sünde tilgen, versteht sich hier von selbst, denn

– abgesehen von andern Gründen – wenn der Mensch Christus nicht Gott ist, so bleibt ja das vom Menschen unterschiedene, das über- oder unmenschliche Wesen als das höchste, das göttliche Wesen und folglich die Sünde als ein untilgbarer, himmelschreiender Widerspruch mit demselben bestehen. Aber gleichwohl vergibt Gott nur *als Mensch* die Sünde. Nur das *Blut* Christi, als das sichtbare Zeichen der *Blutsverwandtschaft* des göttlichen Wesens mit dem menschlichen, nur dieses »Blut der Liebe«, wie es Luther an mehreren Orten nennt, ist ja die Vergebung der Sünde und zugleich die Bürgschaft derselben, denn wie sollte *Gleiches Gleiches, Blut Blut verdammen?* »Wer in seinem Herzen dieses Bild wohl gefasset hätte, daß Gottes Sohn ist *Mensch* worden, der sollt ja sich zum Herrn Christo *nichts Böses,* sondern *alles Guten* versehen können. Denn ich weiß ja wohl, daß ich *nicht gern mit mir selbst zürne, noch Arges mir begehre zu tun.* Nun aber ist Christus eben, *der ich bin,* ist auch ein wahrhaftiger Mensch. Wie kann Er's denn *mit ihm selbst,* das ist: *mit uns, die wir sein Fleisch und Blut sind, übel meinen?«* (T. XV, S. 44). Nein! Wer Fleisch und Blut auf sich nimmt, der nimmt auch die Sünde auf sich, denn die Sünde kommt nur aus Fleisch und Blut. Wenn er auch die Sünde an sich selbst haßt und verwirft, so läßt er sie sich doch *um des Wesens des Sünders willen* gefallen, rechnet sie nicht an. Er sieht wohl mit seinem infalliblen Blick die Sünden und Fehler, aber er stellt die Sünden nicht *vor* das Wesen, so daß er vor lauter Bäumen den Wald nicht sieht, sondern *hinter* das Wesen, d. h. *in den Schatten,* nicht in das Licht – er legt *als ein selbst menschliches* Wesen die Sünden der Menschen in *menschlichem,* in *gutem* Sinne aus. »Gott tut wie ein Vater gegen seinem Sohne. Wenn man spricht: Siehe, dein Sohn schielet, so spricht der Vater: Er liebäugelt. Item das Wärzlein stehet ihm also wohl, daß es genug ist. Also tut Christus auch: *Ach! es ist nicht Sünde, es ist nur Schwachheit in dem armen Sünder«* (T. XII, S. 602)[6].
Die Sünde raubt dem Menschen Gewissensfrieden, Freudigkeit, Mut, Selbstgefühl; sie zerknirscht, vernichtet den Men-

schen — namentlich den Gläubigen, für den die Sünde den Zorn Gottes, den Verlust der Gnade, der ewigen Seligkeit zur Folge hat. Aber die Menschwerdung, d. i. Vermenschlichung Gottes ist ja zugleich die »*Vergottung des Menschen*«; indem Gott Mensch ist, so ist ja zugleich der *Mensch Gott*. Was mir daher das Bewußtsein der Sünde raubt, das stellt mir Christus, in dem mir die göttliche Natur des Menschen Gegenstand ist, wieder zurück. Ja, die Ehre, die mir in Christo zuteil wird, macht mich ganz fühllos gegen den Schimpf, den mir die Sünde antut. Was kümmert mich das Gebelfer der Tagesblätter, wenn ich im Buche der Unsterblichkeit meinen Namen eingezeichnet lese? was der Tadel meines ängstlichen, befangnen Gewissens*, wenn die Himmel selbst wegen der mir in der Menschwerdung Gottes widerfahrenen Auszeichnung von meinem Lobe widerhallen? was der Schlangenbiß des Teufels in meine Ferse (T. I, S. 38-39), wenn mir das Gift nicht ins Blut, nicht ins Herz dringt? was der Fleck an meinen Füßen im Gassenkot, wenn mein Haupt im Himmel als ein Stern erster Größe strahlet? was der Schatten hinter meinem Rücken, wenn ich das Licht vor meinen Augen habe? Wenn das Wesen für mich ist, wie kann das Unwesen wider mich sein? »Wo das Herz rein ist, so ist alles rein und schadet nicht, obgleich alles auswendig unrein, ja obgleich der Leib voll Schwären, Blattern und eitel Aussatz wäre« (T. IX, S. 203).

Die oben erwähnten rohen und widerlichen theologischen Vorstellungen der Vertretung, Rechtfertigung, Genugtuung, selbst auch der Vermittlung und Versöhnung kommen also nur daher, daß hinter dem menschlichen sinnlichen Gott zugleich noch der alte zornige Gott, vor dem die Menschen als Sünder nichts sind, weil ihm die Sünder nicht als Menschen Gegenstand sind, der »abgesonderte«, »bloße« Gott, d. h. der unmenschliche, unsinnliche Gott, als ein Wesen bestehenbleibt;

---

* »Was kann uns betrüben denn vielleicht unsere Sünde und bös Gewissen; aber das hat Christus für uns weggenommen, ob wir gleich täglich sündigen« (*L.s Briefe*, de Wette, T. V, S. 37). S. auch daselbst den sehr interessanten Brief an H. Weller, T. IV, S. 188.

denn ein menschlicher Gott ist von selbst der Vertreter und Rechtfertiger des Menschen, braucht keinen Mittler zwischen sich und dem Menschen. Aber daß hinter dem menschlichen Gott der unmenschliche noch sein Wesen oder vielmehr Unwesen forttreibt, das ist eben ein Widerspruch; denn mit der Menschwerdung Gottes ist ja an sich das unmenschliche Wesen aufgehoben – so gut, so notwendig aufgehoben, als das Gas aufgehoben ist, wenn es ein fester Körper geworden – und an seine Stelle ein neues, anderes Wesen, der menschliche Gott, das menschliche Wesen getreten. Tritt der menschliche Gott nicht an die Stelle des unmenschlichen, ist er nur der Mittelsmann zwischen dem unmenschlichen und menschlichen Wesen, so ist die Versöhnung zwischen diesen beiden Wesen nur eine oberflächliche, scheinbare, ja trügerische; denn es wird nur der Zorn Gottes aufgehoben, aber nicht der *Grund* des Zorns, nicht *das Wesen*, welches zürnt und seiner Natur nach notwendig dem Menschen zürnt, denn es hat ja kein menschliches Herz, kein menschliches Wesen in sich. Seine Versöhnung mit dem Menschen ist, strenggenommen, nur eine *Verstellung*, nur ein *Zwang*, den es sich antut; denn es bewahrt seinen Groll im Gemüte, nur äußert es ihn nicht, weil ihm der Mittler die Hände gebunden. »Wie könnte denn nun der Vater auf uns zornig sein? Ja selbst der Vater wird ein Sohn und wegen des Sohnes *gezwungen*, in gewisser Maße (daß ich so reden mag) zum Kinde zu werden, mit uns zu spielen, uns zu liebkosen« (T. VII, S. 120). »Das ist denn der rechte Christus, daß er dort *unsers Herrgotts mächtig* ist« (T. XII, S. 568). Der menschliche Gott – und vermittels desselben jeder Mensch selbst, wie L. häufig sagt – ist mächtig des unmenschlichen; aber doch ist zugleich der unmenschliche Gott noch eine *selbständige* Macht, eine *Person*, die daher notwendig auch *sich selbst* geltend machen will, und zwar um so mehr, als sie die Person ersten Ranges ist. Wie sollte es also zu einem wahren, gründlichen Frieden kommen, solange nicht das über- oder, was eins ist, unmenschliche Wesen ganz und gar beseitigt wird?

Aber ungeachtet dieses – innerhalb des Glaubens, innerhalb des Christentums unauflöslichen – Widerspruchs, daß der Glaube in der Furcht seines Herzens und in der Beschränktheit seines Verstandes hinter dem guten, dem menschlichen Wesen ein böses, unmenschliches Wesen im Rückhalt hat, so macht er doch zugleich den menschlichen Gott zum *ganzen, alleinigen, wahren* Gott. »Sprechet, daß ihr *von keinem andern Gott wisset noch wissen wollt,* denn welcher in dem Schoß der Jungfrauen Mariä gelegen und ihre Brüste gesogen hat. *Wo der Gott Jesus Christus ist, da ist Gott selbst und die ganze Gottheit,* da findet man auch Gott den Vater und Gott den Heiligen Geist; *außerhalb dieses Gottes,* des Herrn Christi, ist *nirgend kein Gott«* (T. V, S. 558). »Wer *nicht in Christo* Gott findet oder kriegt, der soll außer Christo *nimmermehr* und *nirgend mehr Gott* haben noch finden« (T. XXII, S. 104)⁷. Alle Eigenschaften Gottes gehen daher auf Christus über und zwar *als Menschen* – ein Übergang, der eben deswegen die Existenz eines von Christo unterschiednen Gottes aufhebt oder doch überflüssig macht –, wie umgekehrt alle Eigenschaften des Menschen auf Christus *als Gott* übertragen werden, um so aus dem Gott in Christo einen wahren Menschen und aus dem Menschen in ihm einen wahren Gott zu machen, so »daß man ihn *als Gott nicht anbeten* kann, wenn man ihn *nicht auch als einen Menschen anbetet«* (T. VII, S. 385).*
Nichts ist in Gott, was nicht in Christo ist – Christus ist der offenbare, d. h. der *offne, rückhaltslose Gott.* In Christo hat sich Gott, wie Luther sagt (T. XXII, S. 79), *ganz und gar ausgeschüttet,* also nichts mehr *für sich* behalten. Wie kann also Luther von diesem Gott, der sich uns ganz, wie er ist, gegeben, ganz ausgesprochen hat, noch einen Gott *an sich* unterscheiden, ein unbegreifliches, unmenschliches Wesen, das sich nur »*kleidet«* und »*stellt«* wie ein Mensch, um – ein guter

---

* Über diesen Gegenstand, die sogenannte communicatio idiomatum, siehe außerdem noch z. B. T. XXI, S. 277-280; T. XI, S. 574; T. IV, S. 313, 335-36. Daß es aber auch hier zu keiner wahren, aufrichtigen Einheit kommt, darüber siehe *Wesen des Christentums,* S. 513.

Einfall! – unter der Firma der Humanität seine Inhumanität dem Menschen zu insinuieren? Nur im Widerspruch mit seinem wahren Sinn und Glauben. Ein Gott, der *nicht so für mich*, wie er *an sich* ist, der erwecket und verdient statt Glauben und Vertrauen nur *Zweifel* und *Mißtrauen*; denn ich weiß nicht, ob er nicht für sich das gerade Gegenteil von dem ist, was er für mich ist, ob er nicht hinter meinem Rücken auf mich flucht, während er mir ins Gesicht hinein schöntut. Aber *nur das, was Glauben erwecket und Glauben verdient, ist Gott.*

Glaube ist Seligkeit, Unglaube Unseligkeit; Glaube Einigkeit*, Unglaube Zwietracht; Glaube Gewißheit, Unglaube Zweifel; aber auf der Gewißheit ruht der Segen des Lichts, auf dem Zweifel der Fluch der Nacht, die keines Menschen Freund ist. Der Zweifel steht auf dem Spiel des *Zufalls* – heute macht mir dieser Fall, morgen ein andrer einen Strich durch die Rechnung –, der Glaube auf dem *unerschütterlichen Boden der Notwendigkeit* – es ist unmöglich, daß dieses Wesen mich täuscht und betrügt, unmöglich, daß Gott lügt, er kann nicht anders als wahrhaftig, er kann nicht auch nichtwahrhaftig sein. Der Glaube ist die Wurzel der Liebe – Glaube, Vertrauen erweckt Liebe –, der Zweifel die Wurzel des Hasses – Zweifel, Mißtrauen entzweit den Menschen mit dem Menschen –; der Zweifel stößt ab, Vertrauen zieht an; der Zweifel ist unfreundlich, der Glaube leutselig. Der Unglaube ist die Hölle der Eifersucht; der Glaube der Himmel gewisser Liebe. Der Unglaube opfert dem *Schein* das *Wesen* auf, der Glaube aber läßt sich durch keinen Schein des Gegenteils an dem Wesen irremachen, dem er einmal sein Vertrauen geschenkt; denn er ist gewiß, daß kein Wesen das Gegenteil

---

* Der Glaube wird hier, obwohl aufgrund Luthers, nur nach seinem *allgemeinen, wahren, menschlichen* Sinn charakterisiert. Nur von dem Glauben in diesem Sinne gelten die Eigenschaften der Einigkeit, Entschiedenheit und Seligkeit; denn inwiefern sich der Glaube auf »den Sinnen, dem Gefühl, der Vernunft« widersprechende Dinge oder vielmehr Undinge erstreckt, ist der Glaube die größte, unausstehlichste Tortur, die sich nur immer der Mensch antun kann.

von sich selbst sein kann. Der Unglaube, der Argwohn traut seinem Gegenstande *nicht weiter, als er sieht,* denn er traut ihm nur *Böses* zu; der Glaube aber ist seines Gegenstandes auch in der Trennung, in der Entfernung gewiß, denn er traut ihm nur *Gutes* zu, weil er selbst nur Gutes im Sinne hat, wie umgekehrt der Unglaube nur Schlimmes. *Glauben* heißt eben: *Gutes* glauben, *nicht* glauben: *nichts Gutes* glauben. Der Glaube ist die Überzeugung, daß überall das Gute nicht dem Schlechten, sondern das Schlechte dem Guten unterliegen muß – die Überzeugung, daß die Wahrheit, auch wenn sie ganz allein und verlassen dasteht, doch unendlich mehr ist und vermag als die Lüge, und wenn ihr auch Millionen Kaiser und Päpste zur Seite stehen. Der Glaube verläßt sich nicht, wie der Unglaube, auf die Macht der Polizei und peinlichen Halsgerichtsordnung, nicht auf Personen (»Menschen«), auf Verbindungen (»Rotten«), auf Zahlen, auf Massen, auf Mittel und Titel; er verläßt sich nur auf seine gute und gerechte Sache; er ist daher selbst in Ketten seines Siegs gewiß. Der *Glaube* ist die *frohe Aussicht,* daß der *heutige Tag nicht der letzte Tag unter der Sonne ist,* daß vielmehr auf heute morgen kommt und, was daher heute *nicht* ist, morgen *ist*; der *Unglaube aber bricht die Geschichte mit der Gegenwart ab*; er wähnt, daß heute immer, daß das *Hippokratische Gesicht der Gegenwart* der bleibende, charakteristische Ausdruck der Menschheit ist. Der *Unglaube* opfert der *Zeitung* die *Geschichte,* einem augenblicklichen Siege, einer ephemerischen Ehre *die Ehre der Zukunft, die Ehre der Geschichte* auf; der Glaube aber verzichtet auf den Genuß und Besitz der Gegenwart, in der Gewißheit, daß die Zukunft *sein* ist. »Der Glaube«, sagt Luther (T. XVII, S. 717), »hat niemals zu tun mit vergangenen Dingen, sondern allein mit *zukünftigen*. Denn man glaubet nicht denen Dingen, die geschehen sind, sondern denen Verheißungen Gottes, der die Dinge tun will.« Der Unglaube schränkt den Umfang des Möglichen nur auf den engen Kreis seiner bisherigen Erfahrung ein; aber der Glaube bindet sich nicht an die Schranken der Vergangenheit und Gegenwart; er glaubt an die Möglichkeit des (bisher) Unmöglichen. »Dem Glauben ist nichts unmöglich.« Der Unglaube ist daher kleinmütig, klug, ja überklug, bedingt, umständlich, philisterhaft, befangen, zaghaft; der Glaube hochgesinnt, unbedingt, lakonisch, resolut, kühn, frei, sorglos.

Aber Sorglosigkeit, Freiheit, Sicherheit, Unbedingtheit, Notwendigkeit, Unwandelbarkeit, Einigkeit, Entschiedenheit, Gewißheit, Seligkeit, Liebe, Freundlichkeit, Leutseligkeit – die Eigenschaften und Wahrzeichen des Glaubens sind auch die Eigenschaften und Wahrzeichen der Gottheit selbst. Wie kannst du also in Gott einen Gott *an sich* und einen Gott *für dich* unterscheiden? Das, worin die Gültigkeit und selbst Möglichkeit dieses Unterschieds aufgehoben ist, das gerade, das allein ist Gott. Kannst du an das Licht die Frage stellen, ob es Licht oder auch nicht Licht ist? Hebst du mit dieser Frage nicht das Wesen des Lichts auf? Kannst du bei einem leutseligen Wesen fragen, ob es für dich nur, ob es auch an sich wohl leutselig ist? Was ist ein gutes, Glauben, Vertrauen erweckendes Wesen anders als ein Wesen, das so für dich, wie es für sich ist? Gutsein heißt eben nichts für sich sein und haben, was man nicht auch für andere ist und hat. Kann also ein offnes Wesen zugleich ein verschloßnes, ein mitteilendes zugleich ein rückhaltiges, ein Gegenstand des Glaubens zugleich ein Gegenstand des Zweifels, des Mißtrauens sein? Aber Gutsein im höchsten Sinne heißt eben Gottsein; hebst du daher das gute Wesen auf, so hebst du das göttliche Wesen auf. Aber das tust du, indem du im Unterschiede von dem Gott für dich, d. h. dem guten Wesen, noch einen Gott an sich, d. h. also ein *nicht* gutes und folglich nicht göttliches Wesen annimmst. Was nicht gut, ist allerdings nicht sogleich böse; aber ein Gott, welcher dir nur in den Kopf kommt, wenn du das gute Wesen aufgibst, welcher dir den Glauben an das Gute als das wahre, letzte, d. i. göttliche Wesen raubt, das Gute nur zu einem Anthropomorphismus, einem bloßen Bilde, einer bloßen Erscheinung herabsetzt, ein solcher Gott ist in der Tat *kein* Gott, sondern ein böses Wesen. »Gott an sich, Gott außer Christo«, sagt Luther,

»ist ein *erschrecklicher, furchtbarer* Gott«; aber was *nur* Furcht und Schrecken einflößt, das ist eben ein böses Wesen. Der *Gott an sich,* »*die Majestät*«, unterscheidet sich daher nur in der Vorstellung, nur dem Namen nach, aber nicht in der Tat, *nicht seinem Wesen nach von dem Wesen des Teufels.* Der »Trotz wider den Teufel« (d. h. das böse, dem Menschen feindliche Wesen) ist der Glaube, daß Gott Mensch, der Mensch Gott ist. Diesen Glauben sucht darum »der Feind des Menschen«, der Teufel, auf alle nur mögliche Weise anzufechten; aber wider eben diesen Glauben streitet auch der Gott an sich; denn er will nicht sich, das »bloße«, reine Wesen mit dem zusammengeflickten, lumpigen und schmutzigen Wesen des Menschen in Verbindung gesetzt wissen. Beide fallen in ihren Wirkungen zusammen; wie sollten sie also in ihrem Wesen auseinanderfallen? Der Teufel soll zwar das unmenschliche, der Gott an sich nur das übermenschliche Wesen sein, aber die *Übermenschlichkeit* ist nur ein *Vorwand* der *Unmenschlichkeit,* gleichwie die *Übervernünftigkeit* nur ein *Vorwand* der *Unvernunft,* die *Übernatürlichkeit* nur ein *Vorwand* der *Unnatur* ist. Bemerkt werde übrigens noch im Vorbeigehen, daß der Gott an sich eigentlich nichts ist als Gott als *metaphysisches Wesen,* d. i. als reines, affektloses Gedankenwesen. L. war ein Feind der Metaphysik, ein Feind der Abstraktion, ein Feind der Affektlosigkeit – »Gott hasset und verachtet«, sagt L. T. III, S. 266, »die harte Apathie«. Aber was die Leute *außer* der Religion *verabscheuen* und *verwerfen,* das lassen sie sich *in der Religion gefallen* – warum? Weil sie dem Gegenstande der Religion nur ihren Rücken, aber nicht ihr Gesicht zukehren.[8]

Der *wahre* Gott, der *wahre* Gegenstand des lutherischen, überhaupt christlichen Glaubens ist nur Christus, und zwar nur deswegen, weil sich in ihm nicht mehr ein *Christus an sich* von dem Christus *für uns* unterscheiden läßt und daher in ihm alle Bedingungen der Gottheit erfüllt, alle Geheimnisse der göttlichen Natur aufgelöst, alle Anstände und Zweifel gehoben, alle Gründe des Mißtrauens und Argwohns beseitigt sind.

»Derowegen muß man sich zuerst und vor allen Dingen dahin bemühen, daß wir lernen, der Güte Gottes vertrauen, die er uns in Christo, seinem Sohne, den er vor unsere Sünden und den Tod gegeben, erzeiget hat. Denn sonst entstehet daher eine Gewohnheit und Neigung zum *Mißtrauen gegen Gott*, welches hernach unüberwindlich ist« (T. VII, S. 211). »Die Gedanken von seiner (Gottes) Majestät (d. h., wie sich Luther einige Zeilen vorher ausdrückt, von ›Gott, insofern er ein *absolutes Wesen*‹) sind sehr gefährlich. Denn es kann sich ein böser Geist in die Gestalt der Majestät verstellen; in die *Gestalt aber des Kreuzes kann er sich nicht verstellen*« (ebend. S. 153).* Das heißt: Christi Wesen ist ein evidentes, lichtes, durchsichtiges Wesen; Christus ist *nichts an sich oder für sich*, was er *nicht für uns* ist. Sein göttliches Wesen ist unser göttliches Wesen, seine Geburt als Mensch unsre Heilsgeburt, sein Sieg unser Sieg, kurz, alles, was *sein*, ist *unser*. Was ist denn die Auferstehung Christi wohl für sich selbst? Nichts; denn sie bedeutet nur *unsre* Auferstehung, ist nur die sinnliche Gewißheit unsrer Auferstehung, unsrer Unsterblichkeit. Was der Gottmensch für sich selbst? Nichts; denn der Mensch Christus ist nur darum Gott, daß er *für uns* Gott, und darum Mensch, daß er *für uns* Mensch sei. Was ist überhaupt Gott *für sich*? Nichts; denn Gott ist nur *anderen* Gott, existiert nur für das, was *nicht* Gott ist. Wo kein Bedürfnis überhaupt, ist auch kein Bedürfnis Gottes, und wo kein Bedürfnis Gottes, da ist kein Gott. Der »*Grund*« Gottes liegt *außer Gott*, liegt *im Menschen*: *Gott setzt den Menschen voraus*. Gott ist »das notwendige Wesen«, aber *nicht sich* oder *an sich, andern* ist er notwendig – denen, die ihn als notwendig fühlen oder denken. Ein Gott ohne Mensch ist ein Gott ohne Not, aber ohne Not ist ohne Grund, ist Tand, Luxus, Eitelkeit. »*Gott ist nicht ein Gott der Toten, sondern der Lebendigen*, Matth. 22, 32.

---

* Übrigens hatte Luther solche Gemütszustände – Anfechtungen –, wo sich der böse Geist – der Geist des Unglaubens – der Satan allerdings auch selbst in die Gestalt Christi verstellte. *L.s Briefe* v. de Wette, T. III, S. 226.

Gott ist *desjenigen* Gott nicht, das *an ihm selbst nicht* ist; *Nullus* (Keiner) und *Nemo* (Niemand) *beten Gott nicht an,* und Gott regiert über sie nicht. – Wo Abraham einen Gott hat, so folgt notwendig wiederum das auch, daß Gott und Abraham zugleich leben müssen, denn diese *Zwei stehen und fallen miteinander,* sintemal Gott mit den Toten nichts zu tun hat« (T. II, S. 494-95). Das heißt: Kein Mensch – kein Gott. Gott ist wesentlich *jemands* Gott. Aber dieser Jemand ist für uns der Mensch. Gott ist wesentlich Herr; aber der Herr ist nicht ohne den Diener. »*Ein eigen Volk zu haben,* gehöret zu einem *wahren Gott*« (T. XIII, S. 157). Gott ist wesentlich Vater, aber der Vater ist nicht ohne das Kind. »*Die Gottheit nicht ohne die Kreatur ist*« (T. XIX, S. 619). Gott ist nichts *an sich selber.* Wie spricht dies aber der Glaube aus, da er ein vom Menschen unabhängiges Bestehen Gottes voraussetzt? Durch die Gnade, die Huld, die Barmherzigkeit, die Güte, mit *einem* Worte: die *Liebe* Gottes. Die Unselbständigkeit eines selbständigen, das Nichts-für-sich-Sein eines gleichwohl für sich seienden oder als solches vorgestellten Wesens ist die Liebe. Lieben heißt nichts an sich selber sein können und wollen, heißt sein Wesen außer sich setzen. Der Satz »Gott ist die Liebe«, d. h. die Liebe ist das Wesen Gottes, sagt also nichts weiter aus als: Gott ist nichts an sich. Aber dieses Wesen Gottes, nichts an sich selbst zu sein, ist nur in Christo offenbar, wirklich, sinnfällig und Christus nur der wahre, wesentliche Gegenstand des Glaubens. Das Wesen des Glaubens ist daher nichts andres als die Gewißheit, die unerschütterliche, zweifellose Gewißheit, daß die *Menschenliebe das Wesen Gottes, das höchste Wesen* ist.

Der Glaube »versiehet sich *keines Gerichts,* sondern *lauter Gnade, Gunst, Huld, Barmherzigkeit*« – »er muß aus dem Blute, Wunden und Narben Christi quellen und fließen, in welchem Du siehest, daß Dir Gott so hold ist, daß er auch seinen Sohn für Dich giebet« (T. XVII, S. 400, 401). »Der Glaube wäre *nichts,* ob er schon glaubte, daß Christus allmächtig wäre, alle Dinge vermöchte und wüßte. Denn das ist der lebendige Glaube, der *nicht zweifelt, Gott sei auch gütig* und *gnädiges Willens, solches zu tun, das wir bitten*.« »Der Glaube gegen Christo – bildet ihm schlechts nicht für denn die *bloße Gnade und Güte Christi*« (T. XIII, S. 355, 356). »So oft die Schrift von Glauben redet, meinet sie den Glauben, der auf lauter Gnade (Güte, Barmherzigkeit, misericordia) bauet« (T. XX, S. 41). »Wenn unsere Herzen in Trübsal, Angst und Not stehen, so meinen, empfinden und fühlen sie nichts anders, denn daß Gott mit uns zürne, unserer nichts achte, uns feind sei. Alsdenn soll der *Glaube* das *Gegenspiel* halten, nämlich, daß *bei Gott kein Zorn, kein Haß, keine Strafe, keine Schuld nicht sei*« (T. V, S. 572). »Daran bleibe ja fest hangen, daß der Glaube an *Gottes Hulden gewiß* sei, denn der Glaube nichts andres ist denn eine *beständige, unzweifelhaftige, unwankende Zuversicht zu göttlicher Gnade*« (T. XIII, S. 63). »Gleichwie Gott durch die *Liebe Geber* ist: also sind wir durch den *Glauben Nehmer*. – Also wird dieser Schatz (Christus) von Gott *gegeben durch die Liebe* und von uns angenommen und *empfangen durch den Glauben*, d. i. wenn wir glauben, wie wir hier hören, Gott sei gnädig und barmherzig und beweise solche *Barmherzigkeit und Liebe gegen uns* damit, daß er seinen eingebornen Sohn läßt Mensch werden und auf ihn wirft alle unsre Sünde« (T. XVI, S. 327). »*Glauben* und *lieben* oder *Wohltat von Gott empfangen* und *Wohltat dem Nächsten erzeigen*, wie denn die ganze Schrift die zwei treibet und eines ohne das andere nicht sein mag« (T. XIII, S. 117). »Der Glaube *empfähet die guten Werke* Christi; die *Liebe tut gute Werke dem Nächsten*« (ebend. S. 75).

Der Unterschied zwischen dem Lutheranismus und Katholizismus besteht daher auch nur darin, daß dort die Liebe Gottes *gewiß*, hier ungewiß, *zweifelhaft* ist. (S. hierüber T. XIX, S. 26; T. IX, S. 671; T. X, S. 106.) Aber Gewißheit ist das Wesen der Güte, der Liebe; Zweifel hebt die Liebe auf. Der Gott des Katholizismus ist daher auch in der Tat nicht nur ein Gott von zweifelhafter Güte, sondern ein wirklich ungnädiger, zorniger, inhumaner Gott; denn der Katholik will durch Werke, Opfer, selbsttätiges Leiden Gott mit sich versöhnen, Gott sich *gut machen*. Aber wie Glaube *Sein*, so setzt Tun *Nichtsein* voraus: Gott *ist* dem Menschen gut, das ist Sache des Glaubens; Gott *soll* dem Menschen gut sein, das ist Sache des Tuns, des Opfers; aber was erst sein soll, das *ist nicht*. Der Glaube ist mit Gott im reinen und fertig, er hat darum Raum und Zeit zu menschennützlicher Tätigkeit; aber der Werktätigkeit läßt der Zorn Gottes keine Ruhe und keine Zeit dazu. Immerwährender Zorn erheischt auch immerwährende Opfer. (S. hierüber z. B. T. XVIII, S. 160.) Kurz, dem Glauben ist Gott nur ein Wesen *für den Menschen* – ein Wesen, das daher dem Menschen den Menschen gibt, den Menschen *auf sich selbst zurückführt*; der Werktätigkeit ist Gott ein Wesen *für sich*, ein *andres* als ein menschliches Wesen – ein Wesen, das daher den Menschen *von sich abzieht*, dem Menschen den Menschen nimmt. Der Katholizismus läßt wohl dem Menschen Kraft zum Guten, Willen, Freiheit – er erscheint insofern human –, aber er läßt sie ihm nur dazu, um gegen sich zu sein und wirken – sich zu opfern, zu peinigen, zu fesseln durch willkürliche Satzungen – und durch dieses Gegensichselbstsein Gott für sich zu gewinnen. Denn ich kann ein Wesen nur durch das gewinnen, was mit seinem Wesen übereinstimmt: einen Gott also, der nicht für mich, ja wider mich ist, nur dadurch für mich stimmen, daß ich wider mich selbst, daß ich mir böse bin. Der »Papismus« oder Katholizismus ist nur human, um inhuman, wie umgekehrt der Lutheranismus nur inhuman ist, um human sein zu können. Im Katholizismus sind wir nur Menschen, um *keine* Menschen zu sein; im Protestantismus dagegen sind wir nur keine Menschen Gott gegenüber – vor Gott sind wir »stinkendes Aas, Madensäcke, Klötze« –, um Menschen zu sein im Leben; wir räumen hier im Glauben alles Gott ein, um im Leben alles dem Menschen einräumen zu können. Im Glauben haben wir es *nur* mit *Gott*; im Leben aber dafür auch nur mit dem Menschen zu tun. »Siehe, da hat Paulus klärlich ein christliches

Leben dahin gestellet, daß *alle Werke* sollen gericht sein dem *Nächsten zugute,* dieweil ein jeglicher *für sich selbst genug hat an seinem Glauben* und alle *andere Werke und Leben ihm übrig sind,* seinem Nächsten damit aus freier Liebe zu dienen« (T. XVII, S. 390).

Ein *anderes* Wesen also – Gott – ist Gegenstand des Glaubens; ein *anderes* – der Mensch – Gegenstand der Liebe, d. i. der praktischen Tätigkeit, des Lebens.

Aber ist das wirklich der Fall? Nein! Der Gegenstand des Glaubens ist, wie wir gesehen, *die Liebe* – der höchste, der allein entscheidende, der alles umfassende Artikel des Glaubens der Satz: Gott ist die Liebe. Aber *wessen* Liebe – denn Liebe für sich, Liebe ohne einen Gegenstand ist eine Chimäre –? Die *Liebe des Menschen.* Also ist in Wahrheit auch der *Gegenstand des Glaubens der Mensch* – auch das Geheimnis des Glaubens die *Philanthropie,* die Menschenliebe; nur mit *dem Unterschiede von der Liebe,* daß in dieser der *andere* Mensch, im Glauben *ich selbst* der Gegenstand der Liebe bin, dort *liebe,* hier *geliebt* bin. Aber Lieben demütigt mich; denn ich unterordne, unterwerfe mich hier einem andern Wesen; Geliebtsein erhebt mich. Was ich im Lieben verliere, bekomme ich im Geliebtsein reichlich wieder zurück. Das Bewußtsein, geliebt zu sein, ist Selbstbewußtsein, Selbstgefühl; und je höher das Wesen, von dem ich mich geliebt weiß, desto höher das Selbstgefühl. Sich vom höchsten Wesen geliebt zu wissen ist daher der Ausdruck des höchsten, der Ausdruck *göttlichen Selbstgefühls.* Der Unterschied des Glaubens von der Liebe besteht demnach nur darin, daß im Glauben der Mensch ein *himmlisches, göttliches, unendliches,* in der Liebe aber ein *irdisches, endliches, menschliches* Wesen ist. »Durch den *Glauben*«, sagt Luther, »wird der *Mensch* zu *Gott*«, »im *Glauben* sind wir *Götter,* in der *Liebe* aber *Menschen*«.* Denn in der

---

* Auch in der Liebe, sagt anderwärts wieder Luther, ist der Mensch Gott, aber in der Liebe ist er *andern* Gott – das für sie, was Christus für uns ist, Wohltäter, Helfer, Heiland –, im Glauben ist er Gott *für sich,* Gott *an sich.* In der Liebe habe ich daher nichts von meiner Gottheit, ich

Liebe bin ich *relatives* Wesen, nütze anderem, bin nur Mittel; aber im Glauben bin ich *absolutes* Wesen, bin ich *Selbstzweck.* In der Liebe *vergöttere* ich ein *anderes* Wesen; aber im *Geliebtsein* bin *ich* das *vergötterte* Wesen. Wer mich liebt, der ruft mir zu: Liebe *dich selbst,* denn ich liebe dich; ich zeige, vergegenständliche dir nur, was du bist und tun sollst; meine Liebe *berechtigt,* ja *verpflichtet* dich zur Selbstliebe. Geliebtsein ist das *Gesetz der Selbstliebe.* Der Gegenstand der Liebe ist daher die eigentliche, die »profane«, jawohl profane, tagtäglich tausend und abermal tausend Mal mit Füßen getretne Philanthropie, aber der Gegenstand des Glaubens das *unantastbare Heiligtum der Selbstliebe.* Die Liebe ist das Herz, das für andere, aber der Glaube das Herz, das nur für sich selbst schlägt. Die Liebe macht unselig, denn sie ist das Gefühl, die Sorge für andere; aber »*selig der Glaube*«, selig das Gefühl: Ich bin geliebt, selig das Selbstgefühl, denn hier verschwindet alles andere außer mir. »Der Glaube führt die Leute *von den Leuten* (d. h. von den Menschen weg) *hinein zu Gott.* – Darum heißt es aus den Augen der Leute gehen, da man *niemand siehet noch fühlet denn Gott*« (T. XIV, S. 373), das heißt: *sich selbst.* Über der Liebe stehet der Glaube, d. h. über der Nächstenliebe stehet die Selbstliebe. »Wenn man aber von dem Glauben recht reden und lehren will, so *übertrifft er weit die Liebe.* Denn man sehe allein, womit der Glaube umgehet und zu tun hat, als nämlich, daß er allein *für Gott* wider den Satan ficht, welcher uns ohne Unterlaß plaget und zermartert. Solcher Kampf aber geschiehet nicht um geringe Sache, sondern betrifft *den Tod,* das *ewige Leben,* die *Sünde,* das *Gesetz,* so uns beschuldigt, die *Gnade,* durch welche *uns die Sünden vergeben* werden. Wenn man gegen diese trefflichen Sachen die *Liebe* hält, welche mit *geringen Sachen* zu tun und schaffen hat, als daß man denen Leuten diene, ihnen mit Rat und Tat helfe, sie tröste, wer siehet

---

entäußere mich vielmehr derselben; aber im Glauben bin ich im Vollgenusse derselben.

denn nicht, daß der *Glaube viel höher denn die Liebe* sei und ihr billig vorgezogen werden soll? Denn was ist für ein *Unterschied zwischen Gott und dem Menschen?* Zwischen dem, daß man einem *Menschen hilft* und rät, und dem, durch welches man den *ewigen Tod* überwindet?« (T. V, S. 571). Mangelhaft, schwach sind wir in der Liebe zu andern, aber stark, unübertrefflich, vollkommen in der Selbstliebe; die Liebe hat *alle Gebrechen der Menschheit* an sich, aber der Glaube, die Selbstliebe *alle Vollkommenheiten der Gottheit.* Weich, nachgiebig, duldsam, leidend, bedürftig, abhängig ist die Liebe; aber über alles hinaus und weg, hoffärtig, selbstisch, herrisch, intolerant wie die Gottheit ist der Glaube. »*Gott leidet nichts, weichet niemand,* denn er ist unwandelbar. Ebenso muß *auch der Glaube sein*« (T. XI, S. 74). »Das ist es, was ich nun oft gesagt habe, wie der Glaube mache uns zu *Herren*, die Liebe zu *Knechten*, ja durch den Glauben werden wir Götter. – Aber durch die Liebe werden wir den allerärmsten gleich; nach dem Glauben *dürfen wir nichts* und haben *volle Genüge;* nach der Liebe dienen wir jedermann« (T. XIII, S. 356; siehe auch T. XIV, S. 286; T. XI, S. 516). »Die Liebe soll nicht fluchen, sondern immer segnen; der Glaube hat Macht und soll fluchen. Denn Glaube macht Gottes Kinder und stehet an *Gottes Statt*; aber Liebe macht Menschendiener und stehet an Knechtes Statt« (T. XIII, S. 345). Erst der Glaube, dann die Liebe; »die Liebe folgt auf den Glauben«; aber das erste ist die Selbstliebe, das zweite die Nächstenliebe – eine Ordnung, die allerdings nicht nur einen schlimmen, egoistischen, sondern auch einen guten, richtigen Sinn hat. Denn wie will ich andere beglücken, wenn ich selbst unglücklich bin, wie andere befriedigen, wenn der Wurm der Unzufriedenheit an mir nagt, wie überhaupt andern Gutes tun, wenn ich an mir selbst nichts Gutes habe? Erst muß ich daher für mich selbst sorgen, ehe ich für andere sorgen, erst besitzen, ehe ich mitteilen, erst wissen, ehe ich lehren, überhaupt erst mich selbst zum Zweck machen, ehe ich mich zum Mittel für andere machen kann. Kurz: der *Gegenstand der Liebe* (der

Nächstenliebe) ist das *Wohl anderer*; der *Gegenstand des Glaubens* aber *mein eignes Wohl, meine eigne Seligkeit.*
Gott, der Gegenstand des christlichen Glaubens, ist nichts andres als der *befriedigte Glückseligkeitstrieb*, die *befriedigte Selbstliebe* des christlichen Menschen. Was du begehrst und wünschst, das ist in Gott erfüllt, erreicht, verwirklicht. Aber was ist dein Wunsch, was dein Verlangen? Freiheit von allen Übeln, Freiheit von der Sünde, denn sie ist das allergrößte und noch dazu das allernächste Übel, Freiheit von der unwiderstehlichen Macht und Notwendigkeit der sinnlichen Triebe, Freiheit von dem Drucke der Materie, die dich mit den Fesseln der Schwere an den Boden der Erde bindet, Freiheit vom Tode, Freiheit überhaupt von den Schranken der Natur, mit *einem* Worte: *Seligkeit*. Aber diese Seligkeit nicht als ein bloßer trostloser Gedanke, nicht als eine gegenstandlose Hoffnung, d. h. nicht als eine Eigenschaft, die einst erst, wenn du selig wirst, an dir einen Halt bekommt, gegenwärtig aber keinen Grund und Boden hat – diese Seligkeit als *wirkliches Wesen* ist Gott. »Gott ist selig, aber er will nicht«, wie Luther sagt (T. XVII, S. 407), »für sich allein selig sein.« Nein! Seine Seligkeit ist nur die Zuversichtlichkeit, die Gewißheit, die Existenz unsrer eignen Seligkeit. Gott ist, was er ist, für uns – selig, damit wir selig sind. Soll die Seligkeit kein bloßer Traum, kein leerer Wunsch sein, so muß sie Wesen, und zwar *höchstes Wesen*, Gott sein; denn steht das selige Wesen andern Wesen nach, so gibt es auch denselben nach, kann nicht dem widerstehen, was wider die Seligkeit streitet. Den höchsten Wunsch, *den* Wunsch, der sich über alles hinwegsetzt, kann auch nur ein höchstes, über alles erhabnes Wesen erfüllen und befriedigen. Gott ist das selige Wesen, weil die Seligkeit der höchste Gedanke, das *höchste Wesen* des, wenigstens christgläubigen*, Menschen ist. Der *Grund*, die *Notwendigkeit*

---

* Also nicht aller Menschen oder des Menschen schlechtweg? Nein! Das Verlangen der Seligkeit⁹ ist ein Produkt nur des Christentums. Wohl ist der Mensch stets bestrebt, von allen Widerwärtigkeiten, allen Hemmungen seines Selbst- und Lebensgefühles sich frei zu machen; aber dieses Bestre-

des seligen Wesens ist das *Verlangen, selig zu sein* – der Glückseligkeitstrieb, und zwar der unbeschränkte, d. h. der von allen bestimmten Materien, bestimmten Gegenständen der Wirklichkeit abgesonderte, übernatürliche Glückseligkeitstrieb. Wie daher der Glaube: Christus ist auferstanden, im Sinne Luthers und der Sache, des Gegenstands selbst nur der Glaube, die Gewißheit ist: *Ich* werde auferstehen; der Glaube: Christus ist der Erlöser von der Sünde und ihren Strafen, nur die Gewißheit ist, daß *ich* erlöst bin von der Sünde und dem Tode: so ist der Glaube an die Seligkeit oder, was eins ist, die Gottheit nur die *Gewißheit meiner eignen Seligkeit und Gottheit.*

»Allenthalben, wo die Schrift von Werken und Geboten der ersten Tafel (d. h. von Gott) handelt, da wird *verdeckt* auch *angezeiget* die *Auferstehung der Toten.* – Also beschleußt eigentlich *Gottes Dienst, Glaube, Gebete* in sich den *Artikel der Auferstehung und ewigen Lebens*« (VI. T., S. 289). »Denn darinnen ist die Lehre vom Glauben und *Auferstehung der Toten* begriffen, da Gott spricht: Ich, der allmächtige Schöpfer Himmels und der Erden, bin *Dein* Gott. Das ist soviel gesagt: Du sollst leben in dem Leben, darinnen ich auch lebe« (T. II, S. 327). »Das Evangelium von der *Auferstehung* Christi – das ist das *Hauptstück* unsers Glaubens« (T. XI, S. 485)[10]. »Das haben wir (sagt S. Petrus) durch die *Kraft des Glaubens,* daß wir teilhaftig sind und Gesellschaft oder *Gemeinschaft mit der göttlichen Natur haben.* – Was ist aber Gottes Natur? Es ist ewige Wahrheit, Gerechtigkeit, Weisheit, ewig Leben, Friede, Freude und Lust, und was man gut nennen kann. Wer nun Gottes Natur teilhaftig wird, der überkommt das alles, daß er *ewig lebt* und *ewigen Frieden, Lust und Freude hat und lauter, rein, gerecht und allmächtig ist* wider Teufel, Sünde und Tod. – Wer einen Christen unterdrücken will, der muß Gott unterdrücken« (XI. T., S. 549). »Du bist ebensowohl ein König, als Christus ein König ist, wenn Du an ihn

ben ist stets zugleich an bestimmte, wirkliche Gegenstände, an bestimmte menschliche Zwecke gebunden.

glaubest. – Er ist ein König über alle Könige, der über alle Dinge Gewalt hat und dem alles muß zu Füßen liegen. Wie *der ein Herr ist, also bin ich auch ein Herr*, denn *was Er hat, das habe ich auch*« (ebend. S. 509).
Glauben heißt nichts andres als das: *Es ist* ein Gott, ein Christus, in das: *Ich bin* ein Gott, ein Christ, verwandeln. Der bloße Glaube: Es ist ein Gott oder: Gott ist Gott, ist ein toter, eitler, nichtiger Glaube; ich *glaube* nur, wenn ich glaube, daß Gott *mein* Gott ist. Ist aber Gott mein, so sind auch alle göttlichen Güter mein Eigentum, d. h. alle Eigenschaften Gottes Eigenschaften von mir. Glauben heißt Gott zum Menschen und den Menschen zu Gott machen. Der *Gegenstand* des Glaubens ist nur Veranlassung, Mittel, Bild, Zeichen, Fabel – die Lehre, der Sinn, der Zweck, die Sache bin *ich selbst*. Gott ist die Speise des Menschen – Luther vergleicht sogar Christus mit einem »Braten, einem gespickten Kapaun« –, allein der Zweck der Speise ist ja nur der, daß ich sie esse. Was ist ein Braten für sich selbst? Glauben heißt essen, aber im Essen hebe ich den Gegenstand auf, verwandle ich seine Eigenschaften in Eigenschaften von mir, in Fleisch und Blut. So werden von dem Genuß der Färberröte die Knochen der Tiere rot.
Hierin haben wir den Sinn von den so oft von Luther ausgesprochenen Gedanken: »Wie Du *glaubst*, so *geschieht* Dir«; »*glaubst* Du es, so *hast* Du es, *glaubst* Du es nicht, so *hast* Du es *nicht*«; »glaubst Du es, so *ist* es, glaubst Du es nicht, so *ist es nicht*«; »glaubst Du z. B., daß Dir Gott gut ist, so ist er Dir gut; glaubst Du das Gegenteil, so ist er das Gegenteil«. Das *Wesen* des *Gegenstandes* des Glaubens ist *der Glaube*, aber das Wesen des Glaubens bin ich, der Gläubige. Wie ich bin, so ist mein Glaube, und wie mein Glaube, so mein Gott. »Wie Dein Herz«, sagt Luther, »so Dein Gott.« Gott ist eine leere Tafel, auf der nichts weiter steht, als was du selbst darauf geschrieben.
Gott *sagt* nur dem Menschen, was der Mensch selbst im stillen von sich denkt, aber für sich selbst sich nicht getraut zu sagen. Was ich selbst nur von mir sage und denke, ist – möglicher-

weise wenigstens – Einbildung; was aber auch der andere von mir sagt, ist Wahrheit. Der andere hat in den Sinnen, was ich nur in der Vorstellung habe. Ihm sagen seine Augen, ob ich das wirklich bin oder nicht bin, was ich mir einbilde zu sein. Bestätigt daher der andere, was ich denke, so bin ich dessen gewiß. Und je zaghafter ein Mensch ist, je weniger er Selbstbewußtsein, Selbstvertrauen hat, desto mehr muß er sich von andern sagen, zureden lassen. Sagen sagt sehr viel; Sagen macht aus nichts etwas. Die Schöpfung aus Nichts ist nicht umsonst die Allmacht des Worts. Noch mehr als Kleider machen Worte Leute. Gar viele, die nichts sind, glauben, etwas zu sein, und sind wirklich etwas, aber nur deswegen, weil andere sagen, daß sie etwas sind; andere dagegen, die Zeug genug haben, etwas der Anlage, der Fähigkeit nach sind, glauben für sich selbst, nichts zu sein, und sind auch wirklich infolge dieses niederschlagenden Glaubens solange nichts, bis ihnen eine Stimme von außen zuruft, daß sie etwas sind; viele aber haben bereits durch die Tat vor aller Welt Augen bewiesen, daß sie etwas sind, aber gleichwohl sind sie noch nichts für andere, bis diesen wieder andere sagen, daß sie etwas sind. Einer glaubt und redet dem andern nach, und so wird man von Pontio bis zu Pilato geschickt, bis man endlich einmal an einen Mann kommt, der den Mut und Geist hatte, etwas andern nicht nach-, sondern vorzusagen. Der Glaube kommt aus dem Gehör; der Glaube stützt sich auf das Wort. Leichtgläubige Leute glauben daher alles, was ihnen nur immer gesagt wird, und zwar aus keinem andern Grunde, als weil es eben gesagt wird.

Woher aber diese Macht des von einem andern Menschen ausgesprochnen Wortes, wenn es gleich dasselbe sagt, was ich mir selbst sage oder wenigstens sagen kann? Lediglich eben nur daher, daß es das Wort eines außer mir existierenden, andern, *gegenständlichen* Wesens ist. Was aber im Leben, in der Wirklichkeit der andere Mensch, das ist im Glauben, in der Religion Gott für mich. Im Leben ist das Du der Gott des Ich, im Glauben ist Gott das Du des Menschen. Gott ist das Wesen des Menschen, aber als ein von ihm unterschiednes, d. i. als *gegenständliches* Wesen. Gott ist der Vater des Menschen. Der Vater ist das, was das Kind *nicht* ist – das für das Kind, was das Kind nicht für sich selbst ist. Das Kind ist unselbständig, unfrei, unfähig, sich selbst zu versorgen und zu beschirmen; aber was es nicht in sich selbst ist, das ist es im Vater – frei und selbständig. Das Kind braucht nicht zu betteln, hängt nicht ab von der Willkür fremder Personen, ist nicht bloßgestellt den Angriffen feindlicher Mächte; es ist versorgt, gedeckt. Es geht an der Hand des Vaters ebenso getrost durch alle Gefahren hindurch als der Mann, der sich nur auf seine eigne Kraft und Einsicht verläßt. Die Kraft *des Vaters* ist des Kindes Kraft. Das Kind kann nicht für sich erreichen, was es wünscht; aber vermittels des Vaters ist es mächtig, Herr der Dinge, die es will. Das Kind fühlt sich daher auch nicht *abhängig* vom Vater – abhängig fühle ich mich nur von einem despotischen, aber nicht einem mich liebenden Wesen; abhängig bin ich widerwillig, im Widerspruch mit meinem Freiheitstrieb; aber das Kind ist mit Freuden Kind, hat im Vater sein *Selbstgefühl* – die Kinder sind stolz auf ihre Eltern –, das Gefühl, daß der Vater kein Wesen für sich selbst, sondern ein Wesen *für das Kind* ist.[11] Der Vater hat nur die physische Macht; aber die wahre, das physische Vermögen erst zur Tat bestimmende und beherrschende Macht, das *Vaterherz*, hat das Kind in seinen Händen. Als Mann, als vollkommnes Wesen, d. h. an Macht und Verstand steht der Vater *über* dem Kinde, aber nur, um als Vater, d. h. im Herzen, *unter* dem Kinde zu stehen; er ist nur der Herr desselben, um der *Diener* seiner Bedürfnisse und Wünsche sein zu können. Das Herz ist der Regent des irdischen wie des himmlischen Vaters.* Worin besteht denn nun aber der eigentliche Unterschied zwischen Vater und Kind? Nur darin: Im Vater ist als *Gegenstand* vor-

---

* Das religiöse Abhängigkeitsgefühl bezieht sich nur auf Gott, inwiefern er nichts andres ausdrückt als das Wesen der Natur im Unterschiede vom menschlichen Wesen. Aber von Gott als dem Wesen der Natur abstrahiere ich hier wie im *Wesen des Christentums*, seine Darstellung einer besondern Abhandlung vorbehaltend.[12]

handen, was im Kinde als Anlage, dort *Sein,* was hier *Ziel des Werdens,* dort ein Gegenwärtiges, was hier ein Zukünftiges, dort Wirklichkeit, was hier Wunsch und Streben. Das Kind bestimmt sich nach dem Vater; der Vater ist sein Vorbild, sein Ideal. Kurz, das Kind hat im Vater dasselbe, was es als reifer Mensch besitzt, nur daß es im Vater das *außer sich* hat, was es als reifer Mensch *in sich* hat, nur daß im Vater als ein vom Kinde unterschiednes Wesen dargestellt ist, was später, was an sich des Kindes eignes Wesen ist. Der Vater *ist, sagt,* was das Kind sein soll, sein kann, sein wird. Der Vater ist der natürliche *Wahrsager* des Kindes; er ist die an ihm bereits erfüllte Verheißung der dem Kinde bevorstehenden und in der Hoffnung und Vorstellung bereits vorschwebenden Zukunft.
Gott ist *der* Gegenstand des Menschen, der ihm sein *eignes Wesen vorhält,* der dem Menschen nur *zuruft,* was *er selbst ist,* zwar nicht den Sinnen, dem Leibe, der Wirklichkeit, aber seinen Wünschen, seinem Verlangen nach, nämlich ein über alle Schranken der Natur erhabnes, allmächtiges, unsterbliches, göttliches, d. i. *seliges* Wesen; denn alle göttlichen Eigenschaften, alle Glaubensartikel lösen sich zuletzt in der Seligkeit auf. Das, was den Menschen von allen Übeln erlöst, was ihn selig macht, das nur ist Gott. Christus heißt ausdrücklich der Seligmacher. Was heißt aber: Er macht selig? Es heißt: Er macht wahr, was wir wünschen, er erfüllt, er verwirklicht unsre Wünsche. Was ist also Gott? – Die *Seligkeit des Menschen als erfülltes, wirkliches, d. i. gegenständliches Wesen.* Gott ist die Zusage, die Verheißung, und zwar die *bereits bestätigte, nicht mehr bezweifelbare Verheißung deiner Seligkeit.* Sinnlos, in den Wind geredet, wesenloser Schall ist daher dieses Wort, wenn *du* es nicht glaubst, denn es gilt nur *dir,* hat daher nur *Verstand,* wenn *du* es verstehst, wenn du es auf *dich* deutest, auf *dich* beziehst.
Nichts andres also ist Gott oder das göttliche Wesen als das die menschlichen oder vielmehr christlichen Wünsche, deren Brennpunkt der Wunsch der Seligkeit ist, aussprechende, zusagende, verwirklichende Wesen – nichts andres also als das

sich als höchstes, wahrstes, wirklichstes Wesen gegenständliche Wesen des menschlichen Herzens oder vielmehr Gemütes. »Nimm Dir für alles, was Du *gern* hättest, so wirst Du *nichts Bessers noch Liebers finden zu wünschen,* denn Gott selbst zu haben, welcher ist *das Leben* und ein unausschöpflicher Abgrund *alles Guten und ewiger Freuden.* Nun ist *kein edler Ding auf Erden denn das Leben,* und alle Welt kein Ding mehr fürchtet denn den Tod und *nichts höher begehret denn das Leben.* Den Schatz sollen wir *über alle Maß* und *ohne Aufhören* in ihm haben« (T. X, S. 381). »Was *begehren alle Menschen hitziger, denn daß sie des Todes los werden?* Nun ist dieser Gott uns zu einem solchen Herrn und Gott worden, aus dem Tode zu gehen und selig zu werden, *wie alle Menschen begehren,* und sein Regiment nichts andres ist, denn selig zu machen und ein Herr Gott zu sein, vom Tode auszugehen« (T. VI, S. 264). »*Alle Gewalt,* spricht er Matth. 28, 18, *im Himmel und auf Erden ist mir gegeben.* Also werden wir *erlangen, was wir begehren,* und unser *Herz wird nicht zweifeln,* wie derer Türken und Jüden Herze müssen zweifeln« (ebend. S. 31). »Was könnten oder wollten wir, so *wir selbst wünschen sollten, Größers und Bessers begehren,* denn einen solchen Mittler und Fürbitter gegen Gott zu haben? – Denn wie kann oder sollte er diesen Priester, seinen einigen, lieben Sohn nicht hören? Wie kann er ihm *versagen* oder *fehlen lassen, was er bittet?* Nun bittet er ja nichts andres denn *für uns* usw.« (ebend. S. 447). »Gott – gibt uns *mehr,* denn wir können verstehen noch bitten und begehren. – Derohalben übertrifft die große und überschwengliche Erlösung weit unser *Bitten und Begehren.* Von deswegen hat uns auch der Herr Christus selbst die Weise zu bitten und beten fürgestellt, welcher, so er sie selbst nicht gestellet hätte, wer wollte so große und treffliche Dinge von Gott zu bitten so *kühne* sein?« (T. V, S. 573). »Darum ist es ja ein tröstlicher, freundlicher, lieblicher Herr, als wir *immer mehr wünschen sollten«,* d. h. wie wir ihn nur immer wünschen können, ganz entsprechend unsern Wünschen (T. XXII, S. 127). »Christus für Dich getan hat und gegeben alles, was Du *für Dich suchen oder begehren magst,* hie und dort, es sei Vergebung der Sünde, Verdienst der Seligkeit, oder wie es mag genennet werden. – Frei von ihm selber aus lauter Liebe kommt er, daß er nur gut tue, nützlich und hülflich sei. – Da siehe nun, ob er nicht das Gesetz halte: was ihr wollt, daß euch die Leute tun sollen, das tut ihr auch ihnen. Ists nicht wahr, ein jeglicher *wollte aus Herzensgrund, daß ein anderer für seine Sünde trete,* nehme sie auf sich und vertilgete sie, daß sie das Gewissen nicht mehr beiße, dazu hülfe ihm von dem Tod und erlösete ihn von der Hölle? *Was begehret jederman tiefer, denn daß er des Todes und der Hölle möchte los sein?* Wer *wollte nicht gerne ohne Sünde sein* und ein gut fröhlich Gewissen haben zu Gott? Sehen wir nicht, wie alle Menschen mit Beten, Fasten, Wallen, Stiften, Möncherei und Pfafferei darnach streben? Was dringet sie? nämlich die Sünde, der Tod und die Hölle, dafür wären sie gerne sicher. Und wenn ein Arzt wäre am Ende der Welt, der dazu helfen könnte, alle Länder würden wüst werden und jedermann würde zu dem Arzt laufen, Gut, Leib und Seel an die Reise wagen. Und wenn Christus selbst mit Tod, Sünde und Hölle wie wir umfangen wäre, so *würde er auch wollen,* daß ihm Jemand heraushülfe, seine Sünde von ihm nähme und ihm ein gut Gewissen machte. Darum weil er dasselbige wollte von andern ihm getan haben, so fähret er zu und tut auch dasselbige den andern, wie das Gesetz sagt, und tritt in unsre Sünde, gehet in den Tod und überwindet für uns beide, Sünde, Tod und Hölle, daß hinfort alle, die an ihn glauben und seinen Namen anrufen, sollen gerecht und selig sein, ohne Sünde und Tod« (T. XIII, S. 20).

Aber frei von der Sünde und vom Tode – selig kann jeder nur für sich selbst sein. Wie keiner für den andern glauben (T. XVIII, S. 161), so kann auch keiner für den andern selig sein. Zur Sünde gehört etwas außer mir, ein Gegenstand; aber zur Seligkeit gehört nichts weiter als ich selbst. Sündigen kann man nur in der menschlichen Gesellschaft, aber selig kann man mutterseligallein sein. Sünde knüpft Bande, aber Seligkeit löst alle Bande auf – Seligkeit nimmt alle Bedürfnisse hinweg. Die Sünde ist Not – und »die Not hält alle Dinge zusammen« –, aber die Seligkeit Überfluß. Die Sünde zeugt Menschen – alle Menschen verdanken dem Christentum zufolge der Sünde ihren Ursprung, »wir haben von Natur eine unflätige, *sündliche* Empfängnis und Geburt« –, die Sünde gibt also *andern* Wesen das Glück der Existenz, aber die Seligkeit ist unfruchtbar, bringt nichts aus sich heraus und hervor. Die Seligen bilden zwar auch einen Verein, aber es fehlt die Notwendigkeit, das Bedürfnis eines Vereins. Seligkeit wünsche ich zwar auch andern, aber nur, weil sie für mich selbst das Höchste ist und ich in andern dieselbe Gesinnung voraussetze. Kurz, in der Seligkeit beziehe ich mich nicht auf andere Wesen, sondern *auf mich selbst*; die Seligkeit ist unablösbar, ununterscheidbar von mir selbst, denn sie ist ja nichts andres als mein von aller Abhängigkeit, aller Notwendigkeit, allen Verbindlichkeiten und Lasten erlöstes, mein vergöttertes Ich selbst. Seligkeit ist der höchste Wunsch, das höchste Wesen der – christlichen, d. i. übernatürlichen Selbstliebe; aber Seligkeit ist der Endzweck, der wesentliche Gegenstand oder vielmehr das höchste Wesen des christlichen Glaubens – also ist das *Wesen des Glaubens, in seinem Unterschiede von der Liebe* und *nach seiner Endabsicht* betrachtet, nichts andres als das *Wesen der Selbstliebe*.

Allerdings opfert der Glaube Gut und Blut, Leib und Leben mit Freuden auf. Aber er opfert das zeitliche Wohl und Leben nur dem ewigen Wohl und Leben, nur vergängliche Güter unvergänglichen Gütern, nur beschränkte, endliche Freuden unendlichen, maß- und ziellosen Freuden auf. »Wie köstlich und edel ist allein dies leibliche Leben; und wer wollte dasselbe geben für alle Königreiche, Geld und Gut auf Erden? Nun ist aber das gegen dem ewigen Leben und Gütern viel weniger denn ein Augenblick« (T. XIII, S. 725). »Ich wollte nicht einen Augenblick im Himmel für aller Welt Gut und Freude geben, ob es gleich tausend und aber tausend Jahre währte« (T. X, S. 380). Der wahrhaft Gläubige hat daher auch – natürlich, wenn er nur den Inspirationen des Glaubens allein Gehör gibt – keinen andern Wunsch, als zu *sterben* (s. z. B. T. XIV, S. 373; T. XI, S. 484), d. h. keinen andern Wunsch, als alle weltlichen und sozialen Bande, alle Bande der Menschheit und Liebe, deren Gegenstand nur das zeitliche, aber nicht ewige Leben ist (T. XV, S. 425; T. XVI, S. 459), leiblich abzustreifen, gleichwie er sie schon geistig abgestreift hat, denn »der *Geist* ist schon *im Himmel durch den Glauben*« (T. XI, S. 484).

Über das »Wesen des Christentums« in Beziehung auf den »Einzigen und sein Eigentum« [1845][13]

»Feuerbach«, sagt der Einzige, »gibt uns nur eine theologische Befreiung von der Theologie und Religion; er hebt mir Gott, das *Subjekt*, auf, aber läßt das Göttliche, läßt die Prädikate Gottes unangefochten bestehen.« Allerdings läßt er sie bestehen, aber er *muß* sie auch bestehen lassen, sonst könnte er ja nicht einmal die Natur und den Menschen bestehen lassen; denn Gott ist ein aus allen Realitäten, d.i. Prädikaten der Natur und Menschheit zusammengestoppeltes Wesen: Gott ist Licht, Leben, Kraft, Schönheit, Wesen, Verstand, Bewußtsein, Lob, kurz, *alles*. Was bleibt also übrig, wenn nicht einmal mehr die Prädikate Gottes bleiben sollen? Aber warum soll denn überhaupt etwas übrigbleiben? Das ist ja eben ein Zeichen von der Religiosität, von der »Gebundenheit« F.s, daß er noch in einen »*Gegenstand*« vernarrt ist, daß er noch *etwas* will, *etwas* liebt – ein Zeichen, daß er sich noch nicht zum absoluten Idealismus des »Egoismus« emporgeschwungen hat. »Ich hab' mein Sach auf nichts gestellt«, singt der Einzige. Aber ist denn nicht auch das *Nichts* ein Prädikat Gottes, nicht auch der Satz: Gott ist nichts, ein Ausspruch der Religion?[14] So hat also der »Egoist« doch auch noch seine Sache auf *Gott* gestellt! So gehört also auch er noch zu den »*frommen Atheisten*«!

Wie läßt F. die Prädikate bestehen? Darauf allein kommt es an. So, *wie* sie Prädikate Gottes sind? Nein! So, wie sie Prädikate der Natur und Menschheit – natürliche, menschliche Eigenschaften sind. Werden sie aus Gott in den Menschen versetzt, so verlieren sie eben den Charakter der Göttlichkeit, der ihnen nur zukommt in der *Entfernung* vom Menschen – in der Abstraktion, in der Phantasie; sie werden durch diese

Versetzung aus dem mystischen Dunkel des religiösen Gemüts an das helle Tageslicht des menschlichen Bewußtseins populär, »*gemein*«, »*profan*«. Worauf beruht die Macht der irdischen Majestät? Lediglich auf der Macht *der* Meinung, *der* Einbildung, daß die Person der Majestät ein ganz *besonderes* Wesen ist. Setze ich dagegen das Subjekt der Majestät in Gedanken oder, noch besser, in der sinnlichen Anschauung auf gleichen Fuß mit mir, vergegenwärtige ich mir, daß dasselbe ebensogut Mensch ist als irgendein andrer gemeiner Mensch, so verschwindet mir auch die Majestät selbst in nichts. Mit der himmlischen Majestät ist es nun ebenso. Nur Gott als Subjekt ist der status quo aller religiösen Prädikate; nur als Prädikate eines höchsten, d. i. übertriebenen, überspannten Wesens, folglich nur als selbst auf den höchsten Grad gesteigerte, überspannte, hyperbolische Prädikate sind sie *andere* Prädikate als die meinigen, Prädikate *über* mir. Wer daher das Subjekt aufhebt, hebt eo ipso auch die Prädikate auf[15], denn das Subjekt ist ja in der Tat nichts anders als das als Subjekt gedachte vorgestellte Prädikat.

»F. sagt aber selbst, es handle sich bei ihm nur um die Vernichtung einer Illusion«; ja, aber einer Illusion, mit der alle Illusionen, alle Vorurteile, alle unnatürlichen Schranken des Menschen wegfallen, *wenn auch nicht auf den ersten Augenblick*; denn die Grundillusion, das Grundvorurteil, die Grundschranke des Menschen ist Gott als Subjekt. Wer aber seine Zeit und Kraft auf die Auflösung der Grundillusion und Grundschranke verwendet, dem kann man nicht zumuten, zugleich auch die abgeleiteten Illusionen und Schranken aufzulösen.

Was heißt: »Der Mensch ist der *Gott* des Menschen«? Heißt das soviel als: Er ist Gott im Sinne eines vom Menschen unterschiedenen, über dem Menschen stehenden Wesens, kurz, in *dem* Sinne, in welchem es für die Religion, Theologie und spekulative Philosophie einen Gott gibt? F. zeigt ja eben, daß die Religion sich nicht selbst versteht, die[16] Philosophie und Theologie aber sie falsch verstehen; er zeigt, daß der Glaube an Gott – in Wahrheit natürlich, nicht in der Einbildung und Reflexion des Gottesgläubigen – nur der Glaube des Menschen an sich ist, er zeigt also, daß das Göttliche *nicht* Göttliches, Gott *nicht* Gott, sondern nur das, und zwar im höchsten Grade, sich selbst liebende, sich selbst bejahende und anerkennende menschliche Wesen ist; denn der Mensch anerkennt nur einen Gott, welcher den Menschen anerkennt, und zwar so, als er, der Mensch, sich selbst anerkennt. Anerkenne ich z. B. nicht den Leib, trenne ich ihn ab von mir, fühle ich die leiblichen Bedürfnisse und Verrichtungen als Schranken, als Widerspruch mit mir, verwerfe ich, mit *einem* Worte, den Leib, so sehne ich mich nach der Entleibung und preise das leiblose Wesen als das wahre, selige, herrliche, höchste, d. i. göttliche Wesen. Was ich *nicht* bin, aber zu sein wünsche und zu werden mich bestrebe, das ist mein Gott. Gott, sagt daher F., ist nichts andres als das die Wünsche des Menschen erfüllende, das seine Bedürfnisse – sie seien nun welcher Art sie wollen – befriedigende Wesen. Wenn du also einen Kranken oder auch nur einen von »fixen Ideen Besessenen« heilst, wenn du einen Hungrigen mit Speise erquickst, so bist du ihm, prosaisch ausgedrückt, ein Wohltäter oder wohltätiger Mensch, poetisch ausgedrückt: – ein *Gott,* denn was dem Menschen *wohlgefällt* (*Wesen des Christentums,* S. 93) und *wohltut* (S. 520), das nennt er panegyrisch Gott. Religion ist Affekt, ist Poesie; voilà tout. Der Satz: Der Mensch ist der Gott, das höchste Wesen des Menschen, ist daher identisch mit dem Satze: Es ist kein Gott, kein höchstes Wesen. Aber dieser letzte Satz ist nur der atheistische, d. i. *negative,* jener der praktische und religiöse, d. i. *positive* Ausdruck.

F.s »theologische Ansicht« besteht darin, daß er »uns in ein *wesentliches* und *unwesentliches* Ich spaltet« und »die Gattung, *den* Menschen, ein Abstraktum, eine Idee, als unser wahres Wesen im Unterschiede von dem wirklichen individuellen Ich als dem unwesentlichen hinstellt«. »Einziger«! Hast du das *Wesen des Christentums* ganz gelesen? Unmöglich; denn was ist gerade das Thema, der Kern dieser Schrift? Einzig und allein die Aufhebung der Spaltung in ein wesentliches und unwesentliches Ich – die Vergötterung, d. h. die Position, die Anerkennung des *ganzen* Menschen vom Kopfe bis zur Ferse. Wird denn nicht ausdrücklich am Schlusse die Gottheit des *Individuums* als das aufgelöste Geheimnis der Religion ausgesprochen? Heißt es nicht sogar: »*Essen und Trinken ist ein göttlicher Akt*«? Ist aber Essen und Trinken ein Akt einer Idee, eines Abstraktums? Die einzige Schrift, in welcher das Schlagwort der neuern Zeit, die Persönlichkeit, die Individualität aufgehört hat, eine *sinnlose Floskel* zu sein, ist gerade das *Wesen des Christentums*, denn nur die *Negation Gottes* (des abstrakten, unendlichen Wesens als des wahren Wesens) ist die *Position des Individuums*, und nur die *Sinnlichkeit* der wohlgetroffne *Sinn* der Individualität. Dadurch eben unterscheidet sich auch diese Schrift F.s *wesentlich* von allen seinen frühern Schriften, daß er erst in ihr zur *Wahrheit* der Sinnlichkeit vorgedrungen ist, erst in ihr das absolute Wesen als sinnliches Wesen, das *sinnliche Wesen als absolutes Wesen* erfaßt hat. Um sich hiervon zu überzeugen, vergleiche man nur z. B. die Bedeutung des Wunders im *Bayle* mit der im *Wesen des Christentums*. Allerdings wird auch hier, wie dort, was sich von selbst versteht, die Ungereimtheit des Wunders im Sinne der Theologie nachgewiesen, aber während es im *Bayle* als widersprechend mit dem göttlichen Wesen, wird es hier als übereinstimmend mit demselben dargestellt, weil dort Gott noch als abstraktes, vom Menschen unterschiednes Vernunftwesen, hier aber als das in seiner Totalität sich selbst befriedigende menschliche Wesen gefaßt und die wahre Bedeutung des Wunders eben darein gesetzt wird, nichts weiter als die – freilich nur supranaturalistische und sofern unvernünftige – Befriedigung eines menschlichen sinnlichen Wunsches oder Bedürfnisses zu sein.[17]

Das Individuum ist dem F. das absolute, d. i. *wahre, wirkliche* Wesen. Warum sagt er aber nicht: *Dieses* ausschließliche Individuum? Darum, weil er dann nicht wüßte, was er will – auf den Standpunkt, welchen er negiert, den Standpunkt der Religion zurücksinken würde. Darin besteht eben gerade, wenigstens in dieser Beziehung, das Wesen der Religion, daß sie aus einer Klasse oder Gattung ein *einziges* Individuum auswählt und als heilig, unverletzlich den übrigen Individuen gegenüberstellt. *Dieser* Mensch, *dieser* »Einzige«, »Unvergleichliche«, dieser Jesus Christus ausschließlich und allein ist Gott, *diese* Eiche, *dieser* Ort, *dieser* Hain, *dieser* Stier, *dieser* Tag ist heilig, nicht die übrigen. Eine Religion aufheben heißt darum nichts andres als die Identität ihres geheiligten Gegenstands oder Individuums mit den andern, profanen Individuen derselben Gattung nachweisen. Diesen Beweis lieferte schon der H. Bonifatius unsern Vorfahren, als er die göttliche Eiche zu Geismar fällte. Und so kannst du denn auch den Standpunkt des Christentums, dessen Wesen sich in dem Satze erschöpft: Ich, dieses ausschließliche, unvergleichliche Individuum, bin, wenn auch nicht jetzt, doch meiner himmlischen Bestimmung nach, *Gott* – gleichgültig, wie Gott bestimmt wird: ob abstrakt als vollkommnes moralisches oder mystisch als phantastisch-sinnliches Wesen –, nur dadurch aufheben, daß du dieses unvergleichliche Individuum aus dem blauen Dunst seines supranaturalistischen Egoismus in die profane sinnliche Anschauung versetzest, welche dir zwar seinen individuellen Unterschied, aber auch zugleich *unverkennbar, unverleugbar* seine Identität mit den andern Individuen, seine *Gemeinheit* vergegenwärtigt. Gib dem einzelnen Individuum nicht weniger, als ihm gebührt, aber auch nicht mehr. So nur befreist du dich von den Ketten des Christentums. Individuum sein heißt zwar allerdings »Egoist« sein, es heißt aber auch zugleich, und zwar nolens volens, *Kommunist* sein. Nimm die Dinge, wie sie sind, d. h. nimm dich selbst, wie du bist, denn wie du die Dinge nimmst, so nimmst du dich und umgekehrt. Schlage dir den »Einzigen« im Himmel, aber schlage dir auch den »Einzigen« auf Erden aus dem Kopfe.

Folge den Sinnen! Wo der Sinn anfängt, hört die Religion und hört die Philosophie auf, aber du hast dafür die schlichte, blanke Wahrheit. Hier steht vor deinen Augen eine weibliche Schönheit; du rufst entzückt aus: Sie ist unvergleichlich schön. Aber siehe! Dort steht zugleich vor denselben Augen eine männliche Schönheit. Wirst du nun nicht *notwendig* beide miteinander vergleichen? Und wenn du es nicht tust, um auf deiner Unvergleichlichkeit hartnäckig zu bestehen, werden sich die beiden Schönheiten nicht selbst miteinander vergleichen, werden sie sich nicht wundern über ihre Gleichheit trotz des Unterschieds, über ihren Unterschied trotz der Gleichheit? Werden sie nicht unwillkürlich einander zurufen: Du bist, »*was*« ich bin, und endlich *im Namen des Menschen* ihre Ausschließlichkeit durch gegenseitige Umschließungen widerlegen? »Ich liebe nur diese Einzige«, sagt der Einzige; ich auch, ob ich gleich ein ganz kommuner Mensch bin. Aber ist dieses einzige Weib, das du liebst, eine Äffin, eine Eselin, eine Hündin, ist es nicht ein *menschliches* Weib? »Ich bin mehr als Mensch«, sagt der Einzige. Bist du aber auch mehr als Mann? Ist dein Wesen oder vielmehr – denn das Wort *Wesen* verschmäht der »Egoist«, ob es gleich dasselbe sagt – dein Ich nicht ein *männliches*? Kannst du die Männlichkeit absondern selbst von dem, was man Geist nennt? Ist nicht dein Hirn, das heiligste, höchstgestellte Eingeweide des Leibes, ein männlich bestimmtes? Sind deine Gefühle, deine Gedanken unmännlich? Bist du aber ein *tierisches Männchen*, ein Hund, ein Affe, ein Hengst? Was anders ist also dein »einziges, unvergleichliches«, dein folglich geschlechtsloses Ich als ein unverdauter Rest des alten christlichen Supranaturalismus?

Folge den Sinnen! Du bist durch und durch Mann – das Ich, das du in Gedanken von deinem sinnlichen, männlichen Wesen absonderst, ist ein Produkt der Abstraktion, das ebensoviel oder -sowenig Realität hat als die platonische Tischheit im

Unterschiede von den wirklichen Tischen. Aber als Mann beziehst du dich *wesentlich, notwendig* auf ein *andres* Ich oder Wesen – auf das Weib. Wenn ich also dich als Individuum anerkennen will, so muß ich meine Anerkennung nicht nur auf dich allein beschränken, sondern zugleich über dich hinaus auf dein Weib ausdehnen. Die Anerkennung des Individuums ist notwendig die Anerkennung von wenigstens *zwei* Individuen. Zwei hat aber keinen Schluß und Sinn; auf Zwei folgt Drei, auf das Weib das Kind. Aber nur ein *einziges, unvergleichliches* Kind? Nein! Die Liebe treibt dich unaufhaltsam über dieses eine hinaus. Selbst schon der Anblick des Kindes ist so lieblich, so mächtig, daß er das Verlangen nach mehreren seinesgleichen unwiderstehlich in dir erzeugt. *Eines* will überhaupt nur der Egoismus, aber *vieles* die Liebe. Allerdings entzieht nun die Liebe durch die Vielheit der Kinder dem Erstgeborenen den göttlichen, monotheistischen Rang und Titel der Einzigkeit und Unvergleichlichkeit, aber wäre die Liebe, die sich nur auf dieses einzige beschränken wollte, nicht Filzigkeit und Lieblosigkeit gegen andere mögliche Kinder? Nicht sogar Lieblosigkeit gegen dieses einzige Kind, welches doch selbst bald seine Einzigkeit satt bekommen und sich nach einem Schwesterchen oder Brüderchen sehnen würde? Wie kannst du also einem Schriftsteller den Vorwurf machen, daß er das Individuum nicht anerkennt, wenn er es so anerkennt, wie die Liebe es anerkennt? Wie ihn der Abstraktion beschuldigen, wenn er nach dem Vorbild der Liebe, welche, ob sie gleich die höchste und tiefste Anerkennung des Individuums ausdrückt, doch nicht bei diesem einzigen Individuum mit Ausschluß aller anderen stehenbleibt, auch nicht auf dieses einzige und unvergleichliche Individuum sich beschränkt, sondern seine Gedanken und Gesinnungen auf die *Gattung,* d. h. die *anderen* Individuen ausdehnt? Die Gattung bedeutet nämlich bei F. nicht ein Abstraktum, sondern nur, dem einzelnen, für sich selbst fixierten Ich gegenüber das Du, den Andern, überhaupt die außer mir existierenden menschlichen Individuen. Wenn es daher bei F. z. B. heißt: Das Individuum ist beschränkt, die

Gattung unbeschränkt, so heißt das nichts anders als: Die Schranken dieses Individuums sind nicht auch die Schranken der andern, die Schranken der gegenwärtigen Menschen deswegen noch nicht die Schranken der zukünftigen Menschen.[18]

Der Gedanke der Gattung in diesem Sinne ist für das einzelne Individuum, und jeder ist ein einzelner, ein notwendiger, unentbehrlicher. »Wir sind allzumal vollkommen«, sagt der Einzige wahr und schön; aber gleichwohl fühlen wir uns beschränkt und unvollkommen, weil wir uns notwendig – notwendig, denn wir sind nun einmal reflektierende Wesen – nicht nur mit andern vergleichen, sondern auch mit uns selbst, indem wir das, was wir geworden sind, mit dem, was wir werden konnten, unter andern Verhältnissen vielleicht wirklich geworden wären, zusammenhalten. Wir fühlen uns aber nicht nur moralisch, wir fühlen uns selbst auch sinnlich, räumlich und zeitlich beschränkt; wir, diese Individuen, sind ja nur an diesem bestimmten Orte, in dieser beschränkten, erbärmlichen Zeit. Wo sollen wir uns nun von diesem Beschränktheitsgefühl erlösen, wenn nicht in dem Gedanken der unbeschränkten Gattung, d. h. in dem Gedanken anderer Menschen, anderer Orte, anderer, glücklicherer Zeiten? Wer die Gattung daher nicht an die Stelle der Gottheit setzt, der läßt in dem Individuum eine Lücke, die sich notwendig wieder durch die Vorstellung eines Gottes, d. h. des personifizierten Wesens der Gattung, ausfüllt. Nur die Gattung ist imstande, die Gottheit, die Religion aufzuheben und zugleich zu ersetzen. Keine Religion haben heißt: *nur an sich selbst* denken; Religion haben: *an andere* denken. Und diese Religion ist die allein bleibende, wenigstens solange, als nicht ein »einziger« Mensch nur auf Erden ist; denn sowie wir nur *zwei* Menschen, wie Mann und Weib, haben, so haben wir auch schon Religion. Zwei, Unterschied ist der Ursprung der Religion – das Du der Gott des Ich, denn ich bin nicht ohne dich; ich hänge vom Du ab; kein Du – kein Ich.[19]

Was heißt die »Gattung realisieren«? Eine Anlage, eine Fähigkeit, eine Bestimmung überhaupt der menschlichen Natur verwirklichen. Die Raupe ist ein Insekt, aber noch nicht das ganze Insekt; in Beziehung auf sich ist sie wohl vollkommen, ist sie, was sie sein soll und sein kann; aber gleichwohl steckt trotz ihres selbstgenügsamen Egoismus noch etwas »*in ihr über ihr*«, was erst werden soll und kann – der Schmetterling. Erst der Schmetterling ist das erschöpfte, vollständig verwirklichte Insekt. Ähnliche Metamorphosen finden wie im Leben der Menschheit, so im Leben des einzelnen Menschen statt. Wenn daher der Mensch aus dem Knabenalter ins Jünglingsalter, aus der Schule zum Leben, aus dem Sklavenzustand zur Freiheit, aus der Indifferenz gegen das Geschlecht zur Liebe übergeht, so ruft er unwillkürlich bei allen diesen und ähnlichen Übergängen aus: Jetzt erst bin ich *Mensch* geworden, weil er jetzt erst *vollständiger* Mensch geworden ist, jetzt erst einen wesentlichen, bisher unbekannten oder gewaltsam unterdrückten Trieb seiner Natur befriedigt hat.

So notwendig die Unterscheidung zwischen Ich und Du, zwischen Individuum und Gattung ist, so notwendig ist *selbst innerhalb eines und desselben* Individuums die Unterscheidung zwischen dem Notwendigen und Veräußerlichen, Individuellen im Sinne des Zufälligen, dem Wesentlichen und Unwesentlichen, dem Nähern und Entferntern, dem Höhern und Niedern. Folge den Sinnen! Das räumlich Höchstgestellte ist auch das qualitativ Höchste am Menschen, das ihm Nächste, das nicht mehr von ihm Unterscheidbare – dieses ist der *Kopf*. Wenn ich den Kopf eines Menschen sehe, so sehe ich *ihn selbst*; wenn ich aber nur seinen Rumpf sehe, so sehe ich eben nichts weiter als seinen Rumpf. Wenn ich meine Hände und Füße verliere, so bin ich allerdings ein unvollständiger, mangelhafter, unglücklicher Mensch, allein ich kann doch noch ohne sie als Mensch existieren; wenn ich aber meinen Kopf verliere, so bin ich selbst weg. Es gibt also einen wesentlichen Unterschied zwischen mein und mein: – anders ist das Meinige, welches weg sein kann, ohne daß *ich* weg bin, anders das Meinige, welches *nicht* weg sein kann, ohne daß ich zugleich weg bin –, einen Unterschied, den man nicht aufheben kann, ohne seinen Kopf zu verlieren. Wenn daher der »Einzige« deswegen den F. tadelt, daß er mit dem theologischen supranaturalistischen »Über« nicht auch zugleich das selbst organisch begründete Über und Unter *im Menschen* aufgehoben[20] habe, so tadelt er ihn nur deswegen, daß er nicht[21] aus Desperation über den unersetzlichen Verlust der Theologie *seinen Kopf verloren hat.*[22]

»F. *flüchtet* aus dem Glauben in die Liebe.« Oh, wie falsch! F. begibt sich mit festen, sichern Schritten aus dem Reich der spekulativen und religiösen Träume in das Land der Wirklichkeit, aus dem abstrakten Wesen des Menschen in das wirkliche, *ganze* Wesen derselben, aber die Liebe allein für sich erschöpft nicht das ganze Wesen des Menschen. Zum Lieben gehört auch Verstand, das »Gesetz der Intelligenz«; eine verstandlose Liebe unterscheidet sich in ihren Wirkungen[23] nicht vom Hasse, denn sie weiß nicht, was nützlich oder schädlich, zweckmäßig oder zweckwidrig ist. Warum hebt aber F. so die Liebe hervor? Weil es keinen andern praktischen und organischen, durch den Gegenstand selbst dargebotnen Übergang vom Gottesreich zum Menschenreich gibt als die Liebe, denn die Liebe ist der praktische Atheismus, die Negation Gottes im Herzen, in der Gesinnung, in der Tat. Das Christentum *nennt* sich die Religion der Liebe, *ist* aber nicht die Religion der Liebe, sondern die Religion des supranaturalistischen, geistlichen Egoismus, gleichwie das Judentum die Religion des weltlichen, irdischen Egoismus ist. F. mußte daher das Christentum beim Wort nehmen, d. h. das Wort zur Sache, den Schein zum Wesen machen.

Nimmt F. die Liebe in einem der wirklichen Liebe widersprechenden, phantastischen, supranaturalistischen Sinne – in dem Sinne, in welchem sie von aller Selbstliebe frei sein soll?

Nein! »Kein Wesen«, sagt er z. B., »kann sich selbst negieren.« »Sein heißt sich selbst lieben.« »Indem ich das Elend des andern erleichtere, erleichtere ich zugleich mein eigenes, Elend des andern fühlen ist selbst ein Elend« usw. Jede Liebe ist insofern egoistisch, denn ich kann nicht lieben, was mir widerspricht; ich kann nur lieben, was mich befriedigt, was mich glücklich macht; d. h. ich kann nichts andres lieben, ohne eben damit zugleich mich selbst zu lieben. Aber gleichwohl ist ein begründeter Unterschied zwischen dem, was man selbstsüchtige, eigennützige, und dem, was man uneigennützige Liebe nennt. Welcher? In Kürze dieser: In der eigennützigen Liebe ist der Gegenstand deine Hetäre, in der uneigennützigen deine Geliebte. Dort befriedige ich mich wie hier, aber dort unterordne ich das Wesen einem Teil, hier aber den Teil, das Mittel, das Organ dem Ganzen, dem Wesen; dort befriedige ich eben deswegen auch nur einen Teil von mir, hier aber mich selbst, mein volles, ganzes Wesen. Kurz: in der eigennützigen Liebe opfere ich das Höhere dem Niederen, einen höhern Genuß folglich einem niedrigeren, in der uneigennützigen aber das Niedere dem Höheren auf.

»F. macht eben die Religion zur Ethik, die Ethik zur Religion.« Allerdings im Gegensatz zum Christentum[24], worin die Ethik, als die Beziehung des Menschen auf den Menschen gegenüber der Beziehung des Menschen auf Gott, nur eine untergeordnete Stellung hat. Aber F. setzt den Menschen *über* die Moral: »Indem Gott als ein sündenvergebendes Wesen gesetzt wird, so wird er zwar nicht als ein unmoralisches, aber doch als ein mehr als ein moralisches, d. i. als ein *menschliches* Wesen gesetzt.« Diese Worte bilden den Übergang vom Wesen des Moralgesetzes zum eigentlichen Wesen des Christentums, d. h. zum Wesen des Menschen, welches an und für sich *ebensowenig ein unmoralisches als moralisches* ist. F. macht also nicht die Moral zum Maßstab des Menschen, sondern umgekehrt den Menschen zum Maßstab der Moral: Gut ist, was dem Menschen gemäß ist, entspricht; schlecht, verwerflich, was ihm widerspricht. Heilig sind also die ethischen Verhältnisse, wie z. B. die Ehe, nicht »um ihrer selbst willen« – außer nur im Gegensatze zum Christentum, zu dem: um Gottes willen –, heilig nur um des Menschen willen, heilig nur, weil sie Verhältnisse des Menschen zum Menschen – also Selbstbejahungen, Selbstbefriedigungen des menschlichen Wesens sind. Allerdings macht also F. die Ethik zur Religion, aber nicht für sich selbst in abstracto, nicht als Zweck, sondern nur als Folge, nicht, weil ihm, wie dem »aufgeklärten Protestantismus«, dem Rationalismus, Kantianismus, das moralische Wesen, d. h. das Wesen der Moral, sondern weil ihm das wirkliche, sinnliche, individuelle *menschliche Wesen* das *höchste, d. i. religiöse*[25] *Wesen* ist.

»F. bekleidet seinen Materialismus mit dem Eigentum des Idealismus.« Oh, wie aus der Luft gegriffen ist diese Behauptung! F., »Einziger«!, ist weder Idealist noch Materialist. Dem F. sind Gott, Geist, Seele, Ich bloße Abstraktionen, aber ebensogut sind ihm der Leib, die Materie, der Körper bloße Abstraktionen. Wahrheit, Wesen, Wirklichkeit ist ihm nur die Sinnlichkeit. Hast du aber je einen Leib, eine Materie gefühlt, gesehen? Du hast ja nur gesehen und gefühlt dieses Wasser, dieses Feuer, diese Sterne, diese Steine, diese Bäume, diese Tiere, diese Menschen: immer und immer nur ganz bestimmte, *sinnliche, individuelle* Dinge und Wesen, aber nimmer weder Leiber noch Seelen, weder Geister noch Körper. Aber noch weniger ist F. Identist[26] im Sinne der absoluten Identität, welche die beiden Abstraktionen in einer dritten Abstraktion vereinigt. Also weder Materialist noch Idealist noch Identitätsphilosoph ist F. Nun was denn? Er ist mit Gedanken, was er der Tat nach, im Geiste, was er im Fleische, im Wesen, was er in den Sinnen ist – *Mensch*; oder vielmehr, da F. nur in die Gemeinschaft das Wesen des Menschen versetzt –: Gemeinmensch, *Kommunist.*[27]

Das Wesen der Religion*
[1846]²⁸

1

Das vom menschlichen Wesen oder Gott, dessen Darstellung *Das Wesen des Christentums* ist, unterschiedene und unabhängige Wesen – das Wesen ohne menschliches Wesen, menschliche Eigenschaften, menschliche Individualität – ist in Wahrheit nichts andres als die *Natur*.**

2

Das Abhängigkeitsgefühl des Menschen ist der *Grund* der Religion; der Gegenstand dieses Abhängigkeitsgefühles, das, wovon der Mensch abhängig ist und abhängig sich fühlt, ist aber ursprünglich nichts andres als die Natur. Die *Natur* ist der *erste, ursprüngliche Gegenstand der Religion,* wie die Geschichte aller Religionen und Völker sattsam beweist.

---

* Diese Arbeit ist die »Abhandlung«, auf die ich im *Luther*²⁹ hingewiesen habe, aber nicht in der Form einer Abhandlung, sondern freier, selbständiger Gedanken. Das Thema derselben oder wenigstens ihr Ausgangspunkt ist die Religion, *inwiefern ihr Gegenstand die Natur ist,* von welcher ich im *Christentum* und *Luther* abstrahierte und meinem Gegenstande gemäß abstrahieren mußte, denn der Kern des Christentums ist nicht der Gott *in der Natur,* sondern *im Menschen.*³⁰ Ich habe mich jedoch nur auf die *Hauptmomente* meines Themas beschränkt. Die mitgeteilten Gedanken sind nur Exzerpte aus meinen Manuskripten, die in ihrem ganzen Umfange für den Druck herzurichten mir zu langweilig ist. Indes, sie genügen wenigstens denen, für welche ich schreibe, denn ich schreibe nicht für die wohlbekannten »Tiere sonder Vernunft«, sondern für Wesen mit Vernunft, also für Wesen, welche durch die eigne Vernunft die Gedanken eines andern ergänzen. Übrigens erscheinen sie *hier* nur auf den ausdrücklichen Wunsch meines Verlegers. Ich bestimmte sie für einen andern Ort, wo sie auch demnächst wieder erscheinen werden und wo ihnen mehrere Erläuterungen und Ergänzungen vorangehen.³¹

** »Natur« ist für mich ebenso wie »Geist« nichts weiter als ein *allgemeines Wort* zur Bezeichnung der Wesen, Dinge, Gegenstände, welche der Mensch von sich und seinen Produkten unterscheidet und in den gemeinsamen Namen *Natur* zusammenfaßt, aber kein *allgemeines,* von den wirklichen Dingen abgezogenes und abgesondertes, personifiziertes und mystifiziertes *Wesen.*

3

Die Behauptung, daß die Religion dem Menschen eingeboren, natürlich sei, ist falsch, wenn man der Religion überhaupt die Vorstellungen des Theismus, d. h. des eigentlichen Gottesglaubens unterschiebt, vollkommen wahr aber, wenn man unter Religion nichts weiter versteht als das Abhängigkeitsgefühl – das Gefühl oder Bewußtsein des Menschen, daß er nicht ohne ein andres, von ihm unterschiednes Wesen existiert und existieren kann, daß er nicht sich selbst seine Existenz verdankt. Die Religion in diesem Sinne liegt dem Menschen so nahe als das Licht dem Auge, die Luft der Lunge, die Speise dem Magen. Die Religion ist die Beherzigung und Bekennung dessen, was ich bin. Vor allem bin ich aber ein nicht ohne Licht, ohne Luft, ohne Wasser, ohne Erde, ohne Speise existierendes, ein von der Natur abhängiges Wesen. Diese Abhängigkeit ist im Tier und tierischen Menschen nur eine unbewußte, unüberlegte; sie zum Bewußtsein erheben, sie sich vorstellen, beherzigen, bekennen heißt sich zur Religion erheben. So ist alles Leben abhängig vom Wechsel der Jahreszeiten; aber nur der Mensch feiert diesen Wechsel in dramatischen Vorstellungen, in festlichen Akten. Solche Feste aber, die nichts weiter ausdrücken und darstellen als den Wechsel der Jahreszeiten oder der Lichtgestalten des Mondes, sind die ältesten, ersten, eigentlichen Religionsbekenntnisse der Menschheit.

4

Der bestimmte Mensch, dieses Volk, dieser Stamm, hängt nicht von der Natur im allgemeinen ab, nicht von der Erde überhaupt, sondern von diesem Boden, diesem Lande, nicht vom Wasser überhaupt, sondern von diesem Wasser, diesem Strome, dieser Quelle. Der Ägypter ist nicht Ägypter außer Ägypten, der Inder nicht Inder außer Indien. Mit vollem Rechte, mit demselben Rechte, mit welchem der universelle Mensch sein universelles Wesen als Gott verehrt, beteten daher die alten, beschränkten, an ihrem Boden mit Leib und

Seele haftenden, nicht in ihre Menschheit, sondern in ihre Volks- und Stammsbestimmtheit ihr Wesen setzenden Völker die Berge, die Bäume, die Tiere, die Flüsse und Quellen ihres Landes als göttliche Wesen an, denn ihre ganze Existenz, ihr ganzes Wesen gründete sich ja nur auf die Beschaffenheit ihres Landes, ihrer Natur.

5

Es ist eine phantastische Vorstellung, daß der Mensch nur durch die Vorsehung, den Beistand »übermenschlicher« Wesen, als da sind Götter, Geister, Genien, Engel, sich über den Zustand der Tierheit habe erheben können. Allerdings ist der Mensch nicht für sich und durch *sich selbst allein* das geworden, was er ist; er bedurfte hierzu der Unterstützung anderer Wesen. Aber diese Wesen waren keine supranaturalistischen, eingebildeten Geschöpfe, sondern wirkliche, natürliche Wesen, keine Wesen über, sondern *unter* dem Menschen, wie denn überhaupt alles, was den Menschen in seinem bewußten und willkürlichen, dem gewöhnlich allein menschlich genannten Tun und Treiben unterstützt, alle gute Gabe und Anlage nicht von oben herab, sondern von *unten* herauf, nicht aus der Höhe, sondern aus der Tiefe der Natur kommt. Diese hilfreichen Wesen, diese *Schutzgeister* des Menschen waren insbesondre die *Tiere*. Nur vermittels der Tiere erhob sich der Mensch über das Tier; nur unter ihrem Schutz und Beistand konnte die Saat der menschlichen Kultur gedeihen. »*Durch den Verstand des Hundes*«, heißt es im Zend Avesta, und zwar im Vendidad, dem anerkannt ältesten und echtesten Teil desselben[32], »*besteht die Welt. Behütete er nicht die Straßen, so würden Räuber und Wölfe alle Güter rauben.*« Aus dieser Bedeutung der Tiere für den Menschen, namentlich in den Zeiten der beginnenden Kultur, rechtfertigt sich vollkommen die religiöse Verehrung derselben. Die Tiere waren dem Menschen unentbehrliche, *notwendige* Wesen; von ihnen hing seine menschliche Existenz ab; das aber, wovon das Leben, die Existenz des Menschen abhängt, das ist ihm *Gott*. Wenn die Christen nicht mehr die Natur als Gott verehren, so kommt das nur daher, daß ihrem Glauben zufolge ihre Existenz nicht von der Natur, sondern dem Willen eines von der Natur unterschiednen Wesens abhängt, aber gleichwohl betrachten und verehren sie dieses Wesen nun deswegen als göttliches, d. i. höchstes Wesen, weil sie es für den Urheber und Erhalter ihrer Existenz, ihres Lebens halten. So ist die Gottesverehrung nur abhängig von der Selbstverehrung des Menschen, nur eine Erscheinung derselben. Verachte ich mich oder mein Leben – ursprünglich und normal unterscheidet der Mensch nicht zwischen sich und seinem Leben –, wie sollte ich das lobpreisen, verehren, wovon dieses erbärmliche, verächtliche Leben abhängt? In dem Werte, den ich auf die Ursache des Lebens lege, wird daher nur *Gegenstand* des Bewußtseins der Wert, den ich *unbewußt* auf mein Leben, auf mich selbst lege. Je höher darum der Wert des Lebens steigt, desto höher steigen auch natürlich an Wert und Würde die Spender der Lebensgaben, die Götter. Wie könnten auch die Götter in Gold und Silber strahlen, solange nicht der Mensch den Wert und Gebrauch von Gold und Silber kennt? Welch ein Unterschied zwischen der griechischen Lebensfülle und Lebensliebe und der indianischen Lebensöde und Lebensverachtung; aber auch welch ein Unterschied zwischen dem olympischen Vater der Götter und Menschen und der großen indianischen Beutelratze oder der Klapperschlange, dem Großvater der Indianer!

6

Die Christen freuen sich des Lebens ebensosehr wie die Heiden, aber sie schicken ihre Dankgebete für die Lebensgenüsse empor zum himmlischen Vater; sie machen eben deswegen den Heiden den Vorwurf des Götzendienstes, daß sie mit ihrem Danke, ihrer Verehrung bei der Kreatur stehenbleiben, sich nicht zur ersten Ursache, der allein wahren Ursache, aller Wohltaten erheben. Allein, verdanke ich dem Adam, dem *ersten* Menschen, *meine* Existenz? Verehre ich ihn als meinen

Vater? Warum soll ich nicht bei der Kreatur stehenbleiben? Bin ich nicht selbst eine Kreatur? Ist nicht für mich, der ich selbst nicht weit her bin, *für mich als dieses bestimmte, individuelle* Wesen, die *nächste*, diese gleichfalls bestimmte, individuelle Ursache die *letzte* Ursache? Ist diese meine, von mir selbst und meiner Existenz unabtrennbare, ununterscheidbare Individualität nicht abhängig von der Individualität dieser meiner Eltern? Verliere ich nicht, wenn ich weiter[33] zurückgehe, zuletzt alle Spuren von meiner Existenz? Gibt es hier nicht einen notwendigen Halt- und Grenzpunkt im Rückgang? Ist nicht der erste Anfang meiner Existenz ein absolut individueller? Bin ich in demselben Jahre, derselben Stunde, derselben Stimmung, kurz, unter denselben innern und äußern Bedingungen gezeugt und empfangen wie mein Bruder? Ist also nicht, wie mein Leben ein unwidersprechlich eignes ist, auch mein Ursprung ein eigner, individueller? Soll ich also bis auf den Adam meine Pietät ausdehnen? Nein! Ich bleibe mit vollem Rechte bei den mir nächsten Wesen, diesen meinen Eltern, als den Ursachen *meiner* Existenz, mit religiöser Verehrung stehen.

7

Die ununterbrochne Reihe der sogenannten endlichen Ursachen oder Dinge, welche die alten Atheisten als eine endlose, die Theisten als eine endliche bestimmten, existiert ebenso wie die Zeit, in der sich ohne Absatz und Unterschied ein Augenblick an den andern reiht, nur im Gedanken, in der Vorstellung des Menschen. In der Wirklichkeit wird das langweilige Einerlei dieser Kausalreihe unterbrochen, aufgehoben durch den Unterschied, die *Individualität* der Dinge, welche etwas Neues, Selbständiges, Einziges, Letztes, Absolutes ist. Allerdings ist das im Sinne der Naturreligion göttliche Wasser ein zusammengesetztes, vom Wasser- und Sauerstoff abhängiges, aber doch zugleich ein neues, nur sich selbst gleiches, originelles Wesen, in welchem die Eigenschaften der beiden Stoffe für sich selbst verschwunden, aufgehoben sind. Allerdings ist das

Mondlicht, das der Heide in seiner religiösen Einfalt als ein selbständiges Licht verehrt, ein abgeleitetes, aber doch zugleich ein von dem unmittelbaren Sonnenlicht unterschiednes, eignes, durch den Widerstand des Monds verändertes Licht – ein Licht also, das nicht wäre, wenn der Mond nicht wäre, dessen Eigentümlichkeit nur in ihm seinen Grund hat. Allerdings ist der Hund, den der Parse wegen seiner Wachsamkeit, Dienstfertigkeit und Treue als ein wohltätiges und deswegen göttliches Wesen in seinen Gebeten anruft, ein Geschöpf der Natur, das nicht aus und durch sich selbst ist, was es ist; aber gleichwohl ist es doch nur der Hund selbst, *dieses* und kein andres Wesen, welches jene verehrungswürdigen Eigenschaften besitzt. Soll ich wegen dieser Eigenschaften zur ersten und allgemeinen Ursache aufblicken und dem Hund den Rücken kehren? Allein die allgemeine Ursache ist ohne Unterschied ebensogut die Ursache des menschenfreundlichen Hundes als des menschenfeindlichen Wolfes, dessen Dasein ich, der allgemeinen Ursache zum Trotz, aufheben muß, wenn ich mein eignes, höher berechtigtes Dasein behaupten will.

8

Das göttliche Wesen, das sich in der Natur offenbart, ist nichts andres *als die Natur selbst,* die sich dem Menschen als ein göttliches Wesen offenbart, darstellt und aufdringt. Die alten Mexikaner hatten unter ihren vielen Göttern auch einen Gott* des Salzes. Dieser Salzgott enträtsele uns auf fühlbare Weise das Wesen des Gottes der Natur überhaupt. Das Salz (Steinsalz) repräsentiert uns in seinen ökonomischen, medizinischen und technologischen Wirkungen die von den Theisten so sehr gepriesene Nützlichkeit und Wohltätigkeit der Natur, in seinen Wirkungen auf Auge und Gemüt, seinen Farben, seinem Glanze, seiner Durchsichtigkeit ihre Schönheit, in seiner kristallinischen Struktur und Gestalt ihre Harmonie und Regelmäßigkeit, in seiner Zusammensetzung aus ent-

---

* Oder vielmehr Göttin, aber es ist hier eins.

gegengesetzten Stoffen die Verbindung der entgegengesetzten Elemente der Natur zu einem Ganzen – eine Verbindung, welche die Theisten von jeher als einen unumstößlichen Beweis für die Existenz eines von der Natur unterschiednen Regenten derselben ansahen, weil sie aus Unkenntnis der Natur nicht wußten, daß gerade die entgegengesetzten Stoffe und Wesen sich anziehen, sich durch sich selbst zu einem Ganzen verbinden. Was ist denn nun aber der Gott des Salzes? der Gott, dessen Gebiet, Dasein, Offenbarung, Wirkungen und Eigenschaften im Salze enthalten sind? Nichts andres als das Salz selbst, welches dem Menschen wegen seiner Eigenschaften und Wirkungen als ein göttliches, d. h. wohltätiges, herrliches, preis- und bewundrungswürdiges Wesen erscheint. *Homer* nennt ausdrücklich das Salz göttlich. Wie also der Gott des Salzes nur der Ein- und Ausdruck von der Gottheit oder Göttlichkeit des Salzes ist, so ist auch der Gott der Welt oder Natur überhaupt nur der Ein- und Ausdruck von der Gottheit der Natur.

9

Der Glaube, daß in der Natur ein andres Wesen sich ausspricht als die Natur selbst, daß die Natur von einem von ihr unterschiednen Wesen erfüllt und beherrscht sei, ist *im Grunde* eins mit dem Glauben, daß Geister, Dämonen, Teufel durch den Menschen, wenigstens in gewissen Zuständen, sich aussprechen, den Menschen besitzen, ist in der Tat der Glaube, daß die Natur von einem fremden, geisterhaften Wesen *besessen* sei. Allerdings ist auch wirklich die Natur auf dem Standpunkte dieses Glaubens von einem Geiste besessen, aber dieser Geist ist des Menschen Geist, seine Phantasie, sein Gemüt, das sich unwillkürlich in die Natur hineinlegt, die Natur zu einem Symbol und Spiegel seines Wesens macht.

10

Die Natur ist nicht nur der erste, ursprüngliche Gegenstand, sie ist auch der *bleibende Grund,* der *fortwährende, wenn auch verborgne Hintergrund der Religion.* Der Glaube, daß Gott, selbst wenn er als ein von der Natur unterschiednes, übernatürliches Wesen vorgestellt wird, ein *außer dem Menschen existierendes*, ein *objektives* Wesen ist, wie die Philosophen sich ausdrücken, hat seinen Grund nur darin, daß das außer dem Menschen existierende gegenständliche Wesen, die Welt, die Natur, ursprünglich selbst Gott ist. Die Existenz der Natur gründet sich nicht, wie der Theismus wähnt, auf die Existenz Gottes, nein! umgekehrt: Die *Existenz Gottes* oder vielmehr der Glaube an seine Existenz *gründet sich* nur auf die *Existenz der Natur*. Du bist nur deswegen genötigt, Gott als ein existierendes Wesen zu denken, weil du von der Natur selbst genötigt wirst, deiner Existenz und deinem Bewußtsein die *Existenz der Natur vorauszusetzen*, und der erste Grundbegriff Gottes kein andrer ist als eben der, daß er die deiner Existenz vorangehende, *vorausgesetzte Existenz ist*. Oder: In dem Glauben, daß Gott außer dem Herzen, außer der Vernunft des Menschen existiert, schlechtweg existiert, gleichgültig, ob der Mensch ist oder nicht ist und ihn denkt oder nicht denkt, wünscht oder nicht wünscht, in diesem Glauben oder vielmehr in dem Gegenstande desselben spukt kein andres Wesen dir im Kopfe als die Natur, deren Existenz sich nicht auf die Existenz des Menschen, geschweige auf Gründe des menschlichen Verstands und Herzens stützt. Wenn daher die Theologen, besonders die rationalistischen, die Ehre Gottes hauptsächlich darein setzen, daß er ein vom Denken des Menschen unabhängig existierendes Wesen ist, so mögen sie doch bedenken, daß die Ehre dieser Existenz auch den Göttern der blinden Heiden, den Sternen, Steinen, Bäumen und Tieren zukommt, daß also die *gedankenlose* Existenz ihres Gottes sich nicht von der Existenz des ägyptischen Apis unterscheidet.

11

Die den *Unterschied* des göttlichen Wesens vom menschlichen Wesen oder wenigstens vom menschlichen Individuum begründenden und ausdrückenden Eigenschaften sind ursprünglich oder der Grundlage nach nur Eigenschaften der *Natur*. Gott ist das mächtigste oder vielmehr *allmächtige* Wesen – d. h. er vermag, was der Mensch nicht vermag, was vielmehr die menschlichen Kräfte unendlich übersteigt und daher dem Menschen das demütigende Gefühl seiner Beschränktheit, Ohnmacht und Nichtigkeit einflößt. »Kannst du«, spricht Gott zu Hiob, »die Bande der sieben Sterne zusammenbinden? Oder das Band des Orion auflösen? Kannst du die Blitze auslassen, daß sie hinfahren und sprechen: Hier sind wir? Kannst du dem Rosse Kräfte geben? Flieget der Habicht durch deinen Verstand? Hast du einen Arm wie Gott und kannst mit gleicher Stimme donnern, als er tut?« Nein, das kann der Mensch nicht; mit dem Donner läßt sich die menschliche Stimme nicht vergleichen. Aber was ist die Macht, die sich in der Gewalt des Donners, in der Stärke des Rosses, im Fluge des Habichts, im unaufhaltsamen Laufe des Siebengestirns äußert? *Die Macht der Natur.** Gott ist das *ewige* Wesen. Aber in der Bibel selbst steht geschrieben: »Ein Geschlecht vergeht, das andre kommt, die Erde aber bleibt ewig.« Im Zend Avesta heißen ausdrücklich Sonne und Mond wegen ihrer beständigen Fortdauer »*Unsterbliche*«. Und ein peruanischer Inka sagte zu einem Dominikaner: »Du betest einen Gott an, der am Kreuze gestorben ist, ich aber bete die Sonne an, die *nie stirbt*.« Gott ist das *allgütige* Wesen, »denn er lässet seine Sonne aufgehen über die Bösen und über die Guten und lässet

---

* *Sokrates* verwarf die *Physik* als eine übermenschliche und nutzlose Beschäftigung, weil, wenn man auch *wüßte*, wie z. B. der Regen entsteht, man deswegen doch keinen Regen *machen* könnte, und beschäftigte sich daher nur mit *menschlichen*, moralischen Gegenständen, die man durch das Wissen hervorbringen kann, das heißt: Was der Mensch machen kann, ist Menschliches, was er *nicht* machen kann, Übermenschliches, Göttliches. So sagte auch ein König der Kaffern, sie »glaubten an eine unsichtbare Gewalt, die ihnen bald Gutes, bald Böses zufüge, Wind, Donner und Blitz errege und alles hervorbringe, was sie *nicht nachzuahmen vermöchten*«. Und ein Indianer zu einem Missionar: »*Kannst du das Gras wachsen lassen*? Ich glaube nicht, und *niemand kann es außer dem großen Manito*«. So ist der Grundbegriff Gottes als eines vom Menschen unterschiednen Wesens kein andrer als die Natur.

regnen über Gerechte und Ungerechte«; aber das Wesen, das nicht zwischen Guten und Bösen, Gerechten und Ungerechten unterscheidet, nicht nach moralischen Verdiensten die Güter des Lebens austeilt, das überhaupt deswegen auf den Menschen den Eindruck eines guten Wesens macht, weil seine Wirkungen, wie z. B. das erquickende Sonnenlicht und Regenwasser, Quellen der wohltuendsten Empfindungen sind, das ist eben die Natur. Gott ist das *allumfassende, universelle,* das *eine und selbe* Wesen, aber es ist *ein und dieselbe* Sonne, die allen Menschen und Wesen der Erde oder Welt – denn die Erde ist ursprünglich und in allen Religionen die Welt selbst – leuchtet, *ein und derselbe*[34] Himmel, der sie alle umspannt, *ein und dieselbe* Erde, die sie alle trägt. Daß *ein* Gott ist, sagt *Ambrosius,* bezeugt die gemeine Natur, *denn es ist nur eine* Welt. Wie Sonne, Mond, Himmel, Erde und Meer *allen gemein* sind, sagt *Plutarch,* aber bei dem einen so, bei den andern anders heißen, so ist auch *ein* das Universum lenkender Geist, aber er hat verschiedne Namen und Kulte. Gott ist »kein Wesen, das in Tempeln wohnt, die von Menschenhänden gemacht sind«; aber auch nicht die Natur. Wer kann das Licht, wer den Himmel, wer das Meer in begrenzte menschliche Räume einschließen? Die alten Perser und Germanen verehrten nur die Natur, aber sie hatten keine Tempel. Dem Naturverehrer ist es zu eng, zu schwül in den *gemachten*[35], abgezirkelten Räumen eines Tempels oder einer Kirche; es ist ihm nur wohl unter dem freien, unbegrenzten Himmel der sinnlichen Anschauung. Gott ist das nicht nach menschlichem Maßstab bestimmbare, das *unermeßliche, große, unendliche* Wesen; aber er ist es nur, weil die Welt, sein Werk, groß, unermeßlich, unendlich ist oder wenigstens so dem Menschen erscheint. Das Werk lobt seinen Meister: Die Herrlichkeit des Schöpfers hat ihren Grund nur in der Herrlichkeit des Geschöpfs. »Wie groß ist die Sonne, aber wie groß ist erst der, der die Sonne gemacht hat!« Gott ist das *überirdische, übermenschliche, höchste* Wesen; aber auch dieses höchste Wesen ist seinem Ursprung und seiner Grundlage nach nichts andres als das räumlich oder optisch höchste Wesen: der Himmel mit seinen glänzenden Erscheinungen. Alle Religionen von nur einiger Schwungkraft versetzen ihre Götter in die Region der Wolken, in den Äther oder in Sonne, Mond und Sterne, *alle Götter verlieren sich zuletzt in den blauen Dunst des Himmels.* Selbst der spiritualistische Gott der Christen hat seinen Sitz, seine Basis oben im Himmel. Gott ist das *geheimnisvolle, unbegreifliche* Wesen, aber nur, weil die *Natur* dem Menschen, namentlich dem religiösen, ein *geheimnisvolles, unbegreifliches* Wesen ist. »Weißt du«, sagt Gott zu Hiob, »wie sich die Wolken ausstreuen? Bist du in den Grund des Meeres gekommen? Hast du vernommen, wie breit die Erde sei? Hast du gesehen, wo der Hagel herkommt?« Gott endlich ist das über menschliche Willkür erhabne, von menschlichen Bedürfnissen und Leidenschaften unberührte, das ewig sich selbst gleiche, nach unwandelbaren Gesetzen waltende, das, was es einmal festgesetzt, für alle Zeiten unabänderlich festsetzende Wesen? Aber auch dieses Wesen, was ist es anders als die bei allem Wechsel sich selbst gleichbleibende, gesetzmäßige, unerbittliche, rücksichtslose, unwillkürliche Natur?*

12

Gott, als Urheber der Natur, wird zwar als ein von der Natur unterschiednes Wesen vorgestellt, aber das, was dieses Wesen enthält und ausdrückt, der *wirkliche Inhalt* desselben, ist nur die Natur. »Aus ihren Früchten sollt ihr sie erkennen«, heißt es in der Bibel, und der Apostel Paulus verweist uns ausdrücklich auf die Welt als das Werk hin, woraus Gottes

---

* Alle diese ursprünglich nur von der Anschauung der Natur abstammenden Eigenschaften werden später zu abstrakten, metaphysischen Eigenschaften, wie die Natur selbst zu einem abstrakten Vernunftwesen. Auf diesem Standpunkt, wo der Mensch den Ursprung Gottes aus der Natur vergißt, wo Gott kein Wesen der Anschauung, der Sinnlichkeit, sondern nur ein gedachtes Wesen ist, heißt es: Der vom eigentlichen menschlichen Gott unterschiedne, anthropomorphismenlose Gott ist nichts andres als das Wesen der Vernunft. Soviel über das Verhältnis dieser Arbeit zu meinem *Luther* und *Wesen des Christentums*.[36] Sat sapienti.

Existenz und Wesen zu erkennen sei, denn das, was einer hervorbringt, enthält ja sein Wesen, zeigt uns, was er ist und vermag. Was wir in der Natur haben, das haben wir daher in Gott *gedacht nur als Urheber oder Ursache der Natur* – also kein moralisches, geistiges, sondern nur ein *natürliches,* physisches Wesen. Ein Gottesdienst, der sich auf Gott *nur* als Urheber der Natur gründete, ohne anderweitige aus dem Menschen geschöpfte Bestimmungen mit ihm zu verknüpfen, ohne ihn zugleich als politischen und moralischen, d. i. menschlichen Gesetzgeber zu denken, wäre reiner Naturdienst. Zwar wird der Urheber der Natur mit Verstand und Willen belegt; aber das, was eben dieser Wille will, dieser Verstand denkt, ist gerade das, wozu kein Wille, kein Verstand erfordert wird, wozu bloße mechanische, physische, chemische, vegetabilische, animalische Kräfte und Triebfedern hinreichen.

13

Sowenig die Bildung des Kindes im Mutterleib, die Bewegung des Herzens, die Verdauung und andre organische Funktionen Wirkungen des Verstandes und Willens sind, so wenig ist die Natur überhaupt die Wirkung eines *geistigen,* d. i. wollenden und wissenden oder denkenden Wesens. Ist die Natur ursprünglich ein Geistesprodukt und folglich eine Geisterscheinung, so sind auch die gegenwärtigen Naturwirkungen geistige Wirkungen, Geistererscheinungen. Wer A sagt, muß B sagen; *ein supranaturalistischer Anfang fordert notwendig eine supranaturalistische Fortsetzung.* Da nur macht ja der Mensch Wille und Verstand zur Ursache der Natur, wo die Wirkungen *unter* dem Willen und Verstand *über* den Verstand des Menschen gehen, wo er alles sich nur aus sich, aus menschlichen Gründen erklärt, wo er nichts versteht und weiß von den natürlichen Ursachen, wo er daher auch die besondern, gegenwärtigen Naturerscheinungen von Gott oder, wie z. B. die ihm unerklärlichen Bewegungen der Gestirne, von untergeordneten Geistern ableitet. Ist aber gegenwärtig der Stützpunkt der Erde und Gestirne nicht das allmächtige Wort Gottes, das

Motiv ihrer Bewegung kein geistiges[37] oder englisches, sondern ein mechanisches, so ist notwendig auch die Ursache, und zwar erste Ursache dieser Bewegung eine mechanische oder überhaupt natürliche. Von Wille und Verstand, überhaupt vom »Geiste«[38] die Natur ableiten, das heißt die Rechnung ohne den Wirt machen, das heißt *aus der Jungfrau ohne Erkenntnis des Mannes, bloß durch den Heiligen Geist den Heiland der Welt gebären,* das heißt *aus Wasser Wein machen,* das heißt *mit Worten* Stürme beschwören, *mit Worten* Berge versetzen, *mit Worten* Blinde sehend machen. Welche Schwachheit und Beschränktheit, die untergeordneten Ursachen, die causas secundas des Aberglaubens, die Wunder, die Teufel, die Geister als Erklärungsgründe von Naturerscheinungen zu beseitigen, aber die prima causa, die *erste* Ursache alles Aberglaubens unangetastet stehenzulassen!

14

Mehrere Kirchenväter behaupteten, daß der Sohn Gottes keine Wirkung des Willens, sondern des Wesens, der Natur Gottes, daß das Naturprodukt früher sei als das Willensprodukt und daher der Zeugungsakt, als ein Wesens- oder Naturakt, dem Akt der Schöpfung als einem Willensakt vorangehe. So hat sich selbst inmitten des übernatürlichen Gottes, obwohl im größten Widerspruch mit seinem Wesen und Willen, die Wahrheit der Natur geltend gemacht. Dem Willensakt ist der Zeugungsakt vorausgesetzt, eher als die Tätigkeit des Bewußtseins, des Willens ist die Tätigkeit der Natur. Vollkommen wahr. Erst muß die Natur sein, ehe das ist, was sich von der Natur unterscheidet, die Natur als einen Gegenstand des Wollens und Denkens sich gegenübersetzt. Von der Verstandlosigkeit zu Verstande kommen, das ist der Weg zur Lebensweisheit, aber von Verstand zur Verstandlosigkeit kommen, das ist der direkte Weg ins Narrenhaus der Theologie. Den Geist nicht auf die Natur, sondern umgekehrt die Natur auf den Geist setzen, das heißt den Kopf nicht auf den Unterleib, den Bauch, sondern den Bauch auf den Kopf stellen. Das Höhere setzt das Niedere, nicht dieses jenes voraus*, aus dem einfachen Grunde, weil das Höhere etwas *unter* sich haben muß, um höher zu stehen. Und je höher, je mehr ein Wesen ist, desto mehr setzt es auch voraus. Nicht das erste Wesen, sondern das späteste, letzte, abhängigste, bedürftigste, zusammengesetzteste Wesen ist eben deswegen das höchste Wesen, gleich wie in der Bildungsgeschichte der Erde nicht die ältesten, ersten Gesteine, die Schiefer- und Granitgesteine, sondern die spätesten, jüngsten Produkte, die Basalte und dichten Laven die schwersten, die gewichtigsten sind. Ein Wesen, das die Ehre hat, nichts vorauszusetzen, das hat auch die Ehre, nichts zu sein. Aber freilich die Christen verstehen sich auf die Kunst, aus nichts etwas zu machen.

15

Alle Dinge kommen und hängen von Gott ab, sagen die Christen im Einklang mit ihrem gottseligen Glauben, *aber,* setzen sie sogleich hinzu im Einklang mit ihrem gottlosen Verstande, *nur mittelbar*: Gott ist nur die *erste* Ursache, aber dann kommt das unübersehbare Heer der subalternen Götter, das Regiment der Mittelursachen. Allein die sogenannten Mittelursachen sind die allein wirklichen und wirksamen, die allein gegenständlichen und fühlbaren Ursachen. Ein Gott, der nicht mehr mit den Pfeilen Apollos den Menschen zu Boden streckt, nicht mehr mit dem Blitz und Donner Jupiters das Gemüt erschüttert, nicht mehr mit Kometen und andern feurigen Erscheinungen den verstockten Sündern die Hölle heiß macht, nicht mehr mit allerhöchster »selbsteigenster« Hand das Eisen an den Magnet heranzieht, Ebbe und Flut bewirkt und das feste Land gegen die übermütige, stets eine neue Sündflut drohende Macht der Gewässer schirmt, kurz, ein aus dem Reiche der Mittelursachen vertriebener Gott ist nur eine *Titulaturursache,* ein unschädliches, höchst bescheidenes Gedankending – eine *bloße Hypothese* zur Lösung einer theoretischen

---

* Logisch wohl auch, aber nimmermehr seiner realen Genesis nach.

Schwierigkeit, zur Erklärung des ersten Anfangs der Natur oder vielmehr des organischen Lebens. Denn die Annahme eines von der Natur unterschiedenen Wesens zur Erklärung ihres Daseins stützt sich, wenigstens in letzter Instanz, nur auf die – übrigens nur relativ-subjektive – Unerklärlichkeit des organischen, insbesondere menschlichen Lebens aus der Natur, indem der Theist *sein Unvermögen,* das Leben sich aus der Natur zu *erklären,* zu einem *Unvermögen der Natur,* das Leben aus sich zu *erzeugen,* die *Schranken seines Verstandes* also zu *Schranken der Natur* macht.

16

Schöpfung und Erhaltung sind unzertrennlich. Ist daher ein von der Natur unterschiedenes Wesen, ein Gott unser Schöpfer, so ist er auch unser Erhalter, so ist es also nicht die Kraft der Luft, der Wärme, des Wassers, des Brotes, sondern die *Kraft Gottes,* die *uns erhält.* »In ihm leben, weben und sind wir.« »Nicht das Brot«, sagt Luther, »sondern das *Wort Gottes nähret auch den Leib natürlich, wie es alle Dinge schaffet und erhält;* Ebr. 1.« »Weil es fürhanden ist, so nähret er (Gott) *dadurch* und *drunter,* daß man es *nicht sehe* und *meine,* das *Brot tue es.* Wo es aber *nicht* fürhanden ist, da nähret er *ohne Brot allein durchs Wort,* wie er tut unter dem Brot.« »Summa: alle Kreaturen sind Gottes *Larven* und *Mummereien,* die er will lassen mit ihm würken und helfen allerlei schaffen, das er doch *sonst ohne ihr Mitwürken tun kann und auch tut.*« Ist aber nicht die Natur, sondern Gott unser Erhalter, so ist die Natur ein bloßes *Versteckspiel* der Gottheit und folglich ein *überflüssiges Scheinwesen,* gleichwie umgekehrt Gott ein überflüssiges Scheinwesen ist, wenn uns die Natur erhält. Nun ist es aber offenbar und unleugbar, daß wir nur den eigentümlichen Wirkungen, Eigenschaften und Kräften der natürlichen Wesen unsere Erhaltung verdanken; wir sind daher zu dem Schlusse nicht nur berechtigt, sondern auch gezwungen, daß wir auch nur der Natur unsere Entstehung verdanken. Wir sind mitten in die Natur hineingestellt, und doch sollte unser Anfang, unser Ursprung außer der Natur liegen? Wir leben in der Natur, mit der Natur, von der Natur, und gleichwohl sollten wir nicht *aus* ihr sein? Welch ein Widerspruch!

17

Die Erde ist nicht immer so gewesen, wie sie gegenwärtig ist; sie ist vielmehr nur nach einer Reihe von Entwicklungen und Revolutionen auf ihren gegenwärtigen Standpunkt gekommen, und es ist durch die Geologie ermittelt, daß in diesen verschiedenen Entwicklungsstufen auch verschiedene, jetzt oder schon in frühern Perioden nicht mehr vorhandene Pflanzen und Tiere existierten.* So gibt es keine Trilobiten mehr, keine Enkriniten, keine Ammoniten, keine Pterodaktylen, keine Ichthyo- und Plesiosauren, keine Mega- und Dinotherien usw. Warum aber? Offenbar deswegen, weil die Bedingungen ihrer Existenz nicht mehr vorhanden sind. Wenn aber das Ende eines Lebens mit dem Ende seiner Bedingungen, so fällt auch der Anfang, die Entstehung eines Lebens mit der Entstehung seiner Bedingungen zusammen. Selbst gegenwärtig, wo die Pflanzen und Tiere, wenigstens unbestritten die höhern, nur durch organische Zeugung entstehen, sehen wir auf eine höchst merkwürdige, noch unerklärte Weise überall, sowie nur ihre eigentümlichen Lebensbedingungen gegeben sind, auch unverzüglich dieselben in zahlloser Menge zum Vorschein kommen. Die Entstehung des organischen Lebens ist daher naturgemäß nicht als ein *isolierter* Akt zu denken, als ein Akt *nach* der Entstehung der Lebensbedingungen, sondern vielmehr der Akt, der Moment, wo die Temperatur, die Luft, das Wasser, die Erde überhaupt solche Beschaffen-

---

* Mit der Ansicht übrigens, daß sich das organische Leben in einem förmlichen Stufengang also entwickelt habe, daß zu gewissen Zeiten *nur* Schnecken, Muscheln und andere, noch niedrigere Tiere, *nur* Fische, *nur* Amphibien existiert hätten, kann ich mich nicht befreunden. Auch ist diese Ansicht bereits bis auf die Grauwackenformation zurückgedrängt, wenn anders sich die Entdeckung von Knochen und Zähnen von Landsäugetieren in der Steinkohlenformation bestätigt hat.

heiten annahm, der Sauerstoff, Wasserstoff, Kohlenstoff, Stickstoff solche Verbindungen eingingen, welche die Existenz des organischen Lebens bedingen, ist auch als der Moment zu denken, wo zugleich diese Stoffe sich zur Bildung organischer Körper vereinigten. Wenn daher die Erde kraft ihrer eigenen Natur im Laufe der Zeit sich so entwickelt und kultiviert hat, daß sie einen mit der Existenz des Menschen verträglichen, dem menschlichen Wesen angemessenen, also sozusagen selbst *menschlichen* Charakter annahm, so konnte sie auch aus eigner Kraft den Menschen hervorbringen.

18

Die Macht der Natur ist keine unbeschränkte, wie die göttliche Allmacht, d. h. die Macht der menschlichen Einbildungskraft; sie kann nicht alles beliebig zu jeder Zeit und unter jeden Umständen; ihre Hervorbringungen, ihre Wirkungen sind an Bedingungen geknüpft. Wenn daher jetzt die Natur keine Organismen mehr ohne Befruchtung und Zeugung hervorbringen kann oder hervorbringt, so folgt daraus nicht, daß sie dies auch einst nicht konnte. Der Charakter der Erde ist gegenwärtig der der Stabilität; die Zeit der Revolutionen ist vorüber; sie hat ausgetobt. Die Vulkane sind nur noch einzelne unruhige Köpfe, die auf die Masse keinen Einfluß haben und daher die bestehende Ordnung nicht stören. Selbst die großartigste vulkanische Begebenheit seit Menschengedenken, die Erhebung des Jorullo in Mexiko, war nichts weiter als ein lokaler Aufstand. Aber wie der Mensch nur in ungewöhnlichen Zeiten ungewöhnliche Kräfte entwickelt, nur in Zeiten der höchsten Aufregung und Bewegung vermag, was ihm außer dem schlechterdings unmöglich ist, wie die Pflanze nur in gewissen Epochen, in den Epochen des Keimens, der Blüte und Befruchtung Wärme produziert, Kohlenstoff und Wasserstoff verbrennt, also eine ihrer gewöhnlichen pflanzlichen Verrichtung geradezu entgegengesetzte, eine *tierische* Funktion ausübt (se fait animal: Dumas), so entfaltete auch die Erde nur in den Zeiten ihrer geologischen Revolutionen, in den Zeiten, wo alle ihre Kräfte und Stoffe in der höchsten Gärung, Wallung und Spannung begriffen waren, ihre zoologische Produktionskraft. Wir kennen die Natur nur in ihrem gegenwärtigen status quo; wie können wir also schließen, daß, was jetzt nicht von der Natur geschieht, auch überhaupt nicht, auch in ganz andern Zeiten, unter ganz andern Bedingungen und Verhältnissen nicht geschehen könne?*

19

Die Christen haben sich nicht genug darüber verwundern können, daß die Heiden *entstandene* Wesen als göttliche verehrten; sie hätten sie aber vielmehr deswegen bewundern sollen, denn dieser Verehrung lag eine ganz richtige Naturanschauung zugrunde. Entstehen heißt sich individualisieren; Entstehung und Individualisierung sind unzertrennlich; unentstanden sind daher[39] die allgemeinen, individualitätslosen Grundstoffe oder Grundkräfte der Natur; unentstanden die Materie. Aber das individualisierte Wesen ist der Qualität nach ein höheres, göttlicheres Wesen als das individualitätslose. Schmachvoll ist allerdings die Geburt und schmerzlich der Tod; aber wer nicht anfangen und enden will, verzichte auf den Rang eines lebendigen Wesens. Ewigkeit schließt Lebendigkeit, Lebendigkeit Ewigkeit aus. Wohl setzt das Individuum ein anderes, es hervorbringendes Wesen voraus; aber das hervorbringende steht deswegen nicht über, sondern *unter* dem hervorgebrachten. Das hervorbringende Wesen ist zwar die Ursache der Existenz und insofern erstes Wesen,

---

* Es versteht sich von selbst, daß ich mit diesen wenigen populären Worten das große Problem von der Entstehung des organischen Lebens nicht will abgefertigt wissen; aber sie genügen für mein Thema; denn ich gebe hier nur den *indirekten* Beweis, daß das Leben keinen andern Ursprung haben könne als die Natur. Was die direkten naturwissenschaftlichen Beweise betrifft, so sind wir zwar noch lange nicht am Ziele, aber doch im Verhältnis zu frühern Zeiten, namentlich durch die in neuester Zeit nachgewiesene Identität der unorganischen und organischen Erscheinungen, weit genug, wenigstens so weit, daß wir von deren natürlichem Ursprung des Lebens überzeugt sein können, wenn uns gleich die Art und Weise dieses Ursprungs noch unbekannt ist oder selbst auch unbekannt bleiben sollte.

aber es ist auch zugleich bloßes Mittel und Stoff, Grundlage der Existenz eines andern Wesens und insofern ein untergeordnetes Wesen. Das Kind verzehrt die Mutter, verwendet ihre Kräfte und Säfte zu seinem Besten, schminkt seine Wangen mit ihrem Blute. Und das Kind ist der Stolz der Mutter, sie setzt es *über sich*, unterordnet ihre Existenz, ihr Wohl der Existenz, dem Wohl des Kindes; selbst die tierische Mutter opfert das eigene Leben dem Leben ihrer Jungen auf. Die tiefste Schmach eines Wesens ist der Tod, aber der Grund des Todes die Zeugung. Zeugen heißt sich wegwerfen, sich gemein machen, sich unter die Menge verlieren, anderen Wesen seine Einzigkeit und Ausschließlichkeit aufopfern. Nichts ist widerspruchvoller, verkehrter und sinnloser, als von einem höchsten, vollkommensten geistigen Wesen die natürlichen Wesen hervorbringen zu lassen. Dieser Prozedur zufolge müßten konsequenterweise, denn das Geschöpf ist ja ein Abbild des Schöpfers, auch die Menschenkinder nicht aus dem niedrigen, so tiefgestellten Organ der Gebärmutter, sondern aus dem höchsten organischen Wesen, dem Kopf entspringen.

20

Die alten Griechen leiteten alle Quellen, Brunnen, Ströme, Seen, Meere von dem Okeanos, dem Weltstrom oder Weltmeer, ab, und die alten Perser ließen alle Berge der Erde aus dem Berge Albordy entspringen. Ist die Ableitung aller Wesen von *einem* vollkommenen Wesen besseren Sinnes, anderer Art? Nein, sie beruht ganz auf derselben Denkart. Wie der Albordy ein Berg ist sogut als die aus ihm entstandenen Berge, so ist auch das göttliche Wesen als der Urpunkt der abgeleiteten Wesen sogut ein Wesen wie diese, der Gattung nach nicht von ihnen unterschieden; wie aber der Berg Albordy dadurch sich von allen andern Bergen auszeichnet, daß er die Eigenschaften derselben im eminenten Sinn, d. h. in einem von der Phantasie aufs höchste, bis in den Himmel, über Sonne, Mond und Sterne hinauf gesteigerten Grade besitzt, so unterscheidet sich auch das göttliche Urwesen von allen andern Wesen dadurch, daß es die Eigenschaften derselben im allerhöchsten Grade, in schrankenlosem, unendlichem Sinne besitzt. Sowenig aber ein uranfängliches Wasser der Quell der verschiedenen Gewässer, ein uranfänglicher Berg der Ursprung der vielen verschiedenen Berge ist, so wenig ist *ein*[40] uranfängliches Wesen der Urquell der vielen verschiednen Wesen. Unfruchtbar ist die Einheit, fruchtbar nur der Dualismus, der Gegensatz, der Unterschied. Was die Berge erzeugt, ist nicht nur ein von den Bergen Unterschiedenes, sondern in sich selbst sehr Verschiedenartiges, desgleichen was das Wasser erzeugt, sind nicht nur vom Wasser selbst, sondern auch untereinander verschiedene, ja entgegengesetzte Stoffe. Wie sich Geist, Witz, Scharfsinn, Urteil nur am Gegensatz, nur im Konflikt entwickelt und erzeugt, so erzeugte sich auch das Leben nur im Konflikt unterschiedener, ja entgegengesetzter Stoffe, Kräfte und Wesen.

21

»Wer das Ohr gemacht hat, wie sollte der nicht hören? Wer das Auge gemacht, wie sollte der nicht sehen?« Diese biblische oder theistische Ableitung des hörenden und sehenden Wesens von einem sehenden und hörenden Wesen, in unserer modernen, philosophischen Sprache ausgedrückt: des geistigen, subjektiven Wesens von einem selbst wieder geistigen, subjektiven Wesen, beruht auf demselben Fundament, sagt ganz dasselbe[41], was die persische Ableitung der Berge von dem Urberge Albordy, als die griechische Erklärung der Quellen und Flüsse aus dem Okeanos, als die biblische Erklärung des Regens aus himmlischen, über oder in den Wolken aufgehäuften Wassersammlungen, Wasser vom Wasser, aber einem unendlich großen, allumfassenden Wasser, Berge vom Berge, aber einem unendlichen, allumfassenden Berge; so Geist vom Geist, Leben vom Leben, Auge vom Auge, aber einem unendlichen, allumfassenden Auge, Leben und Geiste.

22

Den Kindern gibt man auf die Frage, woher die Kindlein kommen, bei uns diese »*Erklärung*«, daß sie die Amme aus einem Brunnen holt, wo die Kindlein wie Fische herumschwimmen. Nicht anders ist die Erklärung, die uns die Theologie von dem Ursprung der organischen oder überhaupt natürlichen Wesen gibt. Gott ist der tiefe oder schöne Brunnen der Phantasie, in dem alle Realitäten, alle Vollkommenheiten, alle Kräfte enthalten sind, alle Dinge folglich[42] schon fertig, wie Fischlein herumschwimmen; die *Theologie* ist die Amme, die sie aus diesem Brunnen hervorholt; aber die *Hauptperson*, die Natur, die Mutter, die mit Schmerzen die Kindlein gebärt, die sie neun Monate lang unter ihrem Herzen trägt, bleibt bei dieser ursprünglich kindlichen, jetzt aber kindischen Erklärung ganz außer dem Spiele. Allerdings ist diese Erklärung schöner, gemütlicher, leichter, faßlicher und den Kindern Gottes einleuchtender als die natürliche, die nur allmählich, durch unzählige Hindernisse hindurch aus dem Dunkel zum Lichte empordringt. Aber auch die Erklärung unserer frommen Väter von Hagelschlag, Viehseuchen, Dürre und Donnerwettern durch Wettermacher, Zauberer, Hexen ist weit »poetischer«, leichter und noch heute ungebildeten Menschen einleuchtender als die Erklärung dieser Erscheinungen aus natürlichen Ursachen.

23

»Der Ursprung des Lebens ist unerklärlich und unbegreiflich«; es sei; aber diese Unbegreiflichkeit berechtigt dich nicht zu den abergläubischen Konsequenzen, welche die Theologie aus den Lücken des menschlichen Wissens zieht, berechtigt dich nicht, über das Gebiet der natürlichen Ursachen auszuschweifen, denn du kannst nur sagen: Ich kann nicht aus *diesen* mir bekannten natürlichen Erscheinungen und Ursachen oder aus ihnen, wie sie mir bis jetzt bekannt sind, das Leben erklären, aber nicht: Es ist schlechterdings, überhaupt nicht aus der Natur erklärbar, ohne dir anzumaßen, den Ozean der Natur bereits bis auf den letzten Tropfen erschöpft zu haben; berechtigt dich nicht, durch die Annahme *erdichteter* Wesen das Unerklärliche zu erklären; berechtigt dich nicht, durch eine *nichts erklärende* Erklärung dich und andere zu täuschen und zu belügen; berechtigt dich nicht, dein *Nichtwissen* natürlicher, materieller Ursachen in ein *Nichtsein* solcher Ursachen zu verwandeln, deine *Ignoranz* zu vergöttern, zu personifizieren, zu vergegenständlichen in einem Wesen, welches diese Ignoranz aufheben soll und doch *nichts anders ausdrückt als die Natur dieser deiner Ignoranz*, als den *Mangel* positiver, materieller Erklärungsgründe. Denn was ist das immaterielle, un- oder nicht körperliche, nicht natürliche, nicht weltliche Wesen, woraus du dir das Leben erklärst, anders als der präzise Ausdruck von dem dir nicht gegenständlichen Sein, von dem Nichtwissen materieller, körperlicher, natürlicher, kosmischer Ursachen? Aber statt so ehrlich und bescheiden zu sein, schlechtweg zu sagen: Ich weiß keinen Grund, ich kann es nicht erklären, mir fehlen die data, die Materialien, verwandelst du diese Mängel, diese Negationen, diese Leerheiten, diese Poren deines Kopfs vermittels der Phantasie in positive Wesen, in Wesen, die *immaterielle*, d. h. *keine materiellen, keine natürlichen* Wesen sind, weil du *keine materiellen, keine natürlichen Ursachen weißt*. Die Ignoranz begnügt sich übrigens mit immateriellen, unkörperlichen, nicht natürlichen Wesen, aber ihre unzertrennliche Gefährtin, die üppige Phantasie, die es immer nur mit höchsten und allerhöchsten und überhöchsten Wesen zu tun hat, erhebt sogleich diese armen Geschöpfe der Ignoranz in den Rang von *über*materiellen, *über*natürlichen Wesen.

24

Die Vorstellung, daß die Natur selbst, die Welt überhaupt, das Universum einen wirklichen Anfang habe, daß also einst keine Natur, keine Welt, kein Universum gewesen, ist eine kleinliche Vorstellung, die nur da dem Menschen einleuchtet, wo er eine kleinliche, beschränkte Vorstellung von der Welt hat, ist eine *sinn- und bodenlose Einbildung* – die Einbildung, daß einst nichts Wirkliches gewesen ist, denn der Inbegriff aller Realität, Wirklichkeit ist eben die Welt oder Natur. Alle Eigenschaften oder Bestimmungen Gottes, die ihn zu einem gegenständlichen, wirklichen Wesen machen, sind selbst *nur von der Natur abstrahierte, die Natur voraussetzende, die Natur ausdrückende* Eigenschaften – Eigenschaften also, die wegfallen, wenn die Natur wegfällt. Allerdings bleibt dir auch dann noch, wenn du von der Natur abstrahierst, wenn du in Gedanken oder in der Einbildung ihre Existenz aufhebst, d. h. deine Augen zudrückst, alle bestimmten sinnlichen Bilder von den Naturgegenständen in dir auslöschest, die Natur also nicht sinnlich (nicht in concreto, wie die Philosophen sagen) vorstellst, ein Wesen, ein Inbegriff von Eigenschaften wie Unendlichkeit, Macht, Einheit, Notwendigkeit, Ewigkeit übrig; aber dieses nach Abzug aller sinnfälligen Eigenschaften und Erscheinungen übrigbleibende Wesen ist nichts anders als das *abgezogne Wesen der Natur* oder die Natur in abstracto, in Gedanken. Und deine Ableitung der Natur oder Welt von Gott ist daher in dieser Beziehung nichts anders als die Ableitung des sinnlichen, wirklichen Wesens der Natur von ihrem *abstrakten, gedachten,* nur in der Vorstellung, nur im Gedanken existierenden Wesen – eine Ableitung, die dir deswegen vernünftig erscheint, weil du im Denken stets das Abstrakte, Allgemeine als das *dem Denken Nähere,* folglich *dem Gedanken nach Höhere* und *Frühere,* dem Einzelnen, Wirklichen, Konkreten *voraussetzest,* obgleich es in der Wirklichkeit gerade umgekehrt, die Natur früher als [Gott][43], d. h. das Konkrete früher als das Abstrakte, das Sinnliche früher als das Gedachte ist. In der Wirklichkeit, wo es nur natürlich zugeht, folgt die Kopie auf das Original, das Bild auf die Sache, der Gedanke auf den Gegenstand; aber auf dem übernatürlichen, wunderlichen Gebiet der Theologie folgt das Original auf die Kopie, die Sache auf das Bild. »Es ist wunderlich«, sagt der Heilige Augustin, »aber doch wahr, daß diese Welt uns nicht bekannt sein könnte, wenn sie nicht wäre, aber nicht sein könnte, wenn sie Gott nicht bekannt wäre.« Das heißt aber: Die Welt wird eher gewußt, gedacht, als sie wirklich ist; ja, sie *ist* nur, weil sie gedacht wurde, das Sein ist eine Folge des Wissens oder Denkens, das Original eine Folge der Kopie, das Wesen eine Folge des Bildes.

25

Wenn man die Welt oder Natur auf *abstrakte* Bestimmungen reduziert, wenn man sie zu einem metaphysischen Ding, also zu einem bloßen Gedankending macht und diese abstrakte Welt nun für die wirkliche Welt nimmt, so ist es eine logische Notwendigkeit, sie als endlich zu denken. Die Welt ist uns nicht gegeben durch das Denken, wenigstens das meta- und hyperphysische, von der wirklichen Welt abstrahierende, in diese Abstraktion sein wahres, höchstes Wesen setzende Denken; sie ist uns gegeben durch das Leben, durch die Anschauung, durch die Sinne. Für ein abstraktes, nur denkendes Wesen existiert kein Licht, denn es hat keine Augen, keine Wärme, denn es hat kein Gefühl, existiert überhaupt keine Welt, denn es hat keine Organe für sie, existiert eigentlich *gar nichts*. Die Welt ist also nur dadurch uns gegeben, daß wir *keine* logischen oder metaphysischen Wesen, daß wir *andre* Wesen, daß wir *mehr* sind als nur Logiker und Metaphysiker. Aber gerade dieses Plus erscheint dem metaphysischen Denker als ein Minus, diese Negation des Denkens als absolute Negation. Die Natur ist für ihn nichts weiter als das Entgegengesetzte, das »*Andre* des Geistes«. Diese nur *negative* und abstrakte Bestimmung macht er zu ihrer positiven, zu ihrem Wesen. Es ist daher ein Widerspruch, das Ding oder vielmehr Unding, das nur die Negation des Denkens, das ein gedachtes, seiner Natur nach aber sinnliches, dem Denken, dem Geiste widersprechendes Ding ist, als ein positives Wesen zu denken. Das Denkwesen ist dem Denker das wahre Wesen; es versteht sich also von selbst, daß das Wesen, welches kein Denkwesen ist, auch kein wahres, ewiges, ursprüngliches Wesen ist. Es ist schon ein Widerspruch für den Geist, nur das

Andre seiner selbst zu denken; er ist nur in Harmonie mit sich, nur in seinem *esse*, wenn er nur sich selbst – Standpunkt der Spekulation – oder wenigstens – Standpunkt des Theismus – ein Wesen denkt, welches nichts andres ausdrückt als das Wesen des Denkens, welches nur durch das Denken gegeben, also an sich selbst nur ein, wenigstens passives, Denkwesen ist. So verschwindet die Natur in nichts. Aber gleichwohl *ist* sie, trotz dem, daß sie nicht sein kann und nicht sein soll. Wie erklärt sich also der Metaphysiker ihr Dasein? Durch eine scheinbar freiwillige, in Wahrheit aber seinem innersten Wesen widersprechende, nur aufgenötigte Selbstentäußerung, Selbstnegation, Selbstverleugnung des Geistes. Allein, wenn die Natur auf dem Standpunkt des abstrakten Denkens in nichts verschwindet, so verschwindet dagegen auf dem Standpunkt der wirklichen Weltanschauung dieser weltschöpferische Geist in nichts. Auf diesem Standpunkt erweisen sich alle Deduktionen der Welt aus Gott, der Natur aus dem Geiste, der Physik aus der Metaphysik, des Wirklichen aus dem Abstrakten als *logische Spiele*.

26

Die Natur ist der erste und fundamentale Gegenstand der Religion, aber sie ist selbst da, wo sie unmittelbarer Gegenstand religiöser Verehrung ist, wie in den Naturreligionen, nicht Gegenstand *als Natur*, d. h. in der Weise, in dem Sinne, in welchem wir sie auf dem Standpunkt des Theismus oder der Philosophie und Naturwissenschaft anschauen. Die Natur ist vielmehr dem Menschen ursprünglich – da eben, wo sie mit religiösen Augen angeschaut wird – Gegenstand als *das, was er selbst ist,* als ein persönliches, lebendiges, empfindendes Wesen. Der Mensch unterscheidet sich ursprünglich nicht von der Natur, folglich auch nicht die Natur von sich; er macht daher die Empfindungen, die ein Gegenstand der Natur in ihm erregt, unmittelbar zu Beschaffenheiten des Gegenstands selbst. Die wohltuenden, guten Empfindungen und Affekte verursacht das gute, wohltuende Wesen der Natur; die schlimmen, wehetuenden Empfindungen, Hitze, Kälte, Hunger, Schmerz, Krankheit ein böses Wesen oder wenigstens die Natur im Zustande des Böseseins, des Übelwollens, des Zorns. So macht der Mensch unwillkürlich und unbewußt – d. i. notwendig, obwohl diese Notwendigkeit nur eine relative, historische ist – das Naturwesen zu einem *Gemütswesen,* einem *subjektiven, d. i. menschlichen* Wesen. Kein Wunder, daß er sie dann auch ausdrücklich, mit Wissen und Willen zu einem Gegenstande der Religion, des Gebets, d. h. zu einem durch das Gemüt des Menschen, seine Bitten, seine Dienstleistungen bestimmbaren Gegenstand macht. Der Mensch hat ja schon dadurch die Natur sich willfährig gemacht, sich unterworfen, daß er sie seinem Gemüte assimiliert, seinen Leidenschaften unterworfen hat. Der ungebildete Naturmensch legt übrigens der Natur nicht nur menschliche Beweggründe, Triebe und Leidenschaften unter; er erblickt sogar in den Naturkörpern wirkliche Menschen. So halten die Indianer am Orinoko die Sonne, Mond und Sterne für Menschen – diese da oben, sagen sie, »sind Menschen wie wir« –, die Patagonier die Sterne für »ehemalige Indianer«, die Grönländer Sonne, Mond und Sterne für »ihre Vorfahren, die bei einer besondern Gelegenheit in den Himmel versetzt wurden«. So glaubten auch die alten Mexikaner, daß Sonne und Mond, die sie als Götter verehrten, einst Menschen gewesen wären. So bestätigen den im *Wesen des Christentums* ausgesprochenen Satz, daß der Mensch in der Religion nur zu sich selbst sich verhält, sein Gott nur sein eigenes Wesen ist, selbst die rohsten, untersten Arten der Religion, wo der Mensch die dem Menschen fernsten, unähnlichsten Dinge, Sterne, Steine, Bäume, ja sogar Krebsscheren, Schneckenhäuser verehrt, denn er verehrt sie nur, weil er sich selbst in sie hineinlegt, sie als solche Wesen oder wenigstens von solchen Wesen erfüllt denkt, wie er selbst ist. Die Religion stellt daher den merkwürdigen, aber sehr begreiflichen, ja notwendigen Widerspruch dar, daß, während sie auf dem theistischen oder anthropologischen Standpunkt das menschliche Wesen deswegen als göttliches verehrt, weil es ihr als ein von Menschen unterschiedenes, als ein nicht menschliches Wesen erscheint, sie umgekehrt auf dem naturalistischen Standpunkt das nicht menschliche Wesen deswegen als göttliches Wesen verehrt, weil es ihr als ein menschliches erscheint.

27

Die Veränderlichkeit der Natur, namentlich in den Erscheinungen, welche am meisten den Menschen seine Abhängigkeit von ihr fühlen lassen, ist der Hauptgrund, warum sie dem Menschen als ein menschliches, willkürliches Wesen erscheint und von ihm religiös verehrt wird. Wenn die Sonne immer am Himmel stände, so würde sie nie das Feuer des religiösen Affekts im Menschen entzündet haben. Erst als sie ihm aus den Augen entschwunden war und den Schrecken der Nacht über ihn verhängt hatte und dann wieder am Himmel sich zeigte, erst da sank er auf die Knie vor ihr nieder, überwältigt von der Freude über ihre unerwartete Wiederkunft. So begrüßten die alten Apalachiten in Florida mit Lobgesängen die Sonne beim Auf- und Untergang und baten sie zugleich, daß sie zur gehörigen Zeit wiederkehre und sie mit ihrem Lichte erfreuen möchte. Wenn die Erde immerfort Früchte trüge, wo wäre ein Grund zu religiösen Saat- und Erntefesten? Nur dadurch, daß sie bald ihren Schoß öffnet, bald wieder verschließt, erscheinen ihre Früchte als *freiwillige*, zu Dank verpflichtende Gaben. Nur der Wechsel der Natur macht den Menschen unsicher, demütig, religiös. Es ist ungewiß, ob das Wetter mir morgen zu meinem Unternehmen günstig ist, ungewiß, ob ich ernte, was ich säe; ich kann also nicht auf die Gaben der Natur wie auf einen schuldigen Tribut oder eine unausbleibliche Folge rechnen und pochen. Wo aber die mathematische Gewißheit ausgeht, da hebt – selbst heutigentags noch in schwachen Köpfen – die Theologie an. Religion ist Anschauung des Notwendigen – im Besondern, Zufälligen – als eines Willkürlichen, Freiwilligen. Die entgegengesetzte Gesinnung, die Gesinnung der Irreligiosität und Gottlosigkeit, stellt dagegen der Zyklop des Euripides dar, wenn er sagt: »Die *Erde muß, sie mag wollen oder nicht,* Gras zur Ernährung meiner Herde hervorbringen«.

28

Das Gefühl der Abhängigkeit von der Natur in Verbindung mit der Vorstellung der Natur als eines willkürlich tätigen, persönlichen Wesens ist der Grund des *Opfers,* des wesentlichsten Aktes der Naturreligionen. Die Abhängigkeit von der Natur empfinde ich besonders im Bedürfnis derselben. Das Bedürfnis ist das Gefühl und der Ausdruck meines Nichtseins ohne die Natur; aber unzertrennlich vom Bedürfnis ist der Genuß[44], das entgegengesetzte Gefühl, das Gefühl meines Selbstseins, meiner Selbständigkeit im Unterschiede von der Natur. Das Bedürfnis ist daher gottesfürchtig, demütig, religiös, aber der Genuß hochmütig, gottvergessen, respektlos, frivol. Und die Frivolität oder wenigstens Respektlosigkeit des Genusses ist eine praktische Notwendigkeit für den Menschen, eine Notwendigkeit, auf die sich seine Existenz gründet – eine Notwendigkeit, die aber im direkten Widerspruch steht mit seinem theoretischen Respekt vor der Natur als einem im Sinne des Menschen lebendigen, egoistischen, empfindlichen Wesen, das sich ebensowenig etwas will gefallen und nehmen lassen als der Mensch. Die Aneignung der Natur erscheint daher dem Menschen gleichsam als eine Rechtsverletzung, als eine Aneignung fremden Eigentums, als eine Freveltat. Um daher sein Gewissen und den in seiner Vorstellung beleidigten Gegenstand zu beschwichtigen, um ihm zu zeigen, daß er aus Not, nicht aus Übermut ihn beraubt hat, schmälert er sich den Genuß, gibt er dem Gegenstand etwas von seinem entwendeten Eigentum wieder zurück. So glaubten die Griechen, daß, wenn ein Baum gefällt wurde, die Seele desselben, die Dryade, wehklage und das Schicksal um Rache gegen den Frevler anrufe. So traute sich kein Römer, auf seinem Acker einen Hain umzuhauen, ohne ein junges Schwein zur Versöhnung des Gottes oder der Göttin dieses Hains zu opfern. So hängen die Ostiaken, wenn sie einen Bären erlegt haben, das Fell auf einen Baum, erweisen demselben allerlei Ehrenbezeugungen und entschuldigen sich aufs beste bei dem Bären, daß sie ihn getötet haben. »Sie glauben dadurch den Schaden, den ihnen der Geist dieses Tieres zufügen könnte, auf eine höfliche Art abzuwenden.« So versöhnen nordamerikanische Stämme durch ähnliche Zeremonien die Manen der getöteten Tiere. So war »unseren Vorfahren der Ellhorn ein heiliger Baum, wo sie aber denselben unterhauen mußten, pflegten sie vorher dies Gebet zu tun: Frau Ellhorn, gib mir was von deinem Holz, dann will ich dir von meinem auch was geben, wenn es wächst im Walde«. So baten die Philippinen die Ebenen und Berge um Erlaubnis, wenn sie über selbige reisen wollten, und hielten es für ein Verbrechen, irgendeinen alten Baum umzuhauen. Und der Brahmine traut sich kaum, Wasser zu trinken und die Erde mit seinen Füßen zu betreten, weil mit jedem Fußtritt, jedem Schluck Wasser empfindenden Wesen, Pflanzen und Tieren, Schmerz und Tod bereitet wird, und muß daher Buße tun, »um den Tod der Geschöpfe auszusöhnen, die er wider sein Wissen bei Tag oder bei Nacht vernichten möchte«.*

29

Im Opfer versinnlicht und konzentriert sich das ganze Wesen der Religion. Der Grund des Opfers ist das *Abhängigkeitsgefühl* – die Furcht, der Zweifel, die Ungewißheit des Erfolgs, der Zukunft, die Gewissenspein über eine begangne Sünde –, aber das Resultat, der Zweck des Opfers ist das *Selbstgefühl* – der Mut, der Genuß, die Gewißheit des Erfolgs, die Freiheit und Seligkeit. Als Knecht der Natur schreite ich zum Opfer; aber als Herr der Natur scheide ich vom Opfer. Das Gefühl der Abhängigkeit von der Natur ist daher wohl der

* Es gehören hierher auch die vielen Anstandsregeln, die in den alten Religionen der Mensch der Natur gegenüber beobachten muß, um sie nicht zu verunreinigen und zu verletzen. So durfte z. B. kein Ormuzdiener die Erde mit *bloßen Füßen* betreten, weil die Erde heilig war, kein Grieche (Hesiod) mit ungewaschenen Händen durch einen Fluß gehen.

Grund, aber *die Aufhebung dieser Abhängigkeit,* die *Freiheit* von der Natur, ist der *Zweck* der Religion. Oder: Die *Gottheit der Natur* ist wohl die Basis, die *Grundlage* der Religion, und zwar aller Religion, auch der christlichen, aber die *Gottheit des Menschen* ist der *Endzweck der Religion.*

30

Die Religion hat zu ihrer Voraussetzung den *Zwiespalt*[45] oder *Widerspruch* zwischen *Wollen* und *Können, Wünschen* und *Erreichen, Absicht* und *Erfolg, Vorstellung* und *Wirklichkeit, Denken* und *Sein.* Im Wollen, Wünschen, Vorstellen ist der Mensch *unbeschränkt, frei, allmächtig – Gott;* aber im Können, Erreichen, in der Wirklichkeit bedingt, abhängig, beschränkt – *Mensch –* Mensch im Sinne eines endlichen, Gott entgegengesetzten Wesens. »Der Mensch *denkts,* Gott *lenkts.*« »Der Mensch entwirft, und Zeus vollendet es anders.« Das Denken, das Wollen ist *mein;* aber das, was ich will und denke, ist *nicht* mein, ist *außer* mir, hängt nicht von mir ab. Die Aufhebung dieses Widerspruchs ist die Tendenz, der Zweck der Religion; und das Wesen eben, worin er aufgehoben ist, worin das meinen Wünschen und Vorstellungen nach Mögliche, meinen Kräften nach aber für mich Unmögliche möglich oder vielmehr wirklich ist – das ist das *göttliche Wesen.*

31

Das vom menschlichen Willen und Wissen Unabhängige ist der ursprüngliche, eigentliche, charakteristische Gegenstand der Religion – die Sache Gottes. »Ich habe gepflanzet«, sagt der Apostel Paulus, »Apollo hat begossen, aber *Gott hat das Gedeihen gegeben.* So ist nun weder der da pflanzet, noch der da begießet etwas, sondern *Gott,* der *das Gedeihen gibt.*« Und Luther: »Wir sollen ... Gott loben und danken, daß er Korn wachsen läßt, und erkennen, daß es *nicht unsere Arbeit,* sondern *seines Segens und seiner Gaben ist,* daß Korn und Wein und allerlei Früchte wachsen, davon wir essen und trinken und alle Notdurft haben.« Und Hesiod sagt, daß der fleißige Landmann reichlich ernten wird, wenn Zeus ein gutes Ende gewährt. Das Ackern, das Säen und Begießen der Saat hängt also von mir ab, aber nicht das Gedeihen. Dieses steht in Gottes Hand; darum heißet es: »An Gottes Segen ist alles gelegen«. Aber was ist Gott? Ursprünglich nichts andres als die Natur oder das Wesen der Natur, aber als ein Gegenstand des Gebetes, als ein erbittliches, folglich *wollendes* Wesen. Zeus ist die Ursache oder das Wesen der meteorologischen Naturerscheinungen; aber darin liegt noch *nicht* sein *göttlicher,* sein *religiöser* Charakter; auch der Nichtreligiöse hat eine Ursache des Regens, des Donnerwetters, des Schnees. Dadurch und darin erst ist er Gott, daß er der *Herr* der meteorologischen Naturerscheinungen ist, daß diese Naturwirkungen von seinem Gutdünken, von seinen Mitteln abhängen, Willensakte sind. Das vom Willen des Menschen Unabhängige macht also die Religion auf seiten des Gegenstandes (objektiv) abhängig vom Willen Gottes, auf seiten des Menschen (subjektiv) aber abhängig vom *Gebete,* denn was vom Willen abhängt, ist Gegenstand des Gebetes, etwas Abänderliches, Erbittliches. »*Lenksam sind selber die Götter.* Diese vermag durch Räuchern und demutsvolle Gelübde, durch Weinguß und Gedüft ein *Sterblicher umzulenken.*«

32

Gegenstand der Religion ist, wenigstens da, wo sich der Mensch einmal über die unbeschränkte Wahlfreiheit, Ratlosigkeit und Zufälligkeit des eigentlichen Fetischismus erhoben hat, nur oder doch hauptsächlich das, was Gegenstand menschlicher Zwecke und Bedürfnisse ist. Die dem Menschen notwendigsten Naturwesen genossen eben darum auch die allgemeinste und vorzüglichste religiöse Verehrung. Was aber ein Gegenstand menschlicher Bedürfnisse und Zwecke, ist eben damit auch ein Gegenstand *menschlicher Wünsche.* Regen und Sonnenschein ist mir not, wenn meine Saat gedeihen soll. Bei anhaltender Trocknis wünsche ich daher Regen, bei anhaltendem Regen Sonnenschein. Der Wunsch ist ein Verlangen, dessen Befriedigung – wenn auch nicht immer an und für sich selbst, doch in diesem Augenblick, in diesen Umständen, diesen Verhältnissen, wenn auch nicht absolut, doch so, wie es der Mensch auf dem Standpunkt der Religion wünscht – nicht in meiner Gewalt ist, ein Wille, aber ohne die Macht, sich durchzusetzen. Allein was mein Leib, meine Kraft überhaupt nicht vermag, das vermag eben der Wunsch selbst. Was ich verlange, wünsche, das bezaubere, begeistere ich durch meine Wünsche.* Im Affekt – und nur im Affekt, im Gefühl wurzelt die Religion – setzt der Mensch sein Wesen außer sich, behandelt er das Leblose als Lebendiges, das Unwillkürliche als Willkürliches, beseelt er den Gegenstand mit seinen Seufzern, denn es ist ihm unmöglich, im Affekt an ein gefühlloses Wesen sich zu wenden. Das Gefühl bleibt nicht auf der Mensur, die ihm der Verstand vorschreibt; es übersprudelt den Menschen; es ist ihm zu enge im Brustkasten; es muß sich der Außenwelt mitteilen und dadurch das fühllose Wesen der Natur zu einem mitfühlenden Wesen machen. Die vom menschlichen Gefühl *bezauberte* Natur, die Natur, die ist, wie es das Gefühl wünscht, die dem Gefühl entsprechende, assimilierte, also selbst gefühlvolle Natur ist die Natur, *wie sie Gegenstand der Religion, göttliches* Wesen ist. Der Wunsch ist der *Ursprung*, ist das *Wesen selbst der Religion. – Das Wesen der Götter ist nichts anderes als das Wesen des Wunsches.*** Die Götter sind übermenschliche und übernatürliche

---

* »*Wünschen* heißt in der alten (deutschen) Sprache *zaubern*.«
** Die Götter sind die Segen verleihenden Wesen. Der Segen ist der Erfolg, die Frucht, der Zweck einer Handlung, der von mir unabhängig ist, aber gewünscht wird. »Segnen«, sagt Luther, »heißt eigentlich etwas *Gutes wünschen*.« »Wenn wir segnen, so tun wir nichts mehr, denn daß wir *Gutes wünschen, können* aber das *nicht geben, was wir wünschen,* aber Gottes Segen klinget zur Mehrung und ist bald kräftig.« Das heißt: Die Menschen sind die wünschenden, die Götter die wunscherfüllenden Wesen. So ist selbst im gemeinen Leben das unzählige Mal vorkommende Wort *Gott*[46] nichts anderes als der Ausdruck eines Wunsches. Gott gebe dir Kinder, d. h. ich wünsche dir Kinder, nur ist hier der Wunsch subjektiv, nicht religiös, pelagianisch, dort objektiv, darum religiös, augustinisch ausgedrückt.

Wesen; aber sind nicht auch die Wünsche *übermenschliche und übernatürliche Wesen*? Bin ich z. B. in meinem Wunsche und meiner Phantasie noch ein Mensch, wenn ich ein unsterbliches, den Fesseln des irdischen Leibes entbundnes Wesen zu sein wünsche? Nein! Wer keine Wünsche hat, der hat auch keine Götter. Warum betonten die Griechen so sehr die Unsterblichkeit und Seligkeit der Götter? Weil sie selbst nicht sterblich und unselig sein wollten. Wo du keine Klagelieder über die Sterblichkeit und das Elend des Menschen vernimmst, da hörst du auch keine Lobgesänge auf die unsterblichen und seligen Götter. Das Tränenwasser des Herzens nur verdunstet im Himmel der Phantasie in das Wolkengebilde des göttlichen Wesens. Aus dem Weltstrom Okeanos leitet Homer die Götter ab; aber dieser götterreiche Strom ist in Wahrheit nur ein Erguß der menschlichen Gefühle.

33

Die irreligiösen Erscheinungen der Religion enthüllen am populärsten den Ursprung und das Wesen der Religion. So ist es eine irreligiöse, eben deswegen selbst schon von den frommen Heiden mit dem bittersten Tadel bemerkte Erscheinung der Religion, daß die Menschen insgemein nur im Unglück zu ihr ihre Zuflucht nehmen, an Gott sich wenden und denken, aber gerade diese Erscheinung führt uns an die Quelle der Religion selbst. Im Unglück, in der Not, sei sie nun meine eigne oder die Not anderer, macht der Mensch die schmerzliche Erfahrung, daß er nicht kann, was er will, daß ihm seine Hände gebunden sind. Aber die Lähmung der Bewegungsnerven ist nicht zugleich auch die Lähmung der Empfindungsnerven, die Fessel meiner Leibeskräfte nicht zugleich auch die Fessel meines Willens, meines Herzens. Im Gegenteil: Je mehr mir die Hände gebunden sind, desto ungebundener sind meine Wünsche, desto heftiger meine Sehnsucht nach Erlösung, desto energischer mein Trieb nach Freiheit, mein Wille, nicht beschränkt zu sein. Die von der Macht der Not auf den höchsten Grad gesteigerte, überreizte, übermenschliche Macht des menschlichen Herzens oder Willens ist die Macht der Götter, für die es keine Not und Schranken gibt. Die Götter können, was die Menschen wünschen, d. h. sie *vollziehen* die *Gesetze* des menschlichen Herzens. Was die Menschen nur der *Seele* nach sind, das sind die Götter dem *Leibe* nach; was jene nur im Willen, nur in der Phantasie, nur im Herzen, also nur *geistig* vermögen, z. B. im Nu an einem entfernten Orte zu sein, das vermögen diese *physisch*. Die Götter sind die wohlbeleibten, verkörperten, verwirklichten Wünsche des Menschen – die aufgehobenen Naturschranken des menschlichen Herzens und Willens, Wesen des unbeschränkten Willens, Wesen, deren Leibeskräfte gleich sind den Willenskräften. Die *irreligiöse* Erscheinung von dieser übernatürlichen Macht der Religion ist die *Zauberei* der unkultivierten Völker, wo auf eine *augenfällige* Weise der *bloße Wille* des Menschen der über die Natur gebietende Gott ist. Wenn aber der Gott der Israeliten auf das Gebot Josuas der Sonne Stillstand gebietet, auf das Gebet des Elias regnen läßt, der Gott der Christen zum Beweis seiner Gottheit, d. h. seiner Macht, alle Wünsche des Menschen erfüllen zu können, durch sein bloßes Wort die stürmische See beruhigt, Kranke heilt, Tote erweckt, so ist hier ebensogut wie in der Zauberei der bloße Wille, der bloße Wunsch, das bloße Wort als eine die Natur beherrschende Macht ausgesprochen. Der Unterschied ist nur der, daß der Zauberer den Zweck der Religion auf irreligiöse, der Jude, der Christ auf religiöse Weise verwirklicht, indem jener *in sich* verlegt, was diese in *Gott* versetzen, jener zum Gegenstand eines *ausdrücklichen* Willens, eines Befehls macht, was diese zum Gegenstand eines *stillen,* ergebenen Willens, eines frommen Wunsches machen, kurz, jener durch und für sich selbst tut, was diese durch und mit Gott tun. Aber der gemeine Spruch: *Quod quis per alium fecit, ipse fecisse putatur,* d. h. was einer durch den andern tut, das wird ihm als eigne Tat angerechnet, findet auch hier seine Anwendung: Was einer *durch* Gott tut, das tut *in Wahrheit* er selbst.

34

Die Religion hat – wenigstens ursprünglich und in Beziehung auf die Natur – keine andere Aufgabe und Tendenz, als das unpopuläre und unheimliche Wesen der Natur in ein bekanntes, heimliches Wesen zu verwandeln, die für sich selbst unbeugsame, eisenharte Natur in der Glut des Herzens zum Behufe menschlicher Zwecke zu erweichen – also denselben Zweck als die Bildung oder Kultur, deren Tendenz eben auch keine andere ist, als die Natur theoretisch zu einem verständlichen, praktisch zu einem willfährigen, den menschlichen Bedürfnissen entsprechenden Wesen zu machen, nur mit dem *Unterschiede*, daß, was die Kultur *durch Mittel,* und zwar der Natur selbst abgelauschte Mittel, die Religion *ohne Mittel* oder, was eins ist, durch die übernatürlichen Mittel des Gebetes, des Glaubens, der Sakramente, der Zauberei bezweckt. Alles daher, was im Fortgang der Kultur des Menschengeschlechts Sache der Bildung, der Selbsttätigkeit, der *Anthropologie* wurde, war anfänglich Sache der *Religion* oder *Theologie*, wie z. B. die Jurisprudenz (Ordalien, Bahrrecht, jus feretri, Rechtsorakel der Germanen), die Politik (Orakel der Griechen), die Arzneikunde, die noch heute bei den unkultivierten Völkern eine Sache der Religion ist.* Freilich bleibt die Kultur stets hinter den Wünschen der Religion zurück; denn sie kann nicht die im Wesen begründeten Schranken des Menschen aufheben. So bringt es die Kultur z. B. wohl zur Makrobiotik, aber nimmer zur Unsterblichkeit. Diese verbleibt als ein schrankenloser, unrealisierbarer Wunsch der Religion.

35

In der Naturreligion wendet sich der Mensch an einen Gegenstand, der dem eigentlichen Willen und Sinn der Religion geradezu widerspricht; denn er opfert hier seine Gefühle

---

* In rohen Zeiten und rohen Völkern gegenüber ist daher die Religion wohl ein Bildungsmittel der Menschheit, aber in Zeiten der Bildung vertritt die Religion die Sache der Roheit, der Altertümlichkeit, ist sie die Feindin der Bildung.

einem an sich gefühllosen, seinen Verstand einem an sich verstandlosen Wesen auf; er setzt über sich, was er unter sich haben möchte; er dient dem, was er beherrschen will, verehrt, was er im Grunde verabscheut, fleht das gerade um Hilfe an, wogegen er Hilfe sucht. So opferten die Griechen in Titane den Winden, um ihre Wut zu besänftigen; so weihten die Römer dem Fieber einen Tempel, um es unschädlich zu machen; so bitten die Tungusen zur Zeit einer Epidemie andächtig und mit feierlichen Verbeugungen die *Krankheit, sie möchte an ihren Jurten vorübergehen* (Pallas); so opfern die Widaher in Guinea dem stürmischen Meer, um es zu bewegen, sich zu beruhigen und sie nicht am Fischen zu verhindern; so wenden sich die Indianer bei der Annäherung eines Sturms oder Ungewitters an den Manito (Geist, Gott, Wesen) der Luft, bei einer Fahrt über das Wasser an den Manito der Gewässer, damit er alle Gefahr von ihnen abwenden möge; so verehren überhaupt viele Völker ausdrücklich nicht das gute, sondern das böse, wenigstens ihnen als bös erscheinende Wesen der Natur.[47] In der Naturreligion macht der Mensch seine Liebeserklärungen einer Bildsäule, einer Leiche; kein Wunder daher, daß er, um sich Gehör zu verschaffen, zu den verzweifeltsten, wahnsinnigsten Mitteln seine Zuflucht nimmt, kein Wunder, daß er *sich entmenscht, um die Natur menschlich zu machen, daß er selbst Menschenblut vergießt, um ihr menschliche Empfindungen einzuflößen.* So glaubten die Nordgermanen ausdrücklich, »*Blutopfer* könnten *hölzernen Götzen menschliche Sprache und Empfindung,* desgleichen den in den Blutopferhäusern verehrten *Steinen Sprache* und die Gabe der Orakelerteilung verleihen«. Aber vergeblich sind alle Belebungsversuche: Die Natur antwortet nicht auf die Klagen und Fragen des Menschen; sie schleudert unerbittlich ihn auf sich selbst zurück.

36

So wie die Schranken, welche[48] der Mensch auf dem Standpunkt der Religion als Schranken sich vorstellt und fühlt, wie

z. B. die Schranke, daß er nicht das Zukünftige weiß, nicht ewig lebt, nicht ununterbrochen und beschwerdelos glücklich ist, nicht einen Körper hat ohne Schwere, nicht wie die Götter fliegen, nicht wie Jehovah donnern, nicht seine Gestalt beliebig vergrößern oder unsichtbar machen, nicht wie ein Engel ohne sinnliche Bedürfnisse und Triebe leben kann, kurz, nicht vermag, was er will oder wünscht, nur Schranken für die Vorstellung und Phantasie, in Wahrheit aber keine Schranken sind, weil sie *notwendig* im Wesen begründet sind, in der *Natur* der Sache liegen, so ist auch das von diesen Schranken freie, das unbeschränkte, göttliche Wesen nur ein Wesen der Vorstellung, der Phantasie und des von der Phantasie beherrschten Gefühles oder Gemütes. Was daher auch nur immer Gegenstand der Religion ist, sei es auch selbst ein Schneckenhaus oder Kieselstein, es ist der Religion nur Gegenstand *als ein Wesen des Gemüts, der Vorstellung, der Phantasie.* Hierin hat die Behauptung ihren Grund, daß die Menschen nicht die Steine, Tiere, Bäume, Flüsse selbst, sondern nur die Götter in ihnen, die Manitus, die Geister derselben verehren. Aber diese Geister der Naturwesen sind nichts anders *als die Vorstellungen,* die Bilder von ihnen oder *sie als vorgestellte Wesen, als Wesen der Einbildungskraft im Unterschied von ihnen als wirklichen, sinnlichen Wesen,* gleichwie die Geister der Toten nichts andres sind als die aus der Erinnerung sich nicht verwischenden Vorstellungen und Bilder der Toten – die *einst wirklichen Wesen als vorgestellte Wesen,* die aber dem religiösen, d. h. ungebildeten, zwischen dem Gegenstande und der Vorstellung von ihm nicht unterscheidenden Menschen für wirkliche, selbstbestehende Wesen gelten. Die fromme, unwillkürliche Selbsttäuschung des Menschen in der Religion ist daher in der Naturreligion eine *sichtbare, augenfällige Wahrheit,* denn der Mensch macht hier seinem religiösen Gegenstande Augen und Ohren, er weiß, er sieht es, daß sie *gemachte, steinerne* oder *hölzerne* Augen und Ohren sind und doch *glaubt* er, daß es *wirkliche* Augen und Ohren sind. So hat der Mensch in der Religion die Augen nur dazu, um nicht zu sehen, um stockblind, die Vernunft nur dazu, um nicht zu denken, um stockdumm zu sein. Die Naturreligion ist der sinnfällige Widerspruch zwischen der Vorstellung und Wirklichkeit, zwischen der Einbildung und Wahrheit. Was in der Wirklichkeit ein toter Stein oder Klotz, ist in ihrer Vorstellung ein lebendiges Wesen, *sichtbar kein* Gott, sondern etwas ganz andres, aber *unsichtbar*, dem Glauben nach ein Gott. Die Naturreligion ist deswegen auch stets in Gefahr, aufs bitterste enttäuscht zu werden, denn es gehört nichts weiter dazu als ein Axthieb, um sie z. B. zu überzeugen, daß kein Blut aus ihren verehrten Bäumen fließt, also kein lebendiges, göttliches Wesen in ihnen wohnt. Wie entzieht sich nun aber die Religion diesen groben Widersprüchen und Enttäuschungen, denen sie sich in der Verehrung der Natur aussetzt? Nur dadurch, daß sie ihren Gegenstand selbst zu einem *unsichtbaren*, überhaupt *unsinnlichen* macht, zu einem Wesen, das *nur* ein Gegenstand des Glaubens, der Vorstellung, Phantasie, kurz, des Geistes, also *an sich selbst* ein geistiges Wesen ist.

37

So wie der Mensch aus einem nur physikalischen Wesen ein politisches, überhaupt ein sich von der Natur unterscheidendes und auf sich selbst sich konzentrierendes Wesen wird, so wird auch sein Gott aus einem nur physikalischen Wesen ein *politisches, von der Natur unterschiedenes Wesen*. Zur Unterscheidung seines Wesens von der Natur und folglich zu einem von der Natur unterschiedenen Gott kommt daher der Mensch zunächst nur durch seine Vereinigung mit andern Menschen zu einem *Gemeinwesen*, wo ihm von den Naturmächten unterschiedene, nur im Gedanken oder in der Vorstellung existierende Mächte, politische, moralische, abstrakte Mächte, die Macht des Gesetzes, der Meinung*, der Ehre, der Tugend Gegenstand seines Bewußtseins und *Abhängigkeitsgefühles*, die physikalische Existenz des Menschen seiner menschlichen,

---

* Bei Hesiod heißt es ausdrücklich: *Auch die Pheme* (Ruf, Gerücht, öffentliche Meinung) *ist eine Gottheit.*

bürgerlichen oder moralischen Existenz untergeordnet, die Naturmacht, die Macht über Tod und Leben, zu einem Attribut und Werkzeug der politischen oder moralischen Macht herabgesetzt wird. Zeus ist der Gott des Blitzes und Donners, aber er hat diese furchtbaren Waffen nur dazu in seinen Händen, um die Frevler an seinen Geboten, die Meineidigen, die Gewalttätigen niederzuschmettern. Zeus ist der Vater der Könige, »von Zeus sind die Könige«. Mit Blitz und Donner unterstützt also Zeus die Macht und Würde der Könige.*
»Der König«, heißt es in Manus Gesetzbuch, »*verbrennt gleichwie die Sonne Augen und Herzen,* deswegen kann kein menschliches Geschöpf auf Erden ihn nur ansehn. Er ist *Feuer und Luft,* er ist *Sonne und Mond,* er ist der Gott der peinlichen Gesetze. Das Feuer verzehrt nur einen einzigen, der aus Sorglosigkeit ihm zu nahe gekommen ist, aber das Feuer eines Königs, wenn er zornig ist, verbrennt eine ganze Familie mit all ihren Vieh und Gütern ... In seinem Mute wohnt Eroberung und in seinem *Zorne Tod.*« Ebenso gebietet der Gott der Israeliten mit Blitz und Donner seinen Auserwählten, zu wandeln in allen Wegen, die er ihnen geboten hat, »auf daß sie leben mögen und es ihnen wohl gehe und sie lange leben im Lande«. So verschwindet die Macht der Natur als solcher und das Gefühl der Abhängigkeit von ihr vor der politischen oder moralischen Macht! Während den Sklaven der Natur der Glanz der Sonne so verblendet, daß er wie der katschinische Tartar täglich zu ihr betet: »Schlag mich nicht tot«, verblendet dagegen den politischen Sklaven der

---

* Die ursprünglichen und ältesten Könige sind übrigens wohl zu unterscheiden von den legitimen. Diese sind, ungewöhnliche Fälle abgerechnet, gewöhnliche, für sich selbst bedeutungslose, jene aber waren ungewöhnliche, ausgezeichnete, *geschichtliche* Individuen. Die Vergötterung ausgezeichneter Menschen, namentlich nach ihrem Tode, ist daher die natürlichste Übergangsstufe von den eigentlichen naturalistischen Religionen zu den mytho- und anthropologischen, obwohl sie auch gleichzeitig mit der Naturverehrung stattfinden kann. Die Verehrung ausgezeichneter Menschen als Götter fällt übrigens keineswegs nur in fabelhafte Zeiten. So vergötterten die Schweden noch zur Zeit des Christentums ihren König Erich und brachten ihm nach seinem Tode Opfer dar.

Glanz der königlichen Würde so sehr, daß er vor ihr als einer göttlichen, weil über Tod und Leben gebietenden Macht niederfällt. Die Titel der römischen Kaiser selbst unter den Christen noch waren: »Eure Gottheit«, »Eure Ewigkeit«. Ja selbst heutigentags noch sind bei den Christen Heiligkeit und Majestät, die Titel und Eigenschaften der Gottheit, Titel und Eigenschaften der Könige. Die Christen entschuldigen zwar diesen politischen Götzendienst mit der Vorstellung, der König sei nur der Stellvertreter Gottes auf Erden, Gott sei der König der Könige. Allein diese Entschuldigung ist nur Selbsttäuschung. Abgesehen davon, daß die Macht des Königs eine höchst empfindliche, unmittelbare, sinnliche, sich selbst vertretende, die Macht des Königs der Könige nur eine mittelbare, vorgestellte ist – Gott wird nur da als Regent der Welt, als königliches oder überhaupt politisches Wesen bestimmt und betrachtet, wo das königliche Wesen so den Menschen einnimmt, bestimmt und beherrscht, daß es ihm für das *höchste Wesen* gilt. »Brahma«, sagt Manu, »bildete im Anfang der Zeit zu seinem Gebrauche den *Genius der Strafe* mit einem Körper von reinem Lichte als seinen *eigenen Sohn*, ja als den Urheber der peinlichen Gerechtigkeit, als den *Beschützer aller erschaffenen Dinge. Aus Furcht vor der Strafe* ist dieses Weltall imstande, sein Glück zu genießen.« So macht der Mensch selbst die Strafen seines peinlichen Rechts zu göttlichen, weltbeherrschenden Mächten, die peinliche Halsgerichtsordnung zur Ordnung des Weltalls, den Kriminalkodex zum Kodex der Natur. Kein Wunder, daß er die Natur den wärmsten Anteil an seinen politischen Leiden und Leidenschaften nehmen läßt, ja selbst den Bestand der Welt von dem Bestand eines königlichen Throns oder päpstlichen Stuhls abhängig macht. Was *für ihn* von Wichtigkeit ist, das ist natürlich auch von Wichtigkeit für *alle andern* Wesen, was *sein* Auge trübt, das trübt auch den Glanz der Sonne, was *sein* Herz bewegt, das setzt auch Himmel und Erde in Bewegung – *sein* Wesen ist ihm das *universale Wesen, das Wesen der Welt, das Wesen der Wesen.*

38

Woher kommt es, daß der Orient keine solche lebendige, fortschreitende Geschichte hat wie der Okzident? Weil im Orient der Mensch nicht über dem Menschen die Natur, nicht über dem Glanz des menschlichen Auges den Glanz der Sterne und Edelsteine, nicht über dem rhetorischen »Blitz und Donner« den meteorologischen Blitz und Donner, nicht über dem Lauf der Tagsbegebenheiten den Lauf der Sonne und Gestirne, nicht über dem Wechsel der Mode den Wechsel der Jahreszeiten vergißt. Wohl wirft sich der Orientale selbst in den Staub nieder vor dem Glanz der königlichen, politischen Macht und Würde, aber dieser Glanz ist doch selbst nur ein Abglanz der Sonne und des Mondes; der König ist ihm nicht als ein irdisches, menschliches, sondern als ein himmlisches, göttliches Wesen Gegenstand. Neben einem Gotte aber verschwindet der Mensch; erst wo die Erde sich entgöttert, die Götter in den Himmel emporsteigen, aus wirklichen Wesen zu nur vorgestellten Wesen werden, erst da haben die Menschen Platz und Raum für sich, erst da können sie ungeniert als Menschen sich zeigen und geltend machen. Der Orientale verhält sich zum Okzidentalen wie der Landmann zum Städter. Jener ist abhängig von der Natur, dieser vom Menschen, jener richtet sich nach dem Stande des Barometers, dieser nach dem Stande der Papiere, jener nach den sich immer gleich bleibenden Zeichen des Tierkreises, dieser nach den immer wechselnden Zeichen der Ehre, Mode und Meinung. Nur die Städter machen darum Geschichte; nur die menschliche »Eitelkeit« ist das Prinzip der Geschichte. Nur wer die Macht der Natur der Macht der Meinung, sein Leben seinem Namen, seine Existenz im Leibe seiner Existenz im Munde und Sinne der Nachwelt aufzuopfern vermag, nur der ist fähig zu geschichtlichen Taten.

39

Die Anrede des griechischen Komikers Anaxandrides bei Athenäus an die Ägypter: »In euere Gesellschaft taug ich nicht, nicht sind einstimmig unsre Sitten und Gesetze, ihr betet an den Ochsen, den ich den Göttern opfere, ein großer Gott ist euch der Aal, doch mir ein großer Leckerbissen, ihr scheuet euch vor Schweinefleisch, ich schmaus' es mit Vergnügen, ihr ehrt den Hund, ich schlage ihn, wenn er mir wegschnappt einen Bissen, ihr seid bestürzt, wenn einer Katz' was fehlt, ich freue mich und zieh ihr ab das Fell, ihr macht euch aus der Spitzmaus was, ich aber nichts« – diese Anrede charakterisiert vortrefflich den Gegensatz zwischen der gebundenen und ungebundenen, d. i. der religiösen und irreligiösen, freien, menschlichen Anschauung der Natur. Dort ist die Natur ein Gegenstand der Verehrung, hier des Genusses, dort ist der Mensch für die Natur, hier die Natur für den Menschen, dort Zweck, hier Mittel, dort über, hier unter dem Menschen.* Dort ist eben deswegen der Mensch exzentrisch, außer sich, außer der Sphäre seiner Bestimmung, die ihn nur auf sich selbst verweist, hier dagegen besonnen, nüchtern, bei sich, selbstbewußt. Dort erniedrigt sich konsequent der Mensch zum Beweis seiner naturreligiösen Demut selbst bis zur Begattung mit den Tieren (Herodot); hier dagegen erhebt sich der Mensch im Vollgefühl seiner Kraft und Würde zur Vermischung mit den Göttern zum schlagenden Beweise, daß auch selbst in den himmlischen Göttern kein anderes als menschliches Blut rollt, daß das eigentümlich ätherische Götterblut nur eine poetische Vorstellung ist, die in der Wirklichkeit, in der Praxis nicht Stich hält.

40

Wie die Welt, die Natur dem Menschen *erscheint*, so *ist* sie, scilicet für ihn, nach seiner Vorstellung; seine Gefühle, seine Vorstellungen sind ihm unmittelbar und unbewußt das Maß der Wahrheit und Wirklichkeit, und sie *erscheint ihm ebenso,*

---

* Ich setze hier die Griechen auf denselben Standpunkt mit den Israeliten, während ich sie im *Wesen des Christentums* diesen entgegensetze. Welch ein Widerspruch! Mitnichten; Dinge, die, mit sich verglichen, ungleich sind, fallen gegen ein Drittes gehalten zusammen. Übrigens gehört zum Genuß der Natur vor allem auch der *ästhetische, theoretische Genuß*.

wie er selbst ist. Sowie der Mensch zum Bewußtsein kommt, daß trotz Sonne und Mond, Himmel und Erde, Feuer und Wasser, Pflanzen und Tieren zum Leben des Menschen die Anwendung, und zwar die richtige, der eignen Kräfte notwendig ist, daß »mit Unrecht klagen die Sterblichen wider die Götter, *sie selber schaffen durch Unverstand auch gegen Geschick sich das Elend*«, daß Laster und Torheit Krankheit, Unglück, Tod, Tugend und Weisheit dagegen Gesundheit, Leben und Glück zur Folge haben, folglich die das Schicksal des Menschen bestimmenden Mächte Verstand und Wille sind, sowie also der Mensch nicht mehr wie der Wilde ein nur vom Zufall augenblicklicher Eindrücke und Affekte beherrschtes, sondern durch Grundsätze, Weisheitsregeln, Vernunftgesetze sich bestimmendes, ein denkendes, verständiges Wesen wird, so erscheint, so ist ihm auch die Natur, die *Welt* ein *von Verstand und Wille abhängiges, bestimmtes* Wesen.

41

Wo sich der Mensch mit Wille und Verstand über die Natur erhebt, Supranaturalist wird, da wird auch Gott ein supranaturalistisches Wesen. Wo sich der Mensch zum Herrscher aufwirft »über die Fische im Meer und über die Vögel unter dem Himmel und über das Vieh und über die ganze Erde und über alles Gewürm, das auf Erden kriechet«, da ist ihm die Herrschaft über die Natur die *höchste Vorstellung*, das *höchste Wesen*, der Gegenstand seiner Verehrung, seiner Religion daher der Herr und Schöpfer der Natur, denn eine notwendige Folge oder Voraussetzung vielmehr der Herrschaft ist die Schöpfung. Ist der Herr der Natur nicht zugleich ihr Urheber, so ist sie ja ihrem Ursprung und Dasein nach von ihm unabhängig, seine Macht beschränkt und mangelhaft – denn wenn er sie hätte machen *können*, warum sollte er sie nicht gemacht haben? –, seine Herrschaft über sie nur eine *usurpierte*, keine angestammte, keine rechtmäßige. Nur was ich hervorbringe, mache, habe ich ja vollständig in meiner Gewalt. Erst aus der Autorschaft folgt das Eigentumsrecht. Mein ist das Kind, weil ich sein Vater. Erst in der Schöpfung also bewahrheitet, verwirklicht, erschöpft sich die Herrschaft. Die Götter der Heiden waren wohl auch schon Herren der Natur, aber keine Schöpfer derselben, darum nur konstitutionelle, beschränkte, in bestimmte Grenzen eingeschlossene, *nicht absolute Monarchen* der Natur, d. h. die *Heiden* waren noch nicht *absolute, unbedingte, radikale Supranaturalisten.*

42

Die Theisten haben die Lehre von der Einheit Gottes für eine ihrem Ursprunge nach übernatürliche, geoffenbarte Lehre erklärt, ohne zu bedenken, daß der Mensch die Quelle des Monotheismus in sich selbst hat, daß der Grund der Einheit Gottes nur die Einheit des menschlichen Bewußtseins und Geistes ist. In unendlicher Vielheit und Verschiedenheit breitet sich die Welt vor meinen Augen aus, aber gleichwohl umspannt alle diese zahllosen und verschiedenen Dinge, Sonne, Mond und Sterne, Himmel und Erde, Nahes und Fernes, Gegenwärtiges und Abwesendes, mein Geist, mein Kopf. Dieses für den religiösen, d. i. ungebildeten Menschen wunderbare, übernatürliche, an keine Schranken der Zeit und des Orts gebundene, auf keine bestimmte Gattung der Dinge eingeschränkte, alle Dinge, alle Wesen, ohne selbst ein Ding oder sichtbares Wesen zu sein, umfassende Wesen des menschlichen Geistes oder Bewußtseins ist es, was der Monotheismus an die Spitze der Welt stellt und zu ihrer *Ursache* macht. Gott *spricht,* Gott *denkt die Welt,* so *ist sie*; Gott sagt, sie sei nicht, Gott denkt und will sie nicht, so ist sie nicht, d. h. ich kann in meinem Denken, meiner Vorstellungs- oder Einbildungskraft alle Dinge, folglich auch die Welt selbst nach Willkür kommen und verschwinden, entstehen und vergehen lassen. Der Gott, der die Welt aus nichts geschaffen und, wenn er will, wieder ins Nichts verstößt, ist nichts anderes als *das Wesen der menschlichen Abstraktions- und Einbildungskraft,* in welcher ich beliebig mir die Welt als seiend oder nicht seiend vorstellen, ihr Sein setzen oder aufheben kann. Dieses *subjektive*

Nichtsein, dieses Nichtsein der Welt in der Vorstellung, macht der Monotheismus zu ihrem *objektiven, wirklichen Nichtsein.* Der Polytheismus, die Naturreligion überhaupt, macht die wirklichen Wesen zu vorgestellten Wesen, zu Wesen der Einbildung, der Monotheismus vorgestellte Wesen, Vorstellungen, Einbildungen, Gedanken zu wirklichen Wesen oder vielmehr das Wesen der Vorstellungs-, Denk- und Einbildungskraft zum wirklichsten, absoluten, höchsten Wesen. Die Macht Gottes, sagt ein Gottesgelehrter, erstreckt sich so weit, als sich das Vorstellungsvermögen des Menschen erstreckt, aber wo ist die Grenze des Vorstellungsvermögens? Was ist der Einbildungskraft unmöglich? Alles, was ist, kann ich mir als nicht seiend, alles, was nicht ist, als wirklich denken; so kann ich mir »diese« Welt als nicht seiend, unzählige andere Welten als wirklich vorstellen. Das als wirklich Vorgestellte ist das Mögliche. Gott aber ist das Wesen, dem *nichts unmöglich* ist, der Kraft nach der Schöpfer unzähliger Welten, *der Inbegriff aller Möglichkeiten, aller Vorstellbarkeiten,* d. h. eben, er ist nichts andres als das verwirklichte, vergegenständlichte, als wirkliches, und zwar als das allerwirklichste, als das absolute Wesen gedachte oder vorgestellte Wesen des menschlichen Einbildungs-, Denk- und Vorstellungsvermögens. Der Schöpfer der Welt ist daher nichts weiter als die zur Ursache der Welt erhobene, personifizierte Einbildungskraft des Menschen.[49]

43

Der eigentliche Theismus oder Monotheismus entspringt nur da, wo der Mensch die Natur deswegen, weil sie sich nicht nur zu seinen notwendigen, organischen Lebensverrichtungen, sondern auch zu seinen *willkürlichen, bewußten* Zwecken, Verrichtungen und Genüssen *willen-* und *bewußtlos* verwenden läßt, nur *auf sich* bezieht und *diese Beziehung zu ihrem Wesen,* sich also zum *Endzweck,* zum Zentral- und *Einheitspunkt** der Natur macht. Wo die Natur ihren Zweck *außer*

---

* Ein Kirchenvater nennt ausdrücklich den Menschen, weil Gott in ihm das Universum in eine Einheit zusammenfassen wollte und daher alles in *sich* hat, da hat sie auch notwendig ihren *Grund* und *Anfang außer sich*; wo sie *nur für ein andres* Wesen ist, da ist sie auch notwendig *vor einem andern* Wesen, und zwar einem Wesen, dessen Absicht oder Zweck bei der Hervorbringung derselben der Mensch als das die Natur genießende und zu seinem Besten verwendende Wesen war. Der *Anfang* der Natur fällt daher nur da in *Gott,* wo das *Ende* derselben in den *Menschen* fällt*, oder die Lehre: *Gott ist der Schöpfer der Welt,* hat ihren *Grund* und *Sinn* nur in der Lehre: Der *Mensch ist der Zweck* der Schöpfung. Schämt ihr euch des Glaubens, daß die Welt für den Menschen geschaffen, *gemacht* ist, oh, so schämt euch auch des Glaubens, daß sie *überhaupt geschaffen, gemacht* ist. Wo geschrieben steht: »Am Anfang schuf Gott Himmel und Erde«, ebendort steht auch geschrieben: »Gott machte zwei große Lichter und dazu auch Sterne und setzte sie an die Feste des Himmels, daß sie *schienen auf die Erde und den Tag und die Nacht regierten.*« Bezeichnet ihr den Glauben an den[50] Menschen als Zweck der Natur als menschlichen Hochmut, oh, so bezeichnet doch auch den *Glauben an einen Schöpfer der Natur* als *menschlichen Hochmut.* Nur *das* Licht, das um des Menschen willen leuchtet, ist das Licht der Theologie, nur das Licht, das lediglich wegen des sehenden Wesens da ist, setzt auch als Ursache ein sehendes Wesen voraus.

44

Das »geistige Wesen«, welches der Mensch über die Natur oder als das sie begründende, schaffende Wesen ihr voraussetzt, ist nichts andres als das *geistige Wesen des Menschen selbst,* das ihm aber deswegen als ein *andres,* von ihm *unterschiedenes* und *unvergleichliches* Wesen erscheint, weil er es

ihm als seinem Zweck sich vereinige, alles seinen Nutzen bezwecke, das *Band aller Dinge,* συνδέσμον ἁπάντων.
* Allerdings ist auch der Mensch, als das individualisierte Wesen der Natur, der Schluß derselben, aber nicht in dem anti- und supranaturalistischen Sinne der Teleologie und Theologie.[51]

zur *Ursache der Natur* macht, zur Ursache von Wirkungen, welche der menschliche Geist, der menschliche Wille und Verstand *nicht* hervorbringen kann, weil er also mit diesem geistigen, menschlichen Wesen zugleich das vom menschlichen Wesen *unterschiedene Wesen der Natur verbindet*.* Der göttliche Geist ist es, der das Gras wachsen läßt, das Kind im Mutterleibe bildet, die Sonne in ihrer Laufbahn hält und bewegt, die Berge auftürmt, den Winden gebietet, das Meer in seine Grenzen einschließt. Was ist gegen diesen Geist der menschliche Geist! Wie klein, wie beschränkt, wie nichtig! Wenn daher der Rationalist die Menschwerdung Gottes, die Vereinigung der göttlichen und menschlichen Natur verwirft, so kommt das hauptsächlich nur daher, daß ihm *hinter* seinem Gotte nichts andres im Kopfe spukt als die Natur, namentlich die Natur, wie sie durch das Teleskop der Astronomie dem menschlichen Auge aufgeschlossen wurde. Wie sollte, ruft er entrüstet aus, jenes große, unendliche, universale Wesen, das nur in dem großen, unendlichen Universum seine entsprechende Darstellung und Wirkung hat, um des Menschen willen auf die Erde kommen, die doch vor der unermeßlichen Größe und Fülle des Weltalls in nichts verschwindet? Welche unwürdige, kleinliche, »menschliche« Vorstellung! Gott auf die Erde konzentrieren, Gott in den Menschen versenken heißt den Ozean in einen Tropfen, den Saturnusring in einen Fingerring fassen wollen. Allerdings ist es eine beschränkte Vorstellung, daß das Wesen der Welt nur auf die Erde oder den Menschen beschränkt, die Natur nur um seinetwillen ist, die Sonne nur um des menschlichen Auges willen leuchtet. Aber du siehst nicht, kurzsichtiger Rationalist, daß das, was sich in dir wider die Vereinigung Gottes mit dem Menschen sträubt, was dir diese Vereinigung als einen unsinnigen Widerspruch

---

* Diese Verbindung oder Vermischung des »*moralischen*« und »*physischen*«, des menschlichen und nicht menschlichen Wesens erzeugt ein *drittes* Wesen, welches weder Natur noch Mensch ist, aber an beiden amphibienartig teilhat und eben wegen dieser seiner Sphinxnatur der Abgott der Mystik und theologischen Spekulation ist.

erscheinen läßt, nicht die Vorstellung Gottes, sondern *der Natur* oder Welt ist; du siehst nicht, daß der Vereinigungspunkt, das tertium comparationis zwischen Gott und Mensch nicht das Wesen ist, dem du die Macht und Wirkungen der Natur, sei's nun mittelbar oder unmittelbar, zuschreibst, sondern vielmehr *das* Wesen, welches sieht und hört, weil du siehst und hörst, Bewußtsein, Verstand und Willen hat, weil du sie hast, *das* Wesen also, welches du von der Natur unterscheidest, weil du dich selbst von ihr unterscheidest. Was kannst du also dagegen haben, wenn dir dieses menschliche Wesen endlich als wirklicher Mensch vor die Augen tritt? Wie kannst du die Konsequenz verwerfen, wenn du das Prinzip derselben festhältst? Wie den Sohn verleugnen, wenn du den *Vater* anerkennst? Ist dir der Gottmensch ein Geschöpf der menschlichen Phantasie und Selbstvergötterung, so erkenne auch in dem Schöpfer der Natur ein Geschöpf der menschlichen Einbildungskraft und Selbsterhebung über die Natur. Willst du ein Wesen ohne alle Anthropomorphismen, ohne alle menschlichen Zusätze, sie seien nun Zusätze des Verstandes oder Herzens oder der Phantasie, so sei so mutig und konsequent, Gott überhaupt aufzugeben und dich nur auf die pure, blanke, gottlose Natur als die letzte Basis deiner Existenz zu berufen und zu stützen. Solange du einen *Unterschied Gottes von der Natur bestehen läßt,* so lange läßt du einen *menschlichen Unterschied* bestehen, so lange verkörperst du in Gott nur deinen eignen Unterschied, so lange *vergötterst* du in dem *Urwesen* nur *dein eigenes Wesen;* denn *wie du zum Unterschiede vom menschlichen Wesen kein anderes Wesen hast und kennst als die Natur, so hast und kennst du umgekehrt zum Unterschiede von der Natur kein anderes Wesen als das menschliche.*

45

Die Anschauung des menschlichen Wesens als eines vom Menschen unterschiedenen, gegenständlichen Wesens, oder kurzweg: die Vergegenständlichung des menschlichen Wesens hat zur *Voraussetzung* die *Vermenschlichung* des vom Menschen unterschiedenen, gegenständlichen Wesens oder die *Anschauung der Natur als eines menschlichen Wesens.** Wille und Verstand erscheinen daher dem Menschen nur deswegen als die Grundkräfte oder Ursachen der Natur, weil ihm die unabsichtlichen Wirkungen der Natur im Lichte seines Verstandes als *absichtliche*, als *Zwecke*, die Natur also als ein selbst verständiges Wesen oder doch wenigstens als eine reine Verstandessache erscheint. Wie alles gesehen wird von der Sonne – der Sonnengott, »Helios hört und sieht alles« –, weil der Mensch im Sonnenlichte alles sieht, so ist alles *an sich selbst* ein Gedachtes, weil der Mensch es denkt, ein *Verstandeswerk*, weil für ihn ein *Verstandesobjekt*. Weil *er* die Sterne und ihre Abstände voneinander ausmißt, so *sind* sie ausgemessen; weil *er* zur *Erkenntnis* der Natur Mathematik anwendet, so ist sie auch zur *Hervorbringung* derselben angewandt worden; weil er das Ziel einer Bewegung, das Resultat einer Entwicklung, die Verrichtung eines Organs *voraussieht*, so *ist* sie auch per se eine *vorhergesehene*; weil er von der Lage oder Richtung eines Weltkörpers sich das *Gegenteil*, ja unzählig andere Richtungen *vorstellen kann*, aber bemerkt, daß, wenn diese Richtung wegfiele, auch zugleich eine Reihe fruchtbarer, wohltätiger Folgen wegfiele, und daher diese Folgenreihe als den *Grund* denkt, warum gerade diese und keine andere Richtung ist, so ist sie auch *wirklich* und *ursprünglich* lediglich aus Rücksicht ihrer wohltätigen Folgen aus der *Menge anderer Richtungen, die gleichwohl nur im Kopfe des Menschen existieren*, mit bewundernswürdiger Weisheit *ausgewählt* worden. So ist dem Menschen, und zwar unmittelbar, ohne Unterscheidung, das Prinzip des Erkennens das Prinzip des Seins, das *gedachte* Ding das *wirkliche* Ding, der

---

* Von *diesem* Standpunkte aus betrachtet, ist daher der Schöpfer der Natur nichts anderes als das vermittels der Abstraktion von der wirklichen Natur, von der Natur, wie sie Gegenstand der Sinne, unterschiedene und abgesonderte, vermittels der Einbildungskraft in ein menschliches oder menschenähnliches Wesen verwandelte, popularisierte, anthropomorphisierte, personifizierte Wesen der Natur.

Gedanke vom Gegenstand das Wesen des Gegenstandes, das Aposteriori das Apriori. Der Mensch denkt die Natur *anders, als sie ist,* kein Wunder, daß er ihr auch ein *anderes* Wesen, als sie selbst ist, ein Wesen, das nur in seinem Kopfe existiert, ja nur das *Wesen seines eigenen Kopfes* ist, als Grund und Ursache ihrer Wirklichkeit voraussetzt. Der Mensch kehrt die natürliche Ordnung der Dinge um: er stellt die Welt im eigentlichsten Sinne *auf den Kopf,* er macht die *Spitze* der Pyramide zu ihrer *Basis* – das erste im Kopf oder für den Kopf, den Grund, warum etwas ist, zum ersten in der Wirklichkeit, zur Ursache, wodurch es ist. Der Grund einer Sache geht im Kopfe der Sache selbst voran. Dies ist der Grund, warum dem Menschen das Vernunft- oder Verstandeswesen, das Denkwesen das – nicht nur logisch, sondern auch *physisch* – erste Wesen, das Grundwesen ist.

46

Das Geheimnis der Teleologie beruht nur auf dem *Widerspruche* zwischen der *Notwendigkeit der Natur* und der *Willkür des Menschen,* zwischen der Natur, *wie sie wirklich ist,* und der Natur, *wie sie der Mensch vorstellt.* Wenn die Erde woanders, wenn sie z. B. da stünde, wo der Merkur steht, so würde vor unmäßiger Hitze alles zugrunde gehen. Wie weise ist also die Erde gerade dahin plaziert, wohin sie vermöge ihrer Beschaffenheit paßt! Aber worin besteht diese Weisheit? Lediglich im Widerspruche, im Gegensatze zu der *menschlichen Torheit,* welche willkürlich in Gedanken die Erde an einen andern Ort stellt, als sie in der Wirklichkeit hat. Wenn du *erst auseinanderreißt,* was in der Natur *unzertrennlich* ist, wie der astronomische Standpunkt eines Weltkörpers und seine physikalische Beschaffenheit, so muß dir natürlich *hintendrein* die *Einheit* in der Natur als *Zweckmäßigkeit,* die *Notwendigkeit* als *Plan,* der wirkliche, notwendige, mit seinem Wesen identische Ort eines Weltkörpers im Gegensatze zu dem unpassenden, den du gedacht und gewählt hast, als der *vernünftige,* richtig *ausgedachte,* mit Weisheit ausgewählte Ort erscheinen. »Wenn der Schnee eine schwarze Farbe hätte oder die letztere in den Polarländern vorherrschte ..., so wären die gesamten Polargegenden der Erde eine mit organischem Leben unverträgliche, finstere Einöde ... So gibt die Anordnung der Farben der Körper ... einen der schönsten Beweise für die zweckmäßige Einrichtung der Welt.« Jawohl, wenn der Mensch *nicht schwarz aus weiß machte,* wenn nicht die *menschliche Torheit* mit der Natur nach Belieben schaltete, so waltete auch keine *göttliche Weisheit* über der Natur.

47

»Wer hat dem Vogel gesagt, daß er nur seinen Schwanz zu erheben, wann er niederfliegen, oder ihn niederzudrücken braucht, wann er höhersteigen will? Der muß völlig blind sein, welcher beim Fluge der Vögel keine höhere Weisheit gewahrt, die *statt ihrer gedacht* hat.« Allerdings muß er blind sein, aber nicht für die Natur, sondern für *den* Menschen, der *sein Wesen* zum *Urbild* der Natur, die *Verstandeskraft* zur *Urkraft* erhebt, der von der *Einsicht* in die Mechanik des Fliegens den Flug der Vögel abhängig, seine von der Natur abstrahierten Begriffe zu *Gesetzen* macht, welche die Vögel im Fluge *anwenden* wie der Reiter die Regeln der Reitkunst, der Schwimmer die Regeln der Schwimmkunst, nur mit dem Unterschied, daß den Vögeln die Anwendung der Fliegkunst eine angeborene, angeschaffene ist. Allein der Flug der Vögel beruht auf keiner Kunst. Kunst ist nur dort, wo auch das *Gegenteil* der Kunst ist, wo ein Organ eine Verrichtung ausübt, die nicht unmittelbar, nicht notwendig mit demselben verbunden ist, nicht sein Wesen erschöpft, nur eine *besondere* ist *neben vielen andern wirklichen* oder *möglichen* Verrichtungen desselben Organs. Der Vogel kann aber *nicht anders* fliegen, als er fliegt, und nicht auch *nicht* fliegen; er *muß* fliegen. Das Tier kann immer nur dieses einzige, was es kann, sonst schlechterdings nichts, und es kann eben deswegen dieses eine so meisterhaft, so unübertrefflich, weil es alles andere nicht kann, weil in dieser *einen* Verrichtung sein ganzes Vermögen erschöpft, diese eine Verrichtung *mit seinem Wesen selbst identisch* ist. Wenn du daher die Handlungen und Verrichtungen der Tiere, namentlich der niedern, mit sogenannten Kunsttrieben begabten, nicht ohne Voraussetzung eines Verstandes, der statt ihrer gedacht hat, dir erklären kannst, so kommt das nur daher, daß du denkst, die Gegenstände ihrer Tätigkeit seien ihnen *so Gegenstand,* wie sie Gegenstand deines Bewußtseins und Verstandes sind. Denkst du einmal die Werke der Tiere als *Kunstwerke*, als *willkürliche* Werke, so mußt du natürlich auch den Verstand als ihre Ursache denken, denn ein Kunstwerk setzt Auswahl, Absicht, Verstand voraus, und folglich, da dir zugleich die Erfahrung doch wieder zeigt, daß die Tiere selbst nicht denken, ein *anderes* Wesen *statt ihrer* denken lassen.* »Wisset ihr der Spinne Rat zu geben, wie sie die Fäden von einem Baume zum andern, von einer Spitze des Hauses zur andern, von einer Höhe diesseits des Wassers zu einer andern jenseits des Wassers hinüberbringen und anheften soll?« Nimmermehr; aber glaubst du denn, daß hier Rat vonnöten sei, daß die Spinne in derselben Lage sich befindet, in der du dich befändest, wenn du diese Aufgabe aus dem *Kopfe* lösen solltest, daß es für sie wie für dich ein Diesseits und Jenseits gibt?

---

* So ist überhaupt in allen Schlüssen von der Natur auf einen Gott die Prämisse, die *Voraussetzung* eine *menschliche,* kein Wunder, daß dann das *Resultat* ein *menschliches* oder *menschenähnliches* Wesen ist. Ist die Welt eine Maschine, ein Haus, so muß natürlich ein Baumeister derselben sein. Sind die Naturwesen so gleichgültig gegeneinander wie die menschlichen Individuen, die sich zu irgendeinem willkürlichen Staatszweck, z. B. zum Kriegsdienst, zum Straßenbau, nur durch eine höhere Gewalt verwenden und vereinigen lassen, so muß natürlich auch ein Regent, ein Gewalthaber, ein General *en chef* der Natur – ein »Kapitän der Wolken« – sein, wenn sie nicht in »Anarchie« sich auflösen soll. So macht der Mensch zuerst, unbewußt die Natur zu einem *menschlichen* Werk, d. h. sein Wesen zum Grundwesen derselben, da er aber doch hernach oder zugleich den *Unterschied* gewahrt zwischen den Werken der Natur und den Werken der menschlichen Kunst, so erscheint ihm dieses sein eignes Wesen als ein *anderes*, aber *analoges*, ähnliches. Alle Beweise vom Dasein Gottes haben daher nur *logische* oder vielmehr anthropologische Bedeutung, sintemal und alldieweil auch die logischen Formen Formen des menschlichen Wesens, Produkte des menschlichen Kopfes sind.

Zwischen der Spinne und dem Gegenstand, woran sie die Fäden ihres Netzes befestigt, ist ein so notwendiger Zusammenhang als zwischen deinem Knochen und Muskel; denn der Gegenstand außer ihr ist für sie nichts anderes als der Anhaltspunkt ihres Lebensfadens, die Stütze ihres Fangwerkzeugs. Sie sieht nicht, was du siehst; alle die Trennungen, Unterschiede, Abstände, die oder wenigstens *wie* sie dein Verstandesauge macht, existieren gar nicht für sie. Was daher für dich ein unauflösliches *theoretisches Problem* ist, das tut die Spinne *ohne Verstand* und folglich *ohne alle die Schwierigkeiten*, die nur für deinen Verstand existieren. »Wer hat den Blattläusen gesagt, daß sie im Herbst ihre Nahrung am Zweige, an der Knospe reichlicher finden als am Blatte? Wer hat ihnen den Weg zur Knospe, zum Zweige bezeichnet? Für die Blattlaus, die auf dem Blatte geboren wurde, ist die Knospe nicht nur eine ferne, sondern auch völlig unbekannte Provinz. Ich bete den Schöpfer der Blattlaus und der Schildlaus an und schweige.« Freilich mußt *du* schweigen, wenn du die Blatt- und Schildläuse zu Predigern des Theismus machst, wenn du ihnen *deine Gedanken unterschiebst*, denn nur für die *anthropomorphisierte* Blattlaus ist die Knospe eine *ferne* und *unbekannte* Provinz, aber nicht für die Blattlaus an sich, welcher das Blatt *nicht als Blatt,* die Knospe *nicht als Knospe,* sondern nur als assimilierbarer, gleichsam chemisch verwandter Stoff Gegenstand ist. Es ist daher nur der *Widerschein deines Auges,* der dir die Natur als *das Werk eines Auges* erscheinen läßt, der dich nötigt, die Fäden, die die Spinne aus ihrem *Hintern* hervorzieht, aus dem *Kopfe* eines denkenden Wesens abzuleiten. Die Natur ist dir nur ein Schauspiel, ein Augenfest; du glaubst daher, was dein Auge entzückt, bewege und regiere auch die Natur; so machst du das *himmlische Licht,* in dem sie dir erscheint, zu dem *himmlischen Wesen,* das sie erschaffen, den Strahl des Auges zum Hebel der Natur, den *Sehnerven* zum *Bewegungsnerven* des Weltalls. Die Natur von einem weisen Schöpfer ableiten heißt *mit dem Blicke Kinder zeugen,* mit dem Wohlgeruch der Speisen den Hunger stillen, mit dem Wohlklang der Töne Felsen bewegen. Wenn der Grönländer den Haifisch aus menschlichem Urin entspringen läßt, weil er in der Nase des Menschen nach Urin riecht, so ist diese zoologische Genesis ebenso begründet als die kosmologische Genesis des Theisten, wenn er die Natur deswegen aus dem Verstande entspringen läßt, weil sie auf den Verstand des Menschen den Eindruck der Verständigkeit und Absichtlichkeit macht. Wohl ist die Erscheinung der Natur für uns Vernunft, aber die Ursache dieser Erscheinung ist so wenig Vernunft, als die Ursache des Lichtes Licht ist.

48

Warum macht die Natur Mißbildungen? Weil ihr das Resultat einer Bildung nicht im voraus als Zweck Gegenstand ist. Warum z. B. sogenannte Katzenköpfe? Weil sie bei der Bildung des Hirns nicht an den Schädel denkt, nicht weiß, daß ihr zur Bedeckung desselben Knochensubstanz fehlt. Warum überzählige Glieder? Weil sie nicht zählt. Warum links, was in der Regel rechts, oder rechts, was in der Regel links liegt? Weil sie nicht weiß, was rechts oder links ist. Die Mißbildungen sind daher populäre, eben deswegen schon von den alten Atheisten und selbst solchen Theisten, welche die Natur von der Vormundschaft der Theologie emanzipierten, hervorgehobene Beweise, daß die Naturbildungen unvorhergesehene, unabsichtliche, unwillkürliche Produkte sind, denn alle Gründe, die man zur Erklärung der Mißbildungen anführt, selbst die der neuesten Naturforscher, daß sie nur Folgen von Krankheiten des Fötus sind, würden ja wegfallen, wenn mit der schöpferischen oder bildenden Macht der Natur zugleich Wille, Verstand, Voraussicht, Bewußtsein verbunden wäre. Aber obgleich die Natur nicht sieht, so ist sie deswegen doch nicht *blind*, obgleich sie nicht lebt (im Sinne des menschlichen, überhaupt subjektiven, empfindenden Lebens), doch nicht *tot*, und ob sie gleich nicht nach Absichten bildet, so sind ihre Bildungen doch keine *zufälligen*; denn wo der Mensch die Natur als tot und blind, ihre Bildungen als zufällige bestimmt, da macht er sein (und zwar *subjektives*) Wesen zum *Maß* der Natur, da bestimmt er sie nur *nach dem Gegensatz gegen sich*, da bezeichnet er sie als ein mangelhaftes Wesen, weil sie *nicht* hat, was er hat. Die Natur wirkt und bildet überall, nur in und mit *Zusammenhang* – ein Zusammenhang, der für den Menschen *Vernunft* ist, denn überall, wo er Zusammenhang wahrnimmt, findet er Sinn, Denkstoff, »zureichenden Grund«, System –, nur aus und mit *Notwendigkeit*. Aber auch diese Notwendigkeit der Natur ist keine menschliche, d. h. keine logische, metaphysische oder mathematische, überhaupt keine abstrakte; denn die Naturwesen sind keine Gedankenwesen, keine logischen oder mathematischen Figuren, sondern wirkliche, sinnliche, individuelle Wesen; sie ist eine *sinnliche*, darum exzentrische, exzeptionelle, irreguläre, infolge dieser Anomalien der Phantasie des Menschen selbst als Freiheit oder wenigstens als ein Produkt der Freiheit erscheinende Notwendigkeit. Die Natur ist überhaupt *nur durch sich selbst* zu fassen; sie ist das Wesen, dessen »Begriff von *keinem andern* Wesen abhängt«; sie ist es allein, bei der der Unterschied zwischen dem, was ein Ding *an sich*, und dem, was es *für uns* ist, gültig ist, sie allein, an die kein »*menschlicher Maßstab*« angelegt werden darf und kann, ob wir gleich ihre Erscheinungen mit analogen menschlichen Erscheinungen vergleichen und bezeichnen, um sie uns verständlich zu machen, überhaupt menschliche Ausdrücke und Begriffe wie Ordnung, Zweck, Gesetz auf sie anwenden und in Gemäßheit der Natur unserer Spache, die nur auf den subjektiven Schein der Dinge gegründet ist, auf sie anwenden müssen.

49

Die religiöse Bewunderung der göttlichen Weisheit in der Natur ist nur ein Moment der Begeisterung; sie bezieht sich nur auf die *Mittel*, aber erlischt in der Reflexion auf die Zwecke der Natur. Wie wunderbar ist das Netz der Spinne, wie wunderbar der Trichter des Ameisenlöwen im Sande! Aber worauf zwecken diese weisen Anstalten ab? Auf die

Ernährung – ein Zweck, den der Mensch an sich zu einem bloßen Mittel herabsetzt. »Andere«, sagte *Sokrates* – diese andern sind aber die Tiere, tierische Menschen – »leben, um zu essen, ich aber esse, um zu leben.« Wie prächtig ist die Blume, wie bewundernswürdig ihr Bau! Aber wozu dient dieser Bau, diese Pracht? Nur zur Verherrlichung und Beschützung der Geschlechtsorgane, welche der Mensch an sich aus Scham verbirgt oder gar aus Religionseifer verstümmelt. »*Der Schöpfer der Blatt- und Schildläuse*«, den der Naturforscher, der Theoretiker anbetet und bewundert, der nur das animalische Leben, Ernährung und Fortpflanzung zu seinem Zwecke hat, ist daher nicht der wahre Gott und Schöpfer, nicht der Schöpfer *im Sinne der Religion*. Nein! Nur der Schöpfer des *Menschen* erst, und zwar des Menschen, wie er sich von der Natur unterscheidet, über die Natur sich erhebt, der Schöpfer, in welchem der Mensch das *Bewußtsein seiner selbst* besitzt, in welchem er die seine Natur im Unterschiede von der äußern Natur begründenden Eigenschaften, und zwar so, *wie er sie sich in der Religion vorstellt*, repräsentiert findet, ist der Gott und Schöpfer, wie er Gegenstand der Religion. »Das Wasser«, sagt *Luther,* »so in der Taufe geschöpft und über das Kind gegossen wird, ist *auch Wasser, nicht des Schöpfers,* sondern *Gottes des Heilandes.*« Das natürliche Wasser habe ich mit den Tieren und Pflanzen gemein, aber nicht das Taufwasser; jenes amalgamiert mich mit, dieses unterscheidet mich von den übrigen Naturwesen. Gegenstand der Religion ist aber nicht das natürliche, sondern das Taufwasser; folglich ist auch nicht der Schöpfer oder Urheber des Natur-, sondern des Taufwassers Gegenstand der Religion. Der Schöpfer des natürlichen Wassers ist notwendig selbst ein natürliches, also kein religiöses, d. i. übernatürliches Wesen. Das Wasser ist ein den Sinnen gegenständliches, sichtbares Wesen, dessen Eigenschaften und Wirkungen uns daher auf keine *übersinnliche* Ursache führen; aber das Taufwasser ist nicht den »fleischlichen Augen« Gegenstand, es ist ein geistliches, unsichtbares, übersinnliches, d. i. nur für den Glauben vorhandenes, nur in der Vorstellung, in der Einbildungskraft existierendes und wirksames Wesen – ein Wesen, das zu seiner Ursache also auch ein geistliches, nur im Glauben, in der Einbildung existierendes Wesen erfordert. Das natürliche Wasser reinigt mich nur von meinen leiblichen, aber das Taufwasser von meinen moralischen Flecken und Übeln; jenes löscht meinen Durst nur nach diesem zeitlichen, vergänglichen Leben, aber dieses befriedigt mein Verlangen nach dem ewigen Leben; jenes hat nur begrenzte, bestimmte, endliche Wirkungen, aber dieses unendliche, allmächtige Wirkungen, Wirkungen, die über die Natur des Wassers hinausgehen, Wirkungen also, welche das an keine Schranke der Natur gebundene Wesen des göttlichen Wesens, das an keine Schranke der Erfahrung und Vernunft gebundene, das unbeschränkte Wesen des menschlichen Glaubens- und Einbildungsvermögens vergegenwärtigen und vergegenständlichen. Aber ist denn nicht auch der Schöpfer des Taufwassers der des natürlichen Wassers? Wie verhält sich also dieser zu dem Schöpfer der Natur? Gerade so, wie sich das Taufwasser zum Naturwasser verhält; jenes kann nicht sein, wenn dieses nicht ist; dieses ist seine Bedingung, sein Mittel. So ist der Schöpfer der Natur *nur die Bedingung für den Schöpfer des Menschen*. Wer das natürliche Wasser nicht in seiner Hand hat, wie kann der übernatürliche Wirkungen mit demselben verbinden? Wie kann der das ewige Leben geben, der nicht über das zeitliche Leben gebietet? Wie der meinen zu Staub verfallenen Leib wiederherstellen, dem nicht die Elemente der Natur gehorchen? Aber wer ist Herr und Gebieter der Natur, außer der die Macht und Kraft hatte, sie bloß durch seinen Willen aus nichts hervorzubringen? Wer daher die Verknüpfung des übernatürlichen Wesens der Taufe mit dem natürlichen Wasser für einen unsinnigen Widerspruch erklärt, der erkläre auch die Verknüpfung des übernatürlichen Wesens des Schöpfers mit der Natur für einen solchen; denn zwischen den Wirkungen des Tauf- und des gemeinen Wassers ist ebensoviel oder -sowenig Zusammenhang als zwischen dem übernatürlichen

Schöpfer und der so natürlichen Natur. Der Schöpfer entspringt aus derselben Quelle, aus welcher das übernatürliche, wunderbare Taufwasser hervorquillt. In dem Taufwasser hast du nur das Wesen des Schöpfers, das Wesen Gottes in einem *sinnlichen Beispiel* vor Augen. Wie kannst du also das Wunder der Taufe und andere Wunder verwerfen, wenn du das Wesen des Schöpfers, d. h. das *Wesen des Wunders* stehen läßt? Mit andern Worten: wie die *kleinen* Wunder verwerfen, wenn du das *große* Wunder der Schöpfung annimmst? Doch freilich, es geht in der Welt der Theologie gerade so zu wie in der Welt der Politik: Die kleinen Diebe hängt man, die großen läßt man laufen.

50

Die Vorsehung, die sich in der natürlichen Ordnung, Zweck- und Gesetzmäßigkeit ausspricht, ist nicht die Vorsehung der Religion. Diese beruht auf Freiheit, jene auf Notwendigkeit, diese ist unbeschränkt und unbedingt, jene beschränkt, abhängig von tausenderlei Bedingungen, diese ist eine spezielle, individuelle, jene erstreckt sich nur auf das Ganze, die Gattung, aber das Einzelne, das Individuum überläßt sie dem Zufall. »Viele« (viele? Alle, welchen Gott mehr als der mathematische, fingierte Anfangspunkt der Natur war), sagt ein theistischer Naturforscher, »haben sich die Erhaltung der Welt, auch insonderheit der Menschen, als *unmittelbar*, als *speziell* vorgestellt, als regiere Gott die Handlungen aller Geschöpfe, lenke sie nach seinem Wohlgefallen ... Wir können aber diese spezielle Regierung und Aufsicht über die Handlungen der Menschen und übrigen Geschöpfe nach der Betrachtung der Naturgesetze unmöglich annehmen ... Wir erkennen dieses aus der geringen Sorgfalt der Natur für die *einzelnen* Glieder.* Tausende derselben werden bei dem

---

* Die Natur »sorgt« übrigens ebensowenig für die Gattung oder Art. Die Art erhält sich aus dem natürlichen Grunde, weil die Art nichts anders ist als der Inbegriff der durch Begattung sich fortpflanzenden, vervielfältigenden Individuen. Den zufälligen zerstörenden Einflüssen, denen das einzelne Individuum ausgesetzt ist, entgehen daher die andern. Die Viel-

Reichtum der Natur ohne Bedenken, ohne Reue aufgeopfert ... Selbst bei den Menschen geht es auf dieselbige Art. Nicht die Hälfte des menschlichen Geschlechts erreicht das zweite Jahr ihres Alters, sondern sie sterben, fast ohne gewußt zu haben, daß sie jemalen gelebt. Wir erkennen eben dieses aus den Unglücksfällen und Verdrießlichkeiten aller Menschen, sowohl guten als bösen, welches alles nicht wohl mit der speziellen Erhaltung oder Mitwirkung des Schöpfers bestehen kann.« Allein eine Regierung, eine Vorsehung, die keine spezielle ist, entspricht nicht dem Zweck, dem Wesen, dem Begriff einer Vorsehung; denn die Vorsehung soll den Zufall aufheben, aber diesen läßt sie eben bestehen und ist daher soviel als gar *keine* Vorsehung. So ist es z. B. ein »Gesetz der göttlichen Ordnung« in der Natur, d. h. eine Folge natürlicher Ursachen, daß je nach der Zahl der Jahre auch der Tod der Menschen in bestimmten Zahlen erfolgt, daß z. B. im ersten Jahre *ein* Kind von 3 bis 4 Kindern, im fünften Jahre eins von 25, im siebenten eins von 50, im zehnten eins von 100 stirbt, aber gleichwohl ist es zufällig, nicht durch dieses Gesetz bestimmt, von andern, zufälligen Gründen abhängig, daß gerade *dieses eine* Kind stirbt, diese drei oder vier andern Kinder aber am Leben bleiben. So ist der »Ehestand eine Ordnung Gottes«, ein Gesetz der natürlichen Vorsehung zur Vermehrung des Menschengeschlechts, folglich für mich eine Pflicht. Aber ob ich *diese* heiraten soll, ob diese nicht vielleicht infolge eines zufälligen organischen Fehlers untauglich oder unfruchtbar ist, darüber sagt sie mir nichts. Aber eben deswegen, weil mich gerade in der Anwendung des Gesetzes auf den bestimmten einzelnen Fall, gerade in dem kritischen Mo-

---

heit erhält. Aber gleichwohl oder vielmehr aus denselben Gründen, aus welchen das einzelne Individuum zugrunde geht, sterben auch selbst Arten aus. So ist die Dronte verschwunden, so der irische Riesenhirsch, so verschwinden noch jetzt viele Tierarten infolge der Nachstellungen der Menschen und der sich immer weiter ausbreitenden Kultur aus Gegenden, wo sie einst oder vor kurzem noch in großer Menge vorhanden waren, wie z. B. die Seehunde aus den Süd-Schottlands-Inseln, und werden mit der Zeit gänzlich von der Erde verschwinden.

ment der Entscheidung, in dem Drange der Not die natürliche Vorsehung, die in Wahrheit nichts anderes ist als die Natur selbst, im Stiche läßt, so appelliere ich von ihr an eine höhere Instanz, an die *übernatürliche Vorsehung der Götter,* deren Auge gerade da auf mich leuchtet, wo das Licht der Natur ausgeht, deren Regiment gerade da beginnt, wo das Regiment der natürlichen Vorsehung zu Ende ist. Die Götter wissen und sagen mir, sie bestimmen, was die Natur im Dunkel der Unbestimmtheit läßt, dem Zufall preisgibt. Das Gebiet des sowohl im gewöhnlichen als metaphysischen Sinne Zufälligen, »Positiven«, Individuellen, Unvoraussichtlichen, Unberechenbaren ist das Gebiet der Götter, das Gebiet der religiösen Vorsehung. Und das Orakel und Gebet sind die religiösen Weisen, wie der Mensch das Zufällige, Dunkle, Ungewisse zu einem Gegenstande der Vorsehung, der Gewißheit oder doch der Zuversicht macht.*

51

Die Götter, sagt Epikur, existieren in den Zwischenräumen der Welt. Vortrefflich**; sie existieren nur in dem leeren Raum, in der Kluft, die zwischen der Welt der Wirklichkeit und der Welt der Vorstellung, zwischen dem Gesetze und der Anwendung des Gesetzes, zwischen der Handlung und dem Erfolg der Handlung, zwischen der Gegenwart und Zukunft sich befindet. Die Götter sind vorgestellte Wesen, Wesen der Vorstellung, der Einbildung, Wesen, die daher auch ihre Existenz strenggenommen nicht der Gegenwart, sondern nur der *Zukunft* und *Vergangenheit* verdanken. Die Götter, die der letztern ihre Existenz verdanken, sind die *nicht mehr Existierenden,* die *Toten,* die nur noch im Gemüt und in der Vorstellung lebenden Wesen, deren Kultus bei manchen Völkern die ganze Religion, bei den meisten ein wichtiger, wesentlicher

---

* Man vergleiche hierüber z. B. Sokrates' Äußerungen bei Xenophon in betreff der Orakel.
** Der wahre Sinn der Intermundien Epikurs ist hier natürlich gleichgültig.

Teil der Religion ist. Aber unendlich mächtiger als die Vergangenheit wirkt die *Zukunft* auf das Gemüt; die Vergangenheit läßt nur die stille Empfindung der Erinnerung zurück, aber die Zukunft steht uns mit den Schrecknissen der Hölle oder den Seligkeiten des Himmels bevor. Die Götter, die aus den Gräbern emporsteigen, sind daher selbst nur Schatten von Göttern; die wahren, lebendigen Götter, die Gebieter über Regen und Sonnenschein, Blitz und Donner, Leben und Tod, Himmel und Hölle, verdanken ihre Existenz auch nur den über Leben und Tod gebietenden Mächten der *Furcht* und *Hoffnung*, welche den dunkeln Abgrund der Zukunft mit Wesen der Vorstellung illuminieren. Die Gegenwart ist höchst prosaisch, fertig, determiniert, nimmer zu ändern, erfüllt, ausschließend; in der Gegenwart fällt die Vorstellung mit der Wirklichkeit zusammen; in ihr haben daher die Götter keinen Platz, keinen Spielraum; die Gegenwart ist gottlos. Aber die Zukunft ist das Reich der Poesie, das Reich der unbeschränkten Möglichkeit und Zufälligkeit – das Zukünftige kann so oder so sein, so, wie ich es wünsche, oder so, wie ich es fürchte; es ist noch nicht dem harten Los der Unabänderlichkeit verfallen; es schwebt noch zwischen Sein und Nichtsein hoch über der »gemeinen« Wirklichkeit und Handgreiflichkeit; es gehört noch einer *andern,* »*unsichtbaren*« Welt an, einer Welt, die nicht von den Gesetzen der Schwere, die nur von den Empfindungsnerven in Bewegung gesetzt wird. Diese Welt ist die Welt der Götter. *Mir* gehört die Gegenwart, aber den Göttern die Zukunft. Ich bin jetzt; diesen gegenwärtigen, aber freilich auch sogleich vergangenen Augenblick können mir die Götter nicht mehr nehmen; Geschehenes kann auch die göttliche Allmacht, wie schon die Alten sagten, nicht ungeschehen machen. Aber werde ich den *nächsten* Augenblick sein? Hängt der nächste Augenblick meines Lebens von meinem *Willen* ab, oder steht er mit dem gegenwärtigen in *notwendigem* Zusammenhang? Nein! Ein zahlloses Heer von Zufälligkeiten: der Boden unter meinen Füßen, die Decke über meinem Haupte, ein Blitz, eine Flintenkugel, ein Stein, eine Weinbeere sogar, die ich statt in die Speise- in die Luftröhre bringe, kann jeden Augenblick auf ewig den kommenden Augenblick von dem gegenwärtigen abreißen. Doch die gütigen Götter verhüten diesen gewaltsamen Riß; sie füllen mit ihren ätherischen, unverwundbaren Leibern die allen möglichen verderblichen Einflüssen zugänglichen Poren des menschlichen Leibes aus; sie knüpfen an den vergangenen den kommenden Augenblick; sie vermitteln die Zukunft mit der Gegenwart; sie sind und haben in ununterbrochenem Zusammenhang, was die Menschen – die *porösen* Götter – nur in Zwischenräumen, nur mit Unterbrechungen sind und haben. Die göttliche Wesenheit ist die gewisse Ungewißheit, die anwesende Abwesenheit, die wirkliche Unwirklichkeit oder Möglichkeit, die gegenwärtige Zukunft, die erfüllte Hoffnung, der realisierte Wunsch.[53]

52

Güte ist die *wesentliche* Eigenschaft der Götter; aber wie können sie gütig sein, wenn sie *nicht allmächtig*, wenn sie nicht frei sind von den Gesetzen der natürlichen Vorsehung, d. h. den Ketten der Naturnotwendigkeit, wenn sie nicht in den individuellen, über Tod und Leben entscheidenden Fällen sich als die *Herren der Natur,* aber die *Freunde* und *Wohltäter* der *Menschen* beweisen, wenn sie also *keine Wunder* tun? Die Götter oder vielmehr die Natur hat den Menschen ausgestattet mit leiblichen und geistigen Kräften, um sich selbst erhalten zu können. Aber reichen diese natürlichen Selbsterhaltungsmittel *immer* aus? Komme ich nicht sehr oft in Lagen, wo ich rettungslos verloren bin, wenn nicht eine übernatürliche Hand den rücksichtslosen Lauf der natürlichen Ordnung aufhält? Die natürliche Ordnung ist gut; aber ist sie *immer* gut? Dieser anhaltende Regen, diese anhaltende Dürre z. B. ist ganz in der Ordnung, aber muß nicht ich, muß nicht meine Familie, muß nicht dieses Volk selbst infolge derselben zugrunde gehen, wenn die Götter nicht helfen, nicht diese Dürre aufheben?*

---

* Auch die Christen beten ebenso, wie die Griechen zum Zeus, zu ihrem Gott um Regen und glauben an die Erhörung solcher Gebete. »Es war«,

Wunder sind daher *unzertrennlich* von der *göttlichen* Regierung und Vorsehung, ja, sie sind die einzigen Beweise, Offenbarungen und Erscheinungen der Götter als von der Natur unterschiedener Mächte und Wesen; *die Wunder aufheben* heißt *die Götter selbst aufheben*. Wodurch unterscheiden sich die Götter von den Menschen? Nur dadurch, daß sie *ohne* Schranken sind, was diese *mit* Schranken sind, daß sie namentlich *immer* sind, was diese nur *zeitweise*, momentan sind.*
Die Menschen leben – Lebendigkeit ist Göttlichkeit, Lebendigkeit wesentliche Eigenschaft, Grundbedingung der Gottheit –, aber leider! nicht immer, sie sterben, die Götter dagegen sind die Unsterblichen, die immer Lebenden; die Menschen sind auch glücklich, nur nicht ununterbrochen wie die Götter; die Menschen sind auch *gut*, aber *nicht immer*, und darin besteht eben nach *Sokrates* der Unterschied der Gottheit von der Menschheit, daß sie *immer gut* ist; die Menschen genießen auch, nach *Aristoteles*, die göttliche Seligkeit des Denkens, aber bei ihnen wird die geistige Tätigkeit durch andere Verrichtungen und Tätigkeiten unterbrochen. Die Götter und Menschen haben daher also dieselben Eigenschaften, dieselben Lebensregeln, nur jene ohne, diese mit Einschränkungen und Ausnahmen. Wie das jenseitige Leben nichts anderes ist als die *durch den Tod nicht unterbrochene Fortsetzung* dieses Lebens, so ist das göttliche Wesen nichts anderes als die *durch die Natur* überhaupt *nicht unterbrochene Fortsetzung* des menschlichen Wesens – das *ununterbrochene, unbeschränkte* Wesen des Menschen. Wie unterscheiden sich nun aber die Wunder von den Wirkungen der Natur? Gerade so, wie sich die Götter von den Menschen unterscheiden. Das Wunder macht eine

heißt es in den Tischreden *Luthers*, »ein groß Dürre, also daß lange nicht hatte geregnet, und das Getreide auf dem Felde begunnte zu verdorren, da betete Dr. M. L. immerdar, und endlich sprach er mit großen Seufzen: Ach Herr, siehe doch unser Gebet an um deiner Verheißung willen ... Ich weiß, daß wir von Herzen zu Dir schreien und sehnlich seufzen, worumb erhörest du uns denn nicht? Eben dieselbige folgende Nacht darnach kam ein sehr guter fruchtbarer Regen.«

* Freilich hat die Weglassung der Schranken Steigerung und Veränderung zur Folge, aber sie hebt nicht die Identität des Wesens auf.

Wirkung oder Eigenschaft der Natur, die in diesem speziellen Fall nicht gut ist, zu einer guten oder wenigstens unschädlichen; es macht, daß ich im Wasser nicht untersinke und ertrinke, wenn ich das Unglück habe, hineinzufallen, daß das Feuer mich nicht verbrennt, der auf meinen Kopf herabfallende Stein mich nicht erschlägt, kurz, es macht das bald wohltätige, bald verderbliche, bald menschenfreundliche, bald menschenfeindliche Wesen zu einem *immer guten* Wesen. Nur den Ausnahmen von der Regel verdanken die Götter und Wunder ihre Existenz. Die Gottheit ist die Aufhebung der Mängel und Schranken im Menschen, welche eben die Ausnahmen von der Regel verursachen, das Wunder die Aufhebung der Mängel und Schranken in der Natur. Die Naturwesen sind bestimmte und folglich beschränkte Wesen. Diese ihre Schranke ist in abnormen Fällen der Grund ihrer Verderblichkeit für den Menschen; aber sie ist im Sinne der Religion keine notwendige, sondern willkürliche, von Gott gesetzte, also aufhebbare, wenn es die Not, d. h. das Wohl des Menschen erheischt. Die Wunder unter dem Vorwande verwerfen, daß sie sich nicht für die Würde und Weisheit Gottes schickten, kraft welcher er von Anfang an alles so, wie es am besten sei, für ewige Zeiten festgesetzt und vorausbestimmt habe, das heißt der Natur den Menschen, dem *Verstande* die *Religion* aufopfern, das heißt *im Namen Gottes* den Atheismus predigen. Ein Gott, der nur solche Bitten und Wünsche des Menschen erfüllt, die sich auch *ohne ihn* erfüllen lassen, deren Erfüllung *innerhalb der Grenzen und Bedingungen der natürlichen Ursachen* liegt, der also nur so lange hilft, als die Kunst und Natur helfen, aber aufhört zu helfen, sowie die materia medica zu Ende ist, ein solcher Gott ist nichts anderes als die hinter den Namen Gottes versteckte, personifizierte Naturnotwendigkeit.

53

Der Glaube an einen *Gott* ist entweder der Glaube an die Natur (an das objektive Wesen) als ein menschliches (subjektives[54]) Wesen oder der Glaube an das menschliche Wesen als das Wesen der Natur. Jener Glaube ist Naturreligion, Polytheismus*, dieser Geist-Menschreligion, Monotheismus. Der Polytheist opfert sich der Natur auf, er gibt der Natur ein menschliches Auge und Herz; der Monotheist opfert die Natur sich auf, er gibt dem menschlichen Auge und Herzen die Macht und Herrschaft über die Natur; der Polytheist macht das menschliche Wesen von der Natur, der Monotheist die Natur vom menschlichen Wesen abhängig; jener sagt: *Wenn die Natur nicht ist, so bin ich nicht*; dieser aber sagt umgekehrt: *Wenn ich nicht bin, so ist die Welt, die Natur nicht.* Der erste Grundsatz der Religion lautet: *Ich bin nichts gegen die Natur, alles ist gegen mich Gott,* alles flößt mir das Gefühl der Abhängigkeit ein, alles kann mir, wenn auch nur zufällig, aber der Mensch unterscheidet anfänglich nicht zwischen Ursache und zufälliger Veranlassung, Glück und Unglück, Heil und Verderben bringen; alles ist daher ein Gegenstand der Religion. Die Religion auf dem Standpunkt dieses kritiklosen Abhängigkeitsgefühles ist der sogenannte Fetischismus, die Grundlage des Polytheismus. Der Schlußsatz der Religion dagegen lautet: *Alles ist nichts gegen mich,* alle Herrlichkeit der Himmelsgestirne, der obersten Götter des Polytheismus, verschwindet vor der Herrlichkeit der menschlichen Seele, alle Macht der Welt vor der Macht des menschlichen Herzens, alle Notwendigkeit der toten, bewußtlosen Natur vor der Notwendigkeit des menschlichen, des bewußten Wesens, denn *alles ist nur Mittel für mich.* Aber die Natur wäre nicht für mich, wenn sie *von sich selbst,* wenn sie nicht von Gott wäre. Wenn sie von sich selbst wäre, also den Grund ihrer Existenz in sich selbst hätte, so hätte sie ja eben damit auch ein *selbständiges* Wesen, ein ursprüngliches, *ohne Beziehung auf mich,* unabhängig von mir bestehendes Sein und Wesen. Die Bedeutung der Natur, *nichts für sich selbst,* nur *ein Mittel für den Menschen* zu sein, datiert sich daher nur von der Schöpfung; aber diese Bedeutung offenbart sich vor allem in den Fällen,

---

* Die Bezeichnung des Polytheismus überhaupt als Naturreligion ist nur relativ, nur antithetisch gültig.

wo der Mensch, wie in der Not, in Todesgefahr, in *Kollision* mit der Natur kommt, diese aber dem Wohle des Menschen geopfert wird – in den Wundern. Also ist die *Prämisse* des *Wunders* die *Schöpfung*; das *Wunder* die *conclusio*, die *Folge*, die *Wahrheit der Schöpfung*. Die Schöpfung verhält sich zum Wunder wie die Gattung oder Art zum einzelnen Individuum; das Wunder ist der *Schöpfungsakt* in einem *besondern, einzelnen* Fall. Oder: Die Schöpfung ist die *Theorie*; die *Praxis*, die *Anwendung* davon ist das *Wunder*. Gott ist die *Ursache*, der Mensch der *Zweck* der Welt, d. h. *Gott ist das erste Wesen* in der *Theorie*, aber der *Mensch* ist das *erste Wesen* in der *Praxis*. Die Natur ist nichts für Gott – nichts als ein Spielwerkzeug seiner Allmacht –, aber nur, damit sie im Notfall, damit sie überhaupt nichts gegen den Menschen ist und vermag. Im Schöpfer läßt der Mensch die Schranken seines Wesens, seiner »Seele«, im Wunder die Schranken seiner Existenz, seines Leibes fallen, dort macht er sein unsichtbares, denkendes und gedachtes, hier sein sichtbares, praktisches, individuelles Wesen zum Wesen der Welt, dort *legitimiert* er das Wunder, hier *führt* er es nur *aus*. Im Wunder ist daher der Zweck der Religion auf sinnliche, populäre Weise erfüllt – die Herrschaft des Menschen über die Natur, die *Gottheit* des Menschen eine *sinnfällige Wahrheit*. Gott tut Wunder, aber auf Bitten des Menschen, und wenn auch nicht auf ein ausdrückliches Gebet, doch im *Sinne* des Menschen, im *Einklang* mit seinen geheimsten, innersten Wünschen. Sarah lachte, als ihr in ihren alten Tagen noch der Herr ein Söhnlein verhieß, aber gewiß war auch jetzt noch Nachkommenschaft ihr höchster Gedanke und Wunsch. Der *geheime* Wundertäter ist daher der Mensch, aber im Fortgang der Zeit – die Zeit enthüllt jedes Geheimnis – wird er und muß er werden der *offenbare, sichtbare* Wundertäter. Erst *empfängt* der Mensch Wunder, endlich *tut* er selbst Wunder; erst ist er *Gegenstand* Gottes, endlich *selbst Gott*; erst Gott nur im Herzen, im Geiste, in Gedanken, zuletzt Gott im Fleische. Aber der Gedanke ist verschämt, die Sinnlichkeit unverschämt, der Gedanke verschwiegen und rückhaltig, die Sinnlichkeit spricht sich offen und unumwunden aus, ihre Äußerungen sind daher dem Gelächter ausgesetzt, wenn sie der Vernunft widersprechen, weil hier der Widerspruch ein augenfälliger, unleugbarer ist. Dies ist der Grund, warum sich die modernen Rationalisten schämen, an den fleischlichen Gott, d. h. an das sinnliche, augenfällige Wunder zu glauben, aber sich nicht schämen, an den unsinnlichen Gott, d. h. an das unsinnliche, versteckte Wunder zu glauben. Doch kommen wird die Zeit, wo Lichtenbergs Prophezeiung erfüllt, wo der Glaube an einen Gott überhaupt, also auch an einen rationalistischen Gott ebensogut für Aberglauben gelten wird, als jetzt bereits der Glaube an den fleischlichen, wundertätigen, d. i. christlichen Gott für Aberglauben gilt, wo also statt des Kirchenlichtes des simplen Glaubens und statt des Zwielichts des Vernunftglaubens das reine Licht der Natur und Vernunft die Menschheit erleuchten und erwärmen wird.

54

Wer für seinen Gott keinen andern Stoff hat, als den ihm die Naturwissenschaft, die Weltweisheit oder überhaupt die natürliche Anschauung liefert, wer ihn also nur mit natürlichen Materialien ausfüllt, unter ihm *nichts anderes* denkt als die *Ursache* oder das *Prinzip* von den Gesetzen der Astronomie, Physik, Geologie, Mineralogie, Physiologie, Zoologie und Anthropologie, der sei auch so ehrlich, sich des *Namens* Gottes zu enthalten, denn ein *Naturprinzip* ist immer ein *Naturwesen, nicht das, was einen Gott konstituiert.** Sowenig eine Kirche, die man zu einem Naturalienkabinett gemacht hat,

---

* Grenzenlos ist die Willkür im Gebrauch der Worte. Aber doch werden keine Worte so willkürlich gebraucht, keine in so widersprechenden Bedeutungen genommen als die Worte: Gott und Religion. Woher diese Willkür, diese Verwirrung? Weil man aus Furcht oder Scheu, durch ihr Alter geheiligten Meinungen zu widersprechen, die alten Namen – denn es ist *nur der Name, nur der Schein, der die Welt, selbst auch die gottesgläubige Welt regiert* – beibehält, aber *ganz andere,* erst im Laufe der Zeit gewonnene Begriffe damit verbindet. So war es mit den griechischen Göttern, welche im Laufe der Zeit die widersprechendsten Bedeutungen erhielten, so mit dem christlichen Gott. Der Atheismus, der sich Theismus

noch ein Gotteshaus ist und heißt, so wenig ist ein Gott, dessen Wesen und Wirkungen nur in astronomischen, geologischen, zoologischen, anthropologischen Werken sich offenbaren, ein Gott; Gott ist ein *religiöses Wort,* ein *religiöses Objekt und Wesen, kein physikalisches,* astronomisches, kurz, kein *kosmisches* Wesen; Gott offenbart sich wohl auch in der Welt, in der Natur, aber in ihr nur, *wie sie selbst ein Objekt der Religion,* nicht der Physik, nicht der natürlichen, der *nicht* religiösen Anschauung ist. Die Natur, wie sie Gegenstand der Religion, ist das Wunder; selbst in dem regelmäßigen, gewöhnlichen Lauf der Natur erblickt *die Religion keine Natur, keine Notwendigkeit,* sondern nur den unmittelbaren Willen Gottes.[55] »Deus et Cultus«, sagt Luther in den Tischreden, »sunt Relativa, *Gott* und *Gottesdienst gehören zusammen, eines kann ohn das andere nicht sein,* denn Gott *muß je eines Menschen* oder *Volkes* Gott sein und ist allzeit in predicamento relationis, referiert und ziehet sich aufeinander. Gott will etliche haben, die ihn anrufen und ehren, denn einen Gott haben und ihn ehren gehören zusammen, sunt relativa wie *Mann* und *Weib* im Ehestand, keines kann ohn das andere sein.« Gott setzt also Menschen voraus, die ihn verehren und anbeten; Gott ist ein Wesen, dessen Begriff oder Vorstellung nicht von der Natur, sondern von dem, und zwar religiösen, Menschen abhängt; ein Gegenstand der Anbetung ist nicht ohne ein anbetendes Wesen, d. h. Gott ist ein Objekt, dessen Dasein nur mit dem Dasein der Religion, dessen Wesen nur mit dem Wesen der Religion gegeben ist, das also *nicht außer der Religion, nicht unterschieden, nicht unabhängig* von ihr existiert, in dem *objektiv* nicht mehr enthalten ist, als was *subjektiv* in der Religion.* Der Schall ist das *gegenständliche*

---

nennt, ist die Religion, das Antichristentum, das sich Christentum *nennt,* das wahre Christentum der Gegenwart. Mundus vult decipi.
* Ein Wesen also, das nur ein philosophisches Prinzip, also nur ein Gegenstand der Philosophie, aber nicht der Religion, der Verehrung, des Gebetes, des Gemütes ist, ein Wesen, das keine Wünsche erfüllt, keine Gebete erhört, das ist auch nur ein Gott dem Namen, aber nicht dem Wesen nach.

Wesen, der *Gott* des Ohres, das Licht das *gegenständliche Wesen,* der *Gott* des Auges; der Schall existiert nur für das Ohr, das Licht nur für das Auge; im Ohre hast du, was du im Schalle hast, erzitternde, schwingende Körper, ausgespannte Häute, gallertartige Substanzen; im Auge dagegen hast du Lichtorgane, durchsichtige Linsen. Gott zu einem Gegenstande oder Wesen der Physik, Astronomie, Zoologie machen ist daher gerade soviel, als wenn man den Ton zu einem Gegenstande des Auges machen wollte. Wie der Ton nur im Ohr und für das Ohr, so existiert Gott nur in der Religion und für sie, *nur im Glauben* und *für den Glauben.* Wie der Schall oder Ton als der Gegenstand des Gehörs nur das Wesen des Ohrs, so drückt Gott als ein Gegenstand, der *nur Gegenstand der Religion,* des Glaubens ist, auch nur das Wesen der Religion, des Glaubens aus. Was macht aber einen Gegenstand zu einem *religiösen* Gegenstand? Wie wir gesehen haben: nur die menschliche Phantasie oder Einbildungskraft und das menschliche Herz. Ob du den Jehovah oder den Apis, ob du den Donner oder den Christus, ob du deinen Schatten, wie die Neger der Goldküste, oder deine Seele, wie der alte Perser, ob du den flatus ventris oder deinen Genius, kurz, ob du ein sinnliches oder geistiges Wesen anbetest – es ist eins; Gegenstand der Religion ist nur etwas, *inwiefern* es ein Objekt der Phantasie und des Gefühls, ein Objekt des Glaubens ist; denn eben weil der Gegenstand der Religion, *wie* er ihr Gegenstand, nicht in der Wirklichkeit existiert, mit dieser vielmehr im Widerspruch steht, ist er nur ein Objekt des Glaubens. So ist z. B. die Unsterblichkeit des Menschen oder der Mensch als unsterbliches Wesen ein Gegenstand der Religion, aber eben deswegen nur ein Gegenstand des Glaubens, denn die Wirklichkeit zeigt gerade das Gegenteil, die Sterblichkeit des Menschen. Glauben heißt *sich einbilden,* daß das *ist,* was *nicht ist,* heißt sich z. B. einbilden, daß dieses Bild lebendiges Wesen, dieses Brot Fleisch, dieser Wein Blut, d. h. *ist, was er nicht ist*. Es verrät daher die größte Unkenntnis der Religion, wenn du Gott mit dem Teleskop am Himmel der Astronomie oder mit der Lupe in einem botanischen Garten oder mit dem mineralogischen Hammer in den Bergwerken der Geologie oder mit dem anatomischen Messer und Mikroskop in den Eingeweiden der Tiere und Menschen zu finden hoffst – du findest ihn nur im Glauben, nur in der Einbildungskraft, nur im Herzen des Menschen; denn er ist selbst nichts anderes als das Wesen der Phantasie oder Einbildungskraft, das Wesen des menschlichen Herzens.

55

»Wie dein Herze, so dein Gott.« *Wie die Wünsche der Menschen, so sind ihre Götter.* Die Griechen hatten *beschränkte Götter* – das heißt: Sie hatten *beschränkte Wünsche.* Die Griechen wollten nicht ewig leben, sie wollten nur nicht altern und sterben, und sie wollten nicht absolut nicht sterben, sie wollten nur jetzt noch nicht – das Unangenehme kommt dem Menschen immer zu früh –, nur nicht in der Blüte der Jahre, nur nicht eines gewaltsamen, schmerzhaften Todes sterben*; sie wollten nicht selig, sie wollten nur glücklich sein, nur beschwerdelos, nur leichthin leben; sie seufzten noch nicht darüber, wie die Christen, daß sie der Notwendigkeit der Natur, den Bedürfnissen des Geschlechtstriebs, des Schlafs, des Essens und Trinkens unterworfen waren; sie fügten sich in ihren Wünschen noch in die Grenzen der menschlichen (respektive griechisch-menschlichen) Natur; sie waren noch keine Schöpfer aus nichts, sie machten noch nicht aus Wasser Wein, sie reinig-

---

* Während daher in dem Paradies der christlichen Phantastik der Mensch nicht sterben konnte und nicht gestorben wäre, wenn er nicht gesündigt hätte, so starb dagegen bei den Griechen selbst auch in dem glückseligen Zeitalter des Kronos der Mensch, aber so sanft, als schliefe er ein. In dieser Vorstellung ist der natürliche Wunsch des Menschen realisiert. Der Mensch wünscht sich kein unsterbliches Leben; er wünscht sich nur ein langes, leiblich und geistig gesundes Leben und einen naturgemäßen, schmerzlosen Tod. Um daher den Glauben an die Unsterblichkeit aufzugeben, dazu gehört nichts weniger als eine unmenschliche stoische Resignation; es gehört nichts weiter dazu, als sich zu überzeugen, daß die christlichen Glaubensartikel nur auf supranaturalistische phantastische Wünsche gegründet sind, und zur einfachen, wirklichen Natur des Menschen zurückzukehren.

ten, sie destillierten nur das Wasser der Natur und verwandelten es auf organischem Wege in den Saft der Götter; sie schöpften den Inhalt des göttlichen, glückseligen Lebens nicht aus der bloßen Einbildung, sondern aus den Stoffen der bestehenden Welt; sie bauten den Götterhimmel auf den Grund dieser Erde. Die Griechen machen nicht das göttliche, d. i. mögliche Wesen zum Urbild, Ziel und Maß des wirklichen, sondern das wirkliche Wesen zum Maß des möglichen. Selbst als sie vermittels der Philosophie ihre Götter verfeinert, vergeistigt hatten, blieben ihre Wünsche auf dem Boden der Wirklichkeit, auf dem Boden der menschlichen Natur stehen. Die Götter sind realisierte Wünsche, aber der höchste Wunsch, das höchste Glück des Philosophen, des Denkers als solchen, ist, ungestört zu denken. Die Götter des griechischen Philosophen – wenigstens des griechischen Philosophen κατ' ἐξοχὴν, des philosophischen Zeus, des Aristoteles – sind daher ungestörte Denker; die Seligkeit, die Gottheit besteht in der ununterbrochenen Tätigkeit des Denkens. Aber diese Tätigkeit, diese Seligkeit ist ja selbst eine innerhalb dieser Welt, *innerhalb* der menschlichen Natur – wenngleich hier mit Unterbrechungen – *wirkliche,* eine bestimmte, besondere, im Sinne der Christen daher beschränkte, armselige, dem Wesen der Seligkeit widersprechende Seligkeit; denn die Christen haben keinen beschränkten, sondern unbeschränkten, über alle Naturnotwendigkeit erhabenen, übermenschlichen, außerweltlichen, transzendenten Gott, das heißt: Sie haben *unbeschränkte, transzendente, über die Welt, über die Natur, über das menschliche Wesen hinausgehende, d. i. absolut phantastische Wünsche.* Die Christen wollen *unendlich mehr und glücklicher sein als die Götter* des Olymp; ihr Wunsch ist ein Himmel, in dem *alle Schranken, alle Notwendigkeit der Natur aufgehoben, alle Wünsche erfüllt sind**, ein Himmel, in dem *keine*

---

* »Wo aber Gott ist (nämlich im Himmel), da müssen«, sagt z. B. Luther, »alle Güter mit sein, so man nur immer wünschen kann.« Ebenso heißt es von den Bewohnern des Paradieses im Koran nach Savarys Übersetzung: »Tous leurs désirs seront comblés.« Nur sind ihre Wünsche anderer Art.

Bedürfnisse, keine Leiden, keine Wunden, keine Kämpfe, keine Leidenschaften, keine Störungen, kein Wechsel von Tag und Nacht, Licht und Schatten, Lust und Schmerz, wie im Himmel der Griechen, stattfindet. Kurz, der Gegenstand ihres Glaubens ist nicht mehr ein beschränkter, bestimmter Gott, ein Gott mit dem bestimmten Namen eines Zeus oder Poseidon oder Hephaistos, sondern der Gott *schlechtweg,* der *namenlose* Gott, weil der Gegenstand ihrer Wünsche nicht ein *namhaftes, endliches, irdisches* Glück, ein *bestimmter* Genuß, der Liebesgenuß oder der Genuß schöner Musik oder der Genuß der moralischen Freiheit oder der Genuß des Denkens, sondern ein alle Genüsse umfassender, aber eben deswegen überschwenglicher, alle Vorstellungen, alle Begriffe übersteigender Genuß, der Genuß *unendlicher, unbegrenzter, unaussprechlicher, unbeschreiblicher* Seligkeit ist. Seligkeit und Gottheit ist eins. Die Seligkeit als Gegenstand des Glaubens der Vorstellung, überhaupt als theoretisches Objekt ist die Gottheit, die Gottheit als Gegenstand des Herzens, des Willens*, des Wunsches, als praktisches Objekt überhaupt ist die Seligkeit. Oder vielmehr: Die Gottheit ist eine Vorstellung, deren Wahrheit und Wirklichkeit nur die Seligkeit ist. Soweit das

---

* Der Wille, namentlich im Sinne der Moralisten, gehört übrigens nicht zum spezifischen Wesen der Religion; denn was ich durch meinen Willen erreichen kann, dazu brauche ich keine Götter. Die Moral zur wesentlichen Sache der Religion machen heißt den Namen der Religion behalten, aber das Wesen der Religion fallenlassen. Moralisch kann man ohne Gott sein, aber selig – selig im supranaturalistischen, christlichen Sinn – kann man nicht ohne Gott sein, denn die Seligkeit in diesem Sinne liegt außer den Grenzen, außer der Macht der Natur und Menschheit, sie setzt daher zu ihrer Verwirklichung ein supranaturalistisches Wesen voraus, ein Wesen, das ist und kann, was der Natur und Menschheit unmöglich ist. Wenn daher Kant die Moral zum Wesen der Religion machte, so stand er in demselben oder doch einem ähnlichen Verhältnis zur christlichen Religion als Aristoteles zur griechischen, wenn er die Theorie zum Wesen der Götter macht. Sowenig ein Gott, der nur ein spekulatives Wesen, nur Intelligenz ist, noch ein *Gott* ist, so wenig ist ein nur moralisches Wesen oder »personifiziertes Moralgesetz« noch ein Gott. Allerdings ist auch schon Zeus ein Philosoph, wenn er lächelnd vom Olymp auf die Kämpfe der Götter herabschaut, aber er ist noch unendlich mehr; allerdings auch der christliche Gott ein moralisches Wesen, aber noch unendlich mehr; die Moral ist nur die Bedingung der Seligkeit.[56]

Verlangen der Seligkeit geht, so weit – nicht weiter – geht die Vorstellung der Gottheit. Wer keine übernatürlichen Wünsche mehr hat, der hat auch keine übernatürlichen Wesen mehr.

Vorwort [zu: Ludwig Feuerbach's *sämmtliche Werke*, Leipzig (Druck und Verlag von Otto Wigand) 1846 ff.]
[1846]⁵⁷

Indem ich hiemit die Gesamtausgabe meiner Schriften eröffne, muß ich vor allem bemerken, daß diese Antiquitätensammlung nicht mir, sondern meinem Verleger ihre Entstehung verdankt.

> Je ferme à jamais
> Ce livre à ma pensée étranger désormais,
> Je n'écouterai pas ce qu'en dira la foule,
> Car qu'importe à la source où son onde s'ecoule?

So dachte ich nicht nur bei einer kleinen Broschur, bei welcher ich ausdrücklich diese Worte eines französischen Dichters anführte, so dachte ich bei jeder Schrift von mir. Jeder fertigen Schrift sagte ich für immer Adieu; jede hatte mir nur meine Fehler und Mängel zu Bewußtsein gebracht und daher nichts andres in mir zurückgelassen als das dringende Verlangen, ihr Andenken durch eine neue Schrift auszulöschen.⁵⁸ Und nun wurde mir auf einmal zugemutet, meinen unzufriednen, schriftwidrigen, unbiblischen Geist auf alle meine längst meinem Sinn entschwundnen Schriften zu richten. Welche Zumutung! Wider den Strom des Lebens soll ich schwimmen? wider den Lauf der Natur statt vorwärts rückwärts gehen? wider den guten Geschmack längst Verdautes wiederkäuen? wider den Trieb des Fleisches statt Kinder zeugen Tote beleben? Nein, mein lieber Herr Wigand, das geht wider meine Natur, wider mein Gefühl!

Indes, wie es so oft im Leben geht, die Reflexion siegte endlich über das widerstrebende Gefühl. Ich räsonierte und disputierte nämlich also mit mir. Allerdings ist der Blick in deine, namentlich frühern, Schriften für dich nur ein unerfreulicher

Blick in eine dir längst entfremdete Vergangenheit; aber ist denn, was für dich vergangen ist, deswegen auch für andere vergangen? Sind nicht die Schuppen, die dir von den Augen gefallen, noch heute die Panzer deiner Gegner? Sind die Philosophen, welche in ihrem Kopfe kein Hirn haben, keine sinnliche, materielle Grundlage ihrer Gedanken, welche bei dem Worte Fleisch nur an eine Gänseleberpastete, bei den Sinnen als Zeugen der Wahrheit nur an ihre testes, bei dem thalamus nervorum opticorum nur an ein Hochzeitbett denken, weiter als du weiland als Student und Dozent der Hegelschen, Cartesischen, Spinozischen Philosophie? Hast du nicht gerade durch deine spätern Schriften, die – leider nur noch sehr unvollkommen – deine jetzige Gesinnung und Denkart aussprechen, dich um deinen Kredit gebracht? Hast du nicht durch sie die Hoffnungen vereitelt, die man, freilich nur aus Kurzsichtigkeit, auf deine frühern Schriften gründete? Ist aber nicht selbst auch deine obskure, im Rücken deines schriftstellerischen curriculum vitae liegende Vergangenheit noch heute an der Tagesordnung? Sind die rechtchristgläubigen und die denkchristgläubigen Theologen, welche dich heute als reifen Mann schulmeistern wollen, weiter, als du als christgläubiger Gymnasiast warst? War dir nicht damals die Bibel die höchste Autorität, die Quelle der Wahrheit, das Wort Gottes? Demonstriertest du aber nicht zugleich, weil dir doch schon unbewußt auch die Vernunft eine Autorität war, den Theanthropos, der dir jetzt nur noch ein Kind der Liebe übernatürlicher und übermenschlicher Seligkeit ist, deinen zweifelnden Schulkameraden als ein objektives, wirkliches Wesen? Bezogst du nicht selbst schmählichen Andenkens als ein scholastischer Theolog, d. h. als ein Theolog, der die Glaubensvorstellungen als Vernunftwahrheiten erkennen will, die Universität? Glaubtest du nicht einst, daß, wenn du deinen Glauben verlörest, du auch das Band, das Leib und Seele zusammenhält, den Grund und Halt deines Lebens verlieren würdest? Ist aber nicht dieser Glaube noch heute allgemeiner Glaube? Hast du nicht selbst aus dem Munde von Ministern und Volksvertretern vernommen, daß der religiöse Glaube die Grundlage der menschlichen Existenz und Wohlfahrt ist? Oh, was wärst du für ein großer Denker, wenn du heute noch dächtest wie weiland als christlicher Schulknabe!

Nicht zu leugnen; aber ist die Gegenwart das Maß der Wahrheit und Menschheit? Ist sie die Gesetzgeberin der Zukunft? Ist nicht vielleicht schon in der nächsten Zukunft Wahrheit, was jetzt für Irrtum, Praxis, was jetzt für Theorie nur gilt? Soll also die Rücksicht auf den heutigen Tag deinen rastlos vorwärts strebenden Geist fesseln? Nimmermehr; nur dann, wenn du dich selbst mit deiner Vergangenheit versöhnen, wenn du sie mit deiner eignen Gegenwart, deinem gegenwärtigen Standpunkt zusammenreimen kannst, nur dann darfst du sie wieder aufleben lassen.

Wirf also einen unparteiischen Blick auf deine Vergangenheit, um zu sehen, ob und wie sie mit deiner Gegenwart im Einklang steht. Betrachte erstlich die Art und Weise, wie du dich in deinen Schriften, selbst schon in den frühsten, ausgesprochen hast. Sprachst du dich als abstrakter Philosoph aus? Nein! Du dachtest als Philosoph, aber du schriebst nicht als Philosoph; du verwandeltest stets das Gedankenwesen, sowie du es aussprachst, in ein Wesen von Fleisch und Blut. Du stelltest an das Objekt des Denkens die Forderung, daß es zugleich ein Objekt der Ästhetik sei; du wußtest, daß die Philosophie als solche, die bloße Vernunft, der reine Gedanke, nichts für den Menschen ist, nichts über ihn vermag, daß man nur dann den Menschen von einer Wahrheit überzeugen kann, wenn man sie aus einem Vernunftwesen, einem ens rationis, zu einem dem Menschen gleichen, einem sinnlichen Wesen macht. Deswegen – freilich nicht bloß aus diesem bewußten Grund, sondern aus innrer Notwendigkeit zugleich – sprachst du schon in deiner ersten, anonymen Schrift, deinen *Gedanken über Tod und Unsterblichkeit*[59], dich in poetischer, d. i. sinnlicher Sprache aus. Die Prosa dieser Schrift ist nur Vorwort, der Text derselben sind die Reime; was dort nur als eine philosophische Wahrheit, wird hier als eine religiöse, d. i. anthropologische Wahrheit, als eine Sache der Empfindung, der unmittelbaren Gewißheit ausgesprochen. Hierin allein liegt auch die Bedeutung dieser Schrift und ihr Unterschied von andern, fast gleichzeitig mit ihr erschienenen Schriften gegen die Unsterblichkeit; hierin, daß sie – wenigstens in diesem, aber höchst empfindlichen Punkte – die erste scharfe Grenzscheide zwischen der christlichen und nichtchristlichen Lebensanschauung bildet; denn nur da entstehen in der Geschichte der Menschheit Absätze und Ansätze zu neuem Leben, wo der Unglaube an die Götter der alten Welt als kategorische Überzeugung, als persönliche Wahrheit, als sinnliche Gewißheit sich ausspricht.

Denselben Gegenstand behandeltest du später wieder, aber nicht mehr vom Standpunkt der pantheistischen Identität aus, sondern vom Standpunkt der polytheistischen Differenz, des Leibnizschen Prinzips, des Unterschieds der Bestimmtheit in deinen »humoristisch-philosophischen Aphorismen«.[60] Der Gedanke dieser Schrift ist kürzlich der: Der Geist, die Seele des Menschen ist nicht jenes unbestimmte, immaterielle, einfache, abstrakte Wesen, worüber die Psychologen sich den Kopf zerbrechen, sie ist nichts weiter als die wesentliche Bestimmtheit des Menschen, die ihn zu dem macht, was er ist, die charakteristische Art, die epigrammatische Spitze seiner Individualität. Aber wie sprachst du diesen Gedanken nebst seinen Konsequenzen aus? Symbolisch, bildlich, d. h. in concreto, faktisch in einem bestimmten, aber gleichwohl diesen allgemeinen Gedanken vollständig verwirklichenden und veranschaulichenden Exempel.* Diese sinnliche, konkrete Anschauungs- und Darstellungsweise hast du aber überall, selbst auf dem Gebiete der Kritik und Geschichte der Philosophie, geltend gemacht, überall das Abstrakte an das Konkrete, das

---

* Übrigens hatte auch auf diese meine keineswegs den Gedanken nur veranschaulichende, sondern oft auch verhüllende Schreibart, wie überhaupt auf die Form und selbst den Inhalt meiner Schriftstellerei einen großen, aber nichts weniger als erfreulichen Einfluß der politische Zustand Deutschlands. Doch ich beschränke mich hier nur auf eine flüchtige Skizze meines Gedankengangs.

Unsinnliche an das Sinnliche, das Logische an das Anthropologische angeknüpft. Der Unterschied zwischen jetzt und einst bei dir ist daher nur dieser, daß du zum Wesen gemacht hast, was dir früher nur Bild, zur Sache, zum Inhalt, was dir früher nur Form war, daß du jetzt bewußt, direkt aussprichst, was du einst indirekt, unbewußt ausgesprochen. Früher sagtest oder dachtest du wenigstens im Gegensatz zur Formularphilosophie: Die wahre Philosophie ist die Philosophie, die sich selbst verleugnet, die sich nicht als Philosophie ausspricht, die der Form, dem Ansehn nach keine Philosophie; jetzt sagst du geradezu: Die wahre Philosophie ist die Negation der Philosophie, ist *keine* Philosophie. Früher dachtest du und sprachst es auch, wenngleich nicht förmlich, wörtlich, doch faktisch aus: Das Wahre muß gegenwärtig, wirklich, sinnlich, anschaulich, menschlich sein; jetzt sagst du konsequent umgekehrt: Nur das Wirkliche, Sinnliche, Menschliche ist das Wahre.

Nun wirf einen Blick auf den Inhalt deiner Schriften, besonders der historischen, worin du unter fremden Namen deine eignen Gedanken ausgesprochen hast. Der Zusammenhang deines *Bayle*[61], den du jedoch, treu deinem Gegenstande, nur auf dem Standpunkt des Rationalismus geschrieben hast und der sich eben dadurch wesentlich von deinem *Wesen des Christentums*[62] unterscheidet, obgleich jener Standpunkt, aber nur im Widerspruch mit ihrem wahren Geiste, auch auf diese Schrift influiert hat, ebenso deines *Leibniz*[63], worin du im Gegensatz gegen das in deinen *Todesgedanken* ausgesprochne, auch noch im ersten Bande deiner *Geschichte*[64] vorherrschende Prinzip der Identität das Prinzip des Unterschieds, der Individualität, somit der Sinnlichkeit, aber selbst nur noch auf nominalistische, abstrakte, unsinnliche, ja der Sinnlichkeit opponierende Weise erfaßt und geltend gemacht und worin du zugleich eine, wiewohl nur einseitige, weil vom Gesichtspunkt der Metaphysik aus gefällte Kritik der Theologie gegeben hast, der Zusammenhang, sage ich, dieser Schriften mit den deinen gegenwärtigen Standpunkt bezeichnenden

Schriften fällt in die Augen. Es bleibt also nur der erste Band deiner *Geschichte* noch im Rückstande. Hier spielt eine besondere Rolle das Verhältnis des Seins zum Denken, veranlaßt durch den Cartesischen Satz: Ich denke, also bin ich, und den sogenannten ontologischen Beweis der Existenz Gottes, des höchsten Denkwesens.

Die Gläubigen aller Art haben sich von jeher über die Beweise vom Dasein Gottes geärgert und behauptet, das Dasein Gottes lasse sich nicht beweisen und brauche auch nicht bewiesen zu werden; es sei unmittelbar gewiß. Aber dieser Behauptung widerspricht ebenso die Geschichte als die Vernunft. Unmittelbar gewiß ist im Unterschiede von der Selbstgewißheit des Menschen nur das *Dasein der Natur*, aber nicht das Dasein eines Gottes, d. h. eines von der Natur und vom Menschen unterschiednen Wesens. Dieses Wesen stützt sich vielmehr, wenigstens ursprünglich, nur auf einen Schluß – den Schluß nämlich, daß die Natur nicht von sich selbst sein könne, also ein anderes Wesen voraussetze –, ist also nichts weniger als ein unbezweifelbares Wesen. Mit Recht hast du daher die Frage von der Existenz Gottes nicht auf die leichte Achsel genommen. Besonders beschäftigte dich aber die Frage nach der Natur, der Beschaffenheit dieser Existenz. Gott ist ein Wesen, das nur der Vernunft, dem Denken, der Abstraktion von der Sinnlichkeit gegeben ist; alle Eigenschaften eines sinnlichen Wesens fehlen ihm. Was ist also das Sein dieses Wesens? Kann die Existenz eines unsinnlichen Wesens eine sinnliche ein? Wie ist das möglich? Das Sein ist ja nichts vom Wesen Unterschiedenes. »Wie sein Wesen«, sagtest du also, »so fällt auch seine Existenz in die Vernunft.« »Von Gottes Wesen ist seine Existenz nicht zu unterscheiden, d. h. doch wohl, seine Existenz ist eine *wesentliche, keine sinnliche,* so daß ich, um von seinem Dasein mich zu überzeugen, eines andern Organs als der Vernunft bedürfte.« Was heißt das aber nun anderes als: Das Vernunftwesen hat nur eine Vernunftexistenz? Und welchen andern Sinn hat dieser Satz wieder als: Gott – als das unsinnliche, nur denkbare Wesen –

existiert nicht außer der Vernunft? Denn eine von der Vernunft unterschiedne Existenz oder eine Existenz außer der Vernunft ist ja nur eine Existenz in den Sinnen. Wie leicht ist nun von hier aus der Übergang zum ersten Kapitel vom *Wesen des Christentums,* wo es heißt: Gott als unsinnliches, abstraktes, anthropomorphismenloses Wesen ist nichts anderes als das Wesen der Vernunft! Gleichwohl kamst du erst nach Verlauf von sieben oder acht Jahren, wenigstens mit voller Klarheit und Entschiedenheit, zu diesem Resultat. Was hielt dich so lange auf und zurück? Warum schlossest du nicht von dem Mangel an sinnlicher Existenz auf den Mangel an Existenz überhaupt? Warum war dir ein bloßes Gedankenwesen ein reales, wirkliches Wesen? Weil dir der Gedanke überhaupt Wesen, das Gedachte als solches Wirkliches, das Subjektive Objektives, das Denken Sein war. Wo der Gedanke als solcher für Wahrheit und Realität gilt, ist es natürlich, daß an der Wahrheit und Realität eines Wesens, das gar nichts andres ausdrückt als das Wesen des Denkens, nichts anderes ist als der Kulminations- und Zentralpunkt der Abstraktion, nicht gezweifelt wird. Warum galt dir aber das Denkwesen überhaupt für ein reales Wesen? Weil du die Bedeutung und Wahrheit des sinnlichen Wesens noch nicht erfaßt hattest, weil dir das wahrhaft wirkliche, das sinnliche Wesen nur für ein endliches, eitles, nichtiges Wesen galt. Wo das Wirkliche für das Unwirkliche gilt, da gilt notwendig das Unwirkliche für das Wirkliche. Was also deinen frühern Standpunkt vom jetzigen trennte, war einzig der Mangel an der Erkenntnis von der Wahrheit und Wesenhaftigkeit der Sinnlichkeit. Wie kamst du zu dieser Einsicht? Wie entstand sie in dir – durch eine generatio aequivoca oder durch organische Zeugung? Durch diese. Schon in diesem deinem ersten Bande liegen die Keime zu ihr. Sosehr du gegen die Väter der Empirie, Bacon, Hobbes, Gassendi in der Lehre vom Ursprung der Ideen und andern Punkten polemisiertest, so hast du sie doch, vor allen den Bacon, mit besonderer Liebe behandelt und die Empirie bereits für eine »Sache der Philosophie« erklärt. Wenn du nicht alsbald zu den Konsequenzen der Bedeutung gelangtest, die du der Empirie einräumtest, so geschah das nur, weil die Natur der Gegenstände, die du behandeltest, daran dich verhinderte. Du bedurftest daher nur Raum und Zeit – die du glücklicherweise fandest –, dich sinnlich mit den sinnlichen Dingen und Wesen zu beschäftigen, um die wissenschaftliche Überzeugung von der Realität der Sinnlichkeit zu gewinnen. Aber gleichwohl war diese Überzeugung selbst zunächst nur noch eine naturwissenschaftliche. Und man kann auf dem Gebiete der Naturwissenschaft die Wahrheit der Sinnlichkeit anerkennen, aber sie gleichwohl auf dem Gebiete der Philosophie und Religion verleugnen, man kann sogar zugleich Materialist und Spiritualist, zugleich ein weltlicher Freigeist und geistlicher Obskurant, zugleich ein praktischer Atheist und doch in der Theorie ein vollgläubiger Theist sein. Bacon, Cartesius, Leibniz, Bayle, die neuere und neuste Zeit überhaupt ist ein glänzendes Beispiel dieses Zwiespalts. Wie überwandest du nun diesen Zwiespalt? Wie kamst du von der naturwissenschaftlichen Realität der Sinnlichkeit zur absoluten Realität derselben? Nur dadurch, daß du erkanntest, daß das Wesen, welches man als ein heterogenes Wesen der Sinnlichkeit entgegensetzt, selbst nichts andres ist als das abstrakte oder idealisierte Wesen der Sinnlichkeit. Diese Einsicht gewannst du zuerst auf dem Gebiete der Religion. Du polemisiertest daher gegen die Philosophie, welche behauptet, sie habe denselben Inhalt mit der Religion, nur streife sie die Form der Sinnlichkeit ab, in welche ihn die Religion versenke; du entgegnetest: Diese Form läßt sich nicht vom Inhalt der Religion absondern, ohne sie selbst aufzuheben; sie ist der Religion absolut wesentlich.[65] Aber was du als das Wesentliche der Religion erkanntest, das war anfangs noch immer nicht *dein* Wesentliches, wenigstens theoretisch, für dein Bewußtsein, deine Erkenntnis; es spukte dir noch das abstrakte Vernunftwesen, das Wesen der Philosophie im Unterschiede vom wirklichen, sinnlichen Wesen der Natur und Menschheit, im – Kopfe. In diesem Widerspruch ist selbst noch, wenigstens teilweise, dein *Wesen des Christentums* geschrieben; erst in deinem *Luther*[66], der daher keineswegs nur ein »Beitrag« ist, wie es auf dem Titel heißt, sondern zugleich selbständige Bedeutung hat, ist er wahrhaft überwunden; erst in ihm hast du den Philosophen vollständig »abgeschüttelt«, den Philosophen vollständig im Menschen aufgehen lassen.

So hängen also deine Schriften zusammen; sie enthalten nichts als die Geschichte, die unwillkürliche Entstehung und Entwicklung, folglich Rechtfertigung deines gegenwärtigen Standpunkts.

Aber ist denn dieser dein gegenwärtiger Standpunkt nicht vielleicht schon ein antiquierter? Du hast gesagt, die Rücksicht auf die Gegenwart bestimme dich nicht, aber offenbar hast du hier nur einer Synekdoche dich bedient, einen Teil der Gegenwart für das Ganze gesetzt, jenen Teil, der nur auf die Konservation oder gar Restauration des Alten versessen ist. Also audiatur et altera pars. Was will dieser? Politische und soziale Reformen; aber um religiöse, geschweige um philosophische Dinge kümmert er sich nicht im geringsten.[67] Die Religion ist diesen andern eine rein indifferente oder längst schon abgetane Sache. Es handelt sich gegenwärtig, sagen sie, nicht mehr um das Sein oder Nichtsein Gottes, sondern um das Sein oder Nichtsein von Menschen; nicht darum, ob Gott mit uns eines oder andern Wesens ist, sondern darum, ob wir Menschen einander gleich oder ungleich sind; nicht darum, wie der Mensch vor Gott, sondern wie er vor Menschen Gerechtigkeit finde; nicht darum, ob und wie wir im Brote den Leib des Herrn genießen, sondern darum, daß wir Brot für unsre eignen Leiber haben; nicht darum, daß wir Gott geben, was Gottes ist, und dem Kaiser, was des Kaisers ist, sondern darum, daß wir endlich dem Menschen geben, was des Menschen ist; nicht darum, daß und ob wir Christen oder Heiden, Theisten oder Atheisten sind, sondern darum, daß wir Menschen, und zwar an Leib und Seel gesunde, freie, tat- und lebenskräftige Menschen sind oder werden. Concedo, meine Herren! Das eben will ich auch. Wer von mir nichts weiter sagt und

weiß als: Ich bin Atheist, der sagt und weiß soviel von mir als wie *nichts*. Die Frage, ob ein Gott ist oder nicht ist, der Gegensatz von Theismus und Atheismus, gehört dem achtzehnten und siebzehnten, aber nicht mehr dem neunzehnten Jahrhundert an. Ich negiere Gott, das heißt bei mir: Ich negiere die Negation des Menschen, ich setze an die Stelle der illusorischen, phantastischen, himmlischen Position des Menschen, welche im wirklichen Leben notwendig zur Negation des Menschen wird, die sinnliche, wirkliche, folglich notwendig auch politische und soziale Position des Menschen. Die Frage nach dem Sein oder Nichtsein Gottes ist eben bei mir nur die Frage nach dem Sein oder Nichtsein des Menschen.
Gut; aber dein Thema ist doch immer noch nur eine Sache des Kopfes und Herzens. Das Übel sitzt aber nicht im Kopf oder Herzen, sondern im Magen der Menschheit. Was hilft aber alle Klarheit und Gesundheit des Kopfes und Herzens, wenn der Magen krank, wenn die Grundlage der menschlichen Existenz verdorben ist? Ich fühlte es, sagte eine Verbrecherin, wie mir die bösen Gedanken aus dem Magen aufstiegen. Diese Verbrecherin ist das Bild der heutigen menschlichen Gesellschaft. Die einen haben alles, was nur immer ihr lüsterner Gaumen begehrt, die andern haben nichts, selbst nicht das Notwendigste in ihrem Magen. Daher kommen alle Übel und Leiden, selbst die Kopf- und Herzkrankheiten der Menschheit. Was daher nicht unmittelbar auf die Erkenntnis und Hebung dieses Grundübels eingeht, ist nutzloser Kram. Und in diesen Kram gehören deine Schriften samt und sonders. Leider, leider! Indes gibt es doch auch viele Übel, selbst Magenübel, die nur im Kopfe ihren Grund haben. Und ich habe mir nun einmal, bestimmt durch innere und äußere Veranlassungen, die Ergründung und Heilung der Kopf-, auch Herzkrankheiten der Menschheit zur Aufgabe gemacht.[68] Was man aber sich vorgesetzt, das muß man auch tenax propositi ausführen, was man begonnen, auch gründlich, sich selbst treu, vollenden. Ich habe mich daher auch zu dieser Gesamtausgabe nur unter der Bedingung verstanden, daß ich

nicht nur meinen eignen, wenngleich kritischen, Antiquar machte, sondern den Bücherstaub meiner Vergangenheit zugleich als Dünger zu neuem, mein Thema, wenigstens seinen Grundzügen nach, vollendenden Erzeugnisse benützte. Deswegen beginne ich mit diesen – nach der Majorität des Inhalts dieses Bandes – also benannten »Erläuterungen und Ergänzungen zum *Wesen des Christentums*«, welche sowohl die wesentlichen Konsequenzen als Prämissen dieser Schrift enthalten.

Wider den Dualismus von Leib und Seele, Fleisch und Geist*
[1846]⁶⁹

»Für unsere Erkenntnis ist das Psychische und Physische darin schon wesentlich voneinander unterschieden, daß die Quelle der Wahrnehmungen und Erfahrungen in der Körperlehre oder Physiologie durchaus eine andere ist als in der Geisteslehre oder Psychologie. Letztere hat es mit den Gegenständen des *innern Sinns*, die bloß die Zeit erfüllen, mit der Beobachtung der Vorstellung, Gefühle, Willensbestrebungen zu tun, die wir nie als Beschaffenheiten eines Körpers erkennen, da in ihnen von Raum und Raumerfüllung gar keine Spur ist. Die Physiologie des menschlichen Körpers geht dagegen von Belehrungen durch die *äußern Sinne* aus und beobachtet nur organische Gebilde aus beweglichen Materien, nur Beschaffenheiten des im Raume Gestalteten und Beweglichen. Solange bei den Untersuchungen, z. B. über die Empfindungen der Sinne, noch die Rede ist von Brechung der Lichtstrahlen, von dem Bilde auf der Netzhaut, von den Schwingungen der Luft, von Nervenknoten usw., so lange befindet man sich noch in den Gebieten der Physik und Physiologie; die Psychologie hat es bloß mit dem, was im Innern vorhanden ist, zu tun; dort aber finden sich weder Nerven noch Affektionen derselben, sondern nur Anschauungen, Vorstellungen usw., mithin Erscheinungen von Kräften, die bloß in der Zelle wirken.«**
Allerdings gibt es in der Psychologie keine Nerven, keine

---

* Erläuterungen zu den *Grundsätzen der Philosophie*, die aber weder auf quantitative noch qualitative Vollkommenheit Anspruch machen. Sie sind zu spät niedergeschrieben worden, zu einer Zeit, wo bereits das Feuer der ersten Konzeption erloschen, mein Sinn andern, dem Menschen näher liegenden Gegenständen zugekehrt war.
** Diese und mehrere folgende mit Anführungszeichen markierte Stellen sind der Ersch- und Gruberschen *Enzyklopädie*, Art. Dualismus, und andern bekannten Psychologien entnommen.

Hirnlappen und Hirnbalken, keine Galle, keinen Magen, kein Herz, kurz, nichts Raumerfüllendes. Aber dieser Mangel an aller Raumerfüllung, diese Abwesenheit alles physiologischen Materials, diese Leere hat einen *subjektiven* Grund. Im Verlangen und Genuß der Speise weiß ich nichts vom Magen, in der Empfindung als solcher, wie sie Gegenstand der Psychologie, nichts von Nerven, im Denken als solchem nichts vom Hirn. Aus dieser *subjektiven* Nerven- und Hirnlosigkeit aber auf ein *objektiv*, an und für sich hirn- und nervenloses, überhaupt unkörperliches Wesen schließen wollen, das ist gerade soviel, als wenn ich daraus, daß ich nicht aus mir selbst weiß und fühle, daß ich Eltern habe – jeder weiß ja nur von andern, daß er gezeugt ist –, schließen wollte, daß ich von mir selbst bin, daß meine Existenz ihrem Ursprunge nach von keinem andern Wesen abhängt. In der Tat sind wir samt und sonders in der Psychologie Kasper Hauser, wissen wir nichts von der Genealogie unsrer Gefühle, Vorstellungen und Willensbestrebungen und wollen von ihr nichts wissen, wie jener österreichische Kaiser, der es sich verbat, zu tief seinem Ursprung nachzuforschen, weil man zuletzt auf einen Schneider oder Schweinehirten als den Stammvater des kaiserlichen Hauses stoßen könnte; wir halten uns daher für adlig, weil unser Ursprung aus plebejischem Blut jenseits unsers Bewußtseins liegt, für ewig, weil uns die data der Zeitrechnung fehlen. In der Psychologie ist das Subjekt und Objekt identisch, in der Physiologie verschieden; psychologisches Objekt bin *ich mir selbst,* aber physiologisches bin ich einem *andern*; die Empfindung, die mein Magen während des Hungers, mein Hirn während des Denkens mir verursacht, ist nur mir selbst Objekt, aber Objekt der Physiologie und Anatomie; Objekt der Anschauung kann nun und nimmermehr mein Hirn oder Magen mir selbst, kann er nur einem andern werden. Allerdings ist also die Erkenntnisquelle der Psychologie eine andere als die der Physiologie; aber der Unterschied betrifft nicht den Gegenstand als solchen, sondern die Art und Weise der Erkenntnis; dort ist sie eine unmittelbare, mit dem Gegenstand identische, *lebendige,* hier eine mittelbare, tote, historische. Der Frosch ist nur für sich ein lebendiges, empfindendes, vorstellendes Wesen, *Subjekt;* aber für mich ist er, selbst als Objekt der Vivisektion, nur ein materielles Wesen, *nur Objekt,* denn seine Empfindung als solche kann mir schlechterdings nicht Gegenstand werden. Leben, Empfinden, Vorstellen wird als solches nur unmittelbar durch sich selbst wahrgenommen, ist von dem lebendigen, empfindenden, vorstellenden Wesen, Subjekt oder Organ unabsonderlich, ununterscheidbar.

»Ich betrachte *mich* als das Unterscheidende, meinen Leib mit allen seinen Teilen als das von andern Körpern sowohl als von seinen eignen übrigen Teilen Unterschiedene, welches eben darum auch von mir, der ich die Unterscheidung vornehme, unterschieden wird.« Allerdings unterscheide ich, wenigstens theoretisch, meinen Leib, als Gegenstand meiner äußern Sinne, von andern Leibern nicht nur, sondern auch von mir selbst, aber von meinem innern Organismus, insbesondere von dem innern Denkorgan, dem Hirn, kann ich mich nicht unterscheiden. Ich kann mir allerdings in der Einbildungskraft mein Hirn als Objekt vorstellen und mich so von ihm unterscheiden, aber diese Unterscheidung ist nur eine logische oder vielmehr imaginäre, keine reale; denn ich kann ja nicht denken, nicht unterscheiden ohne Hirntätigkeit; das Hirn, von dem ich mich unterscheide, ist nur ein gedachtes, vorgestelltes, nicht das wirkliche Hirn; ich hebe nur meinen vorgestellten, bewußten, aber nicht meinen *unbewußten* Zusammenhang mit dem Hirn auf. Psychologisch, d. h. für mich als Vorstellenden, Denkenden, ist an und für sich das Vorstellen, das Denken kein Hirnakt; ich kann denken, ohne nur zu wissen, daß ich ein Hirn habe; in der Psychologie fliegen uns die Tauben gebraten ins Maul; in unser Bewußtsein und Gefühl fallen nur die Schlußsätze, aber nicht die Prämissen, nur die Resultate, aber nicht die Prozesse des Organismus; es ist daher ganz natürlich, daß ich das Denken vom Hirnakt unterscheide und für sich selbst denke. Aber daraus, daß das Denken für mich kein Hirnakt, sondern ein vom Hirn unterschiedener und unabhängiger Akt ist, folgt nicht, daß es *an sich* auch kein Hirnakt ist. Nein, im Gegenteil: Was *für mich* oder *subjektiv* ein rein geistiger, immaterieller, unsinnlicher Akt, ist *an sich* oder *objektiv* ein materieller, sinnlicher.* Die Identität von Subjekt und Objekt, die wir soeben als das Wesen der Psychologie bezeichneten, gilt insbesondere von dem Hirn- und Denkakt. Der Hirnakt ist der höchste, der unser Selbst begründende oder bedingende Akt – ein Akt, der daher nicht mehr als ein von uns unterschiedener wahrgenommen werden kann. In andern organischen Prozessen, so im Assimilationsprozeß, folgt auf die subjektive, die mit mir identische, die mir selbst zugeschriebene Tätigkeit die objektive, von mir unterschiedene Tätigkeit des Organismus; ich ergreife die Speisen, schmecke, genieße, zerkaue, verschlinge sie; sowie sie aber verschlungen sind, sind sie außer der Sphäre meiner Tätigkeit, meines Bewußtseins und Willens, gehören sie gleichsam einer innern Welt an. Dagegen im Hirnakte als dem höchsten Akt sind die willkürliche, subjektive, geistige und die unwillkürliche, objektive, materielle Tätigkeit identisch, ununterscheidbar. Selbst für unser Bewußtsein ist das Denken eine ebenso willkürliche als unwillkürliche Tätigkeit. Aber eben deswegen, weil in ihm der Gegensatz zwischen subjektiver und objektiver Tätigkeit verschwindet, ist es für uns eine absolut subjektive. Den Magen, den ich bald voll, bald leer, das Herz, das ich schlagen höre und fühle, den Kopf, als Objekt der äußern Sinne, kurz, meinen Leib nehme ich nur durch den Hirnakt wahr, den Hirnakt aber nur *durch sich selbst,* er ist daher für mich, wenigstens unmittelbar, nichts Objektives mehr, nichts von mir Unterscheidbares. Aus dieser Unfühlbarkeit und Ungegenständlichkeit des Hirnakts erklärt sich auch der psychologische Götzendienst der alten Völker und aller ungebildeten Men-

---

* Gleichwie *für mich* mein Körper in die Klasse der Imponderabilien gehört, keine Schwere hat, ob er gleich an sich oder für andere ein schwerer Körper ist.

schen, welche die »Seele«, den »Geist« statt in den Hirnakt in den Herzschlag oder den Respirationsakt versetzen.

»Die allen Menschen«, sagt *Kant* in seiner *Anthropologie*, »natürliche Furcht vor dem Tode ist nicht ein Grauen vor dem Sterben, sondern, wie Montaigne richtig sagt, vor dem Gedanken, *gestorben* (d. i. tot) zu sein; den also der Kandidat des Todes nach dem Sterben noch zu haben vermeint, indem er das Kadaver, was nicht mehr er selbst ist, doch als sich selbst im düstern Grabe oder irgendwo sonst denkt.« Dieselbe Bewandtnis hat es mit der Scheu des Menschen vor dem Materialismus oder richtiger Organismus, mit der Scheu insbesondere, den Denkakt als einen Hirnakt zu denken.* Die Kenntnis des menschlichen Gehirns und Körpers überhaupt hat der Mensch aus der Anatomie menschlicher Leichname geschöpft; indem er daher sein Hirn denkt, so denkt er das Leben unwillkürlich unter dem Bilde des Todes, das Hirn als ein anatomisches Objekt – als ein Objekt folglich, mit dem es ihm ebenso unmöglich ist, den Denkakt zu verbinden, als mit dem Leichnam das Leben. Von seiner Einbildungskraft hintergangen, sieht er nicht ein, daß das Hirn als *Subjekt*, als lebendiges ein ganz *anderes* Wesen ist denn als *Objekt*, daß das Hirn, wie überhaupt das Innere des Organismus, nur im Tode in die Kategorie des eigentlichen Materialismus verfällt, nur im Tode ein äußerliches, tastbares, sichtbares, riech- und schmeckbares Objekt wird, im Leben aber nur ein Objekt des *innern* Sinns, d. i. Selbstgefühls ist. Allerdings kann auch im Leben das Hirn, wie jeder innere Teil, sich Blößen geben, aber werden die innersten oder wesentlichsten Teile oder wird es vollständig entblößt, so steht auf dieser Profanation des Lebensgeheimnisses die Todesstrafe.**

---

* Hierher gehört auch die merkwürdige *religiöse* Scheu des Menschen vor der Anatomie. Der Blick in das Innere demütigt; darum scheut sich der Mensch, einwärts zu schauen; freilich hat er auch nicht seine Augen zu diesem Schauspiel; der geöffnete Leib ist die *Blöße* des Menschen.
** Den superstitiösen Psychologen, welche aus solchen abnormen Erscheinungen, wo bei »zerstörtem« Gehirn sich keine Geistesstörung zeigte,

Wenn der Psycholog sagt: Ich unterscheide mich von meinem Leibe, so ist damit ebensoviel gesagt, als wenn der Philosoph in der Logik oder in der »Metaphysik der Sitten« sagt: »Ich abstrahiere von der menschlichen Natur.« Ist es möglich, daß du von deinem Wesen abstrahierst? Abstrahierst du denn nicht als Mensch? Denkst du ohne Kopf? Ist aber dein Kopf nicht ein menschlicher Kopf? Die Gedanken sind »abgeschiedene Seelen«. Gut; aber ist nicht auch die abgeschiedene Seele noch ein treues Bild des weiland leibhaften Menschen? Ändern sich nicht selbst die allgemeinsten metaphysischen Begriffe, die Begriffe von Sein und Wesen, sowie sich das wirkliche Sein und Wesen der Menschen ändert? Was heißt also: Ich abstrahiere von der menschlichen Natur? Nichts weiter als: Ich abstrahiere vom Menschen, wie er Gegenstand meines Bewußtseins und Denkens ist, aber nimmermehr vom Menschen, der hinter meinem Bewußtsein liegt, d. h. von meiner Natur, an die nolens volens unauflöslich meine Abstraktion gebunden ist. So abstrahierst du denn auch als Psycholog in *Gedanken* von deinem Leibe*, aber gleichwohl bist du im *Wesen* aufs innigste mit ihm verbunden, d. h. du *denkst* dich unterschieden von ihm, aber du *bist* deswegen noch lange nicht von ihm wirklich unterschieden. Der Unterschied zwischen *Denken* und *Sein* ist in der Psychologie nicht aufgehoben. Selbst in betreff des Denkens hast du wohl zu unterscheiden zwischen dem Denken des Denkens und dem Denken an sich. Du denkst das Denken als eine lediglich subjektive Tätigkeit; du sagst: Ich denke. Hat aber nicht auch *Lichtenberg* recht, wenn er behauptet: »Man sollte eigentlich nicht sagen: Ich denke, son-

---

den Schluß ziehen, daß der Mensch ohne Hirn denken könne, halte ich eine andere Erscheinung entgegen, nämlich die, daß man bei Phthisikern die Lunge oft in solchem zerstörten Zustande gefunden hat, daß man nicht begreifen kann, wie sie mit einer solchen Lunge noch atmen und leben konnten, und folgre also mit ihnen hieraus, daß der Mensch auch ohne Lunge atmen und leben kann.

* Aber kann nicht der Mensch auch in der Tat von seinem Leibe abstrahieren, kann er ihn nicht töten? Ja, aber indem er den Leib tötet, tötet er *sich selbst* und beweist eben dadurch, daß er *nicht* von seinem Leibe abstrahieren kann.

dern: Es denkt«? Wenn also auch gleich das »Ich denke« sich vom Leibe unterscheidet, folgt daraus, daß auch das »Es denkt«, das Unwillkürliche in unserm Denken, die Wurzel und Basis des »Ich denke«, vom Leibe unterschieden ist? Woher kommt es denn, daß wir nicht zu jeder Zeit denken können, daß uns nicht die Gedanken nach Belieben zu Gebote stehen, daß wir oft mitten in einer geistigen Arbeit trotz der angestrengtesten Willensbestrebungen nicht von der Stelle kommen, bis irgendeine äußere Veranlassung, oft nur eine Witterungsveränderung die Gedanken wieder flottmacht? Daher, daß auch die Denktätigkeit eine organische Tätigkeit ist. Warum müssen wir oft jahrelang Gedanken mit uns herumtragen, ehe sie uns klar und deutlich werden? Darum, weil auch die Gedanken einer organischen Entwicklung unterworfen sind, auch die Gedanken reifen, *zeitigen* müssen, sogut als die Früchte auf dem Felde und die Kinder im Mutterleibe.

Welche Bewandtnis hat es mit dem Unterschied zwischen dem »subjektiven« und »objektiven« Geiste? Diese: Der schreibende Schiller ist der subjektive, der gedruckte Schiller der objektive Geist. Während des Schreibens haften die Gedanken noch an mir, an meinem Gehirne, sind sie mit allerlei pathologischen Zuständen verknüpft, mit Schweiß und Blut besudelt; aber wenn sie außer mir fertig, niedergeschrieben, gedruckt sind, so sind alle Spuren von den schmach- und leidensvollen Bedingungen, unter denen sie entstanden, verschwunden, alle Anthropopathismen von ihnen abgestreift; sie erscheinen als göttliche, aus sich selbst entsprungene Wesen; sie flößen jetzt nur die Gefühle der Seligkeit, Mühelosigkeit und Vollkommenheit ein. Ein ähnlicher Unterschied wie zwischen dem Werk als Objekt des schaffenden Autors und dem Werk als Objekt des genießenden Lesers, findet in uns selbst statt. Unserm Bewußtsein gegenüber verleugnen freilich die Gedanken ihren materiellen, d. h. organischen Ursprung, sind sie losgerissen von ihrem Zusammenhang mit Fleisch und Blut, erscheinen sie als ipse fecit, als Produkte einer generatio spontanea, aber unser Ich, unser Bewußtsein ist auch nicht der eigentliche Autor, sondern nur der Leser, das *Publikum* in uns.

Die Seele ist ebensowenig als die Gottheit ein Gegenstand der »Erfahrung« und »unmittelbarer Gewißheit«, wie viele vorgeben; sie verdankt vielmehr ihre Existenz nur einem *Schlusse*, und die Basis dieses Schlusses, die Prämisse, ist hauptsächlich die Identität oder »Einfachheit« unseres Selbstgefühls, unseres Bewußtseins. So sagt z. B. *Bonnet*: »Sooft ich mich selbst erforschet, so oft habe ich mir von der Einfachheit meines Ichs bei der Voraussetzung, daß die Seele materiell sei, keinen Grund angeben können. Ich habe geglaubt, deutlich einzusehen, daß dieses Ich jederzeit eins, jederzeit einfach, jederzeit unteilbar sei und folglich weder eine bloße Modifikation der ausgedehnten Substanz noch die unmittelbare Folge irgendeiner Bewegung sein könne. Daher habe ich das Dasein einer *immateriellen Seele zugeben* müssen, um die Erscheinungen zu *erklären*, die mir ohne das unerklärbar geschienen hätten.« Allein diese Identität oder Einfachheit unseres Bewußtseins oder Ichs, *wie* sie der Psycholog zum Ausgangspunkt seines Schlusses auf eine Seele oder vielmehr als tatsächlichen Beweis einer solchen annimmt, ist selbst keine unmittelbare Tatsache, sondern ein Produkt der *Abstraktion* und *Reflexion*. Unser Ich, unser Bewußtsein ist in der Wirklichkeit so verschieden als der Inhalt desselben. Ich bin ein anderes Ich im Gram als in der Freude, ein anderes Ich im Zustande der Leidenschaft als der Besonnenheit, ein anderes in der Glut der Empfindung als in der Kälte des Denkens, ein anderes mit leerem als vollem Magen, ein anderes im Freien als in der Stube, ein anderes auf Reisen als zu Hause. Das Gefühl meiner selbst ist stets das Gefühl eines bestimmten Ich, eines bestimmten Zustandes meines Seins und Wesens; nie habe ich ein isoliertes, abstraktes Selbstgefühl, nie das Gefühl meiner als eines immateriellen, vom Leibe unterschiednen, einfachen Wesens oder Ichs; nie habe ich gedacht ohne Kopf, nie gefühlt ohne Herz; nur in der Reflexion über mich trenne ich die Gedanken vom Kopfe, die Empfindungen vom Herzen, verselbständige sie für sich selbst in einem vom Leibe unterschiedenen, denkenden, empfindenden, wollenden Subjekt oder Wesen. Das Ich, woraus der Psycholog das Dasein einer immateriellen Seele gründet, ist daher nichts weniger als unser wahres, objektives Wesen; es ist nur ein *Gedankenwesen,* nur eine Kopie, die er aber für das Original nimmt, nur eine *Interpretation* unseres Wesens, die er aber in den *Text* hineinträgt.* Schon *Tetens,* obwohl ein in den Abstraktionen der Psychologie und Metaphysik seiner Zeit befangner, übrigens sehr beachtungswerter, gründlicher Denker und Beobachter, bemerkt richtig: »Was ist das Ich, welches empfindet, denkt, will? – Es ist ein Mensch, das empfindende, denkende und wollende Ganze, das beseelte Gehirn ... die *eingekörperte* Seele ... Mehr lehrt die Beobachtung unmittelbar nicht.« »Das ganze wirkliche Objekt, was gefühlt wird, ist also eine Seelenbeschaffenheit und Gehirnsbeschaffenheit zugleich, oder es ist *der Mensch,* der von *dem Menschen* gefühlt wird.«

»Ich bin derselbe, den die Mutter geboren, derselbe, der als Kind gespielt, als Jüngling gestrebt, als Mann gewirkt. Der Leib in allen seinen Elementen und Säften und Fasern starb in jedem Augenblick und erzeugte sich wieder; er ist, seitdem ich weiß, daß ich bin, mehr als ein- und mehr als zehnmal ein ganz neues Gebäu und Gefüge von leiblichen Stoffen geworden; ich aber bin noch, der ich war.«** Mag sein, daß du noch derselbe als Mann bist, der du als Kind warst; ich aber weise, gewiß mit der Zustimmung aller denker Männer, diese Identität meiner Mannheit mit meiner Kindheit von mir. Wie ich ein Kind war, dachte und fühlte ich als ein Kind,

---

* Mit Ausnahme natürlich der Theologie, welche ja so nichts anderes ist als eine hyperbolische Psychologie, hat keine Wissenschaft mehr den Menschen an der Nase herumgeführt und ihre Chimären zu Wesen gemacht als die Psychologie.
** Worte des gläubigen Schubert in seiner *Geschichte der Seele.*

seitdem ich aber Mann bin, denke und fühle ich auch als Mann, d. h. in meinem kindlichen Leibe hatte ich auch einen kindlichen Geist und Sinn, in meinem männlichen Leibe habe ich aber auch jetzt einen männlichen Geist und Sinn. Ich bin sowenig noch derselbe meinem Geiste nach, als ich noch derselbe meinem Leibe nach bin; mit der Veränderung meines Leibes ist auch mein Ich, mein Bewußtsein ein anderes geworden. Was ich einst bewunderte, belächle ich jetzt; was mich einst entzückte, ekelt jetzt mich an; was ich einst liebte, einst so mit mir selbst identifizierte, daß ich mich ohne dasselbe gar nicht denken konnte, das ist mir jetzt gänzlich aus dem Herzen entschwunden. Wohl hat sich mein Grundwesen nicht geändert, aber hat sich denn auch das Grundwesen, der Typus, der Bau, die Konstitution, die Form, kurz, die *Individualität* meines Leibes geändert? Ist also die Identität meines Wesens unterschieden und unabhängig von der Identität meines Leibes? Nein! Ich bin derselbe nur in demselben Leibe.

»Während alles Materielle als zusammengesetzt gedacht werden muß, wird die Seele als *einfach* vorgestellt; sie ist nur *ein* Ding (ein singularis), der Leib eine Menge von vereinigten Dingen, von Teilen, die voneinander wirklich gesondert sind und nicht ineinander fortlaufen, wenngleich oft dicht aneinander anliegen. Daher kann wohl der Leib in Teile real zerlegt werden, die selbst eine Zeitlang das Merkmal des Lebens, die Reizbarkeit, behalten, aber durchaus nicht die Seele. Daher läßt sich einsehen und wahrnehmen, wie der Leib durch eine solche Zerteilung real untergeht, verschwindet; aber es läßt sich nicht einmal nur denken, daß etwas Geistiges, ein Gedanke, eine Idee durch Zerlegung zerstört, getötet werden könne.« Wenn man den organischen Leib auf abstrakte materialistische Bestimmungen, wie hier auf die Bestimmung eines zusammengesetzten, teilbaren Dings reduziert, so ist es freilich notwendig, die dieser Bestimmung und Vorstellung widersprechenden Erscheinungen des organischen Leibes aus einem besondern, fingierten Wesen von entgegengesetzten

Eigenschaften zu erklären. Aber diese Eigenschaften hat schon der organische Leib als Leib in sich. Er ist trotz der Vielheit seiner Teile »ein Ding«, eine individuelle, organische Einheit. Diese *organische Einheit* ist das Prinzip der Vorstellung und Empfindung. Allerdings kann er zerlegt werden, aber mit dieser Zerlegung hört er auf, organischer, lebendiger Leib zu sein, ist er nicht mehr, was er war. Nur mit dem Tode versinkt er in die Kategorie eines zusammengesetzten, teilbaren Dings. Wenn man daher den Leichnam zum Original des organischen Leibes macht, so versteht es sich freilich von selbst, daß das Leben nicht in dem Leichnam, sondern in einem von ihm unterschiedenen Wesen seinen Grund haben müsse.

»Das Leben muß in einem vom Leibe unterschiedenen Prinzip seinen Grund haben, denn nach dem Tode ist noch der Leib mit allen seinen Gliedern in derselben Gestalt da wie im Leben.« Aber die Glieder sind nicht mehr Glieder, denn sie beziehen sich nicht mehr aufeinander, das Herz strömt kein Blut mehr in die Lunge, die Lunge keine Luft mehr in das Blut; es ist keine Bewegung mehr da; kein flüssiges Kommunikationsmittel, kein Mittelpunkt, kein Zusammenhang außer nur dem Scheine nach. Die Pflanze im Herbarium hat auch noch dieselben Teile, dieselbe Gestalt, die sie draußen im Garten der Natur hatte; aber gleichwohl welch ein Unterschied! Wirst du zur Erklärung dieses Unterschieds zu einem von dem Organismus der Pflanze unterschiedenen Wesen deine Zuflucht nehmen? Kannst du das Wesen der Pflanze von ihrem Organismus unterscheiden und absondern? Freilich kannst du es; aber dann befindest du dich auf dem Gebiete der Dryaden und Hamadryaden, dann kannst du dir auch mit vollem Rechte einbilden, daß die Pflanzen lieben und seufzen, leben und sterben wie die Menschen.

Der Gegensatz zwischen Leib und Seele ist selbst logisch kein haltbarer. Gegensätze fallen, logisch ausgedrückt, in ein und dieselbe Wesensgattung. Das Gute ist dem Bösen entgegengesetzt, die Gattung ist das Moralische, der Wille; das Wohl dem Übel, die Gattung ist die Empfindung; das Süße dem Sauern, die Gattung ist der Geschmack; der Mann dem Weibe, die Gattung ist der Mensch; das Unendliche dem Endlichen, die Gattung ist die Quantität. Sind also Leib und Seele Gegensätze, so fallen sie als Arten unter ein und dieselbe Gattung. Ist z. B. der Leib das Räumliche, so ist die Seele das Zeitliche, aber die Gattung ist die Sinnlichkeit; ist der Leib das Zusammengesetzte, so ist die Seele das Einfache, aber die Gattung ist, je nachdem das Zusammengesetzte bestimmt wird, die Größe – der Leib das Diskrete, die Seele das Kontinuum* – oder die Qualität, der Leib das Viel-, die Seele das Einartige. Aber wird denn nicht mit den Bestimmungen der Seele ausdrücklich die Gattung der Sinnlichkeit und Leiblichkeit aufgehoben? mit der Einfachheit die Teilbarkeit? mit der Unsichtbarkeit die Sichtbarkeit? Ist damit nicht alle Gemeinschaftlichkeit ausgeschlossen? Allein alle diese Prädikate: Unkörperlichkeit, Immaterialität, Einfachheit, d. i. Unteilbarkeit, Nichtzusammengesetztheit, sind nur negative oder vielmehr, weil sie nichts Gegenständliches, Positives aussagen, nur *subjektive* Prädikate – Prädikate, Ausdrücke meiner Phantasie und Unwissenheit. Abstrahiere ich aber von diesen nichtssagenden, phantastischen Prädikaten, bestimme ich die Seele positiv, z. B. als das Empfindende, Vorstellende, so ist der positive, logische, spezifische Gegensatz nicht das Empfindungslose überhaupt, denn dieses ist auch das Wasser, der Stein, aber der organische Leib unterscheidet sich augenfällig vom Unorganischen, sondern das Vegetierende, und ich habe daher statt des hohlen Dualismus von Leib und Seele den reellen physiologischen Gegensatz zwischen dem Sensitiven oder Animalischen und dem Vegetativen, aber die Gattung des Pflanzlichen und Animalischen ist das Leben, der Organismus.

---

* Trotz ihrer Einfachheit und Unteilbarkeit schrieben doch manche Psychologen der Seele wenigstens eine »ideelle Ausdehnung« aus – eine Bestimmung, unter der sich freilich nichts denken läßt.

»Die Vorstellung des hohen Tons einer Saite von bestimmter Länge hat nicht das Geringste, wodurch die Seele belehrt würde, daß diese Saite innerhalb einer Sekunde fünftausend Schwingungen erlitten habe. Auch der Geschmack unterrichtet uns nicht, daß die Kristalle des Kochsalzes viereckig sind. Es ist zwar wahr: die Bewegung, welche ein äußerer Körper den Sinnen mitteilt, wird bis ins Gehirn fortgepflanzt, allein diese Bewegung selbst, diese Schwingungen des Schalles, diese Brechung der Lichtstrahlen sind das nicht, was sich die Seele vorstellt, ihr Begriff ist etwas von dieser Bewegung ganz Verschiedenes.« Ganz natürlich; solange du bei den Schwingungen des Schalls, bei der Brechung der Lichtstrahlen dich aufhältst, so lange bist du noch nicht ans Ende vom Liede, ans Ziel gekommen. Dieses ist der Nerv oder vielmehr das Hirn als der Zentralpunkt des Nervensystems; hier wird die Bewegung abgebrochen; hier, wo der Anfang des Sehens, ist das Ende der Optik oder Dioptrik; hier, wo das Hören beginnt, geht der Akustik der Verstand aus; denn der Nerv ist etwas anderes als sein Organ, der Nervenakt, die Empfindung folglich etwas von ihren organischen Voraussetzungen, Bedingungen, Vermittlungen Verschiedenes. Das Organ ist eine künstlich gebaute Rede, aber der langen Rede kurzer Sinn ist der Nerv. Das Organ ist die Beziehung auf das Objekt, aber der Nerv die Beziehung auf sich, auf das Subjekt; das Organ bereitet die Speise zu, aber der Nerv genießt sie; im Organ unterwerfe ich mich den Gesetzen der Physik, aber nur, um im Nerven zu meinem Besten über sie zu verfügen. *Natura non vincitur nisi parendo*; dieser gehorsame Diener der Natur ist eben das Organ, aber der Herr und Sieger der Natur der Nerv. Wenn dir daher der Verstand ausgeht, wenn du über das Organ hinaus an den Nerven kommst, so hat das nur darin seinen Grund, daß du die Grenzen der Physik und Physiologie verkennst, daß du nicht einsiehst, daß man den Standpunkt der Erkenntnis, der Theorie durch den Standpunkt des Lebens ergänzen und berichtigen muß. Das Auge als ein physikalisches Werkzeug kannst du nach dem Tode erkennen, aber der Nervenakt des Auges, das Sehen, ist ein Lebensakt, den du als solchen, wenigstens unmittelbar, sowenig zum Objekt der Physiologie machen kannst, als du den Geschmack eines andern schmecken kannst. »Die Physiologie kann nur Erscheinungen, aber nimmermehr das Wesen des Lebens erkennen«; ganz richtig, denn das Leben ist wesentlich nur sich auf sich selbst beziehend, nur subjektiv, also ist es ein Widerspruch mit ihm, daß es Objekt für anderes sei. Der Physiolog muß daher *Gewalt* anwenden, um das Leben als Objekt seinen Untersuchungen und Beobachtungen unterwerfen zu können; aber welche Verkehrtheit, auf eine dem Wesen des Lebens absolut widersprechende, ja feindliche Weise das Wesen desselben erforschen, durch Torturwerkzeuge das Geständnis der Wahrheit erzwingen, durch das Messer das Rätsel des Lebens auflösen zu wollen! Jeder Gegenstand setzt, um verstanden zu werden, voraus, daß man sich erst mit ihm befreunde, erst bei ihm insinuiere, und nur das Leben allein sollte davon eine Ausnahme machen? Nur sein Erzfeind, der Tod, sollte sein Interpret und Ausleger sein? Bist du aber nicht dem Leben gegenüber der leibhafte Tod, wenn du es der Tortur deiner Vivisektionen unterwirfst?

Das Leben ist der »Standpunkt des Absoluten«, die Wissenschaft, die Theorie der Standpunkt des Endlichen. Das Leben eint, das Wissen trennt. Die Wissenschaft trennt den Nerven vom Blute, aber Leben ist nur da, wo diese Trennung aufgehoben, wo Blut und Nerv *identisch* ist. Ein andres Wesen bin ich daher als lebendiges Subjekt denn als Objekt des Verstandes, gleichwie ein ganz anderes Wesen ist das Buch, welches ich schaffe, und das Buch, welches ich, wenngleich selbst der Verfasser, lese; denn im Schaffen befinde ich mich in der Identität von Subjekt und Objekt, im Lesen in der Trennung; das Schaffen ist die Lust der Zeugung, das Lesen der Ekel der Kritik; das Schaffen der Rausch der Begeisterung, das Lesen der nüchterne, bedenkliche Akt der Reflexion. Das Leben ist kein »erzwungener Zustand«, wie ein Physiolog sagt; es ist ein exaltierter Zustand, es ist der im Schaffen begriffene Autor. Im exaltierten Zustande vermag man, was einem außerdem schlechterdings unmöglich ist. Affekte tun Wunder, d. h. Wirkungen, welche die Kräfte eines Organs im gewöhnlichen, affektlosen Zustande übersteigen. Der Nerv empfindet nun aber nur im Zustande der Aufregung – die Nervenpapillen der Zunge z. B. schwellen an, richten sich auf im Schmecken –, das Empfindungsorgan wird von dem Objekt erregt, gereizt, entzündet sich – Blut strömt darin in reichlicher Fülle den Empfindungsorganen zu –, das Produkt dieser Entzündung ist die Empfindung. Wenn es dir daher unbegreiflich ist, wie das Auge zur Empfindung des Sehens kommt, so verwechselst du den Zustand des kritischen Lesers mit dem Zustand des begeisterten Autors, das Auge, das gesehen wird, mit dem Auge, das sieht, das Zeugungsorgan im Zustande der Indifferenz mit dem Zeugungsorgan im Zustande der Erregung, des turgor vitalis.

Wahrheit ist weder der Materialismus noch der Idealismus, weder die Physiologie noch die Psychologie; Wahrheit ist nur die *Anthropologie,* Wahrheit nur der Standpunkt der Sinnlichkeit, der Anschauung, denn nur dieser Standpunkt gibt mir *Totalität* und *Individualität.* Weder die Seele denkt und empfindet – denn die Seele ist nur die personifizierte und hypostasierte, in ein Wesen verwandelte Funktion oder Erscheinung des Denkens, Empfindens und Wollens –, noch das Hirn denkt und empfindet, denn das Hirn ist eine *physiologische Abstraktion,* ein aus der Totalität herausgerissenes, vom Schädel, vom Gesicht, vom Leibe überhaupt abgesondertes, für sich selbst fixiertes Organ. Das Hirn ist aber nur so lange Denkorgan, als es mit einem menschlichen Kopf und Leibe verbunden ist. Das Äußere setzt das Innere voraus, aber nur in seiner Äußerung verwirklicht sich das Innere. Das Wesen des Lebens ist die *Lebensäußerung.* Die Lebensäußerung des Gehirns ist aber der Kopf. Zwischen dem Hirn des Menschen und des Affen ist kein merklicher Unterschied, aber welch ein Unterschied zwischen dem Schädel oder Gesicht des Menschen und des Affen! Dem Affen fehlt es eigentlich nicht an den innern Bedingungen des Denkens, am Hirn; es fehlt ihm nur an den gehörigen äußern Verhältnissen desselben; es ist nur der schiefe Gesichtswinkel, nur die ungünstige Lage und Stellung schuld, daß sich sein Hirn nicht zum Denkorgan entfaltet. In einem Palast denkt man anders als in einer Hütte, deren niedrige Decke uns einen Druck auf das Hirn auszuüben scheint. Wir sind andere Menschen im Freien als in der Stube; enge Räume beklemmen, weite erweitern Herz und Kopf. Wo die Gelegenheit, Talent zu äußern, fehlt, da fehlt auch das Talent; wo kein Raum zur Tat, da ist auch kein Trieb, wenigstens wahrer Trieb zur Tat. Raum ist die Grundbedingung des Lebens und Geistes. »Gib mir einen Standpunkt – und ich bewege die Erde.« Der Affe denkt nicht, weil sein Hirn einen falschen Standpunkt hat; der Standpunkt entscheidet; aber der Standpunkt ist etwas Äußerliches, Räumliches. Aber haben nicht viele Menschen den ungünstigsten äußern Verhältnissen zum Trotz Außerordentliches geleistet? Nicht zu leugnen; aber was würden sie erst unter andern Verhältnissen geleistet haben? Übrigens muß man hierin nicht nach dem Schein urteilen, denn häufig sind scheinbar ungünstige Verhältnisse in Beziehung auf eine bestimmte Individualität in Wahrheit günstige, und nicht das Mittel übersehen, womit sich die Natur hilft. Können wir z. B. nicht körperlich dem engen Raum eines Gefängnisses entfliehen, so suchen wir im Geiste, in der Phantasie das Weite. So entbindet der Geist, was den Leib fesselt. So heben wir die äußere Wirkung durch eine entgegengesetzte von innen auf. Aber gerade dadurch, daß wir zu dem desperaten Mittel greifen, uns geistig zu geben, was wir in der Wirklichkeit nicht haben, bestätigen wir die Notwendigkeit und Wahrheit entsprechender äußerer Verhältnisse. Kurz, es bleibt dabei: Wo der Raum fehlt, eine Fähigkeit zu äußern, da fehlt auch die Fähigkeit selbst. Der Raum des Hirns ist aber der Kopf. Im Kopf ist daher das Innere Äußeres, der Geist sichtbar.

Wo kein Geist im Gesicht, ist auch keiner im Kopf, wo keine Seele in den Augen oder auf den Lippen, auch keine im Leibe. Was innen ist, muß heraus. Was nicht aussieht wie ein Mensch, ist auch kein Mensch. Wo ein Wesen nach außen sich abgrenzt, dahin konzentriert sich auch sein Geist und Wesen. Die feinste Empfindlichkeit ist über die Oberfläche des Körpers, über die Haut ausgebreitet*, und den Sinn des Hirns findest du nur da, wo es als Sinnennerv aus dem Innern des Schädels an die Oberfläche des Kopfs hervortritt.** Und wie dein eignes Wahrnehmungs- und Empfindungsvermögen sich auf die Oberfläche hindrängt, so hast du auch das Wesen der Dinge nur da, wo es sich unmittelbar so, wie es im Leben ist, deinen Sinnen offenbart. Die Wissenschaft, wenigstens die analytische, ist daher direkt dem Leben entgegengesetzt; sie geht von außen nach innen, aber das Leben von innen nach außen; sie sucht das Leben in der Tiefe, und das Leben existiert doch nur auf der Oberfläche; sie sucht das Wesen *hinter* den Sinnen, und es liegt doch *vor* den Sinnen da.

> Was der Verstand der Verständ'gen nicht sieht,
> Das fühlet mit Händen ein sinnlich Gemüt.

Jawohl, du bist dem Wesen des Lebens, z. B. des Tieres, weit näher, wenn du es in seiner Totalität mit deinen Händen begreifst, als wenn du ihm vermittels der psychologischen Abstraktion die Seele aus dem Leibe reißest oder vermittels der physiologischen Schinderei widernatürlich den Schädel öffnest und sein Hirn deinen willkürlichen, raffinierten Experimenten unterwirfst. Die Seele oder das Wesen des Tieres ist nichts anderes als die *Individualität* des Tieres, und zu dieser Individualität gehört ebenso der Knochen, der Muskel, die Haut als das Hirn im Schädel, gehört überhaupt alles, was

---

* Je tiefer daher eine Wunde geht, desto weniger schmerzt sie (Bell, *Die menschliche Hand*, S. 101).
** Das edelste Sinnesorgan, das Auge, »auf der Haut *frei den Objekten geöffnet,* ist durch einen großen, mit *fast allen Hirnteilen* verbundenen Nerven ein *fast unmittelbarer Fortsatz* dieses Organs«.

ein Wesen zu diesem bestimmten, individuellen Wesen macht. Was ein Wesen in seiner Gestalt, Bewegung und Lebensart deinen Sinnen offenbart, das allein ist seine Seele und sein Wesen. Die Individualität, der Geist eines Menschen offenbart sich sogar nicht nur in seinem sichtbaren, sondern auch hörbaren Gange. Wir kennen eine Person an ihren bloßen Tritten, noch ehe wir sie sehen. Und der Mensch teilt freiwillig dem Menschen durch das Organ der Rede seine innersten Gedanken, Gefühle und Verlangen mit. Was ist nun wohl im Unterschiede von diesem sinnlich ausgesprochenen Wesen die Seele, das Innere, das Wesen an sich? Was anderes als ein Gespenst der Phantasie oder ein Produkt der Abstraktion? Die Sinnlichkeit ist die ultima ratio, die summa summarum, die Lehre von den Sinnen, die Lehre von den letzten Dingen, wo alle Geheimnisse offenbar werden. Das Äußere ist das *befriedigte* Innere. So kam die Erde nicht eher geologisch zur Ruhe, als bis sie ihr innerstes Wesen auf ihrer Oberfläche im organischen, namentlich menschlichen Leben geäußert hatte; und der Mensch hat nicht eher Friede im Kopfe und im Herzen, als bis er etwas *außer* seinem Kopfe und Herzen hat. Warum ist mir aber ein Gedanke, den ich nicht aussprechen, ein Gefühl, das ich nicht ausdrücken kann, zur Qual? Warum drängt sich mein Inneres nach außen? Weil ich da erst am Ziele bin und ich überhaupt nirgends eher Ruhe habe, als bis ich an die letzte Grenze, den äußersten Termin gekommen bin. Das Innere hat das Äußere *vor sich*; es ist noch nicht, was es sein kann, noch nicht ausgesprochen, noch nicht sinnlich, noch nicht wirklich; ist es aber geäußert, so kann und will es nicht mehr sein, als es ist; es ist vollendet. Der Tod selbst ist nichts anderes als die letzte Äußerung des Lebens, das vollendete Leben. Im Tode »haucht der Mensch seine Seele aus«, aber auch im Leben; der Unterschied ist nur, daß der Todesakt der letzte Hauch ist. Der Hauch war den alten Völkern der Geist, die Seele des Menschen. In der Tat ist in dem Hauche unendlich mehr Leben und Wahrheit als in der Seele der Psychologen, die nur ein ens rationis, ein Gedankending, ein

Produkt der Abstraktion ist. Das Atmen ist nicht nur Bedingung des Lebens, es ist selbst ein positiver, wesentlicher, genußvoller Lebensakt. Und das Organ der Luft ist das Organ der Stimme und Sprache, das Organ, wodurch du deine Empfindungen und Gedanken äußerst. Ist aber die Äußerung deinen Gedanken und Empfindungen gleichgültig? Nein! Die Empfindung, die du hörst, die du durch den Ton zu einem Gegenstand des Sinnes machst, ist eine ganz andere als die taubstumme Empfindung. Indem du den Mund öffnest, um der Welt außer dir dein Dasein zu verkünden, eröffnet sich dir eine Quelle neuer, unbekannter Gefühle. Leben heißt Leben, empfinden Empfindungen *äußern*. Und je energischer deine Empfindung, desto notwendiger ist die Äußerung; je wahrer, intensiver, wesentlicher überhaupt deine Empfindung und Gesinnung ist, desto mehr spricht sie sich auch *äußerlich sinnlich* aus. Ja, was du nicht *sinnlich* bist, das *bist* du auch nicht. Besondere Gedanken, Absichten, Gesinnungen, Affekte kann man verstecken, zurückhalten, aber nicht sein *Wesen*. Dein Wesen fällt ohne, ja, wider dein Wissen und Willen in die Sinne. Eine Tugend, eine Freiheit, die nicht den Sinnen wohltut, sich nicht schon äußerlich im Gang, in der Haltung, in der Gebärde, im Blick, kurz, im ganzen sinnlichen Wesen des Menschen ausspricht, ist auch nur eine verschrobene oder erheuchelte oder eingebildete Tugend und Freiheit. *Sinnlichkeit* ist *Wirklichkeit*. Im Innern entspringen und wachsen wohl die Früchte des Lebens, aber *reif* sind sie erst, wenn sie in die Sinne fallen. Das Wesen, das kein Gegenstand der Sinne, ist das Kind im Mutterleibe; erst das sinnfällige, sichtbare Wesen ist das vollendete Wesen. *Sinnlichkeit* ist *Vollkommenheit*. Wenn du daher über den Standpunkt der Sinnlichkeit, der Lebensanschauung hinausgehst, so machst du aus einem vollkommenen Wesen ein unvollkommenes; du verstümmelst und zerstückelst es, lösest es in seine Elemente, seine Bestandteile auf; aber die Elemente eines Wesens, magst du sie nun als Materialist als Atome oder als Idealist als Monaden oder als empirischer Psycholog als Leib und Seele bestimmen, sind noch nicht das Wesen selbst. Der Verstand, wenigstens der abstrakte, ist der Tod, der Sinn das Leben der Dinge; der Verstand zertrennt sie, wie der Tod, in ihre Elemente; aber sie sind nur, was sie sind, solange ihre Elemente in den *Bund* der Sinne aufgenommen sind.

Die Trennung des Menschen in Leib und Seele, in ein sinnliches und ein nicht sinnliches Wesen, ist nur eine theoretische; in der Praxis, im Leben verneinen wir sie. Wenn uns z. B. ein geistiges Werk Verehrung für seinen Verfasser eingeflößt, so wünschen wir, ihn persönlich kennenzulernen; wir glauben nur dann erst, *ihn selbst* zu kennen, wenn wir ihn gesehen und gehört haben; wenn wir ein geliebtes Wesen umarmen, so sind wir überzeugt, nicht sein Organ oder seine Erscheinung, sondern *das Wesen selbst* zu umarmen, überzeugt also, daß die Hände transzendentale Bedeutung haben, auf dem Gebiete der Praxis weiter reichen als auf dem Gebiete der Theorie und Abstraktion, wo wir nur dem religiösen Glauben oder metaphysischen Begriff das Wesen, das Ding an sich vindizieren; wenn wir ein Weib sehen, das ohne Seele, d. h. ohne Neigung ihren Leib hingibt oder gar feilbietet, so wenden wir uns mit Verachtung von ihr und erklären dadurch faktisch den Dualismus von Leib und Seele für eine abnorme, widerliche, ekelhafte Erscheinung; wenn wir dagegen sehen, wie das schamhafte Weib selbst bis auf seinen Leichnam sein Schamgefühl ausdehnt, selbst im Moment des Selbstmordes noch die größte Vorsicht anwendet, daß nach dem Tode seine Geschlechtsteile nicht profanen Augen sichtbar werden, so haben wir daran ein augenfälliges Beispiel, daß das Schamgefühl den Satz des Psychologen: »Ich unterscheide mich von meinem Leibe«, als eine unverschämte Behauptung von sich weist. Ist es nun aber nicht ein himmelschreiender Widerspruch, in der Theorie zu verneinen, was wir im Leben, in der Praxis bejahen? in der Theorie für eine bloße Erscheinung zu erklären, was uns in der Praxis das Wesen, in zwei heterogene Wesen zu zerspalten, was uns im Leben ein identisches Wesen ist? Ist es möglich, daß das Wesen zu einer ganz andern Gattung gehört als die Erscheinung? Reimt sich eine sinnliche Erscheinung, eine sinnliche Existenz auf ein unsinnliches Wesen? Der Unterschied von Leib und Seele ist nämlich nichts anderes als der metaphysische Unterschied von Existenz und Wesen als psychologischer. Der Leib ist die Existenz des Menschen; den Leib nehmen heißt die Existenz nehmen; wer nicht mehr sinnlich ist, *ist nicht mehr*. Kannst du nun aber von der Existenz das Wesen abtrennen? In Gedanken allerdings, aber nicht in der Wirklichkeit. Die Aufhebung meiner Existenz ist die Aufhebung meiner selbst – darum eben eine schmerzhafte. Der Schmerz, die »Empfindung« überhaupt ist nichts anderes als die laute, sehr verständliche Protestation gegen die Unterscheidung und Trennung von Leib und Seele, Existenz und Wesen, die der abstrakte Gedanke macht. Vox populi vox Dei, aber der populus im Menschen ist eben die Empfindung.

»Welch ein Unterschied zwischen dem Gefühl des Guten oder Schönen und dem Gefühl des Süßen oder Sauern auf der Zunge!« Allerdings ein großer Unterschied, aber soll ich deswegen das eine Gefühl einem sinnlichen, das andere einem unsinnlichen Wesen zuschreiben? Verträgt sich aber ästhetischer Geschmack mit Geschmack an Eicheln und rohem Fleisch? Ist nicht der Magen selbst des gebildeten Menschen ein anderer als der des rohen? Floriert nicht da auch die Kochkunst, wo die bildenden Künste florieren? Gedeiht da der Wein der Dithyramben, wo nur Wasser getrunken wird?* Wird da die Schönheit als Gottheit empfunden, verehrt und dargestellt, wo nicht auch der Schönheit einer Phryne gehuldigt wird? da die Idee des Olympischen Zeus gefaßt und verwirklicht, wo nicht auch der Mensch eine Gestalt wie Perikles, der Olympier, hat? Gehört zum griechischen Geist nicht auch der griechische Leib? zur orientalischen Glut nicht auch orientali-

---

* Der griechische Dichter Kratinus behauptete bekanntlich ausdrücklich, daß ein Wassertrinker kein guter Dichter sein könne.

sches Blut? zum weiblichen Gemüt nicht auch ein weiblicher Körper? Hat das zarter und feiner fühlende Weib nicht auch eine zartere, empfindlichere Haut, feinere Knochen, größere Nerven im Verhältnis zu seinem Gehirn als der Mann? Hat die Jungfrau nicht ganz andere Gefühle, Wünsche und Gedanken als das Kind, bei dem die Geschlechtsdifferenz noch nicht Fleisch und Blut geworden ist? Kannst du die jungfräuliche Seele, d. h. die Qualität, die Art und Weise des jungfräulichen Fühlens, Wollens und Denkens von der Qualität des jungfräulichen Körpers abtrennen?

Wir machen, wie schon Bacon bemerkt, überall das Partikuläre zum Allgemeinen, den Modus zur Substanz, die Art zur Gattung. Kommen wir dann auf Erscheinungen, die nicht mit dieser zur Gattung erhobnen Art zusammenstimmen, so erklären wir sie dadurch, daß wir unsre Zuflucht zu eingebildeten Wesen, zu Wesen einer ganz andern Gattung nehmen. So ist es auch mit der Leiblichkeit oder Sinnlichkeit. Bestimmte Erscheinungen oder Arten derselben machen wir zu ihrem ganzen, absoluten Wesen*, kein Wunder daher, daß wir aus einem der Sinnlichkeit absolut entgegengesetzten Wesen ableiten, was doch nur in einem entgegengesetzten sinnlichen Wesen oder in der Sinnlichkeit einer entgegengesetzten Art und Tätigkeit seinen Grund hat. So ist der Gegensatz zwischen Geist und Fleisch nichts anderes als der Gegensatz zwischen *Kopf* und *Leib*, Unterleib, Bauch. Selbst im Leben sagen wir sinnvoll *Kopf* statt *Mensch, Seele*; *Leib* statt *Rumpf* oder *Unterleib*. Geistige Menschen sind Kopfsinnliche, Kopfmenschen, sinnliche Menschen Bauchsinnliche, Bauchmenschen. Der geistige Mensch macht den Bauch zum Mittel des Kopfs, der

---

* So machte es auch die griechische Philosophie. Erst machte sie bestimmte Erscheinungen der Natur zu ihrem absoluten Wesen, beschränkte sinnliche Prinzipien: Luft, Wasser, Feuer zu Universalprinzipien; als sie aber hernach von der Unzulänglichkeit dieser Prinzipien sich überzeugte, nahm sie, statt ihre beschränkten sinnlichen Anschauungen und Erfahrungen zu berichtigen und erweitern, erbittert über den vermeintlichen Betrug der Sinne zu bloßem Gedankenwesen ihre Zuflucht.

sinnliche den Kopf zum Mittel des Bauchs. Ich esse, um zu leben, sagt der Kopfmensch; ich lebe, um zu essen, der Bauchmensch. Ich liebe, um zu leben, sagt der Mann; ich lebe, um zu lieben, sagt das Weib; aber der Schwerpunkt der Liebe liegt im Bauche. Das Weib repräsentiert das Fleisch, der Mann den Geist, d. h. der Mann ist der Kopf, das Weib der Bauch der Menschheit. Im Manne tritt der Bauch zurück, im Weibe hervor – der weibliche Bauch ist anatomisch ausgebildeter, vollkommner als der männliche –, im Manne hat der Bauch eine untergeordnete, nur teleologische, im Weibe zugleich eine selbständige, ästhetische Bedeutung; im Mann ist er nur ein Restaurationsgebäude, aber im Weibe erhebt er sich zum Tempel der Liebe. Das Gefühl, der Geruch, der Geschmack sind Materialisten, sind Fleisch, das Gesicht und Gehör sind Idealisten, sind Geist. Aber Augen und Ohren vertreten den Kopf, die übrigen Sinne den Bauch. Der Geschmack hat selbst seine Existenz unmittelbar am Eingang in den Bauch. Wenn ich im Streite mit mir bin, ob ich eine Frucht pflücken soll, weil sie so appetitlich, oder hängen lassen soll, weil sie so lieblich aussieht, so befinde ich mich im Streite von Geist und Fleisch, d. h. im Streite meines interesselosen Auges mit meinem interessierten, habsüchtigen Geschmack. Der Mensch ist »halb Tier, halb Engel«, aber dieses Tier ist eben die dem Bauch untergeordnete Sinnlichkeit; aber die Engel, die Schutzgeister des Menschen, die stofflosen, die nur in Luft und Licht lebenden und webenden Wesen sind Augen und Ohren.*

»Der Mensch hat die Empfindung mit dem Vieh gemein«; aber wenn sich der Mensch nicht in der Empfindung, so unterscheidet er sich auch nicht im Denken vom Vieh. Auf einen viehischen Leib paßt nur ein viehischer Kopf. Aber hat denn der Mensch wirklich nur die Empfindung, hat er nicht auch das Gedächtnis, auch die Einbildungskraft, auch die Unter-

---

* Diese Entgegensetzung der Sinne soll nichts weiter sein als ein populäres, augenfälliges *Beispiel*, wie der Dualismus von Geist und Fleisch schon innerhalb der Sinnlichkeit seine Auflösung findet.

scheidungskraft, also Verstand mit den Tieren gemein? Wodurch unterscheidet sich also der Mensch von den Tieren? Dadurch, daß er etwas hat, was das Tier nicht hat? Nein! Dadurch eben, daß er als Mensch hat und ist, was das Tier als Tier hat und ist. Die Empfindung des Tiers ist eine tierische, die des Menschen eine menschliche.

Der Mensch unterscheidet sich nur dadurch von den Tieren, daß er der lebendige Superlativ des Sensualismus, das allersinnlichste und allerempfindlichste Wesen von der Welt ist. Er hat die Sinne mit dem Tiere gemein, aber nur in ihm wird die Sinnenempfindung aus einem relativen, den niedern Lebenszwecken untergeordneten Wesen ein absolutes Wesen, Selbstzweck, Selbstgenuß. Nur er ist es, der aus dem zwecklosen Anblick der Sterne himmlische Wonne einsaugt, der an dem Glanze der Edelsteine, an dem Spiegel des Wassers, an den Farben der Blumen und Schmetterlinge aus bloßer Augenlust sich nicht satt sehen kann; nur er ist es, der sein Ohr an den Stimmen der Vögel, an dem Klang der Metalle, an dem Geplätscher der Quellen, an dem Sausen des Windes ergötzt; nur er, der der »entbehrlichen« Empfindung des Geruchs als einem göttlichen Wesen Weihrauch streut, nur er, der aus der bloßen Berührung mit der Hand, »der reizenden Gefährtin süßer Schmeicheleien«, unendliche Genüsse schöpft. Nur dadurch also ist der Mensch *Mensch*, daß er nicht wie das Tier ein beschränkter*, sondern ein absoluter Sensualist ist, daß nicht dieses oder jenes Sinnliche, daß alles Sinnliche, daß die Welt, das Unendliche, und zwar rein um seiner selbst, d. h. um des ästhetischen Genusses willen, Gegenstand seiner Sinne, seiner Empfindungen ist.

---

* Diese Beschränktheit und Einseitigkeit, folglich Geistlosigkeit des Tiers zeigt sich eben darin, daß bei ihm gewöhnlich nur *ein* oder einige Sinne vorherrschend ausgebildet sind, während die Universalität, folglich Geistigkeit des Menschen darin sich augenscheinlich zeigt, daß er »alle andern Tiere hinsichtlich der *vollkommnen* und *gleichmäßigen Entwickelung aller seiner Sinnesorgane* übertrifft«.

Ist das Wesen des Menschen, die Sinnlichkeit, nicht ein gespenstisches Abstraktum, der »Geist«, so sind alle Philosophien, alle Religionen, alle Institute, die diesem Prinzip widersprechen, nicht nur irrtümliche, sondern auch grundverderbliche. Wollt ihr die Menschen bessern, so macht sie glücklich; wollt ihr sie aber glücklich machen, so geht an die Quellen alles Glücks, aller Freuden – an die Sinne. Die Verneinung der Sinne ist die Quelle aller Verrücktheit und Bosheit und Krankheit im Menschenleben; die Bejahung der Sinne die Quelle der physischen, moralischen und theoretischen Gesundheit. Die Entsagung, die Resignation, die »Selbstverleugnung«, die Abstraktion macht den Menschen finster, verdrießlich, schmutzig, geil, feig, geizig, neidisch, tückisch, boshaft, aber der Sinnengenuß heiter, mutig, nobel, offen, mitteilend, mitfühlend, frei, gut. Alle Menschen sind gut in der Freude, böse in der Traurigkeit; aber die Quelle der Traurigkeit ist eben die, sei's nun freiwillige oder unfreiwillige, Abstraktion von den Sinnen.

Der Mensch verdankt seine Existenz nur der Sinnlichkeit. Die Vernunft, der Geist macht *Bücher*, aber keine Menschen. Wenn die Vernunft, wenn der Geist Herr der Welt wäre, so existierte höchstens *ein* Menschenpaar, denn die Vernunft kann ihren Erkenntnistrieb mit einem Paar Individuen befriedigen, oder vielmehr, denn das Paar ist nur zur Paarung, zur Vermehrung da, es existierte nur *der* Mensch in abstracto, der geschlechtslose Begriffsmensch, aber es existierten keine Menschen im Plural. Mehrheit ist Sinnlichkeit. Wo Vielheit ist, da ist, sagten schon die Aristoteliker, Materie – die abstrakte Basis oder vielmehr Vorstellung der Sinnlichkeit. Ein Glück für uns alle ist es daher, daß der Mensch außer dem Einheitstrieb auch einen Vermehrungstrieb, außer dem Erkenntnistrieb, auch Geschlechtstrieb hat. Aber wie der Mensch heute noch nicht der Vernunft, sondern der Sinnlichkeit seine Existenz verdankt, so verdankt er auch seine erste, ursprüngliche Entstehung keinem Gotte, d.h. keinem abstrakten Wesen, keinem Verstandes- oder Geisteswesen, sondern nur der sinnlichen Natur. Ihr schließt von euch auf Gott, von euerm Kopfe auf ein dem Wesen eures Kopfs analoges, ähnliches Wesen. Gut; aber ihr zeugt mit dem Kopfe keine Kinder, also müßt ihr konsequent auch schließen, daß das nach der Analogie mit eurem Kopfe gedachte Wesen, das Wesen, welches gar nichts anderes ausdrückt als eben das Wesen dieses euren Kopfes, auch keine Menschen, keine Wesen von Fleisch und Blut machen kann, daß ihr, wie ihr jetzt der Sinnlichkeit des Menschen, so einst der Sinnlichkeit der Natur eure Entstehung zu verdanken habt. Wenn aber die Sinnlichkeit der Ursprung des Menschen ist, so verleugnet auch nicht in euren den Menschen betreffenden Lehren, Gesetzen und Einrichtungen diesen Ursprung, bedenkt, daß der Apfel nicht weit vom Stamme fällt, daß der Kopf, obwohl das höchste Wesen, das être suprême der Natur und Sinnlichkeit, doch durch das Band des Bluts und der Nerven mit seiner Basis unzertrennlich zusammenhängt.

Der Mensch kann und soll die Sinne nicht negieren; negiert er sie gleichwohl im Widerspruch mit seiner Natur, so muß er sie doch wieder bejahen, aber er kann sie nun nicht anders bejahen als auf eine negative, sich selbst widersprechende, verrückte, phantastische Weise. Das unendliche Wesen, dem der Mensch seine Sinne in der Religion aufopfert, ist nichts anderes als das Wesen der Welt als unweltliches, das Wesen der Sinnlichkeit als unsinnliches Wesen, als Objekt der Phantasie oder auch des Verstandes. Gott ist der Inbegriff aller Güter, aller Wesenheiten, d. h. aller Sinnenrealitäten. So sagt z. B. Anselmus, einer der größten Denker des Christentums: »Noch bist du, Herr, meiner Seele in deiner Klarheit und Seligkeit verborgen, und deswegen wandelt sie noch in Finsternis und Elend. Sie blickt um sich und *sieht nicht deine Schönheit*. Sie horcht und hört nicht deine Harmonie. Sie riecht und vernimmt nicht deinen Geruch. Sie schmeckt und kennt nicht deinen Geschmack. Sie tastet und fühlt nicht deine Glätte.

Denn du hast, Herr Gott, *alles dieses* auf deine unaussprechliche Weise in dir, weil du es den von dir geschaffenen Dingen auf ihre sinnliche Weise gegeben hast.« »Das göttliche Wesen«, heißt es in der natürlichen Theologie eines berühmten Weltweisen und Metaphysikers des vorigen Jahrhunderts, »ist gleichsam das *vollständigste Alphabet* aller möglichen Realitäten, und die Wesen aller übrigen möglichen Dinge sind alle möglichen Wörter, welche daraus ihren Ursprung nehmen.« »In Gott ist eine *unendliche Menge verschiedener Realitäten,* die auf eine reelle Art voneinander unterschieden sind.« »In Gott ist die *mannigfaltigste* und *zusammengesetzteste Ordnung.*« »Es ist daher ein jeder Wurm, ein jedes Kraut, ein jedes Sonnenstäubchen eine mathematische Demonstration des wahren Gottes.« Natürlich; denn dieser Gott, dieses Wesen, in dem alles ist, was in dieser sinnlichen Welt ist, in dem alle Realitäten und Wahrheiten der Sinne in schönster Ordnung und Fülle enthalten sind, ist nichts anderes als das sinnliche Wesen, das Wesen der Welt, aber als ein abstraktes, von den wirklichen, sinnlichen Wesen abgesondert und unterschieden gedachtes Wesen. Doch lassen wir die Metaphysik! Seligkeit ist das letzte Wort der Religion und Theologie. Aber was ist Seligkeit? Sinnlichkeit als Objekt der Phantasie und des Gemüts. Die Behauptung, daß das Christentum nur eine geistige Seligkeit wolle, ist eine schamlose Lüge der modernen Heuchler oder Ignoranten. Das Christentum unterschied sich gerade dadurch von dem philosophischen Heidentume, welches nur eine Unsterblichkeit des Geistes und der Vernunft, also nur eine abstrakte, unpersönliche Unsterblichkeit kannte, daß es eine fleischliche, d. i. sinnliche Seligkeit und Unsterblichkeit als letztes Ziel und Wesen des Menschen aussprach. So sagt z. B. derselbe Anselmus: »Oh, wer dieses Gut (nämlich Gott oder Seligkeit, was eins ist) genießen wird! ... Wahrlich, was er nur immer wünschen wird, das wird sein; was er nur immer nicht wünschen wird, das wird nicht sein. Dort werden nämlich sein die *Güter des Leibes und der Seele,* wie sie kein Auge sah ... Liebe das *eine* Gut, in dem *alle* Güter sind, und du hast genug ... Was liebst du denn, *mein Fleisch,* was verlangst du, meine Seele? Dort ist, dort ist alles, was ihr liebt, was ihr verlangt. Wollt ihr *Schönheit,* dort leuchten die Gerechten wie die Sonne. Wollt ihr *Schnelligkeit* oder *Stärke* oder *Freiheit des Körpers,* der nichts im Wege stehen kann, dort werden sie gleich sein den Engeln des Herrn« usw. Aber wie mit der Religion und Theologie, ist es mit der Philosophie. Sosehr sie sich von den Sinnen entfernt, sosehr sie sich brüstet mit ihren Übersinnlichkeiten – ihre Übersinnlichkeiten sind nur abstrakte Sinnlichkeiten. Was sind denn z. B. Sein, Qualität, Quantität, die Grundkategorien des ersten Teils der Hegelschen *Logik,* anderes als Bestimmungen der Sinnlichkeit? was die Reflexionsformen anderes als die Verhältnisse, in denen wir die sinnlichen Dinge aufeinander beziehen? Und wird nicht im Empyreum der *Logik,* gerade wie im Himmel der Theologie der *Leib* Christi in den Schoß der Gottheit, ausdrücklich der Organismus, das Leben in den Schoß der absoluten Idee aufgenommen? Ist aber das Geheimnis des Lebens nicht die Sinnlichkeit? Ist es nun aber nicht vernünftiger und heilsamer, statt auf indirekte, verkehrte Weise, sei sie nun eine mystische, phantastische wie die der Religion oder eine logische, abstrakte wie die der Philosophie, auf direkte, auf selbst sinnliche Weise das Sinnliche anzuerkennen? statt die Sinnlichkeit der Gottheit die Gottheit der Sinnlichkeit zu genießen? statt des Organismus der Logik den Organismus der Wirklichkeit und Sinnlichkeit zu erkennen?

Was ist der »Geist«? Wie verhält er sich zu den Sinnen? Wie die Gattung zu den Arten. Der Sinn ist universell und unendlich, aber nur auf seinem Gebiete, in seiner Art; der Geist dagegen ist auf kein bestimmtes Gebiet eingeschränkt, schlechtweg universell; er ist die Zusammenfassung, die Einheit der Sinne, der Inbegriff aller Realitäten, während die Sinne nur Inbegriffe bestimmter, exklusiver Realitäten sind. Der Geist ist daher un- und übersinnlich, inwiefern er über die Partikularität und Beschränktheit der Sinne hinaus ist, ihren Provinzialgeist zum Gemeingeist verschmilzt; aber er ist doch zugleich nur das *Wesen der Sinnlichkeit,* inwiefern er eben nichts anderes ist als die allgemeine Einheit der Sinne. Die Pflanzen im Plural verdanke ich den Sinnen, *die* Pflanze im Singular dem Geiste; aber sowenig *die* Pflanze, ob sie gleich kein Gegenstand der Sinne ist, ein übersinnliches Wesen ist in dem Sinne, welchen die spekulative Imagination mit diesen Worten verbindet, so wenig ist es der Geist, obgleich er keine Sinnentätigkeit ist. Er ist nur deswegen nichts Sinnliches, d. h. nichts bestimmtes Sinnliches, um *alles* Sinnliche in sich zu fassen.*

Die Erinnerung (Einbildungskraft) ist der sicherste Führer aus dem Reich des Lebens in das Schattenreich des Geistes. In der Erinnerung ist das Sinnenwesen Gedankenwesen, das leiblich Abwesende Gegenwärtiges; das Bild des Gegenstandes ersetzt oder vertritt mir den Gegenstand selbst. Was ich gesehen, brauche ich nicht wieder zu sehen; einmal genügt. Die Erinnerung ist daher das erste Mittel, Zeit und Raum zu ersparen, d. h. zu gewinnen, das erste Mittel, wodurch der Mensch die Welt zu seinem Vorteil ausbeutet und sich in den Besitz aller Dinge setzt. Was ich gesehen, das bleibt mein, ohne daß ich genötigt bin, an Ort und Stelle zu bleiben. Durch das Mittel der Erinnerung kann ich also, von Ort zu Ort wandernd, die Anschauung der Scholle, auf der ich geboren, zur Anschauung des Universums erweitern und mich aus der Rolle eines beschränkten Spießbürgers zur Würde eines kosmopolitischen und eben damit geistvollen Wesens emporschwingen; denn erst wo der Mensch sich über die Schranke seines Lokalstand-

---

* Das Dasein eines von den Sinnesnerven und Organen unterschiedenen Zentralorgans, dessen Funktion eben ist, die Sinne zu konzentrieren, ihre data zu sammeln, zu vergleichen, zu unterscheiden, zu klassifizieren – eine Funktion oder Tätigkeit, welche der sprachliche und logische Unfug unter dem Namen *Geist* zu einem Substantiv, einem vom Menschen unterschiedenen, selbständigen Wesen gemacht –, das Dasein eines Denkorgans also ist gleichfalls nicht nur eine anatomisch-physiologisch konstatierte, sondern auch unmittelbar sinnliche Tatsache. Ein Schafskopf und ein denkender Kopf – welch ein augenfälliger Unterschied!

punkts zur Anschauung der Welt erhebt, erhebt er sich auch zu Geist. Was ist denn nun aber dieser mein Geist? Nichts anderes als der Repräsentant der Welt, des Universums. Wenn ich daher von meiner Reise um die Welt zu meinen Landsleuten wieder zurückkomme, so spreche ich zu ihnen im Namen der fremden Völker und Länder also: »Ihr habt bisher die Berge, die euern Horizont begrenzen, für die Grenzen der Welt gehalten und in diesem Wahne auf die Beschränktheit der Sinne geschimpft und ihnen zum Trotz euch eine bessere Welt in Gedanken konstruiert; was ihr den Sinnen schuld gebt, das ist nur die Schuld eurer eignen Faulheit und Beschränktheit; was jenseits *eurer* Sinne, liegt deswegen noch lange nicht jenseits der *Sinne überhaupt*; ich bin mit meinen Beinen weiter gekommen als ihr mit eurer Phantasie und Spekulation; ich habe Dinge gesehen, die euern Jongleurs, Somnambulanten und Spekulanten nie in den Kopf gekommen wären. Hört mich an! Ich will euch das Jenseits eurer Sinne offenbaren; ich will euch die Welt, die ich euch gegenüber vertrete, durch das Teleskop meiner Einbildungskraft sehen lassen.«

»Die Sonne auf dem Standpunkt der Astronomie ist etwas ganz anderes als die Sonne auf dem Standpunkt der Sinnlichkeit, jene ist (relativ wenigstens) unbeweglich, diese beweglich, jene eine Kugel, diese eine kreisrunde Scheibe, jene von ungeheurer Größe, diese von verächtlicher Kleinheit, jene ein Gegenstand der Vernunft, diese des Sinns, jene die wahre, diese die scheinbare Sonne.« Fasse ich diesen Gegensatz roh auf, so komme ich zu dem Resultat: Der Sinn gibt mir nur Schein, aber das Denken, die Vernunft Wahrheit, also ist das Sinnenwesen nur ein Scheinwesen, das Vernunftwesen aber das wahre Wesen. Allein obgleich die wahre Sonne *für mich* oder subjektiv nur ein Gegenstand der Intelligenz, ein ens rationis, ein geistiges Wesen ist, so ist sie doch *an sich* oder objektiv ein sinnliches Wesen. Die gedachte, geistige Sonne, die Sonne als Vernunftobjekt ist kein selbständiges Wesen, nicht Selbstzweck; sie ist nur das Mittel, nur der terminus medius zwischen der *scheinbaren* sinnlichen und der *wahren* sinnlichen Sonne. Die Vernunft ist ein Schluß, aber ebensowohl die Prämissen als die Konklusionen dieses Schlusses sind sinnlichen Wesens; die Sache der Vernunft ist nur, sie zu vermitteln, Wesen zu *kopulieren*, aber nicht, *Wesen zu erzeugen.* »Mit den Sinnen lesen wir das Buch der Natur, aber wir verstehen es nicht durch die Sinne.« Ganz richtig, aber wir tragen durch den Verstand keinen Sinn erst in die Natur hinein; wir übersetzen und interpretieren nur das Buch der Natur; die Worte, die wir mit den Sinnen darin lesen, sind keine leeren, willkürlichen Zeichen, sondern bestimmte, sachgemäße, charakteristische Ausdrücke. So stellt das Auge die Sonne vollkommen der Wahrheit gemäß dar; in dieser Entfernung kann dir die Sonne nicht größer erscheinen, als sie das Auge dir zeigt; wenn du aber hieraus sogleich nun folgerst, daß die Sonne auch wirklich nicht größer ist, als du sie siehst, so trägt die Schuld dieses falschen Schlusses nicht das Auge, sondern du selbst, der du diese Erscheinung isolierst, mit andern, höchst klaren und deutlichen Aussprüchen deiner Sinne, welche dich über die wahre und scheinbare Größe eines Gegenstandes belehren, nicht in Zusammenhang bringst. Alles sagen die Sinne, aber um ihre Aussagen zu verstehen, muß man sie verbinden. Die Evangelien der Sinne im Zusammenhang lesen heißt: *Denken.*

Fragmente* zur Charakteristik
meines philosophischen Curriculum vitae
[1846]⁷⁰

1822
Ansbach⁷¹

Wer die Begier weltlicher Sachen ablegt und an dasjenige denkt, was nicht sterblich ist, der liegt so feste zu Anker, daß ihn kein Sturm und Ungewitter zum mindesten beweget.

Opitz

Plus labora celare virtutes, quam vitia.   Bernhard

Contemne te, cum laudaris. Ille in te laudetur, qui per te operatur.
Noli ergo ad laudem tuam operari, quod bonum est, sed ad laudem illius, a quo habes, ut bonum agas. Abs te habes male agere, a Deo habes bene agere.

Augustin

1824
Heidelberg⁷²

Lieber Vater! ... Ich wünsche, zu Ostern die Universität Berlin als den geeignetsten Ort für meine weitere theologische und allgemeine Geistesbildung zu beziehen. Du weißt schon

---

* Nur Fragmente! Also nichts Ganzes, nichts Vollständiges. Warum? Teils aus Mangel an Zeit, Lust und Interesse an meiner Vergangenheit, teils aber auch aus Mangel an Dokumenten, i. e. Denkzetteln, die entweder in fremden Händen oder verlorengegangen sind. So sind z. B. gleich die nächstfolgenden Exzerpte die einzigen Überbleibsel aus meiner, freilich gleichgültigsten, Lebensperiode, aus der Gymnasialperiode, deren Schlußjahr 1822 ist. Es finden sich daher sehr einflußreiche Momente in dieser Fragmentensammlung nicht repräsentiert, andere sind nur ganz leise angedeutet.

aus meinen frühern Briefen, daß Daub hier der einzige Mann ist, der mich ganz befriedigt. Allein ich habe bereits seine Hauptkollegien gehört: im vorigen Semester, außer der theologischen Moral, sein geistvolles Kollegium über den Ursprung des Bösen, in diesem die Dogmatik, die der Zentralpunkt und Inbegriff seines ganzen geistigen Wesens, gleichsam die Essenz seiner Vernunft ist. Was soll ich aber hier treiben, wenn ich nun Daub, den einzigen Haltpunkt meines hiesigen Lebens, verloren habe? Denn Paulus ist, wie ich dir schon schrieb, in seiner Exegese unausstehlich, in seiner Kirchengeschichte aber nicht weniger. Auch in ihr kann er es nicht unterlassen, *seine* Weisheit, seine subjektiven Meinungen aufzutischen und großartige Gedanken aus gemeinen psychologischen Gründen abzuleiten. Wenn ich aber eine Vorlesung über Kirchengeschichte besuche, so will ich eben Kirchengeschichte hören, nicht die Meinungen und Hypothesen dieses oder jenes Herrn, der sie vorträgt. Man stelle doch nur rein objektiv die facta, seien es nun Handlungen oder Gedanken, hin, wie sie sich aus sich selbst ergeben, wie sie sich gegenseitig notwendig bedingen und Tod oder Leben bringen; dann erklärt die Geschichte sich durch sich selbst und zeigt, was wahr und unwahr ist; sie bedarf keines Kommentators. Um die Größe und Erhabenheit des Kölner Doms einzusehen, dazu braucht man wahrlich keinen modernen Baurat an seiner Seite zu haben.
Ferner: Der einzige Philosoph hier ist Erhardt[73], aber dieser ist ein Philosoph dem Namen, aber nicht der Tat nach. Er hat zwar oft gute und schöne Gedanken, aber sie stehen bei ihm so verlassen da wie Waisenkinder und grinsen sich an wie Hunde und Katzen, statt daß sie in eine Liebesflamme zusammenlodern und *einem* Grundgedanken sich aufopfern sollten.
Wie vorteilhaft wäre es daher für mich, nachdem ich das Vorzüglichste bei dem herrlichen Daub gehört habe, gehört nicht bloß mit den äußern Ohren, sondern mit Geist und Seele, meine Laufbahn in Berlin fortzusetzen – dort, wo nicht, wie hier, ein einziger Baum steht, von dem ich die Früchte der Erkenntnis und Wissenschaft pflücken kann, sondern ein gan-

zer Garten voll blühender und fruchttragender Bäume ist, dort, wo jede Wissenschaft, ja fast jeder einzelne Teil derselben von ausgezeichneten, berühmten Männern vertreten wird, dort, wo ich das lebendige Wort des Geistes nicht allein vom Katheder, sondern auch der Kanzel herab aus dem Munde eines Schleiermachers, anerkannt des größten geistlichen Redners unsrer Zeit, vernehmen kann! Wo kann ich wohl eine bessere Exegese und Kirchengeschichte hören als dort, wo jene der große Schleiermacher, diese der bekannte und geschätzte Neander vorträgt? Kollegien, die dem Theologen äußerst notwendig sind und nach denen mich auch schon längst sehnlichst verlangte. Die Philosophie ist in Berlin wahrhaftig auch in andern Händen als hier.[74] Abgesehen davon, daß ich es selbst von ganzem Herzen wünsche, in das Studium der Philosophie gründlichst eingeweiht zu werden, so ist es ja sogar auch von der bayerischen Regierung vorgeschrieben, philosophische Kollegien zu besuchen, und wenn es einmal sein muß, so ist es gewiß besser, wahre, nicht bloß sogenannte philosophische Kollegien zu besuchen, damit man doch nicht an einen inhaltslosen Namen seine Zeit verschwendet.

Berlin[75]

Lieber Vater! Vier Wochen dauern zwar erst meine Kollegien, aber sie waren mir bereits von unendlichem Nutzen. Was mir bei Daub noch dunkel und unverständlich war oder wenigstens unbegründet erschien, das habe ich allein schon infolge der wenigen Vorlesungen, die ich bis jetzt bei Hegel hörte, klar durchschaut und in seiner Notwendigkeit erkannt; was nur als Zunder in mir glimmte, das sehe ich bereits in helle Flammen auflodern. Glaube nicht, daß ich mich täusche. Es ist ja ganz natürlich, daß einer, der, beseelt vom Erkenntnistrieb und von einem Manne wie Daub vorbereitet und im Denken geübt, zu Hegel kommt, schon in wenigen Stunden den mächtigen Einfluß seiner Gedankenfülle und Tiefe verspürt. Auch ist Hegel in seinen Vorlesungen nicht so undeutlich wie in seinen Schriften, vielmehr klar und leicht verständlich, denn er nimmt sehr viel Rücksicht auf die Fassungskraft seiner Zuhörer. Aber das Herrliche von ihm ist, daß er, wenn er auch den Begriff einer Sache nicht streng philosophisch entwickelt, sondern auf die gewöhnlichen Vorstellungen sich einläßt, doch immer im Mittelpunkt der Sache bleibt.

1825

Lieber Bruder! Ich hätte Dir unendlich viel zu schreiben; aber es fehlt Zeit und Lust zum Schreiben. Nur dies: Ich habe die Theologie gegen die Philosophie vertauscht. *Extra philosophiam nulla salus.* – Der Mensch befriedigt nur da andere, wo er sich selbst befriedigt, leistet nur da etwas, wo er etwas zu leisten das Vertrauen hat. Die Lust zur Philosophie bürgt mir aber für meine Fähigkeit zur Philosophie. Ich bin auch bereits hier in Berlin im Denken unendlich gegen früher fortgeschritten. Nirgends kommt man aber auch rascher vorwärts als im Denken. Einmal seinen Schranken entlassen, ist der Gedanke ein Strom, der uns unaufhaltsam immer weiter mit sich fortreißt.

Lieber Vater! Ja, so ist es: Ich habe die Theologie aufgegeben, aber ich habe sie nicht mutwillig oder leichtsinnig aufgegeben, nicht, weil sie mir nicht gefällt, sondern weil sie mich nicht befriedigt, weil sie mir nicht gibt, was ich fordere, was ich notwendig bedarf. – Mein Geist findet sich nun einmal nicht in die Schranken des heiligen Landes; mein Sinn steht in die weite Welt; meine hab- und herrschsüchtige Seele will alles in sich verschlingen, mein Verlangen ist schlechthin unbegrenzt, ich will die Natur, vor deren Tiefe der feige Theologe zurückbebt, ich will den Menschen, aber den ganzen Menschen, der nicht dem Theologen, dem Anatomen oder Juristen, der nur dem Philosophen Gegenstand ist, an mein Herz drücken.

– Freue Dich mit mir, daß ein neues Leben, eine neue Zeit in mir begonnen hat, freue Dich, daß ich der Gesellschaft der Theologen entronnen bin und Geister wie Aristoteles, Spinoza, Kant und Hegel zu meinen Freunden habe. – Mich in die Theologie wieder zurückweisen wollen hieße einen unsterblichen Geist in seine abgestorbene Hülle, einen Schmetterling in seinen Puppenzustand wieder zurückbannen wollen.

1826[76]

Ich bin nun fertig mit Hegel; ich habe mit Ausnahme der Ästhetik alle seine Vorlesungen, seine Logik sogar zweimal gehört. Aber Hegels Logik ist gleichsam das corpus juris, die Pandekten der Philosophie; sie enthält die gesamte, sowohl alte als neuere Philosophie ihren Gedankenprinzipien nach; sie ist überdem die Darstellung seiner Methode. Das Wichtigste ist aber eben, sich nicht nur des Inhalts, sondern auch der Methode einer Philosophie zu bemächtigen.

1827-28
Zweifel[77]

Wie verhält sich das Denken zum Sein, wie die Logik zur Natur? Ist der Übergang von jener zu dieser begründet? Wo ist die Notwendigkeit, wo das Prinzip dieses Übergangs? Wir sehen wohl innerhalb der Logik einfache Bestimmungen wie Sein, Nichts, Etwas, Anderes, Endliches, Unendliches, Wesen, Erscheinung ineinander übergehen und sich aufheben, aber sie sind an sich selbst abstrakte, einseitige, negative Bestimmungen; allein wie kann denn die Idee, als die alle diese Bestimmungen zusammenfassende Totalität, in gleiche Kategorie mit eben diesen ihren endlichen Bestimmungen gesetzt werden? Die Notwendigkeit des logischen Fortgangs ist die eigne Negativität der logischen Bestimmungen. Was ist denn nun aber das Negative in der absoluten, vollkommenen Idee? Daß sie *nur* noch im Elemente des Denkens ist? Woher weißt du nun aber, daß es noch ein *andres* Element gibt? Aus der Logik? Nimmermehr; denn eben die Logik weiß aus sich selbst nur von sich, nur vom Denken. Also wird das Andre der Logik nicht aus der Logik, nicht logisch, sondern unlogisch deduziert, d. h. die Logik geht nur deswegen in die Natur über, weil das denkende Subjekt außer der Logik ein unmittelbares Dasein, eine Natur vorfindet und vermöge seines unmittelbaren, d. i. natürlichen Standpunkts dieselbe anzuerkennen gezwungen ist. Gäbe es keine Natur, nimmermehr brächte die unbefleckte Jungfer *Logik* eine aus sich hervor.

Wie verhält sich die Philosophie zur Religion? – Hegel dringt sehr auf die Übereinstimmung der Philosophie mit der Religion, namentlich mit den *Lehren* der christlichen; gleichwohl faßt er die Religion nur als eine *Stufe* des Geistes. Die bestehenden Religionen enthalten allerdings unzählig Widerliches und mit der Wahrheit Unverträgliches, aber sollte die Religion selbst nicht allgemeiner gefaßt und die Übereinstimmung der Philosophie mit ihr nur in die Anerkennung und Rechtfertigung bestimmter Lehren gesetzt werden? Gibt es keine andere Übereinstimmung?

Wie verhält sich die Hegelsche Philosophie zur Gegenwart und Zukunft? Ist sie nicht die vergangene Welt als Gedankenwelt? Ist sie mehr als eine Erinnerung der Menschheit an das, was sie war, aber nicht mehr ist?

1828
Dissertation[78]
De Ratione una, universali, infinita

Alle Menschen stimmen darin mit sich überein, daß sie denken; das Denken ist nichts Besonderes, das einigen zukommt, andern mangelt; es gehört wesentlich zum Menschen, daß er denkt; es ist daher etwas Gemeinschaftliches, Allgemeines; die Vernunft ist die *Menschheit* der Menschen, ist ihre Gattung, inwiefern sie denkende sind. Aber wie verhält sich nun hier die Gattung zum Individuum, das Wesen zur Existenz, die Vernunft zu den denkenden Subjekten? Etwa so, wie sich überhaupt das Allgemeine zum Individuellen, z. B. die Nase zu den einzelnen, existierenden Nasen verhält? Jede Nase ist eine einzelne und besonders bestimmte. Das Wesen derselben ist aber nicht die Besonderheit, nicht, daß sie kurz oder lang, spitz oder stumpf, nicht, daß sie diese einzelne, sondern lediglich, daß sie *Nase* ist. Abgesehen von der besondern Beschaffenheit und ihrer Einzelheit ist diese Nase vor der des andern nicht unterschieden, das Wesen ist in allen sich gleich. Aber *die* Nase existiert nicht; sie ist ein Abstraktum; es *sind* nur die vielen verschiedenen Nasen; das mit sich gleiche Wesen ist hier *nur* Idee, nur Gedanke. Hat nun aber wohl jeder Mensch, wie er eine einzelne und besondere Nase hat, auch eine einzelne und besondere Vernunft?* Ist die Vernunft auch nur ein Abstraktum? Nein! Indem ich denke, denkendes Subjekt bin, ist das Allgemeine als Allgemeines, ist die Vernunft unmittelbar als Vernunft in mir wirklich und gegenwärtig. Es ist notwendig, daß das Wesen und die Existenz hier ungetrennt eins ist, daß ich als Denkender, im actus des Denkens mich nicht *so* als Individuum zur Vernunft als meinem Wesen verhalte, wie ich als sinnliches Individuum zur Gattung mich verhalte. Im Denken bin ich *reines Wesen,* im Denken ist der Unterschied zwischen Allgemeinheit und Einzelheit aufgehoben. Die Vernunft existiert im Individuum *in sich selbst*.

---

* Allerdings hat der Mensch ebensogut eine eigne Vernunft, als er *eine eigne Nase,* einen *eignen Kopf* überhaupt hat. Die Identität der Vernunft ist nur die Identität der Organisation – eine Identität, die wir im Denken und Sprechen notwendig – denn das Wort ist allgemein – als Gattung für sich fixieren, verselbständigen, aber bei der wir nicht vergessen dürfen, daß sie nur ein Produkt unsers Denkens ist. Übrigens ist es unnötig, die hier ausgesprochenen Gedanken einer besondern Kritik zu unterwerfen, da sie, indirekt wenigstens, in meinen spätern Schriften enthalten ist.

Wäre es nicht so, so wäre sie eben nicht mehr Vernunft; sie fiele in die Kategorie der sinnlichen Wesen. Von der Vernunft läßt sich kein allgemeiner Begriff abstrahieren und als Gattung fixieren; sie ist unablöslich von sich, die Gattung ihrer selbst, reine Einheit mit sich selbst; ihr Wesen ist ihr Dasein, ihr Dasein ihr Wesen. Was Plotin von der Seele sagt: »Bei ihr kann die Seele überhaupt und das Wesen der Seele nicht unterschieden werden; die Seele ist nur reine Form«, was die Theologen von Gott sagen, das gilt von der Vernunft. Die Vernunft ist nicht sinnlichen Wesens; sie existiert nicht in der Form der Sinnlichkeit, sondern in sich selbst, in der Form übersinnlicher Wesentlichkeit und Allgemeinheit; sie existiert nur identisch mit sich selbst; ihr Verhältnis zum Dasein ist ihr Verhältnis zu sich selbst. Im Denken als dem Verwirklichungsakt der Vernunft oder als Denkender bin ich darum nicht dieser oder jener, sondern keiner, niemand, nicht ein Mensch, sondern der Mensch schlechtweg, nicht außer den andern, nicht unterschieden und getrennt von ihnen – so bin ich nur als sinnliches Wesen –, sondern *eins mit allen, alle* Menschen, eben weil die Vernunft als die Einheit ihrer selbst oder als absolute Identität die Einheit aller, weil, wie ihr Wesen, so ihre Existenz Einheit ist. Die sinnliche Erscheinung von der unendlichen Einheit und Allgemeinheit der Vernunft ist die Sprache. Die Sprache *macht* den Gedanken nicht allgemein, sie zeigt, sie verwirklicht nur, was er an sich selbst ist: nicht *mein* Gedanke, sondern Gedanke aller, wenigstens der Möglichkeit nach.

1829-31/32
Vorlesungen über Logik und Metaphysik[79]
In Erlangen (sit venia verbo!)

Meine Herren! Ich trage Ihnen die Logik vor, aber nicht in der Weise, wie sie gewöhnlich gelehrt wird, obwohl ich Sie auch mit dieser der Vollständigkeit wegen historisch bekannt machen werde; ich trage die Denklehre als Erkenntnislehre, als Metaphysik vor; ich trage sie also so vor, wie sie Hegel erfaßt und dargestellt hat; ich trage sie jedoch nicht in und mit seinen Worten, sondern nur in seinem Geiste, nicht als Philolog, sondern als Philosoph vor; ich trage sie aber gleichwohl nicht, wie Hegel, in der Bedeutung der absoluten, der höchsten und letzten Philosophie vor, sondern nur in der Bedeutung des Organs der Philosophie; aber eben das Organ der Philosophie muß selbst Philosophie, das Organ der Erkenntnis selbst Erkenntnis sein oder gewähren. Die Logik in der Bedeutung der Metaphysik ist ein notwendiges Resultat der bisherigen Geschichte der Philosophie. Die angemessenste Einleitung in die Logik ist daher eine Darstellung der Geschichte der Philosophie.

1830
Gedanken über Tod und Unsterblichkeit[80]

Jetzt gilt es vor allem, den alten Zwiespalt zwischen Diesseits und Jenseits aufzuheben, damit die Menschheit mit *ganzer* Seele, mit ganzem Herzen auf sich selbst, auf ihre Welt und Gegenwart sich konzentriere, denn nur diese ungeteilte Konzentration auf die wirkliche Welt wird neues Leben, wird wieder große Menschen, große Gesinnungen und Taten zeugen. Statt unsterblicher Individuen hat die »neue Religion« vielmehr tüchtige, geistig und leiblich gesunde Menschen zu postulieren. Die Gesundheit hat für sie mehr Wert als die Unsterblichkeit.

Nur für den Erbärmlichen ist die Welt erbärmlich, nur für den Leeren leer. Das Herz, wenigstens das gesunde Herz, hat schon hier seine volle Befriedigung. Eine »neue Religion«, wenn sie wieder eine Zukunft, ein Jenseits den Menschen als Ziel setzt, ist ebenso falsch als das Christentum; sie ist nicht die Religion der Tat und des Gedankens, der nur in der ewigen Gegenwart lebt, sondern des Gemüts und der Phantasie, denn nur die Phantasie ist das Organ der Zukunft, sie ist nicht ein Fortschritt, sondern ein Rückschritt, denn schon der Protestantismus versöhnte auf seine Weise die Religion mit der wirklichen Welt.

Der Wagen der Weltgeschichte ist ein enger Wagen. Wie man nicht mehr in ihn hineinkommt, wenn man den rechten Zeitpunkt übersieht, so kann man auch nur einen Platz in ihm bekommen, wenn man von den Kommoditäten des alten historischen Hausrats abstrahiert – nur das Unveräußerliche, das Notwendigste und Wesentlichste mit sich nimmt. Denen, die mit Bias aus Priene auswanderten, aber ihr Hausgerät mit fortschleppten, mußte gewiß auch Bias sehr »abstrakt und negativ« erscheinen. Aber die Philosophie wandert nun einmal nicht anders aus dem Christentum aus als wie Bias aus Priene. Wer sich nicht dazu verstehen kann, wer das positive Christentum aufgeben, aber gleichwohl die Vorstellungen des christlichen Jenseits, wenngleich mit Modifikationen, retten will, der bleibe lieber ganz im Christentum.

1834
Humoristisch-philosophische Aphorismen[81]

Hand in Hand mit meinen abstrakteren wissenschaftlichen Arbeiten sollen – so der Geist will – immer zugleich Schriften erscheinen, welche die Philosophie der Menschheit sozusagen ans Herz legen, welche, aus dem Leben gegriffen, unmittelbar wieder ins Leben eingreifen. Ein eigentümliches Genre schwebt mir dabei vor. Eine zum Teil mißlungene Probe liefert diese Schrift.

1834-36*
Tagebuch

Die Religion ist die erste Liebe, die Liebe des Jünglings – *die* Liebe, die ihren Gegenstand durch die *Erkenntnis* zu profanieren glaubt. Die Philosophie dagegen ist die eheliche Liebe, die Liebe des Mannes, die sich in den Besitz und Genuß ihres Gegenstandes versetzt, aber freilich auch dadurch alle die Reize und Illusionen zerstört, die mit der Geheimniskrämerei der ersten Liebe verbunden sind.

An Christum glauben heißt sich durch die Fehler eines Menschen nicht an seinem guten Wesen, noch durch die traurigen Erfahrungen, die wir an einzelnen menschlichen Individuen machen, an dem Menschen überhaupt irremachen lassen. Christus war der Mensch als ein Mensch. Der Glaube an Christus ist der Glaube an den Menschen.[82]

Der Mensch hat Fehler, nur um an ihnen, als ihrem Gegensatze, seine Tugenden erkennen und bilden zu können.

Die Fehler der Menschen sind nur fehlgeschlagne Projekte der Tugend; sie sind nur die Gewissensbisse der Tugend, die sie sich selbst aus überspannten Forderungen schafft.

Das Geheimnis der Tugend ist die – Gewohnheit.

Du tadelst meine Fehler? Armseliger Krittler! Nimmst du mir meine Fehler, so nimmst du mir auch meine Tugenden.

Die Fehler der Menschen sind nur die Inkognitos ihrer Tugenden. Hinter diesem Fehler steckt auch nur diese Tugend.

---

* Einige der folgenden Sätze sind aus späterer Zeit, aber sie gehören dem Standpunkt nach, den sie bezeichnen, hierher. Zur Bezeichnung dieses Standpunktes wählte ich auch den Ausdruck *Tagebuch*.

Der bekannte Satz: »Das Bessere ist der Feind des Guten«, gilt insbesondre auch von unsern religiösen und moralischen Vervollkommnungstheorien. Immer vollkommner, d. h. in Wahrheit immer unvollkommner, sollen wir werden. Zur Vollkommenheit des Menschen gehört eben die Fehlerhaftigkeit. Was in deinem Sinne Mangel, ist im Sinne der Natur Vollkommenheit. In der Tugend spricht sich der Mensch, im Fehler die Natur aus.

Der Fehler ist die Reaktion der Natur gegen die steife Regel der Moral.

Die Fehler der Menschen sind oft besser als ihre Tugenden.

Ich sage dir: Der größte Fehler in deinem Leben war der, daß du nie gefehlt, nie gesündigt hast.

Es gibt Naturen, die nur die »*Sünde*« erlöst und frei macht.

Schuld und Sünde sind nun einmal so unabtrennbar vom Menschen, so verflochten in den Begriff des Lebens, daß Wesen, die wir von ihnen befreit denken, auch nur Wesen der Einbildung sind. Der Baum des Lebens ist zwar nicht in der Bibel, aber in der Wirklichkeit auch zugleich der Baum der Erkenntnis des Guten und Bösen.

Gräme dich nicht über deine Fehler! Fehler sind *unglückliche* Tugenden – Tugenden, denen nur die Gelegenheit fehlt, sich als Tugenden auszusprechen.

Redet soviel, als ihr wollt, von der Eitelkeit des Menschen; die menschliche Natur zeigt auch ihr widersprechende, edlere Erscheinungen, wie die, daß wir den andern uns besser und vollkommner denken als uns selbst, wenigstens in den Momenten, wo wir seine guten Eigenschaften in vollem Lichte sehen. Wir werden da so ergriffen und erschüttert, daß wir uns als nichts erscheinen; es kommt uns vor, als habe er alles Gute in sich verschlungen und uns nichts übrig gelassen als das Gefühl der eignen Mängel.

Über nichts sind wir unzuverlässigere Richter als über unsre eignen Fehler. Von den Gewissensvorwürfen über begangene Fehler machen wir uns daher nur dadurch frei, daß wir sie unsern Freunden eingestehen. Ihnen erscheint als eine Mücke, was auf uns mit dem Gewicht eines Elefanten lastet.

Die Vernunft existiert im Leben als wirklicher Mensch; das Du ist die Vernunft des Ich. Aus dem andern, nicht aus unserm eignen, in sich befangenen Selbst spricht die Wahrheit zu uns. Die Liebe des andern sagt dir, was du bist; der Liebende allein hat des Geliebten wahres Wesen in Augen und Händen. Um den Menschen zu *erkennen*, muß man ihn *lieben*.

Während die Liebe bei den alten Philosophen ein außereheliches Kind war, gezeugt mit dem Kebsweib der Natur, ist sie dagegen bei den neuern die rechtmäßige Tochter ihrer Philosophie. Das Weib ist aufgenommen in die Gemeinschaft des Geistes; es ist das lebendige Kompendium der Moralphilosophie.

Die Pflicht geböte die Entsagung? Wie töricht! Die Pflicht gebietet den Genuß. Wir *sollen* genießen. Die Entsagung ist nur eine traurige Ausnahme von der Regel, die nur dann stattfinden soll, wenn sie die Not gebietet. In diesem Falle ist es freilich gut und klug, aus der Not eine Tugend zu machen.

Folge unverzagt deinen Trieben und Neigungen, aber *allen*! – Dann wirst du keiner einzigen zum Opfer fallen.

Zum Glück ist kein Wesen bestimmt, aber was lebt, ist, eben weil es lebt, zum Leben bestimmt. Das Leben des Lebens ist aber die Liebe.

»Ob ich mit dir glücklich sein werde?« Ich weiß es nicht, ich weiß nur soviel, daß ich jetzt ohne dich unglücklich bin. Wie töricht ist es aber, aus Furcht vor einem nur möglichen, ungewissen Übel ein gegenwärtiges, handgreifliches Übel bestehen zu lassen!

Was du einmal begonnen, das mußt du auch vollenden, gleichgültig, ob das Ende zum Glück oder Unglück, zum Himmel oder zur Hölle dich führt. Glück ist Luxus, aber Vollendung Notwendigkeit.

Laß den Baum nicht sich äußern in Blättern, Blüten und Früchten – und er verdorrt. Laß die Liebe sich nicht äußern – und sie erstickt in ihrem eignen Blute.

Glauben kannst du, ohne ein Bekenntnis deines Glaubens durch die Tat abzulegen, denn den Glauben hast du nur für dich, aber lieben kannst du nicht, ohne deine Liebe zu bekennen, zu äußern, zu betätigen, denn die Liebe hast du nicht für dich, sondern für den andern.

Was du verleugnest pro forma, aus Rücksicht vor andern – fahre nur fort, es zu verleugnen; am Ende wirst du in Wahrheit, wirst du vor dir selbst verleugnen, was du anfangs nur zum Scheine, nur vor andern verleugnet hast.

Ohne Gegenstand ist der Mensch nichts. Es ist besser, auch den eitelsten, unwürdigsten Gegenstand mit Liebe zu umfassen, als sich lieblos in sein eignes Selbst zu verschließen. Aber nur der Gegenstand der wahren Liebe entwickelt und offenbart auch erst das wahre Wesen des Menschen.

Glauben sollst du, ja, glauben, aber glauben, daß es auch unter Menschen eine *wahre* Liebe gibt, auch das menschliche Herz unendlicher, allverzeihender Liebe fähig ist, auch die menschliche Liebe die Eigenschaften der göttlichen Liebe haben kann.

Es gibt nur *ein* Böses – es ist der Egoismus; und *ein* Gutes – es ist die Liebe.

Liebe, aber wahrhaft! – und es fallen dir alle andern Tugenden von selber zu.

Was ist die Liebe? Die Einheit von Denken und Sein. Sein ist das Weib, Denken der Mann.

Das Verlangen des Wiedersehens geliebter Toten, wer wäre so unmenschlich, es nicht zu empfinden? Aber ist es ein Beweis für die Realität des Jenseits? Ist es nicht die Äußerung schon hier gesättigter und befriedigter Liebe, nicht ein indirektes Zeugnis also, daß *hier* unser *alles* ist?

Ich liebe dich ewig! D. h. meine Liebe zu dir endet nur mit meinem Bewußtsein.

Ewig ist, dessen Ende mein eignes Ende ist.

Die Liebe allein löst dir das Rätsel der Unsterblichkeit.

Sowenig die Wohlbehaglichkeit des Gedankens unserer Unsterblichkeit ein Beweis seiner Wahrheit ist, so wenig ist die Schmerzlichkeit des entgegengesetzten Gedankens ein Beweis seiner Unwahrheit. Übrigens ist der Gedanke unserer Endlichkeit nur so lange ein schmerzlicher, solange wir ihn noch nicht gewohnt, noch nicht vertraut mit ihm geworden sind.

Ist es nicht eine entsetzliche Schwäche, die sinnliche Hinwegnahme geliebter Wesen schmerzlichst zu empfinden? Nein! Schwäche ist es, die Qualen der Liebe, die Schmerzen des Lebens überhaupt nicht empfinden zu wollen. Darum schäme ich mich nicht, euch, Qualen der Liebe und Sehnsucht, empfunden zu haben, und glaube doch, im Wesen ein Philosoph zu sein; denn der Philosoph muß die Dinge nicht bloß erkennen, er muß sie vor allem *erleben*.

Der Unsterblichkeitsglaube ist wohl im Weibe ein weiblicher, aber im Manne ein weibischer Glaube.

Jedes Wesen in seiner Art, d. h. in der Art, die seine *Natur* ist, zu erfassen und daher die Philosophie ihm nur in der Weise beizubringen, die sich für dieses bestimmte Wesen eignet, das ist die Methode, die ich ebensowohl im Leben als in der Schrift befolge. Der wahre Philosoph ist ein Arzt, aber ein solcher, der es seinen Patienten gar nicht merken läßt, daß er ihr Arzt ist, indem er sie *ihrer Natur* gemäß behandelt, sie also aus und durch sich selbst kuriert.

Wer einen Menschen auch nur über die ihm nächsten Dinge aufklärt, zündet in ihm doch ein allgemeines Licht an, denn eben das Licht hat die Eigenschaft, daß es auch *entfernte* Gegenstände beleuchtet.

Die wahre humane Lehrmethode, wenigstens in empfindlichen Materien, besteht darin, nur die Prämissen auszusprechen, die Konklusionen aber dem eignen Verstand des Lesers oder Zuhörers zu überlassen.

Wie verhält sich das Denken zum Wissen? Das Denken ist die Prämisse, das Wissen die Konklusion, das Denken der Grund, das Wissen das Resultat.

Es ist besser, sich zuwenig als zuviel zuzutrauen.

De gustibus non est disputandum. Der eine hat seine Freude daran, mehr zu scheinen, als er ist, der andere aber daran, mehr zu sein, als er zu sein scheint.

Die Zukunft muß man nie direkt zum Gegenstand seines Denkens und Sorgens machen. Der *vernünftige* Genuß der Gegenwart ist die einzige vernünftige Sorge für die Zukunft.

Die Eltern begehen die größten Fehler dadurch, daß sie durch ihre Vernunft der Naturentwicklung ihrer Kinder vorgreifen, ihr Leben *a priori konstruieren* wollen.[83]

Fasse nicht eher einen Entschluß, als es Zeit ist, dich zu entschließen. Die Entschlüsse zur Unzeit sind Produkte deines willkürlichen hin- und herratenden und eben deswegen fehlschließenden Wesens, aber die Entschlüsse, die du im Drange der Not fassest, sind Produkte deines notwendigen und – relativ wenigstens – unfehlbaren Wesens.

Weg mit der Klage über die Kürze des Lebens! Sie ist eine Finte der Gottheit, durch die sie sich den Weg zu unserm Geist und Herzen bahnt, um uns die besten Säfte zum Nutzen anderer Wesen abzuzapfen. Die besten? Nein! Die Säfte, die schon nahe an der Fäulnis sind und uns Gift zu werden drohen, wenn ihnen nicht schleunigst ein Abfluß eröffnet wird. Je kürzer unser Leben ist, je weniger wir Zeit haben, gerade desto mehr haben wir Zeit; denn der Mangel an Zeit verdoppelt unsre Kräfte, konzentriert uns nur auf das Notwendige und Wesentliche, flößt uns Geistesgegenwart, Unternehmungsgeist, Takt, Entschlossenheit ein. Es gibt darum keine schlechtere Entschuldigung als die mit dem Mangel an Zeit. Über nichts kann der Mensch mehr disponieren als über die Zeit. Was man insgemein Mangel an Zeit nennt, ist Mangel an Lust, an Kraft, an Gewandtheit, seinen gewohnten Schlendrian zu unterbrechen.

»Alles überwindet der Mensch«; aber nur, wenn die Überwindung für ihn eine *Notwendigkeit* ist – alles vermag er, wenn er *muß*. Oh, heilige Notwendigkeit! Ich will gerne unfrei sein, wenn *du* mir nur den Segen deiner Kraft gibst!

Warum schwindet uns in den reifern Jahren die Zeit schneller dahin als in der Jugend? In der Jugend leben wir im Zwiespalt zwischen Neigung und Gesetz. Wir müssen in die Schule, müssen dort wider Willen sitzen und schwitzen. Wir sehnen uns nach den freien Zwischenviertelstunden, nach dem Sonntag, nach dem Ende der Schulzeit. Was wir erwarten, das kann nicht schnell genug kommen; unser Verlangen schweift über die Grenzen der Gegenwart in die Ferne; wir sind nicht da, wo wir sein möchten; die Zeit liegt dazwischen; sie wird uns daher unausstehlich lang. In reifern Jahren dagegen verschwinden die Sonntage, die Ferien, die dies academici und dergleichen Epoche machende Momente aus unserm Leben; Gedanke reiht sich an Gedanke, Tat an Tat, und wenn wir auch Pausen machen, wenn wir auch unsrer Neigung widersprechende Geschäfte und Arbeiten haben, so kommt uns doch die Feierstunde nicht eher in den Sinn, als sie wirklich schlägt, weil wir keine Zeit haben, an die Zeit zu denken, sie kommt uns daher fast immer zu früh, wenn auch nicht dem Wunsche, doch der Rechnung nach, während sie uns in der Jugend immer zu spät kommt.

Die Zeit ist die Quelle der Poesie. Der Blick in die Vergangenheit ist ein Stich ins Herz, der die poetische Ader öffnet. Die vergangene Zeit ist per se die schöne Zeit; sie glänzt im Mondschein der Erinnerung; sie ist schon idealisiert, eben weil sie nur noch ein Gegenstand der Einbildungskraft ist. Die älteste Geschichte ist überall Poesie, und die ersten Lieder eines Volks gelten nur Zeiten und Menschen, die *nicht mehr* sind.

Im Raume ist der Teil kleiner als das Ganze, in der Zeit dagegen, subjektiv wenigstens, größer, weil hier nur der Teil wirklich, das Ganze aber nur ein Objekt der Einbildungskraft ist und die Sekunde in der Wirklichkeit für uns ein größerer Zeitraum ist, länger dauert als ein Dezennium in der Einbildung.

Es ist sonderbar, obwohl leicht erklärlich, daß gerade die Menschen, die am wenigsten an den Fortschritten der Menschheit teilnehmen, ja ihnen feindlich entgegentreten, die in ihrer religiösen und intellektuellen Bildung noch heute auf dem Standpunkt längst vergangener Jahrhunderte stehen, die also am allerwenigsten in diesem Leben einen Vervollkommnungstrieb beurkunden – ich meine die geistlichen Herren und Theologen –, am meisten die Befriedigung dieses Triebes als Grund der Notwendigkeit eines andern Lebens hervorheben.

Woher der Kampf der Gegenwart? Woher unsre Empörung gegen die, welche uns auf Vergangenes, in der Religion auf die Bibel, in der Politik auf das historische Recht verweisen? Die Menschheit verlangt jetzt ihren Arbeitslohn; sie will nicht *umsonst* gedacht, gestrebt, gekämpft und gelitten haben; sie will genießen, was sie erworben. Die Arbeit hat man nicht wehren können, ja man hat sie begünstigt, und doch will man uns jetzt den Arbeitslohn vorenthalten.[84]

Das Interessanteste von der Schriftstellerei ist nicht, daß man durch sie der Welt bekannt wird, sondern durch sie die Welt, wenn auch nicht von ihrer vorteilhaftesten Seite, kennenlernt.

Man schreibt für andere, nicht für sich. Ich wenigstens kann nichts für mich selbst niederschreiben. Was ich schreibe, muß unmittelbar an eine bestimmte Person oder an die Menschheit gerichtet sein. Darum schreibe ich auch so klar und lichtvoll als möglich. Ich will andern Menschen keine Plage machen.

Ihr nennt Schelling einen »Wiedergebornen«! Ich habe nichts dagegen, aber seht euch vor, daß es ihm nicht in seiner Bildungsgeschichte ebenso gegangen ist, wie es der lepas anatifera in ihrer Entwicklungsgeschichte ergeht – daß ihm nicht an der alten Haut zugleich die *Augen* hängengeblieben sind (Burmeister, *Naturgeschichte der Rankenfüßer*, 1834).[85]

Der pietistische Gott macht es gerade so wie jener Chirurg im *Diable boiteux,* der, um sich *Kunden* zu verschaffen, die Leute selbst erst verwundete und dann kurierte.[86]

1835
Vorlesung über Geschichte der neuern Philosophie[87]

Die Menschheit muß, wenn sie eine neue Epoche begründen will, rücksichtslos mit der Vergangenheit brechen; sie muß voraussetzen, das bisher Gewesene sei nichts. Nur durch diese Voraussetzung gewinnt sie Kraft und Lust zu neuen Schöpfungen. Alle Anknüpfungen an das Vorhandne würden den Flug ihrer Tatkraft lähmen. Sie muß daher von Zeit zu Zeit das Kind mit dem Bade ausschütten; sie muß ungerecht, parteiisch sein. Gerechtigkeit ist ein Akt der Kritik; aber die Kritik folgt nur der Tat, kommt aber nicht selbst zur Tat.

Katholischerseits hat man die neuere Zeit als einen Sündenfall bezeichnet. Allerdings war sie es, wie überhaupt jede Zeit, die ein neues Prinzip hervortrieb; denn das Alte, das Bestehende gilt immer für das Heilige, Unverletzliche, aber nicht nur ein »in seinen Folgen durch Gottes gnädige Verfügung«, sondern an und für sich selbst wohltätiger, weil notwendiger Sündenfall. Und die Eva, die den Menschen um das Paradies der katholischen Einfalt brachte, die ihn verführte, die verbotne Frucht vom Baume der Erkenntnis zu pflücken, war nichts anderes als die Sinnlichkeit oder Materie. Die neuere Zeit unterscheidet sich nur dadurch von der mittelalterlichen, daß sie die Materie, die Natur, die Welt zu einer göttlichen Realität oder Wahrheit erhob, das göttliche, das absolute Wesen nicht als ein von der Welt unterschiedenes, jenseitiges, himmlisches, sondern als ein wirkliches, mit der Welt identisches Wesen erfaßte und geltend machte. *Mono*theismus ist das Wesen des Mittelalters; *Pan*theismus das Wesen der neuern Zeit und

Philosophie.* Nur der pantheistischen Anschauung von der Welt verdanken wir alle großen Entdeckungen und Leistungen der neuern Zeit in Künsten und Wissenschaften; denn wie kann der Mensch sich für die Welt begeistern, wenn sie ein von Gott unterschiedenes, ausgeschlossenes, also ungöttliches Wesen ist? Alle Begeisterung ist ja Vergötterung.

1836-41
Bruckberg[88]

Einst in Berlin und jetzt auf einem Dorfe! Welch ein Unsinn! Nicht doch, mein teurer Freund! Siehe, den Sand, den mir die Berliner Staatsphilosophie in die Zirbeldrüse, wohin er gehört, aber leider auch in die Augen streute, wasche ich mir hier an dem Quell der Natur vollends aus. Logik lernte ich auf einer deutschen Universität, aber Optik – die Kunst zu *sehen* – lernte ich erst auf einem deutschen Dorfe.

Der Philosoph, wenigstens wie ich ihn erfasse, muß die Natur zu seiner Freundin haben; er muß sie nicht nur aus Büchern, sondern von Angesicht zu Angesicht kennen. Längst sehnte ich mich nach ihrer persönlichen Bekanntschaft; wie glücklich bin ich, daß ich endlich dieses Verlangen stillen kann! Zwar ist die Natur hier beschränkt, arm, aber ist nicht vollkommen wahr, was Leibniz sagt: »On donne mal des limites ... à la richesse et beauté de la nature, lorsqu'on ... ne reconnoît pas *l'infini en tout* et l'exacte expression du *plus grand dans le plus petit*«?

Die Natur knüpft überall das Schönste und Tiefste an das im Sinne des Menschen Gemeine. Der nur denkt daher im Einklang mit der Natur, der nur befolgt ihre Methode, welcher

---

* Den Pantheismus bezeichnete ich natürlich nur im allgemeinen als das Wesen der neuern Philosophie und Zeit. Die nähern Bestimmungen und Einschränkungen dieses unbestimmten, allgemeinen Ausdrucks folgten erst bei der Darstellung des Idealismus.

an die gemeinsten Bedürfnisse und Erscheinungen der Natur die höchsten Gegenstände des Denkens anknüpft, selbst in den Gedärmen der Tiere noch »nutrimentum spiritus« und Stoff zur Spekulation findet.

Alle abstrakten Wissenschaften verstümmeln den Menschen; die Naturwissenschaft allein ist es, die ihn in integrum restituiert, die den ganzen Menschen, alle seine Kräfte und Sinne in Anspruch nimmt.

Die alten Völker unternahmen nichts ohne ein sinnliches Zeichen, welches nach ihrer Meinung ihr Unternehmen bestätigte. Ein tiefer Sinn liegt diesem heidnischen Aberglauben zugrunde. Wir müssen in allen, wenigstens kritischen, Handlungen nicht nur das eigne ego, sondern auch das alter ego, die Außenwelt überhaupt zu Rate ziehen. Nur dann sind wir des Erfolgs einer Handlung gewiß, wenn sie eine berechtigte ist; aber berechtigt ist sie nur, wenn Innres und Äußres, Wille und Schicksal, Neigung und äußre Notwendigkeit zusammenfällt. Ich habe mich daher von hier aus (1836) zum letzten Mal um eine Professur gemeldet, aber, wie vorauszusehen war, — umsonst. Traun ein auspicium liquidum! Jetzt beginnt eine neue Periode in meinem Leben; jetzt bin ich berechtigt, wozu ich mich berufen fühle, jetzt ist mein innerster Wille mir zu äußerlicher Notwendigkeit gemacht, jetzt kann ich meinem Genius huldigen, jetzt unbeschränkt, frei, rücksichtslos »der Entfaltung des eignen Wesens« mich weihen.

Leib und Seele müssen stets beisammen sein; was man geistig verneint, muß man auch sinnlich verneinen; sonst ist das Leben ein Widerspruch, eine Unwahrheit. Wäre aber eine Existenz an einer Universität nicht eine deinem Wesen widersprechende Existenz, also eine offenbare Lüge? Verträgt sich deine Philosophie mit der Theologie? Ist aber die Philosophie auf unsern Universitäten nicht ex officio eine Betschwester der Theologie?

Laß mich in Frieden! Ich bin nur so lange *etwas,* solange ich *nichts* bin.[89]

Wie einst von der Kirche, so muß sich jetzt der Geist vom Staate freimachen. Der *bürgerliche Tod* ist allein der Preis, um den du dir jetzt die *Unsterblichkeit des Geistes* erwerben kannst.

1841-45
Wesen des Christentums[90]

Freundchen! Ich sage dir: Wenn irgendeiner berufen und berechtigt war, über die Religion ein Urteil zu fällen, so war ich es; denn ich habe die Religion nicht nur aus Büchern studiert, ich habe sie aus dem Leben, und zwar nicht nur aus dem Leben anderer, welche mir die Ursachen und Wirkungen der Religion sowohl von ihrer guten als schlimmen Seite ad oculos demonstrierten, sondern auch aus meinem eignen Leben kennengelernt. Die Religion war für mich ein Objekt der Praxis, ehe sie mir zu einem Objekt der Theorie wurde.

Was man nur im Kopfe hat, das wird zur fixen Idee, das bringt man nimmer von sich los; was man aber wahrhaft mit sich identifiziert, was man in Fleisch und Blut verwandelt, das vergeht und wird nur seiner Substanz nach noch erhalten; denn das Blut verändert und erneuert sich immer, duldet nichts Fixes. So existieren noch heute die Teufelsfinger, die Ammonshörner und unzählige Monstra im Kopfe der Gelehrten, nachdem sie längst aus dem Leben verschwunden, von anderen edleren Tiergeschlechtern in succum et sanguinem vertiert sind.

»Vor Gott sind alle Menschen gleich.« Jawohl; in der Religion unterscheiden sich, wie die Geschichte beweist, die zivilisierten Völker nicht von den wilden, die Weisen nicht von den Toren, die Gebildeten nicht von dem Pöbel. Darum hüte dich, die Geheimnisse der Religion zu exponieren, wenn du dich nicht den *Injurien* des gemeinen wie vornehmen, des gelehrten wie ungelehrten Pöbels aussetzen willst.

Oh, die scharfsinnigen Kritiker! Sie wollen das Wesen meiner Schriften beurteilen und kennen nicht einmal ihre formellen Eigenschaften; sehen nicht, daß ich in der Behandlung meiner Patienten die *homöopathische* Kurmethode befolge, daß ich aber die Grundsätze, die mich leiten, nicht in Worten, sondern in Handlungen, nur in der Anwendung derselben ausspreche; sehen nicht, daß ich sehr häufig das Positive negativ, mich überhaupt uneigentlich, enigmatisch, ironisch ausdrücke und meinen höchsten Triumph gerade darein setze, zum Ärger aller philosophischen Pedanten und gelehrten Philister den Ernst der Notwendigkeit in das Spiel des Zufalls einzukleiden und den Stoff von Folianten in den Duft eines Epigramms zu verflüchtigen.

Wie verhält sich mein früherer Standpunkt, der Standpunkt von *Philosophie und Christentum*[91], zum *Wesen des Christentums*? Dort nahm ich das Christentum nur in dem Sinne, in welchem es sich selbst nimmt, hier nehme ich es wohl auch in diesem seinen eignen, aber zugleich auch in meinem Sinne, d. h. im Sinne der Anthropologie. Einen andern Sinn hat aber *der* Christus, welcher nur die Gottheit dieses Menschen ausschließlich und allein bedeutet, einen andern Sinn *der* Christus, welcher die Gottheit des Menschen überhaupt, jedes Menschen bedeutet. Wer diesen Unterschied nicht bemerkt und berücksichtigt, dem bleibt freilich meine Schrift ein unauflöslicher Widerspruch.

Ist die Schrift *Das Wesen des Glaubens im Sinne Luthers*[92] *für* oder *gegen* Luther? Sie ist ebensoviel für als gegen Luther. Aber ist denn das kein Widerspruch? Gewiß; aber ein Widerspruch, der notwendig ist, der in der Natur des Gegenstandes liegt.

Welche Gesinnung, welche Religion ist die Religion der Liebe? Die, wo der Mensch in der Liebe zum Menschen sein Gemüt befriedigt, das Rätsel seines Lebens gelöst, den Endzweck seines Daseins erreicht findet, in der Liebe also findet, was der Christ außer der Liebe im Glauben sucht.

»Du sollst Gott, deinen Herrn, lieben von ganzem Herzen, von ganzer Seele, von ganzem Gemüte und von allen deinen Kräften. Das ist das vornehmste Gebot. Und das andere ist ihm gleich: Du sollst deinen Nächsten lieben als dich selbst.« Aber wie kann denn das zweite Gebot dem ersten gleich sein, wenn dieses schon mein ganzes Gemüt und alle meine Kräfte in Anspruch nimmt? Was bleibt von meinem Herzen für den Menschen übrig, wenn ich mit ganzem Herzen Gott lieben soll?

»Wer seinen Bruder nicht liebt, den er sieht, wie kann er Gott lieben, den er nicht siehet?« So fragt die Bibel. Ich aber frage: Wer seinen Bruder liebt, den er *siehet*, wie kann er Gott lieben, den er *nicht siehet*? Wie kann die Liebe zu einem sinnlichen, »endlichen« und die Liebe zu einem unsinnlichen, »unendlichen« Wesen in einem und demselben Herzen Platz haben?

Nur ein wirkliches Wesen, nur was Gegenstand der Sinne, ist auch Gegenstand einer wirklichen Liebe. Einem Wesen, das nur im Glauben, in der Einbildungskraft existiert, sein Herz opfern heißt einer eingebildeten, imaginären Liebe die wirkliche Liebe aufopfern.

Das Christentum ist das Mittelalter der Menschheit. Wir leben daher heute noch in der Barbarei des Mittelalters. Aber die Geburtswehen der neuen Zeit beginnen in unsrer Zeit.

»Was kann von Nazareth Gutes kommen?« So denken immer die Hochweisen und Altklugen. Allein das Gute, das Neue kommt gerade immer daher, *woher man es nicht erwartet,* und ist immer *anders,* als man es erwartet.

Alles Neue wird mit Verachtung aufgenommen, denn es beginnt in obscuro. Diese Obskurität ist sein Schutzgeist. Unbemerkt wird es eine Macht. Würde es gleich von Anfang an den Augen imponieren, so würde das Alte alle seine noch vorhandenen Kräfte dagegen aufbieten und das Neue in der Geburt ersticken.

Den Regierungen geht es, aber zum Glück der Menschheit, wie den Ärzten leider zum Unglück der Menschheit. Solange ein Übel – und jede tiefgehende Neuerung ist in ihrem Sinne ein Übel – im Entstehen ist, so entgeht es ihren Blicken; wenn sie es aber bemerken, so ist es auch schon bereits ein unheilbares.

Was ist das sicherste Zeichen, daß eine Religion keine innere Lebenskraft mehr besitzt? Wenn ihr die Fürsten der Welt ihren Arm bieten, um sie wieder auf die Beine zu bringen.

Die wahren Eigenschaften eines Menschen zeigen sich erst dann, wann es Zeit ist, sie zu zeigen, zu betätigen. Wer als Student die Rolle eines deutschen Kaisers spielte, würde sicherlich als Kaiser die Rolle eines Studenten gespielt haben.

»Luther wollte Anfangs nicht so weit gehen, als er ging.« Gerade dieser Gang ist der richtige. Wer schon am Anfang sich als Zweck vorsetzt, was nur absichtslose, unwillkürliche Folge der Entwicklung sein kann, verfehlt sein Ziel.

Die wahren geschichtlichen Taten sind nur die, denen das Bewußtsein nicht vorangeht, sondern nachfolgt, deren Zweck und Sinn erst in die Augen fällt, wenn sie bereits geschehen sind.

»So weit dürft ihr gehen, aber keinen Schritt weiter!« Welche törichte Vorsicht! Laß uns nur gehen, und du kannst sicher sein, daß wir nicht immer gehen, sondern uns auch setzen werden. Deine Sache ist es nur, die Bewegung zu gewähren; aber dieser Bewegung Grenzen zu setzen, das ist die Sache des Lebens, der Geschichte.

Nichts ist törichter, als die Notwendigkeit einer Reformation anzuerkennen, aber das Recht zur Reformation auf das corpus juris civilis oder canonici zu gründen. »Seine Lehre möchte ich wohl leiden«, sagte ein Kardinal von Luther, »aber aus dem *Winkel* sich reformieren lassen, das ist nicht zu dulden.« Allein, mein lieber Herr Kardinal!, aus einem Kardinalskollegium gehen nur Päpste, aber keine Reformatoren hervor. Eine Reformation kommt nie in optima juris forma, sondern stets nur auf originelle, extraordinäre, illegitime Weise zustande. Wer den Geist und Mut zu einem Reformator hat, der nur hat das Recht dazu. Jeder Reformator ist notwendig ein Usurpator, jede Reformation eine Gewalttat des Geistes.

Der Verstand schreibt, aber die Leidenschaft macht Geschichte. Alles Neue ist daher ungerecht gegen das Alte. Der Geschichtsschreiber hat die Muße und Aufgabe, auch dem Alten Gerechtigkeit widerfahren zu lassen, aber nicht der Geschichtmacher. Der »reine«, unparteiische Verstand, das historische Gewissen erwacht erst, wenn längst die Tat vorbei ist. Denken kann man, ohne jemandem unrecht und wehe zu tun, denn es gehört dazu nichts weiter als der Kopf; aber handeln kann man nicht, ohne mit dem ganzen Leibe zu agieren, ohne also nach allen Seiten hin, selbst wider Willen verletzend anzustoßen.

Die Gegenwart erkennst du nicht aus der Geschichte; denn die Geschichte zeigt dir nur die Ähnlichkeit einer Erscheinung mit einer bereits dagewesenen, aber nicht ihren Unterschied, ihre Individualität, ihre Originalität; die Gegenwart kann nur unmittelbar durch sich selbst erfaßt werden. Und du verstehst sie nur, wenn du selbst nicht bereits zur Vergangenheit, sondern zur Gegenwart, nicht zu den Toten, sondern zu den Lebendigen gehörst.

»Der Glaube ist der Menschheit notwendig.« Jawohl; aber nur nicht gerade euer Glaube. Auch wir Ungläubigen glauben, aber das direkte Gegenteil von dem, was ihr Gläubigen glaubt.

Die Menschheit wird immer nur durch sich selbst bestimmt, schöpft immer nur aus sich selbst ihre theoretischen und praktischen Grundsätze. Wie kannst du dir daher einbilden, an der Bibel etwas »Positives, Bleibendes, Unveränderliches« zu besitzen? Der Buchstabe der Bibel ist freilich unveränderlich; aber ihr Sinn ist so veränderlich als der Sinn der Menschheit. Jede Zeit liest nur sich selbst in der Bibel; jede Zeit hat ihre eigne, selbstgemachte Bibel.

»Die neue Lehre ist wahr, aber nicht praktisch, nicht für das Volk.« Wenn du so sprichst, so beweist du nur, daß du selbst dich noch im Zwiespalt mit der neuen Lehre befindest, daß sie für dich selbst nur eine theoretische, unpopuläre Wahrheit ist, daß sie sich nicht deines ganzen Wesens bemeistert hat. Was Sache deines Wesens ist, das flößt dir auch die Gewißheit ein, daß es einst auch, freilich auf seine Weise, Sache des Volks wird.

»Was Menschentum! Deutschtum ist unser Losungswort. Deutsche sind wir und wollen wir sein.« Ich habe nichts dawider; aber warum ereifert sich denn euer Patriotismus nur gegen die Konsequenz des Christentums, das Menschentum, nicht gegen das Christentum selbst? Das Christentum lehrt aber nicht: Gott und der deutsche Michel ist eins, sondern: Gott und der Mensch ist eins.

Die Menschen sind insgemein in der Praxis so sehr das Gegenteil von dem, was sie in der Theorie sind, daß es vielleicht besser wäre, statt der Menschenliebe den Menschenhaß zum Lehr- und Glaubensartikel zu erheben. Während jetzt die Menschen in der Religion, d. h. in der Theorie, sich lieben, aber in der Praxis sich hassen, so würden sie dann vielleicht umgekehrt wohl in der Theorie sich hassen, aber im Leben sich lieben.

Die sinnliche Tat ist das Wesen des Heidentums, der »Geist«, d. h. das abstrakte *Wort* das Wesen des Christentums. Das Wort Gottes bedeutet zuletzt nichts anderes als die Gottheit des Wortes, die Heilige Schrift nichts anderes als die *Heiligkeit* der Schrift. Dieses »Wesen des Christentums« haben aber nur die »tief christlichen« Deutschen erfaßt und realisiert. Darum sind und haben die Deutschen alles im Wort, aber nichts in der Tat, alles in Gedanken, aber nichts in den Sinnen, alles im Geiste, aber nichts im Fleische, d. h. alles auf dem Papier, aber nichts in der Wirklichkeit.

1843-44
Grundsätze der Philosophie[93]

Gott war mein erster Gedanke, die Vernunft mein zweiter, der Mensch mein dritter und letzter Gedanke. Das Subjekt der Gottheit ist die Vernunft, aber das Subjekt der Vernunft der Mensch.

»Die Gottesfurcht ist der *Anfang* der Weisheit«, aber nicht ihr *Ende*.

»Objektiver Geist!« Was ist er? Mein Geist, wie er für andere da ist, der Geist in meinen Werken. Aber ist dieser objektive Geist nicht der subjektive Geist, nicht mein, dieses Menschen Geist? Erkenne ich den Menschen nicht aus seinen Werken? Lese ich nicht Goethe, wenn ich Goethes Schriften lese?

Woher ist denn der Mensch? Frage erst: *was* ist der Mensch? Ist dir sein Wesen klar, so ist dir es auch sein Ursprung. Was? fragt der Mann; woher? das Kind.

»Der Mensch kann nicht aus der Natur abgeleitet werden.« Nein! Aber der Mensch, der unmittelbar aus der Natur entsprang, war auch nur noch ein reines Naturwesen, kein Mensch. Der Mensch ist ein[94] Produkt des Menschen, der Kultur, der Geschichte. Viele Pflanzen und Tiere sogar haben sich unter der Pflege der menschlichen Hand so verändert, daß wir ihre Originale gar nicht mehr in der Natur nachweisen können. Willst du zur Erklärung ihres Ursprungs zu einem deus ex machina deine Zuflucht nehmen?

Woher kommen die Lücken und Schranken unseres Wissens von der Natur? Daher, daß Wissen weder der Grund noch der Zweck der Natur ist.

»Die Wissenschaft löst nicht das Rätsel des Lebens.« Meinetwegen; aber was folgt daraus? Daß du zum Glauben überläufst? Das hieße vom Regen in die Traufe kommen. Daß du zum Leben, zur Praxis übergehst. *Die* Zweifel, die die Theorie nicht löst, löst dir die Praxis.

»Wie kann der Mensch aus der Natur, d. h. der Geist aus der Materie entspringen?« Beantworte mir vor allem erst *die* Frage: Wie kann aus dem Geiste die Materie entspringen? Findest du auf diese Frage keine wenigstens vernünftige Antwort, so wirst du einsehen, daß nur die entgegengesetzte Frage dich zum Ziele führt.

»Der Mensch ist das höchste Wesen der Natur, vom Wesen des Menschen muß ich also ausgehen, dasselbe zugrunde legen, wenn ich mir den Ursprung und Gang der Natur klarmachen will.« Ganz richtig, aber eben im Menschen »kommt der Verstand nicht vor den Jahren«, geht die Materie dem

Geiste, die Bewußtlosigkeit dem Bewußtsein, die Zwecklosigkeit dem Zwecke, die Sinnlichkeit der Vernunft, die Leidenschaft dem Willen voraus.

»Du setzest ohne weiteres den Menschen voraus.« Wie kannst du mir diesen Vorwurf machen? Ich bin leider erst durch die Negation des Menschen auf den Menschen gekommen; ich setze ihn erst, nachdem ich erkannt und gezeigt habe, daß das im Unterschiede von der Natur dem Menschen vorausgesetzte Wesen sich in ihn als seine Quelle und Voraussetzung auflöst; meine Position des Menschen ist also nichts weniger als eine assertorische, sondern durch die »Negation der Negation« vermittelte.

Weißt du, wann du allein ohne Voraussetzungen philosophierst? Dann, wann du der Philosophie die Empirie, dem Denken die Anschauung voraussetzest, aber nicht nur imaginär, illusorisch wie die spekulative Philosophie, sondern in der *Tat* und *Wahrheit*.

Wer mit Bewußtsein und Absicht nichts voraussetzt, setzt unbewußt gerade das als wahr voraus, was er uns erst beweisen soll. Der nur ist ein wahrhaft genetischer Denker, dessen Resultat in direktem Widerspruch steht mit seinem *bewußten* Anfang.

Das erste muß auch das letzte sein; ganz richtig, aber eben deswegen mußt du, wenn du mit der Anschauung wahrhaft, nicht bloß pro forma beginnst, zuletzt auch wieder auf die Anschauung zurückkommen.

Worin besteht denn meine »Methode«? Darin, alles Übernatürliche vermittels des Menschen auf die Natur und alles Übermenschliche vermittels der Natur auf den Menschen zu reduzieren, aber stets nur aufgrund anschaulicher, historischer, empirischer Tatsachen und Exempel.

Was mein Prinzip ist? Ego *und* alter ego, »*Egoismus*« und »*Kommunismus*«, denn beide sind so unzertrennlich als *Kopf* und *Herz*. Ohne Egoismus hast du *keinen Kopf* und ohne Kommunismus *kein Herz*.

Deine erste Pflicht ist, *dich selbst* glücklich zu machen. Bist du glücklich, so machst du auch andere glücklich. Der Glückliche kann nur Glückliche um sich sehen.

Wenn du den »Egoismus«, d. h. die Selbstliebe, schlechtweg verdammst, so mußt du konsequent auch die Liebe zu andern verdammen. Lieben heißt andern wohlwollen und wohltun, also die Selbstliebe anderer als berechtigt anerkennen. Warum willst du aber an dir verleugnen, was du an andern anerkennst?

Die Philosophie zur *Sache der Menschheit* zu machen, das war mein erstes Bestreben. Aber wer einmal diesen Weg einschlägt, kommt notwendig zuletzt dahin, den Menschen zur Sache der Philosophie zu machen und die Philosophie selbst aufzuheben, denn sie wird nur dadurch Sache der Menschheit, daß sie eben aufhört, Philosophie zu sein.

Einst war mir das Denken Zweck des Lebens, aber jetzt ist mir das Leben Zweck des Denkens.

Die wahre Philosophie besteht darin, nicht Bücher, sondern Menschen zu machen.[95]

Keine Religion! – ist meine Religion; *keine* Philosophie! – meine Philosophie.

Was ich bin, fragst du mich? Warte, bis ich nicht mehr bin.

Über »Das Wesen der Religion«
in Beziehung auf »Feuerbach und die Philosophie.
Ein Beitrag zur Kritik beider« von R. Haym, 1847
Ein Bruchstück
[1848][96]

Es war nichts weniger als ein »Sprung«, wie es in dieser Schrift heißt, es war ein längst zu erwartender, ein längst vorbereiteter, ein notwendiger Schritt, mit dem ich aus dem gotischen Dom des menschlichen Wesens in den heidnischen Tempel der Natur überging. Das »Wesen des Christentums« ist das Wesen des Menschen, aber *des* Menschen, welcher die Natur, die Materie, den Körper, den Leib, das Fleisch nur als eine Schranke, eine Negation seines Wesens weiß und daher in die Aufhebung dieser Schranke oder wenigstens, denn der Mensch kommt nie von der Natur los, in die Verwandlung dieser Natur in eine seinem Ideal entsprechende Natur, eine Natur, die übrigens soviel wie keine mehr ist, denn es wird ihr alles genommen, was eben die Natur zur Natur macht, sein höchstes Ziel und Wesen setzt. Die Beschränktheit, Mangelhaftigkeit, Unwahrheit des Christentums, und zwar nicht nur im engern, sondern auch in dem weitern Sinn, der auch die christliche Philosophie in sich begreift, setze ich nun aber gerade darein, daß es das Wesen der Natur nicht er- und anerkannt hat. Indem oder soweit ich daher *gegen* das Christentum bin, soweit bin ich *für* die Natur; indem oder sofern ich das Christentum verneine, sofern *bejahe* ich die Natur. Aber diese meine Bejahung oder Position der Natur war und konnte im *Wesen des Glaubens* und *Christentums* selbst nur eine negative und indirekte sein; es war daher eine innere Notwendigkeit, daß es endlich zur direkten Bejahung derselben kam, daß die Natur aus der obskuren Stellung eines Winkeladvokaten, die sie dort hatte, an das Licht öffentlicher, anerkannter Wirksamkeit hervorgezogen wurde. Aber wie konnte dieses ohne Sprung geschehen? Nur so, daß ich zur Natur, *wie sie Gegenstand der Religion* ist, überging. Jeder andere Übergang zur Natur wäre, wenn auch vielleicht ganz mit meinen Neigungen im Einklang, doch ein Hiatus in dem Gange meiner Gedanken und Schriften gewesen. Die Frage: Was ist das Wesen der christlichen Religion? führt notwendig zur Frage: Was ist das Wesen der Religion überhaupt? Das Wesen der Religion überhaupt begreift aber die Naturreligion in sich. Ich hätte daher meine Aufgabe nicht gelöst, wenn ich nicht die Naturreligion zu meinem Gegenstande gemacht hätte, wenigstens *so weit*, als es notwendig war, um *die* Fragen zu lösen, welche auf dem einseitigen Standpunkte der christlichen Religion, d. h. auf dem Standpunkt der Abstraktion von der Natur, nicht befriedigend gelöst werden konnten, denn weiter erstreckte sich nicht die Aufgabe, die ich mir im *Wesen der Religion* gesetzt hatte.

Welche Fragen waren diese? Erstlich die: Wie kommt der Mensch dazu, sein eignes Wesen für ein andres, von ihm unterschiedenes, nicht menschliches Wesen zu halten oder, anders ausgedrückt, wie kommt er dazu, seinem Gotte, der doch nur das Wesen seines eigenen Geistes ist, gegenständliche, äußerliche, vom menschlichen Geist und Wesen unterschiedne und unabhängige Existenz zuzuschreiben? Und die Antwort darauf ist: Diese Existenz oder Gegenständlichkeit Gottes ist nichts anderes als die Natur, die den Idealisten, Spiritualisten und Theisten, nachdem er sie leiblich, sinnlich getötet hat, noch als Schatten, als Gespenst verfolgt, d. h.* der Mensch glaubt nun an die Gegenständlichkeit Gottes, weil die Gegenständlichkeit ursprünglich und wesentlich die Bedeutung der Gottheit für den Menschen hat. Die historische, tatsächliche Offen-

---

* Dies zeigt sich besonders, wie ich aufs klarste schon von dem »Wesen der Religion« bewiesen, in der Vorstellung von der Existenz Gottes, denn während in dem Wesen Gottes (scheinbar) die Wahrheit des sinnlichen Wesens aufgehoben wird, so wird sie in der Existenz Gottes wieder anerkannt, indem Gott in demselben Sinne außer dem Geiste des Menschen existieren soll, in welchem die sinnlichen Dinge außer demselben existieren.

barung dieser Bedeutung ist die *Naturreligion,* in welcher die Gottheit das *Prädikat der Natur* ist – ein Verhältnis, das aber der Monotheismus, Theismus, Christianismus umkehrt, indem er die Existenz, die Gegenständlichkeit, die Natur, kurz, das vom Menschen unterschiedne Sein zu einem Prädikate der Gottheit macht. Die zweite Frage ist daher die: Wie kommt der Mensch zu dieser Umkehrung, wie dazu, daß das, worauf sich der Glaube an die Objektivität Gottes stützt, die Natur, zu einem Gespenst, zu einem Nichts wird?
Der Verfasser hat daher gänzlich meine Aufgabe verkannt, wenn er mir vorwirft, daß ich »das Band zwischen der Natur und dem Menschen oder Geiste nicht nur nicht gefunden, sondern auch zerrissen, folglich meine Aufgabe nicht vollständig gelöst habe, denn es handle sich nicht darum bloß, das Wasser in seine Stoffe aufzulösen, sondern vor allem darum, das Verbindende dieser Stoffe nachzuweisen«. Dieses Band lag jenseits meiner Aufgabe; mein Gegenstand war aber die Trennung dieses Bandes, aber nicht eine selbstgemachte, sondern eine vorgefundne, historische Trennung – war erstlich der Gott oder vielmehr die Natur *ohne den Menschen,* zweitens der Mensch *ohne Natur,* war also erstlich die Frage nach der *Entstehung des Menschen,* zweitens die Frage nach der *Entstehung des Christentums,* des Theismus überhaupt, kurz, *des* Wesens, dessen Spitze der Gott ohne Natur ist, *der* Gott, der die Welt, die Natur aus nichts geschaffen. Ich gehe überall vom Dasein aus und von da erst zur Bedeutung und Genesis eines Daseins über. Nun existiert aber der Gott ohne den Menschen, der Gott, von dem alle menschlichen Prädikate und Kategorien abgesondert werden oder doch abgesondert werden *sollen, der* Gott, der ist, wenn auch kein Mensch ist und ihn denkt, in dem Kopfe der Religion oder wenigstens Theologie und Philosophie. Ich hatte also, nachdem ich bereits auf dem Standpunkte des Christentums diesen Gott negativ in seine Widersprüche aufgelöst hatte, keine andere Aufgabe, als nachzuweisen, daß seine *ursprüngliche* und *reale* Bedeutung die Natur ist. Die zunächst nur negative Bestimmung der

Natur, die Absonderung derselben von allen menschlichen Prädikaten, war daher durch den *Gegenstand* selbst geboten, war *notwendig*. Ich begründete oder bestätigte sie ja selbst mit historischen Beispielen, um zu beweisen, daß meine Gedanken nur von Tatsachen abstrahiert sind. Wenn z. B. der Kaffernkönig sagt: Wir glauben an ein Wesen, das alles hervorbringt, was *wir nicht nachahmen können,* der Indianer: Nur der große Manitu kann das Gras wachsen lassen, nicht *du, Mensch,* wenn Sokrates die Physik nur für die Sache der Götter, aber *nicht* der Menschen erklärt, wenn Hiob die Erscheinungen der Natur, die der Mensch *nicht* begreift und machen kann, als Beweise der Größe Jehovahs preist: was sagen sie anders als: Die Natur ist ein *nicht* menschliches, ein übermenschliches Wesen? Wenn aber der Unterschied der Natur vom Menschen oder des Menschen von der Natur der Ausgangspunkt der Religion ist, muß nicht der Religionsforscher, seinem Gegenstande getreu, diesen Unterschied zu seiner Basis machen?

Die unmenschliche Natur war übrigens nicht nur eine notwendige Konsequenz des unmenschlichen Gottes oder des theologischen Standpunktes, auf welchem dieser Gott vorgestellte, eingebildete Existenz hat, sondern auch eine notwendige Konsequenz des naturwissenschaftlichen Standpunktes, auf den auch die Naturreligion führte. Die Natur, die kein Objekt des Menschen oder Bewußtseins, ist nun allerdings im Sinne der spekulativen Philosophie oder wenigstens des Idealismus ein Kantisches Ding an sich, ein Abstraktum ohne Realität, aber eben an der Natur scheitert der Idealismus.[97] Die Naturwissenschaft führt uns, wenigstens auf ihrem gegenwärtigen Standpunkte, notwendig auf einen Punkt, wo die Bedingungen menschlicher Existenz noch nicht gegeben, wo die Natur, d. h. die Erde noch kein Gegenstand des menschlichen Auges und Bewußtseins, die Natur also ein absolut unmenschliches Wesen war. Der Idealismus kann hierauf erwidern: Auch diese Natur ist eine von dir gedachte. Allerdings; aber daraus folgt nicht, daß diese Natur einst nicht wirklich gewesen ist, sowenig daraus, daß Sokrates und Platon für mich nicht sind, wenn ich sie nicht denke, folgt, daß sie einst ohne mich nicht gewesen sind. Doch was kümmerte mich der Idealismus? Ich war durch meinen *Gegenstand selbst* genötigt, die Natur ohne den Menschen zum Ausgangspunkte meiner Abhandlung zu nehmen; denn die Naturreligion leitet den Ursprung des Menschen von der Natur ab, setzt also einen Zeitpunkt voraus, wo zwar Natur, aber noch nicht menschliches Wesen war.

Wenn mir nun der Verfasser entgegenhält, daß aus *dieser* Natur die Religion nicht erklärbar sei, so hat er ganz recht. Die Erklärung der Religion setzt eine andere Natur voraus. Einer Natur, in der noch nicht die Bedingungen menschlicher Existenz gegeben sind, fehlen auch alle Elemente, welche die Erklärung der Religion voraussetzt; eine Natur, welche noch im Widerspruch mit dem menschlichen Wesen steht, widerspricht auch begreiflicherweise dem Wesen der Religion. Die Entstehung der Religion setzt daher die *Entstehung des Menschen* voraus, die Entstehung des Menschen aber setzt eine Natur voraus, welche dem *menschlichen Wesen entspricht*. Bin ich aber einmal auf *diesen* Punkt der Entwicklung angelangt, wo das Wesen der Natur mit dem menschlichen Wesen übereinstimmt, wo also der Mensch existieren kann und wirklich existiert, so ist jede Frage nach einem Bande zwischen Natur und Mensch aufgehoben, überflüssig. Dieses Band ist eben per se die Existenz des Menschen. Nur wo diese aufgehoben ist, nur wo ein Boden fehlt, auf dem ich festen Fuß fassen, ein Wasser, das ich trinken, eine Luft, die ich atmen, ein Licht, das mein Auge vertragen kann, ist auch das Band zwischen Natur und Mensch aufgehoben. Mit jedem Fußtritt, mit dem ich auf die Grundlage meiner Existenz stoße, mit jedem Schluck Wasser, mit dem ich aus dem Born der Natur Lebenskraft schöpfe, mit jedem Atemzug, mit dem ich die Luft als ein notwendiges Element meines Wesens in mein Innerstes aufnehme, mit jedem Blicke, mit dem ich mich des Lebenslichtes erfreue, gebe ich daher Beweise von meinem Ursprung aus der Natur und meinem Zusammenhang mit der Natur. Wo ist da noch Platz zur Frage nach einem besondern Bande? Und wie soll nun gar die *Sprache,* wie der Verfasser will*, dieses Band sein? Ist denn nicht die Existenz das erste? Verstummt nicht die menschliche Sprache vor der Sprache der Natur im Gepolter des Donners, im Gebraus des Sturmwindes, im Getöse der Wellen, im Gebrüll der Vulkane? Ist aber nicht diese Natursprache die über Leben und Tod, Sein und Nichtsein entscheidende? Gibt es nicht Völker, die kein anderes Wort für Gott als den *Donner* haben, deren höchstes Wort und Wesen also nichts andres ist als ein Ausdruck von dem erschütternden Eindruck, den der Donner vermittels des Ohrs auf ihr Gemüt macht? Ist hier nicht offenbar das Wort bloß eine Kopie; das Original, das Urwesen aber der sinnliche Eindruck? Stellt sich nicht das Wort erst dann ein, nachdem bereits der erste mächtige Eindruck der Naturgewalt vorüber ist, der Mensch vom Abhängigkeitsgefühl, von der Naturfurcht zum Selbstgefühl kommt? Traut sich der Mensch das zu nennen, auszusprechen, was er fürchtet? Kann also da von der Sprache die Rede sein, wo es sich um die *ersten Gründe* der Religion handelt? Nein! Bei der Genesis der Religion handelt es sich zunächst nur um Licht, Luft, Feuer, Wasser, Erde, Pflanzen, Tiere als die Wesen, ohne welche der Mensch nicht gedacht, nicht leben, nicht existieren kann. Wer nicht von diesen natürlichen Elementen oder Gründen der menschlichen Existenz bei der Genesis der Religion ausgeht, der legt ihr idealistische, spekulative oder theistische Voraussetzungen unter. Was in unserm Sinne *keine* Religion ist, gerade das ist die erste, ursprüngliche Religion. Der Geist, den die Idealisten überall zum ersten Wesen machen, woraus sie alles ableiten, hat bei der Genesis der Religion nur die Bedeutung, die Rolle des Erklärers, nicht die des Autors. Das Erste ist, daß

---

* Was übrigens außerdem der Verf. über die Sprache sagt, ist höchst geistreich und originell. »Die *Kritik der Vernunft* muß zur *Kritik der Sprache* werden.« Vortrefflich! Aber so sehr ich dem Verf. in der »transzendentalen« Bedeutung der Sprache beistimme, sowenig kann ich mich, um bei diesen Kantischen Ausdrücken zu bleiben, in die transzendente Bedeutung finden, die er der Sprache gibt.[98]

der Mensch ein sinnliches, physisches Wesen ist, das seine Entstehung und Erhaltung der Natur verdankt. Dieser dem Menschen bei jedem Schritt und Tritt, in Hunger und Durst, in Schmerz und Lust höchst empfindliche Grund seiner Existenz, zum Gegenstand des Geistes, des Bewußtseins, der Reflexion erhoben, ist der Grund der Religion. Bewußtsein, Reflexion, Geist ist aber ohne Unterscheidung. Das vinculum substantiale zwischen Natur und Mensch reicht daher nicht zur Erklärung der Religion aus; es gehört dazu, daß sich der Mensch zugleich von der Natur unterscheidet, die Natur als Gegenstand sich gegenübersetzt. Eine Bemerkung, die sich übrigens von selbst versteht, denn mit dem Dasein des Menschen ist ja auch zugleich das Dasein des Bewußtseins, mit dem Bewußtsein aber die Unterscheidung gesetzt. Wie kann ich die Luft als ein Wesen verehren, dessen wohltätigen Einflüssen ich mein Leben verdanke, wenn sie mir kein Gegenstand des Bewußtseins, wie mir aber derselben bewußt werden, wenn ich nicht zwischen ihr und mir unterscheide? Habe ich aber einmal Natur *und* Mensch, jene als Gegenstand, diesen als Bewußtsein, so sind vollständig die Elemente zur Erzeugung der Religion gegeben.

Wie kommt es denn nun aber, daß die Natur trotz ihrer Unmenschlichkeit dem Menschen menschlich erscheint und eben wegen dieser ihrer Menschenähnlichkeit als ein göttliches Wesen von ihm verehrt wird? Dichtet ihr der Mensch von freien Stücken, ohne Grund sein Wesen an?* Mitnichten. Sowenig

---

* Der Verfasser sagt nämlich gegen mich: »Wir verwandeln nach § 9, *Wesen der Religion*, dadurch die Natur in Gott, daß wir unser Gemüt, unsre Phantasie in die Natur hineindichten. Wohl! Die Abhängigkeit wird so durch die Freiheit erklärt ... Aber wie doch dies nur überhaupt möglich ist? Woher doch nur die Natur sich dies Hereindringen des Menschlichen in sie gefallen läßt? ... Sollte die Natur um die Unbeschränktheit ihrer Macht über den Menschen sich bringen lassen, durch das Dichten und Träumen des Menschen sich bringen lassen, wenn sie nicht selbst in diesem Dichten gegenwärtig, wenn es nicht ein gegenseitiger Akt wäre? ... Die Natur, um es anders zu sagen, muß *selbst* irgendwie diese freie Sache, muß *selbst* irgendwo zur Freiheit sich hindrängen, wenn sie anders die Freiheit in sich hereinlassen soll. Sie muß in sich den Gott irgendwie schon haben, oder sie kann ihn auch nicht in sich aufnehmen.«

der Mensch seine Existenz in die Natur hineindichtet, so wenig dichtet er ihr sein Wesen an. So wie der Mensch seinen Stoff zur Poesie von außen schöpft, durch den Gegenstand in jene Stimmung, Rührung und Begeisterung versetzt wird, in welcher er nur in der Poesie den dem Gegenstand und ihm selbst entsprechenden Ausdruck findet, so schöpft er auch den Stoff zur Religion aus der Natur, so ist auch der Grund der Religion nicht nur ein subjektiver, sondern auch *objektiver*. So wie mein Geschmacksnerv dem Salze den sauern Geschmack nicht andichtet (sonst könnte mir auch der Zucker und jeder andere Gegenstand beliebig sauer schmecken), obgleich das Salz an sich selbst nicht sauer *ist,* sondern nur sauer schmeckt, so wenig dichtet auch mein Hirn der Natur menschliches Wesen an, ob sie gleich an sich kein solches ist. Die Säure als Geschmack ist der subjektive Ausdruck einer objektiven Beschaffenheit des Salzes; es liegt im Salze selbst der *Grund,* daß es als Gegenstand der Empfindung den Eindruck der Säure auf mich macht. So ist auch die Menschlichkeit der Natur ein subjektiver Ausdruck einer objektiven Beschaffenheit derselben; es liegt in der Natur selbst, daß sie als Gegenstand des Bewußtseins, der Empfindung, der Vorstellung – oder wie man sonst die subjektiven Elemente der Religion nennen mag – den Eindruck der Menschlichkeit macht. Warum sind denn Sonnen- und Mondfinsternisse fast allen Völkern verhängnisvolle, schreckliche Erscheinungen und eben deswegen religiöse Angelegenheiten oder Begebenheiten? Weil sie – abgesehen davon, daß sie nicht alltägliche sind – durch die Entziehung oder Verfinsterung des Sonnenlichtes einen traurigen oder vielmehr schrecklichen Eindruck auf das menschliche Gemüt machen, dessen Ursache daher dem unwissenden und phantastischen Menschen als ein böses, dem Licht und Leben feindliches Wesen erscheint. Was ist denn nun aber die »Brücke« oder »das Band« zwischen dem Phänomen der Sonnenfinsternis an sich und dem Drachen, unter welchem sich die Naturreligion dasselbe vorstellt und erklärt? Muß ich zur Erklärung dieses Drachen einen Punkt in der Natur annehmen, wo die Natur selbst Drache wird? Oder genügt nicht vielmehr zur Erklärung desselben vollständig das Phänomen als solches und der Mensch, wie er auf dem naturreligiösen Standpunkt ist, fühlt und denkt? Ist es nicht notwendig, daß eine Naturerscheinung von dieser Art und Beschaffenheit, als eine Sonnenfinsternis ist, auf ein Wesen von dieser Art und Beschaffenheit, als der abergläubische, unkultivierte Mensch ist, einen solchen Eindruck macht, der sich in einem chinesischen Drachen oder ähnlichen Wesen vergegenständlicht? Was ist denn, um ein anderes Beispiel zu geben, das Band zwischen dem Feuer als Feuer und dem Feuer als Vesta oder Hephaistos, zwischen dem Feuer an sich oder als objektivem Wesen und dem Feuer als religiösem oder göttlichem Wesen? Die »Identität von Subjekt und Objekt«? Richtig; aber was für eine Identität? die abstruse, spekulative? Nein! Die, welche mit dem bloßen Dasein des Menschen in der Natur schon ausgesprochen und bewiesen ist, die, welche nichts weiter sagt, als was die fünf Sinne jedem Menschen sagen oder wenigstens sagen können, nichts weiter voraussetzt, als daß die Natur Gegenstand des Bewußtseins, Gegenstand des Menschen sei, um Gegenstand der Religion zu werden. Was ist also das Band zwischen dem natürlichen und religiösen Feuer? Das, was überhaupt das Band zwischen den Menschen und der Natur ist: – die *Sinnlichkeit,* denn wer kein Auge und kein Gefühl hat, für den existiert kein Feuer. Aber dieses Band ist schon mit dem Ursprung, dem Dasein des Menschen gesetzt und löst sich auch für den nicht, dem das Feuer nicht mehr ein religiöser Gegenstand ist. Es muß also noch etwas zur Vermittlung zwischen der Religion und Natur hinzutreten. Dieses ist Phantasie und Gemüt, d. h. der Mensch, dem die Gegenstände der Sinne nur Gegenstände der Phantasie und des Gemüts oder Affekts sind. Das Band zwischen dem gemütlosen, prosaischen, physikalischen und dem poetischen, gemütlichen, religiösen Feuer ist also allerdings das Gemüt und die Phantasie des Menschen; aber dieser Eindruck des Feuers auf Gemüt und Phantasie, welcher es zu einem göttlichen Wesen macht, ist selbst nur der subjektive Ausdruck von den eigentümlichen, materiellen, objektiven Eigenschaften des Feuers. Der Grund von der religiösen Erscheinung des Feuers liegt daher nicht nur im Menschen, sondern auch im Feuer.* Soll aber deswegen im Feuer ein Punkt oder Moment nachgewiesen werden, wo Vesta oder vielmehr Hephaistos, die Vesta war ja bildlos, etwa in der Gestalt einer scholastischen species intentionalis dem Auge des Menschen entgegenspringt, wo also das Feuer selbst, sozusagen in eigner Person ein phantastisches Wesen wird? Aber ist denn dieser Punkt oder Moment nicht eben *der* Moment, wo der Mensch in der Natur entstand, wo also die Natur ein Gegenstand der Phantasie wurde? Wozu ist denn die Phantasie, wozu der Mensch überhaupt, wenn die Natur schon ohne den Menschen menschlich ist? Allerdings muß die Natur selbst phantastisch, selbst menschlich werden, aber ist denn nicht eben der Mensch diese phantastische, menschliche Natur? Ist denn nicht der Mensch, als entsprungen aus der Natur, ein Naturwesen? Folgt aber daraus, daß die spekulative Identität von Subjekt und Objekt eine Wahrheit ist, daß die Gebilde der menschlichen Phantasie und Vernunft mit Haut und Haaren, leibhaftig in der Natur existieren müssen? Allerdings sind auch die Gebilde der Phantasie Gebilde der Natur, denn auch die Kraft der Phantasie, wie alle Kräfte des Menschen, sind zuletzt, sind ihrem Grund und Ursprung nach Naturkräfte, aber gleichwohl ist der Mensch ein von Sonne, Mond und Sternen, Steinen, Tieren und Pflanzen, kurz, von allen den Wesen, die er in den gemeinsamen Namen *Natur* zusammenfaßt, unterschiedenes Wesen und sind folglich die Bilder des Menschen von Sonne, Mond und Sternen und den übrigen Naturwesen, wenngleich auch diese Bilder Naturgebilde sind, doch *andere* Gebilde als die Gegenstände derselben in natura. Der Ge-

---

* Ich verweise hierüber auf meine *Erläuterungen zum Wesen der Religion* S. 391, ferner 380 über den Zusammenhang zwischen Zeus als Donnerer und Zeus als Rächer der Leidenden, besonders auf § 27, *Wesen der Religion*.

schmacksnerv ist so gut ein Naturgebilde als das Salz, aber es folgt nicht daraus, daß der Geschmack des Salzes unmittelbar als solcher eine objektive Eigenschaft desselben, daß das, was das Salz nur als Empfindungsgegenstand ist, es auch an und für sich selbst, die Empfindung also des Salzes auf der Zunge eine Beschaffenheit des ohne Empfindung gedachten Salzes ist. So ist auch der Mensch ein Naturwesen, so gut wie die Sonne, der Stern, die Pflanze, das Tier, der Stein, aber gleichwohl unterscheidet er sich von der Natur und ist folglich die Natur im Kopfe und Herzen des Menschen eine von der Natur außer dem menschlichen Kopfe und Herzen unterschiedene Natur.

Der Mensch ist dem Menschen das nächste, das dem Wesen nach gleichste Wesen. Der andere ist zwar für mich in gewisser Beziehung ein ebenso von mir unterschiedenes Wesen als das Tier, als der Baum – der Mensch auf dem Standpunkt der Roheit und Beschränktheit erblickt daher höchstens nur in dem Lands- und Stammsgenossen ein Wesen seinesgleichen; der Ausländer ist ihm ein absolut fremdes Wesen, dem er ebensowenig Rechte, d. h. Gleichheiten mit sich einräumt als das Fichtesche oder überhaupt idealistische Ich dem Gegenstand. Aber doch ist *dieser* Gegenstand, scil. der Mensch, der einzige Gegenstand, in dem, nach dem Ausspruch der Idealisten selbst, die Forderung der »Identität von Subjekt und Objekt« erfüllt ist, denn er ist ja *der* Gegenstand, dessen Gleichheit und Einheit mit meinem Wesen außer allem Zweifel steht, eine durch den Gegenstand selbst ausgesprochene und bewiesene Wahrheit ist. Folgt aber daraus, daß zwischen dem andern, wie er *ist* und wie ich ihn mir vorstelle, zwischen ihm, wie er für sich selbst, und ihm, wie er Gegenstand meines Denkens ist, kein Unterschied stattfindet? Ist nicht auch ein Mensch für den andern, und sollten sie sich noch so nahestehen, ein Objekt der Phantasie, der Einbildung? Faßt nicht jeder den andern nur in und nach seinem Sinne auf? Legt der Mensch, der keine Handlung tun und sich denken kann, die nicht irgendeinen Nutzen oder Vorteil ausdrücklich zum Zwecke hat, nicht auch die unwillkürlichsten, rücksichtslosesten

Handlungen eines andern ebenso als absichtliche aus wie der Mensch ohne Naturanschauung die Wirkungen der Natur? Macht es das liebe ego mit dem alter ego nicht ebenso wie der theologische und teleologische Mensch mit der Natur? Wenn das liebe Ich in dem alter ego andere Eigenschaften, als es selbst hat, erblickt, bestimmt es diese positiv oder nicht vielmehr nur als das Gegenteil seiner eignen Eigenschaften und folglich, da ihm die seinigen natürlich für Tugenden gelten, als Mängel, als Fehler? Wo faßt ein Mensch den andern als selbständiges, vollkommenes, absolutes Wesen? Jeder vergleicht ja, sei es nun bewußt oder unbewußt, den andern mit sich und faßt ihn daher nur relativ, nur subjektiv auf. Selbst wenn wir dem Wesen eines andern, und zwar dem uns, inwiefern wir selbst denkende Wesen sind, nächsten, also geistigen Wesen, die Ehre antun, es als ein absolutes Wesen zu fassen, d. h. als ein solches, woran wir keinen fremden Maßstab anlegen dürfen, selbst wenn wir durch ein Gefühl der Verwandtschaft, durch Liebe und Verehrung zu ihm hingezogen werden, selbst wenn wir uns mit ihm noch so sehr identifizieren, ist dadurch der Unterschied zwischen dem gegenständlichen und unserm eignen Wesen, der Unterschied zwischen den Gedanken des andern und eben diesen von uns gedachten Gedanken aufgehoben? Wenn nun aber schon zwischen Mensch und Mensch, zwischen Denken und Denken ein nicht zu übersehender, ein sehr bedenklicher Unterschied stattfindet, wieviel mehr ist zwischen den nicht denkenden, nicht menschlichen, nicht mit uns identischen Wesen an sich und eben diesen Wesen, wie sie von uns vorgestellt, gedacht und begriffen werden, zu unterscheiden! Ist denn aber durch diese Unterscheidung das Band zwischen der Natur und dem Menschen aufgehoben? Sowenig, als das Band zwischen mir und dem andern Menschen aufgehoben ist, wenn ich gleich erkenne und anerkenne, daß zwischen diesem Menschen, wie er in Wahrheit und Wirklichkeit ist, und meinem Bilde, meiner Vorstellung, meinem Begriffe von ihm ein herzzerschneidender Unterschied stattfindet. Was die Vorstellung oder der Begriff scheidet, weil er das in der Wirklichkeit Allseitige stets nur auf ein Abstraktes, Einseitiges reduziert, das verbindet der Sinn, die Anschauung, das Leben.

»Die Natur und der Verstand des Menschen«, sagt der Verf., »fällt ihm (dem F.) schlechtweg auseinander, und zwischen beiden tut sich ihm eine Kluft auf, über welche weder von hüben nach drüben noch von drüben nach hüben zu kommen ist«, und er gründet diesen Vorwurf hauptsächlich auf den Paragraphen 48, *Wesen der Religion,* wo geschrieben steht, daß »die Natur nur durch sich selbst zu fassen, daß die Notwendigkeit derselben keine menschliche oder logische, metaphysische oder mathematische, d. h. keine abstrakte, daß die Natur allein *das* Wesen sei, an welches ›kein menschlicher Maßstab‹ angelegt werden dürfe und könne, ob wir gleich ihre Erscheinungen mit analogen menschlichen Erscheinungen vergleichen und bezeichnen, um sie uns verständlich zu machen, überhaupt menschliche Ausdrücke und Begriffe wie Ordnung, Zweck, Gesetz auf sie anwenden und in Gemäßheit der Natur unsrer Sprache auf sie anwenden müssen.« Was heißt das? Ist damit gesagt: Es ist in der Natur keine Ordnung, also daß z. B. auf den Herbst der Sommer, auf den Frühling der Winter, auf den Winter der Herbst folgt? kein Zweck, also daß z. B. zwischen der Lunge und der Luft, zwischen dem Licht und dem Auge, zwischen dem Schall und dem Ohre keine Übereinstimmung stattfindet? kein Gesetz, also daß z. B. die Erde bald in einer Ellipse, bald in einem Kreise, bald in einem Jahr, bald in einer Viertelstunde sich um die Sonne bewegt? Welch ein Unsinn! Was will also jener Paragraph? Nichts weiter als unterscheiden zwischen dem, was der Natur, und dem, was dem Menschen angehört; er behauptet nicht, daß den Worten oder Vorstellungen von Ordnung, Zweck, Gesetz nicht etwas Wirkliches in der Natur entspricht, er leugnet nur die Identität von Denken und Sein, er leugnet nur, daß sie *so* in der Natur *wie* im Kopfe oder Sinne des Menschen existieren. Ordnung, Zweck, Gesetz sind Worte, mit denen der Mensch die Werke der Natur in *seine* Sprache übersetzt, um sie zu verstehen; es sind nicht sinn-, d. h. gegenständliche Worte; aber gleichwohl muß ich zwischen dem Original und der Übersetzung unterscheiden. Ordnung, Zweck, Gesetz drücken nämlich im Sinne des Menschen etwas Willkürliches aus. Der Theismus schließt ja *ausdrücklich* aus der Zufälligkeit der Ordnung, Zweck- und Gesetzmäßigkeit der Natur auf einen willkürlichen Ursprung derselben, auf ein von der Natur unterschiedenes Wesen, welches in die an sich dissolute, gegen alle Bestimmung gleichgültige Natur Ordnung, Zweck- und Gesetzmäßigkeit hineingebracht habe. Der theistische Verstand – und nur mit *diesem* Verstande, nicht mit dem Verstande an sich oder überhaupt hatte ich es im *Wesen der Religion* zu tun – ist der Verstand im Widerspruch mit der Natur, der für das Wesen der Natur absolut sinn- und verstandlose Verstand. Der theistische Verstand zerreißt die Natur in zwei Wesen, in ein materielles und formelles oder geistiges, wovon er jenes die Natur im engern oder eigentlichen Sinn, dieses Gott nennt; er fixiert den Zweck, die Form, das Gesetz für sich in abstracto, abgetrennt von der Qualität, dem Stoff, der Materie. Ein Beispiel. Der Sauerstoff verbindet sich mit dem Wasserstoff nur im Verhältnis von 8 zu 1 oder nur in solchen Gewichtsmengen, die sich wie 8 zu 1 verhalten. Ist die Gewichtsmenge des Wasserstoffes z. B. 2, so ist die des Sauerstoffes 16, ist jene $^1/_4$, so ist diese 2. Der theistische oder abstrakte, dem Wesen der Natur entfremdete Verstand fixiert nun die Zahl als Zahl, abstrahiert davon, daß diese 8 Einer qualitativ bestimmte Stoffe sind, daß nur in der individuellen, materiellen oder qualitativen Bestimmtheit des Sauerstoffs der Grund liegt, warum er nur in diesen und keinen andern Gewichtsmengen mit andern Stoffen Verbindungen eingeht, faßt die Zahl für sich selbst als eine die Natur bestimmende, Körper bildende Macht und schließt daher hieraus auf ein von der Natur unterschiedenes, abstraktes Wesen, welches im Besitze aller Wissenschaften, folglich auch der Meß- und Rechenkunst, und kraft seiner Allmacht dem Sauerstoff das diesem an sich ganz gleichgültige Gesetz gegeben hat, in seinen

Verbindungen nie dieses bestimmte Quantum zu überschreiten. Wenn ich daher der Natur Zweck, Ordnung, Gesetz abspreche, so spreche ich sie ihr gerade nur in *dem* Sinne ab, in welchem zwischen dem Verstand und der Natur sich eine Kluft auftut, über die der Mensch nur mit dem salto mortale des Glaubens an eine mirakulöse Schöpfung aus nichts kommen kann.

Die Naturwissenschaft und die Revolution
[Über: J. Moleschott, Lehre der Nahrungsmittel]
[1850][99]

Der selige Minister Eichhorn[100] gab einmal der Königsberger Universität die gnädige Versicherung, daß die königliche Regierung zwar keine mit ihren Grundsätzen in Widerspruch stehenden Religions- und Staatslehren dulden könne, daß sie aber nicht im entferntesten daran denke, mit dieser Beschränkung der philosophischen Wissenschaften auch die Naturwissenschaften beschränken zu wollen. Wenn uns ein anderer preußischer Minister mit dem beschränkten Untertanenverstand bekanntgemacht, so hat dagegen der Hr. Minister Eichhorn bei dieser Gelegenheit – freilich nicht bei dieser allein – den Beweis geliefert, daß es auch einen sehr beschränkten Regierungsverstand gibt. Wie? Die Regierung maßt sich die Herrschaft über unsere Gedanken und Gesinnungen an, sie schreibt uns vor, was wir denken und glauben sollen, und dennoch erlaubt sie uns den Gebrauch unserer fünf Sinne? Die Regierung steckt ihre Nase in alles, sie durchstöbert jeden Winkel in unserm Schreibtisch, jeden Wisch in unserm Papierkorb, um selbst noch in den ad pium usum bestimmten Papieren Spuren von Hochverrat auszuwittern: Und doch untersucht sie nicht den Inhalt unserer Herbarien, unserer Steinsammlungen, unserer ausgestopften Tiere?* Die Regierung nimmt dem Bürger seine Waffen, dem Schriftsteller seine spitzige Feder, dem Drucker seinen Preßbengel, und doch läßt sie dem Geologen seinen Hammer, dem Anatomen sein Seziermesser, dem Chemiker sein Scheidewasser? Ist das nicht ein ungeheurer Widerspruch? Was ist aber der

---

* Die Regierungen machen Riesenfortschritte. Wenige Wochen nachdem dieses niedergeschrieben war, brachten die Zeitungen die Nachricht, daß die preußische Regierung in dem Kopfe eines Hirsches nach dem Entwurf eines furchtbaren Komplotts gesucht habe. So verwirklichen unsere Regierungen selbst die tollsten Träume der Phantasie!

Grund dieser liberalen Gesinnung gegen die Naturwissenschaften? Nur der beschränkte Regierungsverstand, der nichts weiß von dem geheimen, staatsgefährlichen Bunde der Naturwissenschaft mit Religion, Philosophie und Politik. Auf den ersten, oberflächlichen Blick erscheint allerdings die Beschäftigung mit der Natur als die allerunschädlichste, ja unschuldigste, die es nur immer geben kann; denn was steht dem Getriebe der politischen Welt ferner als die Natur? Was ist für ein Zusammenhang zwischen den Gesetzen der Natur und den Intrigenspielen unserer Politik, zwischen den Bedürfnissen des Lebens und den Luxusartikeln unserer Staaten, zwischen den Kräften der Materie und den Phrasen unserer Minister und Deputierten? Was kümmern sich die Naturmächte um unsere Groß- und Kleinmächte, unsere Fürsten und Demokraten? Unterscheidet der Floh zwischen fürstlichem und bürgerlichem Blut, der Blitz zwischen einem gekrönten und ungekrönten Haupte? Aber wie das Objekt, so das Subjekt, wie die Ursache, so die Wirkung. Gleichgültigkeit gegen die politischen Parteien und Händel ist daher die erste Wirkung der Naturwissenschaft. Diese Wirkung paßt nun allerdings insofern in den Kram unserer reaktionären Regierungen, als der Naturforscher nicht *gegen* sie ist; aber er ist auch nicht *für* sie, und das allein macht ihn schon zu einem höchst verdächtigen Menschen, denn unsere Staaten sind ja »gut christlich«, sie stützen sich, wenn auch nur mit Bajonetten, auf die Heilige Schrift, und in ihr steht geschrieben: »Wer nicht für mich ist, ist wider mich.« Die politische Indifferenz ist übrigens auch nur eine vorübergehende Wirkung der Naturwissenschaft; denn die Natur kümmert sich nicht nur nichts um Politik. Wo Natur, ist keine Politik, wenigstens im Sinne der Dynasten, und wo Politik, nur Unnatur: Wie könnte also der Naturforscher bei diesem augenfälligen Kontraste zwischen dem Wesen der Natur und dem Unwesen der Politik gleichgültig bleiben? Der Naturforscher sieht, wie die Natur in einem ewigen Fortschritt begriffen ist, wie sie nie mehr auf eine einmal überschrittene Stufe zurückfällt, nie mehr aus einem Mann ein Knabe, einem Weibe ein Mädchen, einer Frucht eine Blüte, einer Blüte ein Blatt wird, wie in der Natur immer das Alte abstirbt, und zwar nur dazu, um den Dünger für eine bessere Zukunft abzugeben; wie töricht, wie lächerlich kommen ihm dagegen die reaktionären Thaumaturgen vor, welche sich einbilden, inhaltsvolle Jahre aus der Geschichte streichen, die Menschen auf einen verlassenen Standpunkt zurückversetzen, Männer zu Kindern wieder machen zu können! Der Naturforscher sieht, wie es in der Natur nichts Isoliertes, nichts Vereinzeltes gibt, wie alles vielmehr in ihr in einem notwendigen und großartigen Zusammenhang steht, wie die Naturwesen sich zwar in verschiedene Klassen abteilen, aber nur nach begründeten Unterschieden, und wie selbst diese wieder zuletzt in die Einheit des Ganzen sich auflösen; er gewöhnt sich dadurch unwillkürlich daran, alle Dinge von einem universellen Standpunkt aus zu betrachten, folglich auch an die Politik den großartigen Maßstab der Natur anzulegen. Wenn er daher einen Blick in die deutsche Politik wirft, ach, wie winzig erscheinen ihm da unsere »großen Staatsmänner«, wie unerheblich die Spielarten der »achtunddreißig deutschen Nationen«, die sich auf dem Miste des historischen Rechtsbodens erzeugt haben, wie komisch die zwieträchtige Eintracht der deutschen Fürsten, wie unwürdig das chorburschenschaftliche Wesen und Treiben unserer Partikularisten, wie ungeheuer die Beschränktheit der Politiker, welche einen Staat wie Preußen als einen Großstaat betrachten und bezeichnen. Der Naturforscher verkennt zwar nicht, daß Preußen in dem kleinen Baden großgetan, aber wie klein, wie unendlich klein erscheint ihm Preußen und sein Benehmen im großen und ganzen der deutschen Politik! Der Naturforscher ist Großdeutscher im wahrsten und eminentesten Sinne des Worts. Für ihn existiert kein Liechten- und Lobenstein, aber auch kein Preußen, kein Österreich, kein Bayern. Der Naturforscher weiß aus der Erfahrung, daß die Farbe das allerwesenloseste Unterschiedsmerkmal. Was anderes unterscheidet denn aber zuletzt z. B. den Preußen und Bayern als die Farben

Schwarzweiß und Blauweiß? Wie kann also der Naturforscher seinen universellen Sinn und Blick durch diese wesenlosen, willkürlichen, kleinlichen Unterschiede beschränken, wie preußisch oder bayrisch gesinnt sein? Wenn man aber nicht mehr preußisch oder bayrisch denkt, kann man dann noch eine königlich-preußische oder königlich-bayrische oder gar fürstlich loben- und liechtensteinische Gesinnung haben? Unmöglich! Der Naturforscher wirft daher mit Ciceros Ausruf über die Politik seiner Zeit: »Sunt omnia omnium miseriarum plenissima«, sehnsuchtsvoll seine Blicke über die blauweißen und schwarzweißen Schlagbäume der deutschen Politik hinüber in die freien Urwälder Nordamerikas, vor dessen räumlicher Größe allein schon die kleinlichen Maßstäbe der europäischen Kabinettspolitik in nichts verschwinden, und findet das Heil nur in der Demokratie.*

Aber nicht nur Demokrat, selbst auch Sozialist und Kommunist, freilich nur im vernünftigen und allgemeinen Sinne dieses Worts, wird notwendig der Naturforscher; denn die Natur weiß nichts von den Anmaßungen und Fiktionen, durch die der Mensch im Rechte die Existenz seines Neben-

---

* Diesen Übergang zur Demokratie hat schon der berühmte Physiolog Haller den jetzigen Naturforschern gleichsam zur Pflicht gemacht. Haller schrieb drei politische Romane. Der erste handelt von der Despotie oder absoluten Monarchie, der zweite von der konstitutionellen Monarchie, der dritte von der aristokratischen Republik. Was hätte nun notwendig folgen sollen? »Le tableau d'une démocratie parfaite«, wie schon Condorcet in seinem *Eloge de M. de Haller* bemerkt. Aber diese Konsequenz scheiterte an der Berner Aristokratie, deren Mitglied Haller selbst war. Der jetzige Naturforscher ist jedoch an diese Lokalschranke nicht mehr gebunden. Er hat den Fehler Hallers gutzumachen. Übrigens lasse ich nicht umsonst den Naturforscher nach Amerika hinüberblicken und womöglich selbst hinübergehen; denn es ist noch sehr in Frage, ob Europa, wenigstens in einem voraussichtlichen Zeitraum, einer wahren Umgestaltung und Verjüngung fähig sei. Gewohntes Übel ist dem Menschen lieber als ungewohntes Neues, wenngleich es ein Gut ist. Überdies erfordert eine neue Zeit auch einen neuen Raum. Ortsveränderung gehört zur Sinnesänderung. Auf dem alten Boden haften auch die alten Sünden. Deutschland oder, was eins ist, Europa in eine Republik verwandeln wollen kommt mir oft gerade so vor, als wenn man eine Dirne, die schon allen Potentaten gedient hat, in eine Jungfrau verwandeln wollte. Es gibt keine religiösen, aber auch keine moralischen und politischen Wunder.

menschen beschränkt und verkümmert hat. Die Luft gehört von Natur jedem und eben damit niemandem, sie ist das Gemeingut aller Lebenden; aber die Rechthaberei hat selbst die Luft zu einem Regale gemacht, »der Wind gehört der Herrschaft«. Die Natur kennt allerdings das Eigentum, aber nur das notwendige, vom Leben unabsonderliche; sie gibt jedem Wesen, was es braucht; sie hat keines zum Verhungern geschaffen. Die Notwendigkeit der Verhungerung verdankt ihre Existenz nur der Willkür *des* Staats, dessen Wesen der Staat, die Uniform, der Schein, der Tand ist. Der Blick in die Natur erhebt darum den Menschen über die engherzigen Schranken des peinlichen Rechts, sie macht den Menschen kommunistisch, d. h. freisinnig und freigebig. Selbst schon der Heilige Anselmus sagte, seinem Lebensbeschreiber Eadmerus zufolge, ganz im Widerspruch mit der weltbekannten geistlichen Habsucht, daß nach dem Naturgesetz (secundum naturalem legem) nichts dem einen mehr als dem andern angehöre und daß alle Schätze der Welt zum allgemeinen Besten der Menschen erschaffen seien. Das »gute alte Recht« hat die Menschheit in Noblesse und Canaille, Adel und Pöbel geschieden und zur Rechtfertigung dieser Injurie gegen das Menschengeschlecht den unsinnigen Satz aufgestellt: »Venter nobilitat.«* Aber die Naturwissenschaft kennt keinen Unterschied zwischen einem adeligen und bürgerlichen Bauch, sie weiß nur von einem allen Menschen gemeinen und gleichen Ursprung. Als einst der Anatom Jodocus Lucius die Lage der Gebärmutter zeigte, sagte er: »Hier lasset uns bespiegeln, wir Menschen, die wir mit unserer adeligen Ankunft prangen und meinen, wir seien besser als andere, hier ist unsere erste Wohnung zwischen Harn und Kot.« Solche kommunistische, staats- und rechtswidrige Gesinnungen flößt die Natur ein! Und doch gibt der beschränkte Regierungsverstand die Natur-

---

* Da ich hier die Schranken des historischen Rechts zerbreche, so mögen mir es die Herren Juristen, namentlich die christlich-germanischen, nicht verargen daß ich hier auch dem venter eine kommunistische, ebensowohl männliche als weibliche Bedeutung gebe.

wissenschaft frei und stellt nur die Philosophie unter polizeiliche Aufsicht. Nur die Philosophie! Wie töricht! Wie unschädlich ist sie, wie arm, wie wehrlos im Vergleich zu den Naturwissenschaften! Wie leicht kann man ihre gefährlichen Wirkungen auf das Publikum verhindern! Was gehört dazu, einen Philosophen zu widerlegen? Nichts weiter als ein Professor der Philosophie, und was ist leichter zu haben als ein solcher! Wenn daher ein revolutionärer Philosoph auftritt, so braucht man nur einen Professor der Philosophie gegen ihn schreiben zu lassen, und der arme Philosoph ist, wenigstens in den Augen des Publikums – aber darauf kommt es allein an, Schein regiert die Welt –, mausetot. Dem Philosophen, dem nur das treulose und vieldeutige Wort zum Organ dient, kann man ja ohne Mühe auch den sonnenklarsten Satz, den unwidersprechlichsten Beweis zunichte machen: Man darf nur ein Wort verdrehen, oft selbst nur eine Partikel auslassen, und der ganze Satz löst sich in Unsinn auf. Was sind gegen die fest bestimmten und innigen Verbindungen der chemischen Stoffe die losen, flüchtigen Wortverbindungen, die der Gedanke eingeht? Was gegen den soliden Körperbau der naturgeschichtlichen Wesen der papierene Periodenbau, worauf sich der Philosoph stützt? Was gegen die Platinadichte des Natursystems das luftige Spinnengewebe der Sprache, worin der Denker sein Wesen entfaltet? Spinne noch so sorgfältig, noch so logisch zusammenhängend Faden an Faden: Du vermagst nichts gegen die Natur der Sprache, du reihst nur Lücke an Lücke, und jede Lücke ist ein Tummelplatz für den Unsinn kritischer Bosheit und Dummheit. Der Philosoph spricht sich ferner nur in allgemeinen und eben deswegen abstrakten Sätzen aus. Sind diese gleich nur von einzelnen wirklichen Fällen abgezogen, so scheinen sie doch nur aus der Luft gegriffen zu sein, wenn man nicht durch den Schein hindurch auf den Grund blicken, das Abstrakte mit dem Konkreten, das Geistige mit dem Sinnlichen verknüpfen kann. Aber wie wenige vermögen dieses! Und wie machtlos sind überhaupt abstrakte Wahrheiten! Wie ganz anders ist es dagegen mit der Naturwissenschaft, deren Grundsätze anschauliche Tatsachen, deren Beweismittel sinnliche Instrumente sind. Doch wozu sagen, was schon andere besser gesagt haben! Condorcet, in seinem *Eloge de Mariotte,* sagt:

»Les théories nouvelles, les mieux prouvées font peu de progrès tant qu'elles ne sont appuyées que sur des principes abstraits; même les meilleurs esprits, accoutumés à certaines idées abstraites acquises dans la jeunesse, rejettent toutes celles qui ne se lient pas aisément avec les premières, et toutes les vérités spéculatives dont on ne peut leur donner des preuves sensibles, sont absolument perdues pour eux. Ainsi toutes les fois qu'un homme de génie propose des vérités nouvelles il n'a pour partisan que ses égaux, et quelques jeunes gens élevés loin des préjugés des écoles publiques; le reste ne l'entend point, ou l'entend mal, le persécute ou le tourne en ridicule.«

Allerdings greift der Naturforscher nicht direkt, wie der Philosoph, die religiösen und politischen Vorurteile an, aber man kann kein Glied aus der Reihe der menschlichen Vorstellungen herausreißen oder verändern, ohne damit die ganze Reihe zu verändern. Solange die Phantasie des religiösen Glaubens die Menschen beherrschte, so lange war auch die natürliche Welt eine Fabel- und Märchenwelt. Wer an Wunder in der Bibel glaubt, der glaubt auch an Wunder außer der Bibel, der hat überall Wunder im Kopfe. Und umgekehrt: Wer an keine natürlichen Wunder mehr glaubt, der glaubt auch keine religiösen mehr. Wie wäre es auch anders möglich? Der Boden aller Wunder ist ja die Natur. Freilich kann sich der Mensch mit der Ausrede helfen, daß er nur auf dem Gebiete der Natur, nicht der Religion und Theologie das Wunder aufhebe, aber nur eine Zeitlang, endlich siegt doch im Menschen der Einheitsdrang und Wahrheitssinn über den Zwiespalt zwischen einer vernünftigen natürlichen und einer unvernünftigen übernatürlichen Welt. Der erste Revolutionär der neuern Zeit war daher – merkwürdigerweise ein Pole – der Verfasser der Schrift *De revolutionibus orbium coelestium,* Nikolaus Kopernikus. Kopernikus hat den allgemeinsten, den ältesten, den heiligsten Glauben der Menschheit, den Glauben an die Unbeweglichkeit der Erde, umgestoßen und mit diesem Stoße das ganze Glaubenssystem der alten Welt erschüttert. Er hat als ein echter »Umsturzmann« das Unterste zu oberst und das Oberste zu unterst gekehrt, die höchste Sphäre des ptolemäischen Systems, das primum mobile (die Ursache der täglichen Himmelsbewegung), zum Parterre der Astronomie gemacht, der Erde die Initiative der Bewegung zugeeignet und dadurch allen fernern und anderweitigen Revolutionen der Erde Tür und Tor geöffnet; er hat dem phantastisch-despotischen dominium mundi des Mittelalters, welches sich die Erde über die Himmelskörper, der Papst über die Geister, der Kaiser über die Fürsten und Völker, der Mensch über die Menschen angemaßt hatte, für immer den Garaus gemacht; er hat den menschlichen Geist aus den epizyklischen Zauberkreisen des verworrenen, widerspruchsvollen Unsinns einer eingebildeten Welt erlöst und zur Anschauung der wirklichen Welt, zur Einfachheit der Natur zurückgeführt; er hat mit frecher Hand die bis auf ihn verschlossene, mit Ausnahme einiger ketzerischer Denker selbst den größten Geistern des Altertums undurchdringliche, nur zur Brustwehr der menschlichen Beschränktheit, Gedankenlosigkeit und Gläubigkeit dienende Himmelsfeste aufgesprengt und dadurch den Blick des Menschen bis in die Unendlichkeit des Universums erweitert und dem gesunden Menschenverstand Eingang selbst in den Himmel verschafft. Der Himmel galt sonst in der Religion für den Thron und Sitz der Gottheit, den Wohnort der Seligen, in der Philosophie für das fünfte Element, wo keine Negation, keine Veränderung, kein Entstehen und Vergehen wie auf der plebejischen Erde stattfinden sollte, kurz, für ein heiliges, göttliches Wesen. Aber alle diese süßen, heiligen Vorstellungen und Aussichten, die sich sonst an den Himmel knüpften, hat die moderne Astronomie, deren Urheber oder Anfänger Kopernikus, schonungslos vernichtet. Sie hat zwar die Erde in den Himmel emporgehoben, aber eben dadurch auch den

Himmel profaniert, die Himmelsgestirne auf gleichen Fuß mit der Erde gesetzt. Kopernikus ist es, der die Menschheit um ihren Himmel gebracht hat. Wo kein sinnlicher Himmel mehr, verschwindet auch bald der Himmel des Glaubens; denn nur an dem sinnlichen Himmel hatte ja auch der religiöse seinen Grund und Haltpunkt. Mit vollem Rechte wurde das Kopernikanische Weltsystem von den Katholiken als ein ketzerisches förmlich verdammt, von den Protestanten wenigstens theoretisch verworfen, denn es widerspricht der Heiligen Schrift. »Du gründest das Erdreich«, heißt es im Psalm, »auf seinen Boden (super stabilitatem suam, wie es in der Vulgata heißt), daß es bleibt immer und ewiglich.« »Die Erde bleibet ewiglich«, sagt der Prediger Salomo, »die Sonne geht auf und geht unter und läuft an ihren Ort.« Diese und noch einige andere Sprüche der Bibel hielt man den Kopernikanern entgegen. Was aber in der Bibel steht, muß auch in der Natur stehen. Hat man doch selbst in den Sternbildern die hebräischen Buchstaben gefunden! »Alles, was die Heilige Schrift behauptet«, heißt es z. B. in Theodorici Winshemii *Novae quaestiones sphaerae,* vom J. 1564, »ist unbezweifelbar gewiß. Die Heilige Schrift behauptet aber, daß die Erde fest und unbeweglich sei. Also ruht die Erde in der Mitte der Welt und bewegt sich nicht.« Welch eine glückliche Zeit, wo man noch mit Bibelsprüchen den menschlichen Geist bannen, mit Bibelsprüchen den Revolutionen der Erde Stillstand gebieten konnte! Was sind gegen diese Wirkungen des toten biblischen Buchstabens die oratorischen Machtsprüche, womit unsere politischen Schlangenbeschwörer die »lernäische Schlange« der Revolution bezwingen wollen. Und gleichwohl sieht der beschränkte Regierungsverstand nicht ein, daß nicht erst die gottlose Philosophie, sondern schon Meister Kopernikus der Bibel ihre reaktionäre Zaubermacht genommen. Kopernikus hat das körperliche Zentrum der Welt, die Erde, in die Reihe der Irrsterne eingeführt; Kopernikus hat auch das geistige Zentrum der christlichen Welt, die Bibel, in die Klasse der irrenden menschlichen Bücher versetzt. Schwach sind die

Gründe, womit die Kopernikaner die göttliche Ehre der Bibel zu retten suchten. Die Geschichte hat sie längst widerlegt. »Der Heilige Geist läßt sich nicht trennen noch teilen, daß er ein Stück sollte wahrhaftig und das andere falsch lehren oder glauben lassen.« Wo die Bibel keine Stimme mehr in der Astronomie hat, da hat sie bald auch keine mehr in andern Dingen. Wie verträgt sich denn auch mit einer falschen Astronomie eine wahre Anthropologie und Psychologie? Wie kann man den Menschen im wahren Lichte betrachten, wenn man die Welt, zu der er gehört, nur nach ihrem Scheine beurteilt? Doch wozu versteige ich mich bis in den fernen Himmel der Astronomie, um die Naturwissenschaften wegen ihrer revolutionären Tendenz bei unsern Regierungen zu denunzieren? Einen uns weit näher liegenden, eindringlichern und zeitgemäßern Beweis von der universellen revolutionären Bedeutung der Naturwissenschaft haben wir an vorliegender neuer Schrift:

Lehre der Nahrungsmittel. Für das Volk, von Jakob Moleschott, Erlangen 1850.

Diese Schrift teilt uns mit in volks- oder, was eins ist, menschenfreundlicher Absicht und Sprache die Resultate der modernen Chemie über die Nahrungsmittel, ihre Bestandteile, ihre Beschaffenheiten, Wirkungen und Veränderungen in unserm Leibe; sie hat also eigentlich nur einen gastronomischen Zweck und Gegenstand, und doch ist sie eine, und zwar im höchsten Grade, Kopf und Herz aufregende, eine sowohl in philosophischer als ethischer und selbst politischer Beziehung höchst wichtige, ja revolutionäre Schrift.

Ich beginne meine Denunziation mit der Philosophie und behaupte, daß diese Schrift, obgleich sie nur von Essen und Trinken handelt, den in den Augen unserer supranaturalistischen Scheinkultur niedrigsten Akten, doch von der höchsten philosophischen Bedeutung und Wichtigkeit ist. Ja, ich gehe weiter und behaupte, daß nur sie die *wahren* »Grundsätze der Philosophie der Zukunft«[101] und Gegenwart enthält, daß wir in ihr die schwierigsten Probleme der Philosophie gelöst finden. Was haben sich nicht sonst die Philosophen den Kopf zerbrochen mit der Frage von dem Bande zwischen dem Leib und der Seele! Jetzt wissen wir aus wissenschaftlichen Gründen, was längst das Volk aus der Erfahrung wußte: daß Essen und Trinken Leib und Seele zusammenhält, daß das gesuchte Band also die Nahrung ist. Wie hat man sich nicht sonst über eingeborene oder von außen gekommene Ideen gezankt und wie verächtlich auf die herabgeblickt, welche den Ursprung der Ideen aus den Sinnen ableiteten! Jetzt ist es uns ebenso unmöglich, von eingeborenen Ideen zu reden als von eingeborenen Speisen oder eingeborener Wärme, die auch sonst unter dem Namen calor innatus eine Hauptrolle in der Naturwissenschaft spielte. Jetzt wissen wir, daß die Respiration die hauptsächlichste Quelle der Wärme, daß die Luft ein wesentlicher Teil unserer selbst ist, daß wir alles von außen pumpen, daß wir nichts zu eigen haben, daß wir als reine Lumpen und Kommunisten auf die Welt kommen, daß gar nichts in uns ist, was nicht auch außer uns existiert, daß wir am Ende nur aus Sauerstoff, Stickstoff, Kohlenstoff und Wasserstoff, diesen wenigen, einfachen und doch so unendlich verschiedenartiger Verbindungen fähigen, diesen geisterhaften, unmittelbar un- und übersinnlichen und dennoch an sich und mittelbar sinnlichen Stoffen zusammengeflickt sind. Wie stimmt aber diese Anschauung des Menschen mit der christlichen Welt- und Menschenanschauung [zusammen]? Denn was ist der eigentliche Kern der christlichen, wenigstens dogmatisch-christlichen Lehre? Die: »daß wir existieren könnten allein mit Gott, auch wenn kein Raum, keine Materie wäre, weil unser Wesen nicht den Begriff der Existenz der äußern Dinge in sich schließt«, daß der Mensch ein Bild Gottes, d. h. das Wesen ist, welches nur aus sich und in sich, d. h. nur aus und in Gedanken besteht, welches keiner Welt, keiner Natur, keiner Materie zu seiner Existenz bedarf, daß also der Mensch noch existiert, auch wenn sein Leib und die materielle Welt überhaupt zugrunde geht. Und dennoch dulden unsere gut christlichen Regierungen im christlichen Staate die Naturwissenschaften, insbesondere die allerradikalste, korrosivste und destruktivste Wissenschaft, die Chemie, die längst in ihrem Scheidewasser die Mysterien der christlichen Weltanschauung aufgelöst? Welch ein ungeheurer Widerspruch! Doch kehren wir wieder von den Torheiten der Politik zur Philosophie zurück. Wie hat nicht der Begriff der Substanz die Philosophie vexiert! Was ist sie? Ich oder Nicht-Ich, Geist oder Natur oder die Einheit von beiden? Ja, die Einheit Aber was ist denn damit gesagt? Die Nahrung nur ist die Substanz; die Nahrung die Identität von Geist und Natur; wo kein Fett, ist kein Fleisch, aber wo kein Fett, da ist auch kein Hirn, kein Geist, und das Fett kommt nur aus der Nahrung, die Nahrung ist das Spinozistische Ἐν καὶ πᾶν, das Allesumfassende, das Wesen der Wesen. Alles hängt vom Essen und Trinken ab. Die Verschiedenheit des Wesens ist nur Verschiedenheit der Nahrung. Schon in der »Offenbarung der Natur und natürlichen Dinge ... durch den hochgelehrten Hieronymum Cardanum« heißt es, übrigens ganz im Widerspruch mit der Offenbarung der Bibel, wo dem edite bibite nur eine frivole Bedeutung gegeben, das Wesen des Menschen als ein vom Essen und Trinken unabhängiges vorgestellt wird: »Die Nahrung mögend in alle Naturen die Menschen verenderen. Wölliche nun vil Wildbret und Gewürz in der Speiß brauchen, werden alle grimm und zornig Leuth, wölliche Kraut essend, werdend milt und zahm.« Welche dornenvollen Untersuchungen hat nicht das Sein den Philosophen verursacht! Ist es eines oder vieles, eins mit dem Denker oder verschieden von dem Nichts des Gedankens? Unnütze Fragen! Das Sein ist eins mit dem Essen; sein heißt essen; was *ist, ißt* und wird gegessen. Essen ist die subjektive, tätige, Gegessenwerden die objektive, leidende Form des Seins, aber beides unzertrennlich. Erst im Essen erfüllt sich daher der hohle Begriff des Seins und offenbart sich die Unsinnigkeit der Frage, ob Sein und Nichtsein identisch, d. h. ob Essen und Hungern identisch ist. Was haben sich nicht die Philosophen mit der Frage gequält: Was ist der Anfang der Philosophie? Ich oder Nicht-

Ich, Bewußtsein oder Sein? Oh, ihr Toren, die ihr vor lauter Verwunderung über das Rätsel des Anfangs den Mund aufsperrt und doch nicht seht, daß der offene Mund der Eingang ins Innere der Natur ist, daß die Zähne schon längst die Nüsse geknackt haben, worüber ihr noch heute euch vergeblich den Kopf zerbrecht! Damit muß man anfangen zu denken, womit man anfängt zu existieren. Das principium essendi ist auch das principium cognoscendi. Der Anfang der Existenz ist aber die Ernährung; die Nahrung also der Anfang der Weisheit. Die erste Bedingung, daß du etwas in dein Herz und deinen Kopf bringst, ist, daß du etwas in deinen Magen bringst. »A Jove principium«, hieß es sonst, aber jetzt heißt es: »A ventre principium.« Die alte Welt stellte den Leib auf den Kopf, die neue setzt den Kopf auf den Leib; die alte Welt ließ die Materie aus dem Geiste, die neue läßt den Geist aus der Materie entspringen. Die alte Weltordnung war eine phantastische und verkehrte, die neue ist eine natur- und eben deswegen vernunftgemäße. Die alte Philosophie begann mit dem Denken, sie »wußte nur die Geister zu vergnügen und ließ darum die Menschen ohne Brot«, die neue beginnt mit Essen und Trinken; die alte Philosophie hatte daher nichts im Kopfe – »Sein und Nichts ist identisch«[102], das Nichts ist das infinitum et indeterminatum negans, Dieu est opposé au néant –, denn wo nichts im Magen, ist auch nichts im Kopfe. Der Kopf ist das Vermögen zu schließen, aber die Vordersätze, die Elemente zu diesen Schlüssen, liegen in den Speisen und Getränken. Der Geist ist Licht, verzehrendes Feuer, aber der Brennstoff ist der Nahrungsstoff. Plenus venter non studet libenter: richtig, aber solange der Bauch voll ist, so lange hat der Kopf auch nichts vom Inhalt des Bauchs, Hirn werden die Speisen erst, wenn sie verdaut, wenn sie Blut geworden sind. Der plenus venter ist also ein alberner Einwand. Es bleibt dabei: Der Nahrungsstoff ist Gedankenstoff.

»Das Gehirn kann ohne phosphorhaltiges Fett nicht bestehen« ... An das phosphorhaltige Fett ist die Entstehung,

folglich auch die Tätigkeit des Hirns geknüpft ... *Ohne Phosphor kein Gedanke*« (*Lehre der Nahrungsmittel*, S. 115 f.).
Wo hat je ein spekulativer Philosoph daran gedacht? Haben sie nicht alle das Denken aus sich selbst erklärt, den Geist zu einem selbständigen, stofflosen, von aller Materie abgesonderten Wesen gemacht? Haben sie nicht ihr Nichtwissen von den materiellen Grundlagen des Geistes in ein Nichtsein derselben verwandelt? Ist es nun ein Wunder, daß es noch so dunkel in der Welt aussieht, da selbst unsere größten Denker keinen Phosphor im Kopfe hatten? Ist es ein Wunder, daß die unsinnigste Vorstellung, die Schöpfung aus nichts, sogar zu einem heiligen Glaubensartikel und zum »höchsten Problem der spekulativen Philosophie« wurde? Was heißt denn aber: Die Welt ist geschaffen aus nichts! anderes als: Sie ist geschaffen, ich weiß nicht woraus? Was heißt also, an eine Schöpfung oder überhaupt Entstehung aus nichts glauben? Es heißt an die Heiligkeit und Göttlichkeit der Ignoranz glauben, es heißt, die Ignoranz an die Spitze der Welt, der Religion und Wissenschaft stellen. Ein Beispiel hiervon haben wir eben an dem Ernährungsprozeß. Daß die Speisen Fleisch und Blut werden, wußte man; aber wie? Das wußte man nicht. Wie löste man nun den Widerspruch zwischen dem bekannten Etwas und dem unbekannten Nichts oder dem Nichts der Unwissenheit? Man schrieb dem Leibe unter dem Namen der Lebenskraft ohne weiteres die Kraft zu, die Speisen in Blut zu verwandeln, d. h. man dichtete dem Organismus, wenn auch nicht mit Worten, doch der Tat nach, eine aus nichts schaffende Kraft an, um so die Wunder der christlichen Dogmatik in succum et sanguinem zu vertieren. Aber in der Wirklichkeit verhält es sich ganz anders. Hören wir, wie. Ehe wir aber dieses Wie verstehen, müssen wir wissen, warum wir essen und was wir essen oder vielmehr uns aneignen. »Das Leben ist Stoffwechsel« (S. 66). Wir empfangen von der Außenwelt Stoffe und geben sie wieder zurück, nur in anderer Gestalt, scheiden sie aus. Und je mehr oder weniger wir von uns

geben, desto mehr oder weniger müssen wir auch zu uns nehmen. Leider ist aber nicht mit der verminderten Aufnahme von Nahrungsmitteln auch eine verhältnismäßige Abnahme der Ausscheidungen verbunden. Wenn wir nichts zu verzehren haben, verzehren wir uns selbst. Es heißt (S. 62):
»Auch wenn wir uns aller Speise und alles Tranks enthalten, hauchen wir Kohlensäure und Wasser aus, die Ausleerungen von Harn und Kot erfolgen nach wie vor, die Haare wachsen, die Nägel verlängern sich, und Schweiß und Schleim entziehen dem Körper von Stunde zu Stunde seine wesentlichsten Bestandteile. Und wenn die Enthaltsamkeit fortdauert, dann verrät sie sich nur zu bald durch eine beträchtliche Abnahme des Gewichts unsers Körpers.«
Ferner S. 63:
»Wenn der Ersatz aufhört, während die Ausgaben fortdauern, dann ändert sich alsbald die Zusammensetzung der Gewebe, und das Blut, das nicht nur für die Gewebe, sondern auch für sich selbst einkauft, macht in einigen Tagen oder, wenn es hoch kommt, in wenigen Wochen Bankrott. Denn der Sauerstoff, den wir einatmen, zehrt vom Blut, dessen Einnahmen stocken.«
Und S. 49:
»Allen Stoffen unsers Körpers wird nämlich Sauerstoff der Luft zugeführt, den wir unablässig einatmen. Kein Stoff aber greift mächtiger als der Sauerstoff in das Werden und Vergehen der organischen Verbindungen ein. Vor der anhaltenden Wirkung des Sauerstoffs hat keine organische Verbindung unsers Körpers Bestand.«
Am ersten schwinden unter dem verzehrenden Einflusse des Sauerstoffs die Fette, dann die Muskeln, das Herz, Milz und Leber, am spätesten die Nerven und das Hirn – eine merkwürdige Erscheinung, da sie aus den wandelbarsten Stoffen unsers Körpers, aus Fett und Eiweiß bestehen, eine bis jetzt noch unerklärte Erscheinung, die aber trotzdem das späte Absterben der geistigen Tätigkeit erklärt. Doch die Folgen des Hungerns oder Fastens erstrecken sich noch weiter. Wo

die Menge und Mischung des Stoffs, verändert sich auch die Form der Verrichtung.

»Denn ein gemeinsames Band hält Stoff und Form und Verrichtung umschlungen ... Der leichtere Muskel, dessen Fett und Eiweiß geschwunden sind, erscheint als welkes Fleisch, das sich langsam zusammenzieht. Das Herz ist träge, die Zahl der Pulse in der Minute beträchtlich vermindert ... Kleine Reize haben große Wirkung. Das Licht tut wehe, ein stärkerer Schall wird unerträglich, eine Berührung erweckt Zorn ... In schlafloser Nacht quält den Hungernden die Gier, der mächtige Hebel so vieler Leidenschaften. Wer zu Aas und Leichen, zum Fleisch seiner Freunde oder zu seinem eigenen Körper greift, der beweist mehr, als die Einbildungskraft der Dichter sich vorstellen kann ... Von keinem Triebe wird die Macht des Geistes trauriger besiegt. Der Hunger verödet Kopf und Herz ... Der Hungernde fühlt jeden Druck mit Zentnerschwere, darum hat der Hunger mehr Empörungen verursacht als der Ehrgeiz unzufriedener Köpfe ... Kalt und starr, die Muskeln zuckend in gelähmten Gliedern, seufzend, mit trübem Auge, abgestumpfter Empfindung, betörtem Urteil, kämpft der Gepeinigte den Todeskampf, dem häufig eine Ohnmacht sein Ziel steckt, bisweilen aber rasendes Irrereden vorausgeht.« (S. 66-68.)

Dies das Gemälde von den schrecklichen Folgen des unbefriedigten Hungers, dies der Grund des Nahrungsbedürfnisses, dies auch der Grund, warum die neue Weltweisheit nicht mehr das Nichts im Kopfe, sondern das Nichts im Magen – ein sehr reelles, weil empfindliches Nichts – zu ihrem und der Welt Prinzip macht.

Wenden wir uns nun zu den appetitlichen Gegenständen, womit wir unsern Hunger stillen. Die Natur hat reichlich für uns gesorgt. Alle drei Reiche der Natur liefern uns Nahrungsmittel oder vielmehr Nahrungsstoffe, wie der Verfasser die Bestandteile derselben nennt. Dieselben bestehen nämlich:
1) aus anorganischen, 2) organischen stickstofffreien und 3) organischen stickstoffhaltigen Nahrungsstoffen. Die chemi-

schen Grundstoffe oder Elemente der Nahrungsstoffe aber sind – wenigstens die wichtigern –: Kalium, Natrium, Kalzium, Magnesium, Aluminium, Silizium, Eisen, Mangan, Fluor, Chlor, welche zehn Grundstoffe vorzugsweise dem Mineralreich angehören; ferner: Phosphor, Schwefel, Sauerstoff, welche ungefähr gleich oft in der organischen und unorganischen Welt vorkommen; endlich: Wasserstoff, Kohlenstoff, Stickstoff, welche in allen lebenden Wesen vorkommen, während sie in sehr vielen Mineralien fehlen und daher im engern Sinne als organische Elemente bezeichnet werden können. Die anorganischen Nahrungsstoffe sind näher: Chlornatrium, welches unser Koch- oder Steinsalz ist, Chlorkalium, eine dem Kochsalz sehr ähnliche Verbindung, ferner Salze der Alkalien, d. h. Salze im chemischen Sinne, Verbindungen von Säuren: hier die Schwefelsäure, Kohlensäure und Phosphorsäure; mit Basen: hier den Alkalien, nämlich dem Kali und Natron; dann Erdsalze, z. B. schwelfelsaurer Kalk, schwefelsaure Tonerde; endlich ein Metallsalz, das phosphorsaure Eisenoxyd.

Die organischen stickstofffreien Nahrungsstoffe, Verbindungen von Kohlenstoff, Wasserstoff und Sauerstoff, sind teils Stoffe, die sich in Fett verwandeln können und die deshalb der Verfasser Fettbildner nennt, teils schon gebildete Fette. Die wichtigsten Fettbildner sind das Amylum oder Stärkemehl (wie z. B. die Kartoffelstärke, aus der man den Kleister macht), das Gummi (das in sehr vielen Pflanzen vorkommt, aus manchen von selbst ausfließt und an dem arabischen Gummi sein Musterbild hat) und der Zucker, allgemein bekannt, aber auch als Rohrzucker, was wir hier sogleich bemerken, mit Unrecht allgemein verschrien, als ob er die Zähne verderbe, da er vielmehr die Bildung der Knochen und Zähne fördert. Die Fette sind: der Ölstoff (Olein oder Elain genannt), der am schwersten in der Kälte erstarrende Hauptbestandteil aller Öle; das Perlmutterfett, ein leichter erstarrendes Fett, das man in perlmutterglänzenden Kristallen erhalten kann, daher sein Name; der Talgstoff oder das Stearin, das festeste aller Fette, hauptsächlich in Hammel- und Ochsenfett vorkommend.

Die organischen stickstoffhaltigen Nahrungsstoffe bestehen aus mehr Elementen als die ebengenannten, nämlich aus Stickstoff, Kohlenstoff, Wasserstoff, Sauerstoff, Schwefel und meistens auch noch aus Phosphor. Von diesen kommen hier bloß die eiweißartigen Körper in Betracht, also genannt wegen der Ähnlichkeit ihrer Eigenschaften und der Übereinstimmung in ihrer Zusammensetzung mit dem Hühnereiweiß, keineswegs aber nur, wie der Name den Laien glauben machen könnte, auf die tierische Welt beschränkt, sondern auch in der Pflanzenwelt enthalten unter dem Namen (lösliches und geronnenes) Pflanzeneiweiß, das sich in sehr vielen Pflanzensamen zeigt und in allen in der Hitze gerinnenden Pflanzensäften; Pflanzenleim, der sich besonders in den Getreidesamen findet und Kleber (Gluten) heißt, weil er, solange er feucht, ein klebriger Stoff ist, und Legumin oder (nach des Verfassers Ausdruck) Erbsenstoff, welcher in allen Hülsenfrüchten als Bohnen, Erbsen, Linsen zu Hause ist und den wichtigsten Nahrungsstoff derselben ausmacht.

Das sind also die Stoffe, die in den Nahrungsmitteln von uns aufgenommen werden. Wie ist es nun aber möglich, daß sie Blut werden?* Diese Frage beantwortet sich, wenn wir wissen, was Blut ist und woraus es besteht. Das Blut ist eine alkalische Flüssigkeit, eine Lösung von Salzen, eiweißartigen Körpern, Fett und Seifen, d. h. Verbindungen der obengenannten Fette mit den Alkalien. Tausend Teile Menschenblut enthalten zwei Teile Faserstoff (ein eiweißartiger Körper, dessen Eigenschaft ist, daß er gerinnt, sowie das Blut dem lebenden Körper entzogen wird), 131 Teile sogenannte Blutkörperchen (welche als Bläschen mit rotem Inhalt und weiße körnige Körperchen im Blute herumschwimmen und in farbige, den Blutfarbstoff enthaltende und farblose Blutkörperchen unterschieden werden, welche beide aber eiweißartige

---

* Ich beschränke mich hier bloß auf die Blutbildung, obgleich die Ernährung im engeren Sinne erst nach derselben beginnt. Aber aus dem Blut entsteht ja alles. Haben wir Blut im Leibe, so fehlt uns nichts mehr. Gib mir einen Blutstropfen, und ich schaffe Menschen.

Körper sind), 71 Teile Eiweiß (im engern Sinne), fünf Teile Chlorverbindungen und Salze, worunter das Kochsalz das Übergewicht hat, zwei Teile Fett, 789 Teile Wasser. Die Speisen werden also zu Blut, weil sie aus denselben Bestandteilen als das Blut bestehen, weil im Blut nichts anderes ist, als was in den Speisen, und umgekehrt.* Dies gilt aber nur absolut oder abstrakt gesprochen. In der Wirklichkeit sind die Speisen sehr undelikat und inhuman, mit nicht oder doch höchst schwer assimilierbaren Stoffen vermengt, wie es der Zellstoff der pflanzlichen, die elastische Faser der tierischen Speisen ist, ihre Bestandteile entweder zwar nicht verschieden von den Bestandteilen des Bluts, aber doch in einer solchen Form und Verbindung, in welcher sie nicht assimilierbar sind und daher erst aufgelöst werden müssen, oder verschieden von denselben, in welchem Falle sie nicht nur erst gelöst, sondern auch eine Reihe von Vermittlungen und Verwandlungen durchlaufen müssen, ehe sie den Bestandteilen des Bluts gleichgemacht und folglich Blut werden können. So wird z. B. das Stärkemehl durch die Einwirkung des Mundspeichels und Bauchspeichels zuerst in Gummi verwandelt, der Gummi Zucker, der Zucker aber durch die Galle in Milchsäure, die Milchsäure in Buttersäure, welche das erste Glied in der Reihe der tierischen Fette ist. Hierauf eben beruht der Verdauungsprozeß und die Verschiedenheit der Speisen oder Nahrungsmittel hinsichtlich ihrer Löslichkeit, Verdaulichkeit und Nahrhaftigkeit. So heißt es S. 81:
»Je leichter die Nahrungsstoffe in den Verdauungsflüssigkeiten gelöst und in Blutbestandteile umgewandelt werden können, um so größer ist ihre Verdaulichkeit, denn die Verdauung besteht nicht nur in der Auflösung, sondern in der Umwandlung in die wesentlichen Stoffe des Bluts. Beide Bedingungen sind gleich wichtig. Wenn also zwei Stoffe mit gleicher Leichtigkeit gelöst werden, dann wird derjenige der verdaulichere sein, der mit irgendeinem Bestandteil des Bluts die

---

* Der Satz der alten Philosophen: »Simile simili nutriri, nos iis aliquibus constamus«, ist demnach ganz richtig.

größere Ähnlichkeit hat. Ist aber bei zwei Nahrungsstoffen die Übereinstimmung mit Bestandteilen des Bluts gleich groß, dann ist der löslichere der verdaulichere.«
Ferner S. 83:
»Unter den Nahrungsmitteln sind diejenigen am verdaulichsten, welche am meisten leicht löslich und leicht in Blutstoff übergehende Nahrungsstoffe enthalten ... Nur was als wesentlicher Bestandteil in das Blut übergeht, ist überhaupt als Nahrungsstoff zu betrachten, darum ein Nahrungsmittel um so nahrhafter, je verdaulicher es ist.«
Und S. 76:
»In der Sprache des Volks heißt jeder Stoff ein Nahrungsmittel, der Hunger und Durst zu stillen vermag. Die wissenschaftliche Bestimmung des Begriffs der Nahrungsmittel ergibt sich aus der Ursache jener Empfindung. Was dem Blute seine verlorengegangenen, wesentlichen Bestandteile ersetzt und vom Blute aus den Kreislauf durch die Gewebe beginnt, das ist im weitesten Sinne als Nahrungsmittel zu betrachten. Nahrungsmittel, die dem Blute die Chlorverbindungen und Salze, Fett und Eiweiß wieder ersetzen, stillen den Hunger. Der Durst wird gelöscht, wenn dem Blut das fehlende Wasser wieder zugeführt wird.«
Nur die Nahrungsmittel, welche aus allen dreien oben angegebenen Gruppen Nahrungsstoffe enthalten, sind daher geeignet, das menschliche Leben in der normalen, gesetzmäßigen, dem menschlichen Blut und Wesen gemäßen Weise zu erhalten. Wir sehen hieraus, in welchem gräßlichen, das menschliche Blut empörenden Widerspruch mit der Ordnung der Natur unsere angebliche sittliche Welt- oder Staatsordnung steht. Die Natur hat verordnet, daß der Mensch stickstoffhaltige Körper verzehre, denn der Stickstoff ist ein wesentlicher Bestandteil des Bluts, aber die Staatsordnung verdammt unzählige zu Nahrungsmitteln, die dieses wesentlichen Blutstoffs entbehren. Ein solches unmenschliches und naturwidriges Nahrungsmittel ist vor allem die Kartoffel, wenn sie, wie es bei ärmern Volksklassen der Fall, das einzige oder doch

hauptsächliche Nahrungsmittel ist. In seiner gerechten Indignation ruft der Verfasser aus (S. 124 f.):
»Was soll man von einem Nahrungsmittel halten, in dem Eiweiß und Fettbildner gerade im umgekehrten Verhältnisse von den Eiweißkörpern und dem Fett des Bluts vorhanden sind? Mit Fett kann es das Blut und die Gewebe überfüllen, aber wie es das Blut nur ärmlich mit Eiweiß versorgt, so kann es den Muskeln keinen Faserstoff und keine Kraft, dem Gehirn weder Eiweiß noch phosphorhaltiges Fett zuführen ... Träges Kartoffelblut, soll es den Muskeln Kraft zur Arbeit, dem Hirn den belebenden Schwung der Hoffnung erteilen? Armes Irland! Du kannst nicht siegen in dem Kampf gegen den stolzen Nachbar, dessen üppige Herden die Macht seiner Söldner erzeugen! Du kannst nicht siegen, denn deine Nahrung kann nur ohnmächtige Verzweiflung, nicht Begeisterung erwecken, und nur Begeisterung vermag es, den Riesen abzuwehren, dem mit reichem Blute Tatkraft durch die Adern rollt.«
Wir sehen zugleich hieraus, von welcher wichtigen ethischen sowohl als politischen Bedeutung die Lehre von den Nahrungsmitteln für das Volk ist. Die Speisen werden zu Blut, das Blut zu Herz und Hirn, zu Gedanken und Gesinnungsstoff. Menschliche Kost ist die Grundlage menschlicher Bildung und Gesinnung. Wollt ihr das Volk bessern, so gebt ihm statt Deklamationen gegen die Sünde bessere Speisen. Der Mensch ist, was er ißt.[103] Wer nur Pflanzenkost genießt, ist auch nur ein vegetierendes Wesen, hat keine Tatkraft.
S. 101: »Wer kennt nicht die Vorzüge des englischen Arbeiters, den sein Roastbeef kräftigt, vor dem italienischen Lazzarone, dessen vorherrschende Pflanzenkost einen großen Teil seines Hanges zur Faulheit erklärt.«
S. 119: »Bei ausschließlichem Genuß von Kräutern wird nicht nur die Muskel kraftlos, sondern auch dem Gehirn wird wenig Stoff zugeführt. Daher ein unentschlossener Wille und feiges Aufgeben der Selbständigkeit bei den Hindus und andern Tropenbewohnern, die sich fast nur von Gemüsepflanzen ernähren.«

Daher auch bei uns der Sieg der Reaktion, der schmähliche Verlauf und Ausgang unserer sogenannten Märzrevolution, denn auch bei uns besteht der größte Teil des Volks nur durch und aus Kartoffelstopfern. Sollen wir aber deswegen verzweifeln? Gibt es keinen Stoff, der die Kartoffel auch bei der ärmern Volksklasse ersetzen, der zugleich dem Volk männliche Gesinnung und Tatkraft einflößen kann? Ja! Es gibt einen solchen Stoff, einen Stoff also, der der Bürge einer bessern Zukunft ist, den Keim zu einer neuen, wenn auch langsamen und allmählichen, aber um so solidern Revolution enthält: Es ist der Erbsenstoff. Er zeichnet sich durch seinen Reichtum an Phosphor aus, das Gehirn aber kann, wie wir bereits wissen, ohne phosphorhaltiges Fett nicht bestehen, er ist überdem ein eiweißartiger Körper, und zwar ein solcher, der nicht nur den Klebergehalt des Brotes, sondern auch den im Fleisch enthaltenen Faserstoff bedeutend übertrifft. Indes ist es nicht genug, daß wir unter dem Volk, welches ja längst vor Entdeckung der tierisch-vegetabilischen Substanz der Hülsenfrüchte aus der Empfindung die Wichtigkeit derselben, besonders der Linsen, erkannt hat, Propaganda für den Erbsenstoff machen, um durch die Salze und phosphorsauren Alkalien, die in den Hülsenfrüchten in so reichlicher Menge enthalten sind, das faule Kartoffelblut des deutschen Volks wieder in Bewegung zu setzen. Auch wir, die wir unverdienterweise so glücklich sind, nicht allein von Kartoffeln zu leben, müssen die Lehre der Nahrungsmittel zu unserer Richtschnur nehmen, wenn wir einen guten Grund zu einer neuen Revolution legen wollen. Die Diät ist die Basis der Weisheit und Tugend, der männlichen, muskelkräftigen, nervenstarken Tugend; aber ohne Weisheit und Tugend gedeiht keine Revolution. Lassen wir uns daher vor allem durch die Politik, so niederschlagend und ekelerregend sie auch jetzt ist, nicht den Appetit zum Essen und Trinken verderben, aber mäßigen wir den Genuß durch die Erkenntnis der Nahrungsstoffe, wie sie uns hier der Verfasser mitteilt, wenngleich uns die Empfindung von ihren Wirkungen längst gesagt hat, was uns die Chemie lehrt. Aber die Aufgabe des Menschen ist es eben, den Grund der Empfindung zu entdecken, den Gegenstand der Empfindung zu einem Gegenstand des Wissens zu erheben. Nicht mit Gebet, mit Erkenntnis zu genießen ist menschlich. Doch wir können dem Verfasser nicht bis in seine Diätetik und Zergliederung der einzelnen Speisen, Getränke und Gewürze hinein folgen, empfehlen aber jedem Gelehrten, dem der Mensch mehr ist als das Buch, jedem Künstler, jedem Handwerker, jedem Lehrer, jedem Vater, jeder Hausfrau dieses Buch als ein unentbehrliches, als ein Buch, welches alle die Bedingungen erfüllt, welche zu einer gesunden, ihrem Begriffe entsprechenden, sowohl leiblichen als geistigen Nahrung erfordert werden.

Spiritualismus und Sensualismus
[Über:] *System der Rechtsphilosophie*
von Ludwig Knapp,
Erlangen 1857
[1858][104]

Der gegenwärtige Streit zwischen dem Spiritualismus und Materialismus wird aus einem falschen Gesichtspunkt betrachtet, wenn man sie sich als absolute Gegensätze vorstellt. Der Materialismus ist so alt und weit verbreitet als die Menschheit, so einleuchtend wie das Licht, so notwendig wie Wasser und Brot, so unentbehrlich, so zudringlich und unabweisbar wie die Luft. Der Spiritualismus ist nichts andres als der spiritualistische Materialismus. »Nicht ist alles Fleisch einerlei Fleisch, sondern ein anderes Fleisch ist der Menschen, ein anderes des Viehes. Und es sind himmlische Körper und irdische Körper.« Aber gleichwohl ist alles Fleisch, wenn auch nicht einerlei Fleisch, doch immerhin Fleisch und aller Körper, auch der himmlische, der Gattung nach ebensogut Körper als der irdische. Nicht ist also aller Materialismus einerlei Materialismus, sondern ein anderer der, welcher den Geist oder die Seele als ein von dem Körper – versteht sich, dem Körper, wie er auf diesem Standpunkte bekannt ist und vorgestellt wird – unterschiedenes, ein anderer der, welcher die Seele als ein mit dem Körper identisches Wesen betrachtet; aber gleichwohl ist die Seele, welche sich im Leben logisch vom Leibe unterscheidet, um sich im Tode förmlich, d. i. leiblich von ihm zu trennen und in himmlische Regionen emporzuschwingen, auch ein materialistisches, nur phantastisch materialistisches Wesen. Selbst der philosophische Geist der Modernen, wie der Geist des Cartesius, welcher sein Wesen nur ins Denken setzt, ist ein solches phantastisch und versteckt materielles Wesen, da er, obzwar ein dem Gedanken nach vom Leibe unterschiedenes und unabhängiges, doch zugleich der Erfahrung nach ein »mit dem Leibe innig verbundenes, ja gleichsam vermischtes« Wesen ist; denn wer kann mit dem Leibe verbinden, was nicht leiblichen oder doch »gleichsam« leiblichen Wesens ist; wer in Zusammenhang bringen, was nicht an und für sich seiner Natur nach zusammengehört; wer Ungereimtes zusammenreimen, wenn nicht anders die Verbindung von Leib und Seele, Körper und Geist ein Ausdruck der reinsten Verrücktheit, ja Tollheit sein soll? Der gegenwärtige Kampf zwischen Spiritualismus und Materialismus ist daher nur der Kampf zwischen dem alten und dem neuen, d. h. dem himmlischen und dem irdischen, dem phantastischen und dem realistischen, dem gemütlichen und dem gesetzlichen, dem willkürlichen und dem konsequenten, dem versteckten und dem offenen, dem unwissenden und dem bewußten, wissenschaftlichen Materialismus. Es ist hier nicht der Ort, diese paradoxe Behauptung allseitig durchzuführen; es werde daher nur ein flüchtiger Blick in das Gebiet geworfen, dem die vorstehende Schrift angehört.[105]

Der Verfasser derselben gründet das Recht, und zwar in allem Ernste und mit schonungsloser Strenge, auf *»den naturwissenschaftlichen Materialismus«*.

Das Recht, das heilige, hochgeborne, allerdurchlauchtigste Recht auf den pöbelhaften Materialismus gründen – welche Verrücktheit und zugleich welche Frivolität! Oh, ihr Herren und Damen von Gottes Gnaden, ihr geistlichen und weltlichen Herren samt und sonders, ja selbst auch ihr Handels-, Bürger- und Bauersleute – denn auch ihr habt ja einige, wenn auch nicht wohlgeborne, doch wohlerworbene Rechte –, seht, wie hier eure Rechte in den Kot getreten werden; aber seht: Das ist das saubere Resultat, das die reifste, aber gottlob auch letzte Frucht des modernen Materialismus, denn jetzt hat er den äußersten Grad des Frevels und Unsinns erreicht. Daß er uns Gott und unsere unsterbliche Seele nimmt, das kann man sich wohl noch gefallen lassen; ohne Gott und Seele kann man in diesem zeitlichen Leben auskommen; wir brauchen sie ja so nur als Bürgschaft für ein zukünftiges Leben. Überdies sind beide ungewiß, wenigstens bestreitbar; aber wer uns

unser einzig Gewisses und Unbestreitbares, unser jus certum nimmt, unser allerteuerstes, herzallerliebstes Recht an die profane Materie entäußert, der nimmt uns unsere Existenz selbst. Fort also mit dem Frevler an den Galgen oder doch wenigstens an den Pranger!
Mit solchem Zetermordio-Geschrei verkündete ein Artikel der löblichen *Augsburger Allgemeinen Zeitung* die Erscheinung dieser Schrift und zeigte zugleich als corpus delicti zur Rechtfertigung dieses Geschreis ein paar aus der Mitte herausgerissene, kraß klingende Stellen dem entsetzten Publikum vor. Die Hauptstelle war diese: »Die sittlich zwingenden Affekte bilden das *Gewissen*, die sittlich zwingenden Handlungen bilden den Rechtszwang, der, gattungsmäßig gegliedert, als Staatsgewalt erscheint. Anstatt also das Gewissen als unsichtbares Klopfgespenst und den Staat unter irgendeinem Ideale anzuschauen – wie sie sich von dem Bienenkorb bis zu dem Gottesreich stufen – oder, anmaßlich nichtssagend, ihn mit der naturwissenschaftlich als Erklärungsgrund längst abgelegten Redensart des Organismus abzutun, fassen wir beide Begriffe an den wirkenden leiblichen Gebilden ihrer konkreten Träger und Produzenten an und suchen das Gewissen unter den Leistungen der unbewußten und den Staat unter denen der bewußten Muskelerregungen auf. Ja, da es erlaubt sein muß, einen spiritualistisch-phantastisch so viel beleckten Gegenstand mit den schroffsten Ausdrücken der sinnlichen Erkenntnis zu überstacheln, so dürfen wir sagen, daß die glatten, blassen, weichen, aus strukturlosen Fasern zusammengesetzten und die das Herz bildenden Muskeln des vegetativen Systems, indem sie vorherrschend den Affekten dienen (S. 42), vorherrschend die Moral, und daß die quergestreiften, roten, in Primitivbündel gefaserten Muskeln des animalen Systems, indem nur sie die Handlungen vermitteln und auch, im Gegensatz der ersten, allein zu Gerichtsfolge, Landsturm u. dgl. verknüpfbar sind, das Recht vollziehen.« (S. 156) Welch ein querköpfiger roter Materialismus! Wer hat je so was gehört oder gelesen? Was bedarf es mehr

als diese eine Stelle, um den Schuft ohne weiteres dem Henker zu übergeben?

Gleichwohl hat schon im siebzehnten Jahrhundert – habt Respekt! – ein Comes palat. caes. und Professor primarius et ordinarius, Herr S. Strykins, eine lateinische Schrift von dem *Rechte der Sinne, De jure sensuum,* geschrieben, worin er alles, was sich im Kriminal- und Zivilrecht über die Sinne zerstreut und gelegentlich vorfindet, zusammenstellt und erläutert, zuerst die juristische Bedeutung der Sinne im allgemeinen bespricht, hier die Notwendigkeit der *sinnlichen Erkenntnis,* die necessitatem scientiae sensualis, besonders für den Richter hervorhebt, dann die Rechte der einzelnen Sinne, des Auges, des Gehörs, des Getastes, des Geschmacks, des Geruchs, abhandelt. Was bedeutet aber das »Recht der Sinne«, der »leiblichen Sinne«, wie es in einer Notariats-Verordnung des Kaisers Maximilian heißt, anderes als die Sinnlichkeit und Leiblichkeit des Rechtes? Wenn z. B. der Geschmack und Geruch vor Gericht die Echtheit oder Unechtheit, die Identität oder Verschiedenheit eines Weines, eines Balsams oder sonst eines kostbaren Stoffes bezeugen und so den Streit zwischen mein und dein entscheiden, was sagen sie anderes aus, als daß es nicht nur überhaupt dingliche, sondern selbst auch schmeck- und riechbare Rechte gibt? Ist aber nicht damit zugleich ausgesprochen und juristisch bewiesen, daß das Subjekt des Rechts, das berechtigte Wesen, zwar allerdings ein wollendes und wissendes, aber wesentlich zugleich auch fühlendes, sehendes, schmeckendes, kurz, sinnliches, leibliches, materielles Wesen ist?

»Ich will, also habe ich«, volo ergo habeo (Grundling, *Von Erlang. des Eigent. ohne Berührung und körp. Bewahr.*); aber ich habe nur, weil dieser mein Wille schon das antizipierte Haben ist, weil ich mit dem Willen, in Gedanken schon voraus in Händen habe, was ich nachher wirklich, leiblich in Händen habe oder haben kann. Wo kein körperliches Haben-Können, ist auch kein rechtliches Haben-Wollen, sonst könnte ich auch das Eigentumsrecht von Sonne, Mond und Sternen beanspruchen. »Was an körperlichem Besitz abgeht, ergänzt der Wille, die Absicht, der Geist«, aber nur, weil umgekehrt, was dem gewollten oder geistigen Besitz mangelt, der körperliche ergänzt. So ergänzt auch der Galgen in der Vorstellung, was demselben in der Wirklichkeit fehlt – nämlich das Dasein an jedem Orte; aber dennoch vertritt dieser ideale Galgen nur die Stelle des materiellen; außerdem wäre es widersinnig und widerrechtlich, den Dieb anders als in der bloßen Furcht und Idee des Galgens zu erhängen. Kurz, das bloße Wollen und Denken reicht nicht hin zur Begründung des Rechts, auch nicht des Eigentumsrechtes oder Besitzes. Animo *et corpore* possessio acquisitur, heißt es nach dem Römischen Recht im Rechte der Sinne (De effectu tactus in civil). Und im Naturrecht heißt es schon seit Christ. Thomasius, dem jüngern Zeitgenossen und Geistesverwandten vom Verfasser des Sinnenrechts, wenn auch nicht mit derselben Bestimmtheit ausgesprochen wie bei Kant: »Das Recht ist mit der Befugnis zu zwingen verbunden«. Dieser Satz sagt aber nichts anderes aus als: Das Recht ist nicht nur mit dem Wollen und der Intelligenz, sondern auch mit dem corpus, mit dem Leibe, in notwendiger und wesentlicher Verbindung zu denken; das Recht ist das Recht, nicht durch Worte und Gründe, durch Beweise von Intelligenz und gutem Willen, sondern durch physische Gewalt sich geltend zu machen, d. h. das Zwangsrecht ist der handgreifliche Beweis von der groben Materialität und Körperlichkeit des Rechts; *Zwangsrecht ist Faustrecht* – nur mit dem Unterschied von dem gewöhnlich so genannten geschichtlichen Faustrecht, daß hier die Faust das Recht, dort aber das Recht die Faust macht. Was ist aber die Faust, womit der Mensch seine Zwangsrechte geltend macht, selbst das jus gladii, das Recht über Leben und Tod handhabt, ohne Muskeln? Worin besteht also das Verbrechen unsers Verfassers? Nur darin, daß er an die Stelle der populären Faust den anatomischen Muskel, d. h. an die Stelle des populären und empirischen Materialismus des positiven Rechts den unpopulären, naturwissenschaftlichen, an die Stelle des im Begriffe des Zwangsrechts versteckten, heimtückischen Materialismus des Naturrechts den bewußten, freimütigen Materialismus gesetzt hat. Wenn man freilich die angeführte Stelle so für sich liest, wie sie die löbliche Augsburgerin perfiderweise hingestellt, losgerissen von den vorausgegangenen, höchst beachtungswerten physiologisch-psychologischen Erörterungen des Verfassers, wo es z. B. von der Muskeltätigkeit heißt: »Jede geistige Mitteilung Betätigung ist, in der bewußten wie unbewußten Form, an die *Muskelfaser* geknüpft, ohne deren Zusammenziehung es keinen Blick der Liebe, kein Bruderwort der Freundschaft, kein Werk der Kunst und der Wissenschaft gibt« (S. 63), so erscheint diese unmittelbare Verbindung des Gewissens und des Rechts mit dem Muskel als der Ausdruck krassen, ja fast verrückten Materialismus. So erschien sie auch mir, dem Schreiber dieses, und da der Mensch immer gleich vom Einzelnen auf das Allgemeine, vom Teil auf das Ganze schließt, so verurteilte ich kurzweg auf den Eindruck dieser Stelle hin die Schrift, ohne sie noch zu Gesicht bekommen zu haben. Als ich aber zufälligerweise gerade einige Tage nach jenem Zetermordio-Geschrei die Schrift von meinem Buchhändler zugeschickt erhalten hatte und nun nicht nur die einzelne, losgerissene Stelle, sondern das Ganze von Anfang an durchlas, wie bat ich noch während des Lesens den Verfasser um Verzeihung wegen des Unrechts, das ich in meinem Geiste ihm angetan hatte![106] Wie war ich erstaunt über die Besonnenheit, die Gründlichkeit, die Schärfe, die Originalität, den leider nur in einer zu abstrakten und schwerverständlichen Sprache niedergelegten Gedanken- und Bilderreichtum des Verfassers; aber auch wie erstaunt über das Elend des deutschen Spiritualismus, welcher bedeutungsvolle Worte dadurch zu widerlegen glaubt, daß er sie entweder ignoriert oder bei dem allgemeinen Publikum verschreit.

Theogonie nach den Quellen des klassischen,
hebräischen und christlichen Altertums
[Auszüge]
[1857][107]

6. Das Urphänomen der Religion

Die Götter sind Erscheinungen, die kommen und verschwinden – Erscheinungen, gleichgültig, ob sie außer dem Menschen oder im Menschen, ob sie in Person oder in ihren Wirkungen oder nur im Glauben, in der Vorstellung erscheinen; denn auch das religiöse Fest (s. E. Spanhemii *Observ. in Callim. H. ad Apoll.*, V. 7 u. 13), das Opfer, das Gebet sind Theophanien oder Göttererscheinungen. »Wenn die Götter«, sagt der Kaiser Mark Antonin, »sich um niemand bekümmern, eigentlich sich beraten, Beschluß fassen, so* wollen wir weder opfern, noch beten, noch schwören, noch sonst was tun, was wir nur in der Voraussetzung tun, daß die Götter uns gegenwärtig sind und mit uns leben.« ἅπερ ἕκαστα ὡς πρὸς παρόντας καὶ συμβιοῦντας τοὺς θεοὺς πράσσομεν (Εἰς Ἑαυτ. 6, 44). »Von Alters her«, sagt der Phäakenkönig in der *Odyssee* (7, 201), »erscheinen ja sichtbare Götter uns, wann wir sie ehren mit heiligen Festhekatomben.« Wenn man auch diese Äußerung nur als einen Vorzug der Phäaken als eines gottverwandten Volks ansehen will, so bezieht sich doch dieser Vorzug nur auf die Sichtbarkeit oder vielmehr Klarheit und Deutlichkeit der Erscheinung, besteht der Unterschied überhaupt zwischen den außerordentlichen, persönlichen und den gemeinen, unpersönlichen Göttererscheinungen

---

* Im Text steht vorher: ein Glaube oder eine Annahme, die zwar gottlos, *oder:* wir wollen weder opfern, πιστεύειν μὲν οὐχ ὅσιον, ἤ, worauf dann der nächste Satz mit δέ folgt und diese Annahme gelten läßt. Aber bei allen Belegstellen wird das, was nicht notwendig und wesentlich zum Sinn und Zweck der Anführung gehört, zur Vermeidung aller überflüssigen Weitschweifigkeit entweder nur nach seinem allgemeinsten Sinn übersetzt oder weggelassen.

nur darin, daß dort die Götter dem leiblichen, hier nur dem geistigen Auge gegenwärtig sind; denn wer kann die Götter auch nur anrufen, ohne sie sich zu vergegenwärtigen, ohne sie wenigstens im Geiste vor sich erscheinen zu lassen?

Mögen die Götter an sich sein, was sie wollen, mögen sie an sich immerwährende und allgegenwärtige Wesen sein – für den Menschen wenigstens sind sie keine beständigen Wesen, unterscheiden sie sich nicht von den vorübergehenden Erscheinungen des Himmels, die ja selbst darum einst für Götter galten und jetzt noch bei vielen Völkern gelten. Mag einer auch den frommen Vorsatz fassen, immer und überall an die Götter zu denken, – sowie er sich in eine Handlung oder Anschauung, Sorge oder Freude, Arbeit oder Unterhaltung, kurz, in irgendeinen Gegenstand des menschlichen Lebens vertieft, verliert er unwillkürlich die Götter aus dem Sinn. Hören wir, wie sich darüber ein Christ ausspricht. »Wollen wir einmal unser Leben berechnen: den wievielsten Teil davon widmen wir Gott? der wievielste Schritt gehört seinem Dienste? der wievielste Gedanke erhebt sich zu Gott? Die Gebete selbst, was sind sie anderes als fortgesetzte Vergehungen, da wir in der Glut selbst kalt sind, mitten in der Andacht selbst in eitle Bilder uns verlieren?« (Ph. Mornaeus, *De verit. Rel. christ.*, c. 16)

Aber welche Erscheinungen unter den mannigfaltigen und scheinbar regellosen Göttererscheinungen sind die ursprünglichen, über das Wesen der Götter entscheidenden? Offenbar die geistigen, innerlichen, wenngleich für den Gläubigen, sobald einmal die Götter fix und fertig sind, sich dieses Verhältnis umkehrt, die leibliche oder persönliche Göttererscheinung sich nicht auf den Götterglauben, sondern umgekehrt sich dieser auf jene stützt.

Der Inhalt der geistigen Theophanien, der Gebete, Opfer, Feste ist aber zuletzt nur entweder *Dank* oder *Bitte*: – Dank, Lob, Preis für erfüllte Wünsche, empfangene Wohltaten – Bitte um Erfüllung von Wünschen, deren Gegenstand entweder ein wirkliches Gut ist oder die Abwendung eines Übels oder, wie in den Sühn- und Schuldopfern, den Buß- und Versöhnungsfesten, die Beschwichtigung des göttlichen Zorns als des ursächlichen Übels. Aber dem Loblied geht das Klagelied, dem Dank die Bitte, dem erfüllten Wunsch der leere, bloße Wunsch voraus wie die Saat der Ernte, die Braut der Mutter, der Durst dem Trunk.

Der Wunsch ist die Urerscheinung der Götter. Wo Wünsche entstehen, erscheinen, ja entstehen die Götter. Selbst in der *Ilias,* die doch dem historischen oder vielmehr für uns vorgeschichtlichen Ursprung der Götter so ferne bereits stand, die schon eine reiche Götter- und Mythenwelt vor sich hatte, ist doch von dem Wahrheitsinstinkt des Dichters das Urphänomen der Religion dadurch ausgesprochen oder erraten, daß gleich die erste eigentliche Theophanie in derselben, der zürnende Gott Apollo, nur die sinnliche Erscheinung und Verwirklichung eines ausdrücklichen Wunsches, des priesterlichen Rachewunsches ist, gleichwie auch gleich in der ersten Olympischen Ode Pindars der Gott gleichzeitig mit dem Wunsche zum Vorschein kommt. »Dem Meere nahe dann tretend dem grauen, allein in der Dämmrung rief er an (ἄπυεν d. h. ἐφώνει. προσεκαλεῖτο. τουτέστιν ηὔξατο τῷ Ποσειδῶνι, *Schol. Pind. Carm.,* ed. Beckius) den rauschenden, guten Lenker des Dreizacks. Augenblicks ihm stand er da« (Mommsen); ὁ δ' αὐτῷ πὰρ ποσὶ σχεδὸν φάνη (118). Auch in der Odyssee geschieht die erste Theophanie, die Erscheinung der Athene, der Schutzgöttin des Odysseus, gerade in dem Momente, wo sein Sohn Telemach »saß bei den Freiern, das Herz voll großer Betrübnis, denkend des Vaters Bild, des herrlichen, ob er doch endlich käme« (*Od.* 1, 114). Wie er dieses denkt, τὰ φρονέων (V. 118), erblickt er die Athene, wenngleich in angenommener Gestalt. Zwar erscheint Athene von freien Stücken, kommt eigenwillig den Wünschen seiner Vaterliebe und seines Freierhasses zuvor. Aber die eigenmächtigen Göttererscheinungen und Götterwirkungen[*] sind nur poetische, ja poetisch selbst not-

---

[*] Alle Erscheinungen oder Vorstellungen von den Göttern, welche zu ihrer Voraussetzung nur die Persönlichkeit oder Individualität der Götter

wendige, aber ihrem Wesen nach überflüssige, luxuriöse Erscheinungen, eben weil sie durch keine Not, kein Verlangen hervorgerufen werden, setzen überhaupt das Dasein der Götter schon voraus, haben keine genetische Bedeutung, können daher nicht den erstgenannten Göttererscheinungen gleichgesetzt werden.**
In der *Ilias* folgt gleich auf die treffende Erscheinung Apollos eine solche luxuriöse Götterwirkung. Daß Achilleus am zehnten Tage der verheerenden Pest das Volk zusammenberief, um über den Grund des Übels zu beraten, diesen Gedanken oder Entschluß legt' in die Seele ihm die lilienarmige Here, denn sie fühlete Schmerz, die Danaer sterben zu sehen (V. 55, 56). Lag denn aber dieser Gedanke dem Achilleus nicht höchst nahe? Fühlte er denn bei dem Tode seiner Kriegsgefährten keinen Schmerz? Bedurfte er dazu eine Eingebung oder Anregung von oben?

Wie bei Homer Here dem Achilleus den in seiner Stellung und bei seinem Charakter sich von selbst verstehenden Gedanken einer Volksversammlung eingibt, so sagt oder befiehlt וַיֹּאמֶר, in der Bibel Jehova dem Jakob, nach Hause zu reisen, während doch in den Versen vorher die dringenden Gründe angeführt werden, die ihn zur Heimreise bewogen (1. Mos. 31, 1-3), und es schon in dem vorhergehenden Kapi-

---

haben, werden mit Ausnahme der »Strafen der beleidigten Gottheit« als Vorstellungen abgeleiteter, sekundärer Art und Ordnung, eben deswegen als selbstverständliche in dieser Schrift beiseite gelassen. So ist es z. B., da Zeus und Thetis persönliche, wirkliche, lebendige Wesen sind, ganz notwendig, daß diese als Göttin und zugleich Mutter des Achilleus seine Wünsche bei jenem in ihrem Namen, aufgrund ihrer dem Zeus erwiesenen Wohltaten geltend macht. So nur wird ein persönliches, also egoistisches Wesen zur Erfüllung von Wünschen anderer bewogen. Aber selbst die Persönlichkeit als solche ist, natürlich für die Erkenntnis, nicht für den Glauben, nur eine Vorstellung zweiten Ranges, weil es sich von selbst versteht oder wenigstens durch eine höchst naheliegende Folgerung ergibt, daß das wunscherfüllende Wesen ein dem wünschenden Wesen blutverwandtes, innigst gleiches, folglich auch wirkliches, lebendiges, persönliches Wesen ist.
** Dasselbe gilt auch von den überflüssigen und überschwenglichen Zuvorkommenheiten, den vorlauten, vor- und unzeitigen – eben deswegen auch ἀτόποις – Verheißungen, d. h. prophetischen Komplimenten, die Jehova in der Genesis (namentlich der sog. Jehovaurkunde) den Erzvätern macht.

tel (V. 25) heißt, daß er nach Hause wollte. Ebenso befiehlt ebendaselbst K. 35 Gott oder Elohim, wie es im Text heißt, dem Jakob, sich von Sichem nach Bethel zu begeben, während doch im vorhergehenden Kapitel Jakob diese Besorgnis äußert, es möchten die benachbarten Völker sich an ihm wegen der von seinen Söhnen gegen die Einwohner dieses Landes begangenen Greueltaten rächen. Was ist aber das für ein Gott, der mir nur vor- oder vielmehr nachsagt, was mir meine Selbstliebe befiehlt? Was das für ein Gott, der mir, wenn ich durstig bin, statt den Durst zu löschen, nur sagt: Trinke! oder: Denke daran, den Durst zu stillen! Wer kann also Wirkungen unberufener göttlicher Galanterie den mit Tränen herbeibeschworen Wirkungen göttlicher Barmherzigkeit gleichstellen?

Eine ähnliche Bewandtnis als mit den Eingebungen der Here hat es mit der zweiten, eigentlichen, auch durch Here veranlaßten Theophanie, der Erscheinung der Athene vor Achilleus. Auch diese Erscheinung ist eine eigenmächtige, aber auch sie vertritt nur, versinnlicht nur Achilleus eignen Sinn und Verstand, denn hätte Achilleus den Agamemnon niedergehauen, so hätte er sich um den unsterblichen Ruhm gebracht, der Gegenstand der göttlichen *Ilias* zu sein, eine seines Sängers und seiner selbst völlig unwürdige Roheit und Gemeinheit begangen. Athene erscheint ihm daher in dem Momente, wo er erst das Schwert herauszog, ἕλκετο, noch nicht herausgezogen hatte, wo die Tat noch in Gedanken wie das Schwert halb in der Scheide stak, wo dieser Gedanke durch andere Gedanken in der Schwebe gehalten wurde, wo er zweifelte, sich besann, was er tun sollte, ob den Zorn befriedigen oder beherrschen. Wer aber einmal so zweifelt, ist schon Herr und Meister seines Zorns. Athene sagt darum dem Achilleus auch nichts anderes, als was ihm sein eigner Verstand, sein eignes Ehrgefühl, ja selbst sein eigner Vorteil eingab.

So dichterisch schön, so sinn- und taktvoll auch diese Göttererscheinung ist, so hat sie doch nicht gleiches Gewicht, gleiche Bedeutung mit der dritten Theophanie der *Ilias,* der durch den Hilferuf des schwer gekränkten Achilleus aus der Tiefe der Natur hervorgezauberten Erscheinung der Thetis. Athene ist die Erscheinung eines Zwangs, einer Gewalt, die sich Achilleus antut, aber die ursprüngliche Göttererscheinung ist nicht da, wo der Mensch seinem Herzen einen Zwang antut, sondern da, wo er ihm Luft macht.

Die Gedanken, die Here und Athene dem Achilleus eingeben, hat Homer, der Dichter, ihm eingegeben, gleichwie auch die Befehle Jehovas in der Bibel nur der dichtende Erzähler dem Jakob gegeben hat; aber die Erscheinung der Thetis kommt und stammt nicht aus dem Kopf des Dichters, sondern aus Achilleus eigner Brust; er selbst hat sie verlangt. Allerdings – was wäre denn auch ein Dichter, wenigstens ein Dichter wie Homer, wenn er nicht seinem Gegenstand gemäß dichtete? – ist auch Athene dem Haupte des Achilleus entsprungen oder entnommen; aber eben *aus* dem *Kopfe* – wenngleich noch nicht bei Homer – ist auch nur Athene, die Göttin der Klugheit und Weisheit entsprungen; die andern Götter, die in der *Ilias*, wie in der Welt überhaupt, die Menschen beherrschen, sind, wenngleich auch nicht ohne Kopf, doch aus andern Organen entsprungen. Sowenig der Kopf für sich allein zur Zeugung der Menschen, so wenig reicht er für sich allein zur Zeugung der Götter hin. Es ist eine höchst beklagenswerte, aber leider nicht wegzuleugnende Tatsache, daß die Götter sowohl als die Menschen ihr Dasein nur der Wahrheit des »Sensualismus und Materialismus« verdanken.

So ist bei Homer Okeanos, der die Erde umflutende Weltstrom, »welchem alle Ström' und alle Fluten des Meeres, alle Quellen der Erd' und sprudelnde Brunnen entfließen« (*Il.* 21, 196-97), der Ursprung von allem, der Ursprung selbst der Götter (θεῶν γένεσιν, *Il.* 14, 201, 302). Die Götter trinken nun zwar nicht, wie die Sterblichen, zur Bestätigung dieses ihres Ursprungs Wasser, selbst nicht Wein, und haben deswegen, und weil sie zugleich auch kein Brot essen, kein Blut in sich, aber doch einen Saft, ἰχώρ, welcher fließt, ῥέει (*Il.* 5, 340) und daher seinen Ursprung aus, seinen Zusammenhang mit dem Flußwasser des

Okeanos – ῥόον Ὠκεανοῖο (*Il.* 16, 151), ποταμοῖο ῥέεθρα Ὠκεανοῦ (*Il.* 14, 245) – nicht verleugnet. Wie aber Okeanos die Genesis, der Ursprung der Götter, so ist das Blut die (spezielle) Genesis des Menschen; denn nur aus dem Blute entspringt Leben und Bewußtsein. So erkennt der Geist oder Schatten der Mutter des Odysseus ihn sogleich, als sie Blut getrunken (πίεν αἷμα κελαινεφές. αι'τίκα δ'ἔγνω, *Od.* 11, 153). Wo also kein Blut (*Od.* 3, 455), aber auch kein Fleisch, kein fester körperlicher Bestand und Zusammenhang, wo »nicht mehr wird Fleisch und Gebein durch Sehnen verbunden« (*Od.* 11, 219), da ist auch kein Leben, keine Geisteskraft – νεκύων ἀμενηνὰ κάρηνα (*Od.* 10, 521) –, keine Festigkeit des Willens, kein Zusammenhang, keine Kohäsion des Bewußtseins, keine φρένες ἔμπεδοι (*Od.* 10, 493), überhaupt kein sich von einem Traumbild, einem Schatten, einem Rauche unterscheidendes, kein widerstehendes, standhaltiges Wesen. Kurz, Homer ist »*Materialist*«. Homer weiß nichts von einem vom Leibe unterschiedenen und unabhängigen Geiste; er weiß nur von einem Geiste *im* Leibe, nur von einem Verstande, einem Gemüte, einem Willen in oder mit Körperorganen – νόος μετὰ φρεσίν (*Il.* 18, 419), νόος ἐν στήθεσσι (*Od.* 20, 366), θυμὸς ἐνὶ στήθεσσιν (*Il.* 4, 152), ἐν φρεσὶ θυμὸς (*Il.* 8, 202) –, nur von einem Hören mit Ohren (z. B. *Il.* 15, 129; 12, 442), nur von einem Sehen mit Augen (*Il.* 1, 587; 21, 54 und sonst oft) –, nichts also von den Kunststückchen der modernen Somnambulisten und Spiritualisten, welche zum Beweise der gänzlichen Verschiedenheit und Unabhängigkeit des Geistes vom Körper ihre Gefühle und Gedanken mit derselben Virtuosität und Geläufigkeit durch den After als durch die Kopforgane ausdrücken. Gleichwohl ist Homer Dichter – unübertrefflicher, unvergleichlicher Dichter. Und so hat denn das ebenso große Kunst- als Naturgenie des griechischen Volks schon vor fast 3000 Jahren zur tiefsten Beschämung der ἀμενηνὰ κάρηνα, auf deutsch: Schwachköpfe der gegenwärtigen Geister- oder Schattenwelt, das Problem, wie mit dem Materialismus der Natur der Idealismus der Kunst sich vereinigt, wenigstens dichterisch, tatsächlich gelöst.

7. Der Anfangswunsch

Die Erscheinung der Götter ist nur da eine notwendige und ursprüngliche, eine eben deswegen nicht nur poetische, sondern auch religiöse Erscheinung, wo sich mit Notwendigkeit ein Wunsch in der menschlichen Brust erhebt. So war der Wunsch des Chryses, der Wunsch des Achilleus, sich zu rächen, ein notwendiger, unabweisbarer, unwiderstehlicher Wunsch. Aber diese Notwendigkeit erstreckt sich keineswegs nur auf die Wünsche der Rachsucht; bei jedem Anliegen, bei jedem wichtigen Schritt, den der Mensch tut, bei jedem Unternehmen, das über Glück oder Unglück entscheidet, entsteht in ihm notwendig der Wunsch, daß es gelinge, kommen daher die Götter, wenn auch nur *im* Menschen, zum Vorschein.
Beweise und Beispiele hiervon sind in der *Ilias* die Opfer, welche die Achäer vor dem Beginn der Schlacht den Göttern bringen, »flehend, dem Tode der Schlacht zu entgehn und dem Toben des Ares« (2, 400); die Gebete der Troer und Achäer vor dem unter feierlich beschwornen Friedensbedingungen beschlossenen Zweikampf des Menelaos und Paris um Vertilgung des Meineidigen und des Urhebers des unseligen Krieges (3, 275–323); die Gebete des Menelaos (3, 350), des Diomedes (5, 114) und anderer Helden oder derselben bei andern Gelegenheiten, ehe sie den Pfeil oder die Lanze gegen ihre Feinde schleudern; die Gebete des Odysseus und Meriones vor dem Ziele des Wettlaufs (23, 770) und vor dem Pfeilschuß nach dem Ziele der Schützen (23, 872) bei den Wettspielen zu Patroklos Ehren; die Trankspenden und Gebete der Achäerfürsten zum Zeus um Erbarmung, als sie Odysseus und Phönix zum Achilleus absenden, um diesen zur Teilnahme an der Schlacht zu bewegen, und die Gebete eben dieser beiden zum Poseidon, »daß sie leicht doch gewönnen den hohen Sinn des Achilleus«, als sie längs dem Meere zu Achilleus hinwandeln (9, 171–84); in der *Odyssee* die Trankopfer Telemachs bei seiner Abfahrt von Ithaka (2, 432); das Gebet desselben bei seiner Ankunft in Pylos zum Poseidon um

Erreichung des Zwecks seiner Herreise (3, 60); das Gebet des Odysseus bei der Ankunft im Lande der Phäaken, »daß er im Volk Barmherzigkeit finde und Gnade« (6, 327), d. h. Entsendung und Heimkehr (7, 151), die er von den gedankenschnell segelnden Phäaken erlangen wollte; die, aber hier nur in einer Unterredung mit ihr ausgesprochene, Bitte desselben an Athene um ihren Beistand bei seiner Ankunft in Ithaka (13, 385), endlich das Gebet desselben zu Zeus vor der Bestrafung der Freier um ein günstiges, ermutigendes Zeichen, d. h. ein Zeichen, daß ihm die Rache gelingen werde (*Od.* 20, 98).

Diese aus dem Dichter geschöpften Beispiele sind aber Beispiele aus dem wirklichen Leben der Griechen. Nichts begannen sie, nichts unternahmen sie – keine Reise, keinen Krieg, keine »Überschreitung der Grenze«, keine »Einschiffung«, keine »Landung« (Wachsmuth, *Hell. Altert.*, II. B., Zeit und Geleg. des Götterdienstes), selbst keinen Wettkampf, kein gymnastisches Spiel, keine Jagd, keine Aussaat, keine Hochzeit, kein Gedicht, keine Rede, wenigstens keine gerichtliche (s. z. B. den Anfang der Rede des Lykurgos gegen Leokrates und des Demosthenes von der Krone), kurz, keine irgendwie wichtige Handlung, selbst nicht die Öffnung eines Weinfasses, um den neuen Wein zu kosten (Plut., *Symp.* 3, 7) –, ohne die Götter, sei's mit, sei's ohne Opfer, anzurufen, sich ihren Beistand, ihren Segen zu erbitten. Alles, sagten die frommen Griechen, muß man mit den Göttern anfangen, σὺν τοῖς θεοῖς ἄρχεσθαι παντὸς ἔργου, weil sie die Herren ebensowohl aller friedlichen als kriegerischen Verrichtungen seien (Xenoph., *Oecon.*, c. 6, 1). Dasselbe sagten, dasselbe taten die Römer. »Es ist«, beginnt Plinius seine Lobrede auf den Kaiser Trajan, »ein schöner und weiser, von unsern Vorfahren eingeführter Gebrauch, sowohl Handlungen als Reden mit Gebeten anzufangen, weil ohne der unsterblichen Götter Beistand, Rat, Ehre (›Verehrung‹ Schäfer, honore) die Menschen nichts auf gehörige und vorsichtige Weise begännen.«

Woher kommt es aber, daß der Mensch bei jedem Werke,

namentlich im Beginn desselben* die Göttermacht beansprucht? Die Voraussetzung, ja der Grund jedes Unternehmens ist der Wunsch und die Hoffnung, daß es gelinge. Wie hätte z. B. Odysseus sich den Armen einer Göttin entreißen und den Gefahren der See sich aussetzen können, wenn ihn nicht der Wunsch, nicht die Hoffnung, endlich doch noch nach Hause zu kommen, beseelt hätte? Aber die Erfüllung dieses Wunsches hängt keineswegs nur vom Menschen, seiner Vorsicht, seiner Bemühung und Anstrengung, sondern auch zugleich von äußern Umständen und Bedingungen ab. »Zu allem Tüchtigen«, sagt der Tragiker Ion, »gehört ein Drei: Verstand und Kraft und Glück« (Voß, *Mythol. Briefe,* 5. Bd., S. 135). Bin ich auch ein noch so geschickter und geübter Bogenschütze, habe ich meinerseits auch gar nichts versäumt und außer acht gelassen, um mein Ziel nicht zu verfehlen, es kann dennoch irgendein äußerer widriger Vorfall, sei's auch nur eine Mücke, die mir im Augenblick des Visierens in das Auge fliegt, oder eine Bremse, die mich in die Hand sticht, meinen Pfeil vom erwünschten Ziele ablenken. Nur unter der Bedingung, daß die äußern Umstände gerade mit meinen Zwecken zusammentreffen oder wenigstens keine unüberwindlichen Hindernisse da sind, gelingt mein Unternehmen. Nur das Wünschen ist ausschließliches Eigentum des Menschen, das Können, das Tun ist ein Gemeingut, an dem die Außenwelt ebensoviel Anteil hat als er selbst. Alles, was Sache des Willens ist, d. h. was der Mensch – praemissis praemittendis – durch Bewußtsein und Bewegung zustande bringt, ist daher zugleich Sache des bloßen Wunsches, weil es *möglich* ist, daß seine Bemühung vereitelt, seine Kraft unterwegs gebrochen werde. In der Vorstellung dieser furchtbaren Möglichkeit, in der Herzensangst, die gerade beim Be-

---

* »Eo unumquodque tempore est capessendum, quo maxime valet. Ante opus invocandus est Deus, in opere major est manuum usus, quam precum.« Jer. Hoelzlinus, *Ad Apollon. Rhod. Argon.*, I. II, 355, wo es vorher heißt: Wenn ihr den Meerpaß durchschneidet, so liegt euer Heil nicht in Gebeten oder Gelübden, sondern der Stärke der Hände, und darauf: Vorher aber verwehr ich euch nicht, zu den Göttern zu flehen.

ginn eines Werkes, wo die Sache selbst nur noch Vorstellung, nur noch Möglichkeit ist, am mächtigsten ihn erfaßt, ruft er daher die göttliche Macht an, weil vor ihr diese peinigende Vorstellung verschwindet, weil sie ihm die Gewißheit von der Erfüllung seiner Wünsche einflößt; denn sie ist, was der Mensch nicht ist, aber sein möchte; kann, was er nicht kann, aber können möchte; weiß, was er nicht weiß, aber wissen möchte. Mit dem Willen, der vereitelt wird, der an dem Widerstand der Außen- und Nebenwelt scheitert, bei jedem Schritt die schmerzlichsten Unterbrechungen und Hemmungen erleidet, ist zugleich auch die, und zwar erwünschte Vorstellung oder Möglichkeit eines unbeschränkten, ununterbrochnen, widerstandslos sich durchsetzenden Willens, mit dem verwünschten Nichtwissen, dem Nichtwissen von dem, was man eben wissen möchte, zugleich auch die erwünschte Vorstellung oder Möglichkeit vom Wissen dieses Nichtgewußten gegeben. Diese Vorstellung ist daher keine gleichgültige, keine leichtsinnige, keine nichtsnutzige und nichtswürdige, wie unzählige der Mensch in seinem Kopfe hat; nein, sie ist eine durch die schmerzliche Erfahrung von ihrem Gegensatz gezeugte und bewährte Vorstellung, eine mit den innigsten Wünschen verwachsene, mit dem Gewicht der teuersten Angelegenheiten beschwerte Vorstellung, eine vom Wunsche nicht nur gezeugte, sondern auch eben deswegen von dem Wunsche, daß sie Wesen und Wahrheit sei, beseelte, belebte, begeisterte Vorstellung. Eine Vorstellung, die viel zu viel für sich hat, als daß nicht der Mensch unbedingt für sie Partei nehmen sollte, eine Vorstellung, deren Gegenstand Gegenstand eines Verlangens, ja dem menschlichen Verlangen, seine Zwecke zu erreichen, seine Wünsche erfüllt zu sehen, so nahe liegt als die Heimkehr dem Heimweh, die Speise dem Hunger, die Genesung dem Kranken, eine Vorstellung folglich, die im Interesse des Menschen wurzelt, die in den Zauberkreis seiner Wünsche gebannt ist, die von der Macht der Selbstliebe fast mit derselben Gewalt angezogen und festgehalten wird als der Stein von der Erde – eine solche Vorstellung ist eine unfreie, unbezweifelbare, unmittelbar durch sich selbst bewährte und gültige, keines Beweises bedürftige, sich selbst genuge, in sich selige Vorstellung und heißt – Gottheit.

8. Das Wesen des Glaubens

Die Gottheit ist ursprünglich und wesentlich kein »Vernunftgegenstand«, wozu sie die Unvernunft oder meinetwegen auch Vernunft der späten Nachwelt gemacht, kein Gegenstand oder Erzeugnis der Spekulation, der Philosophie, denn die Götter waren, als es noch keine Philosophen gab, und sind auch da, wo es nie einem Menschen einfällt, über die Ursachen der Welt, ihre Entstehung aus Feuer oder Wasser oder gar aus nichts zu faseln. Die Gottheit ist wesentlich ein Gegenstand des Verlangens, des Wunsches; sie ist ein Vorgestelltes, Gedachtes, Geglaubtes, nur weil sie ein Verlangtes, Ersehntes, Erwünschtes ist. Wie das Licht nur ein Gegenstand des Verlangens für das Auge, weil es ein dem Wesen des Auges entsprechendes Wesen, so ist die Gottheit nur ein Gegenstand des Verlangens überhaupt, weil die Natur der Götter der Natur der menschlichen Wünsche entspricht.

Der Glaube – d. h. der religiöse Glaube, der Götterglaube, denn die moderne Willkür hat in ihrer verzweifelten Glaubensnot das Wort Glaube selbst auf Gegenstände ausgedehnt, die mit dem Wesen des Glaubens nicht das geringste gemein haben, selbst das Dasein der »Außendinge«, der Welt, folglich auch das Dasein des Menschen (denn wer kann sein Selbstbewußtsein vom Leben, wer aber sein Leben vom Leben der Wesen und Dinge außer ihm absondern?) unter die Artikel des Glaubens gerechnet –, der Glaube also nicht in diesem laxen und kommunistischen, sondern im engsten, aber eben deswegen auch innigsten Sinne des Worts ist gar nichts andres als die Überzeugung oder Gewißheit des Wunsches von seiner Erfüllung, seiner einstigen, wenn er auf Zukünftiges, seiner bereits wirklichen, wenn er auf Gegenwärtiges geht. Ein deutliches Beispiel und deutlicher Beweis zugleich von diesem Vorrang des Wunsches vor dem Glauben ist der Unsterblichkeitsglaube. Man wünscht nicht die Unsterblichkeit, weil man sie glaubt oder gar beweist, sondern man glaubt und beweist sie, weil man sie wünscht. Allerdings kann in dem, für welchen der Glaube nur ein überlieferter ist, erst durch die Glaubensvorstellung dieser Wunsch erzeugt werden; aber in dem Urheber ist der Ursprung des Glaubens der Wunsch; ohne den Wunsch, nicht zu sterben, wäre nie einem Sterblichen die Unsterblichkeit in den Kopf gekommen. Der produktive, ursprüngliche Glaube – und nur dieser ist der entscheidende, maßgebende –, *der* Glaube, der kein nachgemachter, nachgebeteter, ist ein lebendiger Glaube, aber die belebende Seele des Glaubens ist eben nur der Wunsch. Ein Glaube dagegen, der nicht Ausdruck eines Wunsches, der nicht, wofern er ein überlieferter, denselben Wunsch, aus dem er ursprünglich hervorgegangen, im Menschen ans Licht fördert, ist ein toter, nichtssagender, nichtswürdiger Glaube. Die gewöhnliche Definition des Glaubens, daß er sei »ein Fürwahrhalten oder die Überzeugung aus subjektiv zureichenden Gründen«, lautet daher auf dem Gebiete der Religion bestimmter so, daß er in letzter Instanz eine Überzeugung aus *zureichenden Wünschen.*

Eine große Unkunde vom Wesen der Götter beurkunden die sogenannten Beweise vom Dasein der Götter, indem sie hierbei vom Wunsche absehen, sich stellen, als handle es sich hier um eine so gleichgültige, trockene Sache wie etwa eine mathematische Wahrheit. Sie wollen nämlich beweisen, daß die Idee oder Vorstellung eines Gottes »mehr als« eine bloße Vorstellung, daß dieses vorgestellte, gedachte oder geglaubte Wesen ein wirklich, d. h. vom Denken und Glauben unabhängig existierendes sei. Aber das einzige, was, wenigstens bei Willens- oder Tendenzvorstellungen, wie die Götter sind, das Denken mit dem Sein verknüpft, das ist nicht wieder das Denken, als welches an dem bloßen Gedanken genug hat, das ist allein der Wunsch – der Wunsch nämlich, daß das Gedachte nicht nur ein Gedachtes, sondern auch Nichtgedachtes, Seiendes sei. Der Wunsch nur dringt auf Sein, der Wunsch ist selbst nichts als der Wille, daß *das* sei, was nicht ist. Neuere Philosophen nannten in ihren Beweisen vom Dasein Gottes die Existenz das complementum possibilitatis, die Ergänzung, die Erfüllung der Möglichkeit, d. h. der Denkbarkeit, aber diese Erfüllung des bloßen Denkens, oder wie man sonst die Existenz nennen mag, ist oder gibt eben nur der Wunsch.

Was aber der Wunsch will, das verwirklicht oder vergegenständlicht als wirklich seiend der Glaube. »Den Glauben überhaupt beschreibt die Schrift, Hebr. 11, 1, als die feste Erwartung dessen, was man hofft, und die Überzeugung von Dingen, die man nicht siehet. Hierin liegen die beiden Hauptmerkmale des Glaubens, nämlich 1) daß er ein festes, zuversichtliches Fürwahrhalten ist, wodurch er sich von Meinung und Vermutung unterscheidet, und 2) daß der Gegenstand des Fürwahrhaltens nicht gesehen, d. h. keine Anschauung, kein Gegenstand sinnlicher Erkenntnis wird« (Bretschneider, *Syst. Entwickl. aller i. d. Dogmat. vork. Begriffe*, S. 7). Hierin aber fehlt gerade, wie überhaupt in den gewöhnlichen Definitionen vom Glauben, das Hauptmerkmal, welches die Schrift doch so deutlich hervorhebt und an die Spitze stellt, dieses nämlich, daß οὐ βλεπόμενα, der nicht gesehene – keineswegs deswegen aber auch an sich unsichtbare, sondern nur jetzt nicht sichtbare – Gegenstand ein Gegenstand der Hoffnung – ἔστι δὲ πίστις ἐλπιζομένων ὑπόστασις –, folglich ein Gegenstand des Wunsches ist; denn man hofft nur, was man wünscht. »Was er begehrt, das hofft er«, »quaeque cupit, sperat« (Ovid, *Met.* 1, 491). Die Hoffnung ist Erwartung von Gutem, ἐλπὶς προσδοκία ἀγαθοῦ, wie es richtig in den pseudo-platonischen Definitionen heißt. Bei den alten Griechen hat zwar das Wort ἐλπίζω, desgleichen ἐλπὶς die Bedeutung der Erwartung überhaupt, folglich auch die Erwartung eines bevorstehenden Übels, also der Furcht; aber im Neuen Testament hat es nur die Bedeutung von Gutem, Erwünschtem. Die Hoffnung ist hier »Hoffnung der

Seligkeit«, σωτηρίας (1. Thess. 5, 8), »Hoffnung des ewigen Lebens« (Tit. 1, 2), bedeutet selbst für sich allein die Hoffnung des künftigen Lebens und Glücks, z. B. (1. Thess. 4, 13): »Auf daß ihr nicht traurig seid wie die andern, die keine Hoffnung haben«. Ja, Gott und Hoffnung ist hier gleichbedeutend, »keine Hoffnung und ohne Gott« (Eph. 2, 12). Gott selbst heißt »der Gott der Hoffnung« oder »der Gott, der Hoffnung verleiht«, ὁ θεὸς τῆς ἐλπίδος (Röm. 15, 13), ja, Christus heißt geradezu die Hoffnung, »die Hoffnung der Herrlichkeit« (Kol. 1, 27), »unsre Hoffnung« (1. Tim. 1, 1), »die selige Hoffnung« (Tit. 2, 13), μακαρία ἐλπὶς, wo man jedoch unter Hoffnung nicht nur den Gegenstand, sondern auch die Hoffnung selbst verstehen kann, so daß diese selig gepriesen wird.

Der wesentliche, charakteristische Gegenstand des Glaubens in der Bibel sind daher die Verheißungen; aber Verheißungen sind nur versprochene Erfüllungen von Wünschen. Die übrigen Gegenstände des Glaubens, wie die moralischen Gebote und historischen Tatsachen, sind nur Mittel und Bedingungen der Verheißungen. Ja, die historischen Tatsachen des Glaubens sind selbst größtenteils nur erfüllte Verheißungen, nur die Bürgen, die Beweise, daß auch die noch nicht erfüllten erfüllt werden. Als das erste Beispiel oder Zeugnis des Glaubens stellt der Hebräerbrief in dem angeführten Kapitel den Glauben an die Schöpfung durch das Wort Gottes auf. Dieser Glaube bezieht sich auf Vergangenes, »eine vor uralten Zeiten geschehene Sache«, aber nur, weil Verheißungen, die keine entsprechende Vergangenheit für sich haben, sich nicht rückwärts ausweisen können, auch nicht die Zukunft für sich haben. Wie kann ich glauben, daß das noch nicht Sichtbare des Glaubens, τὰ μηδέπω βλεπόμενα (V. 7), wirklich werden wird, wenn ich nicht glaube, daß das Sichtbare überhaupt aus nicht Sichtbarem, μὴ ἐκ φαινομένων, gemacht worden ist? Wie gleich Abraham glauben, ein Kind zu erzeugen, »wo gar kein natürliches Vermögen zum Kinderzeugen vorhanden war«, ohne den Gott zu glauben, »welcher selbst Toten das Leben zu geben vermag, welcher nur befehlen darf, um, wo gar nichts vorhanden ist, wo aller Grund der Wirklichkeit natürlich mangelt, was er will, als wirklich darzustellen?« (Zachariä, *Bibl. Theol.*, IV. T., S. 117). Wie kann ich ferner überhaupt an Verheißungen glauben, ohne an ein persönliches verheißendes, mit Macht und Willen zur Erfüllung dieser Verheißungen ausgerüstetes Wesen zu glauben? Wie aber an die Worte dieses Wesens glauben, ohne ihm selbst zu glauben? Wie ihm selbst glauben ohne Vertrauen, ohne Hingebung, ohne Gehorsam? Aber es ist kritiklos, wenn man diese mit dem Glauben verbundenen Eigenschaften mit dem Glauben selbst verwechselt oder gar zu seinem Wesen macht, da sie doch selbst nur Folgen sind von der Zuversicht oder Gewißheit von der Erfüllung der göttlichen Verheißungen oder menschlichen Wünsche, welche allein das Wesen des Glaubens ausmacht. »Zuversichtlicher Glaube an die göttlichen Verheißungen« – »die Beispiele des Glaubens aus dem A. T. betreffen« aber »teils allgemeine Verheißungen göttlicher Vergeltungen auf ein gewisses Verhalten, wie beim Abel und Henoch, teils besondre, welche auf zeitliches Glück gehen, als die Errettung des Noah bei den Wassern der Sündflut, die Erteilung einer großen Nachkommenschaft für den Abraham« etc. –, »zuversichtlicher Glaube an die göttlichen Verheißungen hat Gehorsam gegen den göttlichen Willen zur Folge« (Zachariä, a. a. O., S. 103-4). »Unde id quod tam constanter obedivit (Noe) Deo nisi quod in promissione, quae *spem illi salutis* dabat, prius acquievit et in hac fiducia perstitit usque ad extremum. Neque enim ad subeundas sponte tot molestias fuisset animatus, nec tot obstaculis vincendis par fuisset, nec tamdiu firmus stetisset in suo instituto, nisi praeeunte fiducia. Sola igitur fides obedientiae magistra est (Calvinus in *Epist. ad Hebr.* 11, 7). Sicut: ex fide obedientia, ita ex promissione fides nascitur« (ders. ad v. 17). Das heißt auf deutsch: »Wie aus dem Glauben der Gehorsam, so entspringt aus der Verheißung der Glaube.« Wenn man daher die Aufopferung Isaaks als den Triumph des Glaubens preist, von diesem Glauben aber als das Wesentliche hervorhebt »die unbedingte

Hingebung an Gott«, die Selbstverleugnung, die Verzichtung auf das Teuerste, Liebste, so beweist man, daß man den Schein nicht vom Wesen unterscheiden kann; denn die Forderung dieses Opfers war ja nur Versuchung, nicht Ernst, nur scheinbarer, nicht wirklicher Wille. »Durch den Glauben opferte Abraham den Isaak«, d. h. in der Gewißheit, daß Gott dieses Opfer von ihm nicht verlangen, wenn er es aber verlange, gleichwohl das ihm gegebene Versprechen verwirklichen, also das gebrachte Opfer vergelten – denn der Glaube ist wesentlich Glaube, daß Gott ein Vergelter, ein μισθαποδότης –, den getöteten Isaak wieder lebendig machen – »und dachte, Gott kann auch wohl von den Toten erwecken« –, den versagten Wunsch wieder erfüllen könne und werde.

Den Zusammenhang von Glauben und Wünschen haben auch schon die Griechen und Römer erkannt, freilich nur in Beziehung auf Gegenstände, die den Menschen jeden Augenblick der Gefahr der bittersten Enttäuschung aussetzen. »Jeder glaubt, was er wünscht«, ὃ γὰρ βούλεται, τοῦθ' ἕκαστος καὶ οἴεται, sagt Demosthenes (*Olynth.* 2, nach andern 3, 6, 3), »was die übermaßen Unglücklichen wünschen, das glauben sie leicht«, »quod nimis miseri volunt hoc facile credunt« (Seneca, *Herc. Fur.* 312), »gern sich der Glaube gesellt zu dem begierigen Wunsch«, »prona venit cupidis in sua vota fides« (Ovid, *Ars amat.* 3, 674). Diesen Aussprüchen der Alten sei der Sache wegen auch der, und zwar hier sich auf eigentliche Glaubensgegenstände beziehende, Ausspruch eines christlichen Dichters beigefügt: »What ardently we wish, we soon believe« (Young, *Night.* 7, 1311).

Aber sind denn diese Sätze auch wahr? Findet denn nicht oft auch das Gegenteil statt, daß wir gerade das nicht glauben, was wir wünschen? Hat nicht schon die alte Sarah über die Verheißung eines Sohnes gelacht? Finden sich nicht auch bei Homer Beispiele dieses Unglaubens? Heißt es nicht vom Eumaios, daß er ein ungläubiges Herz habe – θυμὸς δέ τοι αἰὲν ἄπιστος (*Od.* 14, 150) –, weil er, sosehr er sich auch nach der Heimkehr des Odysseus sehnte, doch nicht an sie glaubte? Trifft nicht derselbe Vorwurf mit denselben Worten (23, 72) die Penelopeia, welche selbst noch dem Odysseus gegenüber in ihrem Unglauben beharrte? Gesteht sie nicht selbst (19, 568), daß, so erwünscht ihr auch seine Heimkehr wäre, sie dennoch nicht daran glauben könne? Allerdings ist es sehr häufig und selbst sehr natürlich aus Gründen, die ebensowohl im Menschen, seinem Charakter und Temperament, als außer ihm, im Gegenstand liegen, daß die Furcht vor der Nichterfüllung eines Wunsches größer ist als der Glaube an seine Erfüllung, daß also die Furcht das Band zwischen Wünschen und Glauben zerreißt. Aber der Mensch stellt sich auch oft geflissentlich die Erfüllung seiner innigsten Wünsche als unmöglich vor, weil sie ihm ein zu übermäßiges Glück dünkt, er aber gerade dadurch, daß er selbst sich dieses Glück mißgönnt, dem Neide des Schicksals zuvorzukommen, oder dadurch, daß er sich des geistigen Vorgenusses beraubt, den wirklichen Genuß dieses Glückes sich zu verdienen und sichern glaubt. So ruft auch die Verwunderung über einen unerwartet erfüllten Wunsch zweifelnd aus: Ich kann es nicht glauben, es ist nicht möglich, – und doch ist es nur die übermäßige Freude über die Wirklichkeit dieses Wunsches, die seine Möglichkeit bezweifelt. So heißt es selbst in der Bibel: »Sie glaubten nicht vor Freude« (Luk. 24, 41). Was aber insbesondere die Zweifel der Penelopeia betrifft, so bezogen sich diese – abgesehen von ihrer poetischen Notwendigkeit – nur darauf, ob dieser Mensch, der sich für Odysseus ausgab, auch wirklich Odysseus sei, denn stets hatte sie Angst, daß »nicht einer der Sterblichen täuschte mit Worten, kommend hieher, es sind ja so mancherlei schlaue Betrüger!« (23, 216). Aber auch stets trotz dieser Furcht die Hoffnung, daß noch Odysseus heimkehren werde. Dieses beweisen, wenn auch nicht ihre Worte, doch ihre Werke. Wie hätte sie sonst die Freier so listig hintergangen, wie, was sie am Tage gewebt, bei Nacht wieder aufgetrennt, wie so lange »geduldigen Herzens« ausgeharrt (11, 181)? Nein! Penelopeia war keine Ungläubige; sie ist vielmehr eins der schönsten Bilder von dem innigen Bande von Wünschen und

Glauben – Glauben im schönsten, rein menschlichen Sinne –, sie glaubte unerschütterlich im Herzen an die Erfüllung ihres Wunsches – θυμὸς ἐνὶ στήθεσσιν ἑώλπει (20, 328) –, an das Wiedersehen ihres Gatten, aber nicht im Himmel, sondern auf Erden.

Aber glaubt denn der religiöse Glaube, um auf diesen noch einmal zurückzukommen, nur, was der Mensch wünscht? Glaubt er denn nicht ausdrücklich auch eine Hölle? Sind aber die Höllenstrafen etwas Erwünschtes? Nein, aber die Hölle hat auch der Glaube nicht für die Gläubigen, sondern nur für die Ungläubigen, für die Gläubigen höchstens nur auf den Fall ihres Unglaubens erfunden. »Wer da glaubet und getauft wird, der wird selig werden, wer aber nicht glaubet, der wird verdammt werden« (Mark. 16, 16). Dem Unglauben gehört also die Hölle, dem Glauben aber der Himmel.*

---

* Die angegebene Bedeutung oder Wesensbestimmung des Glaubens findet sich auch schon in den Apologien der Kirchenväter vom christlichen Glauben, natürlich, wie sich von selbst versteht, weder konsequent durchgeführt noch als Prinzip erfaßt. »Der Arzt«, sagt z. B. Eusebius (*Praeparatio Evang.*, I. I. V., hier jedoch nur in Beziehung auf den Glauben der Laien und Ungelehrten), »befiehlt mit Wissenschaft wie ein Herr und Herrscher, was man tun und meiden soll; dieser aber (der Kranke) gehorcht ihm wie einem König und Gesetzgeber, weil er glaubt, daß ihm das Verordnete heilsam sein werde, πιστεύων συνοίσειν αὐτῷ τὸ προστεταγμένον. So nehmen auch die Schüler von den Lehrern die Grundsätze der Wissenschaften an, im Glauben oder weil sie glauben, daß das Gelehrte ihnen nützlich sein werde, πιστεύσαντες ἀγαθὸν αὐτοῖς ἔσεσθαι τὸ μάθημα. Ja selbst auch die Philosophie ergreift keiner eher, als er glaubt (oder überzeugt ist), daß das, was sie verkündet, ihm von Nutzen sein werde, und so ergreift denn dieser die Lehre des Epikur, jener aber die kynische Lebensweise. So ergreifen auch die Menschen der eine dieses, der andere jenes Gewerbe, weil sie glauben und hoffen, daß das ergriffene Gewerbe ihren Lebensunterhalt ihnen verschaffen werde. Kurz, das ganze menschliche Leben stützt sich nur auf Hoffnung (vorher auch: die gute Hoffnung, τὴν ἀγαθὴν ἐλπίδα) und Glauben.« So sagt auch Arnobius (*Adv. Gent.* l. II, p. 28, ed. Elmenhorst, 1610): »Estne operis in vita negotiosum aliquod atque actuosum genus, quod non fide praeeunte suscipiant, sumant atque aggrediantur? an terris peregrinamini, navigatis, non domum vos credentes peractis negotiationibus remeaturos? terram ferro scinditis, atque oppletis seminum varietate, non credentes vos frugem percepturos esse vicibus temporariis ... aegritudines corporum medicorum committitis manibus, non credentes morbos posse mitigata asperitate leniri? bella cum hostibus geritis, non victoriam vos credentes proeliorum successionibus re-

9. Der theogonische Wunsch

Der Wunsch ist der Ausdruck eines Mangels, einer Schranke, eines Nicht, sei es nun eines Nicht-Seins oder Nicht-Habens oder Nicht-Könnens, aber, obwohl als Ausdruck eines unfreiwilligen Mangels Ausdruck eines Leidens, doch selbst kein geduldiger, leidender, sondern ein sich dagegen wehrender, revolutionärer Ausdruck; denn er ist ja der ausdrückliche Wunsch, daß dieser Mangel, diese Schranke, dieses Nicht nicht sei. Der Wunsch ist ein Sklave der Not, aber ein Sklave mit dem Willen der Freiheit, ein Sohn der Armut, der Penia, aber *der* Armut, welche die Mutter der Begierde, der Liebe, nicht nur der geschlechtlichen, sondern auch der sächlichen oder dinglichen Liebe ist, ein Gelüste, das nicht erst der moderne »Kommunismus und Atheismus«, wie sich die Selbstsucht der Besitzenden weismacht, dem Pauperismus eingeimpft, sondern von der Sprache der »heiligen« Schrift sogar als eins mit der Armut gedacht und bezeichnet wird. אֶבְיוֹן von אָבָה wollen, begehren (haben wollen), wünschen, heißt ein Armer, Dürftiger, d. h. Begehrlicher, Verlangender, weil, wie Rabbi Salomo zu diesem Wort sagt, wer nichts hat, immer gern etwas haben will. »Egenus, quasi desiderans dictus, cum enim sit pauper et bonis destitutus, semper habere desiderat« (Buxtorf, *Lex.*). So sagt auch Sarpedon in der *Ilias* (5, 481): Ich ließ in der Heimat zurück viele Schätze, die sich wünscht der Bedürftige, der sie nicht Habende, τά τ' ἔλδεται ὅς κ' ἐπιδευής.

Wenn nun aber der Wunsch nicht bei dem geduldigen Gefühl eines Mangels stehen bleibt, sondern diesen Mangel beseitigt wissen will und ihn wirklich in Gedanken beseitigt, so ist

---

laturos? veneramini deos et colitis, non credentes illos esse et propitias aures vestris supplicationibus accommodare?« So tun also die Menschen alles aus oder im Glauben, aber nur im Glauben an die Erfüllung ihrer Wünsche. Der religiöse Glaube unterscheidet sich ursprünglich von dem in diesen Beispielen enthaltenen Glauben nur dadurch, daß er das, was der Mensch hier nur vorübergehend, momentan wünscht und glaubt, zu einem beständigen Wesen und eben damit auch zu einem Gegenstande bestimmter, regelmäßiger Festlichkeit und Andacht macht.

auch zugleich mit dem Wunsche die Vorstellung eines Gottes gegeben, so wie mit dem ungeduldigen Gefühl von dem Elend der Armut zugleich die Vorstellung von der Seligkeit des Reichtums gegeben ist. So ist mit dem heißen Wunsche der Vollendung beim Beginn einer Sache zugleich die Vorstellung oder, vornehmer gesprochen, Idee von dem unmittelbaren, durch keine hemmenden Zwischenglieder bedingten Verbundensein des Anfangs mit dem Ende, des Wunsches mit der Tat gegeben. Ein Wesen, das wünscht, aber nicht unmittelbar kann, was es wünscht, nicht ohne eine langwierige Reihe von Zwischenhandlungen und Umständlichkeiten, nicht ohne Gefahren, ohne Angst und Furcht erreicht, was es wünscht und beabsichtigt, schöpft aus sich und nur aus sich den Wunsch und die Vorstellung eines Wesens, das von all dieser Pein und Mühseligkeit frei, das stets seines Erfolgs gewiß, ohne Schwierigkeit und Abhängigkeit, ohne Verzug kann oder tut, was es wünscht oder will; denn der Wunsch ist ja nichts als der Wille ohne Können, ohne Vermögen. Wenn ich, wo ich nicht bin, zu sein verlange, so ist und heißt dieses Verlangen Wille, wenn ihm die Bewegungsorgane oder Bewegungskräfte zu seiner Vollstreckung zu Gebote stehen; wenn es aber ein mittelloses Verlangen ist, wenn ich nicht gehen kann, kein andres dienstwilliges Organ zu seiner Verwirklichung und Äußerung habe als höchstens das Organ der Sprache, so ist und heißt es Wunsch. Ich will also, was ich kann – der Satz: Der Mensch kann, was er will, ist nur wahr und vernünftig, wenn er eben will, was er kann, wozu er das Organ, das Vermögen hat –, ich wünsche, was ich nicht kann. Aber was ist der Unterschied zwischen Gott und Menschen? Der unglückliche Wille, wie der Wille des Lahmen, der gehen will, aber nicht gehen kann, der Wunsch also ist und heißt Mensch; der glückliche, vermögende, bemittelte Wunsch aber, der Wille also ist und heißt Gott.

Gott wünscht und verwünscht ebensogut in der Bibel als bei den Heiden. Das Wort »segnen«, im Hebräischen בֵּרֵךְ, welches gleich im ersten Kapitel der Genesis mehrmals vorkommt, heißt Gutes wünschen und wird ebensowohl von Gott als von den Menschen gebraucht, wenn sie sich begrüßen, bewillkommnen, verabschieden, also sich Gutes wünschen. Ja, die erste genetische Tätigkeit, wodurch sich der Gott oder Elohim in der Bibel kundgibt, ist nicht, wie sich später noch zeigen wird, das Schaffen oder Machen im ersten Verse der Bibel, welcher offenbar nur die Bedeutung einer vorläufigen Inhaltsangabe hat, sondern das Sprechen im dritten Verse, wo erst die Schöpfung beginnt; denn ein Schaffen für sich allein, ein voraussetzungsloses Schaffen ist sinnlos, und es wird daher ausdrücklich in diesem Kapitel stets dem Schaffen oder Machen das Sprechen vorausgesetzt. Das hebräische Sprechen bedeutet aber Denken, Befehlen, Wollen, Wünschen. So heißt es 1. Sam. 20, 4: »Was deine Seele (d. h. du) sagen wird, werde ich dir tun«, d. h. was du willst oder wünschest. Dem Schaffen der Welt geht daher der Befehl oder Wunsch der Welt voraus – der Befehl ist ja selbst nichts als ein gebieterischer, herrischer Wunsch.*

Dieser Vorrang des Wunsches vor dem Schaffen geht übrigens auch schon daraus hervor, daß jeder Schöpfungsakt mit dem Beifall schließt: »Und Gott sahe, daß es gut war.« Wo aber kein Wunsch, da gibt es auch nichts Gutes. Wer kann das Licht für gut finden, wenn er nicht zu sehen wünscht? Im zweiten Kapitel der Genesis (V. 18) heißt es ausdrücklich: »Und es sprach Jehova Elohim: Nicht gut ist das Sein des Menschen für sich allein, ich werde (will) machen ihm Hilfe«, d. i. Helferin, »Gehilfin, die um ihn sei« oder »wie ihm gegenüber«, d. h. »ihm angemessen« oder »wie er« sei. Hier ist unverkennbar die Schöpfung des Weibes von dem Wunsche seines Daseins abhängig gemacht, denn das Alleinsein nicht gut finden heißt ja nichts anderes als Gesellschaft verlangen. So wie aber das Weib geschaffen wurde, weil das Alleinsein des Mannes nicht gut ist, so ist auch das Licht nur geschaffen

---

* »›Volumus, Jubemus.‹ Notat Donat. ad illud Terent. ›animo jam nunc otioso esse impero‹, id est volo. es ›jubeo te salvere‹ id est volo« (J. Bodini *de Rep.* l. 3. c. 5).

und als gut befunden worden, weil die Finsternis, das Nichtsehen nicht gut ist; und es ist zuerst geschaffen worden, weil der erste Wunsch, den alle andern Wünsche voraussetzen – denn was hilft mir die Scheidung zwischen oben und unten, zwischen Land und Meer, wenn ich im Finstern herumtappe? –, der Wunsch ist: Es werde oder sei Licht!

Wünschen ist also ebenso göttlich als menschlich, aber der Unterschied ist eben der, daß mit dem göttlichen Wünschen unmittelbar die Tat verknüpft ist, daß hier das benedicere benefacere, das Wünschen zugleich auch das Wirken, das Hervorbringen des Gewünschten ist. Gott wünschte, es werde Licht, und es ward Licht. Das Grundwesen der Gottheit ist daher die Einheit von Wollen und Können; ein Gott ist ein Wesen, das kann (tut, wirklich macht), was es nur wünscht oder will. »Alles, was er will חָפֵץ (geneigt sein, Gefallen woran haben, gerne haben, wollen), das tut er im Himmel, auf Erden, im Meere und in allen Tiefen« (Psalm 135, 6; 115, 3). »So er spricht, so geschieht es; so er gebietet, so stehet es da« (Ps. 33, 9). »Er gebietet, so wird es geschaffen« (Ps. 148, 5). Oder nach der vorigen Unterscheidung: Ein Gott ist ein Wesen, in dem der Unterschied zwischen Wollen und Wünschen aufgehoben, in dem daher der höchste Gedanke und Wunsch des Menschen: die Einheit von Wunsch und Wirklichkeit, verwirklicht ist – eine Einheit, die in der Vorstellung des Christentums von der Schöpfung der Welt durch den bloßen Willen oder, was eins ist, aus nichts – ex necessitate condidit, si ex materia, ex voluntate, si ex nihilo (Tertull., *Adv. Hermog.* 14) – ihren höchsten Triumph feiert. »Der Mensch macht nicht etwas aus nichts, sondern was er macht, macht er aus vorhandener Materie, und zwar nicht bloß durch den Willen, sondern er überlegt vorher und stellt sich vor, was er machen soll, dann bedient er sich auch der Hände zu seinen Werkzeugen und unterzieht sich der Mühe und Arbeit, und doch verfehlt er oft sein Ziel, wenn sein Werk nicht nach Wunsch ausfällt. Aber Gott hat durch den bloßen Willen, θελήσας μόνον, alles aus nichts gemacht«

Joann. Damasc., *Orthod. fid.*, 1, 8). Wollen also ist bei Gott Schaffen, Schaffen aber, zu dem nichts weiter gehört als Wollen, Schaffen aus nichts. Aber ein Wille, mit dem unmittelbar ohne Materie, ohne Werkstoff und Werkzeug das, was er will, gegeben ist, ein solcher immaterieller, freier, ungenierter, selbstgenügsamer, seliger Wille ist nicht ein Wille, sondern ein Wunsch. Wollen ist eine kostspielige, saure, anstrengende Arbeit. Ich will heim; aber dieses Verlangen ist nur Wille, wenn ich in die Gesetze von Raum und Zeit mich füge, wenn ich die Kraft und Ausdauer habe, die Beschwerden der Heimreise zu ertragen, wenn ich oder mein guter Wille nicht bei jedem Schritte aus Schwächlichkeit oder Weichlichkeit ohnmächtig zu Boden sinkt. Ich will gesund werden, aber ich will es in der Tat nur, wenn ich den Wahn eines von der Materie unabhängigen Willens aufgebe, wenn ich die materia medica zum Inhalt meines für sich selbst leeren und eitlen Willens mache. Ich will Herr dieser Leidenschaft, dieses Ärgers, dieses Grams werden; aber dieser Wille setzt nicht nur selbst schon voraus Feuer, Leben, Elastizität, Widerstandskraft, Selbstliebe, kurz, ein unwillkürliches Etwas oder Wesen, wovon dieser Wille nur die Äußerung, die ins Bewußtsein tretende Erscheinung ist, sondern er wird auch nur durch Raum und Zeit, durch Bewegung, durch Anstrengung, durch Beschäftigung und Erfüllung mit anderem Stoff als dem Stoff seiner Leidenschaft Herr derselben. Aber so materiell, so bedingt, so schwerfällig, so gebrechlich, so menschlich der Wille ist, so allmächtig, so ätherisch, so unbedingt, so göttlich ist der Wunsch. »Der Schöpfer der Welt (d. h. der Wunsch) bedarf weder Werkzeuge noch Materie; was anderen Künstlern die Materie und die Werkzeuge, die Zeit und die Arbeit, die Kunst und der Fleiß sind, das ist für Gott der Wille, denn alles, was er nur will, hat der Herr gemacht im Himmel und auf Erden, im Meer und in allen Tiefen, wie die heilige Schrift bezeugt. Er wollte aber nicht alles, was er konnte, sondern nur, was er für hinreichend hielt. Denn es wäre ihm ein leichtes gewesen, zehn- und zwanzigtausend Welten zu erschaffen, da unter allen Werken oder Taten, ποιήσεων, das Wollen, τὸ βουληθῆναι, das Leichteste ist. Auch für uns selbst ist ja das Wollen das Leichteste, aber mit unserm Wollen ist nicht immer das Können, ἡ δύναμις, verbunden. Der Schöpfer der Welt dagegen kann alles, was er will, da mit dem göttlichen Willen das Können verbunden ist« (Theodoret, S. IV, *De Mat. et Mundo*, Opp. T. IV, p. 537). »Was ist schwer für den, dessen Wollen Vollbringen ist?« »Quid enim difficile ei cui velle fecisse est?« (Ambros., *Hexaem*., 2, 2, 5). »Ihm genügt zu allem das bloße Wollen. Und wie uns der Wille keine Mühe macht, so ihm nicht die Schöpfung« (Chrysost. in Petavii *Theol. Dogm*., T. I, 5, 5). Wie deutlich ist es hier ausgesprochen, daß der göttliche Wille alle Merkmale des menschlichen Wunsches hat, nur daß, was Gott wünscht, auch sofort wirklich ist!

Die Einheit von Wollen und Können gilt aber nicht nur vom hebräischen und christlichen Gotte, sondern auch vom heidnischen, wenn sie gleich hier nicht in derselben hyperbolischen Weise ausgesprochen wird. »Ich sage nicht, gib mir einen Christen, gib mir einen Juden, sondern gib mir einen Heiden, der leugnet, daß Gott allmächtig sei. Christum kann er leugnen, den allmächtigen Gott kann er nicht leugnen« (August. bei Petav. l. c.). »Wenn du von einem Gotte weißt, so wisse, daß auch ein Gott alles tun kann«, εἰ θεὸν οἶσθα, ἴσθι ὅτι καὶ δαίμονι ῥέξαι πᾶν δυνατόν (Callim. bei Plut., *De Plac. Phil*., 1, 7). »Unermeßlich ist und unendlich des Himmels Macht, und was nur immer die Götter gewollt, ist geschehen«, sagt Ovid (*Met*. 8, 618); »alles vermag ein Gott mit Leichtigkeit«, »facile est omnia posse Deo« (derselbe, *Art*. 1, 562); »nichts ist Gott unmöglich«, ἀδυνατεῖ δ' οὐδὲν θεός, der Komiker und Pythagoräer Epicharmos bei Clemens Alex., (*Strom*. 5, 14), und ein griechischer Lyriker (Pindar) sagt ebendaselbst: »Gott kann aus schwarzer Nacht unbeflecktes Licht erwecken, aber ebenso in nächtliches Dunkel hüllen des Tages reinen Glanz.« »Wer also«, setzt Clemens hinzu, »wenn es Tag ist, Nacht machen kann, der allein ist Gott.«

Die Allmacht ist aber ein Vermögen, ein Können, welches das Wollen voraussetzt. Wenn es daher bei Homer heißt: Die Götter können alles, θεοὶ δέ τε πάντα δύνανται (*Od.* 10, 306), so heißt dies dem Sinn nach: Sie können alles, nämlich, versteht sich, was sie wollen. Daher wird anderwärts, wo Proben von dieser Allmacht gegeben werden, auch mit dem Können zugleich der Wunsch oder Wille genannt, so *Od.* 16, 198 und 208, wo es heißt: Athene hat mich so gemacht, so verwandelt, wie sie will, denn sie kann es, ὅπως ἐθέλει· δύναται γάρ; so auch *Od.* 14, 445. Aber eben diese Ur- und Grundbestimmung der Gottheit, daß sie kann, was sie will, ist, obwohl eine übermenschliche, doch nichts weniger als eine außermenschliche, von außen oder oben eingetrichterte, sondern vielmehr aus dem Menschen selbst entsprungene, aus seiner Brust, und zwar nicht nur vermittels des einseitigen, abstrakten Geistes hervorgedachte, sondern vermittels des hebräischen ruach und griechischen pneuma, welches Geist und zugleich Luft, Wind, Hauch, Odem bedeutet, herausgeseufzte, hervorgehauchte Bestimmung. Diese Entstehung zeigt sich besonders darin, daß der ursprüngliche oder genetische Sinn der göttlichen Allmacht nur dieser ist, daß, wie es so oft bei Homer heißt, die Götter *als Götter* alles leicht, sehr leicht tun – ῥεῖα μάλ' ὥς τε θεός (*Il.* 3, 380; 20, 443), ῥεῖα allein oder ῥηιδίως (16, 846) und sonst häufig *Il.* und *Od.* –, d. h. ohne Schwierigkeit, ohne Anstrengung, »sonder Müh«, wie Voß übersetzt. So steht *Od.* 10, 305 der menschlichen Schwierigkeit (nach andern: Beschwerlichkeit, Gefährlichkeit) (χαλεπόν Apollon. S.: δύσεργον, ἀδύνατον) die göttliche Allmacht gegenüber, dagegen *Od.* 23, 184-186 eben dieser menschlichen Schwierigkeit die göttliche Leichtigkeit, ῥηιδίως.* Dieselbe Vorstellung liegt aber auch der christlichen Allmacht zugrunde, wie schon die paar eben angeführten Äußerungen der Kirchenväter zeigen. Aber ist es denn nicht ein Wunsch des Menschen, ja der innerste Wunsch selbst jedes Vorhabens, jedes Wunsches, sich ohne Schwierigkeit, ohne Widerstand, ohne Aufenthalt zu voll-

---

* So heißt es auch in Platons *Kritias* (VII, ed. Tauchn.) vom Poseidon, daß er die Insel Atlantis als ein Gott oder weil er ein Gott, οἷα δὴ θεὸς εὐμαρῶς, leicht, bequem, nullo negotio (Ast), »ohne alle Beschwerlichkeit« (Wagner), mit Wasser und Lebensmitteln versehen habe.

strecken? Klagt und beschwert er sich nicht tagtäglich laut und vernehmlich genug darüber, daß er seine Wünsche, oft selbst auch die geringfügigsten, nicht ohne unsägliche Mühseligkeiten erreichen kann? Ist diese Klage, diese Beschwerde nicht selbst der Grund der Kultur? Warum anders hat er denn den Stier zu seinem Mitarbeiter gemacht, als um auf seine Schultern die Last des Ackerbaues zu wälzen? Warum anders das schnellfüßige Roß sich dienstbar gemacht, als um so schneller, leichter und bequemer ans Ziel seiner Wünsche zu kommen? Den Göttern verdankt der Mensch seine Kultur; jawohl! Aber diese Götter sind nicht die Götter des Aberglaubens; diese Götter sind die ungeduldigen, revolutionären Wünsche der Menschen, ihren Willen mit derselben Leichtigkeit und Anstandslosigkeit zu verwirklichen wie die Götter; diese Götter sind also die Wünsche der Menschen, selbst Götter zu sein.

Man kann ja über kein Übel klagen oder auch nur seufzen, ohne sich das entgegengesetzte Gut zu wünschen. Wer darüber seufzt, daß er nicht kann, was er wünscht, wünscht eben damit, wenn auch stillschweigend, das zu können, was er nicht kann, wünscht sich ein unbeschränktes, seinen Wünschen ebenbürtiges und ebenmäßiges Vermögen. Selbst der fromme und demütige Christ wünscht sich, indem er über seine Sündhaftigkeit jammert, die Sündlosigkeit, wünscht sich eine göttliche Eigenschaft, wünscht – implicite – selbst Gott zu sein; denn man kann sich keine göttliche Eigenschaft wünschen, ohne die andern sie bedingenden oder begleitenden Eigenschaften, also mit der Sündlosigkeit auch die Tugenden, die moralischen Vollkommenheiten der Gottheit, mitzuwünschen.

Die Götter sind ehr-, lob- und preiswürdige Wesen. Man kann aber nur ehren und schätzen, loben und preisen, was man selbst zu besitzen wünscht. Wie kann ich z. B. die Unsterblichkeit zu einer göttlichen, Gott zu Gott machenden Eigenschaft erheben, wenn ich nicht die Sterblichkeit als eine den Menschen zum Menschen machende, unter die Götter herabsetzende Eigenschaft empfinde und denke; wie aber die Sterblichkeit als eine solche Eigenschaft denken, wenn ich nicht wünsche, nicht zu sterben? Was ich nicht wünsche, vermisse ich auch nicht, wenn ich es nicht habe, kann also seine Abwesenheit nicht als Mangel fühlen und erkennen, seine Anwesenheit nicht als einen Vorzug, als ein Gut preisen.* Wie kann ich also mit Jubel in oder als Gott bejahen, bekennen, was ich nicht vorher mit Schmerzen als mir versagt erkenne?

Die Grundbedingung, die Grundvoraussetzung des Glaubens an einen Gott ist darum der unbewußte Wunsch, selbst Gott zu sein. Weil aber diesem Wunsche des Menschen sein wirkliches, erfahrungsmäßiges Wesen und Sein widerspricht, so wird das, was er selbst zu sein wünscht, zu einem nur idealen, vorgestellten, geglaubten Wesen – einem Wesen, das Nicht-Mensch, לֹא אִישׁ ist, aber nur, weil die Erfahrung dem Menschen wider seinen Willen das schmerzliche Bewußtsein aufgedrungen hat, daß er לֹא אֵל, Nicht-Gott ist. Könnte der Mensch, was er will, so würde er nun und nimmermehr einen Gott glauben, aus dem einfachen Grunde, weil er selbst Gott wäre, wirkliches Sein aber kein Gegenstand des Glaubens ist. Aber gleichwohl fühlt sich der Mensch nur in seinem Können beschränkt, aber unbeschränkt in seinem Wünschen und Vorstellen oder Einbilden, also als לֹא אֵל, als Nicht-Gott im Können, aber als לֹא אִישׁ, als Nicht-Mensch im Wünschen.

Gott ist daher ursprünglich nichts anderes als der von seinem Gegensatz befreite Nichtmensch im Menschen, kein anderes Wesen, nur die andere Hälfte, die dem Menschen fehlt, nur die Ergänzung seines mangelhaften Wesens, seines im Widerspruch mit seinen Wünschen so beschränkten Tatvermögens. Die Gottheit ist keine »apriorische«, unabhängige, voraussetzungslose Wesenheit oder Vorstellung – bloße Vorstellungen sind auch Wesen, wenngleich nur Wesen für den Vorstellenden, der Satz der Juristen: fictio (legalis) idem operatur

---

* Wenn auch der Mensch, sagt Libanius über die Unersättlichkeit (p. 243, Reiske), noch so glücklich ist, so sitzt er doch da und *seufzt* über die Notwendigkeit zu sterben und *preist selig* den Himmel und die Sonne, weil sie immer sein und nie vergehen werden.

quod natura, gilt auch hier –, der Gott setzt den Nicht-Gott voraus; aber eben als keinen Gott fühlt sich nur, wer Gott sein will, ohne es doch zu sein und sein zu können. Die Götter sind vollkommne Wesen; aber ihre Vollkommenheit entspringt nur aus der schmerzlichen Unvollkommenheit des Menschen, ist darum keine unempfindliche, keine phlegmatische wie die der Metaphysik; sie sind nur vollkommen, weil sie die Wünsche der Menschen vollenden, vollstrecken – Ζεῦ, Ζεῦ τέλειε, τὰς ἐμὰς εὐχὰς τέλει (Aeschyl., *Agam.* 922), d. h.: Zeus, Zeus vollendender oder vollkommener, vollende meine Bitten –, weil sie das vollkommen sind, was die Menschen nur mangelhaft, kurz, das in Wirklichkeit oder im Können sind, was der Mensch nur im Wunsche ist. Daher nennt auch Homer den Adler den vollkommensten Vogel, τελειότατον πετεηνῶν (*Il.* 8, 247), nicht aus ästhetischen oder ornithologischen Gründen nur, sondern weil er das vollkommenste, d. h. glücklichste, erwünschteste Auspizium, Wahrzeichen ist. In der homerischen Hymne an Hermes (V. 544) heißen darum die Vögel überhaupt, welche Wunscherfüllung verkünden, τελήεντες, d. h. vollendete, vollkommne, vollendende.

12. Der Glückseligkeitswunsch

Der Wunsch ist der Ursprung der Götter, der Wunsch der Ursprung, das Grundwesen, das Prinzip der Religion. Aber welcher Wunsch? Der Wunsch eines gelungenen Gedichts, wenn der Mensch als Dichter zu den Musen, der Wunsch zu siegen, wenn er als Krieger zu den Kriegsgöttern, der Wunsch einer gesegneten Ernte oder fruchtbaren Viehherde, wenn er als Bauer oder Hirt zu den Feld- und Viehgöttern, der Wunsch einer ergiebigen oder wenigstens nicht vergeblichen Jagd, wenn er als Waidmann zu den Jagdgöttern, eines reichlichen oder wenigstens zu seinem Lebensunterhalt hinreichenden Fischfangs, wenn er als Fischer zu den Seegöttern, einer sichern Seereise, wenn er als Steuermann zu den Schutzgöttern des

Schiffes, der Wunsch, von seinen Leiden und Übeln befreit zu werden, wenn er als Unglücklicher zu den übelabwehrenden Göttern oder zur Gottheit überhaupt fleht, mit *einem* Worte: der Wunsch, *glücklich* zu sein; denn glücklich ist der Mensch nur, wenn er seine Lebenszwecke erreicht, wenn seine Unternehmungen gelingen, seine Wünsche in Erfüllung gehen und sonst keine besondern Leiden und Übel ihn drücken, wie z. B. Theognis sagt: »Reichtum ist nicht mein Verlangen noch mein Gebet; aber ich möchte das Wenige ohne Übel genießen« (V. 1155). Ἀγαθῇ τύχῃ, mit Glück! war bekanntlich die Wunschformel der Griechen; »quod bonum, faustum, felix, fortunatumque sit« die Wunschformel der Römer, womit sie alles Wichtige begannen. Wenn die Römer etwas unternahmen, so baten sie ausdrücklich die Götter, daß dieses ihr Beginnen oder Unternehmen, z. B. ein Krieg, den das römische Volk führen wollte, glücklich ausgehen möchte – »quod bellum populus R. in animo haberet gerere, ut id prosperum eveniret oder bene ac feliciter eveniret« –, daß sie ihr Vorhaben, ihre Beschlüsse, ihre Wünsche zu glücklichen Handlungen oder Ereignissen machen möchten – »Dii nostra incepta secundent – Di fortunabunt nostra consilia – votum secundet qui potest nostrum Deus« (Briss., *De form.*). Doch wozu gerade das Wort Glück? Wenn die alten römischen Arvalpriester jährlich bei einem feierlichen Umzug um die Marken Roms zu den Göttern flehten: »Wohlauf, Laren, steht uns bei! Laß kein Verderben, o Marmar, in die Blüten geraten! Mäßig zu wüten, o Mars, hemme die Glut des Sonnenscheins! Ruft alle Semonen nacheinander an! Wohlauf, Mars, steh uns bei! Triumph, Triumph!« (Hartung, *Rel. d. Röm.*, 2, 146), so flehten sie um nichts weiter als eben um ein glückliches Gedeihen der Feldfrüchte. Was überhaupt nur immer der Mensch sich von den Göttern erfleht oder wünscht, er wünscht es nur als ein seiner Meinung nach ihn Beglückendes. Aber das Glück des Menschen hängt nicht von ihm allein ab, sondern wesentlich auch von außen, von der Natur, von den Gegenständen, die notwendig zu seiner Existenz gehören, wenn sie keine unglückliche sein soll. Wer kann, und sei er auch ein Diogenes, ohne Wasser und Brot, ohne Luft und Licht glücklich sein? Eben deswegen ist auch das Glück wesentlich Sache des Wunsches oder Gebetes – Τύχῃ εὔχεσθαι, flehe zum Glück!, εὐτυχίαν εὔχου, Glück wünsche!, heißt es in den Sprüchen der sieben Weisen –; aber eben darum ist es auch eins, ob ich z. B. als Bauer zu den Göttern sage: Oh, ihr Seligen und Allvermögenden, macht mich zu einem glücklichen Bauer, oder sage: Füllt meine Scheuern mit Korn, meinen Keller mit Wein, meine Ställe mit Kälbern und Lämmern! – »Io messes et bona vina date!« (Tib. I, 1, 24), »et in stabulo multa sit agna meo« (Ovid, *Fast*. 4, 772) –; denn der Inhalt des Kellers, der Ställe und Scheuern ist der Inhalt des Bauernglücks, der Inhalt der echten Bauernseele. »Fortuna sola invocatur«, das Glück allein wird angerufen, sagt Plinius mit vollem Recht, denn wenn auch nicht die unbestimmte, charakterlose Glücksgöttin, die er hier meint, angerufen wird, sondern Jupiter oder Jehova, Ceres oder Neptunus, so werden doch auch sie nur um des guten Erfolgs, des bonus eventus willen, nur als Glücksgötter angerufen; denn *alles,* sagt Camillus bei Livius 5, 51, hat einen glücklichen Ausgang, prospere evenisse, wenn man den Göttern folgt, einen unglücklichen, wenn man sie außer acht setzt. Jupiter selbst ist als Staatsgott gar nichts andres als der konzentrierte und personifizierte bonus eventus der Staatshandlungen, als Bauerngott (Varro 1, 1) nichts andres als der bonus eventus des Ackerbaus. Die Griechen sagten ausdrücklich, daß das Glück oder Glücklichsein eine Gabe der Götter – so Aischylos (*Sept.* 584) –, daß man die Tugend ausüben, das Glück aber von den Göttern erbitten müsse – so z. B. der Dichter Karkinos bei Stobäus (Tit. 103, 3), so der Chor in den Schutzflehenden des Aischylos: »Wenn wir nur sonst von den olympischen Göttern beglückt werden, um meine jungfräuliche Blüte kümmere dich nicht, Vater!« Und wenn der Erzvater Jakob in der Bibel (1. Mos. 28, 20) sagt: »Wenn Elohim, d. i. Gott, mit mir sein und mich behüten oder bewahren wird auf dem Wege, den ich reise und gibt mir Brot zu essen und Kleider anzuziehen, und ich kehre zurück ›mit Frieden‹ (Unversehrtheit, Gesundheit, Wohlsein, Heil, שָׁלוֹם) in das Vaterhaus, so ist Jehova mein Gott«, so sagt er damit nichts andres als: Wenn mir Jehova den Wunsch einer glücklichen Reise und Heimkehr erfüllt, so ist er mein Gott, und gesteht so offenherzig ein, daß nur das, was den Menschen beglückt oder glücklich macht, der Gott des Menschen ist. Gott und Glück sind so innig verbunden, ja so eins, daß bei den Griechen das Wort *theos* (Riemers Lexikon unter diesem Wort), insbesondere das unbestimmtere, unpersönliche Wort *Dämon*, geradezu für Glück (freilich auch Unglück) steht – σὺν δαίμονι, *Il.* 11, 792, Eustathius: ἀντὶ τοῦ σὺν ἀγαθῇ τύχῃ, ebenso *Il.* 15, 403; σὺν θεῷ, *Il.* 9, 49: »mit Gottheit kamen wir hieher«, mit Gottes Beistand, d. h. mit Glück oder glücklich, und dieser glückliche Anfang verbürgt uns ein glückliches Ende –, daß bei den Römern der Ausruf: Ich bin ein Gott, Deus sum (Plaut., *Curcul.* 1, 3, 11), oder Unsterblicher, immortalis ero (i. e. felicissimus, Propert. 2, 14, 10 und 15, 39. 40) oder: Ich bin im Himmel (dem Wohnsitz der Götter, der Seligen), in coelo sum (Cic., *Ad Att.*), oder: Ich lebe wie ein Gott (Deorum vitam nancisci, Gierig zu Ovid, *Met.* 14, 344), ebensoviel ist als: Ich bin höchst glücklich*; daß ebenso bei den Hebräern die Redensart: Jehova ist mit dir, der Sache nach nichts weiter bedeutet als: Das Glück ist mit dir oder du bist glücklich. So heißt es vom David, weil ihm alles gelang, weil er in allen Stücken klug oder glücklich war, מַשְׂכִּיל, daß Gott mit ihm war, d. h. eben, daß alles, was er angriff, ihm glückte, hoc est quaecunque adgrederetur, feliciter ei cedere (1. Sam. 18, 14. 28); von Joseph: Jehova war mit ihm, denn er war ein glücklicher Mann מַצְלִיחַ , denn, wie es gleich darauf heißt und Luther übersetzt: »Alles, was er tat, da gab der Herr Glück zu durch ihn«, d. h. das gelang,

---

* Barth in seiner Ausgabe des Propertius zitiert zu dieser Stelle Terent., *Andr.*, A. 5, Sc. 5, 3. Es heißt hier nämlich: »Ego Deum vitam propterea sempiternam esse arbitror. Quod voluptates eorum propriae (beständig) sunt: nam mi immortalitas Parta est, si nulla aegritudo huic gaudio intercesserit« (ed. Tauchn.).

das hatte glücklichen Erfolg (1. Mos. 39, 2 und 3). So sagt Jehova: »Ihr Kinder Zions, freuet euch und seid fröhlich im Herrn, eurem Gott, der euch (nicht, wie Luther hier übersetzt: ›Lehrer zur Gerechtigkeit‹, sondern, wiewohl dadurch, wie schon Dathe bemerkt, eine Tautologie entsteht) rechten (normalmäßigen) Regen gibt und euch herabsendet Frühregen und Spätregen, wie vorhin, daß die Tennen voll Korn und die Keltern Überfluß von Most und Öl haben sollen. Und ich will euch die Jahre erstatten, welche die Heuschrecken gefressen haben, daß ihr zu essen genug haben sollt und den Namen des Herrn eures Gottes preisen, der Wunder unter euch getan hat, und mein Volk soll nicht mehr zuschanden werden. Und ihr sollt es erfahren (gewahr werden, fühlen, einsehen, erkennen), daß ich mitten unter Israel sei, und daß ich, der Herr, euer Gott sei« (Joel 2, 23–27). Wo also Glück, da ist Gott, wo Unglück, kein Gott. »Hat mich nicht dies Übel alles betreten, weil mein Gott nicht mit mir (wörtlich: in meiner Mitte) ist?« (5. Mos. 31, 17). Das hebräische בָּרַךְ, das deutsche *Segnen,* das so oft in der Bibel vorkommt, das Εὐλογέω der Septuaginta und des Neuen Testaments, bedeutet, von Gott gebraucht, seiner Wirkung nach nichts andres als das römische prosperare oder fortunare, das deutsche *Beglücken.* »Jehova hat meinen Herrn reichlich gesegnet, und er (der Herr) ist groß (reich) geworden, denn er (Jehova) hat ihm Schafe und Ochsen, Silber und Gold, Knechte und Mägde, Kamele und Esel gegeben«, d. h. er hat ihn mit Reichtum beglückt (1. Mos. 24, 34). »Isaak säete in dem Lande und kriegte desselben Jahres hundertfältig, denn der Herr segnete ihn« (1. Mos. 26, 12). »Siehe, der Geruch meines Sohns ist wie der Geruch des Feldes, das der Herr gesegnet hat« (1. Mos. 27, 27), entgegengesetzt dem verfluchten Lande, d. h. dem Lande, das Dornen und Disteln trägt, nur durch den Schweiß mühevoller Arbeit kümmerlich befruchtet wird. Ja, die erste Offenbarung und Erscheinung Jehovas vor dem Stammvater der Israeliten ist nur *die Erscheinung und Offenbarung seines künftigen Glücks.* »Ich will dich zum großen Volk machen und will dich segnen und dir einen großen Namen machen und sollst ein Segen sein«, d. h. ein höchst Gesegneter, ein höchst Beglückter (1. Mos. 12, 2 und 7).

Wenn es früher hieß: Der Mensch will selbst Gott sein, so heißt dies jetzt nur soviel als: Der Mensch will glücklich sein, und zwar glücklich im höchsten Grade, wenigstens so lange, bis ihn die Erfahrung gewitzigt, den höchsten Grad auf einen niedrigeren, bescheidnen, dem Menschen erreichbaren – εὔχου δυνατά – herabgestimmt hat; denn ein Gott sein heißt eben ein im höchsten Grade glückliches Wesen sein. »Gut gesagt ist zwar auch das«, sagt Strabo (10, 3, p. 357, ed. Tauchn.), »daß die Menschen dann am meisten den Göttern ähnlich sind, wann sie wohltätig sind, doch besser noch sagt man: wann sie glücklich sind, ὅταν εὐδαιμονῶσι, wie wann sie sich freuen oder Feste feiern oder philosophieren oder musizieren.« An ein höchstes Wesen glauben heißt daher nichts andres als an ein höchstes, superlativisches, überschwengliches Glück glauben. »*Wie Götter* lebten sie«, heißt es bei Hesiod (*Op.* 112) von den Menschen des goldenen Zeitalters, »ein sorgenfreies Herz habend, fern von Mühe und Wehe. Und nicht lag auf ihnen das unselige Alter, sondern immer an Händen und Füßen gleich ergötzten sie sich an Festmahlen außerhalb aller Übel.« »Das Glück, das ist der Menschen Gott, ja mehr als Gott«, τὸ δ' εὐτυχεῖν· τόδ' ἐν βροτοῖς θεός τε καὶ θεοῦ πλέον, sagt der Chor in Aischylos *Choephoren* (V. 64), hier jedoch, wo er ein blutbeflecktes Glück vor Augen hat, in einem tadelnden Sinne, was schon aus den letzten Worten sich von selbst ergibt, denn da Gott schon Glück ist oder Glück (Erfüllung rechtmäßiger Wünsche) bedeutet, so ist ein Glück, das mehr als Gott, etwas sich selbst Aufhebendes, soviel als ein Glück, das mehr als Glück.

Die Götter sind keine »sittlichen Mächte« im Sinne der modernen, renommistischen, dem Glückseligkeitstrieb widersprechenden Sittlichkeitsphrase; sie sind glückliche, an Leib und Seele gesunde, von allen Übeln, die der Mensch flieht und haßt, folglich auch natürlich von dem Übel der Laster, die er selbst haßt, befreite Wesen; »denn auch die Götter haben ihre Freude an der Kalokagathie«, an der Tugend, der »Rechtschaffenheit,

Biederkeit«, an dem Guten und Schönen, wie Sokrates bei Xenophon (*Symp.* 4, 49) sagt. »Kein Schlechter oder Böser ist von den Göttern geliebt« (Charond. Stob. 44, 40), folglich auch glücklich, denn gottgeliebt und glücklich ist eins, bestehe dieses Glück auch nur in Reichtum und Wohlstand. »Sie wurden geliebt vom Zeus, und er goß auf sie göttlichen Reichtum herab« (*Ilias* 2, 670). So kommt auch in der altdeutschen Religion »Reichtum von Odin, und derjenige dient dem Odin wohl, welcher viele Schätze sammelt« (W. Müller, *Gesch. u. Syst. d. altd. Rel.*, S. 187).

Das, worein der Mensch sein höchstes Glück setzt, ist allein das seine Götter und seine Sittlichkeit bestimmende Maß. Die Natur und Grenze seines Glückseligkeitswunsches ist auch die Natur und Grenze seiner Götter und Tugenden. Sittlichkeit ohne Glückseligkeit ist ein Wort ohne Sinn. Die Sittlichkeit ist nichts andres als der mit Weisheit gepaarte Glückseligkeitstrieb, die weise, die verständige, die gesunde, die normale, die gerechte Selbstliebe. »Wer die Gerechtigkeit«, sagt Diogenes, der Kyniker, bei Stobäus (*Florileg.* 9, 49), »im Herzen bewahrt, der nützt nicht nur den andern, sondern auch vor allem sich selbst, denn er wird nicht versuchen, sich selbst in irgendeinem seiner Teile zu verletzen, nein, er wird sich selbst weder Betrübnis noch Krankheit bereiten, sondern die Sinneswerkzeuge der Natur als Götter ansehen, τὰ αἰσθητήρια τὰ τῆς φύσεως θεοὺς ὑπολαμβάνων εἶναι, und daher so, wie es recht ist, mit ihnen umgehen, sich hüten, etwas zu tun, was über ihr Vermögen geht, und so nur Nutzen und Genuß aus ihnen schöpfen.« »Viele scheinen sich zu lieben, lieben sich aber nicht wirklich, denn weil sie sich in allen Stücken nachgeben, eine falsche Willfährigkeit gegen sich selbst haben, so fallen sie gerade in das (ihrer Selbstliebe) Entgegengesetzteste hinein« (Eusebios bei Stobäus, *Florileg.* 23, 15). »Der Neider kränkt sich selbst wie einen Feind«, sagt Demokritos (*Opusc. Graeca*, Orellius, T. I, p. 86); »die Sünder sind die Feinde ihres eigenen Lebens«, der biblische Tobias (12, 10). »Wer mich findet«, sagt die Weisheit des Alten Testaments, »findet Leben, wer mich verfehlt, von mir abweicht (a me aberrat), tut Unrecht, d. i. Schaden, הֹמֵם, seinem Leben oder seiner Seele«, d. h. sich selbst (Sprüche 8, 35. 36). »Wer sich selbst wohltut, גֹּמֵל נַפְשׁוֹ, ist ein Mann der Wohltätigkeit oder des Wohlwollens, wer aber sein Fleisch betrübt, grausam« (ebend., 11, 17). »Wer sich selbst nicht gut ist, wem wird er gut sein?« (Sir. 14, 5). »Dir selbst tue Gutes«, σεαυτὸν εὖ ποίει, heißt es unter den Sprüchen der sieben Weisen Griechenlands nach Sosiades. »Fröhlichkeit des Herzens ist das Leben des Menschen und Wonne des Mannes Lebensverlängerung. Liebe dein Leben (deine Seele, τὴν ψυχήν σου, d. h. dich selbst) und tröste oder ermuntere dein Herz und wirf weit die Traurigkeit von dir weg, denn viele hat die Traurigkeit getötet, und sie ist zu nichts nütze« (Sir. 30, 22. 23). »Wer Weisheit oder Verstand erwirbt, liebt sich« (»seine Seele, sein Leben«, Sprüche 19, 8); aber auch umgekehrt, wer sein Leben liebt, erwirbt Verstand, vor allem den Verstand, daß man nicht aufs Geratewohl hin, nicht ohne feste Bestimmungen und Beschränkungen, ohne Gesetze glücklich sein kann.

Allerdings tritt auch das Gesetz mit dem Glückseligkeitstrieb in Widerspruch, aber nur da, wo sein Zweck und folglich auch sein Sinn untergegangen ist. Ursprünglich oder seinem wahren Wesen nach ist das Gesetz nichts anderes als das Δός μοι ποῦ στῶ, der Standpunkt, der Kompaß des Glückseligkeitstriebes – »Fremdling bin ich auf Erden, verbirg nicht vor mir deine Gebote« (Ps. 119, 19)* –, nichts andres als der gesetzte, zwar eingeschränkte, aber eben dadurch auch vor verderblichen Ausschweifungen und Verirrungen gesicherte, unter Dach und Fach gebrachte Glückseligkeitstrieb. So hat auch der Gott Jehova, der Gesetzgeber des hebräischen Volks, seine Gesetze nicht gegeben, um dem Glückseligkeitstrieb zu widersprechen, sondern um ihn zu befriedigen, nicht zum Schaden, zum Unheil der Israeliten, sondern zu ihrem Nutzen, ihrem Wohle לְטוֹב לָנוּ (5. Mos. 6, 24), לְטוֹב לָךְ (5. Mos. 10, 13).

* »Ein Fremdling läuft aus Unkunde des ihm noch unbekannten Landes öfters Gefahr, Schaden zu leiden. Etwas dem Scheine nach sehr Unschuldiges, dessen Folgen er nicht zum voraus übersehen kann, kann oft machen, daß er

14. Kunst und Religion

Für den Kunstkenner und Kunstliebhaber hat freilich die Bildsäule für sich selbst als bloßes Kunstwerk ein lebendiges Interesse, aber für den religiösen Griechen selbst war sie zugleich ein Gott, d. h. ein noch ganz andere als nur ästhetische Wünsche befriedigendes, ein nicht nur ideales oder gar spekulatives, sondern wirkliches, »empirisch« wirkliches, von den »gemeinen«, jawohl, sehr gemeinen, weil allgemeinen Wünschen und Bedürfnissen des Lebens bewegtes, selbst von Angst und Furcht vor bevorstehendem Unglück – wie unästhetisch! sit venia verbo! – in Schweiß versetztes Wesen. »Quid cum Cumis Apollo sudavit, Capuae Victoria?« (Cic., *De Div.*). Die Götterstatuen waren so umhangen von Votivtafeln, Kränzen, Gewändern und sonstigen Geschenken wegen glücklich zu überstehender oder bereits überstandener Not, so beschmutzt und abgerieben von den Händen der Hilfsbedürftigen, so abgeschleckt von den Küssen, aber nicht der ersten, idealistischen Liebe, welcher der bloße Kuß schon ein Gott, höchstes Glück und höchstes Wesen ist, sondern der mehr verlangenden, der gemeinen, jawohl, sehr gemeinen Liebe, daß ihr antiquarischer und ästhetischer Wert durch diese Zudringlichkeiten der religiösen Gemeinheit für den Archäologen und Kunstliebhaber oft ganz verlorenging. Aber gerade dieser religiöse Schmutz, welcher dem Kunstkenner das Wesen der Götter verbirgt, enthüllt es dem Götterkenner. »Being the

seine Gesundheit, seine Glieder, seine Freiheit, ja sein Leben sogar dadurch einbüßt. Wie glücklich ist er also, wenn ein treuer Freund ihn warnt! Ebenso geht es mit uns auf Erden. Wir sind Fremdlinge und zu unbekannt auf der Erde, als daß wir alles mit seinen oft sehr weit entfernten Folgen aus der Erfahrung kennen sollten, Gottes Gebote (d. h. vernünftige Gesetze überhaupt) sind uns also unter diesen Umständen der getreueste Freund, der uns den besten Rat gibt, wie wir dieses unbekannte und fremde Land, ohne Schaden zu leiden, durchreisen können« (Michaelis in de Wettes *Komment. zu Psalm 119*). Wir haben hieran zugleich ein sehr populäres Beispiel davon, daß die Götter nichts andres sind als die προλήψεις, die Antizipationen (Vorbegriffe, Vorannahmen, Vorurteile) der menschlichen Selbstliebe, des menschlichen Glückseligkeitstriebes oder, wie es früher ausgedrückt wurde, die Repräsentanten, die Stellvertreter der menschlichen Selbstliebe.

Basis of the Deity!« (Young, *Night.*, 7, 1187). Ja! Sein, Leben und Lebenwollen ist die Basis der Gottheit. Nicht der Idealismus, nein, der Materialismus ist der Grund und Ursprung der Götter. Nur der Schwerfällige vergöttert die ätherische Leichtigkeit, nur der Irdische das Himmlische, nur der Materielle das Immaterielle, der Bedürftige das Bedürfnislose, nur der Hunger macht das Korn zur Demeter, nur der Durst die Quelle zur Nymphe – νύμφαι γάρ εἰσιν αἱ τῶν ποτίμων ὑδάτων πηγαί (Phurnut., *De Nat. Deorum*, 22, de Nept.) –, den Wein zum Bacchus. »Alle Menschen bedürfen der Götter«, aber nicht aus einem besonderen ästhetischen oder religiösen Kitzel, sondern aus demselben Grunde, aus welchem sie des Lichtes, des Wassers, des Kornes, des Hauses, der Familie, des Staats, kurz, der Natur und Kultur bedürftig sind.

Allerdings unterscheiden sich die griechischen Götter von den Göttern anderer Völker dadurch, daß sie nicht nur ein religiöses, d. h. auf die Not und Bedürftigkeit des menschlichen Lebens sich beziehendes, sondern zugleich ästhetisches Interesse befriedigen und eben dadurch noch heute mit Bewunderung und Entzückung die Menschheit erfüllen. Aber gleichwohl ist es notwendig, wenn man das Wesen selbst auch der griechischen Götter erkennen will, über dem prachtvollen Schauspiel, das der Donnergott am Himmel aufführt, nicht den *gemeinen* irdischen Nutzen des Gewitters, über dem olympischen Zeus des Phidias nicht den Müller Zeus, über Apollo dem Musenführer nicht den Apollo des Mehltaus oder Kornbrands, über dem ätherischen Nektar der Götter nicht die durstige Kehle der um Regen zum Himmel flehenden Erde aus den Augen zu verlieren – nicht zu übersehen, daß die Götter nicht deswegen auf der Erde erschienen sind, um in Glyptotheken und Museen den Ästhetikern Stoff zum Bewundern, den Philosophen Stoff zum Denken zu geben, sondern um vor allen Dingen den Hunger zu stillen, den Durst zu löschen, kurz, der menschlichen Not abzuhelfen – nicht also zu verkennen, daß die allerersten und allergemeinsten Bedürfnisse und Triebe, die Grundlagen der menschlichen Existenz, auch die Grundlagen der Religion und der Götter, die allerersten, fundamentalen Bestimmungen der Götter *die* sind, daß sie die Menschen erzeugen, ernähren, erhalten. Götter, bei deren Betrachtung und Bestimmung man statt vom Menschen von Gott, statt vom Sinnlichen vom Übersinnlichen, statt vom Leibe vom Geiste, statt vom Leben von der Idee, d. h. einem willkürlichen, selbstgemachten Gedankenkonfekt ausgeht, von den notwendigen und allgemeinen, freilich nach Ort und Zeit verschiedenen Bedürfnissen und Wünschen des Menschen absieht oder doch die sich auf sie beziehenden Attribute nur gelegentlich und historisch, nicht genetisch und prinzipiell erörtert, mögen wohl das luxuriöse Biskuitbedürfnis des modernen sogenannten religiösen Gefühls befriedigen; aber sie sind viel zu blasiert, eitel und kraftlos, als daß sie die heilige Frucht der Demeter hervorbringen, geschweige selber dreschen und mahlen könnten.

Der Mensch zeugt und liebt seine Götter nicht nur aus ganzer Seele, wie es in der Bibel heißt, sondern auch aus ganzem Leibe. Wenn z. B. Isaak den Jehova bittet, daß sein unfruchtbares Weib Kinder bekomme, und Rahel so heftig nach Kindern verlangt, daß sie zu Jakob sprach: »Schaffe mir Kinder, wo nicht, so sterbe ich«, endlich aber doch vom Herrn »erhört« wird (1. Mos. 30, 22), so ist doch gewiß jedem, der nicht aus theologischem oder spekulativem Dünkel den gesunden Menschenverstand verloren, deutlich, daß das religiöse Bedürfnis, das Bedürfnis zum Jehova zu flehen, hier der Ausdruck eines sehr natürlichen, selbst körperlichen Bedürfnisses ist, daß die Religion oder die Götter nicht nur den Zweck haben, den Kopf mit spekulativen Gedanken, das Herz mit himmlischen Gefühlen, sondern auch den Leib mit entsprechendem Inhalt auszufüllen, daß also selbst auch der Uterus, die Gebärmutter, wenn auch keine theologische Fakultät, doch eine theogonische »Potenz«, Macht ist. Pectus facit Theologum, aber keinen Gott, höchstens nur einen halben; einen ganzen Gott macht weder der Kopf des Philosophen noch das Herz des Theologen, sondern nur der ganze

Mensch. Die homerischen Götter essen und trinken, wenngleich nicht dasselbe, was die Menschen; sie haben überhaupt alle Bedürfnisse des Menschen, eben weil sie nicht nur besondere, erkünstelte erfüllen sollen und wollen, weil der Mensch ursprünglich noch nicht den Zwiespalt zwischen profanen und heiligen Bedürfnissen kennt, weil ihm jedes notwendige Bedürfnis als solches ein heiliges, das Bedürfnis namentlich von Speise und Trank nicht ein viehisches, nur leibliches, wie dem zerrissenen Halbmenschen, sondern auch ein »Seelenbedürfnis« ist. So sagt der Hebräer: »Meine Seele durstet, hungert, sättigt sich mit Speise und Trank«, ja, Jes. 58, 10 steht sogar *Seele* statt *Speise*: »und darreichst dem Hungrigen deine Seele«, d. h. Speise (Gesen. unter נֶפֶשׁ), und die Speise, das Brot heißt der Stab, die Stütze des Herzens, sustenaculum cordis (Gesen. מַטֶּה und סָעַד). Und bei Homer heißt es gleichfalls: der θυμός, das Herz, das Gemüt, die Seele bedarf der Speise (*Il.* 1, 468), das Herz, das Verlangen, den θυμόν mit Speise und Trank füllen oder sättigen (*Od.* 17, 603), die Seele, das Herz, ἦτορ, mit Speise und Trank erquicken oder sättigen (*Il.* 19, 307).* Selbst Pindar, der fromme, aber zugleich rationalistische Dichter, der wohl erkannte, daß selbst lügenhafte Mythen (μῦθοι, Sagen, verächtlich: Gerede) durch ihre Anmut den Menschengeist berücken, daß die Charis, die Anmut, selbst »das Unglaubliche glaublich macht« (ἄπιστον ἐμήσατο πιστόν), und daher ohne Bedenken an den Mythen ändert oder wegläßt, was

---

* So heißt es auch bei Hesiod, *Op. 563*, κεκορημένον ἦτορ ἐδωδῆς, aber in einem Zusammenhang, in welchem diese Herzensspeise erst ihre volle Würze erhält, nämlich: »Trinke nur den funkelnden Wein, sitzend im Schatten, gesättigt das Herz oder die Seele mit Speise, gegen den kühlenden (›scharf wehenden‹) Zephyr gewendet das Antlitz und gegen die reine, immer fließende und sich fortbewegende (im Gegensatz des stehenden, stagnierenden Wassers, eigentlich weg-, abfließende, ἀπορρύτου) Quelle.« So nahm der natursinnige Grieche, der gesunde, altertümliche Ganzmensch überhaupt Speise und Trank nicht nur in seinen Wanst, sondern auch in sein Herz und Hirn auf – vinum mihi in cerebrum abit – ganz im Gegensatze zu den modernen naturwissenschaftlichen Handwerkern, welche sich öffentlich damit brüsten, daß selbst der Stoff der Naturwissenschaft ihnen nur bis an den Hals, aber nicht in Kopf und Herz gestiegen ist.

seinen Vorstellungen von den Göttern, d. h. seiner Vernunft und Humanität widerspricht, selbst Pindar nimmt keinen Anstand daran, daß die Götter essen, daß Tantalos sie zum Gastmahl eingeladen habe (ἀμοιβαῖα θεοῖσι δεῖπνα παρέχων), nur das leugnet er als Rationalist, daß die Götter Menschenfleisch – Pelops Schulter – gegessen haben, daß irgendein Seliger ein Fresser sei, γαστρίμαργον. Die Götter essen also, aber keineswegs nur deswegen, weil sich der Mensch kein lebendiges Wesen ohne Nahrung denken kann, sondern auch deswegen, weil sie sonst nichts von der Not des Hungers wissen. Wie teilnehmend blickt Zeus auf den Achilleus herab, als dieser, »um den Freund wehklagend«, während »die andern gingen zum Frühmahl hin, nicht Speise noch Trank anrühret«! Wie zärtlich sorgt er dafür, daß ihm nicht der Hunger, der unerfreuliche Hunger, λιμὸς ἀτερπής, wie er einige Verse später heißt, nahe (*Il.* 19, 340–348). Das Altertum kennt aber nur ein sensualistisches Wissen, das Wissen, das aus dem Fühlen, Erleben, Erfahren stammt, macht darum die Leiden der Menschen zu wenn auch nur vorübergehenden oder doch möglichen Leiden der Götter; denn die Hilfe der Götter beruht auf Teilnahme, die Teilnahme auf Mitgefühl, dieses auf Mitleiden, das Mitleiden auf der Erfahrung derselben Leiden. »Der Sonne lebensvolle Strahlen ruf ich an«, heißt es in den *Schutzflehenden* des Aischylos, »den hehren Apollo, einst verbannt aus Himmelshöhn. Der *gleiches Los erfahren*, hilft (verzeiht, ist gnädig) *den Sterblichen*«, εἰδὼς ἂν αἶσαν τήνδε συγγνοίη βροτοῖς (V. 200). Aber wer die Leiden des Lebens, kennt auch seine Freuden. Ja, nur wer die menschlichen Freuden und Genüsse kennt, weiß erst recht, was um die menschliche Not ist. Um mit den Menschen leiden zu können, muß man daher auch mit ihnen sich freuen können. Und so ist es mit den Göttern; was die Menschen, erfreut auch sie. So schmücken die Musen die Tafel der Menschen und Götter, so ist die Getreidemutter, die nährende Demeter, ὄνειαρ und χάρμα, Labsal und Wonne für die Sterblichen und Unsterblichen (*Hymn. ad Dem.* 269). Wie daher zu seinen Leiden der Mensch die Götter herberuft, so ladet er sie auch zu jeder Freude, jedem

Festmahl ein. Und wenn sie auch jetzt nur noch in Gedanken mit den Menschen speisen, einst nahmen sie wirklich, bei wichtigen Gelegenheiten wenigstens, an den Mahlen der Menschen teil – gemeinsame Mahle, heißt es in einem Fragment Hesiods (187, Göttl.), gemeinsame Sitze hatten damals die unsterblichen Götter mit den sterblichen Menschen –; aber was einst wirklich war, ist jetzt immer noch möglich. Zu den Beweggründen der Gastfreundschaft, der Wohltätigkeit gehört darum bekanntlich bei den Alten auch der Glaube, daß die Götter in der Gestalt Hilfsbedürftiger erscheinen, daß daher in diesem oder jenem Fremdling ein Gott verborgen sein könne. Auch im Alten Testamente erscheint bekanntlich Jehova dem Abraham und läßt sich von ihm mit pflanzlicher und tierischer Speise bewirten. So genießen die Götter der alten Welt selbst Fleisch und Brot mit den Menschen, um uns zu zeigen, daß nicht der abgefeimte Geist der Modernen, daß nur der Geist im Bunde mit dem Fleisch, nur der sinnliche, materielle Geist die Götter erzeugt hat. Doch wieder zurück zur Kunst!

Allerdings hat die Kunst, namentlich die bildende, die Aufgabe, den Gegenstand von den Bedürfnissen des Lebens abzusondern. Die Venus als Kunstwerk ist nicht dazu gebildet, aber auch nicht bestimmt, Kinder zu empfangen und gebären, folglich auch nicht geschlechtliche Triebe und Gelüste zu erwecken. Dieses überläßt die Kunst dem lebendigen Fleisch und Blut oder, wenn sie auch alles im Verlauf in ihr Gebiet hereinzieht, verlegt wenigstens die sinnliche Begierde in besondere, untergeordnete Gestalten. Aber sowenig Praxiteles mit seiner Venus das Liebebedürfnis des Beschauers befriedigen wollte, so wenig verlangt es dieser vom Künstler, solange er wenigstens noch bei gesunden Sinnen ist und weiß, daß die Venus des Künstlers doch immer noch nicht die Venus selbst, die ganze, wirkliche Venus ist. Die Kunst ist der Olymp oder der Tempel der Götter. Im Tempel soll der Mensch nur an die Götter, nicht an sich und seine Bedürfnisse denken; der Tempel soll kein gemeines Haus, das Pulvinar der Götter kein Hochzeitbette, der Altar kein Küchenherd sein; aber daraus folgt nicht, daß die Privatwohnung, der Herd, die Schlafstätte, ja selbst der verborgenste Hauswinkel nicht auch eine Stätte der Götter sei, sowenig als daraus, daß sie den Glanzpunkt ihrer Existenz im Himmel oder auf dem Olymp haben, folgt, daß sie nicht auch zugleich auf der Erde wirken und walten. Was wären die Menschen, was die Götter, wenn ihr ganzes Wesen und Wirken in den Umfang eines Tempels gebannt wäre? In den Tempel der Kunst gehören keine Handlungen, wie sie jenes unglückliche Liebespaar bei Pausanias in dem Tempel noch dazu der keuschen Jungfrau Artemis ausübte. Aber wo wäre der trojanische Krieg, wo Helena und Paris, wo selbst der Vater der Götter mit seiner zahlreichen Nachkommenschaft, wenn ihn *nur* die Venus der griechischen Kunst, jene keusche, von den christlichen Archäologen so sehr bewunderte und vergötterte Venus begeistert hätte?

Die Kunst ist eine ewige Jungfrau; aber Lebensquell, Mutter wird die Jungfrau nur, wenn sie ihre Jungfrauschaft aufgibt, der Schande des Materialismus, der Not der Geburtswehen sich unterwirft. Die Kunst ist die Blume der Religion, aber nicht die Blume, die Frucht ist, wenigstens für den Menschen, der letzte Sinn der Pflanze. Die Blume erfreut uns mit Farben und Wohlgerüchen; aber nur die Frucht enthält die Bestandteile, die Stoffe, auf die sich die Existenz und das Wesen selbst der Menschen und Götter gründet. Der Tempel der Kunst ist allein der Ehre und dem Ruhme der Götter geweiht, aber – wohlgemerkt! – nur wegen der Wohltaten, die sie dem Menschen *außer* dem Tempel erweisen. Wo der Mensch seine Güter, da hat er auch seine Götter, seine Religion, aber diese Güter finden sich nicht im Tempel; ὅπου γὰρ τὸ συμφέρον, ἐκεῖ καὶ τὸ εὐσεβές, »ubi enim utilitas, ibi pietas«, sagt Epiktet (*Ench.* 36).

22. Tod und Unsterblichkeit

Die Götter sind nicht dem Schicksal oder der Notwendigkeit von Leiden und Krankheit, von Altern und Sterben, von Irren und Fehlen unterworfen, d. h., die Götter sind die von der Notwendigkeit emanzipierten oder befreiten Wünsche des Menschen, immer jung, immer gesund, immer heiter, in späterer Vorstellung: immer gut und weise zu sein – nicht jetzt gut und vernünftig, dann wieder böse, begierig, zornig, leidenschaftlich, unbesonnen, unvernünftig –; denn was der Mensch wünscht, das wünscht er sich zugleich als ununterbrochen fortdauernd. Gottheit und Notwendigkeit, im Sinne der widerwilligen, unbegreiflichen, unverdaulichen Notwendigkeit sind daher die größten Gegensätze. Die Jugend ist ebenso notwendig als das Alter, ebenso unabhängig vom Willen des Menschen als dieses; aber jung ist der Mensch gern, alt mit Widerwillen. Nicht in und mit der Jugend, sondern erst mit dem Verlust derselben erkennt sich der Mensch als Untertan einer unerbittlichen, dem Willen widerstehenden Notwendigkeit.* Die Jugend ist daher eine Gottheit oder Eigenschaft der Götter – ἀγήρῳ τ' ἀθανάτω τε (*Il.* 12, 323; 17, 444; 8, 539) –, nicht aber das Alter. »Den Göttern ist das Alter verhaßt«, d. h. es steht im Widerspruch mit dem Wesen eines Gottes, weil im Widerspruch mit dem Willen des jugendlichen,

---

* »Dich drückt des Alters gemeinsame Last«, σε γῆρας τείρει ὁμοίιον (*Il.* 4, 315). Die Scholien bemerken zu diesem Wort: τὸ ὁμοίως πᾶσι χαλεπὸν καὶ κοινῇ ἐπερχόμενον. V. ἰστέον ὅτι ὁ ποιητὴς πανταχοῦ τὸ ὁμοίιον ἐπὶ τοῦ φαύλου λαμβάνει, οἷον ἐνταῦθα »ἀλλά σε γῆρας τείρει ὁμοίιον« καὶ »ἀλλ' ἤτοι θάνατον μὲν ὁμοίιον« (*Od.* 3, 236), »ὁμοιίου πολέμοιο (*Il.* 9, 440. A. D.), »νεῖκος ὁμοίιον« (*Il.* 4, 444. A.). Gegen die Glossographen, welche das ὁμοίιον geradezu für κακόν, schlimm, schädlich nehmen, hebt Apollonios nur die Bedeutung des Gemeinsamen, des allen auf gleiche Weise Begegnenden oder Zukommenden hervor, πᾶσι τὸ ὁμοίως συμβαῖνον. Aber dieses Gemeinsame steht doch in Verbindung mit schonungslosen, unvermeidlichen Übeln. Höchst charakteristisch ist daher *Od.* 3, 236–38, wo es heißt, daß den gemeinsamen Tod selbst die Götter nicht einem sogar geliebten Manne abwehren können. In der Hymne an die Venus heißt das γῆρας ὁμοίιον B. 245, in dem nächsten Verse νηλειές und dem folgenden: οὐλόμενον, καματηρόν, ὅ τε στυγέουσι θεοί περ.

in der Jugend sein Ideal erblickenden Menschen. Die Notwendigkeit, d. h. die unerwünschte, mit den Göttern vereinbaren ist ebensoviel als das, was man nicht wünscht, mit dem, was man wünscht, vereinbaren. Sowenig der Wunsch, immer jung zu sein, sich mit Notwendigkeit des Alterns zusammenreimen läßt, denn er ist ja gerade ein dieser Notwendigkeit entgegengesetzter Wunsch, so wenig der Gott, in dem sich dieser Wunsch zur Person verkörpert. Die Gottheit hebt die Notwendigkeit, diese jene auf. Soweit die Götter herrschen und wirken, so weit erstreckt sich die Freiheit, so weit die Macht des Gebetes, des Wunsches. Zeus kann mir wohl den Wunsch gewähren, nicht jetzt schon zu sterben, keineswegs aber den Wunsch, gar nicht zu sterben. Der Tod selbst ist eine absolute Notwendigkeit, und über die Notwendigkeit in diesem Sinne vermögen auch die Götter nichts. Aber nur soweit ein Gott Übles, Verhaßtes, Verwünschtes verhindern, nur soweit er überhaupt etwas gewähren, leisten, tun, schaffen kann, nur so weit ist er Gott. Die Notwendigkeit ist die Grenze, das Ende der Götter, aber auch das Ende der Wünsche; denn der Wunsch erstreckt sich, wenn auch nicht als Kind, doch als erfahrener Mann, nur auf das, was geschehen kann; in der Eiskälte der Unmöglichkeit und Unabänderlichkeit erstarrt er. »Da lastete Hektors Schicksal«, heißt es bei Homer, »schwer zum Aides (Tode) hin, es verließ ihn Phöbos Apollon« (*Il.* 22, 212). Sonst schirmten mich, sagt Hektor einige Verse später (302), Zeus und sein ferntreffender Sohn; nun aber erreicht mich das Schicksal, der Tod, νῦν αὖτέ με μοῖρα κιχάνει. So verschwinden die Götter, wo die Notwendigkeit erscheint. Der Satz: Die Götter vermögen nichts über die Notwendigkeit, ist daher eins mit dem Satze: Die Wünsche vermögen nichts über die Notwendigkeit. Oder: Die Götter reichen nicht weiter als die Wünsche der Menschen, eben weil sie nichts andres sind als die erfüllten Wünsche des Menschen, und zwar so erfüllten, wie sie allein erfüllt werden können, nicht in der Wirklichkeit, sondern nur im Glauben, in der Phantasie oder Vorstellung.

Aber sind denn nicht die Götter die Seligen und Unsterblichen,

die Menschen die Elenden und Sterblichen schlechtweg? Wie reimt sich dieser empfindliche, schneidende Gegensatz mit der Behauptung, daß die Götter die Wünsche des Menschen und gar die erfüllten sind? Zeigt sich nicht hier in puncto puncti der Seligkeit oder, was eigentlich eins ist, Unsterblichkeit – denn was ist ein Leben, dem stets das grause Bild des Todes vorschwebt? –, daß die Götter ein selbständiges, von den menschlichen Wünschen unterschiedenes, ja um sie völlig unbekümmertes Leben haben? Kann es einen stärkern Gegensatz geben zwischen göttlichem Sein und menschlichem Wünschen als diesen Gegensatz zwischen der Freiheit vom Tode und der Notwendigkeit des Todes? Wären die Götter die erfüllten Wünsche des Menschen, so müßte er ja unsterblich sein; aber diese Folge fehlt, folglich ist auch die Voraussetzung, das Prinzip, wovon ausgegangen wurde, total falsch. Der Neid der Götter steht verhindernd zwischen den menschlichen Wünschen und ihrer Erfüllung in der Mitte; der Neid ist aber nur ein ungeschickter, blinder, heidnischer Ausdruck von der absoluten Souveränität und Selbständigkeit des göttlichen Wesens. Auch im Christentum ist die Unsterblichkeit nur eine Eigenschaft der Gottheit, nicht der Menschheit, aber aus Liebe oder Gnade, welche die Ansprüche beider, der Gottheit und Menschheit berücksichtigt, die Souveränität jener wahrt und doch die Bedürfnisse dieser befriedigt, gibt Gott dem Menschen die Unsterblichkeit zum Geschenk. So hat das Christentum die menschlichen Wünsche erfüllt, ohne die Rechte der Gottheit zu vergeben, aber das Heidentum ist gescheitert am Neide, d. h. an der Selbstsucht der Götter.
Allerdings könnte die Theologie in diesem Punkte wenigstens über die Anthropologie triumphieren, wenn die Voraussetzung, daß die Unsterblichkeit ein wirklicher Wunsch der Griechen war, ihre Richtigkeit hätte. »Wie sollte aber diese Voraussetzung richtig sein? Wo ist ein Mensch, der nicht unsterblich sein will? Wer hat mehr über die Hinfälligkeit und Sterblichkeit des menschlichen Lebens geklagt als der Grieche? Wer sich mehr als er nach der tröstlichen Wahrheit der gött-

lichen Offenbarung gesehnt?« Allerdings war auch die Unsterblichkeit ein Wunsch der Griechen, aber ein großer Unterschied ist in der Art und Weise, wie man etwas wünscht. Der Unsterblichkeitswunsch der Griechen war nur ein negativer, d. h. nichtiger, aber kein positiver, d. h. wirklicher, wahrer; ein solcher ist er nur, wenn er der Wunsch eines andern, bessern Lebens ist; aber der Grieche, wenigstens der Grieche, wie er in seinen klassischen, charakteristischen Werken und Taten vor uns steht, wünschte und kannte kein andres Leben als dieses; er jammerte über das Elend des menschlichen Lebens, die Unbeständigkeit aller Güter; aber gerade in diesem Jammer beweist er den Wert, den er auf dieselben legte, und bei allen seinen Klagen lebte er herzlich gern, war er innigst einverstanden mit dem Wesen dieses Lebens, beanstandete er nur die – freilich unvermeidlichen – Akzidenze, die Zufälle, nicht die wesentlichen Eigenschaften desselben. Seine Klagen haben keine andre Bedeutung als die Zwistigkeiten, die in jeder auch glücklichen Ehe stattfinden und im Moment der Leidenschaft den Wunsch der Ehelosigkeit erzeugen, als die Klagen des Familienvaters über die Sorgen, welche die Kinder machen, Sorgen, die er aber gleichwohl um keinen Preis mit der Sorglosigkeit des Kinderlosen vertauschen würde, kurz, keine andre Bedeutung als die Klagen jener oberflächlichen Unzufriedenheit und Empfindlichkeit, die mit dem Besitz und Genuß jedes Gutes verknüpft sind.

Die Griechen verlangten kein ewiges Leben, am wenigsten im Jenseits; sie wollten den Tod nur aufgeschoben, nicht aufgehoben wissen; sie wollten nur gerade jetzt nicht, vor allem nicht in der Blüte der Jahre sterben – der Satz: Den die Götter lieben, der stirbt jung, hat keine allgemeine Gültigkeit, denn unter den Gütern, die sich die Griechen wünschen, befindet sich auch der Wunsch eines langen Lebens, »zuletzt«, verheißt Teiresias dem Odysseus (*Od.* 11, 134), »wird dir kommen der sanfte Tod, der dich von behaglichem Alter aufgelöst in Frieden hinwegnimmt«, und Anchises fleht in der sogenannten homerischen Hymne an die Venus zur Göttin:

»Laß mich lange wohlleben und schauen das Licht der Sonne, beglückt unter den Völkern und an die Schwelle des Alters gelangen« (V. 104-6) –, sie wollten endlich nur nicht an einem langsamen, schmerzlichen, schrecklichen Tod sterben. Die Götter können daher auch nur den Tod verschieben, aber nicht aufheben; nur verfügen über die Art und Weise des Todes, aber nicht über den Tod selbst, weil die Wünsche der Griechen nicht über den Tod hinaus sich erstrecken, sondern nur auf die Todesart gehen. Ein schneller, leichter Tod, wie ihn die sanften Pfeile der Artemis oder Apollos gaben, war sein höchster Wunsch in dieser Beziehung. Der Tod war für ihn eine natürliche Notwendigkeit, so gut verständlich als irgendeine andere Naturnotwendigkeit; also keine blinde Notwendigkeit, denn er sah ihren Grund ein – »alles wird man ja satt«, heißt es selbst bei Homer schon (*Il.* 13, 636), »des Schlummers selbst und der Liebe, auch des süßen Gesangs und bewunderten Reigentanzes, welche doch mehr anreizen die sehnsuchtsvolle Begierde als der Krieg«, folglich auch des Lebens, denn was ist ein Leben ohne diese Reize für den Griechen? –; er identifizierte diese Notwendigkeit mit seinem Wesen, wußte, daß er wesentlich ein Sterblicher und dem Sterblichen nur Sterbliches ziemt, θνατὰ θνατοῖσι πρέπει (Pind., *Isthm.* 5, 20).
Gegen das Gute des Lebens empfindet freilich der Mensch überhaupt den Tod als eine harte, unfreundliche, aber gegen das viele Üble desselben als eine freundliche Notwendigkeit. »Verhaßt mit Unrecht«, sagt Aischylos in seinen Fragmenten, »ist der Tod den Sterblichen, der doch für immer schließt (μέγιστον τέρμα) der vielen Leiden Bahn«, »der alles Leidens bester Heiland ihnen ist« (nach Droysen). Das menschliche Gemüt wünscht bald immer, bald nimmer zu sein; bald erscheint ihm das Leben als das höchste Gut, bald als das höchste Unglück, so daß es nicht weiß, wofür es sich entscheiden soll, ob es die ewig Lebenden, die nichts vom Tode, oder die ewig Toten, die nichts vom Leben und folglich Leiden wissen, beneiden soll. Dieses schwankende Für- und Wider-den-Tod stellen die griechischen Ansichten und Vorstellungen über Tod und Unsterblich-

keit dar. Der Gedanke der Unsterblichkeit bleibt selbst bei den Philosophen, die sie demonstrieren, stets mit dem Gedanken an die Möglichkeit des Gegenteils verknüpft, weil der Unsterblichkeitswunsch für die Griechen keine Gemütsnotwendigkeit, kein Herzensbedürfnis, kein intoleranter, sein Gegenteil unbedingt verneinender Wunsch ist. Die Unsterblichkeit der Götter ist keine gründliche, ernstliche, wahrhafte – sie *können* sterben –, aber nur, weil der Wunsch der Griechen selbst, unsterblich zu sein, kein ernstlicher, gründlicher, wahrhafter Wunsch war. Wird die Unsterblichkeit ein wesentlicher Wunsch des Menschen, so wird sie auch eine wesentliche Eigenschaft der Gottheit. Wo aber die Unsterblichkeit *nur* ein Wunsch, d. h. ein Wunsch im gewöhnlichen Sinne, ein momentaner, luftiger Wunsch, ein Wunsch, mit dem im Gemüte des Menschen nur die leichtsinnige Möglichkeit seiner Erfüllung, folglich ebensogut auch die entgegengesetzte Möglichkeit verbunden ist, da ist auch die Unsterblichkeit der Götter nur eine mögliche, folglich auch der Tod der Götter ein möglicher Fall, wenngleich die Wirklichkeit desselben aus den Augen in unbestimmte Ferne hinausgerückt wird, da ist die Unsterblichkeit eigentlich nur ein soweit als möglich hinausgeschobener Tod. Aber das will ja eben der Mensch; er streitet dem Tode nicht sein Recht auf ihn ab, nur in betreff des Termins, wo er, und der Art und Weise, wie er seine Schuld bezahlen soll, rechtet er mit dem Tode.

Allerdings kannten auch die Griechen eine Unsterblichkeit, aber nur die geistige, d. h. geschichtliche, die Fortdauer des Menschen im Menschen; allerdings kannten auch sie eine Vergeltung des Guten und Bösen, ein Gericht nach dem Tode, aber ein Gericht, dessen Richterpersonal nur aus Wesen ihresgleichen bestand und dessen Aussprüche nicht durch die Posaunen der Engel, sondern die menschliche Stimme der Musen verkündet wurden. »Oh, die untadlige Penelopeia«, heißt es bei Homer, »... drum schwind auch nimmer der Nachruhm ihrem Verdienst (wörtlich: nie wird ihr Ruhm vergehen), denn die Götter verewigen unter den Menschen einst durch holden Gesang die züchtige Penelopeia« (wörtlich: machen, bereiten, τεύξουσι, ihr holden, anmutigen Gesang, Od. 24, 196–98). »Wer nun grausam (unmild, hart, ἀπηνής) erscheint und Grausames ausübt, solchem wünschen nur Fluch die Sterblichen all' in der Zukunft, weil er lebt, und der Tote noch wird von allen verabscheut (geschimpft, gehöhnt, ἐφεψιόωνται ἅπαντες, d. h. λοιδοροῦνται Eust.). Doch wer untadlig (ἀμύμων, hier also im moralischen Sinn, im Gegensatz von ἀπηνής) selber erscheint und Untadliges ausübt, dessen Ruhm wird weit von den Fremdlingen ausgebreitet, rings in der Menschen Geschlecht, und mancher nennt ihn den Guten«, besser und richtiger nach Minkwitz: »zahllose Zungen segnen ihn«, denn πολλοί, im Unterschiede vom vorhergehenden πάντας, alle, sind unbestimmt viele, zahllose, kein armseliges *mancher*, und das ἐσθλὸν ἔειπον entspricht dem vorhergegangenen Verfluchen (Fäst zu Od. 19, 329–34). »Die Tugend dauert fort durch rühmlichen Gesang«, ἁ δ' ἀρετὰ κλειναῖς ἀοιδαῖς χρονία τελέθει (Pind., *Pyth*. 3, 204). »Hinter des Sterblichen Tod folgt der Nachruhm«, der allein der verschwundnen Menschen Leben (Lebensweise, δίαιταν) verkündet« in Rede und Dichtung. Nicht des Krösos' freundliche Tugend vergeht, doch der grausamherzge Erzstierbrenner wird, Phalaris wird durch böses Gerede umhüllt sein allerwärts, nimmer wird beim Sange der Knaben die Phorminx unters Dach laden ihn zum Teiler der holden Gemeinschaft« (Pind., *Pyth*. 1, 180–90, nach Mommsen). »Doch nicht sind sie gestorben tot (gestorben οὐδὲ τεθνᾶσι θανόντες)«, sagt der ältere Simonides von Keos vortrefflich in einem Epigramm auf gefallene Freiheitshelden, »denn es hebt sie die Tugend (die Tapferkeit, ἀρετή) verherrlichend hoch empor aus des Todes Wohnung.« Wer aber auf der Erde unsterblich ist und unsterblich sein will, der hat kein Verlangen, kein Bedürfnis, auch zugleich noch unter der Erde oder über der Erde im Himmel unsterblich zu sein. Der Wunsch, auch noch nach dem Tode in seinem Namen, seinen Taten fortzuexistieren, hat ja zu seiner Voraussetzung das Bewußtsein oder die Überzeugung, daß es keine andere Existenz nach dem Tode, keine andere Unsterblichkeit für den Menschen gibt. Wer die unsterbliche Seele des

Achilleus statt in der *Ilias* im Schattenreich der *Odyssee* sucht und findet, der macht den Schatten des Menschen zum Menschen, das Traumbild zur Wahrheit, das Unwesen zum Wesen; den ägyptischen crepitus ventris, der allerdings auch eine Psyche, ein Lebenshauch ist, welcher zum Ganzen gehört, aber nur eine unterirdische, untergeordnete Rolle spielt, zum seelenvollen Ausdruck der homerischen Muse.

Allerdings finden sich auch bei den Griechen die Vorstellungen nicht nur persönlicher Unsterblichkeit, sondern auch persönlicher Bestrafung und Belohnung nach dem Tode; aber diese Vorstellungen haben bei ihnen nur die Bedeutung einer Phantasie, bezeichnen nicht ihr klassisches Wesen oder stehen wenigstens mit ihren übrigen charakteristischen unsterblichen Gesinnungen und Gedanken in Widerspruch. So schildert z. B. Pindar in der zweiten Olympischen Ode das Leben der Guten nach dem Tode als ein seliges, tränenloses, von beständigem Sonnenlicht erleuchtetes Leben (V. 110-136); aber derselbe Pindar sagt z. B. in der dritten Pythischen Ode: »Man muß das Billige (das für Menschen Schickliche) von den Göttern erstreben (erbitten) mit sterblichem (seiner Sterblichkeit bewußtem) Geiste, erkennend, was vor den Füßen liegt, was unser Los. *Strebe nicht, liebe Seele, nach unsterblichem Leben* (μή, φίλα ψυχά, βίον ἀθάνατον σπεῦδε), sondern erschöpfe das Werkzeug des Tunlichen« (die tunliche, praktische Möglichkeit, τὰν δ' ἔμπρακτον ἄντλει μαχανάν, d. h. erstrebe nur, unternimm nur das, zu dessen Ausführung du die Mittel, die Macht hast).

Der Grieche war Mensch, und zwar Mensch nicht mit Widerwillen, nicht im Widerspruch mit seinem wahren, einstigen Wesen, darum Mensch nicht nur für jetzt, diesen Augenblick, den er lebte, sondern Mensch für immer, für alle Zeiten. Die Menschheit war für ihn keine Maske, die er nach Belieben anzog und wegwarf, um uns entweder ein phantastisches Engelsgesicht zu zeigen oder ein bestialisches Scheusal, das seine Hyänenwut selbst noch an den Leichen der Andersdenkenden ausläßt; die Menschheit war sein Wesen, sein absolutes, sein zeitliches und ewiges Wesen, wovon er sich selbst im Tode nicht trennen mochte und konnte. Sein Wahlspruch war nicht der kosmopolitische des Christentums: Ubi bene, ibi patria, wohl ist es uns, aber nicht auf der Erde, sondern im Himmel, also ist dort unser Vaterland; sein Wahlspruch war der patriotische: Ubi patria, ibi bene. »Nichts ja kann ich süßeres erblicken als das Vaterland«, sagt Homer (*Od.* 9, 28 und 34), »nichts teurer als das Vaterland« (οὐδὲν φίλτερον ἄλλο πάτρης), Theognis (V. 788). Aber das Vaterland des Menschen ist die Erde, und diesem seinem Vaterland blieb der Grieche auch noch im Tode [treu]. Die Worte Pindars in der eben angeführten Ode: »Es gibt ein höchst eitles Geschlecht unter den Menschen, welches, verachtend das Einheimische, nach Fernem schauet, Windigem (Unnützem) nachjagend mit unerfüllbaren Hoffnungen« (V. 36-40), Worte, die hier zunächst allerdings eine speziell politische Anspielung (Mommsen) enthalten, zugleich aber auch eine allgemeinere Bedeutung haben, wie das Beispiel der Koronis beweist, lassen sich daher auch auf diesen Gegenstand, auf das Verlangen nach jenseitigem, überirdischem Leben anwenden. Die letzten Worte, welche die sterbende Tochter in einem griechischen Epigramm zur geliebten Mutter spricht, sind: »Bleibe beim Vater hieselbst und gebäre zu besserem Lose eine andre, die dich zärtlich im Alter verpflegt« (*Anthol. min.*, Kanne 742). Sie sagt also nicht: Mutter, adieu, auf Wiedersehn im Elysium!, sie nimmt die Mutter nicht mit sich in Gedanken ins Jenseits hinüber, sie läßt ihre letzte Sorge die irdische Zukunft der greisen Mutter sein; sie läßt ihr Herz auf der Erde zurück. So denkt ein griechisches Mädchen; aber wie ein griechischer Held? »Künftig sagt dann einer der spätgebornen Menschen, im vielrudrigen Schiff zum dunklen Meer hinsteuernd: Seht das ragende Grab des längst gestorbenen Mannes, der einst tapfer im Streit hinsank dem göttlichen Hektor! Also redet man einst, und mein ist ewiger Nachruhm« (dieser mein Ruhm geht nimmer zugrunde, τὸ δ' ἐμὸν κλέος οὔ ποτ' ὀλεῖται, *Il.* 7, 87-91). Wer aber sein Leben und Wesen an und in unsterblichen Ruhm setzt, der hat nicht noch eine zweite obskure Seele – ἐν δὲ ἴα ψυχή, *Il.* 21, 569 – für die Unsterblichkeit in Reserve.

37. Theismus und Anthropomorphismus

Der Mensch verehrt als Gott allerdings nur das, was »über ihm« ist, aber gleichwohl durch das Band der Wesenseinheit, der Gattungs- oder Geschlechtsgleichheit – »wir sind seines Geschlechts«, »göttlichen Geschlechts«, (Apostgesch. 17, 28. 29) – mit ihm zusammenhängt. Ist das göttliche Wesen wirklich, wie man vorgibt, ein absolut, ein wesentlich andres Wesen als das menschliche, so hat der Mensch auch gar keinen Verstand und Sinn, folglich auch keinen Funken von Verehrung und Bewunderung für Gott, denn es fehlt ihm der Maßstab der Wertschätzung. Wer kann einen Dichter ohne dichterischen, einen Musiker ohne musikalischen Sinn als den höchsten Meister lobpreisen und verehren? Als höchstes Wesen kann ich nur verehren, was mein eignes Wesen besitzt und ausdrückt, aber in einem Grade, in einer Vollkommenheit, die mir abgeht, aber eben deswegen zur Verehrung und Bewunderung mich hinreißt. Gott ist das vollkommenste, höchste Wesen – der Höchste, ὕψιστος im Neuen, עֶלְיוֹן im Alten Testament, aber der Höchste wovon? Von sich selbst, oder von nichts? Welcher Unsinn! Er ist das vollkommenste höchste Wesen des menschlichen Wesens. Gott ist ein Superlativ, aber der Positiv dieses Superlativs ist der Mensch. Die hebräische Sprache, welche keine besondere Superlativform hat, gebrauchte sogar unter anderm zur Bezeichnung des Superlativs das Wort Jehova oder Gott. Berge Gottes, sagt sie z. B., um die höchsten Berge, Zedern oder Bäume Gottes, um die höchsten, größten Bäume zu bezeichnen. »Was Gottes ist, ist vortrefflich, ausgezeichnet«, aber es ist nur Gottes, es wird nur auf den Höchsten als seine Ursache zurückgeführt, wenn man anders das Verhältnis von Ursache und Wirkung in diesen Redensarten will gelten lassen, weil es das Höchste in seiner Art ist. »Grausamer«, sagt bei Homer (*Il.* 16, 33-35) Patroklos zum teilnahmslosen Achilleus, »nicht dein Vater war traun der reisige Peleus noch auch Thetis die Mutter, dich schuf die finstere Meerflut, dich hochstarrende Felsen, denn (weil, darum daß, ὅτι) starr ist dein

Herz und gefühllos.« Das heißt: Du stammst aus dem Steinreich, *weil* dein Herz steinhart und steinkalt. Das *von* der Geburt oder Abstammung drückt nur das *von* der Eigenschaft, das Von-Stein-Sein nur das Steinern-Sein aus. So auch hier; du bist des Höchsten Baum, weil du der höchste Baum, göttlichen Ursprungs, weil göttlichen Wesens.

Gott ist ein Superlativ, d. h. Gott ist oder hat, was der Mensch ist oder hat, aber im höchsten Grade und eben damit ohne Mängel und Schranken. Gott ist das »unbedingte, das unbeschränkte, das unendliche Wesen«; aber wenn man bei diesen *un*'s stehenbleibt, wenn man sie zu selbständigen Bestimmungen macht, so hebt man nicht nur das menschliche, sondern auch göttliche Wesen auf, verfällt in wesen- und bodenlosen Unsinn. Unendlichkeit ist eine bloße Verneinung von Schranken und erfordert daher wesentlich einen Kern, ein Etwas, dessen Schranken, dessen Endlichkeit sie verneint, d. h. eine bestimmte Tätigkeit, Kraft oder Eigenschaft, durch welche sie erst Inhalt und Sinn, göttlichen und menschlichen Sinn bekommt. »Die Unendlichkeit ist durch alle Eigenschaften Gottes ausgegossen.« Diese unendlich gedachten, diese auf den höchsten Grad gesteigerten Eigenschaften sind aber die Eigenschaften des menschlichen Wesens. Gott ist daher wohl das übermenschliche, das unendliche Wesen, *aber,* wohlgemerkt, das *unendlich menschliche,* das *übermenschlich menschliche* Wesen – ein Wesen, das *mehr, unendlich mehr Mensch* ist als der Mensch selbst – ein sehendes, wissendes, fühlendes, liebendes Wesen wie der Mensch, aber mehr, unendlich mehr sehendes, unendlich mehr wissendes, unendlich mehr fühlendes und liebendes Wesen als der Mensch. »Du (Gott) machst oder lässest ihn (den Menschen) mangeln wenig von Gott (d. h. wenig weniger, geringer sein als Gott, nicht Engel, wie sonst einige übersetzten), mit Ehre oder Herrlichkeit und Schmuck oder Hoheit krönst oder hast du gekrönt ihn, du lässest ihn herrschen über die Werke deiner Hände, alles hast du gelegt, gesetzt unter seine Füße« (Psalm 8, 6. 7). Zwischen Gott und Mensch ist also kein qualitativer, sondern ein quantitativer

Unterschied; der Mensch ist, was Gott, nämlich: *Herr,* aber er ist es weniger als Gott oder in einem niederen Grade. »Eines Menschen Barmherzigkeit gehet allein über seinen Nächsten, aber Gottes Barmherzigkeit gehet über alle Welt« (alle Menschen, πᾶσαν σάρκα, Sirach 18, 13). »Sei den Waisen wie ihr Vater ... und du wirst sein wie der Sohn des Höchsten und er wird dich lieben mehr als (ἤ, als, nicht ἡ, die, was ganz unpassend, ja abgeschmackt wäre) deine Mutter« (Sir. 4, 10). »Kann auch ein Weib«, sagt Jehova zu seinem Volke, »ihres Kindleins vergessen, daß sie sich nicht erbarme über den Sohn ihres Leibes? Und ob sie desselbigen vergäße, so will ich doch deiner nicht vergessen« (Jesaias 49, 15). »Es ist zwar wahr, daß, weil Gott kein Akzidenz zukommt, das Mitleid oder die Barmherzigkeit in ihm kein solcher Affekt ist wie in uns. Aber weil die Barmherzigkeit nicht von seinem Wesen unterschieden ist, so ist sie in Gott etwas weit Heißeres, Glühenderes, ardentius, als wir denken können« (Chemnitius in Glassii *Philol. s.,* ed. Dathius, p. 942). »So denn ihr, die ihr doch arg seid, könnet dennoch euren Kindern gute Gaben geben, wieviel mehr, πόσῳ μᾶλλον, wird euer Vater im Himmel Gutes geben denen, die ihn bitten?« (Matth. 7, 11). Wenn also ihr trotz eurer Schlechtigkeit und Böswilligkeit Väter seid, wieviel mehr ist er Vater? »Wenn schon«, sagten die Rabbinen, »ein Mensch, wie einst ein Mann über sein verstoßenes Weib, als er es notleiden sah, sich erbarmte, wieviel mehr mußt du, von dem geschrieben steht: ›Barmherzig und gnädig ist er‹, von Barmherzigkeit gegen uns erfüllt werden?« (Schoettg., *Hor. Hebr. et Talm.,* in Ev. Matth. 7, 1). »Herr, ich bin nicht wert, daß du unter mein Dach gehest, sondern sprich nur ein Wort (befiehl nur mit einem Wort), so wird mein Knecht gesund. Denn ich bin ein Mensch, dazu der Obrigkeit untertan und habe unter mir Kriegsknechte, doch wenn ich sage zu einem: Gehe hin, so gehet er, und zum andern: Komm her, so kommt er, und zu meinem Knechte: Tue das, so tut ers« (Matth. 8, 8. 9). Wenn also mein, eines untergeordneten Herrn oder Menschen Wort soviel vermag und bewirkt, wieviel mehr erst dein Wort, dein Befehl? »Gott ist nicht ein Mensch, daß er lüge, noch ein Menschenkind, daß ihn etwas gereue. Sollte er etwas sagen und nicht tun? Sollte er etwas reden und nicht halten?« (4. Mos. 23, 19). Gott ist nicht stumm wie die Götzen, die »nicht reden durch ihren Hals« (Ps. 115, 7); er spricht und verspricht wie der Mensch; aber was er sagt, ist wahr, zuverlässig, denn die Gründe, bemerkt Hugo Grotius zu dieser Stelle, warum die Menschen ihr Versprechen nicht halten, weil sie nämlich etwas nur betrügerisch versprechen oder ihr Versprechen bereuen oder von unvorhergesehenen Fällen überrascht werden oder nicht imstande sind, das Versprochene zu leisten, alle diese Gründe fallen bei Gott weg. Daher heißt es auch im Neuen Testament: »Es ist unmöglich, daß Gott lüge« (Hebr. 6, 18), Gott ἀληθής, wahrhaft, der Mensch aber ψεύστης, nach Ps. 116, 11: »Lügner« (unzuverlässig), »falsch« nach Luther, treulos (Röm. 3, 4). Wahrhaftigkeit ist übrigens auch eine wesentliche Eigenschaft des heidnischen Gottes. Was wir soeben aus dem Munde eines Christen vernommen, hat schon ein heidnischer Philosoph in bezug auf die berühmten Worte des homerischen Zeus zur Thetis gesagt: »Die drei Ursachen – der Christ hat sie unnötiger- und unlogischerweise zu vieren gemacht –, warum die Menschen ihr Versprechen nicht halten, Unredlichkeit, Unentschiedenheit, Ohnmacht, fallen sämtlich bei Gott weg: der Betrug, weil er das Gute liebt, der Widerruf, weil er beständig, das Unvermögen, weil er alles vermag, vollbringt«, τῷ τελεσιουργῷ, τὸ ἀτελεύτητον (Stob., *Tit.* 11, 24). Wahrhaftigkeit ist aber nichts weniger als eine Eigenschaft der Theologie, sondern vielmehr eine Tugend der Anthropologie; denn erst die Wahrhaftigkeit ist die Offenbarung des wahren Menschen. Wenn es daher heißt: »Gott ist kein Mensch, daß er lüge«, so ist damit nicht gesagt: Gott ist überhaupt kein Mensch, sondern nur: Gott ist kein lügenhafter Mensch. Diese Erklärung läßt sich selbst sprachlich rechtfertigen. Es heißt nämlich im Hebräischen: »Nicht Mensch Gott und er lügt, und (nicht) Menschensohn und er bereut.« Das hebräische *und*, das sog. Waw copulativum, steht aber oft statt des Pronomen relativum und kann also auch hier so übersetzt werden: Gott ist nicht oder kein Mensch, welcher lüget.« Lügen ist gemein (unfrei, des freien Mannes unwürdig, ἀνελεύθερον)«, sagt Apollonios bei Stobäus (a. a. O.), »Wahrheit edel.« Und Sirach (20, 26): »Die Lüge ist ein häßlicher Schandfleck an einem Menschen und ist gemein bei ungezogenen Leuten.« Wenn aber die Lüge unedel, gemein, schändlich ist, wieviel mehr, πόσῳ μᾶλλον, ist sie ungöttlich! »Alles Wirkende liebt auf seine Weise seine Wirkungen, wie die Eltern die Kinder, die Dichter ihre Gedichte, die Künstler ihre Werke, wieviel mehr haßt Gott nichts, da er die Ursache von allem?« (Thomas A., *S. c. gent.*, 1, 96, 4). »Alles liebt, insofern es ist, auf seine Weise von Natur sein Sein, um vieles mehr (multo magis) liebt also Gott sein Sein« (1, 80, 4).

»Zeus, d. h. Gott«, sagt Solon in seinen Hypotheken, Ermahnungen an sich (*Anthol. Lyr.*, Bergk 13, 25), »ist nicht jähzornig, ὀξύχολος, wie ein sterblicher Mensch.« Und in der Bibel sagt der Prophet Hosea (11, 9): »Ich nicht tun will nach meinem grimmigen Zorn noch mich kehren, Ephraim gar zu verderben, denn ich bin Gott und nicht ein Mensch«, d. h. nicht ein Mensch, der in seinem Zorne unversöhnlich beharrt, der nimmer gut wird, daher am Schlusse des vorhergehenden Verses Gott sagt: »Mein Herz hat sich gewendet, mein Mitleid ist entbrannt«, »meine Barmherzigkeit ist zu brünstig«, wie Luther übersetzt, und der Psalmist: »Barmherzig und gnädig ist der Herr, geduldig und von großer Güte. Er wird nicht immer hadern, noch ewiglich Zorn halten« (Ps. 103, 8. 9). Nicht also der Zorn überhaupt, sondern nur diese bestimmten Arten des Zorns, wie der Jähzorn, der unversöhnliche Zorn werden von Gott ausgeschlossen. Was wäre auch ein leidenschaftsloser Gott für den leidenschaftlichen, sinnlichen, naturkräftigen Menschen der alten Welt? Nur wo der Mensch den Zorn überhaupt, auch an sich selbst verwirft, entfernt er ihn auch von seinem Gotte, seinem Ideale, seinem Wunschwesen, denn er verneint nur von Gott, was er an sich selbst verwünscht. Die Lüge, sagt Platon (*Pol.* 2, 20 und 21), wird nicht nur von den Göttern, sondern auch von den Menschen gehaßt, aber sie wird nur deswegen von den Göttern gehaßt, weil von den Menschen. So ist der Mensch das Maß und

Original Gottes. »Gott ist treu« (1. Kor. 1, 9). Was heißt das? »Rabbi Simeon hatte von einem Ismaeliten einen Esel gekauft. Als seine Schüler an dem Halse desselben einen Juwel hängen sahen, riefen sie aus: Rabbi, der Segen Gottes macht reich! (Sprüchw. 10, 22); er aber antwortete: Ich habe den Esel gekauft, aber nicht den Juwel, und gab diesen dem Ismaeliten zurück. Siehe, aus der Treue der Menschen kannst du die Treue Gottes erkennen« (Schoettg., *Hor. Hebr.*, in 1. Kor. 1, 9). »Ohne Glauben (und Vertrauen) ist es unmöglich, Gott gefallen« (d. h. »Gnade finden vor Gott«, Beifall finden bei ihm, von ihm geliebt werden, Hebr. 11, 6). »Aber auch die biedern Menschen lieben nicht diejenigen, die ihnen nicht glauben oder trauen, geschweige erst der Gott«, οὐ φιλοῦσι τοὺς ἀπιστοῦντας (Xenoph., *Cyrop.* 7, 2, 17). »Wie man«, sagt derselbe (ebendaselbst 1, 6, 6), »von den Menschen nichts erwirkt, wenn man sie um etwas Gesetzwidriges ersucht, ebenso erhält man billiger- oder natürlicherweise nichts von den Göttern, wenn man sie um etwas bittet, was den göttlichen Gesetzen (Naturgesetzen) zuwider ist.« »Wenn ein Dichter achtungswerte Menschen unmäßig lachen (vom Lachen überwältigt werden) läßt, so ist es nicht zu billigen, viel weniger, wenn Götter. Nicht ist es daher zu billigen, wenn Homer von den Göttern sagt: Unermeßliches Lachen erscholl den seligen Göttern« (Platon, *Pol.* 3, 3). »Es ist Gottes unwürdig, etwas ohne Zweck und Grund zu tun, denn es verträgt sich dies selbst nicht mit der Würde eines ernsten Menschen« (Cic., *De div.*, 2). Athenäus tadelt es in seinem *Deipnosophisten* (10, 33), daß von den Künstlern und bei seinen festlichen Aufzügen Dionysos weintrunken vorgestellt und so »den Zuschauern gezeigt wird, daß der Wein selbst auch den Gott besiegt. Und doch würde sich dies nicht einmal ein gesetzter Mann gefallen lassen.« »Die Tränen (die blutigen Tropfen über den Tod des Sarpedon bei Homer, *Il.* 16, 459) dichten dem Gott nicht Traurigkeit an, denn diese ist selbst bei den Menschen Krankheit oder Fehler, νόσημα« (Heraclid. P., *Alleg. Hom.*, p. 466, *Opusc. Mythol.*, Gale). Wir kommen hier wieder auf die gemütliche Verbindung (das Hendiadys) von Gott und Mensch, nur daß hier derselbe Gedanke einmal im Positiv, das andre Mal im Superlativ ausgedrückt wird. Aber zerreißt nicht dieses kommunistische Band von Gott und Mensch die Bibel, wenn sie spricht: »Niemand ist gut denn der einige Gott?« (Matth. 19, 17). Nein, denn der Sinn ist: Niemand ist so gut wie Gott, niemand vollkommen, niemand im höchsten Grade gut. Freilich kann man auch in der Begeisterung für den höchsten Grad nur dem Besten den Namen des Guten, nur dem Weisesten den Namen des Weisen, nur dem höchsten Wesen den Namen und Rang des Wesens einräumen. »Tout ce qui n'est pas Dieu n'est rien« (Lebid, arabischer Dichter zur Zeit Mohameds).

38. Der Kultus

Wie der Grundstoff, das Grundwesen der Götter das menschliche Wesen ist, so sind auch die (positiv) religiösen Gefühle und Gesinnungen, d. h. die auf die Götter sich beziehenden Gefühle und Gesinnungen, rein menschliche, denn sie unterscheiden sich nicht von den Gefühlen und Gesinnungen, die der Untertan seinem König, der Schützling seinem Beschützer, der Knecht oder Diener seinem Herrn, das Kind seinem Vater gegenüber hat.

Gott ist der Herr der Welt, der Menschen, aber nur weil er sie gemacht oder hervorgebracht. Der erste, ursprüngliche Herr ist der Vater – daher auch der erste Bindestoff der Menschheit das Blut, aber nicht das rohe, selbstische Blut, das, im Bruderkampf vergossen, um Rache zum Himmel schreit, sondern das schon im Menschen zum Dasein eines andern Menschen vorbereitete und umgearbeitete Blut. Nicht die verträgliche Hand, aber auch nicht die drohende, gewalttätige Faust, überhaupt nicht die Glieder der Willkür, die Lenden nur – »Könige sollen aus deinen Lenden kommen« (1. Mos. 35, 11) – sind die Grundsäulen des Gemeinwesens. Der *Contrat social*, der *Tractatus politicus*, der *Leviathan* sind grundlos, aber nicht, weil sie gottlos, sondern naturlos sind, wenigstens nur *eine,* und zwar spätere, Tatsache der Naturgeschichte des Menschen zur einzigen und ersten gemacht haben. Sowenig aber ursprünglich von einer willkürlichen Vereinbarung oder Unterwerfung, so wenig hängt von einer willkürlichen Gottesverehrung, d. h. einer solchen, die nur auf den guten Willen und Glauben des Menschen sich stützt, das Gemeinwesen ab. Die innerliche Grundlage, die Gesinnung, die Ehrfurcht, welche das Gemeinwesen zu seinem Entstehen und Bestehen voraussetzt, ist die naturbegründete, mit der Muttermilch eingesogene, aus physischer, unwillkürlicher Abhängigkeit und Anhänglichkeit entsprungene Ehrfurcht vor den Eltern. Zwischen der Ehrfurcht vor den Göttern und der Ehrfurcht vor den Eltern ist aber kein Unterschied. »Es ist geschrieben, sagen die Rabbinen, 2. Mos. 20, 12: ›*Ehre* (honora, כַּבֵּד) *deinen Vater.*‹ Und anderswo steht geschrieben Sprüchw. 3, 9: ›*Ehre* (honora, כַּבֵּד) Gott von deinem Gut.‹ So sehr setzt die Schrift die Ehre Gottes der Ehre der Eltern gleich. Anderswo heißt es, 3. Mos. 19, 3: ›Jeder fürchte (timeat, revereatur, תִּירָאוּ) Vater und Mutter‹, und an einem Orte, 5. Mos. 6, 13: ›Fürchte (timebis, תִּירָא) den Herrn deinen Gott.‹ So sehr setzt die Schrift die Furcht Gottes der der Eltern gleich. Ferner heißt es 2. Mos. 21, 17: ›Wer Vater oder Mutter flucht, der soll des Todes sterben.‹ Aber 3. Mos. 24, 15 heißt es: ›Welcher seinem Gott flucht.‹ So sehr setzt die Schrift die Segnung (Lob) Gottes und der Eltern gleich« (Schoettg., *H. H.* in 1. Joh. 4, 20). Es gibt daher, sagt angeblich die Pythagoräerin Periktione bei Stobäus (*Floril.* 79, 50), »kein größeres Vergehn und Unrecht als die Gottlosigkeit (das Unehrerbietigsein, ἀσεβεῖν) gegen die Eltern.« »Bist du klug, mein Sohn«, sagt Sokrates (Xen., *Mem.* 2, 2, 14), »so bittest du die Götter um Vergebung, wenn du gegen deine Mutter gefehlt hast, damit nicht auch sie dich für undankbar halten und dir ihre Wohltaten entziehen.« »Die Undankbaren sind es, die sich auch am wenigsten um die Götter, um die Eltern, um Vaterland und Freunde bekümmern« (Xen., *Cyr.* 1, 27). Aber die Undankbarkeit gegen die Eltern ist der höchste Grad der

Undankbarkeit. Wer gegen die Eltern undankbar und unehrerbietig, ist es auch gegen die Götter. So hängt die Ehrfurcht vor den Göttern von der Ehrfurcht vor den Eltern ab; ja, sie stammt selbst von dieser ab, sie ist nur von diesen auf jene übertragen, wie überhaupt die Gottheit nur ein vom Menschen auf die Natur übertragenes Wesen ist. Erst muß man auf der Erde Eltern haben, ehe man sich im Himmel Eltern vorstellen kann; erst muß man dem unmittelbaren, gegenwärtigen Urheber seines Daseins sich zu Dank verpflichtet fühlen, ehe man auf den mittelbaren, entfernten Urheber dieses Gefühl übertragen kann. Vom Verstande oder von der Natur ausgegangen, sind freilich die Eltern, da sie selbst die Natur zur Voraussetzung haben, die zweiten Götter – δευτέρους καὶ ἐπιγείους τινὰς θεούς nennt sie Hierokles bei Stob. 79, 53 –; aber vom Menschen oder vom Gefühl aus sind sie »wegen ihrer Nähe«, wie derselbe sagt, »wenn man anders so reden darf, uns werter, geehrter (τιμιωτέρους) selbst als die Götter«, d. h. die ersten, eben weil die nächsten Götter. Wer nicht zuerst aus Erfahrung weiß, was ein Vater ist, weiß auch nicht, was ein Gott; wer nicht dem Menschen gegenüber sich als Kind gefühlt, kann auch nicht der Natur oder Gottheit gegenüber sich als Kind denken und fühlen. Die Eltern sind aber deswegen Götter – νόμιζε σαυτῷ τοὺς γονεῖς εἶναι θεούς –, Gegenstände religiöser oder, was eins ist, höchster Verehrung, weil sie die Urheber oder Ursächer des höchsten Gutes, des Lebens sind, αἴτιοι τῆς γενέσεως, wie sie Diodor irgendwo und Anaximenes (Stob. 79, 37) nennt. Ebenso ist der Grund der Gottesverehrung, das, was Gott zu Gott, zu einem verehrungs- und anbetungswürdigen Wesen für den Menschen macht, nur dies, daß er der Urheber seines Lebens ist, sein »Schöpfer«, sein Hervorbringer. פֹּעֲלִי, עֹשִׂי, mein Macher, mein Schöpfer, das heißt: mein Gott; »du, Jehova, unser Vater«, אָבִינוּ (Jes. 63, 16). »Du, Jehova«, heißt es nochmals (64, 7), »bist unser Vater, wir sind der Ton, du aber unser Bildner, das Werk deiner Hände wir alle.« Der Unterschied zwischen dem göttlichen und menschlichen Vater – abgesehen von dem übrigen, nicht hierher gehörigen Unterschied zwischen Gott und Mensch – ist nur der, daß jener der gemeinschaftlich eigene, der allgemeine Vater ist – ὁ κοινὸς ἁπάντων πατὴρ ἀνθρώπων τε καὶ θεῶν Ζεύς (Musonius, Stob. 79, 51) –, dieser der ausschließlich eigene Vater ist. Sogut aber der Mensch Gott als Vater gegenüber kindliche, so gut hat er Gott als bloßem Herrn gegenüber knechtische, Gott als König gegenüber untertänige Gefühle und Gesinnungen. »Wenn ein Mensch«, sagt R. Samuel Ben David, »zu einem irdischen König käme, um etwas von ihm zu erbitten, sich aber von ihm wegwendete und mit seinem Nachbar spräche, so würde sicherlich der König ihm zürnen und ihn aus seinem Palast fortgehen heißen. Ebenso verhält es sich, wenn einer steht vor dem König aller Könige« (Schoettg., *H. H.* in 1. Kor. 14, 16). »Törichter«, ruft Tertullian dem Ketzer Marcion zu, welcher behauptete, daß Gott nur gut und daher nicht zu fürchten sei, »du leugnest, daß der, den du Herrn nennst, zu fürchten sei, da dieser Name eine Macht bezeichnet, die man (auch?) fürchten muß? Aber wie wirst du (ihn) lieben, wenn du dich nicht fürchtest, ihn nicht zu lieben?« (*Adv. Marc.* 1, 27). Jakob sagt zu seinem Bruder Esau, als dieser ihn fragt: »Was willst du mit allem dem Heer?«: »Daß ich Gnade fände (in den Augen) vor meinem Herrn« (1. Mos. 33, 8). Aber mit denselben Worten spricht Abraham zu dem ihm erscheinenden Jehova: »Herr, habe ich Gnade gefunden vor deinen Augen« (1. Mos. 18, 3), und Lot zu den Engeln: »Dein Knecht Gnade gefunden hat vor deinen Augen« (19, 19).

Eben deswegen, weil Gott Vater, Herr, König, also auch dieselben Gefühle und Gesinnungen für sich beansprucht, welche der Wohltäter von seinem Günstling, der Vater von seinem Sohne, der Herr von seinem Diener, kurz, der Mensch von einem andern, ihm verbundnen Menschen verlangt, die Gottesverehrung also eine *Verbindlichkeit,* eine *Pflicht* ist, eben deswegen erscheint auch dem in religiösen Dingen Unwissenden, wenngleich dieser Unwissende sonst ein sehr gelehrter Herr sein mag, dem von religiösen Vorstellungen Beherrschten der Atheist, d. h. der, welcher nicht das menschliche

Wesen an die Spitze der Welt stellt, nicht nur als ruchloser Gottes*leugner,* weil er seinen Herrn, Schöpfer, Wohltäter verleugnet, sondern auch als ein moralisches Ungeheuer, welches alles über den Haufen wirft, jedes Verbrechens fähig ist. Wer die erste und höchste Verbindlichkeit verwirft, wie kann der andere, untergeordnete Verbindlichkeiten anerkennen? Wer das Recht Gottes auf Anerkennung und Verehrung nicht achtet, wie kann der die Rechte seiner Nebenmenschen respektieren? Wer seinen geistigen Vater geistig tötet, wie sollte der nicht auch seinen irdischen Vater leiblich töten? Wenn daher die Theisten sonst leugnen, daß der Gott des Menschen ein menschliches Wesen ist, und zwar im edlen Sinne des Worts, so gestehen sie in ihren Vorstellungen vom Atheismus ein, daß ihr Gott ein menschliches Wesen, und zwar im gemeinsten, niedrigsten Sinne des Wortes, daß es sich in ihrer Religion, in ihrem Gotte nur um ihr eigenes liebes Blut und Gut handelt; denn »die Negation«, die Aufhebung Gottes ist ihnen nichts anderes als die Auflösung der »sittlichen Bande«, d. h. der Bande, die den Menschen an sein Leben, sein Eigentum, seine Familie, seine Rechte und besonders Vorrechte knüpfen. Allerdings hängen die sittlichen Bande von den Göttern ab, aber nur da, wo alles von den Göttern abhängt, wo der Segen des Acker- und Weinbaus noch nicht durch den Dünger der Chemie, sondern nur durch die Huld der Götter bedingt ist, noch nicht Naturgesetz, Naturnotwendigkeit, sondern nur ihr Wille über Wind und Wetter, Regen und Sonnenschein je nach dem Betragen der Menschen gegen sich und die Götter verfügt, wo die Götter noch unmittelbaren, vertrauten Umgang mit den Menschen pflegen, »in wandernder Fremdlinge Bildung, jede Gestalt nachahmend, durchgehn die Gebiete der Menschen, Taten des Übermuts und der Frömmigkeit anzuschauen« (Hom., *Od.* 17, 485). Wo Zeus Xenios der einzige Schutz des Fremdlings ist, da hängt freilich von der Anerkennung und Verehrung des Zeus auch die Anerkennung und Heilighaltung des Gastrechts ab; und da, wo richtiges Maß und Gewicht Sache der Religion, nicht der Polizei, Sache Gottes, nicht des Menschen ist, wie bei den Israeliten, wo es heißt: »Richtige Waage ist Jehova heilig« (Sprichw. 16, 11), »wo also leichteres Gewicht führen Frevel gegen Gott«, wo im Allerheiligsten ein Originalmaß stand (Michaelis, *Mos. Recht*, § 227), die Aufsicht über Maß und Gewicht demgemäß eine Verrichtung der Diener Gottes war (ebend., § 52), da ist freilich mit dem Gotte auch das Ebenmaß und Richtscheit des menschlichen Verkehrs, des Handels und Wandels aufgehoben. Wo aber ein Gottesamt zu einem Staatsamt, der Staat selbst zum Zeus Xenios wird, wo der Mensch eine Verrichtung oder Eigenschaft Gottes in der Menschenwelt zu einer selbständigen gesetzlichen Anstalt oder Tugend, in der Natur zu einer selbständigen Kraft macht, wo es also eine selbständige Staats- und Rechtslehre, eine selbständige Naturlehre gibt, die nicht mehr im Winde den Hauch Gottes (Jes. 40, 7), im Donner die Stimme Gottes, im Blitz das Feuer Gottes (1. Kön. 18, 38) erblickt, da ist der Atheismus nicht nur eine wissenschaftliche, sondern auch *sittliche Wahrheit und Notwendigkeit*. Es gibt nur einen wahren, einen ehrwürdigen Gott – es ist der unmittelbare, selbsttätige, selbstredende, selbstleuchtende, selbstblitzende, selbstdonnernde, selbstregnende Gott der alten Welt. Entweder *diesen* oder *keinen* Gott. Auch die Götter gedeihen nicht auf jedem Boden, auch ihre Existenz ist an Zeit und Raum gebunden. Nur da ist der Gottesglaube Wahrheit und Gesundheit, wo er *Natur* ist, wo der Atheismus, versteht sich der theoretische, von dem die Bibel, wenigstens das Alte Testament, nichts weiß, eine *Unmöglichkeit,* der Gottesglaube eine unumgängliche Notwendigkeit, wo er eins mit dem Verstande des Menschen selbst ist, wo dieser sich gar keine andere Ursache überhaupt denken kann als einen Gott, wo also der Gottesbeweis noch kein Bedürfnis ist, auf dessen Befriedigung Prämien und Stipendien ausgesetzt sind, der Gottesglaube noch kein Verdienst, welches von servilen Zeitungsschreibern und Polizeidienern öffentlich ausposaunt wird, um durch den Glauben an den Höchsten sich die Gunst des Allerhöchsten zu erwerben.

39. Das Symbol

Die Wahrhaftigkeit und Innigkeit der Götterverehrung beruht nur darauf, daß die Götter nicht dem Namen, sondern der Tat nach, wirklich Väter, Herren, Wohltäter, Freunde der Menschen, daß sie also keine den Gefühlen und Gesinnungen, die der Mensch dem Menschen gegenüber in diesen Verhältnissen hat, widersprechende Wesen sind. Wären die Götter das, wofür sie ihre falschen oder unwissenden Freunde ausgeben, von allem Menschlichen abgesonderte Wesen, Wesen nicht nur ohne die Schwächen und Fehler, sondern auch ohne die Kräfte und Tugenden des Menschen, Wesen also ohne Verstand, ohne Willen, ohne Gefühl für den Menschen, so fiele auch auf seiten des Menschen der Verstand, der Wille, das Gefühl für die Götter, hiermit der Grund zu ihrer Verehrung hinweg. Müßte sich der Mensch in der Religion dieselbe Tortur antun, um ein besonderes, außer- und übermenschliches Gottesgefühl zu erheucheln, die er sich in der Theologie antut, um einen besondern Unterschied zwischen dem göttlichen und menschlichen Wesen ausfindig zu machen, so verwandelte sich sein Vertrauen in Mißtrauen, seine Verehrung in Verachtung, seine Liebe in Haß, so würfe er geradezu seine Götter zum Teufel. Die Götter sind wesentlich, wenn sie wenigstens wahre Götter sind, gute Wesen, aber ihre Güte besteht vor allem darin, daß sie dem Menschen keine theologische Heuchelei, keine geistliche Verstellung zumuten, daß sie ihn auch sich gegenüber Mensch sein lassen, daß sie keine andern Dienste und Gaben von ihm verlangen, als er andern von ihm geliebten und verehrten Menschen erweist und sich selbst wünscht, daß sie seine Genüsse, seine Gefühle und Gesinnungen zu den ihrigen machen, nicht mit vornehmer Ekelhaftigkeit die Speisen und Getränke von sich stoßen, die das Herz des Menschen erfreuen, kurz, daß sie in aller Ehrlichkeit und Offenheit dem Menschen zu verstehen oder doch zu empfinden geben, daß sie Wesen seinesgleichen, seines Wesens, daß sie, wenn auch nicht von Gestalt, doch von Herzen, Menschen sind, daß sie sich nur dadurch von den Sterblichen unterscheiden, daß ihre Kraft und Einsicht noch dahin reicht, wo dem Verstande des Menschen ein undurchdringliches Dunkel, seinem Willen, seinem Wirkungsvermögen eine unübersteigliche Schranke entgegentritt. »Ich weiß nicht«, sagt die Mutter zu ihren sieben Märtyrersöhnen, »wie ihr in meinem Leibe wurdet, noch habe ich euch den Lebensatem gegeben und den Bau eines jeden zusammengefügt« (2. Makk. 7, 22). Aber gleichwohl weiß ich, daß die Tätigkeit, die euch gebildet, nur die Tätigkeit eines Auges und einer Hand ist und sein kann; so daß die göttliche Tätigkeit nur die ununterbrochene Fortsetzung, Ausführung und Vollendung der durch den Widerstand der Natur gewaltsam gehemmten und abgebrochenen menschlichen Tätigkeit ist. Was daher der Mensch nicht durch sich selbst sieht und erkennt, das erklärt und erleuchtet er sich durch das göttliche Auge; was er durch seine eigne Hand nicht zu erfassen vermag, das begreift er durch die göttliche. Und eben deswegen gibt er auch in herzlicher Dreistigkeit dem göttlichen Auge, was des Auges, der göttlichen Hand, was der Hand ist – dem Auge den Blick der Bewunderung, der Hand den Druck des Dankes, den Kuß der Verehrung, aber keinen symbolischen, sondern wirklichen Kuß.

»Der Kultus« (sagt O. Müller in seinen *Proleg. zu einer wiss. Myth.*, S. 258), »welcher die Gefühle des Göttlichen in sichtbaren, äußeren Handlungen darstellt, war seiner Natur nach durch und durch symbolisch. Niemand kann im Ernste zweifeln, daß das Niederfallen bei der Anbetung symbolisch sei, indem körperliche Erniederung sehr deutlich geistige Unterordnung bezeichnet ..., aber daß es auch das Opfer ist, ist gerade ebenso gewiß. Wie wollte sich denn das anerkennende Gefühl, daß es der Gott ist, der uns speist und tränkt, in Handlungen kundgeben als dadurch, daß ihm ein Ehrenanteil von der Nahrung gegeben und dem menschlichen Gebrauche entzogen wurde. Weil aber das Symbolische eben darin sein Wesen hat, daß man das Zeichen in wirklichem

Zusammenhang mit dem Bezeichneten denkt, lag hier der abergläubische Irrtum sehr nahe, den Göttern werde damit wirklich etwas Angenehmes erzeigt; sie genössen davon. Aber den Gebrauch aus diesem Aberglauben abzuleiten, mit andern Worten, die Absicht, einen Fettdunst zu erregen, für den ursprünglichen Grund aller Opfer zu erklären, wird wohl schwerlich angehen. Man müßte denn meinen, bei der Libation werde der Wein deswegen auf die Erde gegossen, damit ihn die Götter auflecken!« Welche Willkür, die Vorstellungen des modernen abstrakten Theismus zum Maßstab der alten Welt zu machen und nun die ursprünglichsten, unmittelbarsten, kindlichsten Vorstellungen für abergläubischen Irrtum zu erklären, da doch offenbar überall gerade die im Sinne der späteren Zeit abergläubischsten Vorstellungen und Gebräuche die ältesten sind, überall, wo der Mensch vom sogenannten Glauben zum Aberglauben abfällt, dieser Abfall nur eine Rückkehr zum Glauben der Urväter ist. So wie die Träne kein bloßes Zeichen, sondern wirklicher Ausdruck und Ausfluß des Schmerzes ist, so ist auch das Niederfallen bei der Anbetung ursprünglich kein bloßes Zeichen der Unterwürfigkeit und Höflichkeit, sondern ein unmittelbarer, unwillkürlicher Ausdruck von der Gewalt der Empfindungen und Gemütsbewegungen, mit denen er zu den Göttern fleht; denn die Macht, vor der sich der Mensch zuerst beugt und zu Boden fällt, selbst wo er sich vor den Göttern niederwirft, ist die Macht seiner Furcht, seiner Schmerzen, seiner Wünsche, seiner Herzensangelegenheiten. Erst aus diesem unwillkürlichen Sich-zu-Boden-Werfen ist das willkürliche entsprungen und auch ohne innere Notwendigkeit, ohne die entsprechende Ursache zur religiösen Mode geworden. Wo der Mensch noch nicht Geist und Körper auseinanderreißt, wo die Kultur noch nicht in der Kunst der Verstellung besteht, in der Geschicklichkeit, alles auch ohne inneren Drang und Grund tun und sagen zu können, da ist die körperliche Erniedrigung, da ist überhaupt das der spätern Zeit symbolische Zeichen der Sache die Sache selbst – ein Sinnbild, ja, aber ein Bild, das nicht ὁμοιούσιος, sondern ὁμοούσιος, nicht ähnlichen, sondern gleichen, desselben Wesens mit dem Wesen seines Gegenstandes ist.

»Das Waschen mit Wasser, die körperliche Reinheit war bei den Priestern Symbol der moralischen Reinheit, der Sündlosigkeit.« Nein, sie war mehr, sie war Sache selbst, wesentlicher Bestandteil der moralischen Reinigkeit selbst. Der Mörder befleckt sich mit Blut, der Unmäßige mit Speisen und Getränken, der Zornige mit Geifer, der Unzüchtige mit venerischem Gifte, der Liederliche mit seinen eignen Exkrementen, kurz, der moralisch Schmutzige mit körperlichem Schmutze aller Art. Wer dagegen keinen Schmutz an und auf sich leiden kann, kann auch keinen in sich leiden, wenigstens solange er in der Harmonie von Geist und Körper lebt wie das Altertum, dessen Ethik sich auf Physik gründete, dessen Haß gegegen das Laster physischer Abscheu war.

Die Griechen und Römer opferten den obern Göttern, den Göttern des Lichts und Lebens weiße, den untern, den Göttern des Todes und der Finsternis schwarze Tiere und drehten diesen beim Schlachten den Hals unterwärts, jenen aufwärts. Diese Handlungen und Farben sind Zeichen, die aber das Wesen, die Bedeutung der betreffenden Götter nur auf synonyme, gleichbedeutende Weise versinnlichen, denn Weiß wirft das Licht unzerlegt zurück, erhellt, erheitert, erfreut; Schwarz verschluckt alle Farben, alle Lichtstrahlen, wie die Unterwelt alle Lebensfreuden, macht finster, traurig, verstimmt. »An den Horäen, dem den Göttinnen der Jahreszeiten gewidmeten Feste in Athen, wo sie um Abwendung der übermäßigen Dürre angerufen wurden, ward das ihnen bestimmte Opferfleisch nicht gebraten, welches ein Symbol der Hitze gewesen wäre, sondern gesotten, weil das Sieden mehr eine, obschon durch Wärme gemäßigte, Feuchtigkeit anzeigt« (Nork, *Etym. symb. mythol. Wörterb.*, Horen. Vgl. auch Heffter, *Relig. der Griech. und Röm.*, S. 162). Der Mensch tut, was die Götter, aber nur im kleinen, was sie im großen tun; er versinnlicht die Sache durch die Sache selbst, wie hier das Zeitigen der Früchte durch Kochen, die wohltätige Wirkung der durch Feuchtigkeit gemilderten Wärme durch eben dieselbe, nur daß die Sache der Götter Natur, die des Menschen Kunst ist, die religiöse Mimik daher unendlich hinter ihrem Gegenstand zurückbleibt.

Das Symbol stellt ein Allgemeines dar, einen Gattungsbegriff, aber in einem Einzelnen, das selbst zu dieser Gattung gehört, selbst ein Stück Gattung ist, ja ursprünglich die ganze Gattung in sich faßt. So ist der Phallus ein Symbol der göttlichen Schöpfungskraft; aber der Phallus, freilich nicht der hölzerne oder steinerne, ist ein Organ, womit man keine Sinnbilder, sondern wirkliche Wesen macht, ein Organ also der schaffenden Naturkraft selber; so ist die Flamme ein Symbol der Vesta, der Göttin allerdings des bildlichen Feuers, der Liebesglut, mit der der Mensch an seiner Vaterstadt, seiner Familie, seinem Herde hängt, der Eigenliebe also und Eigenwärme – ἑστίας, οὗ οὔτε ὁσιώτερον χωρίον ἐν ἀνθρώποις, οὔτε ἥδιον, οὔτε οἰκειότερόν ἐστιν οὐδέν (Xenoph., *Cyr.* 7, 5, 56) –, aber auch der Göttin des wirklichen, sinnlichen Herdfeuers, denn ohne physisches Feuer auch kein moralisches Feuer, die Flamme also Vesta selbst. »Nec tu aliud Vestam, quam vivam intellige flammam« (Ov., *Fast.* 6, 291). Das Symbol ist pantheistisch, nicht theistisch. So ist auch das Licht nicht deswegen Sinnbild des Geistes, die vom Licht entnommenen Ausdrücke, wie z. B. Erleuchtung, Aufklärung, sind nicht deswegen zum Ausdruck des geistigen Klarwerdens gemacht worden, weil der Mensch zwischen dem Lichte in sich und dem sinnlichen Lichte der Verwandtschaft oder Ähnlichkeit entdeckt hat, sondern deswegen, weil das Gesicht die erste Einsicht, weil mit dem Eröffnen der Augen auch der Mensch erst zum Bewußtsein erwacht, weil der erste Unterschied zwischen Täuschung – die Ἀπάτη ist eine Tochter der Nacht – und Wahrheit der Unterschied zwischen Nacht und Tag, kurz, weil das spätere sinnbildliche Licht das erste eigentliche Licht des Menschen ist. So heißt auch der Begriff nur deswegen so, weil der Begriff mit der Hand auch der erste Begriff im Kopfe ist, weil der Mensch zuerst nur erfaßt, was er anfaßt, nur weiß, nur begreift, was Feuer, was Wasser, was Stein, was Fleisch, was Schein, was Sein, wenn er die Dinge betastet. Die Sprache bewahrt treu und dankbar in den Worten die ersten, unauslöschlichen, unvergeßlichen Eindrücke; erst wenn diese vergessen sind, die Begriffe erweitert und verallgemeinert werden, wird der ursprüngliche, eigentliche Sinn zu einem nur bildlichen. Wie aber in der Sprache, so wird auch in der Religion, was ursprünglich die Sache selbst war, später zu einem bloßen Bilde. So gewiß die hölzernen Pferdeköpfe auf den Bauernhäusern in vielen Gegenden Norddeutschlands erst an die Stelle der weiland wirklichen Pferdeköpfe (Nork, *Andeut. e. Syst. der Mythol.*, S. 79), die bildlichen oder symbolischen Menschenopfer in Rom – die »oscilla ad humanam effigiem arte simulata« (Macrob., *Sat.* 1, 7) – erst an die Stelle wirklicher Menschenopfer getreten, so gewiß sind auch so viele andere Puppenspiele der Symbolik erst an die Stelle krasser Wirklichkeit getreten.

Speisen und Getränke sind allerdings auch Zeichen, aber Zeichen von dem Bedürfnis des Essens und Trinkens, Zeichen, die erst im Genuß ihren Sinn finden. Der Genuß von Speise und Trank ist für den gesunden, naturgetreuen, unverdorbenen Menschen noch keine traurige, sündhafte oder wenigstens durch den Sündenfall verursachte Notwendigkeit, sondern ein Freudenfest – den Hebräern war ein Gastmahl sogar das Sinnbild der höchsten Seligkeit. Wie sollte der Mensch daher die Götter, denen er alles Gute verdankt, aber eben deswegen auch aus Dankbarkeit zurückgibt, von diesem Freudenfeste ausschließen? Sollte er die Götter nur zu müßigen Zuschauern, mit der Opfergabe von Speise und Trank nur ihrer Güte und Oberherrlichkeit ein Kompliment machen? Genügte dazu nicht ein modernes Tischgebet? Wozu eine Handlung ohne den Sinn und Zweck dieser Handlung? Wozu ein Ehrenanteil an der Nahrung ohne wirklichen Anteil? Wie kann ich einem Nichtsehenden für die Gabe der Mittel zum Malen durch ein Gemälde, einem Nichthörenden für die Gabe der Musik durch ein Konzert meine Verehrung und Dankbarkeit bezeigen und ausdrücken? Wenn es Aberglaube ist, den Göttern Speise und Trank zu opfern oder geben, weil sie deren nicht bedürfen, so ist es auch Aberglaube, zu den Göttern zu beten, Aberglaube, überhaupt die Götter zu verehren; denn sie brauchen auch im Sinne des rationalistischen oder philosophischen Theismus keine Gebete, keine Verehrung. Aber dieser Sinn ist nicht der Sinn der Götter, der wahren, unverstümmelten, unverkürzten Götter. Der Mensch *soll* sie verehren, weil sie verehrt sein *wollen*. Nur in einem entsprechenden Sinn des Gegenstandes der Verehrung liegt der Grund und Sinn jeder Verehrung, Religion ausdrückenden Handlung. »Jene den ganzen Tag versöhnten den Gott mit Gesange, schön anstimmend den Päan (Gesang an Apollo), die blühenden Männer Achaias, preisend des Treffenden Macht; und er hörete freudiges Herzens«, ὁ δὲ φρένα τέρπετ' ἀκούων (Hom., *Il.* 1, 474). So sinnlos es wäre, zu den Göttern zu flehen oder gar sie mit Sang und Klang zu ehren, ohne den entsprechenden Sinn dafür bei ihnen vorauszusetzen, so sinnlos wäre es, ohne Genußvermögen auf seiten der Götter ihnen Speise und Trank vorzusetzen. Wenn die Christen sich gegen die Abstammung des Menschen von der Natur sträuben, wenn sie schließen: Ein empfindendes, denkendes, wollendes Wesen kann nur von einem Wesen entspringen, welches diese Eigenschaften schon fix und fertig in sich hat, so müssen sie es den Heiden, welche auch im Essen und Trinken Menschen und nicht Tiere waren, nicht verargen, wenn sie schlossen: Essende und trinkende Wesen können nur von einem Wesen kommen, welches selbst ißt und trinkt. Überdem ist es höchst auffallend, wie Christen sich über die gegenständliche göttliche Bedeutung des Opfergenusses oder Opferdunstes bei den Heiden lustig machen können, da doch in der Bibel das Opfer das Brot, die Speise Gottes, לֶחֶם אֱלֹהִים heißt, ja der Bibel zufolge das gegenwärtige, folglich auch christliche Menschengeschlecht nur dem sinnlichen Genuß, dem göttlichen Wohlgeruch des Brandopfers Noahs – »und der Herr roch den lieblichen Geruch und sprach in seinem Herzen: Ich will hinfort nicht mehr die Erde verfluchen« (1. Mos. 8, 21) – seine Existenz verdankt.

Allerdings lecken die Götter nicht den für sie auf die Erde gegossenen Wein auf, weder mit einer menschlichen Zunge noch einem tierischen Rüssel, sowenig als die Götter besondere akustische Werkzeuge nötig haben, um die in die Luft ausgeströmten Klagen und Gebete der Sterblichen gehörig auffangen und verstehen zu können. Sie genießen Speise und Trank nicht auf wirkliche, d. h. sinnlich wahrnehmbare Weise – wenn nicht anders ihre geistlichen oder vielmehr fleischlichen Stellvertreter tabula rasa machen –, sie essen und trinken nur im Glauben, in der Einbildung, in der Idee. Wie sie nur die abgesonderten Verrichtungen, die Geister der Sinne haben, ohne die leiblichen Sinne selbst, wenngleich diese in der Vor- und Darstellung eine Rolle, übrigens nur auf ihrer Oberfläche spielen, so haben sie auch nur den abgesonderten Genuß, den Geist des Essens und Trinkens, ohne die beim Menschen mit diesen Akten verbundenen Anthropopathismen und Anthropomorphismen. Das Essen und Trinken, in seiner ganzen Ausführlichkeit und Förmlichkeit vorgestellt, ist allerdings eine profane, irreligiöse, der Götter unwürdige Vorstellung; aber an dieses profane Detail denkt auch nicht der Opfergläubige. Überdem ist Essen und Trinken eine Verrichtung, die nur für den Essenden und Trinkenden selbst, aber für den andern keinen Wert, kein Interesse hat, ein bloßer Privatakt; die Götter sind aber wesentlich öffentliche Wesen, Richter, Regenten, Wächter, Beschützer, wesentlich Wesen nicht für sich, sondern für den Menschen. Das Privatliche, das profane Gedanken und Vorstellungen Erweckende tritt daher zurück oder verschwindet gänzlich vor ihrer öffentlichen Bedeutung und Würde. Namentlich ist das Ausgezeichnete des hebräischen Gottes, daß sein ganzes Wesen trotz seiner sonstigen Körperlichkeit und rohen Leidenschaftlichkeit in seinen öffentlichen Charakter, seine demokratische Wirksamkeit aufgeht, daß er mit Leib und Seele, »*von ganzem Herzen und von ganzer Seele*«, wie (Jerem. 32, 41) Jehova von sich sagt, Volksfreund, Volksführer Volkslehrer, Volksgesetzgeber ist, während der Zeus der Griechen neben seinem öffentlichen Leben und Wesen auch ein nur auf sich sich beziehendes Wesen, ein häusliches, geschlechtliches, also auch Privatleidenschaften und Liebschaften ausgesetztes, damit anstößiges, dem Wesen eines Gottes widersprechendes Leben hat.

So ist es auch ein anstößiger Anthropomorphismus, wenn man sich das göttliche Auge und Herz in der ganzen Ausführlichkeit und Förmlichkeit der menschlichen Seh- und Empfindungsorgane vorstellt und ausmalt; aber daß Gott sieht, daß er hört, daß er ein Herz hat, d. h. daß er empfindet, daß er barmherzig ist, das ist absolut notwendig für den Menschen und eben deswegen absolut wesentlich für Gott – »alles«, sagt z. B. Tertullian, »muß er (Gott) haben wegen alles, so viele Gemütsbewegungen (sensus) als auch Veranlassungen derselben: Zorn wegen der Verruchten und Galle wegen der Undankbaren ... und Barmherzigkeit wegen der Irrenden« (*Adv. Marc.*, 2, 16) –, das ist reine Menschheit und doch volle Gottheit.

Oder ist etwa auch das göttliche Auge, das göttliche Herz nur eine »Metapher«, nur ein bildlicher Ausdruck, ein Zeichen von göttlichen Kräften und Eigenschaften, die an sich oder im Gegenstande etwas ganz andres sind als im menschlichen Sinne, so daß das göttliche Auge auf das menschliche gerade so paßt wie die Faust aufs Auge, das Auge in ihm soviel wie kein Auge, das Herz in Gott soviel wie kein Herz ist? Welche teuflische Maskerade! Nein, diese Ausdrücke sind den Gegenstand, die Sache so, wie sie nur bezeichnet werden kann, bezeichnende Ausdrücke, sozusagen nomina propria, Eigennamen, die weder im Himmel noch auf Erden mit andern Namen oder Zeichen vertauscht werden können, so wenig Metaphern oder Symbole sind als das menschliche Auge und Herz, Ausdrücke, die im eigentlichen, ja im übertrieben eigentlichen, im allereigentlichsten Sinne zu nehmen sind, so daß der Unterschied nur darauf hinausläuft, daß das göttliche Auge mehr Auge ist als das menschliche, das göttliche Herz mehr Herz als das menschliche, erst recht, erst eigentlich Herz ist, weil bei Gott die Schranken und Hindernisse wegfallen, welche das Herz des Menschen nicht Herz, sein Auge nicht Auge sein lassen. Das göttliche Auge ist nur der innige, selige Wunsch des menschlichen Auges, daß keine Finsternis für es existiere, daß alles licht und klar sei, das göttliche Herz nur der innige, selige Wunsch des menschlichen Herzens, daß keine Bosheit und Kümmernis es bedrücke, daß alles sich herzlich gut und glücklich sei. »Zeus«, sagt Dio Chrysostomus (*Or.* 12, 76, ed. Emper), »heißt φίλιος und ἑταιρεῖος, Beschützer der Freund- und Bruderschaft, weil er alle Menschen zusammenführt (verbindet) und will, daß sie freundschaftlich gegeneinander seien, keiner keinen hasse und befeinde«, d. h. Zeus (im Sinne der spätern Griechen) ist, als der Freundschaftliche, nichts andres als der Wunsch allgemeiner Menschenliebe.

Der Unterschied überhaupt zwischen anthropomorphischen, menschlichen und göttlichen Eigenschaften oder Vorstellungen, der Unterschied also zwischen Menschsein und Nichtmensch-, Gottsein ist nur, wie wir schon oben sahen, der Unterschied zwischen den Arten und der Gattung, zwischen den Spezialitäten oder Modalitäten und der Wesenheit, zwischen den Nebensachen und der Hauptsache einer menschlichen Eigenschaft, Kraft oder Tätigkeit. Was notwendig und unentbehrlich ist, was nicht mehr verneint, nicht mehr weiter verdünnt werden kann, ohne ins pure Nichts zu verfallen, das ist kein Anthropomorphismus mehr, wenn es gleich nur das höchste und letzte, das wesentliche Menschliche ist. Was der Mensch nicht an sich selbst aufgeben kann, ohne sich als Mensch aufzugeben, das kann er auch nicht an Gott aufgeben, ohne Gott selbst aufzugeben. Daß ich diese Empfindung gerade habe, diese Empfindung der Reue, des Grams, des Neids, des Abscheus, das ist nicht notwendig; aber gebe ich die Empfindung überhaupt auf, so gebe ich mich den Menschen auf. Und mein Aufsteigen von mir zu Gott besteht nicht darin, daß ich plötzlich aus der heißen Zone der menschlichen Empfindung des Anthropopathismus in das Eismeer gänzlicher Empfindungslosigkeit überspringe, sondern nur darin, daß ich mich zu solchen Empfindungen erhebe, die mir gerade die Notwendigkeit, Herrlichkeit, Seligkeit, d. h. eben Göttlichkeit der Empfindung vergegenwärtigen. So wie die Lunge, wenn sie von erstickenden Luftarten belästigt wird, nur nach reiner, nicht keiner Luft, nicht nach dem leeren Raum sich sehnt, so ist auch die Sehnsucht des Menschen, des Endlichen nach dem Unendlichen nicht die Sehnsucht nach einem leeren Sein, welches gleich Nichtsein ist, sondern nur die Sehnsucht des Kranken nach Gesundsein, des Gefangenen nach Freisein, des Zweifelnden nach Klarsein. Zweifel, Unfreiheit, Krankheit sind Anthropopathismen, menschliche Zustände, aber klar, frei, gesund sein heißt Gott sein. Klarheit, Freiheit, Gesundheit haben nichts außer und über sich, was ihnen als Ideal vorschwebte, keinen Wunsch eines andern, eines Endes, sie sind in sich gesättigte Vollkommenheiten. Was aber der Mensch nicht von sich wegwünscht und wegwünschen kann, solange er wenigstens noch nicht verrückt ist, das kann er auch nicht von Gott wegdenken. Gott hat keine Freude an dem Tode »des Menschen«, nein, die Gottheit ist selbst nichts andres als die Freude, die eine menschliche Kraft oder Fähigkeit an ihrer Vollkommenheit und Gesundheit hat; sie ist nicht *über* und *außer* den menschlichen Kräften selbst, sondern nur über dem, was *innerhalb* einer Kraft der Mensch von ihr wegwünscht und wegdenkt; sie ist die menschliche Kraft selbst, nur befreit von den lästigen Beschränkungen, Zutaten und Anhängseln, womit sie im Menschen verbunden ist.

»Dies ist für das Bild Gottes im Menschen zu halten, daß der menschliche Geist *dieselben* Gemütsbewegungen und Gefühle hat, die auch Gott hat, obgleich nicht so, wie Gott ..., denn so verderblich sie im Menschen die Verderblichkeit des menschlichen Wesens macht, so unverdorben macht sie in Gott die Unverderblichkeit des göttlichen Wesens. Gott erzürnt, aber ohne sich zu erbittern, ohne sich selbst zu gefährden, er kommt in Bewegung, aber nicht in Zerrüttung« (Tert., *Adv. Marc.* 2, 16). „Einige Gemütsbewegungen werden Gott so zugeschrieben, daß sie wirklich und eigentlich in ihm sind, aber nicht in der unvollkommenen Weise wie im Menschen. So ist in Gott Freude, gaudium, aber unendlich größere, als die Menschen haben und sich denken können. Andere menschliche Gemütsbewegungen oder ihre besondern Beschreibungen gelten nicht eigentlich von Gott« (Glassii *Philol. sacr.*, p. 942-43). »In Gott ist keine Hoffnung, denn obwohl sie sich auf ein Gut bezieht, so ist doch dieses ein erst zu erlangendes, keine Sehnsucht, keine Furcht, keine Reue, kein Neid, denn sie sind Arten der Traurigkeit, kein Zorn als Verlangen der Rache. Aber Ergötzen, delectatio, und Freude sind in Gott, aber nicht als Passionen, Gemütsbewegungen (scholastisch-sophistische Distinktion!), denn die Freude bezieht sich auf ein gegenwärtiges Gut, und sie widerspricht daher weder hinsichtlich ihres Gegenstandes, welcher ein Gut ist, noch hinsichtlich ihres Verhältnisses zum Gegenstand einer göttlichen Vollkommenheit. Aber ebenso wie die Ergötzung ist die Liebe eigentlich, proprie, in Gott« (Thomas Aq., *Summa contra Gent.*, l. 1, c. 89-91). Was übrigens der Mensch von sich in Gott oder als Gott setzt, was nicht, das hängt von der verschiedenen Beschaffenheit, Bildung und Ansicht des Menschen ab. Wenn z. B. die scholastischen Theologen, wie soeben Thomas Aquino, von den menschlichen Affekten nur Liebe und Freude im eigentlichen Sinne von Gott gelten lassen, so setzten dagegen die anthropologischen reformatorischen Theologen auch andere Affekte in Gott. »Gott liebt wahrhaft oder wirklich, vere amat« (heißt es z. B. in *Melanth. et aliorum Declam.*, Argent., T. 3, p. 311) »das Menschengeschlecht, zürnt wirklich (vere irascitur) den Lastern, bedauert wirklich, vere dolet, daß viele durch ihre schreckliche Hartnäckigkeit sich selbst ins Verderben stürzen. Gott verstellt sich nicht, nein, er hat uns die Bilder eines Wesens und seiner Gemütsbewegungen eingedrückt; das Bild der göttlichen Liebe gegen uns ist eben diese dem Innersten des Herzens eingepflanzte στοργή, Liebe, womit du deine Kinder liebst.«

Dr. Friedrich Wilhelm Heidenreich
[1858][108]

Obwohl die Heilige Schrift mit klaren Worten sagt: »Der Arbeiter ist seines Lohnes wert«, so steht doch die Praxis unsrer der Theorie nach so exakt christlichen Staaten oft genug im schreiendsten Widerspruch mit diesem Bibelspruch – freilich wohl nur aus dem orthodoxen Grunde, weil dieser Ausspruch, wie die inspirationsgläubigen Theologen selbst ausdrücklich bemerken, nicht dem Heiligen Geiste, sondern nur dem gesunden, d. h. gemeinen Menschenverstand seinen Ursprung verdankt, der christliche Staat aber dem kommunen Rechtsbewußtsein widersprechen, das credo quia absurdum in ein volo quia absurdum verwandeln muß. Was aber der Staat dem Menschen versagt, das gewähre ihm die Wissenschaft, die freie, selbständige Wissenschaft, und kann sie auch nicht mehr dem Lebenden den Lohn geben, dessen er wert, so gebe sie wenigstens dem Toten die ihm gebührende Ehre. Möge es daher *Das Jahrhundert* einem seiner Leser verstatten, in seinen Räumen den Manen eines solchen unbelohnten, obgleich rastlosen Arbeiters im Dienste der leidenden Menschheit und Wissenschaft ein kleines Denkmal zu setzen – ein Denkmal, das zwar der Ausdruck inniger Freundschaft ist, aber einer Freundschaft, die weiß, daß sie den Freund nur ehrt, wenn sie ihn in seinem Geiste und Sinne ehrt, und daher von allem bloß Persönlichen absieht, nur hervorhebt, was vom Freunde nicht dem Freunde allein, sondern der Menschheit überhaupt angehört. Zwar bedarf derselbe keines Denkmals von fremder Hand, denn er hat sich selbst genug Denkmale in seinen Schriften gesetzt. Aber da die Aufgabe seines Lebens, die Heilkunst, auch die wesentliche Aufgabe seiner schriftstellerischen Tätigkeit war, da er bei aller Vielseitigkeit seines Wesens und Wissens alles, was er schrieb und trieb, auf die Medizin als seinen Endzweck bezog, so ist sein Name nur dem ärztlichen Publikum ehrenvoll bekannt. Und doch verdient Heidenreich, jedem Freunde der Naturwissenschaft bekannt zu werden; denn sosehr er nur für seinen ärztlichen Beruf lebte und dachte, sosehr er Arzt mit Leib und Seele war, geborner, nicht nur gemachter Arzt, Arzt nicht nur von Kopfe, sondern auch von Herzen, aus und mit inniger Teilnahme an der leidenden Menschheit, so war doch seine medizinische Richtung selbst eine universelle, und zwar nicht insofern, als sich sein Wissen, wenn auch nicht, was sich von selbst versteht, seine technische Fertigkeit, über alle Zweige der Medizin erstreckte, sondern deswegen, weil die Vereinigung der Physik und Medizin, die Beziehung und Anwendung der allgemeinen Naturlehre auf die Heilkunst, mit *einem* Worte: die *medizinische oder therapeutische Physik* – eine neue, noch im Werden begriffene Wissenschaft – der wesentliche und charakteristische Gegenstand seines Geistes war.

»Längst«, sagt Heidenreich (*Elem. d. therap. Phys.*, S. 6), »kennt man den Druck der Luft, die Temperatur und Feuchtigkeitssättigung der Atmosphäre, man berechnet die Erzeugung und Konsumtion von Sauerstoffgas in einer gegebenen Gegend, man kennt die geognostische Formation, Elevation usw., lauter Dinge, die überall und zu jeder Zeit uns umgeben – und wie wenig sind solche Verhältnisse, die Elemente unsers Lebens, unser pabulum vitae zur und für die Therapie benutzt! Wieviel ließe sich durch Regulierung der Temperatur der uns zunächst umgebenden Atmosphäre, durch Vermehrung, Verminderung des Luftdrucks, durch Herstellung oder Ableitung der Elektrizität, durch künstliches Klima für unsere Kranken leisten, und wiewenig ist geleistet und geschehen, so daß wir kaum Rudimente, Versuche, Andeutungen kennen! Dennoch scheint die Zeit gekommen, daß die physikalischen Momente, welche die erste Hälfte des Jahrhunderts gefunden und entwickelt hat, um dessen Mitte und in der zweiten Hälfte nach und nach zu therapeutischer Bedeutung und Wirksamkeit gelangen. Es wird die Zeit nicht mehr ferne liegen, in welcher eine sich selbst bewußte physikalische Therapie eine große Rolle in der Heilkunst übernehmen wird ... Dazu beizutragen, dieses Bewußtsein zu erwecken, *die Notwendigkeit einer physikalischen Therapie darzutun und ihre Möglichkeit aus den vorhandenen Rudimenten zu beweisen,* ist die Aufgabe« seines Lebens und Denkens, die Aufgabe seiner interessantesten und bedeutungsvollsten Schriften gewesen. Diese sind seine *Elemente einer medizinischen Physik,* Erstes Heft, *Das Leben der unorganischen Natur,* Leipzig, O. Wigand, 1843; ferner: *Die physiologische Induktion,* ein Beitrag zur medizinischen und Nerven-Physik, Ansbach, Gummi, 1846; endlich die soeben angeführten *Elemente der Therapeutischen Physik,* Leipzig, O. Wigand, 1854 – die Krone seiner Schriften, ebenso lehrreich dem Inhalt nach als geistreich der Form nach.

Einheit des Menschen mit der Natur, Einheit der Natur mit sich selbst bei aller Verschiedenartigkeit ihrer Wirkungen und Erscheinungen – diese Idee, »*die Idee von der Einheit alles Lebens*«, ist es, die Heidenreich beseelte, in seinen medizinischen und naturwissenschaftlichen Anschauungen und Bestrebungen leitete und bestimmte. Erfüllt von diesem Gedanken, konnte er die bisherige oder vielmehr damalige, die Natur in eine Menge besonderer, noch dazu großenteils erdichteter Stoffe und Kräfte zersplitternde Physik nicht ohne weiteres zum Besten der Therapie verwenden; er mußte selbst erst in ein therapeutisches, ein kritisches Verhältnis zu ihr treten. Dies geschieht in seinen *Elementen der medizinischen Physik*; sie enthalten eine »positive Kritik der bisherigen Naturwissenschaft« – eine positive, weil er die Physik nicht nur »von der sie noch belastenden Menge selbstgeschaffener, hypothetischer Stoffe und Kräfte zu befreien«, sondern zugleich auch, vollständig mächtig des reichen, tatsächlichen Stoffes, eine wirkliche Anschauung »von der Natur der Dinge in ihrer Einheit und Wahrheit« zu geben sucht. Und er findet diese Einheit der verschiedenen Naturerscheinungen oder Naturkräfte, namentlich der Elektrizität, des Magnetismus, der chemischen Verwandtschaft, der Kristallisation, der Schwere, selbst in *Licht* und *Wärme.* »Fort mit der Attraktion und Repulsion als eigenen, für sich bestehenden Kräften! Der Physiker nimmt nur besondere Kräfte an, wo er sich nicht anders zu helfen weiß« (S. 167). Wärme, als das alles Ausdehnende, Auflösende, Schmelzende, Verflüchtigende, ist das »generalisierende Prinzip der Natur«, ist Repulsion; sie hält die Atome wie die Körper auseinander; Licht ist die Ursache ihres Zusammentretens, Licht ist Attraktion; Licht ist »kosmisches Individualisierungsprinzip«. Aber Licht und Wärme, jenes die Ursache des Magnetismus, diese die Ursache der Elektrizität, sind voneinander unabsonderlich, wenn sie gleich nicht immer zugleich erscheinen; sie verhalten sich zueinander, rufen sich gegenseitig hervor, wie Aktion und Reaktion – »Licht ist Reaktion gegen die Wärme, Wärme gegen das Licht« –, aber beide reduzieren sich auf Schwingungen des Äthers und bestätigen so auf eine ebenso den Kopf erleuchtende als das Herz erwärmende Weise die »Idee von der Einheit im Leben der Natur«.

Mit demselben Lichte und derselben Wärme, womit der Verfasser der *Elemente einer medizinischen Physik* die Einheit der unorganischen Natur hervorhebt, erfaßt und beleuchtet er auch die erhabenste Idee und Errungenschaft der neuesten Zeit, die Idee von der Einheit der organischen und unorganischen Natur. »Lange plagte man sich«, sagt er z. B. in einem kurzen Vortrag über »*Die Bedeutung der medizinischen Physik*«, Ansb. 1846, »und quält sich zum Teil noch immerfort, die Verhältnisse der Lebenskraft zu verschiedenen dynamischen, chemischen, mechanischen Prozessen des Organismus aufzusuchen und festzustellen, und sonst verdienstliche und geistreiche Werke scheitern im eitlen Kampfe des Vitalismus (d. h. der Lehre von einer besondern Lebenskraft) mit dem Chemismus und Mechanismus. Wollte man sich aber zu der Ansicht erheben, daß alles Leben eben nur ein einziges, nur eines sei, nur auf den verschiedenen Stufen seines Erscheinens einmal chemisch, ein andermal mechanisch und noch ein andermal dynamisch sich offenbare, so würde es anders und hoffentlich besser stehen um unsere Physiologie; man würde erkennen, daß die Digestion ein Akt des organischen Chemismus, die Bewegung unserer Gelenke, unser Kauen und Beißen ein Mechanismus, die Perzeption durch die Sinnesorgane eine dynamische Erscheinung sei, man würde einsehen, daß hier eben gerade so und nicht anders das Leben sich offenbare, und sich nicht ferner mit vitalischen Theorien und Vermittlungen plagen.« Doch »bald wird die Zeit kommen«, sagt er (*Therap. Phys.*, S. 12), »in welcher fast die ganze Physiologie in einer Physik und Chemie des organischen Lebens aufgehen und für das bisher so genannte Spezifische oder Vitale nur sehr wenig mehr übrig bleiben wird und Pathologie und Therapie nachfolgen müssen, so daß eine therapeutische Physik und Chemie so ziemlich den gesamten Heilapparat ausmachen wird«. Infolge dieser Ansicht und Überzeugung bestand denn auch die theoretische oder rein naturwissenschaftliche Tätigkeit Heidenreichs hauptsächlich darin zu beweisen, daß es kein besonderes Lebens- oder Nervenprinzip gebe, daß das Wesen der Nerventätigkeit, wie das der sogenannten Imponderabilien, auf Oszillationen, Schwingungen, Wellenbewegungen beruhe, daß überhaupt in der organischen Natur dieselben Gesetze wie in der unorganischen gelten und wirken. »Das Schwingen einer Glocke erscheint dem Ohr als Ton, dem Auge als Bewegung, dem Gefühl als Erzittern, und geradeso können Oszillationen überhaupt einmal als Licht, Wärme, Magnetismus, Elektrizität erscheinen, ein anderes Mal das Wesen der Nervenaktion ausmachen« (*Die physiol. Indukt.*, S. 20). Er bleibt aber nicht bei dieser Identität der Nerventätigkeit mit den Schwingungen der Imponderabilien im allgemeinen stehen; er sucht zu beweisen, daß es ebensogut eine Nerveninterferenz gibt als eine Interferenz der Lichtstrahlen, der Schallwellen; er findet wenigstens für die physiologische Tatsache, daß durch heftige mechanische Bewegung oder durch den bloßen Willen ein Schmerz unterdrückt oder doch gemildert, umgekehrt durch Schmerz krankhafte Bewegung, also Empfindung durch Bewegung, Bewegung durch Empfindung aufge-

hoben wird, eine genügende Erklärung nur in einer »wahren *neurologischen Interferenz*«. Ja, er glaubt selbst die von der Elektrizität und dem Magnetismus geltenden Gesetze der Verteilung und Induktion – welches Wort jedoch H. in einem engeren Sinne nimmt, als es gewöhnlich genommen wird – auf die Nervenphysik »übertragen« und folglich behaupten zu dürfen: »Es verhalte sich die Wirkung der Nerven auf Nerven wie Verteilung (d. h. wie Erregung der Elektrizität durch Elektrizität, der Magnetismus durch Magnetismus), die Wirkung der Nerven auf andere Gebilde (vorerst die Muskeln) und die Rückwirkung anderer Gebilde (namentlich des Bluts) auf die Nerven wie Induktion«, d. h. wie Erregung des Magnetismus durch Elektrizität oder die Elektrizität durch Magnetismus. Damit will er aber keineswegs behaupten, daß die physiologische Induktion genau auf dieselbe Art und Weise wie die physikalische geschehe, denn »die Identität der *Gesetze* der organischen und unorganischen Natur ist noch keineswegs eine Identität der *Erscheinungen*« (S. 82), wohl aber, daß sie auf analoge Weise nach dem Gesetze der physikalischen Induktion geschehe. Und von der Induktion in diesem, den Unterschied der Erscheinungs- oder Wirkungsweise nicht ausschließenden Sinn nimmt er mit Recht keinen Anstand zu behaupten, daß sie selbst auch »für die psychische Sphäre des Lebens gelte« (S. 98) – ein Satz, der den Verfasser am Schlusse seiner Schrift über die physiologische Induktion auf das peinliche Kapitel von der menschlichen Freiheit bringt und zu dem ebenso wichtigen als richtigen Ausspruch veranlaßt, daß sich zwischen dem Spontanen, Willkürlichen und Unwillkürlichen im Menschen ebensowenig eine Grenze angeben lasse als zwischen dem Hirn (dem Organ der spontanen, willkürlichen) und dem Rückenmark (dem Organ der exzitierten, d. h. nur auf Reiz erfolgenden Bewegungen). »Die Rückenmarksstränge verlaufen im Gehirn, das Gehirn setzt sich in das Rückenmark fort, *eine definitive Grenze setzt hier nur die Guillotine oder das Henkerbeil.*«
Heidenreich hat aber diese seine Ansichten und Beweise von

der Einheit des organischen und unorganischen Lebens nicht etwa nur auf die bereits vorhandenen, von anderen gemachten Entdeckungen und Erfahrungen, sondern auch auf eigene, selbständige Versuche und Beobachtungen gegründet – so denn auch seine eben erwähnten Ansichten von der physiologischen Induktion. Wir sehen jedoch hier von diesen und andern Versuchen ab, beschränken uns nur auf *ein,* aber ihn besonders charakterisierendes, von ihm selbst oft und angelegentlichst besprochenes und wiederholtes Experiment. Es bestand dieses darin, daß er, zuerst um zu erfahren, ob, dann um zu beweisen, daß, wie die tierische oder organische und unorganische Elektrizität die nämliche, so auch der Magnetismus, d. h. der mineralische, nicht der sog. tierische Magnetismus, derselbe im Organischen und Unorganischen sei, daß er also zu diesem Zwecke mit Drahtspiralen, die mit Seide umsponnen und zu Leitern des elektrischen Stroms gemacht waren, seine Finger, Hände und Arme magnetisch machte, so daß sie die Pole eines frei hängenden Magnetstabes je nach der eigenen, erhaltenen Polarität anzogen oder abstießen, ja durch Vervielfältigung diese Spiralen seine beiden Arme mit Händen und Fingern »in einen *lebendigen, organischen Hufeisenmagnet* verwandelte, so daß die eine Hand den Nord-, die andere den Südpol anzog«. Man hat nun zwar die Richtigkeit dieses Versuchs und des daraus gezogenen Schlusses bezweifelt, man hat die Einwirkung auf den Magnetstab oder die Magnetnadel nur auf Rechnung der Induktionsspirale setzen wollen; aber Heidenreich war ein viel zu umsichtiger und vielseitiger Beobachter und Experimentator, als daß er die Einwürfe seiner Gegner nicht selbst schon während seiner Versuche sich gemacht hätte. Er hat nicht nur den Einfluß der Spirale auf den Magnet in Anschlag gebracht, sondern auch den genauesten Messungen unterworfen, aber gerade dadurch gefunden, daß dieser Einfluß fast um das Doppelte geringer war, wenn die Spirale allein für sich dem Magnete genähert wurde, als wenn der Finger oder die Hand in ihr stak, diese Glieder also notwendig selbst magnetisch sein mußten. Man sehe hier aber seine *Physiol. Indukt.*, S. 12, und *Therap. Phys.*, S. 120. Solange man daher keine neuen, stichhaltigeren Einwendungen vorzubringen weiß, so lange wollen wir uns nicht durch gelehrten Dünkel und Neid abhalten lassen, Heidenreich die Ehre der Entdeckung des Induktions-Magnetismus am menschlichen Körper zuzuschreiben. Er hat um so mehr Ansprüche auf diese Entdeckung, je mehr er von Natur und Charakter zu derselben berufen und befähigt war; denn wer sollte mehr berufen sein, den Magnetismus dem Menschen zu induzieren, als wer selbst durch eine besondere Inklination zum Magnetismus sich hingezogen fühlt? Wer befähigter sein, die physische Identität des unorganischen und organischen, also auch menschlichen Magnetismus zu erkennen, als wer im Magnetismus selbst das Urbild seines moralischen Wesens erblickt? »Der Magnetismus«, sagt Heidenreich, »wird jedesmal kurz abgetan, nicht aus Mangel innerer, tiefer Bedeutung«; »da er aber in seiner Ruhe und Beharrlichkeit, in seiner stillen Wirkung, z. B. der Erdmagnetismus nicht mit Blitz und Donner dreinschlägt wie die Elektrizität, höchstens in stillen Nächten mit strahlendem Licht erglänzt, so mag es ihm leicht ergehen wie manchem ausgezeichneten Manne, der, seiner inneren Bedeutung sich bewußt, nicht viel Wesens von sich machen mag – daß er übersehen wird« (*Therap. Phys.*, S. 94). In diesem Schicksal und Wesen des Magnetismus hat er sein eigenes Schicksal und Wesen gezeichnet. Er machte so wenig Wesens von sich, trug so wenig seinen inneren Wert und Gehalt zur Schau, war stets so sehr versunken in die Gegenstände seiner Beschäftigung, daß es kein Wunder ist, wenn ein solcher Mann, der überdies auch darin dem Magneten glich, daß er nicht den Mantel nach dem Winde hing, sondern stets in derselben Richtung beharrte, koerzitiv, stahlfest in seiner Gesinnung, freidenkend in Religion und Politik, rücksichtslos im Ausdruck seiner Überzeugung war, wie sein Schriftchen über das *Prinzip der Medizinal-Reform,* 1850, beweist, trotz seiner vielen Verdienste, trotz seiner interessanten Versuche und Erfindungen, so z. B. seines elektromagnetischen Apparates mit gleichlaufenden Induktionsströmen zweiter Ordnung, trotz seiner medizinischen Leistungen im Leben und in der Literatur, trotz seiner zuerst unternommenen und wohlgelungenen chirurgischen Operationen, wie z. B. der subkutanen Blepharotomie, trotz selbst seiner persönlichen Opfer für das öffentliche Wohl – beim ersten und zweiten Ausbruch der Cholera in Bayern – ebensowohl vom Staate als von unsern Akademien und Universitäten übersehen worden ist. Schmerzlich war ihm dieses Schicksal, aber nicht aus gekränktem Ehrgeiz, sondern nur aus dem naturwissenschaftlichen Grunde, weil es ihn in der Befriedigung seines rastlosen Erfindungstriebs hemmte, bei seinen Versuchen und Experimenten lediglich auf seine eigenen Mittel und Kräfte beschränkte. Beklagte er doch auf seinem Sterbebette selbst seinen frühzeitigen Tod hauptsächlich nur deswegen, weil er ihm nicht verstatte, seine Beschreibung eines neuen, von ihm ausgedachten elektromagnetischen Wasserzersetzungs-Apparates zu vollenden. So vollkommen eins war in der Person dieses Mannes der Mensch und der medizinische Physiker, daß er noch mit seinem letzten Schmerze und Hauche die Idee von der Einheit des unorganischen und organischen Lebens bestätigte!

Über *Spiritualismus und Materialismus*,
besonders in Beziehung auf die *Willensfreiheit*
[Auszüge]
[1866][109]

3. Die Einheit des Willens und Glückseligkeitstriebes

Wie die Verneinung der Zeit für den Willen nicht den Sinn
hat: Es ist keine Zeit überhaupt oder schlechtweg, sondern
nur: Es ist jetzt keine Zeit zum Genießen, zum Spielen, zum
Spazierengehen usw., weil jetzt Zeit zum Handeln, zum Arbeiten, also diese Verneinung stets innerhalb der Zeit fällt,
so fällt überhaupt jede Verneinung, von welcher der Mensch
– der Mensch überhaupt, nicht dieser oder jener Philosoph –
die Vorstellung seiner Willensfreiheit abgezogen oder in welcher er einen Beweis derselben erblickt hat, nicht jenseits, sondern diesseits einer Naturnotwendigkeit oder eines Naturbe-
dürfnisses, erstreckt sich nur auf das Besondere und Einzelne
einer Sphäre, einer Gattung, aber nicht auf diese selbst. Ich
kann z. B. von dieser oder jener Speise »abstrahieren«, aber
nicht von jeder Speise, nicht von der Speise überhaupt; ich
muß essen, wenn ich nicht zugrunde gehen will. Aber diese
Notwendigkeit empfinde ich, solange ich wenigstens noch bei
Verstand und Natur bin, nicht im Widerspruch mit meinem
Wesen und Willen, denn ich bin nun einmal ein der Nahrung
bedürftiges Wesen. Ich kann mich nicht ohne dieses Bedürfnis
denken, und es fällt mir daher auch gar nicht ein, meine Freiheit in die Abwesenheit oder Verneinung desselben zu setzen.
Ich setze sie nur darein, daß ich diese oder jene Speise nicht
essen kann, wenn ich sie nicht essen will, daß ich nicht abhängig von gewissen Speisen, nicht unglücklich, nicht außer mir
vor Ärger bin, wenn ich sie entbehre, daß ich essen kann, was
nur immer in die Sphäre, in die Gattung eines menschlichen
Nahrungsmittels fällt. Der Wille ist Selbstbestimmung, aber

innerhalb einer vom Willen des Menschen unabhängigen Naturbestimmung. »Der Wille ist die vernünftige Begierde«, wie die Philosophen bis auf Kant fast einstimmig behaupteten. Die Gattung oder der Gattungsbegriff ist es aber, der die Vernunft von den Sinnen unterscheidet. Die Bäume verdanken wir den Sinnen oder, da die Sinne nichts sind für sich ohne das Hirn, d. h. ohne Verstand oder Vernunft, der sinnlichen, *den* Baum der denkenden Vernunft. *Der* Baum als solcher ist nicht sinnlich, ist übersinnlich, aber diese Übersinnlichkeit betrifft nur die Form, nicht den Inhalt oder Gegenstand. Der Wille nun ist die nicht ausschließlich, wie die unvernünftige Begierde durch diesen einzelnen und besondern Gegenstand, sondern durch die Gattung desselben im Sinne des angeführten Beispiels bestimmte Begierde. »Der Wille ist ein übersinnliches Vermögen«, aber in keinem andern Sinne, als auch der Baum, die Blume der Mensch übersinnliche Wesen sind.

Kant hat im Gegensatze zu seiner theoretischen Philosophie in der praktischen die bloße Form des Gesetzes zum Gegenstande und Bestimmungsgrunde des Willens und dadurch den Willen zu einem spezifisch vom sinnlichen Begehrungsvermögen verschiedenen Vermögen, aber eben deswegen zu einem bloßen Noumenon, auf deutsch: Gedankending, gemacht. Das Gesetz ist freilich seiner Form nach ein Nichtsinnliches, ein Übersinnliches, aber sein Gegenstand, sein Inhalt ist ein sinnlicher, so gut als der seinem Gattungsbegriff nach übersinnliche Baum in Wahrheit sinnlich ist. Aber so geht's. Der nicht denkende Mensch sieht vor Bäumen nicht den Baum, der nur denkende, sein Denken nicht durch die Sinne unterstützende und bestimmende vergißt über dem Baume die Bäume, macht die leere Form zum Inhalt, den Baum ohne Bäume zu einem für sich bestehenden Wesen. Kant ist bei dem Gesetze für sich selbst als einem ersten und letzten stehengeblieben. Das Gesetz ist rücksichtslos, allgemein, unbedingt, aber es ist nichts, wenn es nicht vollstreckt, nicht betätigt wird, also muß es – so schloß er – ein dem Wesen des Gesetzes entsprechendes

Tatvermögen geben, ein Vermögen, welches nur durch das Gesetz bestimmt wird, unabhängig von allen sinnlichen Antrieben. Dieses Vermögen ist »der reine Wille«.
Aber das Gesetz, wie z. B. das mosaische, sagt nur: »Laß dich nicht gelüsten deines Nächsten Weibes, noch seines Knechtes, noch seiner Magd, noch seines Ochsen, noch seines Esels«; aber es sagt nicht: Laß dich überhaupt nicht gelüsten eines Weibes, noch eines Knechtes, noch einer Magd, noch eines Ochsen oder Esels. Es verbietet mir nicht die Befriedigung meines Geschlechts- und Eigentumstriebs, es verbietet mir nur, sie an diesem Weibe, diesem Knechte, diesem Esel, die meinem Nächsten gehören, zu befriedigen. Das Verbot »Du sollst nicht stehlen« oder »Du sollst nicht ehebrechen« ist allerdings übersinnlich für mich, eine Verneinung meiner Sinnlichkeit, aber nur, wiefern sie Begierde ist nach dem Weibe meines Nächsten, nicht meiner Sinnlichkeit überhaupt; denn es ist ja nur der Geschlechtstrieb des andern, der vermittels des Gesetzgebers meinem Geschlechtstrieb dieses Verbot gibt, diese Schranke auferlegt, folglich ist der Geschlechtstrieb überhaupt und an sich gesetzlich anerkannt und gesichert. Das Gesetz, versteht sich das gesetzmäßige, gerechte, nicht willkürliche, aristokratische oder despotische, das Gesetz, sage ich, ist überhaupt nichts anderes als mein mit dem Glückseligkeitstrieb anderer in Einklang gesetzter Glückseligkeitstrieb. Wo aber kein Trieb, ist kein Wille, wo aber kein Glückseligkeitstrieb, kein Trieb überhaupt. Der Glückseligkeitstrieb ist der Trieb der Triebe. Jeder Trieb ist ein anonymer, weil nur nach dem Gegenstand, worein der Mensch sein Glück setzt, benannter Glückseligkeitstrieb. Selbst der Wissenstrieb ist nur der zuerst vermittels des Verstandes – später, im Verlauf der Kultur, wo der Wissenstrieb ein selbständiger Trieb wird, im Verstande – sich befriedigende Glückseligkeitstrieb. Warum haben denn die Menschen zuerst gefragt: Was ist die Ursache – oder eigentlich der Urheber, der Macher, doch davon abstrahieren wir hier – von Blitz und Donner, von Tag und Nacht, von Hitze und Kälte und andern sie in Verwunderung

setzenden Naturerscheinungen? Warum? Weil sie mit der Erkenntnis der Ursache die Ursache der Unsicherheit, der Angst und Furcht, die der Mensch vor fremden, unbekannten Dingen hat, beseitigen wollten. Die Kelten sagten zum Alexander, nach Arian, daß sie nichts fürchteten als, es möchte der Himmel über sie einstürzen. Wie nahe liegt diese Furcht, wenn er im Himmel ein ehernes Gewölbe, in Wolkenbrüchen »das Meer im Himmel« sich auf die Erde stürzen, in den Sternschnuppen wirkliche Sterne vom Himmel fallen sieht! Wie nahe aber dieser Furcht das Bestreben, sich nach dem Grunde oder Ungrunde derselben umzusehen, um sich seines Daseins zu versichern! Was tastbar ist, begreife ich mit meinen Fingern, um dessen leiblich habhaft und sicher zu werden, was jenseits meines Tastvermögens, das begreife ich mit meinem Verstande, um seiner geistig wenigstens habhaft und sicher zu werden. Tantum possumus, quantum scimus. Ich kann nur soviel, als ich weiß. Wissen ist Vermögen, ist Macht. Wissen will der Mensch, wie etwas geschieht oder gemacht wird, um es möglicherweise – der Wissenstrieb ist ursprünglich Nachahmungstrieb – selbst mit seinen Händen machen zu können, im entgegengesetzten Falle wenigstens in Gedanken nachzumachen. Macht, Besitz – und besitzen, innehaben, was nicht leiblich besessen werden kann, heißt eben Wissen – ist aber ein Gegenstand des Glückseligkeitstriebes.

Es ist nichts ungereimter, als dem Menschen ein besonderes, von seinem Glückseligkeitstrieb unabhängiges »metaphysisches Bedürfnis« anzudichten und nun gar zum Grund und Wesen der Religion zu machen, da doch gerade die prima philosophia, die allen anderen Philosophien vorangehende Philosophie der Menschheit, die Religion, aufs schlagendste beweist, daß dieses metaphysische Bedürfnis nur im Dienste des Glückseligkeitstriebes sich befriedigt, daß die Lehre von dem ersten Ding, dem Schöpfer der Welt, und die Lehre von den letzten Dingen, der Seligkeit und Unsterblichkeit des Menschen, nur einen und denselben Gedanken, einen und denselben Willen ausdrücken und vergegenständlichen. Selbst die

Grundunterscheidung, die Unterscheidung zwischen Ursache und Wirkung, zwischen Gegenstand und Ich, stützt sich nicht nur, wie einseitige Verstandesmenschen behaupten, auf meinen Verstand, sondern wesentlich zugleich auf meinen Willen, folglich meinen Glückseligkeitstrieb, denn wo kein Glückseligkeitstrieb, ist auch kein Wille, höchstens nur ein Schopenhauerscher, d. h. ein Wille, der *nichts* will.

Der Verstand ist das die Dinge in mich hineinsetzende, der Wille aber das diese in den Kopf gesetzten Dinge wieder aus mich heraussetzende Wesen oder Vermögen. Hätte ich keinen Willen, so hätte ich auch kein Bewußtsein von einer von mir unterschiedenen Außenwelt. Nur vermittels des Willens, nur aufgrund des Glückseligkeitstriebes unterscheidet der Verstand zwischen dem vorgestellten und dem gegenständlichen Dinge, zwischen dem Gegenstande des adspectus, des Anblicks, und dem Gegenstande des usus, des Genusses, zwischen dem Schauspiel meines Sehnerven und dem wirklichen Leben, zwischen dem Sperling auf dem Dache oder im Kopfe und dem Sperling in der Hand oder im Magen, zwischen dem Gefühl des Druckes und der mich drückenden Ursache. Kurz, ich unterscheide zwischen Ursache und Wirkung, Gegenstand und Empfindung *mit Verstand*, weil ich *mit Willen* zwischen Wohl und Wehe, Glück und Unglück, Himmel und Hölle, Haben und Nichthaben unterscheide, so scharf unterscheide wie zwischen Leben und Tod. »Sein oder Nichtsein, das ist die Frage.« Aber diese Frage, wie so viele andere, löst nicht der vom Willen gesonderte und verlassene, sondern nur der mit dem Willen verbundene Verstand.

Doch wieder zurück zum Ausgangspunkte. Der Wille ist ein Wort, das nur Sinn hat, wenn es mit einem andern Hauptworte oder vielmehr, denn er äußert und bezeugt sich ja nur in Handlungen, mit einem Zeitwort verbunden wird. Die Sprache macht allerdings auch das Wollen zu einem selbständigen Wort, aber dafür gibt es in ihr außer dem majestätischen und philosophischen »Ich will« auch ein Wollen in der mir sinnlich gegenständlichen zweiten und dritten Person, außer dem Präsens und Infinitiv auch ein Imperfekt und einen Konditional des Willens, steht, kurzum, das Wollen unter allen Bedingungen und Weisen der Endlichkeit und Zeitlichkeit. Mit dem *Ich will* ist daher unzertrennlich das Fragewort *Was?* verknüpft. Ein von der Materie des Willens abgesonderter Wille ist ein Unding. Was will ich denn nun aber? Nichts als das Ende einer Widerwilligkeit, eines Übels – wo kein Übel, ist kein Wille –, eines Leidens – wollen heißt *nicht leiden* wollen –, nichts als das Nichtsein meines Nichtseins, denn nur Wohlsein ist Sein, wahres Sein. Ich will selbst meinen Tod, aber nur, wenn er das letzte und einzige Mittel ist, mich von den Miserabilitäten des menschlichen Lebens frei zu machen. Mein Wille ist nur mein dem, was mich drückt und schmerzt, was mich unglücklich machen, was mich zu Boden werfen, was mich vernichten will, sich entgegensetzendes, entgegenwirkendes Wesen. Wollen ist Wohlwollen, zunächst und zwar notwendigerweise gegen sich selbst, »denn wer sich selbst feind, kann auch nicht andern freund sein«. Das Wohl liegt so sehr im Sinne des Wollens, daß selbst sprachlich »Wille und Wollen stammverwandt mit Wahl und Wohl ist; ich wole oder wohle, wähle, will«. »Der Wille ist die Begierde oder das Verlangen eines, sei's nun wirklichen oder scheinbaren Guts«, appetitio boni alicujus. »Alle Wesen«, sagten die scholastischen Philosophen und Theologen, »lieben oder begehren sich selbst und ihre Vollkommenheit«, se suamque perfectionem appetunt. »Der Wille kann nicht das Gute nicht wollen, nur ein besonderes Gut will er nicht notwendig«. »Das erste Gesetz des Allmächtigen«, sagt der englische Dichter Young in seinen *Nachtgedanken,* »lautet: Mensch, liebe dich selbst! Hierin allein sind freihandelnde Wesen nicht frei.« Und in dem verschrienen *System der Natur* heißt es richtig: »Es gehört zum Wesen des Menschen, nach Wohlsein zu streben oder sich erhalten zu wollen. Der Schmerz zeigt ihm an, was er vermeiden, das Vergnügen, was er begehren soll; es gehört also zu seinem Wesen, zu lieben, was angenehme Empfindungen, zu hassen, was unangenehme jetzt oder hernach verursacht; sein Wille wird notwendig bestimmt oder angezogen von den Gegenständen, die er für nützlich, notwendig, abgestoßen von denen, die er für schädlich hält. Nur durch die Erfahrung erwirbt sich aber der Mensch die Erkenntnis von dem, was er lieben oder fürchten soll, die Erkenntnis, daß bisweilen ein Gut durch seine Folgen ein Übel werden kann und dagegen ein vorübergehendes Übel ihm ein dauerndes Gut verschaffen kann. So erkennen wir, daß die Ablösung eines Gliedes Schmerz verursachen muß, wir fürchten daher notwendig diese Operation, aber da die Erfahrung uns gelehrt hat, daß der durch dieselbe bewirkte Schmerz uns das Leben erhalten kann, so unterwerfen wir uns diesem momentanen Schmerz in der Aussicht auf ein ihn überwiegendes Gut.« Ja, der Mensch strebt notwendig nach Bienêtre, nach Wohlsein; dieses Streben gehört zu seinem Wesen. Die Philosophen und Theologen unterschieden sonst die Freiheit als Freiheit vom Zwange, libertas a coactione, von der Freiheit vom Elend, libertas a miseria. Aber der Wille, der frei ist vom Zwange – von wirklichem, physischem oder psychologischem Zwange, wie z. B. dem Zwange einer mich des Willens und Verstandes beraubenden Wut –, ist zugleich der Wille der Freiheit vom Elend oder Übel, der Gegenstand desselben sei nun, welcher er wolle. *Ich will* heißt: ich will glücklich sein. Den Glückseligkeitstrieb des Menschen unterdrücken heißt den Willen des Menschen unterdrücken. Willenlosigkeit ist widerstandslose Hingabe an die Miserabilitäten des menschlichen Lebens, seien diese Miserabilitäten nun orientalische Läuse und Flöhe oder okzidentalische Eminenzen und Exzellenzen. »Frei (liberum) und willig (voluntarium, freiwillig) ist eins«, sagten die frühern Schulphilosophen; »der Wille ist wesentlich freier Wille«, sagen die jetzigen, aber nur freier im Sinne des Glückseligkeitstriebes, in dem Sinne, in welchem der Hungrige vom Hunger, der Elende vom Elend, der Sklave, d. h. der Sklave, in dem noch nicht die Sklaverei zur andern Natur geworden, der noch Sinn für das Glück der Freiheit hat, vom Übel der Sklaverei frei sein will. Die Deutschen haben es bis jetzt eben darum auch – auch, weil nicht aus diesem Grunde allein, wie sich übrigens von selbst versteht – nur zu einer idealistischen Freiheit gebracht, weil sie die Freiheit nur im Widerspruch mit dem Glückseligkeitstrieb erfaßten, wenn sie gleich sich bemühten, aber am unrechten Platz und trop tard, diesen Widerspruch auszugleichen. Nur die auf den Glückseligkeitstrieb – freilich nicht einiger, sondern aller – gegründete Freiheit ist eine volkstümliche und darum unwiderstehliche politische Macht.

4. Das Prinzip der Sittenlehre

Wie reimt sich denn nun aber der gute Wille gegen sich selbst mit dem guten Willen gegen andere, der »eigennützige« Glückseligkeitstrieb mit der »Uneigennützigkeit« fordernden Moral zusammen? Wie das Recht innerhalb äußerlicher, peinlicher, erzwinglicher Schranken, so setzt die Moral innerhalb innerlicher, herzlicher, freiwilliger Schranken den Glückseligkeitstrieb des Ich mit dem Glückseligkeitstrieb des Du, des andern in Übereinstimmung. Mein Recht ist mein gesetzlich anerkannter Glückseligkeitstrieb, meine Pflicht ist der mich zu seiner Anerkennung bestimmende Glückseligkeitstrieb des andern. Ich will, sagt mein eigner, du sollst, der Glückseligkeitstrieb des andern, sei's nun in Person oder im Namen und Auftrag desselben. Wollen und Sollen von Anfang an in ein und dasselbe, wenn auch in sich unterschiedene Ich, abgesehen von einem mir gegenüberstehenden, außer meinem Willen und Verstand existierenden Du, verlegen heißt sich selbst die Tortur antun, sich selbst notzüchtigen. Die Moral kann nicht aus dem bloßen Ich oder der bloßen Vernunft ohne die Sinne, sie kann nur aus der Verbindung von Ich und Du, welches im Gegensatze zu dem sich denkenden Ich nur durch die Sinne gegeben ist, nur aus der Verbindung der Kantischen »Autonomie« und »Heteronomie«, der Selbstgesetzgebung und der Gesetzgebung durch ein vom Selbst Unterschiednes, abgeleitet und erklärt werden. Dieses andere, dieser Bestimmungsgrund des Ich zur Pflicht ist aber eben der Glückseligkeitstrieb des Du. Die Glückseligkeit, aber nicht die in eine und dieselbe Person zusammengezogene, sondern die auf verschiedene Personen verteilte, Ich und Du umfassende, also nicht die einseitige, sondern die zwei- oder allseitige, ist das Prinzip der Moral. Die Pflichten »gegen sich selbst« haben die eigene, die Pflichten aber gegen andere die Selbstliebe in der Person anderer zu ihrem Grund und Gegenstand. Die Pflicht ist eine Selbstverleugnung, die aber nur die *Selbstliebe* der andern mir gebietet. Die Moral fordert Uneigennützigkeit, aber sie sieht nicht ein, weil sie nicht mit offenen Augen denkt, nicht an das sinnliche Du oder gar, wie die Kantsche, nicht einmal an den Menschen, sondern nur an nicht existierende, bloß mögliche vernünftige Wesen denkt, daß hinter dieser von mir geforderten Uneigennützigkeit nur der, übrigens wohlbegründete, Eigennutz des andern steckt. Was darum mit meinem Egoismus im Widerspruch steht und daher nicht aus ihm erklärbar ist, das steht im schönsten Einklang mit dem Egoismus des andern. So widerspricht z. B. wohl das Verbot der Lüge der Neigung und Selbstliebe des Lügners, aber wie sehr es im Interesse des Belogenen begründet ist, wie sehr es mit seiner Selbstliebe oder Liebe zu seinem Leben, zum Seinigen überhaupt zusammenhängt, das beweisen selbst auf erschreckliche Weise die Marterwerkzeuge, welche die Menschen erfunden und angewandt haben, um dem Lügner das Geständnis der Wahrheit abzuzwingen. Die Moral kann daher nicht von dem Glückseligkeitsprinzip abstrahieren; verwirft sie auch die eigene, so muß sie doch die fremde Glückseligkeit anerkennen, widrigenfalls fällt der Grund und Gegenstand der Pflichten gegen andere, fällt selbst die Basis der Moral weg, denn wo kein Unterschied zwischen Glück und Unglück, zwischen Wohl und Wehe, da ist auch kein Unterschied zwischen gut und böse. Gut ist die Bejahung, böse die Verneinung des Glückseligkeitstriebes.

Die aus dem bloßen, wenngleich in Beziehung auf andere

gedachten Ich, nicht aus der wirklichen Gemeinschaft von Ich und Du abgeleitete Moral macht das Gute und das Wohl, das Böse und das Übel zu wesentlichen, zu Gattungsunterschieden, so daß das Wohl und Wehe dem Diesseits der Sinnlichkeit, das Gute und Böse aber dem nebulosen Jenseits des Un- und Übersinnlichen zugeteilt wird. Es sind, sagt Kant, zwei ganz verschiedene Beurteilungen, ob wir bei einer Handlung das Gute und Böse derselben oder unser Wohl und Wehe in Betrachtung ziehen. Jawohl, wenn wir nur in Beziehung auf uns selbst, aber nicht, wenn wir es in Beziehung auf andere betrachten. Denn dasselbe, was in bezug auf den andern, den Leidenden, ein Wohl oder Wehe, ist in bezug auf mich, den Täter, ein Gutes oder Böses. Wer wehe tut, Übel zufügt mit dem Willen, dem Vorsatz, Übles zu tun, der ist ein Bösewicht, wer dagegen wohltut, nicht zufällig, sondern vorsätzlich, der ist ein Mensch von gutem Willen. Es ist daher richtig, was Kant sagt: »Das Gute oder Böse bedeutet jederzeit eine Beziehung auf den Willen und auf Handlungen«, aber unrichtig, was er hinzusetzt: »nicht auf den Empfindungszustand der Person«. Allerdings nicht auf die Person des Handelnden, aber die des Leidenden. Gut und Böse sind wesentlich relative Begriffe – relative in dem Sinne, daß sie, wenigstens ursprünglich, nicht die Beziehung eines Wesens auf sich selbst, sondern auf andere ausdrücken, so daß ein nur für sich allein gedachtes Wesen, wofern anders ein solches auch nur denkbar ist, weder gut noch böse ist, da ihm jeder Grund und Anlaß, jeder Gegenstand zum Gut- oder Bösesein fehlt. Es kann also bei der Bestimmung dessen, was gut, was böse, nicht von der Person des Leidenden und ihrem Empfindungszustand abgesehen werden. Es gibt kein anderes Kennzeichen für Bösesein als Übeltun, kein anderes für Gutsein als Wohltun. Wer, nur um seine Willensfreiheit zu beweisen, leblose Dinge zerstört, ist ein mutwilliger Bube, wer aber gegen empfindende Wesen sich diese Freiheit erlaubt, ohne in ihren Schmerzensäußerungen die Gewissensbisse des eigenen Glückseligkeitstriebs zu empfinden, der ist ein Bösewicht. Der Grad des Übels be-

stimmt daher auch den Grad der Bosheit, wie umgekehrt der Grad des Wohls den Grad der Güte in dem Wohltäter, dem Grad der Verpflichtung in dem Empfänger.
Die Eltern, sagten die Alten, sollen wir wie Götter verehren. Warum wie die höchsten Wesen? Weil wir ihnen das Leben, das höchste Gut verdanken. Die Eltern verpflichten ihre Kinder zum Gehorsam, zur Dankbarkeit, zur Ehrerbietung, aber sie gründen die Forderung dieser moralischen Gesinnung nur auf die Empfindung der ihnen erwiesenen Wohltaten. »Liebet, die euch hassen«, heißt es wohl in der christlichen Moral; aber in der christlichen Dogmatik heißt es dagegen: »Laßt uns ihn lieben, denn er hat uns zuerst geliebt.« Die Liebe ist »guter Wille«, aber dieser gute Wille will nur das Wohl der geliebten Person; sie ist der Glückseligkeitstrieb des Menschen, der aber nur in und mittels der Befriedigung des Glückseligkeitstriebes des andern sich selbst befriedigt. Die Liebe verlangt Gegenliebe, d. h. Liebe für Liebe, aber nicht Küsse für Maulschellen, Liebkosungen für Fußtritte, Schmeicheleien für dem Glückseligkeitstrieb angetane Injurien. Die innigste und vollkommenste Form der Liebe ist die geschlechtliche; aber man kann hier nicht sich selbst beglücken, ohne zugleich, selbst unwillkürlich, den andern Menschen zu beglücken, ja, je mehr wir den andern, desto mehr beglücken wir uns selbst. Worin besteht denn nun aber die Sittlichkeit der Liebe? Darin, daß ich vom Glückseligkeitstrieb abstrahiere, daß ich mir weismache, nur aus Pflicht, aus Achtung gegen das göttliche oder moralische Gebot: Mehret euch! mich zu begatten? Nein, nur darin, daß ich, indem ich mich selbst beglücke, zugleich das andere Ich beglücke, daß ich nur in Übereinstimmung mit seinem Glückseligkeitstrieb den meinigen befriedigen *will*. Wie aber im Geschlechtsverkehr, nur hier auf allerempfindlichste Weise, so ist im menschlichen Verkehr überhaupt, nur da auf mittelbarere und entferntere Weise, durch die Natur der Sache die Befriedigung der eigenen an die Befriedigung der fremden Selbstliebe geknüpft, selbst ohne Wissen und Willen wenigstens des kurzsichtigen und selbstsüchtigen Menschen.

Wohl beneidet »der Töpfer den Töpfer«, der Kaufmann den Kaufmann, gründet in Gedanken, oft in Wirklichkeit sein Glück nur auf das Unglück seines Konkurrenten, aber gleichwohl ist dies nur zufällig – denn, abgesehen von andern Gründen, es gibt ja, wie schon der alte Hesiod sagt, nicht nur einen bösen, sondern auch guten, wohltätigen Wettstreit – und nur Nebensache, denn in der Hauptsache, in der Beziehung des Produzenten auf die Konsumenten, des Verkäufers auf die Käufer, ist die eigene Wohlfahrt nur an die fremde geknüpft, denn wenn die andern nichts sind und nichts haben, so habe und bin auch ich nichts. Was anderes kann also die Aufgabe der Moral sein, als dieses in der Natur der Dinge, in der Gemeinschaft selbst von Luft und Licht, von Wasser und Erde gegründete Band zwischen eigener und fremder Glückseligkeit mit Wissen und Willen zum Gesetz des menschlichen Denkens und Handelns zu machen? Eine Moral dagegen, welche dieses Band zerreißt, welche die Fälle, wo Pflicht und Glückseligkeitstrieb in Widerstreit geraten, zu ihrem Ausgangspunkt, zum Grunde dieser Zertrennung macht, was anders kann sie sein als willkürliche Menschensatzung und Kasuistik? Denn so oft auch diese Fälle sich ereignen, sie bilden nur die Ausnahme, aber nicht die Regel. Was die Regel oder vielmehr das Gesetz des Lebens, das ist auch das Gesetz der Moral oder muß es wenigstens sein, wenn sie nicht ein bloßes Gedankending sein will. Wenn, wie Kant sagt, »das gerade Widerspiel des Prinzips der Sittlichkeit ist, wenn das der eigenen Glückseligkeit zum Bestimmungsgrund gemacht wird«, nun, so ist die Sittlichkeit das gerade Widerspiel des Prinzips des Lebens; denn ich kann nicht leben, wenn ich nicht mein Wohl, meinen Nutzen oder Vorteil zum Bestimmungsgrunde meines Willens mache. Wie kann ich z. B. leben, wenn ich als Bauer meine Produkte, als Kaufmann meine Waren, als Handwerker meine Arbeiten aus Uneigennützigkeit verschenke oder auch nur ohne »Profit« verkaufe? »Ja, das darf ich freilich nicht, denn ich habe auch Pflichten gegen mich selbst.« Aber was sind denn diese Pflichten anderes als die hinter dem demütigen und scheinheiligen Namen der Pflicht versteckten Rechte der eigenen Glückseligkeit? Warum willst du sie also nicht offen anerkennen und bekennen, daß, was der Gegenstand der Pflicht, im Leben auch der Gegenstand des Glückseligkeitstriebes ist? Es ist die Pflicht, die von Tag zu Tag, von Jahr zu Jahr, von der Jugend bis zum Greisenalter den Bauer auf seine Äcker und Felder, den Handwerker in seine Werkstatt, den Kaufmann in sein Kontor, den Beamten in sein Büro ruft. Aber ist diese Pflicht nicht zugleich sein Vorteil, Gebot seines Glückseligkeitstriebes?

Überdies ist der Streit zwischen Pflicht und Glückseligkeit kein Streit zwischen verschiedenen Prinzipien, sondern nur zwischen demselben Prinzip in verschiedenen Personen, zwischen eigener und fremder Glückseligkeit. Kant dagegen sagt in seiner *Metaphysik der Sitten*: »Das Prinzip der eigenen Glückseligkeit ist verwerflich, ... weil es der Sittlichkeit Triebfedern unterlegt, die sie eher untergraben und ihre ganze Erhabenheit vernichten, indem sie die Bewegursachen zur Tugend mit denen zum Laster in eine Klasse stellen und nur den Kalkül besser ziehen lehren, den spezifischen Unterschied beider aber ganz und gar auslöschen.« Und in seiner *Kritik der praktischen Vernunft* erläutert er diesen Unterschied oder vielmehr Gegensatz durch folgendes Beispiel: »Der im Spiel *verloren* hat, kann sich wohl über sich selbst und seine Unklugheit *ärgern*, aber wenn er sich bewußt ist, im Spiel *betrogen* (obzwar dadurch gewonnen) zu haben, so muß er sich selbst *verachten*, sobald er sich mit dem sittlichen Gesetze vergleicht. Dieses muß also doch wohl etwas anderes als das Prinzip der eigenen Glückseligkeit sein. Denn zu sich selber sagen zu müssen: Ich bin ein *Nichtswürdiger*, ob ich gleich meinen Beutel gefüllt habe, muß ich doch ein ganz anderes Richtmaß des Urteils haben, als sich selbst Beifall zu geben und zu sagen: Ich bin ein *kluger* Mensch, denn ich habe meine Kasse bereichert.« Allerdings ist das sittliche Gesetz etwas anderes als die eigene Glückseligkeit, wenn diese nur in Betrug, Diebstahl und Mord besteht. Wenn aber, um bei dem Kantschen

Beispiel zu bleiben, zwei um Geld miteinander spielen, ohne sich zu betrügen, ist dann nicht auch der Gewinn, die eigene Glückseligkeit die Bewegursache ihrer Handlung? Oder steht die gegenseitige Verpflichtung, sich nicht zu betrügen, sich streng an die Gesetze des Spiels zu halten, im Widerspruch mit der eigenen Glückseligkeit auf beiden Seiten? Aber kann denn nicht auch der Betrüger betrogen werden, wenn das Verbot des Betrugs wegfällt? Warum sage ich denn als Betrüger zu mir: »Ich bin ein Nichtswürdiger«? Nur darum, weil, wenn ich statt der Betrüger der Betrogene wäre, ich dem andern den Vorwurf der Niederträchtigkeit machen würde – nur darum also, weil es der Wille meines eigenen Glückseligkeitstriebes ist, nicht übervorteilt, nicht betrogen zu werden. Offenbar sagt auch ursprünglich oder zuerst nicht der Betrüger selbst zu sich, sondern der Betrogene zum Betrüger: Du bist ein Nichtswürdiger. Die Stimme des Gewissens ist ein Echo von dem Racheruf des Verletzten. Man hat im Gewissen ein über- und außermenschliches Wesen zu entdecken geglaubt, aber über diesem deus ex machina vergessen, daß auch hier homo homini deus, der Mensch dem Menschen Gott ist, nur daß hier dieser menschliche Gott kein Retter, sondern Rächer ist. Das Ich außer mir, das sinnliche Du, ist der Ursprung des übersinnlichen Gewissens in mir. Mein Gewissen ist nichts anderes als mein an die Stelle des verletzten Du sich setzendes Ich, nichts anderes als der Stellvertreter der Glückseligkeit des andern auf Grund und Geheiß des eigenen Glückseligkeitstriebes. Denn ich kann nur, weil ich aus eigener Empfindung weiß, was Schmerz ist, nur aus demselben Grunde, aus welchem ich Schmerzen fliehe, mir über die andern bereiteten Schmerzen ein Gewissen machen, nur aus demselben Grunde, aus welchem ich nicht will, daß man mich beschädige, Reue über andern zugefügten Schaden empfinden, nur aus demselben Grunde, aus welchem ich mich ärgere, im Spiel verloren zu haben, den Vorwurf der Nichtswürdigkeit mir machen, wenn ich durch Betrug gewonnen, durch Betrug dem andern Ärger über seinen Verlust bereitet habe. Der sittliche Wille

ist *der* Wille, der kein Übel tun will, weil er kein Übel leiden will. Ja, nur der Wille, der kein Übel leiden will, also nur der Glückseligkeitstrieb ist das moralische Gesetz und Gewissen, das den Menschen abhält oder abhalten soll, Übles zu tun.
Aber nicht der Glückseligkeitstrieb, wie ihn Kant sich und seinen Lesern vorgestellt, denn dieser gibt uns seiner Primadonna, der Pflicht zuliebe kein naturgetreues Bild, sondern nur eine Karikatur desselben; er stellt ihn uns nur in der Person eines ekelhaften Aristokraten, nicht in der Person eines schlichten Volksmannes vor. Er eignet daher der Pflicht das Gute, dem Glückseligkeitstrieb aber nur das Angenehme zu – ein nach ihm vom Guten der Gattung oder Art nach unterschiedenes Ding oder Objekt. Erläutern wir dies durch ein Beispiel. Die Selbsterhaltung ist nach der Moral, auch der Kantischen, eine Pflicht, folglich ist auch das Essen, als ein notwendiges Selbsterhaltungsmittel, Pflicht. Die Moral hat nun, nach Kant, nur die der Pflicht der Selbsterhaltung entsprechenden Speisen zu ihrem Gegenstande, und Speisen, die zur Selbsterhaltung genügen, sind gute; der Glückseligkeitstrieb dagegen ist ein Gourmand, er geht nur auf Speisen, die angenehm sind, die den Gaumen kitzeln, auf Leckerbissen aus, und Kant hat daher recht: Jeder hat »seine eigene Glückseligkeit«, d. h. seine eigenen Leckerbissen und Lieblingsspeisen. Ist denn aber dieser Leckerbissentrieb der natur- und pflichtmäßige, der demokratische, populäre Glückseligkeitstrieb? Stimmen nicht alle Menschen darin überein, daß sie vor allem ihren Hunger stillen wollen? Und ist nicht die bloße Stillung des Hungers auch angenehm? Ist nur die Trüffelpastete oder Mandeltorte des Kantschen Glückseligkeitstriebes, nicht auch das trockene Brot der Pflicht ein Leckerbissen, wenn man hungrig ist? Ist das Brot nicht ebensogut als die Torte ein Gegenstand des Glückseligkeitstriebes? Gibt es nicht unzählige Menschen, die glücklich sind, wenn sie nur ihr tägliches Brot, und zwar Brot in seiner engsten Bedeutung haben? Ist also nicht der Glückseligkeitstrieb ebensogut als die Pflicht ein Stoiker, wenn auch unfreiwilliger? Und ist nicht bei diesen

Menschen, welche die Majorität des Menschengeschlechts bilden, das Brot, der Gegenstand ihres Glückseligkeitstriebes, untrennbar der Gegenstand ihrer Pflicht, ihrer bürgerlichen und moralischen Tätigkeit? Sind deswegen diese Menschen unmoralische? Nun, dann ist die Moral nur eine Sache der Wohlhabenden und Wohlbestellten, die, weil für ihr Wohl schon von Hause aus gesorgt, ihr Glückseligkeitstrieb schon befriedigt ist, hinreichend Muße haben, die Moral vom Glückseligkeitstrieb abzusondern und für sich selbst zum Gegenstand ihres Denkens zu machen.

13. Der Spiritualismus der sogenannten Identitätsphilosophie oder Kritik der Hegelschen Psychologie

Wenn aber gleichwohl Hegel in Malebranche, Cartesius und Leibniz seine Lehre von der Einheit des Geistes und der Materie, der Seele und des Leibes ausgesprochen findet, so muß es mit dieser seiner Einheit eine ganz besondere Bewandtnis haben, so muß sie zugleich auch das Gegenteil der Einheit sein. Sie muß es sein und ist es wirklich, schon infolge des obersten Grundsatzes seiner Philosophie von der Einheit der Gegensätze überhaupt; denn das Geheimnis dieser Einheit ist der Widerspruch. Eine wahre Einheit von Leib und Seele kann nur dann gefunden werden, wenn man ebenso den seelenlosen, d. h. toten Leib – denn der Leib im Gegensatz gegen die Seele bedeutet nur den Leichnam – als die leiblose Seele des Spiritualismus aufgibt, an die Stelle der Psychologie und Pneumatologie die Zoologie und Anthropologie setzt. Allein, Hegel gibt nur den Leib, aber nicht die Seele auf. Der Leib ist ihm *keine,* die Seele *alle* Wahrheit. Wie die Einheit des Denkens mit dem Sein nur die Einheit des Denkens mit Nichts, denn Sein und Nichts ist ja eins, oder nur mit sich, mit dem Gedanken, bedeutet, so ist auch die Einheit der Seele mit dem Leibe bei ihm nur die Einheit der Seele mit sich selbst als dem personifizierten Nichts des Leibes. Seine Psychologie ist der zur Wahrheit gemachte, der ausgeführte Gedanke Leibniz', daß die Seele so handle, so alles aus sich tue, als hätte sie keinen Leib, ist psychologischer oder spiritualistischer Autokratismus und Absolutismus. Das audiatur et altera pars, wodurch doch allein jeder Streit geschlichtet werden kann – und als die andere Partie oder Partei der Menschenseele galt doch wenigstens noch der Körper dem alten Spiritualismus –, findet in der Hegelschen Psychologie kein Gehör. »In Wahrheit«, heißt es in seiner *Philosophie des Geistes,* »verhält sich das Immaterielle zum Materiellen nicht wie Besonderes zu Besonderem, sondern wie das über die Besonderheit übergreifende wahrhaft Allgemeine sich zu dem Besonderen verhält; das Materielle in seiner Besonderung (warum nur in seiner Besonderung? gibt es denn nicht auch eine materielle Einigung, wie im Blutgefäßsystem, noch mehr im Nervensystem, zumal im Hirne?) hat keine Wahrheit, keine Selbständigkeit gegen das Immaterielle.« »Der Geist ist die existierende Wahrheit der Materie, daß die Materie *selbst keine Wahrheit* hat.« Also kürzer: Der Geist als die existierende Immaterialität ist die existierende Unwahrheit oder Nichtigkeit der Materie, denn die Grundbestimmung der Materie ist nach Hegel »das Außersichsein« und das Außereinanderseiende »Vieles, Einzelnes«, die Seele aber Innerlichkeit, Allgemeinheit, Einheit, also die Aufhebung, die Verneinung »der Äußerlichkeit, Vereinzelung und Vielheit der Materie«. Aber nicht nur die Materie im allgemeinen, die nur ein Gegenstand der Metaphysik, d. h. der Abstraktion, auch die wirkliche, leibliche Materie, die Materie der organischen Chemie, Physiologie und Anatomie, hat keine Wahrheit, keine Geltung für die Seele. »Sowenig die Mannigfaltigkeit der vielen Vorstellungen ein Außereinander und reale Vielheit in dem Ich begründet, so wenig hat das reale Außereinander der Leiblichkeit eine Wahrheit für die fühlende Seele. Empfindend ist sie unmittelbar bestimmt, also natürlich und leiblich, aber das Außereinander und die sinnliche Mannigfaltigkeit dieses Leiblichen gilt der Seele ebensowenig als dem Begriffe für etwas Reales und darum nicht für eine Schranke.«

Die Hegelsche Psychologie stützt sich daher auf »die Erscheinungen des tierischen Magnetismus, weil in denselben das nach der Meinung des Verstandes durchaus feste Gebundensein des Geistes an Ort und Zeit sowie an den verständigen Zusammenhang von Ursache und Wirkung seinen Sinn verliert und innerhalb des sinnlichen Daseins selbst die dem Verstande ein unglaubliches Wunder bleibende Erhabenheit des Geistes über das Außereinander und über dessen äußerliche Zusammenhänge zum Vorschein kommt«, und erblickt eben in diesem »Sichlosmachen« des tierischen Magnetismus »von den Schranken des Raums und der Zeit und von allen endlichen Zusammenhängen etwas, was mit der Philosophie Verwandtschaft hat«, natürlich mit der »spekulativen Philosophie, für welche allein der tierische Magnetismus kein unbegreifliches Wunder ist«. Kein Wunder ist es daher auch, daß die Hegelsche Seele, für welche alle Schranken des Leibes, alle endlichen Zusammenhänge verschwunden sind, auch ohne Zusammenhang mit einem Sehnerven und dem übrigen mit ihm zusammenhängenden empirischen Plunder der Hornhaut, der wäßrigen Feuchtigkeit, des Sehlochs, der Linse, des Glaskörpers, also »unmittelbar, ohne die Hilfe der Augen und ohne die Vermittlung des Lichtes das *Sehbare* wahrnehmen kann«. Auffallend ist es nur, daß die Seele ihren mystischen »Gemeinsinn, der selbst die Stelle des Gesichts, des Gehörs oder auch des Geschmacks vertritt, vorzüglich in der Herzgrube« äußert. »So behandelte ein französischer Arzt in Lyon zu der Zeit, wo der tierische Magnetismus noch nicht bekannt war, eine kranke Person, welche nur an der Herzgrube hörte und *las* und die in einem Buche *lesen* konnte, welches in einem andern Zimmer jemand hielt, der mit dem an der Herzgrube der kranken Person stehenden Individuum auf Veranstaltung des Arztes durch eine Kette dazwischen befindlicher Personen in Verbindung gesetzt war«. Die allgegenwärtige Seele, für welche das körperliche Außereinander- und Unterschiedensein vom Scheitel bis zur Ferse nicht vorhanden ist, könnte ja ihren wohltätigen Gemeinsinn auch einem Hühnerauge mitteilen oder die Spitze eines Haares zum Schauplatz ihrer Wundertätigkeit wählen, so gut als der allgegenwärtige Gott der Scholastiker samt der ganzen Dreieinigkeit, samt Vater, Sohn und Heiligem Geist, in jedem noch so kleinen und verächtlichen Punkte, selbst in der Spitze *eines* Haares, wesentlich und persönlich gegenwärtig ist. Wozu, frage ich abermals bei dieser Gelegenheit, eine Welt, wenn ein Gott existiert, ein Wesen, welches alles in Vollständigkeit und Einheit besitzt, was in der Welt nur in zerrissenen Lumpen existiert, und dieses Allwesen in jedem Atom ganz und gar gegenwärtig ist? Aber wozu auch ein Körper, wie z. B. das Auge, wenn eine Seele existiert, die auch ohne Augen sieht? Wozu dieser künstliche Bau, diese »Spezifikation«, diese Ausführlichkeit, diese Spitzfindigkeit der Materie, wenn mit dem *einen* simpeln Wort *Seele* alles gesagt und getan ist? Wozu diese Ausdehnung in die Länge, Breite und Tiefe für ein nicht ausgedehntes Ding? Diese Gliederung, diese Teilung bis ins Unabsehbare für ein einfaches, unteilbares, gliederloses Wesen? Wozu das Hirn, diese ausgezeichnete, diese nicht nur von allen übrigen Organen, sondern auch in sich selbst so unterschiedene, so verwickelte, so labyrinthische Materie, wenn die Ehre dieser Auszeichnung nicht ihm selbst, sondern einem andern, einem immateriellen Wesen gilt?

Doch was kümmert sich um solche Fragen *die* Seele, welche, unabhängig von Raum und Zeit, als »schauende oder fühlende Seele« selbst räumlich und zeitlich Abwesendes schaut oder zu schauen sich einbildet und, unbedürftig jeder materiellen Bedingung und Vermittlung, eine magische, auf deutsch *zauberische* Macht über den Körper ausübt? Und schrecklich! Schon das Kind im Mutterleib unterliegt der Macht der Zauberei, denn es ist »dem *unmittelbaren* Einwirken der Seele der Mutter völlig geöffnet«. Diese Einwirkung, diese »Verleiblichung der innern Affektionen der Mutter offenbart sich in denjenigen Erscheinungen, welche man *Muttermale* nennt, wovon allerdings manche eine bloß organische Ursache haben können, viele aber unzweifelhaft durch die Empfindung der

Mutter gesetzt sind, also eine *psychische* Ursache haben. So wird z. B. berichtet, daß Kinder mit beschädigtem Arm zur Welt gekommen sind, weil die Mutter sich entweder wirklich den Arm gebrochen oder wenigstens denselben so stark gestoßen hatte, daß sie ihn gebrochen zu haben fürchtete, oder endlich, weil sie durch den Anblick eines Armbruchs erschreckt worden war«. Aber wie ist es möglich, die »ungetrennte Seeleneinheit« zwischen Mutter und Kind plötzlich durch den groben Materialismus eines Armbruchs zu bestätigen? Wie kann die Unwahrheit des »sinnlichen und materiellen Außereinander- und Vermitteltseins« plötzlich zu einer chirurgischen Wahrheit werden? Wie da der Zusammenhang der Knochen aufgehoben werden, wo selbst der »Zusammenhang mit der Mutter durch den Nabelstrang, den Mutterkuchen als äußerliche anatomische und physiologische Existenz für das Wesentliche, das psychische Verhältnis gar nicht in Betracht kommt«? Die Seele ist ja selbst das Aufgehobensein des materiellen Außereinanderseins des Körpers, folglich auch der Knochen. Warum teilt denn die Seele der Mutter, die doch »als fühlende« ungetrennt auch wollende und denkende oder glaubende Seele ist, dem Kinde in ihrem Leibe nicht lieber statt der Furcht vor einem Beinbruch die Höllen- oder Gottesfurcht mit? Ist denn bei diesem psychischen Einssein, bei diesem *unmittelbaren* Einwirken« der Übergang von den Vorstellungen und Glaubensartikeln der Mutterseele in die Kindesseele nicht viel leichter und natürlicher als der Übergang von der mütterlichen Vorstellung eines Armbruchs zum wirklichen Armbruch des Kindes? Und wenn einmal die anatomischen Abgrenzungen des Embryos im Organismus der Mutter, die »besondern Häute«, in denen er zur Wahrung seiner Selbständigkeit eingeschlossen ist, keine Schranken für die menschliche Einbildungskraft sind, warum wollen wir nicht wie das gläubige Altertum und Mittelalter die Kinder schon im Mutterleibe vor Glaubensfreude hüpfen oder Ave Marias singen lassen?

Die absolute Identität oder vielmehr Konfusion der Gegensätze und Gegenstände hat übrigens auch in dieser Materie, wie anderwärts, die streitige Sache, statt ins wahre Licht, nur in mystisches Dunkel gesetzt, denn es handelt sich hier, wie schon anno 1785 Richerz in seinen Zusätzen und Anmerkungen zu Muratori über die Einbildungskraft lichtvoll gezeigt hat, nur darum, »ob die Einbildungskraft – denn nur diese Kraft ist die geheimnisvolle Kraft der Magie – der Mutter ihrer Frucht ein Bild desjenigen Dings eindrücken oder irgend einige Ähnlichkeit mit demjenigen Gegenstande mitteilen könne, wovon sie selbst einen sehr lebhaften Eindruck bekam, welchen sie, die Mutter, z. B. heftig verlangte oder verabscheute oder worüber sie sich entsetzte, in Furcht oder Zorn geriet«. Nach Hegel übt jedoch die Seele nicht nur über einen fremden Körper, sondern auch über ihren eignen Leib eine magische Gewalt aus, und natürlich ist diese Magie als die »vermittlungsloseste« auch die allerstärkste. Wenn nun aber schon in einem fremden Leibe die Seele solche Wirkungen hervorbringt, wie die Muttermale sind, warum soll die Seele eines närrischen Mannes, der z. B. von der Einbildung gepeinigt wird, er sei schwanger – wie es wirklich Narren mit dieser Einbildung gegeben hat –, nicht ihren Leib mittels der Magie wirklich schwängern oder die berühmten gläsernen Füße – es spielt indes auch ein gläserner Podex in der Geschichte der menschlichen Narrheiten eine namhafte Rolle – nicht in wirkliches Glas verwandeln können? Was ist der Magie unmöglich? Sie macht ja den Leib zum »unterwürfigen, widerstandslosen Vollstrecker des Willens«, d. h. des Vermögens, die menschlichen Einbildungen zu verwirklichen und zu vergegenständlichen. Was ist aber der Einbildung unmöglich? Sie ist ja die psychologische Allmacht. Ein auffallender Widerspruch, ein wahres Wunder von Inkonsequenz ist es daher, daß Hegel, der doch die psychologischen Wunder nicht nur geglaubt, sondern auch demonstriert, aus der Natur der Seele abgeleitet hat, in seiner Religionsphilosophie uns nicht auch die theologischen Wunder und Wunderwesen, die körperlosen Geister, die Engel und Teufel samt ihrem Hexenanhang, welche doch nur die Aufklärung um ihren Kredit gebracht, als spekulative Wahrheiten vordemonstriert hat. Ist doch seine *Logik* selbst nur die *logische* Schöpfung aus nichts, die Verneinung des alten Satzes: »Aus nichts wird nichts.« Aber die Schöpfung aus nichts ist die erste Ursache der Wunder, das Urwunder, jedes Wunder eine Schöpfung aus nichts im besondern.

Doch genug von den Krankheitserscheinungen der Hegelschen Psychologie und Hegelschen Zeit und Wohnstätte, denn diese drei Dinge sind unzertrennlich, zum schlagenden Beweis, daß gerade da, wo der Geist seine Unabhängigkeit von Raum und Zeit im allgemeinen mit Bewußtsein demonstriert, er unbewußt seine Abhängigkeit von den allerspeziellsten Örtlichkeiten und Zeitlichkeiten beweist. Lassen wir Hegel die Ehre, die ihm für seine Zeit gebührt, die Zeit transzendenter, romantischer Reaktion; aber vergessen wir nicht, daß auch der »absolute Geist« an Zeit und Ort gebunden ist! Wenden wir uns zu erfreulicheren psychologischen Erscheinungen, um unsern Ausspruch zu rechtfertigen, daß in der Hegelschen Psychologie von einer Identität des Leibes und der Seele keine Rede sein könne, daß hier die Seele die Rechnung ohne den Wirt, d. h. den Leib, mache, daß sie demselben ebenso selbstgenügsam und feindlich gegenüberstehe wie in dem sogenannten dualistischen Spiritualismus, daß seine absolute Identität nur eine absolute Einseitigkeit sei.

Hegel erklärt zwar für »vollkommen leer und hohl die Vorstellung derer, welche meinen, eigentlich sollte der Mensch keinen organischen Leib haben, weil er durch denselben zur Sorge für die Befriedigung seiner physischen Bedürfnisse genötigt, somit von seinem rein geistigen Leben abgezogen und zur wahren Freiheit unfähig werde. Die Philosophie hat zu erkennen, wie der Geist nur dadurch *für sich selber* ist, daß er sich das *Materielle* teils als seine *eigne* Leiblichkeit, teils als eine Außenwelt überhaupt entgegensetzt und dies so Unterschiedene zu der durch den Gegensatz und durch Aufhebung desselben vermittelten Einheit mit sich zurückführt. Zwischen dem Geiste und dessen *eigenem* Leibe findet natürlicherweise eine noch innigere Verbindung statt als zwischen der sonstigen Außenwelt und dem Geiste. Eben wegen dieses notwendigen Zusammenhangs meines Leibes mit meiner Seele ist die von der letztern gegen den ersteren unmittelbar ausgeübte Tätigkeit keine endliche, keine bloß *negative*. Zunächst habe ich mich daher in dieser *unmittelbaren* Harmonie meiner Seele und meines Leibes zu behaupten ..., darf ihn nicht verächtlich und feindlich behandeln ... Verhalte ich mich den Gesetzen meines leiblichen Organismus gemäß, so ist meine Seele in ihrem Körper frei« – ein vollkommen wahrer Satz. Aber es heißt gleich darauf: »Dennoch kann die Seele bei dieser *unmittelbaren* Einheit mit ihrem Leibe nicht stehenbleiben. Die Form der *Unmittelbarkeit* jener Harmonie widerspricht dem Begriffe der Seele – ihrer Bestimmung, sich auf sich selber beziehende Idealität zu sein. Um diesem ihrem Begriffe entsprechend zu werden, muß die Seele ihre Identität mit ihrem Leibe zu einer durch den Geist *gesetzten* oder vermittelten machen, ihren Leib in *Besitz* nehmen, ihn zum *gefügigen* und *geschickten* Werkzeug ihrer Tätigkeit bilden, ihn so umgestalten, daß sie in ihm sich auf sich selber bezieht.«

Das Wort *unmittelbar* wird unzählige Male von Hegel gebraucht, und doch fehlt das, was dieses Wort bezeichnet, das Unmittelbare, gänzlich seiner Philosophie, weil er nie aus dem logischen Begriffe herauskommt, indem er von vornherein das Unmittelbare zu einer Eigenschaft, in seiner Sprache: einem Momente der Allervermitteltsten, des abstrakten Begriffs macht. So ist es auch hier. Die Seele ist in unmittelbarer Einheit, aber diese unmittelbare Einheit muß aufgehoben, eine durch den Gegensatz von Leib und Seele vermittelte, durch den Geist gesetzte, d. h. gemachte werden, ist also *an sich* schon eine mittelbare, eine nur als unmittelbar gedachte. Aber gibt es denn um's Himmels willen nicht eine ewige, d. h. bis ans Ende des Lebens und Bewußtseins unmittelbare, eine für alle dialektischen Vermittlungskünste unauflösliche, eine nicht nur logisch, sondern physisch unmittelbare, leibhafte Einheit der

Seele mit dem Leibe? Auf welche Weise kann daher allein diese unmittelbare Einheit der Seele und des Leibes aufgehoben werden? Nur auf physische, leibliche Weise, nur durch den Selbstmord. Aber hebt nicht die Seele, indem sie den Leib aufhebt, sich selbst auf? Bestätigt sie nicht hiedurch, und zwar ebenso durch die Ursache der Tat – denn der Selbstmörder will nicht mehr leben, nicht mehr denken und empfinden, weil er nur noch Widerwärtiges denken und empfinden kann – als durch die Tat selbst, ihre unmittelbare, unauflösliche Einheit mit dem Leibe? Wie kann überhaupt bei Hegel eine Rede sein von einer unmittelbaren Einheit mit dem Leibe, da ja der Leib keine Wahrheit, keine Realität für die Seele hat, da die Seele nur ein durch die Aufhebung, die Nichtigkeit der Leiblichkeit vermittelter Begriff oder vielmehr nach Hegel der Begriff selbst ist? Wo ist auch nur eine Spur der Unmittelbarkeit?

»Die Seele muß ihren Leib in Besitz nehmen.« Aber steht denn die Seele nur in juristischem Verhältnis zu ihrem Leibe? Setzt das juristische Verhältnis nicht ein physiologisches voraus? Heißt es doch selbst im Römischen Recht: Animo et corpore, mit Geist (Wille, Absicht) und Körper wird der Besitz erworben. Wo ist denn nun aber in der Hegelschen Psychologie das corpus, womit die immaterielle Seele sich in den Besitz ihres Leibes setzt? Nirgends; warum? Weil, wie im Idealismus und Spiritualismus überhaupt, der Leib der Seele, auch des Denkers, nur Gegenstand ist, wie er Gegenstand, aber nicht, wie er zugleich Grund des Willens und Bewußtseins, und daher gänzlich übersehen wird, daß wir nur mit einem uns nicht gegenständlichen Leiblichen den Leib zu unserm Gegenstand machen oder nur mit einem Leiblichen hinter unserm Bewußtsein das Leibliche vor unserm Bewußtsein wahrnehmen, daß die für den Willen und das Bewußtsein »vermittelungslose Magie« eine an sich oder der Natur nach höchst vermittelte, ja durch unzählige Nervenfasern vermittelte ist, daß alles, was wir über unsern Leib vermögen, wir nur im innigsten und geheimsten Einverständnis mit ihm, nur kraft des Leibes über ihn vermögen, nur daß die Leibeskraft, wodurch wir etwas vermögen, eine andere ist als die Leibeskraft, worüber wir etwas vermögen, daß aber die *unmittelbare,* also nichts zwischen sich in der Mitte lassende, keiner Unterscheidung oder gar Entgegensetzung zwischen materiellem und immateriellem Wesen Raum gebende Einheit von Seele und Leib, folglich der Punkt, wo die Materie denkt, der Leib Geist ist, umgekehrt der Geist Leib, das Denken Materie ist, gerade *der* Punkt ist, wo der bewußten Tätigkeit dieser Einheit nichts Leibliches, nichts Materielles als Grund dieser Tätigkeit Gegenstand ist, wo darum der Mensch, welcher das Bewußtsein zum Maß und Wesen der Wesen macht, das Denken für eine absolut immaterielle, organlose Tätigkeit hält und erklärt. Dieses punctum saliens ist das Hirn.

»Das Hirn? Ei, was wissen wir denn vom Hirn, was gar vom Zusammenhang des Denkens mit ihm?« Nichts Näheres oder meinetwegen gar nichts, aber eben weil wir nichts wissen, füllen wir infolge oder nach Analogie des bekannten horror vacui die Leere unsers Wissens mit einem erdichteten und erdachten Wesen aus, machen wir das Nichts unseres Wissens von einem materiellen Grunde und Prozesse zu einem *nicht* materiellen Wesen, eine Wirkung also zur Ursache ihrer selbst. Und daß wir noch wenig oder gar nichts, wenigstens Bestimmtes, von dem uns Nächsten wissen, das ist wahrlich kein Wunder. Jahrtausende waren die Menschen nur bedacht auf die Scheidung der Seele vom Leibe, um sich ein Leben nach dem Leben zu assekurieren, Jahrtausende haben sie, ohne sich um die Erkenntnis der Materie zu bekümmern, ja selbst ohne nur die körperliche Selbsterkenntnis, die Anatomie des menschlichen Leibes zu gestatten*, nur darauf studiert, den Geist

---

* »Bis in den Anfang des vierzehnten Jahrhunderts widerstand der Aberglaube von der Unverletzlichkeit der Leichen und die Kirche dem Studium der Naturgeschichte des Menschen und des innern Baues seines Körpers. Umsonst hatte der über die Vorurteile seiner Zeit erhabene Kaiser Friedrich II. seinen Ärzten in Neapel und Salerno zu ihrer Bildung häufige Leichenöffnungen empfohlen. Die Kirche widersetzte sich jedem Versuch der Art, und noch Bonifatius VIII. untersagte (ca. 1300)

von der Materie zu unterscheiden. Und noch heute ist dieser Unterschied ein religiöses und philosophisches Dogma, dessen Leugnung selbst unsere, freilich teils bewußt, teils unbewußt unter dem Pantoffel der Geistlichkeit, für welche die immaterielle Seele der größte materielle Gewinn ist, stehende Staatsweisheit mit ungnädigen Blicken ansieht. Wenn aber einst die Menschen ebensoviel Zeit, Mittel und Geist auf die Erkenntnis der Einheit von Leib und Seele verwendet haben werden, als sie bisher auf den Beweis vom Unterschied derselben verwandt haben, dann werden sie gewiß auch den näheren Zusammenhang des Denkens mit dem Hirn ermitteln. Aber auch dann, wenn für die Erkenntnis, die Wissenschaft dieser Zusammenhang er- und vermittelt ist, wird er doch an sich selbst ewig ein unmittelbarer bleiben, sogut als der Zusammenhang des Hirns vermittels des Sehnerven mit dem Auge, trotz dieser und anderer erkannten Vermittlungen des Sehens, im Sehen selbst für den größten Physiologen ebenso wie für den größten Idioten ein schlechterdings unmittelbarer bleibt, und zwar aus dem Grunde, weil diese unauflösliche und unaufhebbare, durch keine dialektischen Zauberkünste in ihr Gegenteil verwandelbare Unmittelbarkeit das unveräußerliche Eigentum, das Wesen selbst des Lebens im Unterschied vom Denken und Wissen ist.

Allerdings ist »mein Leib von Natur«, richtiger von Geburt – oder ist denn nur der Vogel, der noch nicht fliegen kann, von Natur, der Vogel aber, der Meister in der Kunst zu fliegen ist, von sich selbst, nicht von Natur? – nicht geschickt, nicht »gefügiges Werkzeug der Seele«, er muß erst durch Übung und Bildung als solches von ihr »gesetzt« werden. Die Tätig-

---

unter Androhung harter Strafen die Verfertigung der Skelette« (Eichhorn, *Geschichte der Literatur*, II. B., S. 435). »Vor Vesalius bestand die Anatomie noch so wenig, daß Karl V. (bei dem Vesalius Leibarzt war) den Theologen in Salamanca die Gewissensfrage vorlegte, ob es nicht auf jeden Fall gottlos sei, einen menschlichen Körper zu zergliedern« (ebend., II. B., 1. Abt., S. 897). Welche Gewissenhaftigkeit und Zärtlichkeit gegen die menschlichen Leichname, während man sich doch kein Gewissen daraus machte, die lebendigen Menschen zu zerstückeln und zu verbrennen!

keit, die Verrichtung eines Organs ist, handwerksmäßig gedacht und gesprochen, der Zweck, d. h. der Sinn, der Geist, die Seele desselben. Die Seele hängt ab vom Organ; ist seine Form und Mischung nicht die gehörige, so ist es auch die Verrichtung, die Tätigkeit [nicht]. Aber auch das Organ hängt von seiner Verrichtung ab; es erschlafft, es magert ab, stirbt endlich gänzlich ab, wenn es nicht gehörig gebraucht und verbraucht wird; denn Ernährung und Verzehrung, Produktion und Konsumtion sind auch hier unzertrennlich. So ist das Denken die Bewegung, die Motion des Hirns, die es verzehrt, aber zugleich ernährt, indem gesteigerte Hirntätigkeit auch den Zudrang der ernährenden Flüssigkeit steigert. Übung macht den Meister. Erst durch das Denken wird das Hirn zum Denkorgan ausgebildet, ans Denken gewöhnt, und durch die Gewohnheit, dies oder jenes, so oder so zu denken, auch so oder so modifiziert, bleibend bestimmt, gleichwie durch die Gewohnheit, in die Nähe oder Ferne zu sehen, die Gestalt des Sehorgans bleibend bestimmt wird. Allerdings also bildet und bestimmt der Geist den Leib, und zwar so sehr, daß der Mensch, der einen geistigen Beruf hat und diesem gemäß seine Lebensweise, sein Schlafen, Essen, Trinken regelt, mittelbar selbst auch seinen Magen und Blutlauf nach seinem Sinne und Berufe bestimmt. Aber vergessen wir nicht über der einen Seite die andere, vergessen wir nicht, daß, wozu der Geist den Leib mit Bewußtsein bestimmt, dazu er selbst schon unbewußt von seinem Leibe bestimmt wird, daß ich also z. B. als Denker meinen Leib meinem Zwecke gemäß bestimme, weil die konstruierende Natur im Bunde mit der destruktiven Zeit mich zum Denker organisiert hat, ich also ein höchst fataler Denker bin, daß überhaupt wie und als was der Leib gesetzt oder bestimmt, so und als das der Geist gesetzt und bestimmt wird. »Der Mensch hat sich«, sagt Hegel, »im Gegensatze zu den Tieren« – ein Gegensatz, dessen Wahrheit, wenigstens Allgemeingültigkeit selbst schon von den jungen Katzen und Hunden bestritten wird – »durch seine eigene Tätigkeit zum Herrn seines Leibes erst zu machen.« Allein, indem er Herr seines Leibes, wird er auch erst Herr seiner selbst; indem er im eigentlichen Sinne auf seinen eigenen Beinen stehen lernt, wird er auch im uneigentlichen Sinne erst selbständig. Leibesbildung ist Selbstbildung, Leibesabhärtung Selbstabhärtung, Leibesübung Geistesübung, die nur dadurch eine himmelweit verschiedene wird, je nachdem dieses oder jenes Organ oder ein und dasselbe Organ in dieser oder jener Richtung und Beziehung eingeübt und ausgebildet wird. Erst durch das Denken wird das Hirn zum wirklichen Denkorgan gebildet, aber durch das ausgebildete Denkorgan wird auch erst das Denken selbst gebildetes, geläufiges, gesichertes. Was ist hier ausschließliche Ursache oder ausschließliche Wirkung? Was Wirkung, wird zur Ursache, und umgekehrt.

»Der Leib ist das Werkzeug der Seele«, aber auch umgekehrt die Seele das Werkzeug des Leibes. Wo z. B. der Leib zum gefügigen Werkzeug der Tanzkunst gemacht wird, da wird auch zugleich die Seele zum willfährigen Werkzeug des »Tanzteufels« gemacht, so sehr von dem tanzenden Körper in Bewegung und Entzückung, »schwindelnden Un- oder Wahnsinn« versetzt, daß sie nichts weiter fühlt und denkt, als daß der Tanz ein göttliches Vergnügen sei, da wird das Denk- und Empfindungsorgan so sehr von »Muskelsinntäuschungen« eingenommen, daß man nach »einer durchlebten Tanznacht des Morgens noch immer, obgleich man im Bette liegt, stets eine Empfindung hat, als tanze man noch«, wie Gruithuisen in seiner *Anthropologie* bemerkt. Was du deinem Leibe antust, das tut der Leib dir wieder an kraft des heiligen Naturrechts der Wiedervergeltung. Wo ist aber von diesem Naturrecht eine Spur bei Hegel? Wie kann also bei ihm von einer noch dazu »unmittelbaren Einheit oder Harmonie« der Seele und des Leibes die Rede sein? Und wenn auch die Rede davon ist, was sind Worte, die durch die Tat widerlegt werden? Überall nimmt Hegel nur für die Seele Partei; nirgends, wenigstens nirgends, wo es sich darum handelt, die Wahrheit des Leibes nicht nur in zweideutigen »Zeichen«, sondern in deutlichen Worten auszusprechen, läßt er den Leib zu Wort und Recht kommen. Überall tut er, als hätte er keinen Leib, ähnlich dem Neuplatoniker Plotin, der sich seines Leibes schämte, und zwar mit vollem Rechte und ehrenwerter Konsequenz, denn der Leib ist die Scham und Schande der immateriellen Seele. Was ist für die kraft ihrer Immaterialität alle körperlichen Unterschiede aufhebende Seele für ein Unterschied zwischen den Hoden und Hinterbacken des Hirns und den eigentlichen offiziellen Hoden und Hinterbacken des Körpers? Für die immaterielle Seele ist ja das Hirn eine ebenso obszöne und schmutzige Materie – squalida cerebri materia – als *das* körperliche Organ, welches dem Namen nach von der guten Gesellschaft nach neuester »echt wissenschaftlicher« Methode »totgeschwiegen« wird, wenn es gleich dem Wesen nach weltgeschichtliche Bedeutung hat, weltbeherrschende Macht ausübt.

So bringt denn Hegel selbst da, wo er auf die Empfindung zu sprechen kommt, über seine Lippen, weil sie sich in Beziehung auf die immaterielle Seele nicht von den Schamlippen unterscheiden, nicht das obszöne Wort *Leib*, sondern definiert, ja deduziert selbst, absehend vom Leibe, die Empfindung aus ganz abstrakten, allgemeinen, nichtsbestimmenden Formeln, während doch selbst vom Standpunkte des Spiritualismus, selbst schon nach Platon nur der Körper es ist, wodurch die Seele zur Empfindung kommt, weshalb eben von dem keusch erhaltenen und konsequent ausgeführten Begriff der Seele, der Gottheit, weil der Leib, auch die Empfindung verneint wird und es daher unumgänglich ist, den Körper mit in die Genesis und Definition der Empfindung aufzunehmen, wenn anders eine solche überhaupt möglich ist, die wenigstens mehr als eine bloße Wortdefinition sein will.

So betrachtet auch Hegel die Gewohnheit als »eine von der Seele *gesetzte zweite* Natur« oder »Unmittelbarkeit«, erklärt sie daher für einen »schweren Punkt in der Organisation des Geistes«, ja für eine »der schwersten Bestimmungen in der wissenschaftlichen Betrachtung der Seele und des Geistes«. Allerdings ist sie ein schwerer Punkt, aber nur deswegen, weil bei der Gewohnheit die Schwere des Körpers, ja selbst auch seine Trägheit, aber auch Elastizität ins Gewicht fällt und, wer sie daher zu einer Sache der immateriellen Seele macht, ohne den Faktor, wo nicht gar das Faktotum des Leibes zu berücksichtigen, die Rechnung ohne den Wirt macht, eine solche idealistische Rechnung aber viele und leider auch vergebliche Anstrengung kostet. Daß aber die Gewohnheit nicht, oder wenigstens nicht nur, eine Sache des Geistes, sondern auch eine Sache des Körpers ist, das beweist z. B. die Erfahrung, daß man sich selbst an Gifte gewöhnen kann, deren tödliche oder nichttödliche Wirkungen doch offenbar nicht von unserm guten Willen und Wissen abhängen, jenseits jener Tätigkeiten liegen, als deren Grund wir uns eine Seele denken, daß wir dagegen uns an ganz unschuldige Dinge nicht gewöhnen können, sosehr wir uns daran gewöhnen wollen, wenn nun einmal diese Dinge unser Körper schlechterdings nicht verträgt, ferner die Erfahrung, daß auch die Tiere, ja selbst auch schon die Pflanzen sich akklimatisieren, sich an eine »zweite andere Natur« gewöhnen, daß bei fleischfressenden Tieren, welche an Pflanzenkost gewöhnt werden, sich sogar der Darmkanal verlängert. Schon die alten Ärzte bemerkten, daß »nicht nur die animalen, sondern auch die von ihnen so genannten vitalen und natürlichen Kräfte des Körpers Gewohnheiten annehmen«.

Hegel kommt nun freilich auch bei der Gewohnheit auf den Leib zu reden, aber nur in *dem* Sinne, daß »die *an sich* seiende Idealität (d. i. Aufgehobenheit, Unwirklichkeit) des Materiellen überhaupt und der bestimmten Leiblichkeit als Idealität *gesetzt* werde, damit die Seele nach der Bestimmtheit ihres Vorstellens und Wollens als Substanz in ihrer Leiblichkeit *existiere*«, d. h. der aufgestellte Begriff der immateriellen Seele verwirklicht, als wahr bewiesen werde, also nur im Sinne und Geiste der »vermittlungslosesten Magie«. Daher heißt es gleich darauf: »Die äußerliche, die räumliche Bestimmung des Individuums, daß es aufrecht steht, ist durch seinen Willen zur Gewohnheit gemacht, eine unmittelbare, bewußtlose Stellung, die immer Sache seines fortdauernden Willens bleibt; der Mensch steht nur, *weil und sofern er stehen will*, und nur so lange, als er es *bewußtlos will.*« Aber er steht auch nur, weil er stehen kann und selbst stehen muß, hiemit ein Gesetz seiner Organisation, eine Naturnotwendigkeit vollstreckt. Allerdings hängt die aufrechte Stellung und Bewegung des Körpers von seinem Willen ab, aber nur, weil dieser Wille selbst von seinem Organismus abhängt, dieser Wille also ein organisch begründeter, nur eine Erscheinung, ein lebendiger Ausdruck von seinem innigen, aber eben deswegen geheimen Zusammenhang mit dem Hirn, den Nerven und Muskeln ist. Ein aus dem Zusammenhange des Nerven- und Muskelsystems herausgerissener Wille ist kein Wille, ist nur ein phantastischer Wunsch, denn Wille ist vollziehende Gewalt; aber ich vermag nur, ich kann nur vollziehen, was ich auf Grund und Geheiß meines Hirns, meines Organismus überhaupt will.

Wenn es nur auf den Willen, nicht auf den Organismus ankommt, so darf ich nur fliegen wollen, und ich kann fliegen, und zwar ohne Flügel oder künstliche Flugorgane, so darf ich nur in einem Augenblick mich von Europa nach Amerika oder von der Erde in den Mond versetzen wollen, und ich bin auch mit einem einzigen Schneller dort. »Ja, so ist es nicht gemeint; solcher Wille ist Absurdität, Unvernunft.« Allerdings ist er es, aber gleichwohl zeigt sich der Wille der immateriellen Seele, der nicht vom Organismus abhängige und bedingte Wille, in diesen Beispielen nur in seiner unverschämten Blöße, wird hier nur die Unvernunft dieses Willens, welche im Inkognito unseres Leibes durch das hier waltende Dunkel geschützt und verhüllt ist, eine augenfällige und nur deswegen verleugnet. Was ist denn Raum und Zeit für die immaterielle, an sich selber raum- und zeitlose Seele? Und heißt es denn nicht hier ausdrücklich: »Ich kann, was ich will«? Warum soll ich also nicht in einem Nu mich von hier nach Amerika versetzen wollen und können? Etwa weil Wille, der kann, was er will, nur auf das Moralische sich bezieht? Aber ich will auch nur aus moralischen Gründen mich dorthin versetzen. Es ist Gefahr im Verzug; nur meine augenblickliche Anwesenheit kann den Sieg der Freiheit und Humanität entscheiden. Warum ist dieser gute Wille ohnmächtiger Wunsch? Weil auch der moralische Wille vom Organismus abhängt, ohne ihn nichts vermag, weil ich auch in der Moral »kann, was ich will«, aber, wohlgemerkt, nur in der Einbildung, weil der allmächtige Wille im Himmel sowohl als auf Erden nur der untertänigste Diener der menschlichen Einbildungskraft ist. Fichte – man erlaube diese Abschweifung von dem Nachfolger auf den Vorgänger – ändert den Satz: Ich kann, was ich will, dahin ab, daß er sagt in seinem *System der Sittenlehre*: »Wir können eigentlich alles, was wir nur *wollen können*«. Hier wird ganz richtig das Wollen vom Können abhängig gemacht oder in einem durch das Können eingeschränkten Sinne genommen, so daß das hyperbolische *alles* auf ein höchst bescheidenes *nur* zurückläuft: Ich kann nur, was ich kann, oder ich kann nur wollen, d. h. hier *bewirken* wollen, was ich den Gesetzen der Physik und den Kräften des Organismus gemäß bewirken kann. Allein diese Beschränkung stammt nicht aus dem Ich, sondern dem Nicht-Ich Fichtes und ist deswegen eine widerwillige und widerwärtige, den Grundbestimmungen seines Willens widersprechende. Denn wenn ich als Wollender »jenseits der Naturnotwendigkeit, nicht mehr ein Glied ihrer Kette bin«, wenn im Willen nicht nur der Zusammenhang mit der Natur, sondern auch jeder Zusammenhang selbst abgebrochen wird – »eine Reihe von Freiheitsbestimmungen aus Sprüngen besteht«, wo »bei jedem Gliede der Zusammenhang abgebrochen wird« –, so ist nicht abzusehen, warum diese Sprünge über den Kausalzusammenhang der Natur sich nicht in wirklichen Sprüngen von der Erde auf den Mond oder von Europa nach Amerika äußern und bewähren sollen, wenn wenigstens diese Sprünge im Interesse der moralischen und politischen Fortschrittspartei geschehen, welcher Fichte zu seinem bleibenden Ruhme angehörte. Nichts weniger als ein Widerspruch war es daher auch, daß die Wissenschaftslehre zur Gotteslehre überging. Wie die Gottheit überhaupt nur die von ihren Schranken und Widersprüchen erlöste Seele, nur die konsequente Seele ist, so ist auch der göttliche Wille nur der konsequente, der unverschämte, der von den unausstehlichen Widersprüchen mit seinem Begriffe, den unnatürlichen Einschränkungen, die er scheinbar freiwillig, in Wahrheit aber nur aus Zwang, aus falscher Scham und Scheu vor der Natur und Leiblichkeit sich auferlegt hat, befreite menschliche Wille der *Wissenschaftslehre* und spiritualistischen Psychologie überhaupt.

Doch wieder zurück zur Hegelschen Gewohnheit und »Verrücktheit«, um noch mit einem Beispiel unsere Ausstellung der Hegelschen Psychologie zu beleuchten und rechtfertigen. Wie die Gewohnheit, so macht Hegel auch selbst die Verrücktheit, welche doch die Abhängigkeit unsers Geistes vom Organismus, leider nicht die gesunde, einige, glückliche, eben darum als Unabhängigkeit erscheinende Abhängigkeit, uns nicht nur zu Bewußtsein, sondern auch zum Gemüte, zum Gefühle bringt, nur zu einer Sache des Geistes oder vielmehr der Seele. Zwar sagt er, sie ist »eine Krankheit des Psychischen, ungetrennt des Leiblichen und Geistigen«, aber dieses Leibliche ist wieder eins oder gleichbedeutend mit dem »Seienden«. »Der Wahnsinn enthält wesentlich den Widerspruch eines leiblich, *seiend* gewordenen Gefühls gegen die Totalität der Vermittlungen, welche das konkrete Bewußtsein ist. Der Geist als nur *seiend* bestimmt, insofern ein solches Sein *unaufgelöst* in seinem Bewußtsein ist, ist krank.« Es ist also dieses Leibliche wieder ein Aufhebbares, in der Seele an sich Aufgehobenes und Auflösliches. Überdem bestimmt er ja die Verrücktheit sogar als eine »in der Entwicklung der Seele notwendige«, wenngleich deswegen nicht bei jedem Menschen in ihrem Extrem zum Vorschein kommende »Stufe oder Form« und leitet sie teils aus moralischen oder vielmehr immoralischen »selbstsüchtigen Bestimmungen«, teils aus dem theoretischen oder geistigen Grunde ab, daß »ich zunächst ganz *abstraktes,* vollkommen unbestimmtes, allem beliebigen Inhalt, den leersten Vorstellungen, wie z. B. der Vorstellung, daß ich ein Hund bin, offenstehendes Ich bin«, schreibt daher auch dem Menschen, weil nur er zu dieser vollkommenen Abstraktion des Ich kommt, das »*Vorrecht*« der Narrheit und des Wahnsinns zu, gleich als wenn nicht auch schon die Tiere das unglückselige Recht hätten, »närrisch«, unsinnig, toll, wütend zu werden. Zwar steckt auch bei Hegel, wie überall, hinter der Seele nur der Leib, denn wenn es heißt bei ihm: »Der Geist ist nur als Ding, d. i. als Natürliches und Seiendes, der Verrücktheit, der sich in ihm festhaltenden Endlichkeit fähig«, was soll denn dieses anderes heißen als: Der Geist ist nur als Leibliches oder wegen und kraft der Leiblichkeit krankheitsfähig? Aber wenn wir anders bei der grenzenlosen Sprach- und Begriffsverwirrung, die in der Hegelschen Philosophie herrscht – und damit machen wir ihr keinen Vorwurf, denn eben in dieser »Verwirrung der festen Verstandesunterschiede« feiert die spekulative Philosophie im Bunde mit dem Somnambulismus ihren höchsten Triumph –, dem zwischen Sein und Nichts unbestimmt hin- und herschwankenden Seienden die Solidität des Leiblichen unterlegen dürfen, welche Ungerechtigkeit, welche Einseitigkeit, dem Leibe nur die Geisteskrankheiten aufzubürden und vorzuwerfen, demselben nicht zugleich auch die Gesundheit des Geistes verdanken zu wollen! Doch bleiben wir bei den Worten »Natürliches« und »Seiendes« stehen. Seiendes stammt vom Sein, Natürliches von der Natur, sprachlich und sächlich. Also wäre die Natur – die Natur, der allein wir es verdanken, daß wir über den Narrheiten der Menschenwelt, über den Verrücktheiten unserer Philosophen, über den studierten Rechts- und Vernunfttäuschungen unserer Gottes- und Staatsmänner nicht bereits um allen Verstand gekommen sind, nur die Quelle unserer Krankheiten und Narrheiten, nicht auch unserer Gesundheiten und Weisheiten? Das Natürliche wäre das Verrückte? Und die Verrücktheit also eigentlich die Natur des Menschen, die »seiende« Menschheit? Wie stimmt aber dieser illegitime, eine offenbar aufrührerische Unzufriedenheit mit den bestehenden Zuständen ausdrückende Gedanke mit der legitimen Vernünftigkeit des Wirklichen überein? Doch um Vergebung! Ich habe den großen Unterschied zwischen Sein und Wirklichkeit vergessen; meine nur auf das Evangelium der fünf Sinne, nicht auf den apokryphen Gemeinsinn oder Unsinn des Somnambulismus gestützte Philosophie, die eben deswegen, wie bekannt, eigentlich soviel wie keine Philosophie ist, weiß in ihrer Geistesarmut nur von *einem einzigen* Sein, dem wirklichen, natürlichen Sein, und ist noch überdies – gräßlich! – mit diesem einzigen und einmaligen Sein vollkommen zufrieden, so daß sie hierin in Übereinstimmung mit der Bibel freudig ausruft: »Selig sind die geistesarmen«, aber naturbegabten Menschen.

Mit dieser Unnatur in der Sache hängt nun auch bei Hegel die unnatürliche, die Ordnung der Natur geradezu umkehrende Methode, die er, wie anderwärts, so auch im Stufengange seiner Psychologie – höchstens mit Ausnahme ihres letzten Teils – befolgt, aufs innigste zusammen. So geht Hegel von der Verrücktheit zur Gewohnheit über und sucht selbst »die Notwendigkeit« dieses »dialektischen Fortganges« nachzuweisen, während doch der Mensch, lange bevor er das »Lob der Narrheit« singt, ja schon gleich nach der Geburt mit dem zweiten, wiederholten Atemzuge in die Mysterien »der süßen Gewohnheit des Daseins« eingeweiht wird und es daher viel naturgemäßer und folglich auch vernunftgemäßer, logischer ist, von der Gewohnheit – wie viele verrückte Gewohnheiten hat in der Tat nicht fast jeder Mensch! – zur Verrücktheit überzugehen, wie dies denn auch längst vor Hegel schon Psychologen getan haben. Jacob z. B., in seiner *Erfahrungsseelenlehre*, wo er von der Gewohnheit handelt, sagt, daß »man aus ihr erklären könne, wie nach und nach eine Vorstellung zur fixen Vorstellung werden könne und wie diese immer fester werde, je länger sie dauert«, und Hoffbauer in seiner Schrift *Über den Wahnsinn*, daß »eine lang unterhaltene oder oft wiederholte Furcht uns das Übel hinterher als wirklich geschehen vorstellen könne, ob es gleich nicht zur Wirklichkeit gekommen sei«. Und wenn auch diese Erklärung keine erschöpfende ist, so steht doch soviel fest, daß in der Entwicklungsgeschichte der Seele und folglich auch des Leibes die Gewohnheit der Verrücktheit vorausgeht. So setzt Hegel das Geschlechtsverhältnis dem Gegensatz oder Wechsel von Schlafen und Wachen voraus, da doch zum Heile der Menschheit in der Natur gerade das Umgekehrte stattfindet, erst auf den Schlaf der Beischlaf folgt, die noch keusche Seele daher auch erst im Traume, wo sie die im Wachen sich angetanen Schranken fallenläßt, die ersten verstohlenen Blicke in das noch unbekannte Jenseits des andern Geschlechts wirft. So setzt er auch das Wachen wieder als eine besondere Stufe der Empfindung voraus. Was ist denn aber das Wachen für sich selbst, im Unterschiede von dem Empfinden gedacht? Die Empfindung ist nicht nur eine »Vergewisserung« des Wachseins; sie ist das Wachsein selbst. *Ich wache* heißt: Ich sehe – denn mit geschlossenen Augen kann ich ja nichts sehen, außer Traumgesichte –, ich höre, empfinde, wenigstens mit energischer Bestimmtheit und Deutlichkeit und eben deshalb mit Bewußtsein, widrigenfalls würde ja der Unterschied zwischen Wachen und Schlafen oder Träumen wegfallen. Schon Aristoteles, auf den sich doch so gerne Hegel beruft, sagt in seiner Schrift vom Schlafen und Wachen: »Wer wacht, eben der empfindet. Wachen besteht in nichts anderm als im Empfinden. Wo keine Empfindung, ist weder Schlafen noch Wachen.« Diese Fort- und Übergänge der Hegelschen Methode haben nun allerdings nur logische oder dialektische Bedeutung, aber was ist denn der Gang des Philosophen, welcher mit dem natürlichen Gange des Menschen im Widerspruch steht? Gibt es überhaupt einen Gang ohne äußere Gangwerkzeuge? Wie kommt also der Denker vom Flecke, wenn er seine Bewegungsorgane nicht außer seinem Kopfe, nicht einmal, wie die Kephalopoden, am Kopfe, sondern nur *im* Kopfe hat? Übrigens müssen wir noch schließlich der Gerechtigkeit gemäß nicht verschweigen, daß in Hegels Anmerkungen zu seiner Psychologie, da, wo er seinen Geist nicht in die Unnatur seiner Systematik und Dialektik einzwängt, aus der Tiefe gesunder Anschauung und Beobachtung hervorgeholte Perlen sich finden.

15. Kritik des Idealismus

Der moderne philosophische Spiritualismus, welcher sich Idealismus nennt, macht dem Materialismus den ihn in seiner Meinung vernichtenden Vorwurf, daß er Dogmatismus sei, d. h. daß er von der sinnlichen Welt als einer ausgemachten, objektiven Wahrheit ausgehe, dieselbe als eine an sich, d. h. ohne uns bestehende Welt voraussetze, während doch die Welt nur ein Produkt des Geistes sei. »Du setzest«, sagt der klassische Idealist Fichte, »die Dinge als wirklich, als außer dir vorhanden, nur weil du siehst, hörst, fühlst. Aber Sehen, Fühlen, Hören sind nur Empfindungen, nur Affektionen von dir, nur Bestimmungen deines Bewußtseins, denn du siehst nur, fühlst nur, wenn du deines Sehens und Fühlens und deiner selbst bewußt bist. Du empfindest also nicht die Gegenstände, sondern nur die Empfindungen. In aller Wahrnehmung nimmst du immer deinen eigenen Zustand wahr.« Wie kommt denn nun aber nach dem Idealismus der Mensch dazu, daß er seine Empfindungen auf ein außer ihm Befindliches überträgt? Dadurch, daß er vermöge des ihm eingeborenen, in seinem Geiste oder Wesen liegenden Gesetzes der Kausalität oder des Satzes des Grundes seine Empfindungen als Folge oder Wirkung auffaßt, folglich sich eine Ursache oder einen Grund derselben denkt, vermöge der gleichfalls ihm eingeborenen, in seinem, nicht aber geistigen, sondern sinnlichen Wesen liegenden Anschauungsform von Raum und Zeit diesen Grund außer sich setzt, außer sich anschaut oder vorstellt. Dieses als Grund seiner Empfindung Gedachte oder Erschlossene, in Raum und Zeit Versetzte, als außer ihm Befindliches Vorgestellte oder Angeschaute ist die gegenständliche Welt. Der Materialismus hat daher nach dem Idealismus zu seinem Ausgangspunkte

einen ganz verkehrten Standpunkt, indem er das Abgeleitete, das Zweite zum Ersten macht, vom Objekt statt vom Subjekt, vom Gegenstande statt vom Ich, welches doch das einzig Gewisse, ausgeht.
Ich stimme dem Idealismus darin bei, daß man vom Subjekt, vom Ich ausgehen müsse, da ja ganz offenbar das Wesen der Welt, die und *wie* sie für mich ist, nur von meinem eigenen Wesen, meiner eigenen Fassungskraft und Beschaffenheit überhaupt abhängt, die Welt also, *wie* sie mir Gegenstand, unbeschadet ihrer Selbständigkeit, nur mein vergegenständlichtes Selbst ist; aber ich behaupte, daß das Ich, wovon der Idealist ausgeht, das Ich, welches die Existenz der sinnlichen Dinge aufhebt, selbst keine Existenz hat, nur ein gedachtes, nicht das wirkliche Ich ist. Das wirkliche Ich ist nur das Ich, dem ein Du gegenübersteht, und das selbst einem andern Ich gegenüber Du, Objekt ist; aber für das idealistische Ich existiert, wie kein Objekt überhaupt, so auch kein Du. »Ich bin nicht die Seele, sondern der Mensch«, sagt schon ein griechischer Philosoph in den Fragmenten der verlorenen Bücher Plutarchs. »Ich denke«, aber ich, dieser Mensch, nicht »das Ich oder die Ichheit, die Intelligenz überhaupt«. Ich bin wesentlich Individuum. »Ich ist allgemein, ist jeder«, aber jeder ist Individuum. Wenn ich unter dem »Ich denke« nicht mich, dieses Individuum, verstehen soll, so fällt das Denken ganz außer die Sphäre der Gewißheit, womit ich mir überhaupt etwas, was ich tue oder leide, zuschreibe, so bleibt mir nur ein unbestimmtes Das oder Nichts übrig, das denkt. Ich ist nur eine sprachliche Ellipse, die bloß der Kürze halber ausläßt, was sich von selbst versteht, nämlich Ich: dieses Individuum, das hier denkt, hier in diesem Leibe, insbesondere diesem Kopfe außerhalb dem deinigen denkt. Es heißt nicht nur: »Hier ist Rhodus, hier tanze«, es heißt auch: Hier ist Athen, hier denke. Ich bin nicht nur ein außer dem andern seiendes Wesen, ich denke auch nur als ein außer dem andern denkendes Wesen. Der Raum ist, wie die Zeit, eine »Anschauungsform«, aber nur, weil er meine Seins- und Wesensform, weil

ich ein an sich selbst räumliches und zeitliches Wesen bin und nur als solches empfinde, anschaue, denke. Was weiß ein an sich unräumliches und unzeitliches Wesen oder Ding von Zeit und Raum? Ich setze nur ein Objekt, ein Du außer mich, weil an und für sich mein Ich, mein Denken ein Du, ein Objekt überhaupt voraussetzt. Ich bin und denke, ja empfinde nur als »*Subjekt–Objekt*«, aber nicht in dem identischen oder, um Kantsche Ausdrücke zu gebrauchen, analytischen Sinne Fichtes, in welchem Ich, der Denkende, und der Gegenstand, der Gedachte, derselbe bin, sondern in dem Sinne, in welchem der Mann, das Weib ein synthetischer Begriff ist; denn ich kann mich nicht als Mann oder Weib fühlen und denken, ohne über mich hinauszugehen, ohne mit dem Gefühle oder Begriffe meiner selbst zugleich den Begriff von einem andern, unterschiedenen, aber gleichwohl mir entsprechenden Wesen zu verknüpfen. Wenn ich daher zuerst von der Gegenständlichkeit abstrahiere und dann frage: Wie komme ich denn zur Annahme eines Gegenstandes außer mir?, so ist das gerade soviel, als wenn ich als Mann zuerst vom Weibe abstrahiere, es hinwegphilosophiere und dann frage, wie komme ich denn zur Annahme eines andern Geschlechts, eines weiblichen Wesens außer mir? Gewiß eine sonderbare Frage, denn ich bin ja nur Mann, weil ein Weib ist, bin nicht nur »a posteriori«, bin »a priori«, vom ersten und letzten Grund meines Daseins aus, bin wesentlich ein mich auf ein anderes Wesen außer mir beziehendes Wesen, bin nichts ohne diese Beziehung. Und ich denke nur vermittels meines Verstandes als Grund meiner Geschlechtsempfindung ein Wesen andern Geschlechts außer mir, weil an und für sich schon von Natur aus, unbewußt, vor dem Verstande mein Wesen als Grund seines Daseins ein anderes Wesen voraussetzt. Mein verständiges Außermichsetzen ist nur eine Folge dieser physikalischen Voraussetzung; das Sein geht dem Denken vorher; im Denken bringe ich mir nur zu Bewußtsein, was ich ohne Denken schon bin: kein grundloses, sondern ein auf anderes gegründetes Wesen.
Aber was hat denn um's Himmels Willen der profane Ge-

schlechtsunterschied mit dem Heiligen Geiste, mit dem absoluten Ich zu schaffen? Mit diesem freilich nichts, denn in dem absoluten, d. h. abstrakten Ich abstrahiere ich von allen Unterschieden, folglich auch vom Geschlechtsunterschiede, wohl aber mit dem wirklichen, dem existierenden Ich. Das wirkliche Ich ist nur weibliches oder männliches Ich, kein geschlechtsloses Das, denn der Geschlechtsunterschied ist nicht nur auf die Geschlechtsteile beschränkt – nur in diesem Falle wäre ich berechtigt, von ihm zu abstrahieren –, er ist ein Mark und Bein durchdringender, allgegenwärtiger, unendlicher, nicht da anfangender, dort endender, Unterschied. Ich denke, ich empfinde nur als Mann oder Weib, und ich bin daher vollkommen berechtigt, die Frage: Ist die Welt nur eine Vorstellung und Empfindung von mir oder auch eine Existenz außer mir? mit der Frage: Ist das Weib oder der Mann nur eine Empfindung von mir oder ein Wesen außer mir? auf gleichen Fuß zu stellen.

Aber um's Himmels willen, wird abermals der Idealist entsetzt ausrufen, wie kann man das keusche, reine Objekt der Spekulation mit einem Gegenstand der Begierde, der Lust, der Liebe zusammenstellen? Warum denn nicht? Ist denn nicht auch das Licht ein Gegenstand der Begierde und Lust für das Auge, das Tastbare nicht auch ein Gegenstand der Lust und Begierde für das Tastvermögen? Machen wir denn die Hand nur zur »reizenden Gefährtin süßer Schmeicheleien« gegen das andere Geschlecht? Streicheln wir nicht auch Tiere, Hunde, Katzen, Pferde und selbst leblose Dinge außer uns mit Vergnügen? Will das Kind nicht haben, was es sieht? Ist ihm der Gegenstand des idealistischen Auges nicht also zugleich ein Gegenstand der realistischen oder materialistischen Habsucht?

Das eben ist der Grundmangel des Idealismus, daß er die Frage von der Objektivität oder Subjektivität, von der Wirklichkeit oder Unwirklichkeit der Welt nur vom theoretischen Standpunkte aus sich stellt und löst, während doch die Welt ursprünglich, zuerst, nur weil sie ein Objekt des Wollens, des

Sein- und Haben-Wollens ist, Objekt des Verstandes ist. Wie richtig sieht dagegen in dieser Beziehung der religiöse Mensch, welcher die Wirklichkeit und Gegenständlichkeit der Welt nicht vom Verstande, sondern vom Willen, von der Liebe Gottes ableitet! In der Tat, nicht der Verstand, nur die Liebe ist es, welche Wesen außer sich setzt, und zwar nicht nur der Vorstellung nach, sondern wirklich, wahrhaft, leibhaftig, wie die Geschlechtsliebe sinnfällig beweist. »Schaffe mir Kinder, wo nicht, so sterbe ich.« Kinder existieren nun allerdings zunächst nur »inner- oder unterhalb der Haut« der Mutter, aber der wesentliche Sinn und Trieb, das eigentliche Ziel und Objekt dieser verzwickten Existenz ist das direkte Gegenteil der Schopenhauerischen Philosophie – ist die Existenz außer der Haut. Aber nicht weniger energisch und deutlich als die Sprache der Geschlechtsliebe ist die Sprache der Selbstliebe. »Schaffe mir Licht, wo nicht, so sterbe ich«, sagt die Selbstliebe des Sehnerven, schaffe mir Wasser, schaffe mir Nahrung, wo nicht, so sterbe ich, sagt die durstige und hungrige Selbstliebe.

Warum streckt denn die Katze ihre Krallen, statt nach der Maus, nicht lieber nach ihren eigenen Augen aus, wenn die Maus, die sie sieht, nur in ihren Augen existiert, nur eine Affektion ihres Sehnerven ist? Weil sie nicht den Idealisten zu Liebe, sich selbst aber zum Leide verhungern will, weil sie ohne die Existenz der Maus, der Objekts, die Leerheit und Nichtigkeit der eigenen Existenz fühlt, weil sie eben deswegen außer den subjektiven, den empfindenden Organen nichtempfindende, objektive Organe, Bewegungsnerven, Knochen und Muskeln hat, um die unerträgliche Hohlheit der gegenstands- und inhaltslosen Ichheit überwinden, der Wahrheit der Objektivität inne und habhaft werden zu können.

»Tötet denn aber nicht die Katze die Maus? Verhält sich nicht der Wille überhaupt nur negativ, vernichtend gegen das Objekt? Haben nicht die Idealisten gerade dieses Verhalten zum Ausgangspunkte ihres Beweises von der Nichtigkeit des Objekts genommen?« Wohl tötet die Katze die Maus; aber sie tötet nur einige, nicht alle Mäuse, weil sie mit der Aufhebung aller für sie genießbaren tierischen Objekte sich selbst aufhöbe, weil sie, um selbst leben zu können, anderes muß leben lassen. Doch abgesehen davon, daß der Mutwille des Subjekts an der massenhaften Ausbreitung des Objekts die Schranke seiner Zerstörungswut findet – ist die Macht der Begierde, mit der ich den Gegenstand mir aneigne und verzehre, nicht zugleich ein Ausdruck von der Macht desselben über mich, meiner Abhängigkeit von ihm, nicht ein Ausdruck davon, daß er für mich ein unentbehrlicher und wesentlicher ist, daß ich nur durch ihn lebe und bestehe, daß ich also zu ihm als einem Objekt meiner Selbstliebe nicht nur in einem negativen, sondern auch positiven, nicht nur herrischen, sondern auch untertänigen, mich zu Dank verpflichtenden Verhältnis stehe. Wir können nicht essen, was wir verabscheuen, aus demselben Grunde, aus welchem wir uns mit einem abscheulichen Wesen nicht begatten können, weil auch das Essen eine Begattung, eine fleischliche Vermischung ist, weil nicht nur der Gegenstand des Geschlechtstriebes, sondern auch der des Selbsterhaltungstriebes, wenn auch nur mittelbar, Fleisch von unserm Fleisch und Gebein von unserm Gebein ist; daher auch nur die Wesen sich geschlechtlich vereinigen, die im Geschmack der Speise einig sind, nicht de gustibus miteinander streiten, sondern friedlich von derselben Fauna oder derselben Flora sich nähren. Wir können nicht genießen, wenigstens nicht verdauen, was schlechterdings unserer Natur widerspricht, kein Gift zu uns nehmen, ohne von ihm vergiftet, vernichtet zu werden, zum deutlichen Beweise, daß das Subjekt das Wesen des Objekts zur Schranke seines Willens hat, daß alles, was wir über das Objekt vermögen, ebensosehr im Vermögen des Objekts als in unserm eigenen liegt, daß wir nur verdauen kraft der »Negativität« unseres Magens oder Willens, was positiv, kraft seiner eigenen Naturbeschaffenheit verdaulich ist, nur also essen, was eßbar, nur sehen, was sichtbar, nur tasten, was tastbar, daß folglich das schlechthin sogenannte Objekt ebensogut *Objekt-Subjekt* als das schlechthin sogenannte Subjekt wesentlich und unabsonderlich *Subjekt-Objekt,* d. h. das Ich Du-Ich, der Mensch *Welt-* oder *Naturmensch,* gleichwie die Katze wesentlich Mauskatze, die Raupe, die von der Wolfmilchsstaude lebt, Wolfmilchsraupe, die Laus, die von den Blättern der Pflanzen lebt, Blattlaus ist und heißt. Die Frage, wie der Mensch oder das Ich, welches schon in seinem Begriffe oder Wesen das Dasein einer Welt oder eines Du außer sich in sich schließt, zur Vorstellung oder Annahme eines solchen Außersich kommt, ist daher die Frage der Mauskatze, wie sie zur Annahme einer Maus, die Frage der Blattlaus, wie sie zur Annahme eines Blattes außer ihr komme.

Allerdings weiß und behauptet auch der Idealismus – wie sollte er sich einer so sinnfälligen Wahrheit verschließen können? –, daß ohne Objekt kein Subjekt, ohne Du kein Ich ist; aber dieser Standpunkt, wo es ein Ich und Du gibt, ist ihm nur der *empirische,* nicht der transzendentale, d. h. wahre, nicht der erste und ursprüngliche, sondern ein untergeordneter, abgeleiteter, ein für das Ich an sich aufgehobener, ein nur für das Leben, aber nicht für die Spekulation gültiger Standpunkt. Allein, eine Spekulation, die mit dem Leben in Widerspruch steht, die den Standpunkt des Todes, der vom Leibe geschiedenen Seele zum Standpunkt der Wahrheit macht, ist selbst eine tote und falsche Spekulation – eine Philosophie, welche der Mensch schon mit dem ersten Lebenshauche und Schrei außer Mutterleib zum Tode verurteilt; denn mit demselben Schrei, womit er sein Dasein verkündigt, kündigt auch zugleich der Mensch, wenn auch unbewußt, das Dasein einer von ihm unterschiedenen Welt an. Wie kann denn ein Wesen überhaupt seine Empfindung äußern, wenn kein Äußeres, wie sie vergegenständlichen, zur Empfindung eines andern Wesens machen, wenn nichts anderes, nichts Gegenständliches existiert? Wenn die Empfindung ein in sich verschlossenes, karthäuserisches, gnostisches, buddhistisch-nihilistisches Wesen wäre, so wäre es allerdings unmöglich, ja unsinnig, von ihr aus zu einem Objekt, einem Etwas außer ihr einen Übergang finden zu wollen; aber die Empfindung ist das gerade Gegenteil der asketischen Philosophie: *außer sich* vor Wonne oder Schmerz, leut- und redselig, lebenslustig, genußsüchtig, d. h. objektsüchtig, denn ohne Objekt kein Genuß.

»Die Empfindung jeder Art«, sagt Schopenhauer, ein übrigens selbst von der »Epidemie« des Materialismus angesteckter Idealist, »bleibt auf das Gebiet *innerhalb* der Haut beschränkt, kann also selbst nie etwas enthalten, das *jenseits* dieser Haut, also *außer uns* läge.« Das Objekt ist aber für uns nicht nur Gegenstand der Empfindung, es ist auch die Grundlage, die Bedingung, die Voraussetzung der Empfindung; wir haben innerhalb der Haut eine objektive Welt, und nur diese ist der Grund, daß wir eine ihr entsprechende außer unsre Haut hinaussetzen. Wir empfinden »innerhalb der Haut« – aber innerhalb einer Haut, welche *porös* ist, und zwar derart, daß auf der gesamten Oberfläche eines erwachsenen Mannes nicht weniger als ungefähr sieben Millionen Poren, d. h. Öffnungen, Ausgänge ins Jenseits der Haut sich befinden. Sage: sieben Millionen Poren in der Haut, durch welche wir atmen, und dazu noch unterhalb der Haut in einem besondern, nur zum Atmen bestimmten Organ, der Lunge, nicht weniger als sechshundert Millionen lufterfüllte Zellen! Was ist aber das Atmen? Nichts als eine fleischliche Vermischung unseres Blutes mit der äußern Atmosphäre, eine Begattung insbesondere mit dem Sauerstoff der Luft. Die Lunge ist aber kein Empfindungsorgan, die Luft, die wir durch Haut und Lunge einatmen, keine Affektion unserer Nerven, keine Empfindung oder Vorstellung von uns; wir nehmen die wirkliche Luft in uns auf, so, wie sie ist, auf materielle, objektive, chemische Weise; wir atmen, ehe wir sehen, hören, tasten, riechen, schmecken; wir atmen, weil wir ohne Luft nicht leben, nicht empfinden können. Ohne Atmen ist kein Sauerstoff, wenigstens für uns und in uns, ohne Sauerstoff kein Feuer, keine Wärme, ohne Wärme keine Empfindung, keine Begeisterung. Die Glut der Empfindung, der Begeisterung – wir empfinden ja nur im Zustande nervöser Aufregung – ist keine poetische Phrase, sondern sinnfällige, selbst mit dem Thermometer nachweisbare Wahrheit. Fast alle Sprachen und Denker des Altertums identifizieren sogar geradezu Seele, Geist, Lebensprinzip mit Luft, Äther (feinster, oberster Luft), Wärme, Feuer.

Luft ist das erste Empfindungs- und Lebensbedürfnis; wir leben von der Luft, aber nicht allein, sondern noch unzähligen andern Dingen und Stoffen; wir atmen nicht nur, wir essen und trinken auch. Was wir trinken, was wir essen, das müssen wir auch sehen, hören, fühlen, riechen, schmecken, aber wir bleiben nicht bei diesem nur sentimentalen Verhältnisse stehen; wir zerkauen und zermalmen es mit unsern unästhetischen Zähnen, nicht um es nur zu schmecken – der Geschmack, wie die andern Sinnesempfindungen, ist hier nur Mittel –, sondern um es uns förmlich einzuverleiben, in Fleisch und Blut zu verwandeln, sein Wesen zu unserm Wesen zu machen. Mit Wesen derselben Gattung, aber andern Geschlechts zeugen wir uns gleiche Wesen außer uns, mit Wesen anderer Gattung, mit denen wir uns nur vermittels unserer Eßorgane vermischen, zeugen wir uns selbst. Der Zeugungsprozeß sowohl in letzterem als ersterem Sinne ist aber die wahre, wirkliche, sinnlich begründete, nicht transzendente, nicht phantastische Identität von Subjekt und Objekt. Was ist der Hunger, was der Durst anderes als das Leibnizsche, aber von Leibniz nur gedachte, nicht in seiner Wahrheit und Wirklichkeit erkannte und nachgewiesene vinculum substantiale, wesentliche Band zwischen den Durst und Hunger empfindenden oder leidenden Wesen und andern dieser Empfindung entsprechenden, dieses Leiden heilenden Wesen? Wie abgeschmackt, der Empfindung das Evangelium, die Verkündung eines objektiven Heilandes abzusprechen – zu behaupten, daß sie nichts Gegenständliches beweise, nichts Gegenständliches enthalte! Ist denn die Empfindung des Hungers, des Durstes eine leere, gegenstandslose? Ist der Durst etwas anderes als empfundener Wassermangel? »Ich empfinde nur mich selbst«, sagt der Idealist. Ja, wohl empfinde ich mich, auch wenn ich Durst empfinde, aber als ein ohne Wasser höchst mangelhaftes, unglückliches, elendes Ich, also als ein wasserbedürftiges, die Notwendigkeit des Wassers, wenn auch nur für mich, empfindendes und beweisendes Wesen. Meine Empfindung ist subjektiv, aber ihr Grund ein objektiver. Ich empfinde Durst, weil das Wasser außer mir ein wesentlicher Bestandteil in und von mir, Grund selbst oder Bedingung meiner Existenz und Empfindung selber ist – ich sage Grund oder Bedingung, weil das Wasser nicht der einzige, der zureichende, sondern nur einer unter vielen andern, Bedingung, wenigstens Lebensbedingung, aber nichts anderes als solch ein Grund ist. Ohne Wasser also keine Empfindung, am wenigsten eine Empfindung von Wasserbedürfnis – denn wenn kein Wasser überhaupt ist, ist auch kein Durst –, am allerwenigsten Empfindung des Wohlseins. Wohlsein ist aber nichts anderes als Identität, Einigkeit von Subjekt und Objekt, darum sind Hunger und Durst peinliche Empfindungen, Empfindungen des Unwohlseins, weil hier diese Einheit unterbrochen ist, weil ich ohne Speise und Trank nur ein halber, kein ganzer Mensch bin. Warum aber nur ein halber Mensch? Weil das, was ich esse, was ich trinke, selbst mein alter ego, mein anderes Geschlecht, meines Wesens ist, wie ich umgekehrt seines Wesens bin. So ist das trinkbare Wasser, das Wasser als möglicher Bestandteil des Blutes, menschliches Wasser, menschliches Wesen, wie und weil der Mensch selbst ein wenigstens teilweises Wassergeschöpf, wässerigen Blutes und Wesens ist. Essen und Trinken ist die alltägliche, deswegen nicht bewunderte, ja mißachtete Inkarnation, Menschwerdung der Natur, aber sie wird nur Mensch infolge der Identität von Subjekt und Objekt, die sich uns im Gefühle des Wohlseins offenbart. Warum würzt der Mensch seine Speisen mit Salz? Weil sie ihm ohne Salz nicht wohlschmecken und wohl bekommen. Warum aber nicht? In letzter Instanz geurteilt, weil das Salz auch ein notwendiger, zum Wohlsein, d. h. zum wahren, gesunden, normalen Sein unentbehrlicher Bestandteil unseres Blutes ist. Was hat also den Menschen bestimmt, Salz zu sich zu nehmen, was ist das Band, das vinculum substantiale zwischen dem uns notwendigen Salz und dem wirklichen Salze außer uns, das Verbindende also zwischen Subjekt und Objekt? Die Empfindung des Unwohlseins ohne Salz – die Empfindung, sage ich, nicht der Instinkt; denn mit diesem Wort bezeichnen wir nur das unbekannte und verkannte Wesen der Empfindung.

Also ums Essen und Trinken handelt es sich auch bei der Frage von der Idealität oder Realität der Welt? ruft entrüstet der Idealist aus. Welche Gemeinheit! Welcher Verstoß gegen die gute Sitte, auf dem Katheder der Philosophie ebenso wie auf der Kanzel der Theologie über den Materialismus in wissenschaftlichem Sinne aus allen Leibeskräften zu schimpfen, dafür aber an [der] table d'hôte von ganzem Herzen und von ganzer Seele dem Materialismus im gemeinsten Sinne zu huldigen! Es handelt sich hier nur von der Sinnenempfindung, vom Fühlen, Hören, Sehen, und daß diese Empfindungen, wie ihre Gegenstände, wie der Schall, das Licht, nur subjektiv, nur Nerven- oder Hirnaffektionen sind, das behaupten und beweisen nicht nur die philosophischen, sondern auch die modernen physiologischen Idealisten. »Es ist ganz gleichgültig«, sagt z. B. Joh. Müller in seiner Schrift *Zur vergleichenden Physiologie des Gesichtssinnes,* »von welcher Art die Reize auf den Sinn wirken; ihre Wirkung ist immer in den Energien des Sinnes. Druck, Erschütterung, Friktion, Kälte und Wärme, der galvanische und elektrische Gegensatz, chemische Reagenzien, die Pulse des eigenen Körpers, die Entzündung der Netzhaut, die Sympathien endlich des Auges mit andern Teilen des Körpers, kurz, alle nur denkbaren Reize, welche in was immer für einer Form auf die Sehsinnsubstanz zu wirken vermögen, wirken auf diese nur so, daß sie ihre Dynamis, die Empfindung des Dunkeln, welche sie auch ohne Reiz hat, zu ihren Energien, zur Empfindung des Lichten und des Farbigen treiben.« »Dasjenige, was, wenn es nach den Gesetzen seiner Bewegung durch durchsichtige Medien auf der Netzhaut Unterschiede der Affektion in den Energien des Sehsinns setzt, Licht genannt wird, ist also nicht der erste und vornehmste Impuls zur Erzeugung der Empfindung des Lichtes und der Farbe, sondern unter vielen andern, welche das Gemeinsame haben, daß sie in dem Auge ein von ihnen selbst Unterschiedenes, dem Sinn selbst Angehöriges, Lichtempfindung wecken, der gewöhnlichste!« Wirklich nur der gewöhnlichste, nicht der erste, normale, maßgebende, über alle andern Lichterscheinungen entscheidende? Wie verträgt sich dieser Gedanke mit gesunden Sinnen? Der Sehsinn ist nur für das Licht empfänglich, für das Licht von der Natur prädestiniert; das Licht ist sein Eins und Alles; für ihn existiert nur Licht, darum ist alles andere für ihn auch nur Licht, oder er nimmt jeden Eindruck auf sich, welcher Art er auch sei, als Lichterscheinung auf; aber eben deswegen hat die phantastische oder überhaupt subjektive Lichtempfindung nicht gleiche Bedeutung mit der objektiven, jene ist eine dieser untergeordnete, von ihr abzuleitende. Wie kann ich eine ohne äußeres Licht entstandene Sehsinnaffektion als feurigen Kreis, als Funken oder Flammen wahrnehmen und bestimmen, wenn ich nicht schon unter dem Beistand des göttlichen Lichtes in natura Feuer, Funken und Flammen gesehen habe?* Wie also die subjektiven Lichterscheinungen, die ich selbst ohne Auge habe, mit denen auf gleiche Linie stellen, die ich nur durch das Auge, das ausdrückliche, das offenbare, das objektive Lichtorgan habe? Licht ohne Auge oder, was eins ist, ohne äußeres Licht ist ein Licht, das nicht leuchtet und erleuchtet, das nur ich, aber kein anderer wahrnimmt, mit dem ich selbst nichts sehe und wahrnehme. Also ist dieses subjektive, dieses nichtsnutzige, dieses äffische Licht himmelweit verschieden von dem wah-

---

* Wenn wirklich Blindgeborene oder in den ersten Tagen ihres Lebens Erblindete, also jenen gleich zu Achtende, angeben, daß sie Traumgestalten sehen, so ist doch gewiß, ehe man daraus auf innerliche phantastische Gesichtserscheinungen der Blinden schließt, die Frage erlaubt, ob nicht diese Angaben den Suggestivfragen der Sehenden ihre Entstehung verdanken? Weiß der Blindgeborene aus sich selbst, daß er blind, daß er nicht sieht? Weiß man, was sehen heißt, wenn man nicht sehen kann, was dunkel ist, wenn man nichts vom Lichte weiß? Wenn man also dem Blindgeborenen die Empfindung wenigstens der Dunkelheit des innern Sehraums zuschreibt, legt man nicht seinen Zustand im Sinne des Sehenden aus?

ren, dem allgemeinen Lichte, worin nicht nur ich, sondern zugleich auch der andere sieht, worin ich nicht nur sehe, sondern auch gesehen werde, nicht nur Subjekt, sondern auch Objekt des Sehens bin.

Nicht Ich, nein, Ich und Du, Subjekt und Objekt, unterschieden und doch unzertrennlich verbunden, ist das wahre Prinzip des Denkens und Lebens, der Philosophie und Physiologie. Der Unterschied zwischen Ich und Du ist der Unterschied zwischen phantastischem und wirklichem Licht. Nervenlicht ohne Sonnenlicht ist soviel als ein Ich ohne Du, ein Weib ohne Mann, oder umgekehrt. Die subjektive Lichtempfindung der objektiven gleichsetzen heißt die Pollution mit der Zeugung identifizieren. Ich empfinde Geschlechtsreize auch ohne das andere Geschlecht auf Einwirkung der verschiedensten Ursachen, aber gleichwohl beziehen doch alle diese Reize auch ohne Anwesenheit und Berührung des andern Geschlechts sich nur auf dasselbe; solange wenigstens der Mensch gesund, nicht lasterhaften oder krankhaften Neigungen verfallen ist, wird er jeden Geschlechtsreiz nur unter der Form, unter der Vorstellung des andern Geschlechts empfinden. Keine Empfindung ist subjektiver als die geschlechtliche, und doch verkündet keine lebhafter und energischer die Notwendigkeit und das Dasein des ihr entsprechenden Gegenstandes, denn jeder einseitige geschlechtliche Reiz ist ja eigentlich nur ein das andere Geschlecht vertretender, nur ein kryptogamischer Reiz. Warum soll es nicht dieselbe oder doch eine ähnliche Bewandtnis mit den einseitigen Lichtempfindungen haben? Wenn der geschlechtlich Erregte auch andere, neutrale, geschlechtslose Reize, selbst einen bloßen Händedruck als Geschlechtsreiz empfindet, warum soll nicht auch der lichtbedürftige, lichtbegierige Sehnerv oder überhaupt Sehsinn einen mechanischen Druck oder sonstigen Eindruck als Licht empfinden, d. h. jedem abnormen Eingriff gegenüber seine normale Naturbestimmung, seine Lichtbestimmung zu augenfälliger Erscheinung bringen? Desperater Durst macht selbst den eigenen Urin zu einem Getränke. Wer sollte aber deswegen dieses selbstfabrizierte, von unsern Nieren ausgeschiedene Wasser mit dem Quellwasser der Natur außer uns auf gleichen Fuß stellen – schließen, daß das Wasser nur der gewöhnlichste, nicht der normale, naturgemäße Gegenstand unseres Durstes, d. h. unseres Wasserbedürfnisses ist?

Doch auch zugegeben, daß das Licht nur eine »Energie«, ein Produkt oder Fabrikat des Sehsinns sei, so ist doch sogleich die Einschränkung notwendig, daß dies eben nur von dem Lichte gilt, welches und wie es Gegenstand des Sehsinns für sich allein ist, denn das Licht existiert für uns auch noch auf andere Weise, es ist außer dem Auge auch Objekt des Gefühls – blendendes Licht z. B. schmerzt –, Objekt der Empfindung unseres Wohlseins, unseres Gesundheits-, unseres Glückseligkeitstriebes. Nur im Lichte hauchen die Pflanzen unsere Lebensluft, den Sauerstoff aus; Licht beschleunigt den Blutlauf, befördert den Stoffwechsel; Mangel an Licht, »dunkle Wohnungen machen bleichsüchtig und gedunsen« (Moleschott, *Licht und Leben*). Ohne Licht kein Leben, kein Sein, geschweige gesundes und glückliches Sein, wenigstens für uns. Darum steht auch das Sehorgan selbst in Verbindung mit Gefühlsnerven und Bewegungsorganen, womit wir nach Bedarf und Befund unseres Willens, d. h. unseres Glückseligkeitstriebes, das Auge öffnen und schließen können, um in ersterem Falle das Licht in unsere Haut hinein-, im andern Falle aber außer unsere Haut, wenigstens unsere Netzhaut, hinauszusetzen und so zu beweisen, daß das Licht, wenn es auch für den Sehsinn nur in ihm selbst existiert, so daß er als judex in propria causa dreist behaupten darf: La lumière c'est moi, doch für andere, unparteiische Organe und Sinne auch eine Existenz außer dem Sehsinne hat. Hat man doch selbst aus chemischen Wirkungen erschlossen, daß es *unsichtbare Lichtstrahlen* gibt, Lichtstrahlen, die nicht mehr als solche empfunden werden, weil sie jenseits der Grenzen der roten und violetten liegen.*

---

* Warum nimmt man denn aber überhaupt bei der Frage von der Realität oder Idealität, der Gegenständlichkeit oder Nichtgegenständlichkeit der

Sinne statt des gründlichen Wesen- oder Körpersinns, des Gefühls- oder Tastsinns, nur den oberflächlichen Scheinsinn des Sehorgans zum Ausgangspunkte und selbst zum Muster? Für den einseitigen Gesichtssinn existieren selbst die Geister, die Gespenster, aber nicht für den Tastsinn. Daher sagt selbst in der Bibel der zum Leben wiedererstandene Gottmensch zu seinen Jüngern nicht nur, »sehet«, sondern auch »fühlet« oder betastet mich, um euch zu überzeugen, daß ich kein Geist bin, »denn ein Geist hat nicht Fleisch und Bein«. Über phantastische Gesichtserscheinungen kann man daher Bücher schreiben, aber nicht über phantastische Erscheinungen des Gefühls- oder Tastsinns. »Phantastische Gefühlsempfindungen«, sagt Joh. Müller in seiner Schrift *Über die phantastischen Gesichtserscheinungen,* »sind im Traume häufig genug, sonst aber selten. Aber von einem hämorrhoidalischen Greis wird erzählt, daß es ihm zuweilen vorkam, als faßte ihn jemand bei der Schulter u. dgl. Bei Irren sind sie sehr häufig.« Aber diese Gefühlsphantasmen des Irren, des Kranken, des Träumenden kann man doch nicht dem Gefühlssinne selbst zum Vorwurf machen.

ANHANG

Andenken an Eduard August Feuerbach
[1843]¹¹⁰

Eduard August Feuerbach, dritter Sohn des zu Frankfurt am Main im Jahr 1833 verstorbenen Präsidenten und Staatsrates Anselm von Feuerbach, wurde geboren 1803 den 1. Januar in Kiel an den Gestaden der Ostsee, erhielt den Gymnasialunterricht zu Ansbach, studierte zu Göttingen und Erlangen, promovierte als Doktor der Rechte zu München, wo er auch seine ersten Vorlesungen über deutsches Privatrecht hielt, wurde hierauf außerordentlicher, endlich ordentlicher öffentlicher Professor der Rechte an der Universität Erlangen, verheiratete sich 1840 zu Bruckberg bei Ansbach mit der ältesten Tochter des Besitzers der dortigen Porzellanfabrik, Fräulein *Sidonie Stadler,* aus der Ehe mit welcher er zwei Kinder hinterläßt, und starb an eben diesem Orte, wo er gewöhnlich in den letzten Lebensjahren seine Ferienzeit zubrachte, am 25. April, in der Mittagsstunde zwischen ein und zwei Uhr, 1843. Seine Leiche ruht in dem eine halbe Stunde von Bruckberg entfernten Pfarrort Großhaslach.

Eduard Feuerbach war ein allem eitlen Prunk und Luxus, allem Schein und Tand so abholder und deswegen so ungewöhnlicher Mann, daß wir nicht in seinem Sinne handeln würden, wenn wir seiner in Blättern der Ostentation, der Lobhudelei und zeremoniellen Kondolenzen gedenken wollten. Dem Wesen des Mannes entspreche auch die Art des Andenkens! Allein werde seiner gedacht!

Eduard Feuerbach war Jurist, aber nicht im Einklang mit seiner ursprünglichen Neigung, deren Gegenstand vielmehr die Natur war. Schon als Knabe bekundete er diese Neigung durch seine Liebe zu den Tieren, deren er sich in Menge und von allen Arten hielt. Und schon auf dem Gymnasium nahm diese Naturliebe einen wissenschaftlichen Charakter an. Er sammelte auf seinen Spaziergängen Pflanzen, um sie nach dem Linnéschen Systeme zu klassifizieren, und legte sich auch eine Mineraliensammlung an, wozu ihm seine Reisen in den Schwarzwald und das Fichtelgebirge die schönste Gelegenheit gaben. Auch hatte er wirklich alle Anlagen zu einem Naturforscher: einen vorurteilslosen Verstand, scharfen Blick, treffliche Beobachtungsgabe und ein Gedächtnis, dem nichts mehr entfiel, auch nicht das Spezielleste von dem, was er einmal gesehen hatte. Selbst seine körperliche Disposition berief ihn dazu. Ihm war ein Leben Bedürfnis, das mit geistiger Tätigkeit zugleich körperliche Bewegungen, Anstrengungen und Gefahren verbindet. Insbesondere eignete er sich zu einem Reisenden durch sein stets reges Verlangen, fremde Länder und Völker zu sehen, seinen Unternehmungsgeist, seinen Mut, seine Beharrlichkeit, seinen Gleichmut gegen physische Schmerzen und Entbehrungen aller Art und seine außerordentliche Körperstärke – Eigenschaften, die ihn namentlich in seinen frühern Jahren, wie alle seine Jugendgenossen bestätigen können, auszeichneten. Diesem seinem Hange gemäß fand er denn auch sein größtes Vergnügen in Reisen. So segelte er als Göttinger Student nach Kopenhagen hinüber, und noch als Professor schüttelte er regelmäßig in den Ferien den Staub der Stubengelehrsamkeit von den Füßen und eilte gewöhnlich, dem platten Lande entfliehend, in die reine, freie Gebirgsluft. Noch das Jahr vor seiner Verheiratung hatte er den St. Gotthard bestiegen.

Allein er opferte diese seine Neigung zur Naturwissenschaft dem Wunsche seines Vaters auf, der ihn aber eben deswegen auch durch seine Liebe und sein Vertrauen vor allen seinen andern Söhnen auszeichnete, und ergriff die Wissenschaft seines Vaters. Aber gleichwohl betrieb er die Rechtswissenschaft schon als Studierender mit dem größten Eifer und Fleiße, als Gelehrter mit Liebe und rühmlichstem, allgemein anerkanntem Erfolge, als Lehrer an der Universität mit seltener Gewissenhaftigkeit und Gründlichkeit. Was anfangs nur der Wille des Vaters gewesen, ward später sein eigener Wille, was anfangs nur Sache der Pflicht, endlich Sache der Neigung. Wenn daher seine juristische Wirksamkeit nicht den Ausdruck der Freudigkeit hatte, so war dies, abgesehen von seinem ohnedies stillen, in sich gekehrten Wesen und andern Gründen, keineswegs Folge eines Zwiespalts mit seiner Wissenschaft, sondern nur der Ausdruck von dem allgemeinen Zustand des Rechtes in Deutschland, welches, entzogen dem wohltätigen Lichte des öffentlichen Lebens, nur als das Geheimnis einer besondern Kaste betrieben wird.

So ein gründlicher und ausgezeichneter Rechtsgelehrter aber auch *Feuerbach* war, so erstreckte sich doch sein Interesse und Wissen weit über die Grenzen seiner Berufswissenschaft. Seinem Sinne war nichts Menschliches fremd; er war ein allseitig gebildeter Mann und hatte auch auf ihm weniger vertrauten Gebieten ein oft überraschend treffendes Urteil und ein so richtiges Wahrheitsgefühl, daß er überall den Schein vom Wesen, den falschen Schimmer von dem wahrhaft Gediegenen zu unterscheiden wußte.

Geschrieben hat er nur weniges, aber Gediegenes – auch in der Schrift derselbe, der er im Leben, im Umgang war, mit Ausnahme seltner Momente besonderer Gesprächigkeit sparsam an Worten, aber reich an Gedanken. Er war ebensowenig Redner als Stilist. Er kümmerte sich nicht um den Ausdruck der Gedanken; nur auf die Wahrheit, auf die Sache kam es ihm überall an, und nirgends überschritt er die Grenzen des Notwendigen. Trocken war er daher in der Rede, trocken in der Schrift, aber nur, weil er sich stets von allem Überflüssigen enthielt, nur das Wesen des fraglichen Gegenstandes strenge im Auge hatte.

Er war in allen Stücken, bis ins Kleinste, Unbedeutendste hinein, ein Bild der Tugend, ein Bild der Pflicht, darum bei seinem stets für das Wohl anderer besorgten Herzen dennoch streng, im höchsten Grade ernst, den Charakter der Notwendigkeit an sich tragend, kasuistisch selbst in bedenklichen Fällen. Dieses sein Wesen leuchtete besonders in seinen frühern Jahren aus seinem Blicke hervor, der mit erschütternder Macht, unwiderstehlich wie die Stimme des Gewissens, das Innerste durchdrang und den nie eine unerlaubte Begierde oder schmutzige Leidenschaft verfinstert hatte. Er wußte nichts von Genuß- und Vergnügungssucht, die, wenn auch an sich unverwerflich, doch so oft den Menschen mit sich, seinen Verhältnissen und Pflichten in Zwiespalt bringt und ihm eben dadurch die Festigkeit, Freiheit und Sicherheit des Blickes, sowohl des geistigen als des physiognomischen, raubt. Nein, die gewöhnlichen Leidenschaften der Menschen waren seinem Sinne so ferne, daß er vielmehr, als gönnte er sich kein Vergnügen und keine Rast, zu Zeiten sich Übel aller Art fingierte, erst Krankheiten, dann politische, endlich persönliche Feinde.

Hypochondrie nannten seine Freunde und Bekannten die Quelle dieser seiner eingebildeten Leiden. Allerdings sind körperliche Zustände, hervorgerufen durch sein freudenloses, angestrengtes, eine große Zeit lang gänzlich einsames Leben und durch die charakter- und tatlose Leerheit der Zeit, die ihn nur mit Abscheu erfüllte, dabei mit im Spiel gewesen. Aber der wahre Grund liegt tiefer; er liegt in dem Grundzug seines Wesens, den er auf eine höchst charakteristische Weise schon in dem entscheidenden Schritte darlegte, daß

er eine Jugendneigung dem Willen seines Vaters aufopferte, und der darin bestand, daß er immer mehr an andere als an sich dachte, ja nur für andere, nicht für sich selbst lebte. Die Lehre, daß der Mensch nichts ohne egoistische Triebfedern tun könne, widerlegt sein Leben und sein grundedler Charakter, welchen der Mangel an allem, selbst wohlberechtigten Egoismus auszeichnete. Ja, man kann ihm das Übermaß dieser so seltenen Tugend als seinen einzigen Fehler anrechnen, denn er war ein schlechterdings untadelhafter, mit allen Privattugenden des Menschen ausgestatteter Mann. Doch hatte sein unegoistischer Charakter keine liebenswürdige, einschmeichlerische Außenseite. Er war auch hierin so wenig ein Mann des Scheines, er stellte sein edles Wesen so wenig zur Schau aus, daß er vielmehr kalt, unfreundlich, ja inhuman erschien, während er doch stets nur das Wohl der Seinigen auf dem Herzen trug und im Innersten gegen jeden Menschen wohlwollend gesinnt war, unfähig eines Scheelblickes, einer Rache, einer Intrige, einer Nachrede, einer Beleidigung aus böser Absicht. Aber allerdings kannte er keine Humanität im Widerspruch mit der Rechtlichkeit; und er mag daher vielleicht wirklich den einen und andern beleidigt haben, der ihm gegenüber eine solche Humanität für sich in Anspruch nahm.
Aber tief begründet in der Natur, tief berechtigt, notwendig zur Selbsterhaltung ist ein gewisser Egoismus. Der Mangel am berechtigten ebensowohl als an dem gemeinen Egoismus ergänzte sich daher in ihm durch eine ganz eigentümliche Art von Egoismus. Während der gewöhnliche Egoist nämlich sich zum Zentrum alles Guten macht, nur das Wohltätige auf sich bezieht, alles Störende, Mißfällige von sich ferne haltend, so machte dagegen er sich zum Zentrum alles Übeln, bezog nur das Schlimme auf sich. Dieses der tiefere Grund der Gespenster, die ihn zeitweise verfolgten. Übrigens existierten sie nur in seinem Vorstellungsvermögen, nicht in seinem Herzen, das nichts von Furcht irgendeiner Art wußte, nicht in seinem Wesen, das, im Innersten kerngesund, nur an der Schale von den Übeln der Zeit und des Lebens angegriffen werden konnte. Und selbst aus seinen Vorstellungen verschwanden diese Dämonen in seinen letztern Lebensjahren, insbesondere seit seiner Verheiratung mit Fräulein Sidonie Stadler, mit der er in der glücklichsten Ehe lebte, ebenso trefflich als Gatte und Vater, wie er es in allen andern Verhältnissen war, obwohl er sich auch dieses Glück, jedoch nur momentan, durch neue grundlose Vorstellungen verbitterte – Vor-

stellungen, die jedoch in der letzten Zeit von ihm völlig gewichen waren.

So ungewöhnlich wie sein Charakter, so ungewöhnlich, ja rätselhaft selbst, aber um so erschütternder für die Seinigen war seine Todesart.

Den Tag vor seinem Tode, wo er noch, wie überhaupt die letzten Tage her, sehr heiter und, mit Ausnahme eines von einer kurz vorhergegangenen Grippe übriggebliebenen Gefühls von Mattigkeit, sich ganz wohl befand, verlangte er nachmittags von seiner Frau – eine Lieblingsspeise von ihm – Gänsefett, auf Brot gestrichen, und genoß davon zur größten Verwunderung der Seinigen, als sie es gewahr worden waren, obwohl überall, so auch im Genusse der Speisen und Getränke ein Muster der Mäßigkeit und Selbstbeherrschung, eine verhältnismäßig sehr große Quantität. Zwei Stunden darnach, ungefähr um sechs Uhr abends, erbrach er sich – jedoch unbemerkt von den Seinigen, denn er war ins Freie hinausgegangen. Bald hierauf legte er sich zu Bette. Hier mußte er sich von neuem mehrmals erbrechen. Seine besorgte Gattin wollte nun den Landarzt – die nächste Hilfe auf dem Lande – rufen lassen. Aber er verbat es sich aufs strengste. Um Mitternacht jedoch, als sein Befinden sich nicht gebessert und sich auch Frost eingestellt hatte, verlangte er selbst nach demselben. Derselbe erschien und gab ihm, allem Vorhergegangenen zufolge eine Indigestion annehmend, einige Dosen Brausepulver. Sie wurden aber wieder ausgebrochen. Jedoch schien er einige Zeit darauf sich besser zu befinden und selbst mehrere Stunden zu schlummern. Um 5 Uhr morgens verlangte er Wasser. Als ihm die Magd ein Glas voll eingeschenkt hatte und wieder mit dem Wasserkrug forteilte, sagte er noch zu ihr: »Stelle sie nur den Krug daher, ich kann mir schon selbst einschenken.« Um 6 Uhr erschien der Landarzt, um sich nach seinem Befinden zu erkundigen. Er fand, auch jetzt noch nichts Arges ahnend, den Zustand des Patienten, der alle seine Fragen ganz »ordentlich«, doch »langsam« beantwortet hatte, unbedenklich und gab ihm eine indifferente Arznei. Nicht lange darnach verschlimmerte sich der Zustand, ohne jedoch die Seinigen aus dem allerdings natürlichen Wahne zu reißen, es sei keine Gefahr vorhanden, das Übel habe nur in einem Diätfehler seinen Grund – ein Wahn, in dem sie hauptsächlich dadurch bestärkt wurden, daß *Feuerbach* gar keine Zeichen von Schmerzen von sich gab, gar keine Klagen von sich stieß als die bei Übelkeiten vorkommenden und sich überhaupt nicht anders benahm, als er sich sonst und erst kurz vorher bei seinem Leiden an der Grippe benommen hatte. Seine junge Gattin ahnte zuerst die Gefahr; aber die Verwandten, in ihrem Wahne befangen, beruhigten sie. Aber um so erschrecklicher war die Enttäuschung, als sich alsbald, nach 10 Uhr, mit Riesenschritten die Zeichen des nahenden Todes einstellten und nun die Hilflosigkeit des Landlebens in allen akuten Krankheitsfällen in seiner ganzen Trostlosigkeit empfunden wurde. Um 10 Uhr war nach Ansbach zum Dr. *Heidenreich* geschickt worden. Aber als er, nach zwei Uhr, kam, war bereits der Kranke eine Leiche.

Die bemerkenswertesten Umstände und die Worte, die er in seinen letzten Stunden nach verschiedenen Zwischenräumen gesprochen, waren folgende. Auf die Frage, was ihm wehe tue, antwortete er: »Alles tut mir wehe. Ich kann kein Glied rühren.« Später: »Ich bin so müde, so marode! – Es geht recht abwärts mit mir. Meine Zeit ist vorüber. – Ich bin ganz betäubt. Meine Sinne vergehen mir, ich erkenne euch bald nicht mehr.«

Dazwischen fragte er mehrmals nach *Heidenreich*. Auf seine Frau suchte er beständig seine Blicke zu heften. Und er rief ihr, so oft sie sich entfernte. Gegen das Ende wollte er sich aufrichten und rief mit vieler Anstrengung, aber sehr vernehmlich: »Empor, empor!«, worauf man ihn in eine sitzende Stellung auf einige Augenblicke brachte. Ganz zuletzt verlangte er noch nach Wasser und nahm davon zwei Löffel. Das Bewußtsein seiner Gefahr hatte er nicht sehr lange, höchstens zwei Stunden, denn in der Frühe hatte er noch die beste Hoffnung. Zuckungen und Verzerrungen im Gesichte wurden nicht bemerkt, ebensowenig Irrereden. Während er mit dem übrigen Körper ganz ruhig war, wandte er den Kopf bald auf diese, bald auf jene Seite.

So war sein Ende sanft und wenig schmerzhaft; aber gleichwohl machte dieser rasche, unerwartete Übergang von einem scheinbar unbedenklichen Übelbefinden zum Tode auf die Seinigen den erschütterndsten Eindruck.

Was ist denn nun aber wohl die Ursache dieses so plötzlichen Todes? Am nächsten bei der Hand liegt das verhängnisvolle Gänsefett, denn wenige Stunden nach dem Genusse desselben erbrach er sich. Aber er und seine Hausgenossen hatten erst wenige Tage zuvor von demselben Gänsefette genossen, ohne die geringsten übeln Folgen davon verspürt zu haben. Überflüssig ist ohnedem die Bemerkung, daß das Gänsefett an einem kühlen, vor der Sonne geschützten Ort in einem reinlichen, porzellanenen Geschirr aufbewahrt war. Wenn also ja das Gänsefett die Veranlassung oder gar Ursache seines Todes gewesen sein soll, so müßte diese nicht in der Beschaffenheit, sondern in der Quantität des Genossenen gesucht werden. Und doch ist es wieder unglaublich, daß ein bloßer Diätfehler einen so kräftigen, wenngleich noch von der Grippe angegriffenen Mann, wie *Feuerbach* war, so schnell und so leicht soll zu Boden gestreckt haben. *Eduard Feuerbach* war selbst noch in seinen letzten Jahren von großer Muskelkraft. Aber gleichwohl litt er an den Nerven. Gemütsbewegungen und Kopfanstrengungen griffen ihn oft so heftig an, daß er sich nicht selten in an Ohnmacht grenzenden Zuständen befand. Und so war denn die nächste Vermutung, ein Nervenschlag oder wenigstens eine Nervenlähmung habe sein so schnelles Ende verursacht, das übrigens vielleicht schon länger im Innersten seines Organismus vorbereitet war. Wenigstens sagen sich dies die Seinigen zum Troste und wollen selbst in manchen Erscheinungen der letzten Zeit, wie in seinem ungewöhnlich heitern und freundlichen Wesen, seinem unregelmäßigen und heftigen Appetit, seinem oft bleichen und selbst gelben Aussehen, seinem erst vor kurzem noch während seines Leidens an der Grippe ausgesprochenen Glauben an ein baldiges Lebensende – Äußerungen, auf die freilich wenig Gewicht gelegt wurde, weil er sie schon in frühern Zeiten öfter getan hatte – Anzeichen seines Todes erblicken.

Um jedoch nichts unversucht zu lassen, um sich über die Ursache seines Todes Aufklärung und Beruhigung zu verschaffen, ließen die Seinigen seine Leiche öffnen. Allein die Sektion entschied nichts; sie lieferte widersprechende Resultate. Einzelne Erscheinungen für sich, z. B. Spuren von Reizung im Magen und Dünndarm, bei Blutüberfüllung der venösen Hirngefäße, veranlaßten den Dr. *Heidenreich* zur Vermutung, es möchte allerdings ein narkotisch scharfer Stoff eingewirkt haben, aber andere Erscheinungen, z. B. Mangel an Blutüberfüllung der Lungen sowie die Integrität der pneumogastrischen Nerven, widersprechen der Annahme. Bei der Sektion bewunderte der Arzt die hohe Vollkommenheit der Entwicklung und anatomische Schönheit des Gehirns. Die Ansicht desselben, um diesen überraschenden Todesfall zu erklären, ist, daß »unter der jetzt allgemein herrschenden Krankheitskonstitution und durch das vorausgegangene Leiden an der Grippe in dem Verstorbenen eine Prädisposition gegeben war, die unter quantitativer Einwirkung des genossenen Fettes zu der Blutzersetzung führte, die die nächste Ursache geworden ist«.

Doch wir wenden uns von dem schmerzlichen Anblick deiner Leiche noch einmal zu dir selbst, innigstgeliebter, edler *Eduard*! Dich drückt nicht die Erde, unter der du ruhst. Keine Schuld lastet auf dir. Und nie zweifeltest du daran, daß die Erde die bleibende Stätte des Menschen sei. Dein im tiefsten Sinne anspruchloses Wesen begehrte und vermißte nie einen Himmel. Du lebtest im Glauben, aber dein Glaube war nicht der Glaube des Egoismus, sondern der Glaube der Resignation. Dich für dich selbst zu beklagen hieße dich verkennen. Nur darum bist du zu beklagen, daß du nicht mehr dein junges Weib und deine kleinen Kinder mit deiner Liebe schirmen kannst. In ihnen hast du uns dein Herz zurückgelassen – nur der Gedanke an die Deinigen ist der Gedanke an dich.

Artikel *Feuerbach*
[in: *Wigands Conversations-Lexikon*. Für alle Stände.
5. Band. Leipzig 1847]
[1847][111]

Feuerbach, Paul Johann Anselm, Ritter von, wurde den 14. Nov. 1775 geboren. Seine *Mutter*stadt ist Jena, denn er wurde hier geboren und seine Mutter selbst war eine Jenenserin, seine *Vater*stadt aber Frankfurt am Main. Sein Vater war daselbst Advokat, hatte aber schon frühzeitig das Geschäftsleben mit dem Privatleben vertauscht. Den Grund seiner Bildung legte er auf dem Frankfurter Gymnasium. Dieser Grund war seine bis an sein Lebensende sich gleich bleibende Verehrung und Begeisterung für das klassische Altertum. 1792 bezog er die Universität Jena, wo er sich zuerst ausschließlich auf das Studium der Geschichte und Philosophie verlegte und schon als Student als philosophischer Schriftsteller auftrat. Der Gegenstand, welcher in dieser Periode am meisten seinen Geist und – was bei ihm eins war – seine Feder beschäftigte, war das Naturrecht. Wir nennen hier nur seine Schrift *Über die einzig möglichen Beweisgründe gegen das Dasein und die Gültigkeit der natürlichen Rechte* (Lpz. 1795), die er noch als Student, seine *Kritik des natürlichen Rechts* (Altenb. 1796), die er bereits als Doktor der Philosophie schrieb, und seinen *Anti-Hobbes oder über die Grenzen der höchsten Gewalt und das Zwangsrecht der Bürger gegen den Oberherrn*, der zwar 1798 erschien, aber gleichwohl noch dieser Periode angehört. Klassische Geister gehen instinktmäßig den Weg, den andern die Vernunft vorschreibt. So F. Vom Naturrecht ging er, allerdings auch zugleich durch äußerliche Veranlassungen hierzu aufgefordert, zum Studium des positiven Rechts über, insbesondere des Kriminalrechts, welches seinem philosophischen Geiste am meisten zusagte. Die ersten Früchte dieses neuen Studiums, das von nun an den Zentralpunkt seines Lebens bildete, waren seine Abhandlung *Ist Sicherung vor dem Verbrechen Zweck der Strafe?* (1798) in der »Bibliothek für die peinliche Rechtswissenschaft und Gesetzkunde«, die zuerst Grolman allein, später aber in der Verbindung mit F. und Almendingen herausgab, seine *Philosophisch-juridische Untersuchung über das Verbrechen des Hochverrats* (Erf. 1798) und seine Dissertation *De causis mitigandi ex capite impeditae liber-*

tatis (1799), worin er gegen die Juristen auftritt, welche selbst »die bestimmtesten und über alle Willkür erhabensten Gesetze der richterlichen Willkür unterwerfen, den Richter über die Gesetze erheben und durch unzählige und willkürlich ersonnene Milderungsgründe die Strenge und Konsequenz der Gesetze zernichten«. Ausführlicher entwickelte und begründete er diese Grundsätze in seiner *Revision der Grundsätze und Grundbegriffe des positiven peinlichen Rechts* (2 Bde., Jena 1799-1800), welcher als »Anhang« sich anschließt seine Schrift *Über die Strafe als Sicherungsmittel. Nebst einer Prüfung der Kleinschen Strafrechtstheorie* (Chemnitz 1799). 1801 faßte er endlich die Resultate seiner kritischen, historischen und philosophischen Studien über das Kriminalrecht systematisch zusammen in seinem *Lehrbuch des gemeinen in Deutschland gültigen peinlichen Rechts,* das seitdem nicht weniger als 13 Ausgaben erlebt hat. In demselben Jahre wurde ihm fast gleichzeitig eine Professur in Jena und Kiel angetragen. Er zog letzteres vor. In Kiel schrieb er seine *Kritik des Kleinschrodischen Entwurfs zu einem peinlichen Gesetzbuche für die Kurpfalz-Bayrischen Staaten* (3 Bde., Gießen 1804) und seine *Zivilistischen Versuche* (Gießen 1803), wo er in der Vorrede sein juristisches, ihn vollständig charakterisierendes Glaubensbekenntnis ablegt, wenn er erklärt: »Die Jurisprudenz könne zu gar nichts Gutem kommen, wenn sie nicht wenigstens zur Linken von der vernünftigen Philosophie, zur Rechten von der verständigen reinen Empirie geführt werde, sie müsse ohnausbleiblich ohne die letzte in eine Art von Tollheit und ohne die erste in eine Art von Dummheit geraten.« 1804 folgte er einem Rufe nach Landshut in Bayern. Bayern, damals, unter der aufgeklärten Regierung Max. Josephs II., in seiner Glanzperiode, im Entwurfe umfassender Reformen begriffen, gewährte – später leider nur mit zu großen Beschränkungen – seinem Geiste den entsprechenden Wirkungskreis. Er erhielt (1805) den Auftrag zum Entwurf eines neuen Strafgesetzbuchs und wurde zu diesem Zwecke (1806) nach München als Referendar in das Ministerial-, Justiz- und Polizeidepartement versetzt. Sieben Jahre arbeitete F. an diesem Entwurfe, welcher 1813 unter dem Titel *Strafgesetzbuch für das Königreich Bayern* genehmigt und von vielen Staaten zur Grundlage ihrer Kriminalgesetzgebungen genommen wurde. Trotzdem hat dieses Gesetzbuch, welches, seiner Einseitigkeiten ungeachtet, einen wesentlichen Fortschritt in der Geschichte der deutschen Gesetzgebung bezeichnet, so viele fremde Zusätze, Veränderungen und Entstellungen erlitten, daß es F. stets nur mit tiefstem Schmerz als ein gänzlich verpfuschtes Werk betrachtete. Während er noch an dem Strafgesetzbuch arbeitete, erhielt er zugleich (1808, wo er zum Geheimen Rat ernannt wurde) den Auftrag, den *Code Napoleon* für Bayern umzuarbeiten. F. vollzog bei seiner unglaublichen Tätigkeit binnen einem halben Jahre ganz allein diesen Auftrag. Als aber hernach die politischen Verhältnisse Bayerns zu Frankreich sich freier gestalteten und der unglückselige Gedanke, ein fremdes Gesetzbuch auf Bayern anzuwenden, aufgegeben wurde, mußte F. in Gemeinschaft mit Gönner und Aretin den *Codex Maximilianeus* revidieren und umarbeiten. Er leistete auch hierin in weniger als sechs Monaten – in so kurzer Zeit sollte der neue Kodex fertig sein – Unglaubliches, redigierte den I., III. und IV. Teil. Inmitten seiner anstrengenden legislativen Arbeiten, inmitten der heißen Kämpfe, die er infolge derselben zu bestehen hatte, vergaß er aber nicht die Geliebte seiner Jugend: die Wissenschaft. 1808-11 schrieb er seine besonders durch ihre geistreichen psychologischen Entwicklungen ausgezeichneten *Merkwürdigen Kriminalrechtsfälle*, 1812 seine *Themis oder Beiträge zur Gesetzgebung* und seine (im Druck mit der Jahreszahl 1813 bezeichneten) *Betrachtungen über das Geschwornengericht.* F. hatte hier hauptsächlich nur die damalige französische, zu einem Spielwerkzeug des Napoleonschen Despotismus degradierte Jury im Auge. Übrigens veränderte sich auch späterhin im wesentlichen nicht seine Ansicht vom Geschwornengericht; noch 1819 erklärte er sich weder uneingeschränkt für noch uneingeschränkt gegen dasselbe. 1813 ergriff F. die Feder für Deutschlands Freiheit und Selbständigkeit. Seine Broschüre *Über die Unterdrückung und Wiederbefreiung Europens,* die wir hier allein erwähnen, enthielt die »ersten freien Worte, die damals im südlichen Deutschland, laut in die Welt hinausgerufen, die unheimliche Stille unterbrachen« – Worte, die man damals noch so wenig vertrug, daß sie dem Verfasser einen Verweis zuzogen mit dem Bedeuten, daß er sich einer Majestätsbeleidigung an der Person des französischen Kaisers und Protektors des Rheinischen Bundes schuldig gemacht habe. F. wußte aber, daß die Unabhängigkeit von äußern Feinden nur Wert hat als Bedingung der innern, staatsbürgerlichen Freiheit. Er erhob daher bei Eröffnung des Wiener Kongresses seine Stimme – »die erste, die dafür laut wurde« – »für deutsche Freiheit und Vertretung deutscher

Völker durch Landstände« (Lpz. 1814). So gemäßigt sich auch in dieser Schrift F. aussprach, so zog er sich doch durch sie die Ungnade des Königs zu. Wenige Wochen nach ihrer Erscheinung wurde er wegen seiner freisinnigen Teilnahme an der gemeinsamen Sache Deutschlands von den engherzigen bayerischen Patrioten als Jakobiner und Tugendbündler verdächtigt, aus dem Geheimen Ratskollegium entfernt und als Präsident nach Bamberg an ein Appellationsgericht versetzt, das schon mit einem Präsidenten versehen war. Die zweideutige und nutzlose Stellung, die er hier hatte, entsprach aber so wenig seinem Geiste und Charakter, die Verdächtigungen und Verfolgungen, denen er überdies fortwährend von Altbayern her wegen seiner deutschen Gesinnung und anderer Tugenden ausgesetzt war, wurden ihm endlich so unerträglich, daß er im Begriff war, in auswärtige Staatsdienste zu treten. Doch der Staat, auf den F. hauptsächlich seine Hoffnung gesetzt hatte – Preußen –, schlug plötzlich eine solche unerfreuliche Richtung ein, daß ihm Bayern dagegen im vorteilhaftesten Lichte erschien. Glücklicherweise eröffnete sich auch hier neuerdings für ihn ein schöner Wirkungskreis, indem er 1817 zum ersten Präsidenten des Appellationsgerichts für den Rezatkreis in Ansbach ernannt wurde. Wie F. von der Bestimmung und Würde des Richters dachte, wie er durchdrungen war von der Idee der Gerechtigkeit, in welchem hohen Sinn er sie erfaßt hatte, davon zeugt die Rede, die er beim Antritt dieses seines Präsidentenamtes hielt, welchem er bis an sein Lebensende mit Lust und Liebe vorstand, ohne jedoch darüber seinen Beruf zum Schriftsteller zu vernachlässigen. Das erste Werk, das F. in Ansbach ausarbeitete, waren seine *Betrachtungen über die Öffentlichkeit und Mündlichkeit der Gerechtigkeitspflege* (Gießen 1821) – unstreitig das bedeutendste und vollendetste Werk, das seiner fruchtbaren Feder entquoll. In demselben Jahre, wo er auch zum Wirklichen Staatsrat ernannt wurde, machte er, um die Gerichtsverfassung und das gerichtliche Verfahren Frankreichs in besonderer Beziehung auf die Öffentlichkeit und Mündlichkeit der Gerechtigkeitspflege aus eigner Anschauung kennenzulernen, eine Reise nach Paris, deren Ergebnisse er 1825 im 2. Bande zu jenen *Betrachtungen* niederlegte. In den Jahren 1822-23 veranlaßten ihn pfäffische Ränke sowohl katholischer- als protestantischerseits zu kirchenrechtlichen Protestationen und Demonstrationen. Die merkwürdigen Rechtserfahrungen, die ihm in seiner amtlichen Tätigkeit als Chef des Gerichtshofs einer höchst bevölkerten und regsamen Provinz Bayerns in reichlicher Fülle zuströmten, benutzte er teils zu legislativen Arbeiten, teils zur Darstellung von Strafrechtsfällen. So arbeitete er 1824-25 den Entwurf eines neuen Strafgesetzbuchs aus, und 1828 erschien seine *Aktenmäßige Darstellung merkwürdiger Verbrechen* (2 Bde., Gießen 1828 u. 1829), die nicht mit seinen früheren *Kriminalrechtsfällen,* die nur den geringsten Teil derselben ausmachen, zu verwechseln ist. Seltsamerweise spielte ihm in demselben Jahre der Zufall oder die Nemesis den merkwürdigen und unglücklichen Findling Kaspar Hauser in die Hände. F. machte ihn bekanntlich zum Gegenstand einer eignen Schrift *Kaspar Hauser, Beispiel eines Verbrechens am Seelenleben des Menschen* (Ansb. 1832). Die Beschuldigungen, die wegen dieser Schrift F. – dem Manne der strengsten Wahrheits- und Gerechtigkeitsliebe – nach seinem Tode von dem »Grafen Stanhope« in seinen post festum zusammengestoppelten Materialien »zur Geschichte Kaspar Hausers« gemacht wurden, sind einer Widerlegung unwürdig. Die letzte literarische Arbeit F.s war eine Sammlung seiner *Kleinen Schriften vermischten Inhalts* (2 Abt., Nürnb. 1833). Die wichtigsten derselben sind bereits, wenn auch nicht namentlich, doch wesentlich in dieser unserer Skizze enthalten. Zur Vervollständigung derselben heben wir jedoch noch hervor seine durch einen 1830 beabsichtigten Gewaltstreich des damaligen Ministers des Innern veranlaßte staatsrechtliche Abhandlung *Kann die Gerichtsverfassung eines konstitutionellen Staates durch bloße Verordnungen rechtsgültig geändert werden?,* seine gewichtigen *Worte über historische Rechtsgelehrsamkeit und einheimische deutsche Gesetzgebung* und seinen *Blick auf die deutsche Rechtswissenschaft,* worin er kraft seines universellen, echt philosophischen Geistes nach Analogie der vergleichenden Anatomie eine *vergleichende,* eine die Gesetze und Rechtsgewohnheiten aller Völker und Zeiten umfassende Universaljurisprudenz als das Ziel der Rechtswissenschaft bestimmt. Er selbst arbeitete in seinen mittleren Jahren an der Ausführung dieser Idee; aber leider war es ihm nicht vergönnt, sie vollständig zu realisieren und so der deutsche Montesquieu zu werden. Im Frühjahr 1833 reiste er in seine Vaterstadt, um dort zu – sterben, den 29. Mai. Aber er lebt noch fort nicht nur in den Werken seines Geistes, sondern auch in den Werken seines Fleisches. Er hinterließ fünf Söhne, alle Erben nicht nur seines Namens, sondern auch seines Geistes. Sie sind: – *Anselm F.,* geb.

den 9. Sept. 1798, Archäolog und Ästhetiker, aber Ästhetiker im Geiste eines Lessings und Winckelmanns, studierte in Erlangen und Heidelberg Philologie. Als Gymnasialprofessor in Speyer schrieb er seinen *Vatikanischen Apollo* (Nürnb. 1833). Dieses ausgezeichnete Werk verschaffte ihm einen Ruf nach Dorpat und Freiburg in Baden. Er ging nach Freiburg. Von dort aus reiste er nach Italien, wo er mehrere archäologische Entdeckungen machte. Er ist weniger als Schriftsteller denn als Lehrer tätig, leider an einem Orte, der keineswegs seinen glänzenden Talenten und seinen ebenso gründlichen als ausgebreiteten Kenntnissen entspricht. Er ist auch Dichter; er hat aber sein poetisches Talent bis jetzt vergraben. – *Karl F.*, geb. den 30. Mai 1800, Mathematiker, studierte in Erlangen und Freiburg, wurde hierauf Professor der Mathematik am Gymnasium in Erlangen und Hof, starb aber schon in seinem 34. Jahre, ein Opfer der demagogischen Verfolgungen und spießbürgerlichen Verhältnisse Deutschlands. Er war ein höchst origineller Mensch, der wilden Tatendrang mit mathematischem Tiefsinn auf seltsame Weise in sich vereinigte, seinen Freunden auch als ausgezeichneter Karikaturenzeichner bekannt. Als Beweise seines mathematischen Genies hinterließ er der Welt seine *Eigenschaften einiger merkwürdigen Punkte des geradlinigen Dreiecks* (1822) und seinen *Grundriß zu analytischen Untersuchungen der dreieckigen Pyramide* (Nürnberg 1827). – *Eduard F.*, geb. den 1. Jan. 1803, der einzige, welcher die Wissenschaft seines Vaters, die Jurisprudenz ergriff, studierte in Göttingen und Erlangen, begann die Dozentenlaufbahn in München und beschloß sie als Professor in Erlangen. Er war ein ausgezeichnet gründlicher Kenner und Lehrer des germanischen Rechts. Geschrieben hat er außer seiner Dissertation über die Gesamtbürgschaft nur *Die Lex Salica und ihre verschiedenen Rezensionen* (1831). Er starb plötzlich 1843. – *Ludwig F.*, geb. den 28. Juli 1804, der bekannteste und als Schriftsteller tätigste unter seinen Brüdern, *der,* welcher die Rolle seines Vaters zu wiederholen bestimmt scheint, aber auf einem ganz andern Gebiete, auf einem Gebiete, wo keine Orden und Titel zu erwerben sind, studierte erst Theologie, dann Philosophie in Heidelberg und Berlin, dozierte einige Jahre in Erlangen, zog sich aber dann im Bewußtsein, daß eine Universität, wo »außer dem Kartoffelbau der Brotwissenschaften nur die fromme Schafszucht im Flor ist«, kein Ort für ihn sei, und »im Gefühl, daß er mit Gedanken schwanger gehe, die nur in einem ungestörten und unabhängigen Leben zur Reife gedeihen könnten«, in der Nähe von Ansbach auf das Land zurück. Seine Schriftstellerlaufbahn begann er 1830 mit seinen namen- und formlosen, aber durch ihre titanische Genialität und übersprudelnde Bilderfülle ausgezeichneten *Gedanken über Tod und Unsterblichkeit*. Nachdem er in dem Lavastrom dieser Schrift sein Jugendfeuer ausgetobt hatte und in den Xenien seiner eigenen spätern philosophischen Entwicklung in kühnen Sätzen poetisch vorausgeeilt war, ging er, statt vorwärts, zurück auf die Geschichte der Philosophie, um »in einem rein objektiven Element die eigne Subjektivität zu überwinden« und zu bilden. Aus dieser Periode der Resignation, der Zurückhaltung des eignen Wesens stammt das noch heute nicht erloschene Vorurteil, welches ihn zur Hegelschen Schule rechnet, ob er gleich schon 1838 die Rolle des historischen, nur die Gedanken anderer reproduzierenden und entwickelnden Denkers mit der Rolle eines Kritikers vertauschte. Sein *P. Bayle* eröffnet, sein *Wesen des Christentums* vollendet und schließt diese Periode der Kritik; denn es wird hier nicht nur, was die Sache der Kritik ist, der Gegenstand in seine Bestandteile und Widersprüche aufgelöst, sondern zugleich aus einem allumfassenden Prinzip genetisch produziert. Dieses Prinzip, woraus F. alles ableitet und worauf er alles zurückführt, ist ihm »der Mensch auf dem Grund und Boden der Natur«. Die Darstellung und Entwicklung dieses Prinzips, welches F. auf die Wahrheit der sinnlichen Anschauung gründet und an die Stelle der bisherigen partikulären und abstrakten philosophischen und religiösen Prinzipien setzt, bezeichnet die dritte Periode in F.s Leben, die wir, im Unterschiede von seiner frühern historischen und kritischen, die positive oder produktive Periode nennen können. Die Bedeutung F.s zu entwickeln, namentlich seine philosophische, die übrigens schon darin deutlich ausgesprochen ist, daß er schon von Anfang an die Historie und Empirie überhaupt zur Grundlage seines Denkens machte, ist hier nicht der Ort, auch jetzt nicht die Zeit. Er ist eben in der Herausgabe und Revision seiner sämtlichen (bei Otto Wigand erscheinenden) Schriften begriffen. Erst nach Vollendung dieser Ausgabe wird sich eine genügende Charakteristik seines wahren Wesens geben lassen. Wir gehen zu seinem jüngern Bruder über. – *Friedrich F.*, geb. den 29. Sept. 1806, studierte in Erlangen, Bonn und Paris Sanskrit. Die Cholera, deren Opfer er beinahe in Paris (1832) geworden wäre, unterbrach aber seinen Studien- und Lebensplan. Gerettet, doch jahrelang noch leidend, beschäftigte er sich nur mit der französischen, italienischen, spanischen Sprache und Literatur. Er hat sich bekanntgemacht durch prosaische und metrische Übersetzungen aus allen diesen Sprachen, selbst aus dem Sanskrit, außerdem durch mehrere kleinere Schriften über die Religion »innerhalb der Grenzen der bloßen Menschlichkeit«. Er ist übrigens nichts weniger als ein Organ seines Bruders Ludwig, wofür ihn urteilslose Schreiber ausgeschrien haben. Er steht auf seinen eignen Beinen. Schon 1838 schrieb er eine anonyme Schrift *Theanthropos,* welche nur in der Selbsttätigkeit das Heil des Menschen erkennt. Er privatisiert in Nürnberg.

Vorwort [zu: *Anselm Ritter von Feuerbachs Leben und Wirken aus seinen ungedruckten Briefen und Tagebüchern, Vorträgen und Denkschriften. Veröffentlicht von seinem Sohne Ludwig Feuerbach. Zwei Bände, Leipzig 1852*]
[1852][112]

Der literarische Nachlaß des ehemaligen Staatsrats und Präsidenten Paul Joh. Anselm von Feuerbach, meines Vaters, war ursprünglich von ihm selbst seinem Sohne Eduard, dem einzigen seiner fünf Söhne, welcher sich der Jurisprudenz gewidmet hatte, zur Herausgabe bestimmt. Allein, übertriebene Anstrengung und Gewissenhaftigkeit in der Erfüllung seiner Berufspflichten bei peinlicher Unbehaglichkeit in seiner abhängigen Stellung als Staatsdiener, Unentschlossenheit und hypochondrische Ängstlichkeit in allen die Politik auch nur von Ferne berührenden Dingen trotz seines sonst durchaus männlichen und furchtlosen Charakters, Kränklichkeit, sei's nun wirkliche oder eingebildete, und endlich ein frühzeitiger, plötzlicher Tod verhinderten diesen, den Willen seines innig, ja heilig verehrten Vaters zu erfüllen. Als der ihm nicht nur den Jahren, sondern auch der Wissenschaft nach nächste von den drei damals (1843) noch lebenden Brüdern kam ich nun in den Besitz der sämtlichen hinterlassenen Papiere nicht nur meines Bruders, sondern auch Vaters. Natürlich war der materielle Besitz für mich nur die Veranlassung, mich sofort auch in den geistigen Besitz zu setzen. Meine sich nicht nur auf dieses und jenes, sondern alles, was wenigstens wert ist, gewußt zu werden, erstreckende Wißbegierde, mein sich weniger im Schreiben und Lehren als im Lernen und Studieren befriedigender Tätigkeitstrieb, begünstigt von einer glücklichen, weil unabhängigen Lage und angefeuert von dem heiligen Egoismus der Liebe des Sohnes zum Vater, machte mir erst das Studieren, dann das Sichten und Ordnen des väterlichen Nachlasses zu einer ebenso lehrreichen als angenehmen, ebenso den Kopf als das Herz ergreifenden Beschäftigung. Aber gleichwohl war ich von meinen eignen Arbeiten und Gedankenentwicklungen stets so sehr in Anspruch, ja in Besitz genommen, daß es mir unmöglich war, eine ganz kurze, für O. Wigands Konversationslexikon 1847 verfertigte

Lebensskizze von meinem Vater[113] ausgenommen, etwas aus seinem Nachlaß für den Druck herzurichten; denn es ist etwas ganz andres, etwas für sich und etwas für andere zu tun, etwas zu studieren und etwas – sit venia verbo! – zu publizieren. Es gibt zwar sehr viele Leute, die von diesem Unterschiede nichts wissen, die, was und wieviel sie wissen, nur wissen, um es anderen zu wissen zu tun, die nur für andere denken und schreiben, weil sie gar nichts für sich selbst denken und haben. Aber ich gehöre nicht in die Klasse dieser glücklichen Skribenten. Mich kostet es immer eine große Überwindung, mich aus der Studierstube in die Visitenstube zu begeben, um dem »Publikum«, wenn auch keineswegs in besonders schmeichelhafter Art, meine Aufwartung zu machen. Und obgleich meine Phantasie mir stets das Publikum nicht eben von seiner vorteilhaftesten und einladendsten Seite vorstellt, so habe ich doch wenigstens vor der Öffentlichkeit als solcher eine so große Achtung, daß ich nur das zur Sache der Öffentlichkeit machen kann, was ich, wenigstens eine Zeitlang, zum Ἓν καὶ Πᾶν, zur alles verdrängenden Hauptsache mache. Ich kann wohl »Nebenstunden«, selbst auch »Wetzlarsche«, studieren, aber nicht schreiben. Ich bin zwar, wie bekannt, horribile dictu!, ein ganz gräßlicher »Atheist«, aber gleichwohl, wenn auch kein guter Christ, doch ein guter Hebräer und folglich ein guter Jehovist oder doch Jahvist; denn wer den Menschen gut ist, der ist auch ihren Göttern, den Lieblingen ihres Herzens, gut, wenn er gleich die Favoritenherrschaft in die ihr gebührenden Schranken zurückweist. Der Jehova sagt aber: Ich bin ein eifersüchtiger Gott, neben mir sollst du keine andern Götter haben; und: Sechs Tage sollst du für dich arbeiten, aber der siebente Tag, der Sabbath, ist mein. So viele Jahre ich daher auch schon bei meinem Vater Privatissima gehört, soviel Zeit und Studium ich auch schon auf seinen, sein ganzes, unermüdlich tätiges Leben umfassenden Nachlaß verwandt habe, so bin ich doch jetzt erst imstande, etwas davon der Welt mitzuteilen, nachdem es mir gelungen ist, mich mit Gewalt von meinen allernächsten Gedanken und Arbeiten loszureißen und fast ein ganzes Jahr ununterbrochen und ausschließlich auf denselben zu verwenden. Ob es mir trotz alledem aber auch gelungen ist, es der Welt recht zu machen, das ist freilich eine andere Frage. Übrigens kann man es, wie männiglich bekannt, in nichts jedem – und die Welt ist jeder – recht machen. Der letzte Maßstab, woran man sich kehren muß, bleibt immer das eigne Urteil, das eigne Bewußtsein, zumal wenn man nicht allein steht, sondern von seinem Gegenstande erfüllt und unterstützt wird. Und das war hier der Fall. Stets begeisterte und umschwebte mich, aber nicht als Geist geheiligten Wahnglaubens, sondern als hier noch wirkender, hier noch, wenn auch nur als gewußt wissender, als gedacht denkender Geist, der Geist meines Vaters; ihm die letzte Ehre zu erweisen, die dem geistigen Vater der geistige Sohn erweisen kann, aber eine Ehre nur in *seinem* Sinne, seinem Wahrheits- und Gerechtigkeitssinne – das allein war der Impuls und der Endzweck meiner Arbeit.

Der Nachlaß meines Vaters enthält im allgemeinen – das Nähere kommt größtenteils gelegentlich im Laufe des Werks selbst vor, entweder im Text oder in den Anmerkungen – Kriminalistisches, Staatsrechtliches und Rechtsphilosophisches, seine höchst interessanten, jedoch leider nur zum allergeringsten Teil vollendeten universal-historischen Entwicklungen der Entstehung und Ausbildung der Gesetze und Rechtsverhältnisse, endlich Biographisches. In der Erwägung jedoch, daß der Mensch in seiner Ganzheit unendlich mehr ist als der Rechtsphilosoph oder gar der Kriminalist für sich, daß die Darstellung von jenem, wenn man den Begriff Mensch nur nicht zu enge faßt, auch den Gelehrten und Staatsmann in sich begreift, aber nicht umgekehrt, wenigstens nicht in demselben Maße, daß namentlich mir nicht nur als Sohn, sondern auch als Denker der Mensch am nächsten liegt, habe ich vor allem die Herausgabe des biographischen Nachlasses zu meiner Aufgabe gemacht; – das Wort bios, Leben, jedoch, wie ich soeben bei dem Worte Mensch bemerkte, in einem universellen, auch den Gelehrten, den Gesetzgeber, den Staatsmann, kurz, alle menschlichen Verhältnisse und Tätigkeitsäußerungen umfassenden Sinne genommen. Darum habe ich außer den Tagebuchnotizen, Selbstschilderungen und Briefen meines Vaters, zur Charakteristik seiner legislativen Tätigkeit, seiner Situation und Kämpfe im damaligen Geheimen Rat Bruchstücke aus seinen Vorträgen über den *Code Napoléon* – nicht zu verwechseln mit den in der *Themis* abgedruckten *Betrachtungen* –, zur Berichtigung der Vorurteile, die namentlich im »Ausland« über den Verfasser des zum Teil mit Recht verschrienen, mit Unrecht aber ihm allein ohne Rücksicht auf Zeit und Verhältnisse imputierten Strafgesetzbuchs von 1813 existieren, Bruchstücke aus seinen Vorträgen in den Vereinigten Geh. Rats-Sektionen und im Plenum des Geh. Rats, zur Bezeichnung des Standpunkts überhaupt, von dem aus derselbe seine kriminalistischen Reformen in Bayern begann, natürlich nicht für gelehrte Juristen, sondern gebildete Leser überhaupt, einen noch in Landshut geschriebnen, zwar unvollendeten, doch sinnvoll schließenden Aufsatz über das frühere, damals noch bestehende peinliche Recht Bayerns, zur genauen Angabe seiner vielen außerordentlichen Dienstleistungen Gratifikations-Gesuche, endlich zur Darlegung seiner Ansichten und Urteile über verschiedne, allgemein interessante Gegenstände mehrere Aufsätze oder vielmehr Denkschriften in diese Biographie aufgenommen. Ja, ich habe sogar auch, teils wegen der, wenn auch jetzt fast nur noch historischen, Wichtigkeit des Gegenstandes, teils aber auch aus dem ganz äußerlichen Grunde, daß – dank unsrer hohen Regierungsweisheit! – unter anderm Handel und Wandel auch der Buchhandel so darniederliegt, daß man auf alle größeren, langwierigen Unternehmungen verzichten, daß man, wie auf der Eisenbahn, kommt man einmal an einen günstigen Haltpunkt, in seinen literarischen Reisesack so viel Proviant als möglich in aller Geschwindigkeit hineinstecken muß, sein Gutachten über die Motive oder vielmehr *Anmerkungen zum Strafgesetzbuch,* natürlich mit Verkürzungen, mit aufgenommen. Kurz, meine Aufgabe war, ein möglichst vollständiges, allseitiges Bild von dem Wesen oder Leben und Wirken meines Vaters zu geben, aber ein *rein objektives,* nur von seinen eignen, wenn auch oft ganz flüchtigen und rohen Pinselstrichen entworfnes. Mögen die Herren Historiker sich noch so sehr mit ihrer Objektivität brüsten: Es gibt nur eine, und diese besteht darin, auf das eigne Wort zu verzichten, den Gegenstand unmittelbar selbst reden zu lassen. Es vertritt jeder sich selbst am besten. Ich bin in dieser Selbstverleugnung so weit gegangen, daß ich mich selbst in den Anmerkungen jedes Eigensinns, jeder wenn auch noch so zudringlichen Reflexion und Nutzanwendung auf die ebenso trostlosen als lächerlichen öffentlichen Zustände der Gegenwart – gewiß der höchste Grad der Selbstbeherrschung! – enthalten habe. Meine eigne Tätigkeit bestand nur in der kritischen Auswahl der einzelnen brauchbaren Stücke aus der vorhandenen chaotischen Masse, in der chrono- und teleologischen Anordnung und Zusammensetzung derselben zu einem Ganzen und in der Beifügung erklärender, berichtigender und ergänzender Anmerkungen.

Aber trotz dieser oder vielmehr gerade wegen dieser gänzlichen

Beseitigung meiner Pesönlichkeit ist doch diese Schrift aus demselben Geiste hervorgegangen, aus welchem meine eigensten Schriften entsprungen sind, und daher mit allen Tugenden oder vielmehr Untugenden derselben behaftet. Eine meiner größten Untugenden ist nun aber die, daß ich bei jeder Schrift immer nur eine *ganz bestimmte* Aufgabe im Auge habe, daß ich aufs strengste die Grenzen dieser so oder so gestellten Aufgabe einhalte, daß ich den Gegenstand *nur insoweit* betrachte und behandle, als eben in Beziehung auf diese Aufgabe notwendig ist, daß ich daher alles auslasse, was entweder jenseits dieser selbstgesetzten Grenze liegt oder was überhaupt der verständige Leser sich selbst sagen oder aus dem nächsten besten Buche über denselben Gegenstand erfahren kann. Fast alle meine Schriften sind nur kritische Supplemente zu den, meist nicht von mir genannten, Werken meiner geliebten Brüder im Menschen, sind nur Ausfüllungen von den leeren Zwischenräumen, die ich in den Schriften oder Köpfen anderer entdecke, und daher selber voller Lücken, weil ich stillschweigend voraussetze, der Leser werde selbst, sei es nun aus seinen eigenen Fonds oder aus den Schriften anderer, diese Lücken ausfüllen. Es erscheint diese Schreibart auf den ersten, oberflächlichen Blick als eine sehr indiskrete, aber sie ist in Wahrheit das gerade Gegenteil; denn während der schwatzhafte Schriftsteller den Leser nicht zu Wort und Verstand kommen läßt, ihm alles eigne Wissen und Verstehen abspricht, unterbricht der einsilbige Schriftsteller in Gedanken fortwährend sich selbst durch die Gedanken des Lesers als eines selbstdenkenden Wesens, gibt ihm gleichsam zur Unterhaltung seines Verstandes nur Rätsel aufzulösen und sagt überhaupt nur, was er glaubt sagen zu *müssen*, weil es der Leser nicht selbst schon weiß. Freilich kann er in dieser Voraussetzung oft sehr irren, Bekanntes als unbekannt und umgekehrt Unbekanntes als bekannt voraussetzen und daher in den Fehler fallen, bald zuviel und bald wieder zuwenig zu sagen. Aber die Schuld dieses Fehlers trägt nur der Schreiber, nicht die Schreibart.

Was nun von meinen übrigen Schriften, das gilt auch von dieser. Nicht einen Finger breit bin ich von dem mir selbst gegebenen Gesetz, nur meinen Vater selbst reden zu lassen, abgewichen. Ich bemerke dieses ausdrücklich, damit man nicht mit Erwartungen an diese Schrift komme, die hier nicht befriedigt werden. Vor allem erwarte man von mir keine Biographie in gewöhnlicher Weise, keine

Biographie, wie man sie in jeder Enzyklopädie und jedem Konversationslexikon findet. Ich setze vielmehr das Totengerippe des äußerlichen Lebenslaufes als bekannt voraus und fülle es nur mit Fleisch und Blut aus, und zwar nur mit *dem* Fleisch und Blute, das einst dieses Gerippe besessen und beseelt hat. Man merke wohl auf den Titel! Er bezeichnet genau meine Aufgabe. Es heißt: A. v. F.s Leben und Wirken, *aus* seinen Briefen usw. veröffentlicht. Nur soweit diese Quellen fließen, nicht über sie hinaus, nicht hinter sie zurück erstreckte sich meine Aufgabe. Wohlweislich, ganz im Einklang mit meiner Idee und Aufgabe, der jedoch hier glücklicherweise auch der äußere Zufall freundlich entgegenkam, beginne ich das Leben meines Helden nicht mit, noch von meinem Bruder Eduard gesammelten Sagen über seine Jugend und Jugendstreiche im elterlichen Hause; ich beginne da, wo die eigentliche, zuverlässige Geschichte des Menschen anfängt, wo an die Stelle der mythologischen und patriarchalischen dritten Person das impertinente, revolutionäre Ich auf die Schaubühne tritt; ich beginne den Anfang seines Lebens mit dem Anfange seiner Ichheit, Freiheit und Selbständigkeit – mit dem ältesten Stück, das sich von seiner Hand erhalten hat, mit einem Briefe, welchen er als eben der väterlichen Gewalt entsprungener Student aus Büchernot und Liebesnot an einen Frankfurter Freund schrieb.

Allerdings habe ich zur Ergänzung auch die äußerlichen Lebensumstände, und zwar mit möglichster Genauigkeit, angegeben, aber ich gebe biographische und sonstige Notizen nur da, wo der *Gegenstand selbst* den Stoff oder doch die Veranlassung dazu mir an die Hand gibt, wo er in dem Leser das *Bedürfnis* danach erweckt, wo sie also allein interessant und *notwendig* sind. So gebe ich den Inhalt seiner Schriften nur da an, wo er entweder nicht selbst sich darüber ausspricht oder der Titel nicht hinreichend denselben bezeichnet. So bringe ich da erst, wo mein Vater eine kurze, empfindungsvolle Anrede an seinen Geburtsort hält, wo also die Frage nach seiner Geburtszeit notwendig entsteht, die Antwort darauf durch eine pikante Veranlassung motiviert ist, das Datum seines Geburtsjahres und Geburtstages; da erst die Angabe seines Todesjahres und Todestages, wo er aufhört, selbst zu schreiben und folglich zu leben – denn beides war bei ihm fast unzertrennlich, noch fast bis zu seinen letzten Augenblicken bediente er sich, der Sprache beraubt, zum Ausdruck seiner Wünsche mit größter Korrektheit der Feder –, da, wo er selbst, freilich nur indirekt, bei dem teilnehmenden Leser sich verabschiedet, da also erst, wo in die *hohle Zahl* seines Todesjahres und -tages, die sich als solche in jedem Konversationslexikon findet, Herz und Schmerz, Sinn und Verstand hineinkommt. Da aber, wo mein Gegenstand mir gar nichts gibt und sagt, da sage auch ich nichts und kann folglich auch die Neugierde des Lesers nicht befriedigen, weil ich selbst nichts darüber weiß.

Man hat mir, nachdem schon alles, selbst auch die Vorrede gedruckt war, den Vorwurf gemacht, daß es ein großer, dem Leser höchst empfindlicher Mangel sei, daß ich keine übersichtliche biographische Skizze von meinem Vater und seiner Familie vorausgeschickt hätte. Aber was diesen Vorwurf hinsichtlich meines Vaters betrifft, so kommt er mir ebenso vor, als wenn man einem Dichter darüber einen Vorwurf machen wollte, daß er das, was er poetisch gesagt, nicht auch zum bessern Verständnis in Prosa gegeben habe. Man mißverstehe nicht dieses Gleichnis! Es bezieht sich nicht auf mich, sondern auf den Gegenstand; aber auf diesen paßt es. Das Leben, das hier sich vor den Augen des Lesers entrollt, ist eigentlich – im Ganzen und Wesentlichen betrachtet – ein Drama in der Form von Briefen, Tagebüchern, Vorträgen. A. v. F. war selbst eine durchaus dramatische Persönlichkeit, mit allen Tugenden, aber auch Fehlern einer solchen behaftet. Sogar seine kriminalistische Theorie, die Theorie des psychologischen oder psychischen Zwangs, welche das Gesetz nur zu einem Gegenstand der Leidenschaft macht, Leidenschaft nur durch Leidenschaft bekämpft, ist nur aus diesem seinem dramatischen Wesen zu erklären und begreifen. Selbst die trockensten, geistlosesten Gegenstände der juristischen Gelehrsamkeit – mit welchem Geist und Leben hat er sie behandelt! Wie köstlich ist nicht z. B. in seinen Zivilistischen Versuchen die wichtige »Entdeckung des Unterschieds zwischen servitus luminum und servitus ne luminibus officiatur«, zwischen »Schattendienstbarkeit und Lichtdienstbarkeit«! Und mit welchem dramatischen Feuer und Leben sind nicht seine Kriminalrechtsfälle geschrieben! »L. v. O. – um nur ein Beispiel hervorzuheben – das Muster eines rechtschaffenen, gesitteten Mannes, nicht der mindeste Fleck an seinem guten Namen ... – und *dieser* Mensch auf einmal ein Brudermörder!« Wie meisterhaft ist dieser tragische Widerspruch gelöst und erklärt! Aber nur so erklärt, daß wir vor unsern Augen den Entschluß zur unheilvollen Tat entstehen, sich entwickeln und vollenden sehen und endlich tief ergriffen ausrufen: Ja! er *mußte* fallen, wenn auch nur »als ein Opfer des Mangels an moralischer *Klugheit* und *Selbstkenntnis*«, aber auch, setze ich hinzu, als ein Opfer des großen Widerspruchs zwischen dem Menschen, wie *er wirklich ist* und der Psycholog ihn darstellt, und dem Menschen, wie der Kriminalist ihn sich *denkt* und durch seine Gesetze *machen* will – ein Widerspruch, der, obwohl nur in der Person des Darstellers, selbst mit zu den tragischen Konflikten dieser Kriminalrechtsfälle gehört. Wie unangemessen wäre es nun aber gewesen, wenn ich diesem dramatischen Wesen und Leben durch einen prosaischen Lebenslauf hätte vorgreifen wollen! Eben um den Charakter dieses Lebens und meines Verhältnisses zu demselben, meine Aufgabe schon auf dem Titel genau zu bestimmen, wollte ich, in Einklang mit der Bedeutung, in welcher ich stets das Wort Darstellung in meinen eignen Schriften gebraucht, Darstellung als die gleichsam dramatische Behandlungsweise, wo das Ich *hinter* dem Gegenstande verschwindet, von der epischen und lyrischen, wo das Ich *vor* den Gegenstand tritt und sich in denselben mit einmischt, unterschieden habe, sagen: A. v. F.s Leben *aus* – nicht: nach! – seinen Briefen usw. dargestellt. Da aber gleichwohl auch dieses Wort beanstandet wurde, mir überdies der einfachste und anspruchloseste Titel, soweit er sich auf mich bezieht, der liebste war, so wählte ich: veröffentlicht, statt: dargestellt.

Was nun aber weiter den gemachten Vorwurf hinsichtlich der Familie A. v. F.s betrifft, so ist dieser schon durch die Grenze meiner Aufgabe beseitigt. Es handelt sich hier nicht um die Familie, sondern nur um die Person A. v. F.s. Die Briefe an seine Söhne, die hier aufgenommen wurden, sind nicht der Söhne, sondern des Vaters wegen aufgenommen worden. Er ist die Hauptperson, er allein Selbstzweck; alle andern Personen sind *hier* nur Mittel zu seiner Selbstdarstellung, nur personifizierte Seiten oder Momente seines Wesens. So schmerzlich teuer mir das Andenken namentlich meiner Brüder ist, welche, mit Ausnahme meines jüngern Bruders Friedrich, leider bereits alle ihrem Vater nachgefolgt sind, und zwar in den besten Jahren – der Mathematiker, Karl, geboren 1800 in Jena, schon im Jahre 1834, der Jurist, Eduard, 1803 in Kiel geboren, im Jahre 1843, der Philolog und Archäolog, Anselm, in Dornburg, dem Geburtsorte der Mutter, 1798 geboren, im letztverflossenen Jahre –, so war doch hier nicht der Ort, ihrer anders zu gedenken, als eben in diesen Briefen gelegentlich geschieht. Und was den weiblichen Nachlaß meines Vaters betrifft, welcher aus seiner noch lebenden Gattin, meiner geliebten Mutter, und drei gleichfalls noch lebenden jüngern Schwestern besteht, so gehört dieser per se nicht vor das Forum der Öffentlichkeit. Nur auf dem männlichen Geschlecht lastet ja bei uns »der Fluch der Zelebrität« und Publizität. Und es war ein auch innerhalb meiner Aufgabe gelegener und so streng als möglich beobachteter Grundsatz, nur mitzuteilen, was an und für sich für die Öffentlichkeit sich eignet, was seiner Natur nach auf allgemeine Teilnahme Anspruch macht. Eine Menge für die Familie interessanter Briefe sind daher ungedruckt geblieben. Mein Grundsatz war, eher zuwenig als zuviel zu geben, eher aus kritischer Sparsamkeit als aus indiskreter Unmäßigkeit zu fehlen. Doch ich glaube, nun hinlänglich den mir gemachten Vorwurf widerlegt zu haben, und lenke daher von der großen Unterbrechung, die er mir aufgenötigt hat, wieder in das alte Geleis meiner Vorrede ein.

Ich wollte anfangs der Schrift den Titel geben *A. v. F.s Autobiographie*, in der Vorrede aber bemerken, daß dieser Titel im eigentlichen und gewöhnlichen Sinne allerdings nur auf den geringsten Teil des Inhalts passe, daß aber dieses Wort doch insofern gerechtfertigt sei, als das Ganze nichts weiter sei und sein solle als eine *indirekte* Autobiographie, die indirekte Autobiographie aber gerade die *wahre* Autobiographie sei. Den größten Teil der Schrift machen ja Briefe aus; woraus aber können wir, wenn wir einmal nur auf die Schrift verwiesen sind, besser das Wesen und Leben des Menschen erkennen als aus Briefen, die gleichzeitig mit den Erlebnissen fortlaufen, die ersten, allerdings oft nur momentanen, aber immer charakteristischen Eindrücke abspiegeln, ja, die selbst einen integrierenden Teil des Lebens bilden? Der »ehrliche Pastor Gerber in Lockwitz bei Dresden schilderte die Erfindung, Briefe zu schreiben, als eine unerkannte Wohltat Gottes«; aber der gute Mann lebte zu einer Zeit, wo längst die Gottheit der Gewohnheit diese Erfindung in ihren heiligen Schutz genommen hatte. Die Briefe sind vielmehr, wie alle anderen in ihrem Anfange verketzerten und verdammten Erfindungen der natürlichen Magie, diabolische Prästigien, Werke des criminis conjurationis spirituum, Werke der Hexerei, wodurch der Mensch sich und andere an entfernte Orte hinzaubert, wodurch er sich dahin geistig versetzt, wo er nicht leiblich ist, aber sein möchte; sie sind Surrogate des persönlichen Umganges und Verkehrs und eben deswegen wesentliche Lebensbestandteile. Die Orte, wohin die Briefe adressiert sind, haben daher für den Biographen oft weit größere Wichtigkeit als der leibliche Aufenthaltsort. Wie oft existiert der Mensch an einem Orte, in einem Lande nur aus dem leeren Grunde, weil er eben überhaupt irgendwo existieren muß! Der Prophet gilt nichts in seinem Lande; aber eben deswegen ist er auch mit seinem Geiste und Wesen nur da, wo er weiß, daß er etwas gilt. Und welche schriftliche Äußerungsweise seiner Erfahrungen, seiner Leidenschaften, seiner Bestrebungen, Gedanken und Empfindungen ist dem Menschen angemessener als die der brieflichen Mitteilung? Wie unnatürlich ist dagegen der sich nur in sich selbst bespiegelnde Monolog des Tagebuchs oder der unmittelbaren, absichtlichen Autobiographie! Sprache und Schrift hat der Mensch nicht für sich, sondern nur für andere und mit anderen. Nur das seiner Naturbestimmung getreue, nur das gelegentliche, das von dem Interesse, der Teilnahme der andern abgenötigte, nur das überhaupt in sei's nun geistiger Gemeinschaft gezeugte Wort ist kein Mondkalb, sondern eine vollkommene menschliche Leibesfrucht; denn der Mensch ist Mensch nur mit Menschen, Selbst nur selbander. Wer spricht ohne Grund und Not, schwätzt; aber Grund zur Rede ist nur da, wo das Bedürfnis derselben ein gegenseitiges. Worte, die ich nur für mich oder nur für die Welt überhaupt niederschreibe, verschwimmen im allgemeinen; Leben, Individualität bekommen sie erst in der Richtung an bestimmte Personen. Die Blößen nur, die man sich in der Hitze des Wortkampfes gibt – was ist aber der Brief anderes als ein geistiges Sprachduell? wodurch anderes als durch die zeitliche und räumliche Entfernung der Antwort unterscheidet er sich von dem mündlichen Dialog? –, die Worte nur, die uns im Drange des Augenblicks, im Drange der Notwehr unwillkürlich wie elektrische Funken entfahren, nur diese sind die wahren autobiographischen Licht- und Glanzpunkte.

»Jede«, sagt ganz richtig mein verehrter Freund von Herder in der Vorrede zu dem *Lebensbild* seines Vaters, »jede selbst mit der vermeintlich größten Offenherzigkeit verfaßte Autobiographie hat – gegenüber dem *wahren* Wesen – einen nur eingeschränkten Wert, während die im unbewachten Augenblicke der ersten Empfindung geschriebenen Briefe den Menschen, ihm selbst unbewußt, zeigen, wie er ist.« Aber gleichwohl muß ich die Einschränkung hinzusetzen:

Sie zeigen ihn nur, *wie er dieser Person gegenüber ist,* der er sich mitteilt, zeigen ihn nur in diesem bestimmten, eigentümlichen Verhältnisse, zeigen also nur sein relatives, nicht sein absolutes oder ganzes Wesen. Er schreibt an diese Person so, wie sie ihn, je nach ihrer Individualität, je nach dem Eindrucke, den sie auf ihn und vielleicht nur auf ihn macht, unwillkürlich bestimmt, ihr gegenüber zu sein oder zu erscheinen. Jeder ruft in dem andern die ihm entsprechenden Seiten oder Eigenschaften hervor, sind gleich diese sehr häufig gerade die entgegengesetzten. So macht Ruhe unruhig, Kälte hitzig, Süßlichkeit gallig, Zudringlichkeit abstoßend. Jeder glaubt den andern zu erkennen und beurteilen, wie er an sich ist, ohne zu bedenken, daß er in dem vermeintlichen Wesen des andern vielleicht nur eine sehr getreue, aber eben deswegen nichts weniger als schmeichelhafte Kopie oder vielmehr Karikatur seines eigenen Wesens vor sich hat, ohne zu bedenken, daß wenigstens die Atmosphäre, in der er das Wesen des andern rein für sich selbst einzuatmen glaubt, ein gemeinschaftliches Element und daher auch durch die ausgeschiedene Kohlensäure und den Wasserdampf seines eigenen lieben Ichs verunreinigt ist. Kurz: *Wie* das *Du, so* das *Ich.* Man kann nicht zweimal in denselben Fluß steigen, sagt Heraklit, aber man kann auch nicht zweimal unterschiedlos derselbe, man kann namentlich nicht zweien Menschen gegenüber unverändert derselbe sein. Die Unveränderlichkeit existiert nur in den Köpfen der Theologen, die Identität nur in den Köpfen der spekulativen Philosophen. Zur vollständigen Erkenntnis des Briefschreibers gehört daher wesentlich auch die Erkenntnis der Personen, an die er schreibt, und der individuellen, freilich oft unsagbaren Beziehung, in der er zu ihnen steht. Ich wollte darum anfangs mich nicht allein auf die Briefe meines Vaters beschränken, sondern auch die wichtigeren und interessanteren Briefe seiner Korrespondenten mitteilen; aber dieser Plan scheiterte aus dem schon erwähnten äußerlichen Grunde. Nur bei einem Briefe F. H. Jacobis machte ich die Ausnahme, daß ich ihn ganz aufnahm, während ich bei andern nur die zum Verständnis notwendigen Stellen hie und da in den Anmerkungen beifügte. Glücklicherweise sind jedoch die Personen, an welche ein großer Teil der Briefe gerichtet ist, die Gräfin Elise von der Recke und Tiedge, hinlänglich bekannt, bei vielen andern Briefen, die nur wissenschaftliche, amtliche oder legislative Dinge betreffen, die Personen gleichgültig. Und was die Person seines Vaters betrifft, so möge zur richtigen Beurteilung des Geistes und Tones, namentlich der früheren Briefe an ihn, die Bemerkung hier genügen, daß jener, ein guter Jurist*, nicht nur von Kenntnissen, sondern auch von Charakter, das Recht namentlich der väterlichen Gewalt im strengsten Sinne ausübte, ja einmal sogar das alte reichsstädtische Privilegium, welches die väterliche Disziplinargewalt selbst bis auf die Zuchthausstrafe ausdehnte, geltend machen wollte, daß er ferner, an und für sich zur Skepsis und Satire über die menschlichen Torheiten und Eitelkeiten geneigt, insbesondere seinem Sohne gegen-

---

* Zu S. 16, wo ich seine juridische Inauguraldissertation anführe, erlaube ich mir hier im voraus die berichtigende Anmerkung, daß ich die Frage, wie sie im Texte gestellt ist, nämlich ob, wie es die allgemeine Annahme der Juristen sei, unter den mitleidswürdigen Personen das Gesetz auch die Armen verstanden habe, in Gedanken auch auf den Titel versetzt habe, und daß nur auf die so gestellte Frage die »verneinende Antwort« paßt. Um aber kein falsches Bild von meinem, auch von mir persönlich gekannten und verehrten Großvater in dem Leser zurückzulassen, bemerke ich zugleich, daß er keineswegs leugnet, daß es billig und selbst gerecht (justum) sei, den Armen Rechtswohltaten zu gestatten, sondern nur, daß sie aus dem allegierten Gesetz abgeleitet werden können, weil unter den aliique fortunae injuria miserabiles nicht die Armen, sondern die vorher von dem Kaiser ausdrücklich genannten diuturno morbo fatigatos et debiles zu verstehen seien. Es ist hier ebenso wie mit dem Rigorismus meines Vaters, dem es nie in den Sinn gekommen ist, zu leugnen, daß nicht das Gesetz gerecht, d. h. vernünftig und menschlich sein solle, sondern der nur behauptet hat, daß, wenn einmal ein bestimmtes Gesetz gegeben sei, auch die Anwendung desselben eine streng gesetzliche sein müsse. Es ist, um die Familienidentität bis auf meine Wenigkeit herab auszudehnen, jedoch nur ganz kurz und flüchtig anzudeuten, mit der Polemik meines Vaters gegen die Willkür der Kriminalisten seiner Zeit, welche, um die damals noch geltenden barbarischen Gesetze der Carolina scheinbar gelten zu lassen, in der Tat aber aufzuheben, ihre dem Gesetz widersprechenden Meinungen in das Gesetz selbst hineintrugen, gerade ebenso wie mit meiner Polemik gegen die Willkür der modernen Philosophen und Theologen, welche die ihrer bessern Überzeugung widersprechenden, aber doch noch offiziell geltenden barbarischen Glaubensgesetze der Vergangenheit scheinbar bejahen, indem sie sie in der Tat aufheben. Der große Unterschied zwischen meinem Vater und mir ist nur der, daß ich auf einem Gebiete operiere, wo die meisten Menschen nur ein gewisses Dämmerlicht vertragen und wo man daher zum Danke für seine Anstrengungen und Aufklärungen statt Ehren und Würden, wenigstens von der Gegenwart, nur Schimpf und Schande erntet, wie soeben wieder ein gegen mich erschienener libellus famosus, wenn auch nicht im juridischen, doch literarischen Sinne – das würdige Produkt eines ebenso ignoranten als arroganten protestantischen Pfaffen – zum Überfluß beweist.

über fortwährend den Zweifler und Tadler spielte, in allem seinen Tun und Treiben, mochte es auch noch so erfolgreich sein, Mangel an Weisheit, d. h. Klugheit, erblickte und diesen daher gewissermaßen nötigte, bei allen Unternehmungen und Veränderungen seiner Lage, die er ihm berichtet, ganz im Widerspruch mit seinem Wesen, die vorteilhafte, i. e. pekuniäre Seite, oft selbst mit Übertreibungen, hervorzuheben.

Wenn eine Person – und zwar um so mehr, je vielseitiger sie ist, und eine solche war Anselm von Feuerbach – nur im Verkehr mit verschiedenen Menschen ihre verschiedenen Eigenschaften und Talente offenbart, so gehört zur Vollständigkeit des Bildes derselben, daß, wenn auch nicht der Zahl, doch der Gattung nach, die verschiedenen Menschen repräsentiert sind, mit denen sie in Korrespondenz stand. Und in dieser Beziehung ist leider die hier mitgeteilte Sammlung mangelhaft. So ist die Korrespondenz meines Vaters mit seinen kriminalistischen Freunden und Feinden hier gar nicht repräsentiert. Um diesen Mangel zu beseitigen, wollte ich wenigstens ein paar noch vorhandene Briefe an seinen ersten, hauptsächlichsten Gegner, Klein in Halle, aufnehmen; aber da diese Briefe nichts enthalten, was nicht schon in der Vorrede zum zweiten Teil der *Revision* gesagt ist, so unterblieb es, weil es überhaupt mein Grundsatz war, nichts Gedrucktes, *wenigstens mit Bewußtsein,* aufzunehmen. Aber auch dieser Mangel kommt teilweise auf Rechnung unserer tragikomischen Zustände. Als ich – um zu meiner Rechtfertigung nur *ein* Beispiel* anzuführen – zu Anfang des vorigen Jahres nach Leipzig reiste, war außer der Korrektur meiner Vorlesungen die persönliche Erkundigung nach Briefen meines Vaters bei den Hinterbliebenen mehrerer seiner wissenschaftlichen Freunde in Sachsen der Zweck meiner Reise. Allein ich wurde unter dem Vorwande, daß ich meinen Aufenthalt verheimlicht hätte, weil ich im – freilich törichten – Vertrauen auf einen nagelneuen königlich-bayerischen Paß es versäumt hatte, mich gleich anzumelden, wahrscheinlich aber nur deswegen, weil die sächsische Polizei eine so feine Nase hat, daß sie witterte: Ich fahndete nach den Briefen eines

---

* Die Lichtstrahlen, welche die hohe Regierungsweisheit unserer Zeit selbst in mein hiesiges obskures und philosophisches Leben geworfen hat, werde ich nicht ermangeln, sowie ich einmal bei Muße und Laune bin, zur Charakteristik des gouvernementalen Zeitgeistes in dem Brennglas eines besonderen Schriftchens zu konzentrieren.

großen Juristen, die Polizei aber bekanntlich eine besondere Antipathie gegen alles hat, was auch nur im entferntesten Grade mit dem jus zusammenhängt, mir nichts, dir nichts ausgewiesen. An andere Orte hin hatte ich mich brieflich gewendet, aber vergeblich. Gestehen muß ich aber auch, daß ich es verschmäht habe, mich bei denen, die sich als falsche Freunde meines Vaters bewiesen haben, nach Briefen von ihm umzusehen. So blieb denn diese Lücke, wie so manche andere, unausgefüllt. Gestehen muß ich überhaupt, daß ich bei dieser Arbeit auch nicht die geringste fremde Unterstützung, nicht einmal einen Rat oder Wink, so willkommen er mir auch oft gewesen wäre, in Anspruch genommen, daß ich nur auf mich, auf die Papiere meines Vaters, auf seine gedruckten Schriften, auf die ihn und seine Zeit betreffende Literatur, soweit ich derselben habhaft werden konnte, und eine kleine juridische Hausapotheke gestützt, jedoch nie meine Grenzen überschreitend, die Arbeit begonnen und vollendet habe und daß ich mir daher recht gern die Vorwürfe gefallen lasse, die man gewöhnlich nicht ohne Grund den nicht konzessionierten und undiplomatischen Autodidakten macht. Und doch muß ich zugleich hier offen bekennen, daß ich erst, seitdem ich von allen privilegierten Lehranstalten entfernt, nur auf mich, meine eignen, wenn auch noch so beschränkten Mittel und Kräfte reduziert lebe, angefangen habe, wahrhaft zu lernen und denken und nur die Residenzuniversitäten um ihre großen Bibliotheken und naturwissenschaftlichen Anstalten beneidet habe und noch beneide.

Schließlich muß ich noch zweierlei bemerken. Erstlich – eine Bemerkung, die sich zum Teil übrigens von selbst versteht –, daß die Briefe, wie alles andere hier Veröffentlichte, mit der größten Sorgfalt und Gewissenhaftigkeit teils nach den Originalen, teils nach den oft allerdings schwer zu entziffernden Konzepten – alle wichtigeren Briefe, ja alle, die nur immer ins Departement der auswärtigen Angelegenheiten gehörten, setzte mein Vater erst für sich zur Erinnerung auf –, teils nach den von ihm selbst noch besorgten Kopien von meinen Händen oder doch unter meinen Augen abgeschrieben und dem Drucke übergeben worden sind. Zweitens, daß das auf Wunsch und Kosten seiner Appellationsgerichtsräte verfertigte Bild von Kreul, welches Herr Raab in Nürnberg in Stahl gestochen hat, meinen Vater in seinen letzten Lebensjahren und, obwohl ein sehr gutes Bild, doch mehr den Präsidenten als den geistvollen Menschen darstellt. Auf dem Originale fehlen daher auch nicht seine vier

Orden; aber ich glaube auch in dieser Beziehung ganz im Geiste und Sinne meines Vaters gehandelt zu haben, wenn ich von der Brust eines Mannes, der zwar, wie er selbst gesteht, im höchsten Grade »ehrgeizig und ruhmbegierig« war, aber doch diese seine Leidenschaft nur *im Dienste der Gerechtigkeit, Wahrheit und Freiheit* befriedigte, diesen ohnedem eitlen Schmuck als einen *jetzt* höchst unpassenden, ja störenden Anachronismus entfernte.

ANMERKUNGEN
UND
TEXTVARIANTEN

Texte und Sekundärliteratur – Siglen

Ludwig Feuerbach, *Sämtliche Werke*, 10 Bände, Leipzig 1846-1866 (zit.: SW)
- *Sämtliche Werke*, 13 Bände, Band 1-10 hg. von Wilhelm Bolin und Friedrich Jodl, Stuttgart 1903-1910, 2. Auflage (als Faksimile-Nachdruck) Stuttgart (1959-1960); Band 11: *Jugendschriften*, hg. von Hans-Martin Saß. Mit Zeittafel und Bibliographie, Stuttgart (1962); Band 12/13: *Ausgewählte Briefe von und an Ludwig Feuerbach*, aufgrund der von Wilhelm Bolin besorgten Ausgabe neu hg. und erweitert von Hans-Martin Saß, Stuttgart (1964) (zit.: SW B/J)
- *Gesammelte Werke*, hg. von Werner Schuffenhauer, Berlin 1967 ff. (zit.: GW)
- *Das Wesen des Christentums*, 2 Bände, hg. von Werner Schuffenhauer, Berlin 1956 (zit.: WdChr.)
- *Philosophische Kritiken und Grundsätze*, hg. von Werner Schuffenhauer, (Reclams Universalbibliothek 58) Leipzig (1969) (zit.: KuG)
- *in seinem Briefwechsel und Nachlaß sowie in seiner philosophischen Charakterentwicklung*, dargestellt von Karl Grün, 2 Bände, Leipzig und Heidelberg 1874 (zit.: BwN)
- *Schriften aus dem Nachlaß*, hg. von Erich Thies, bisher erschienen: *Vorlesungen über die Geschichte der neueren Philosophie*, Erlangen 1835/1836; *Einleitung in die Logik und Metaphysik*, Erlangen 1829/1830, bearbeitet von Carlo Ascheri (†) und Erich Thies, Darmstadt 1974, 1975 (zit.: SchrN I, II)
- *Briefwechsel*, hg. von Werner Schuffenhauer, (Reclams Universalbibliothek 105) Leipzig (1963) (zit.: BwRecl.)

Bruno Bauer, *Die Posaune des jüngsten Gerichts über Hegel den Atheisten und Antichristen. Ein Ultimatum*, Leipzig 1841 (zit.: Bauer, Posaune)

Georg Wilhelm Friedrich Hegel, *Phänomenologie des Geistes*, hg. von Johannes Hoffmeister, (Philos. Bibliothek 114) Hamburg [6](1952) (zit.: Hegel, Phänomenologie)

- *Wissenschaft der Logik*, 2 Bände, hg. von Georg Lasson, (Philos. Bibliothek 56/57) Hamburg (1963) (zit.: Hegel, Logik)
- *Grundlinien der Philosophie des Rechts*, hg. von Johannes Hoffmeister, (Philos. Bibliothek 124 a) Hamburg ⁴(1962) (zit.: Hegel, Rechtsphilosophie)
- *Enzyklopädie der philosophischen Wissenschaften im Grundrisse* (1830), neu hg. von Friedhelm Nicolin und Otto Pöggeler, (Philos. Bibliothek 33) Hamburg ⁶(1959) (zit.: Hegel, Enzyklopädie 1830)
- *Vorlesungen über die Geschichte der Philosophie*, 3 Bände, hg. von Hermann Glockner (Sämtliche Werke, Band 17-19), Stuttgart-Bad Cannstatt 1965 (zit.: Hegel, Gesch. d. Phil.)
- *Vorlesungen über die Philosophie der Religion*, 4 Bände, hg. von Georg Lasson, (Philos. Bibliothek 59/60 und 61/63) Hamburg (1966) (zit.: Hegel, Religion)
- *Briefe von und an Hegel*, 4 Bände, hg. von Johannes Hoffmeister und Rolf Flechsig, (Philos. Bibliothek 235-238) Hamburg ²(1961) (zit.: Hegel, Briefe)

Karl Marx/Friedrich Engels, *Gesamtausgabe*, hg. von D. Rjazanow, Berlin 1927 ff. (zit.: MEGA)
- *Die Frühschriften*, hg. von Siegfried Landshut, Stuttgart o. J. (zit.: Marx, Frühschriften)

Max Stirner (Kaspar Schmidt), *Der Einzige und sein Eigentum*, Leipzig (Reclam) o. J. (zit.: Stirner, Einzige)

Carlo Ascheri, *Feuerbachs Bruch mit der Spekulation. Kritische Einleitung zu Feuerbach: Die Notwendigkeit einer Veränderung* (1842), Frankfurt/Wien 1969 (zuerst als: *Feuerbach 1842: Necessità di un cambiamento*, in: *De Homine*, Rom 1967, Heft 19/20. Übersetzt von Heidi Ascheri) (zit.: Ascheri, F.)

Karl Löwith, *Von Hegel zu Nietzsche. Der revolutionäre Bruch im Denken des neunzehnten Jahrhunderts. Marx und Kierkegaard*, Stuttgart ⁵(1964) (zit.: Löwith, Hegel)

Simon Rawidowicz, *Ludwig Feuerbachs Philosophie. Ursprung und Schicksal*, Berlin ²1964 (zit.: Rawidowicz, F.)

Erich Thies (Hg.), *Ludwig Feuerbach* (Wege der Forschung, Bd. CDXXXVIII) Darmstadt 1975 (zit.: Feuerbach, WdF)

Weitere Literatur in den *Anmerkungen* (Bände 2, 3, 4) und der *Bibliographie* (Band 6)

In den Bänden 1 bis 5 werden aus ungedrucktem Material zitiert:
1. Feuerbachs Berliner Abgangszeugnis (1826) – Archiv der Humboldt-Universität zu Berlin
2. Testate Hegels – Privatbesitz
3. Akte zur Promotion und Erlanger Dozententätigkeit Feuerbachs – Archiv der Philosophischen Fakultät der Universität Erlangen
4. Manuskripte aus dem Nachlaß Feuerbachs – Universitätsbibliothek München (4° Cod.ms. 935^{a-c})
5. Briefe an Arnold Ruge – Sächsische Landesbibliothek, Dresden (Signatur MSCR.DRESD. h 46)

Zeichenerklärung:

Kursivdruck	einfache Hervorhebung im Manuskript
[ ]	vom Herausgeber hinzugefügt
⟨ ⟩	vom Herausgeber eliminiert
[...]	Lücke im Manuskript oder unlesbare Stelle
[?]	unsichere Lesung des vorhergehenden Wortes
*	Anmerkung Feuerbachs
[*]	vom Herausgeber zugeordnete Anmerkung
Hochzahl im Text	Hinweis auf Anmerkung des Herausgebers oder Textvariante

Über die allgemeinen Editionsprinzipien informiert das Vorwort in Band 1 und Band 6. Hier nur einige Hinweise:
  – es sind grundsätzlich die Erstauflagen abgedruckt;
  – die Anmerkungen stellen vor allem die für das Verständnis des jeweiligen Textes erforderlichen Materialien zur Verfügung;

- Textvarianten zu späteren Auflagen sind angegeben, wenn sie über nur stilistische Korrekturen hinausgehen; die meisten der über einige Wörter hinausgehenden Kürzungen und Ergänzungen sind also notiert;
- Schreibweise und Zeichensetzung ist vorsichtig modernisiert worden;
- Eigennamen sind der heutigen Schreibweise angepaßt worden;
- Anmerkungen und Varianten sind durch Hochzahlen im Text kenntlich gemacht und in den Anhang aufgenommen.

Anmerkungen

1. DAS WESEN DES GLAUBENS IM SINNE LUTHERS

1 Die Studie *Das Wesen des Glaubens im Sinne Luthers* erschien zunächst als selbständige Broschüre (Wigand: Leipzig 1844) (A) – welche später auch der zweiten Auflage des *Wesen des Christentums* (1843) beigebunden wurde – und 1846 in SW I, S. 259 ff. (B), ergänzt durch *Merkwürdige Äußerungen Luthers nebst Glossen* (ebd., S. 334 ff.). Mit der Nr. 65, vom 14. August, bis Nr. 87, vom 30. Oktober 1844, begann der Pariser *Vorwärts* F.s Schrift unter dem Titel *Auszüge aus dem »Wesen des Glaubens im Sinne Luthers etc.« von Ludwig Feuerbach, Leipzig 1844*, abzudrucken.

Ruge hatte F. gebeten, Beiträge für die *Deutsch-Französischen Jahrbücher* nach Paris zu schicken. In seinem Antwortschreiben (ein Entwurf oder eine Abschrift eines tatsächlich abgeschickten Briefes, wohl Ende April 1844 – BwRecl. S. 380 ff.) entschuldigt sich F., nichts schicken zu können. »Zwar habe ich eine im Drucke etwa 3 bis 4 Bogen betragende Abhandlung liegen, aber sie paßt weder dem Inhalt, noch der Art der Behandlung nach in Ihr Journal. Der Inhalt ist nämlich noch einmal – ja aber und abermals werden Sie denken – das Wesen des Christent[ums], aber nur auf deutschem Boden – das ›Wesen des Glaubens im Sinne *Luthers*‹; die Art der Behandlung aber – absichtlich sowohl als unwillkürlich – ruhig, still, anspruchslos, klar, gründlich, gedeckt mit einer Masse auserlesener deutscher Belegstellen, um den gelehrten Haufen, der, wie Sie wissen, bei uns so mächtig ist, in gehörigen Respekt zu versetzen. Ich habe – horribiliter dictu! – 23 Foliobände durchgemacht, wenn ich gleich Vieles natürlich nur flüchtig [...]. Sie werden sich wundern. Aber ich sage Ihnen: das Wesen des Christent[um]s ist das tiefste und mächtigste Wesen der bisherigen Menschheit gewesen und nur die Auflösung dieses rätselhaften Wesens, aber die gründliche, die germanische Auflösung entscheidet in letzter Instanz über das Schicksal der Staaten und Völker – wenn anders die Existenz

derselben auf den Menschen, nicht auf ein himmlisches Utopien sich gründet. Wohl ist die Kritik der Religion in Deutschl[and], wie Marx sagt, im Wesentlichen vollendet; aber auch nur im Wesentlichen und eben deswegen nur für einzelne denkende Köpfe; noch ist ihr Resultat keine unmittelbare, keine allgemeine, keine populäre Wahrheit. Doch ich habe mich verloren: ich wollte nur sagen: diese Abhandl[ung] paßt nicht nach Paris.«
Beim Übersenden des Manuskripts an Wigand schreibt F.: »Die Schrift enthält – was ich sagen kann ohne mich einer lächerlichen Arroganz schuldig zu machen – das Tiefste was je gesagt worden über das Wesen Luthers, eines Mannes, dessen die heutigen Deutschen nicht mehr wert sind, wenn gleich Luther großenteils an unserer Unfähigkeit zur Politik schuld ist« (SW B/J XII, S. 108). (Vgl. dazu auch Karl Marx, *Zur Kritik der Hegelschen Rechtsphilosophie*, in: *Deutsch-Französische Jahrbücher*, Paris 1844, S. 79: »Selbst historisch hat die theoretische Emanzipation eine spezifisch praktische Bedeutung für Deutschland. Deutschlands *revolutionäre* Vergangenheit ist nämlich theoretisch, es ist die *Reformation*. Wie damals der *Mönch*, so ist es jetzt der *Philosoph*, in dessen Hirn die Revolution beginnt. – *Luther* hat allerdings die Knechtschaft aus *Devotion* besiegt, weil er die Knechtschaft aus *Überzeugung* an ihre Stelle gesetzt hat. Er hat den Glauben an die Autorität gebrochen, weil er die Autorität des Glaubens restauriert hat ... Er hat den Menschen von der äußern Religiosität befreit, weil er die Religiosität zum innern Menschen gemacht hat. Er hat den Leib von der Kette emanzipiert, weil er das Herz in Ketten gelegt.« S. auch F.s Bemerkung dazu in seinem Brief an Ruge April 1844: »Doch, ich liefere Ihnen Stoff. Selbst mein Luther wird sich zur Besprechung in Ihrem Journal eignen, denn ich bringe erst sein verkanntes Wesen auf das Niveau des allgemeinen Bewußtseins, obgleich L[uther] natürlich nicht der Zweck, sondern das Mittel meiner Darstellung ist. ›Was Luther! Ist der nicht das Grundübel Deutschl[ands] und seiner religiösen Freiheit? Hat er nicht die politischen Freiheitsideen, nicht den deutschen Bauern unterdrückt?‹ Traurige Wahrheit! Aber gleichwohl dürfen wir nur auf die Reformation zurückgehen, sie nur auflösen in ihr Prinzip – so haben wir was wir wollen: Keine Götzen im Himmel und keine mehr auf Erden!

Vergessen Sie in Frankr[eich] das gegenwärtige Deutschland, dessen Zustände mit Recht den Vorwurf der Niederträchtigkeit [F. bezieht sich auf die obengenannte Schrift von Marx] verdienen, aber vergessen Sie nicht die größte welthistorische Tat seiner Vergangenheit – die Tat der Reformation.«)
Wenig später steht F. der hier vorgelegten Schrift entschieden kritischer gegenüber. So heißt es in einem Brief an Christian Kapp (vom 13. Mai 1844): »Mein *Luther* ist gegenwärtig im Druck bei Wigand. Keine Schrift war mir noch nach der Beendigung so gleichgültig als wie diese. Nach langem Widerstreben nur entschloß ich mich zu ihrer Herausgabe. Sie ist, obwohl gründlich in der Sache, nachlässig geschrieben und der Widerspruch meiner löblichen Schreibart, trotzige Kürze, die nicht sagen mag, was sie sagen kann, und nachhaltige Breite, die nicht genug sagen kann, was sie einmal sagt, tritt um so auffallender hervor, je kleiner die Schrift: denn sie beträgt nur ein paar Bogen, da ich die Schlußentwicklung gestrichen, als ein eigenes Thema für eine zukünftige Schrift aufbewahrend. Ich dachte anfangs daran, Dir – mit Deiner Erlaubnis – die Schrift zu dedizieren, dann, Dir zugleich und *Paulus,* in voller Anerkennung seiner Offenbarung der Offenbarungsphilosophie [H. E. G. Paulus veröffentlichte (Leipzig 1843) anonym Schellings Vorlesungen über die *Philosophie der Offenbarung,* die ihm von P. Marheineke aus Berlin zugespielt worden waren], deren indirekte – für Paulus freilich, wenn auch nicht sinnlose, doch paradoxe – Widerlegung eben Luther ist. Aber so wie die Schrift fertig war, so war sie auch ganz aus meinem Sinne. Nur einmal noch kehrte sich mein Geist ihr zu, und diesen günstigen Moment benutzte ich zu einer notwendigen Verbesserung einer flüchtig hingeworfenen Stelle. Auch hätte ich bei einer Dedikation auf die Gegenwart Rücksicht nehmen müssen; allein ich abstrahierte bei dieser Schrift von allen Beziehungen auf die Zeit. – Ohnedem ist mein Luther weniger populär und klar, als ich anfangs beim Niederschreiben dachte. Und das eigentliche Resultat überdem – teils unwillkürlich, teils absichtlich – nur indirekt ausgesprochen. Es ist mit dürren Worten dieses: Ich habe Euch bewiesen, daß das Höchste, was Ihr in Euerem Gotte denkt und glaubt, die Liebe des Menschen zum Menschen ist. Damit bin ich fertig mit Euch

und Euerem Gott. Aber das ist Euch zu wenig. Ihr wollt noch etwas Apartes und Sekretes. Es ist Euer sich von der Liebe unterscheidendes und sich auf sich selbst nur beziehendes liebes Ich. Also ist die Liebe nur Euere Moral, aber Euere Religion, Euer Wesen, Euer Gott ist die Selbstliebe. Wollt Ihr nun aber das ableugnen, nun so findet in der Liebe die Bestimmung und den Endzweck Eueres Lebens erreicht und gebt Euer unsterbliches Selbst auf. Unter Liebe verstehe ich aber die Tätigkeit mit Leib und Seele, das Leben für Andere, für die Menschheit, für allgemeine Zwecke. Da aber diese allgemeinen Zwecke nur in der Menschwerdung ihre Wirklichkeit und Wahrheit finden – will ich z.B. die Freiheit, so will ich nichts anderes als freie Menschen, ich will keine Freiheit in Kopf und Wollen bloß, ich will eine sichtbare, fühlbare Freiheit – so setze ich als das A und Ω geradezu immer den Menschen. Die theologischen und philosophischen Esel, deren Zahl Legion, begreifen das nicht und ahnen nicht, was ich will« (SW B/J XIII, S. 136).
Auch Friedrich Kapp gegenüber betont F. seine Unzufriedenheit mit der Luther-Schrift und erwähnt einen Einwand gegen seine ironische Apologie der Sünde. Er fährt dann fort: »Was aber den allgemeinsten und meisten Anstoß auch wieder bei dieser Schrift erregen wird, ist, daß ich das göttliche Wesen als ein *sinnliches* und vice versa das sinnliche Wesen als *göttliches*, d.i. wahres Wesen nachweise, oder wenigstens setze, aufstelle; denn allerdings bin ich hier noch manchen Nachweis schuldig geblieben, indem die Leute unter Sinnlichkeit nichts anderes verstehen als Essen, Trinken, Freien, gleichwie sie unter *Menschlich* nichts anderes verstehen als die Schwächen der Individuen und die veränderlichen, willkürlichen Satzungen und Institutionen der Zeiten, daher auch das wahre menschliche Wesen unter dem Namen des Göttlichen, als eine eigene, vom Menschen unterschiedene Gattung, demselben gegenübersetzen. Ich werde indes diese Nachweise und Erläuterungen nicht schuldig bleiben und alle vorlauten Urteile über mich noch aufs Tiefste beschämen. Aber nur Geduld muß ich den Herren einstweilen noch empfehlen« (ebd., S. 137). Vgl. auch die Rezension des Luther-Aufsatzes in den *Theologischen Jahrbüchern*, hg. von Eduard Zeller, 1844, S. 759. Zur Interpretation s. Ascheri, F., S. 116 f.

2 B: von
3 B merkt an: Die Stellen mit bloßen Anführungszeichen sind solche, die auch im »Wesen des Christentums«, dort mit Angabe ihres Ortes angeführt werden.
4 B: »Teufel«
5 B ergänzt: ausgesprochenen
6 B ergänzt: »Aber die Sünde, sagst du, die wir täglich tun, beleidigt und erzürnet Gott, wie können wir denn heilig sein? Antwort: *Mutterliebe ist viel stärker denn der Dreck und Grind am Kinde.* Also Gottes Liebe gegen uns ist viel stärker denn unser Unflat und Unreinigkeit. Derhalb, ob wir wohl Sünder sind, verlieren wir drum die Kindschaft nicht unsers Unflats halben« (*Tischreden*, Eisleben 1566, S. 186).
7 Das letzte Zitat fehlt in B.
8 Fehlt in B: – warum ... zukehren
9 Folgt in B: (versteht sich in dem überschwenglichen Sinn, in welchem hier dieses Wort genommen wird)
10 Folgt in B: »Wo man das *zukünftige Leben* leugnet, nimmt man *Gott schlecht* hinweg« (T. II, S. 401). »Denn wo kein ander Leben wäre denn nur dieses zeitliche, leibliche, wozu dürften wir denn Gottes? ... Aber Moses zeigt an, daß nach diesem Leben ein ander Leben sei, weil er in dieser Notdurft zu dem Gott betet, der *außerhalb dieser Welt* und *unsichtbar* ist. Daraus erfolgt, daß auch die Gnade und das Leben, so wir von ihm bitten, *unsichtbar* sei und zum *andern Leben* gehöre, uns und nicht den Ochsen zugehörig. Denn Gott sorgt nicht für die Ochsen, wie St. Paulus spricht« (T. VI, S. 309). »Wo du in dem Glauben bist, darin Papst, Kardinäle und Bischöfe sind, daß nach diesem Leben kein ander Leben sei, so wollte ich um *deinen Gott nicht einen Pfifferling* geben« (T. XVI, S. 89). »Wenn wir der *Auferstehung* nicht warten oder hoffen dürften, so ist auch *kein Glaube* und *kein Gott* nicht« (T. III, S. 129). »Dies ist der *fürnehmste Artikel* der ganzen christlichen Lehre, *nämlich wie wir selig* werden. Auf diesen sollen Theologische Disputationes sehen und gerichtet werden, den haben alle Propheten am meisten getrieben ... Denn wenn *dieser Artikel von unserer Seelen Seligkeit* mit gewissem und festem Glauben gefaßt und behalten wird, so kommen und *folgen die andern Artikeln* alle gemächlich *hernach*, als von der Drei-

faltigkeit. Auch hat uns Gott keinen Artikel so offensichtlich und deutlich erkläret als diesen, nämlich daß wir allein durch Christentum selig werden. Es ist auch wohl an den andern viel gelegen, aber an diesem ist *am allermeisten gelegen*« (*Tischreden*, S. 194).

11 In B ist die folgende Anmerkung diesem Satz zugeordnet.
12 Gemeint ist das *Wesen der Religion* (1845) s. Anm. 28.

2. Über das »Wesen des Christentums« in Beziehung auf den »Einzigen und sein Eigentum«

13 F.s anonyme Erwiderung auf Max Stirners Buch *Der Einzige und sein Eigentum* erschien im zweiten Band von *Wigands Vierteljahrsschrift*, Leipzig 1845, S. 193 ff. (A) und wurde mit umfangreichen Ergänzungen in SW I, S. 342 ff. (B) wiederabgedruckt.

Das Buch *Der Einzige und sein Eigentum* erschien Ende 1844 – mit der Kennzeichnung Leipzig 1845 – bei Otto Wigand, der auch F.s Schriften herausgab und Bruno Bauer, Max Stirner und F. zur gemeinsamen Teilnahme an der *Vierteljahrsschrift* veranlassen konnte. Der Verfasser ist Johann Caspar Schmidt (1806–1856) (Pseudonym »Max Stirner«), der den junghegelischen *Berliner Freien* angehörte, einem 1842 gegründeten Atheistenbund mit Edgar Bauer, Mügge, Meyen, Faucher, Nauwerck und Karl Riedel. *Der Einzige und sein Eigentum* rief beträchtliches Aufsehen hervor; nicht nur Bruno Bauer und F., gegen die Stirners Kritik sich vor allem richtet, und Szeliga sehen sich zu Erwiderungen veranlaßt, auch Philosophen und Literaten von so verschiedener Provenienz wie Karl Rosenkranz, Arnold Ruge, Kuno Fischer und Bettina von Arnim verfassen Rezensionen (vgl. Max Stirner, *Der Einzige und sein Eigentum und andere Schriften*, hg. von H. G. Helms (München 1969), S. 270 f.). Die Ursache dieses ungewöhnlichen Aufsehens lag in der Radikalität, mit der Stirner über die von Bruno und Edgar Bauer, Szeliga u. a. vertretene »Kritische Kritik« und F.s Anthropologisierung der Religion hinausgeht (vgl. Werner Schuffenhauers Analyse in KuG, S. 354 ff. und Karl Löwith, *Von Hegel zu Nietzsche*, Stuttgart [5](1964), (Löwith, Hegel) S. 118 ff., S. 268 ff. und S. 379 ff.). *Der Einzige und sein Ei-*

gentum versteht sich als radikale Fortentwicklung und Auflösung der von Bauer vertretenen »Kritik«; Stirner stellt der »freien, menschlichen Kritik«, »kritischen oder reinen Kritik«, wie Bauer sie nannte, und ihren sozialen Intentionen einen rigorosen Egoismus entgegen, der sich von aller gesellschaftlichen Verantwortung losmacht. Bauers »humaner Liberalismus« (gegen den Marx und Engels in der *Heiligen Familie* 1845 scharf argumentieren), seine Polemik gegen eine »inhumane Gesellschaft«, wird desavouiert als bloße Chimäre des Denkens. Die Kritik ist zwar allem dogmatischen Denken überlegen, aber »›Ich‹, von dem Ich ausgehe, bin weder ein Gedanke, noch bestehe Ich im Denken. An mir, dem Unnennbaren, zersplittert das Reich der Gedanken, des Denkens und des Geistes« (Max Stirner, *Der Einzige* ..., Leipzig (Reclam) o. J. (Stirner, Einzige) S. 175. Zu Stirners Verhältnis zu Bauer s. auch Stirners Rezension von Bauers *Posaune des jüngsten Gerichts* ..., in: Max Stirner, *Kleinere Schriften* ..., hg. von J. H. Mackay, Berlin 1914, S. 11 ff. »Stirner verabsolutiert den Bourgois-Egoismus, den Privatmenschen und das Privateigentum zur ›Kategorie‹ *des* Egoismus, *des* Einzigen und *des* Eigentums. Er ist, soziologisch betrachtet, der radikalste Ideologe der bürgerlichen Gesellschaft, die als solche eine Gesellschaft von ›vereinzelten Einzelnen‹ ist. Wovon sich Stirner befreit, das sind keine wirklichen Daseinsverhältnisse, sondern bloße Bewußtseinsverhältnisse, die er selber jedoch nicht durchschaut, weil er befangen ist im privaten Egoismus als dem Prinzip der bürgerlichen Gesellschaft« (Löwith, *Hegel*, S. 269).
Gegen F. wendet Stirner ein, er bleibe in der Religionskritik auf halbem Wege stehen. »Mit der Kraft der *Verzweiflung* greift Feuerbach nach dem gesamten Inhalt des Christentums, nicht, um ihn wegzuwerfen, nein, um ihn an sich zu reißen, um ihn, den langersehnten, immer ferngebliebenen, mit einer letzten Anstrengung aus seinem Himmel zu ziehen und auf ewig bei sich zu behalten. Ist das nicht ein Griff der letzten Verzweiflung, ein Griff auf Leben und Tod, und ist es nicht zugleich die christliche Sehnsucht und Begierde nach dem Jenseits?« (Stirner, *Einzige,* S. 43) F. vernichte nur das Subjekt des Gottesbegriffs, lasse aber dessen Prädikate bestehen, F.s Anthropologie konstituiere nichts als eine neue Religion. An

Stirners Kritik der *Grundsätze der Philosophie der Zukunft* (1843 – s. Bd. 3, Anm. 109) wird die dem *Einzigen* eigene Tendenz zum Solipsismus besonders deutlich. Stirner macht zunächst den berechtigten Einwand, F. poche immer auf *das* Sein, womit er bei aller Gegnerschaft gegen Hegel und die absolute Philosophie in der Abstraktion stecken bleibe, denn »das Sein« sei ebenso abstrakt wie »das Ich«. »Nur *Ich* bin nicht Abstraktion allein, *Ich bin* Alles in Allem, folglich selbst Abstraktion oder Nichts, Ich bin Alles und Nichts; Ich bin kein bloßer Gedanke, aber Ich bin zugleich voller Gedanken, eine Gedankenwelt« (ebd., S. 397 f.). Hegel verurteile das Eigene, das Meinige, die »Meinung«; das absolute Denken vergißt, daß es *mein* Denken ist, daß Ich denke und daß es nur durch *Mich* ist. »Als Ich aber verschlinge Ich das Meinige wieder, bin Herr desselben, es ist nur meine *Meinung* ... Feuerbach will Hegels ›absolutes Denken‹ durch das *unüberwundene Sein* schlagen. Das Sein ist aber in Mir so gut überwunden als das Denken. Es ist *mein* Sein, wie jenes *mein* Denken« (ebd.).

Die Einwände Stirners gegen F.s Anthropologie – sie sei selber wieder Religion, weil sie den Menschen zu einem Gott mache – greift Engels in einem Brief (vom 19. November 1844) an Karl Marx auf: »St[irner] hat recht, wenn er ›den Menschen‹ Feuerbachs, wenigstens des Wesens des Christentums verwirft; der F.sche ›Mensch‹ ist von Gott abgeleitet, F. ist von Gott auf den ›Menschen‹ gekommen, und so ist ›der Mensch‹ allerdings noch mit einem theologischen Heiligenschein der Abstraktion bekränzt. Der wahre Weg, zum ›Menschen‹ zu kommen, ist der umgekehrte.« Um der Abstraktheit des F.schen »Menschen« und des Stirnerschen *Einzigen* zu entgehen, schlägt Engels vor (vgl. KuG S. 356): »Wir müssen vom Ich, dem empirischen, leibhaftigen Individuum ausgehen, um nicht, wie Stirner, drin steckenzubleiben, sondern uns von da aus zu ›dem Menschen‹ zu erheben. ›Der Mensch‹ ist immer eine Spukgestalt, solange er nicht an dem empirischen Menschen seine Basis hat. Kurz, wir müssen vom Empirismus und Materialismus ausgehen, wenn unsere Gedanken und namentlich unser ›Mensch‹ etwas Wahres sein sollen; wir müssen das Allgemeine vom Einzelnen ableiten, nicht aus sich selbst oder aus der Luft à la Hegel« (MEGA, III. Abt., Band 1, S. 7).

Kurz nachdem F. Stirners Buch gelesen hat – Ende 1844 –, schreibt er seinem Bruder: »*Der Einzige und sein Eigentum* ... ist ein höchst geistvolles und geniales Werk und hat die Wahrheit des Egoismus – aber exzentrisch, einseitig, unwahr fixiert – für sich. Seine Polemik gegen die Anthropologie, namentlich gegen mich, beruht auf purem Unverstand oder Leichtsinn. Ich gebe ihm Recht, bis auf Eines: im Wesen trifft er mich nicht. Er ist gleichwohl der genialste und freieste Schriftsteller, den ich kennen gelernt« (Wilhelm Bolin, *Ludwig Feuerbach. Sein Wirken und seine Zeitgenossen* ..., Stuttgart 1891, S. 106). Im selben Brief geht F. näher auf Stirners Argumente ein: »... mir besonders wirft er vor, ich fiele noch in das Christentum. Er setzt nämlich voraus, *der Mensch* wäre mir Ideal, ein Gedanke, ein Gott im alten Sinne, nur verlegt in den Menschen, daher um so qualvoller, als er nicht jenseitiger sei. Für Stirner gibt es nur den *Einzigen*, den *Unaussprechlichen*, das unmittelbare Selbst oder Ich. Dies bestimmte Individuum, das mit keinem zu vergleichen, wie er sich treffend ausdrückt, sei sich ›Gattung, Gesetz, Norm seiner Selbst‹; soll Etwas daneben oder darüber gelten, und wäre es auch Liebe, die nicht eigennützig sei, so führe das zum Unwesen der Theologie. Ich hätte nur das Subjekt Gott weggeworfen, aber die ›Heiligkeit‹ der Prädikate, die Heiligkeit der Sittlichkeit bestehen lassen. Gar nichts sei ›heilig‹. Religion sei ›Gebundenheit‹, wir alle wären noch ›Pfaffen‹, ›Hierarchen‹. Hierarchie aber wäre ›Gedankenherrschaft‹; der Mensch müsse vor allem ›gedankenlos‹ und ›geistlos‹ werden. ›Gemeinschaft‹ sei ein abstrakter Begriff, denn ich vereinige mich mit anderen Menschen, um *meine* Macht zu verstärken; ich will nur ›Mich‹, ich bin ›*Herr*‹ von allem, Herr der Dinge, Herr der Menschen«« (ebd., S. 107).

Ursprünglich scheint F. ein offenes Sendschreiben als Form der Entgegnung geplant zu haben. In einem unbenutzt gebliebenen Entwurf heißt es: »›Unaussprechlich‹ und ›unvergleichlich‹ liebenswürdiger ›Egoist‹! – Wie Ihre Schrift überhaupt, so ist auch insbesondere Ihr Urteil über mich wahrhaft ›unvergleichlich‹ und ›einzig‹. Zwar habe ich auch dieses, wenngleich noch so originelle Urteil längst vorausgesehen und zu Freunden gesagt: ich werde noch so verkannt werden, daß man mich, dermalen den ›fanatischen, leidenschaftlichen‹ Feind des Christentums, sogar unter die Apologeten desselben rechnen wird; aber daß dies so bald, daß es schon jetzt geschehen würde, das hat mich – ich gestehe es – überrascht. Das ist ›einzig‹ und ›unvergleichlich‹ wie Sie selbst. Sowenig ich nun auch Zeit und Lust habe, Urteile, die nicht mich selbst, sondern nur meinen Schatten treffen, zu widerlegen, so mache ich doch bei dem ›Einzigen‹, dem ›Unvergleichlichen‹ eine Ausnahme« (ebd., S. 108).

Am 13. Dezember 1844 schreibt F. seinem Bruder: »Das Gute ist bei Angriffen, daß sie die Entwicklung eigener Gedanken befördern. So hat auch ›der Einzige‹ (nach dessen Urteil ich zu den zahllosen noch im Dunkel des ›Jenseits‹ umherflatternden Fledermäusen gehöre), der nur gegen meinen Schatten gekämpft, mir Gelegenheit gegeben, mehrere Erläuterungen über mein Wesen des Christentums niederzuschreiben. Ob ich sie aber jetzt schon drucken lasse, steht dahin. (Seine Angriffe verraten eine gewisse Eitelkeit, als wollte er sich auf Kosten meines Namens einen Namen machen. Man muß den Leuten die kindische Freude eines wenigstens momentanen Triumphes lassen. Was läßt sich dagegen sagen? Nichts. Nur um Worte kann man streiten.) Mich regen die urteilslosen Urteile nur immer den ersten Augenblick auf, danach sind sie mir gleichgültig. Man muß mit Sachen, mit Taten, mit Begründungen, mit Fortschritt in seinem Thema allein die Leute widerlegen« (UB München 4° Cod.ms. 935^b 12 (37). (Die in Klammern stehenden Teile befinden sich nicht im Original, sondern sind entweder von Bolin (ebd., S. 108 f.) selbst verfaßt, oder aber bei dem im Nachlaß F.s liegenden Manuskript handelt es sich um ein Konzept, dessen endgültige Fassung Bolin vorgelegen hat. Die letzte Möglichkeit ist weniger wahrscheinlich, da F. bei Briefen an seine Familie sonst keine Konzepte verfaßte.)

Eine der schärfsten Kritiken des *Einzigen* – die erste von sozialistischer Seite, denn die 1846 von Marx und Engels geschriebene *Deutsche Ideologie,* die sich ausführlich mit »Sankt Max« auseinandersetzt, wurde erst 1932 aus dem Nachlaß veröffentlicht – verfaßte Moses Heß (*Die letzten Philosophen,* Darmstadt 1845, in: Moses Heß, *Philosophische und sozialisti-*

sche Schriften ..., hg. von A. Cornu und W. Mönke, Berlin 1961, S. 380 ff.). Auf Heß wie auf Szeliga (der Bauers »Kritik« vertrat) und F. antwortet Stirner in *Wigands Vierteljahrsschrift*, Band 3, Leipzig 1845, S. 147 ff. Er versucht dort deutlich zu machen, daß der vollkommene »Egoist« kein inhaltlich bestimmtes »Individuum« ist, sondern eine »absolute Phrase«, das »Ende aller Phrasen«. »Er ist eine formale Bezeichnung für die *Möglichkeiten der je eigensten Aneignung*, seiner selbst wie der Welt« (Löwith, *Hegel*, S. 382).
Zur Überschrift enthält B die Anmerkung: Ich bemerke bei dieser Überschrift, daß ich hier wie anderwärts nicht meine *Schrift* als *Schrift* im Auge habe und in Schutz nehme. Ich stehe in einem höchst *kritischen* Verhältnis zu meiner Schrift; ich habe es immer nur mit ihrem Gegenstande, ihrem Wesen, ihrem *Geiste* zu tun. Die Beschäftigung mit ihrem Buchstaben überlasse ich den *Kindern* Gottes oder des Teufels.

14 B: des religiösen Bewußtseins. [In B ist hier angemerkt:] Der Satz: Gott ist Nichts oder das Nichts, findet sich bekanntlich nicht nur in orientalischen Religionen, sondern auch bei christlichen Mystikern und Schwärmern.
15 Folgt in B: (versteht sich: als *theologische* Prädikate)
16 B ergänzt: spekulative
17 In B folgt ein neuer Abschnitt: F. hat sich in seiner Schrift keine andere Aufgabe gestellt, als Gott oder die Religion auf ihren menschlichen Ursprung zurückzuführen und durch diese Reduktion im Menschen theoretisch und praktisch aufzulösen. Die Religion stellt aber des Menschen eignes Wesen oder das vom Menschen abstrahierte Wesen als ein außer- und übermenschliches Wesen vor. F. mußte also diese Zerspaltung in Gott und Mensch auf innerhalb des Menschen selbst stattfindende Unterschiede zurückführen – wie wäre auch die Religion erklärbar, wenn gar kein Unterschied zwischen Ich oder Selbstbewußtsein und Wesen oder Natur im Menschen stattfände? –, er mußte daher *die* psychologischen Zustände, welche eben den Menschen bestimmten, sein Wesen, seine Eigenschaften als göttliche Mächte von sich zu unterscheiden und über sich zu setzen, die Zustände der Begeisterung, der Leidenschaft, der Versenkung, des Außersichseins zum Ausgangspunkt seines Themas nehmen. Der wohlweise Kritiker beachte also, daß die Einlei-

tung zum Wesen des Christentums, wo insbesondere die Mächte »im Menschen über dem Menschen« hervorgehoben werden, nicht eine Einleitung ist zu einer philosophischen Abhandlung über das Verhältnis der menschlichen Prädikate zum menschlichen Subjekt oder des menschlichen Wesens zum menschlichen Ich, sondern eben eine Einleitung zum Wesen des Christentums, d. h. zum Wesen der Religion. Kann man aber der Ouvertüre zur Zauberflöte deswegen einen Vorwurf machen, daß sie nur die Ouvertüre zur Zauberflöte, nicht auch zum Don Juan ist?

18 In B ist hier angemerkt: Relativ, *für mich* als diesen Menschen ist allerdings, und zwar notwendig, die Gattung nur ein Abstraktum, nur ein Gedanke, obwohl sie *an sich selbst* sinnliche Existenz hat. So sind z. B. die vergangenen Menschen, obwohl an sich selbst einst wirkliche, sinnliche Wesen, für mich nur Gedankenwesen oder Wesen der Vorstellung. Doch über diesen Gegenstand bei einer andern Gelegenheit. Übrigens verstehe ich unter Gattung auch die *Natur* des Menschen; eine Bedeutung, die mit der andern aber aufs innigste zusammenhängt, denn die Natur des Menschen existiert ja nur in dem Gegensatz von Ich und Du, Mann und Weib.

19 In B folgt ein neuer Abschnitt: Der Mann ist die *Vorsehung* des Weibes, das Weib die Vorsehung des Mannes, der Wohltäter die Vorsehung des Notleidenden, der Arzt die Vorsehung des Kranken, der Vater die Vorsehung des Kindes. Der Helfer muß *mehr* sein und mehr haben – wenigstens in der Beziehung, worin er Hilfe leistet – als der Hilfsbedürftige. Wer selbst Not leidet, wie kann er andern Notleidenden helfen? Nein! wer mich aus dem Moraste herausziehen will oder soll, der muß *über* dem Morast, muß »*über mir*« stehen. Was ist denn nun aber dieses über mir stehende Wesen? Ist es ein andres, fremdes Wesen? Ist es mir im Gegenteil nicht so nahe als mein eignes Herz, mein eignes Auge, mein eigner Arm? Ist es nicht im strengsten Sinne mein »*anderes Ich*«? Es tut ja nur, was ich selbst tun will, im Zustande der Freiheit, Gesundheit, Selbständigkeit auch wirklich selbst tue, aber jetzt nur nicht tun kann. Bin ich lahm, so sind des andern Arme und Beine meine Bewegungsorgane; bin ich blind, so sind seine Augen meine Führer; bin ich Kind, so ist des Vaters Wille und Ver-

stand mein Wille und Verstand, mein Fürmichsein, denn als Kind bin ich in tausend Fällen wider und ohne mein Wissen *wider* mich selbst. So ist der Mensch der *Gott* des Menschen! Und nur durch diesen *menschlichen* Gott kannst du den un- und außermenschlichen *überflüssig* machen.

20 Korr. nach B. A: gehoben
21 B ergänzt: ‚wie der »Einzige« und andere
22 In B folgt ein neuer Abschnitt: Wenn ich heute in meinen Ausgaben und Genüssen mich beschränke, um morgen auch noch etwas zu leben zu haben, bin *Ich nicht selbst* die Vorsehung, die *»über mir«*, diesem heutigen Egoisten, welcher dem *andern,* dem morgigen Menschen aus Genußsucht so gerne nichts übrig lassen möchte, maßgebend wacht und waltet? Und wenn ich auf das Krankenlager tatlos dahingestreckt bin, setze ich nicht, seis nun in der Erinnerung an die verlorene Gesundheit oder in der Hoffnung der Wiedergenesung, mich, den Gesunden, so hoch *über mich,* den Kranken, als nur immer die unsterblichen Götter über den sterblichen Menschen stehen? Und wenn ich vergehe vor Gram und Ärger über einer leidenschaftlichen, unheilvollen Handlung, stehe ich als Kritiker, als Richter nicht über mir, dem Täter, dem »armen Sünder«? Und wenn ich in der Schöpfung eines Werks begriffen bin, verwende ich nicht alle mir zu Gebote stehenden Kräfte auf dasselbe, glaube ich nicht daher, daß dieses Werk mein Testament ist, daß ich in ihm mein ganzes Vermögen der Welt vermache, daß ich hier an der Grenze meiner Entwicklung, meiner Zeugungskraft stehe? Wenn ich nun aber fertig bin mit dem Werke, habe ich nicht jetzt mich, den Schöpfer dieses Werkes, welcher vor Kurzem noch mein Höchstes, mein Non plus ultra war, bereits *hinter* und *unter* mir? Blicke ich jetzt nicht vielleicht sogar mit Geringschätzung auf das Werk und dessen Verfasser herab? So besteht das menschliche Leben selbst innerhalb eines und desselben Individuums in einem beständigen Wechsel, der bald das Unterste zu oberst, bald das Oberste zu unterst kehrt! Bin ich hungrig und durstig, so geht mir *nichts über* den Genuß von Speise und Trank, nach der Mahlzeit nichts über die Ruhe, nach der Ruhe nichts über die Bewegung oder Tätigkeit, nach dieser nichts über die Unterhaltung mit Freunden, nach vollbrachtem Tagwerk endlich feiere ich den Bruder des Todes, den

Schlaf als das höchste, wohltätigste Wesen. So hat also jeden Augenblick des Lebens der Mensch etwas, aber nota bene!, *Menschliches über sich*. Nur wo er aufhört zu sein oder, was eins ist, sein Bewußtsein verliert, hört er auch auf, etwas *über sich* zu setzen. Was *vor mir* ist, setze ich *über mich*, was *hinter mir*, *unter* mich; vor mir aber ist, und zwar jeden Augenblick, die noch unerschöpfte, unverbrauchte, hinter mir die bereits verbrauchte, entäußerte Denk- und Lebenskraft. Was ich aber sein und tun kann, steht mir als ein noch Unerreichtes notwendig über dem, was ich bereits bin und tue – daher die Menschen immer mehr sein und haben wollen, als sie sind und haben. Selbst die kommenden, während einer Arbeit notwendig hervorzubringenden Gedanken schweben so lange *über* mir wie die Wolken am Himmel, bis sie sich *unter* meinen Augen als tropfbare Flüssigkeiten niedergeschlagen haben.

23 B ergänzt: und Handlungen
24 In B ist hier angemerkt: Aber zugleich auch *auf Grund* des Christentums, was deutlich genug entwickelt wird.
25 B: *das religiöse, d. i. höchste Wesen*
26 Korr. nach B. A: Idealist
27 Marx' und Engels' scharfe Entgegnung auf F.s Selbstdarstellung zeigt, wieweit sie sich von F.s Überlegungen zu Mensch und Gesellschaft und der Aufgabe des Philosophen in ihr entfernt wußten. »Es zeigt sich ... auch, wie sehr F. sich täuscht, wenn er ... sich vermöge der Qualifikation ›Gemeinmensch‹ für einen Kommunisten erklärt, in ein Prädikat ›des‹ Menschen verwandelt, also das Wort Kommunist, das in der bestehenden Welt den Anhänger einer bestimmten revolutionären Partei bezeichnet, wieder in eine bloße Kategorie verwandeln zu können glaubt. F.s ganze Deduktion in Beziehung auf das Verhältnis der Menschen zueinander geht nur dahin, zu beweisen, daß die Menschen einander nötig haben und *immer gehabt haben*. Er will das Bewußtsein über diese Tatsache etablieren, er will also, wie die übrigen Theoretiker, nur ein richtiges Bewußtsein über ein *bestehendes* Faktum hervorbringen, während es dem wirklichen Kommunisten darauf ankommt, dies Bestehende umzustürzen. Wir erkennen es übrigens vollständig an, daß F., indem er das Bewußtsein gerade *dieser* Tatsache zu erzeugen strebt, so weit geht, wie ein Theoretiker überhaupt

gehen kann, ohne aufzuhören, Theoretiker und Philosoph zu sein« (Marx/Engels, *Werke*, Band 3, Berlin 1959, S. 41 f.).

3. Das Wesen der Religion

28 Der Aufsatz *Das Wesen der Religion* erschien in Wigands Zeitschrift *Die Epigonen*, Band 1, Leipzig 1846, S. 117 ff. (A) und wurde von F. in SW I, S. 410 ff. (B) aufgenommen.

In diesem Aufsatz versucht F., die Religion von einem neuen Standpunkt aus zu bestimmen; während im *Wesen des Christentums* Religion als Verhalten des Menschen zu seinem Wesen analysiert wurde, geht F. im *Wesen der Religion* von der Naturreligion aus. Mit dem *Wesen der Religion* vollzieht F. den Schritt vom Anthropologismus zum radikaleren Naturalismus (vgl. Rawidowicz, F., S. 163 ff.). Bereits im Sommer 1844 beginnt F., an diesem Thema zu arbeiten. In einem Brief an Wigand heißt es: »Ich möchte gern vorher noch eine Schrift veröffentlichen, welche mein Wesen des Christentums eigentlich schon voraussetzt, ob sie gleich nach demselben erschiene. Nämlich eine Schrift über das Wesen *hinter* und *vor* dem menschlichen Wesen, über das uns allernächste und doch allerfernste, bekannteste und doch geheimnisvollste, sinnlichste und doch geistigste Wesen – die *Natur,* und zwar wie sie Grund und Gegenstand der Religion ist und war. Die Idee zu dieser Schrift fängt bereits in mir zu dämmern an, es wäre mir daher erwünscht, wenn ich ohne Unterbrechung durch andere Gegenstände ihr nachhängen könnte« (SW B/J XII, S. 108 f.). Ein knappes Jahr später scheint der Aufsatz Gestalt angenommen zu haben; daß F. sich zu der Zeit intensiv mit dem *Wesen der Religion* beschäftigt, belegt eine umfangreiche *Erste Fassung*, die im Nachlaß erhalten ist – UB München Cod. ms. 935a 21. Am 11. März 1845 schreibt F. an Christian Kapp, er beschäftige sich auch wieder mit naturwissenschaftlichen Fragen. »Die Geologie machte mir zwar anfangs einen gewaltigen Strich durch die Rechnung; denn ich war gerade mit dem Wesen des Christentums beschäftigt, und sie ergriff mich so mächtig, daß ich nicht die Zeit erwarten konnte, wo ich mir ganz ihr ergeben könnte, und daher mein Wesen des Christentums so schnell als möglich abzufertigen suchte; aber ich habe diese, wenngleich anfangs gewaltsame und unzeitige Unterbrechung doch später als eine wohltätige und notwendige erkannt ... Du wirst aber fragen, wie ich gerade jetzt wieder auf die Geologie komme? Denke Dir, auf welchem traurigen und schmutzigen Wege – auf dem Wege der Theologie! Ich bin nämlich jetzt mit dem objektiven, eigentlich ersten – so verkehrt ist mein Gang – Teil vom Wesen des Christentums beschäftigt, mit dem fühl- und gedankenlosen *Wesen der Natur*. Und da muß ich natürlich auch die dornenvolle Frage von dem ersten Ursprung der Natur und des organischen Lebens berühren. Aber nur wenige Worte sollen auch hierüber gemacht werden. Du wirst Dich wundern, auf wie wenige Sätze ... ich den Stoff von Folianten reduziere ... Ich sehne mich übrigens nach unmittelbar praktischen Gegenständen. Leider darf ich nicht eher an sie gehen, als bis meine bisherige Aufgabe nach Kräften gründlich gelöst ist, und leider geht es bei mir trotz des besten Willens sehr langsam, sehr schwierig vorwärts« (SW B/J XIII, S. 142). Die das *Wesen des Christentums* ergänzende und korrigierende Funktion dieser Schrift betont F. auch in einer Bemerkung über Ruges *Briefe über Ludwig Feuerbach und seine Theogonie* (1858). »Ruge hat von mir eigentlich nichts gelesen, wenigstens nichts kapiert und verdaut, als mein *Wesen des Christentums*, weil ich hier meinem Gegenstande gemäß vom Objekt abstrahiere, weil es eine vom Standpunkt also des Idealismus gleichsam gegen jenen gerichtete Schrift ist. Selbst mein *Wesen der Religion,* welches die Einseitigkeit des Wesens des Christentums aufhebt, welches erst die wahre, vollständige, die den Fehler und Mangel derselben ergänzende Erklärung und Begründung der Religion enthält, ist ihm nicht in den Kopf gegangen, weil er für das lumen naturae kein Auge hat« (in: W. Bolin, *Ludwig Feuerbach. Sein Wirken und seine Zeitgenossen ...*, Stuttgart 1891, S. 136 f.).

Neben dem Interesse an naturwissenschaftlichen Fragen, das bereits in die Vorbereitung der zweiten Auflage des *Wesen des Christentums* (1843) fiel, war es Max Stirners Kritik (s. Anm. 13) – und vielleicht auch die Georg Friedrich Daumers, der sich scharf »von rechts« gegen F. wandte (in: *Der Anthropologismus und Kritizismus in der Reife seiner Selbst-*

offenbarung, Nürnberg 1844) –, die F. den Anthropologismus des *Wesen des Christentums* revidieren und ihn materialistische oder besser: naturalistische Momente aufnehmen ließ. Die *Natur* ist F. nun der erste, eigentliche Gegenstand der Religion, ihr bleibender Grund, ihr fortwährender, wenn auch verborgener Hintergrund (Nr. 2-10). Das zweite Moment, das im *Wesen der Religion* hinzutritt, ist das (Schleiermachers Begriff nahekommende) *Abhängigkeitsgefühl* als Grund der Religion. Die hier abgedruckte Schrift hat den Vorlesungen *über das Wesen der Religion* (1848) zugrunde gelegen (s. SW B/J XIII, S. 171), in welchen F. betont, die Vernachlässigung des Moments des Abhängigkeitsgefühls als Grund der Religion und des Moments der Natur als ihres Gegenstandes bedeute eine Lücke und einen Mangel des *Wesen des Christentums.* In den *Vorlesungen* heißt es weiter: »... ich weiß ebensogut wie ihr ..., daß ein allein für sich und absolut gedachtes menschliches Wesen ein Unding, eine idealistische Chimäre ist«. (Damit bezieht F. sich auf die Kritik der sozialistischen Seite; die Konsequenz, die er jedoch aus dieser Erkenntnis zieht, zielt dann auf einen »Naturalismus« und nicht auf die sich nahelegende Analyse der *sozialen* Natur des Menschen.) »Aber das Wesen, welches der Mensch voraussetzt, worauf er sich notwendig bezieht, ohne welches weder seine Existenz noch sein Wesen gedacht werden kann, dieses Wesen ... ist *nichts anderes als die Natur,* nicht euer Gott« (SW VIII, S. 25). Wenn sich F.s Lehre zuvor in dem Satz zusammenfassen ließ: die Theologie ist Anthropologie, so muß jetzt hinzugesetzt werden: und *Physiologie* (ebd., S. 26).
Zur Zeit der Niederschrift der *Deutschen Ideologie* berichtet Friedrich Engels Marx über das *Wesen der Religion* (in einem Brief vom 19. August 1846): »Ich habe in den *Epigonen* ›Das Wesen der Religion‹ von Feuerbach etwas durchgeblättert. Abgesehen von einigen netten Aperçus ist das Ding ganz im alten Stiefel. Anfangs, wo er sich rein auf die Naturreligion beschränkt, ist er schon gezwungen, sich mehr auf empirischem Boden zu verhalten, aber später wird's kunterbunt. Wieder lauter Wesen, Mensch usw. Ich werde es genau lesen und Dir in kürzester Frist die Hauptstellen, wenn sie interessant sind, exzerpieren, damit Du es für den Feuerbach [Kap. in der

Deutschen Ideologie] noch gebrauchen kannst. Einstweilen nur zwei Sätze. Das Ganze ... beginnt mit folgender vom menschlichen Wesen unterschiedenen Definition der Natur: ›Das vom menschlichen Wesen *oder Gott* (!!), dessen Darstellung das ›Wesen des Christentums‹ ist, unterschiedne und unabhängige Wesen (1), das Wesen *ohne* menschliches Wesen (2), menschliche Eigenschaften (3), menschliche Individualität (4), *ist in Wahrheit nichts andres* als – die *Natur.‹* Dies ist doch das Meisterstück einer mit Donnerton ausposaunten Tautologie. Dazu kommt aber noch, daß er das religiöse, vorgestellte *Phantom* der Natur an diesem Satz vollständig hinten und vorn mit der wirklichen Natur identifiziert. Comme toujours« (MEGA, III. Abt., 1. Bd., S. 27). Mitte Oktober 1846 geht Engels in einem ausführlichen Brief noch einmal auf F.s Schrift ein. »Ich habe mich endlich nach langem Widerstreben drangemacht, den Dreck von Feuerbach durchzulesen, und finde, daß wir in unsrer Kritik [*Deutsche Ideologie*] darauf nicht eingehen können. Weshalb, wirst Du sehen, nachdem ich Dir den Hauptinhalt mitgeteilt.« Engels referiert nun F.s Thesen und kritisiert den Mangel an Reflexion auf gesellschaftliche Zusammenhänge. »Langer Kohl gegen die Teleologie, Kopie der alten Materialisten. Dabei begeht F. denselben Schnitzer gegenüber der wirklichen Welt, den er den Theologen vorwirft, gegen die Natur zu begehen. Er reißt schlechte Witze darüber, daß die Theologen behaupten, ohne Gott müsse sich die Natur in Anarchie auflösen ..., Gottes *Wille, Verstand, Meinung* sei das Band der Welt; und er selbst glaubt ja, die *Meinung,* die Furcht vor der öffentlichen *Meinung,* vor *Gesetzen* und andern *Ideen* hielte jetzt die Welt zusammen. – Bei einem Argument gegen die Teleologie tritt F. ganz als laudator temporis praesentis auf: die enorme Sterblichkeit der Kinder in den ersten Lebensjahren kommt daher, weil ›die *Natur* bei ihrem Reichtum ohne Bedenken Tausende der einzelnen Glieder aufopfert‹.« (Diese Stelle taucht als *Zitat* bei F. auf! – s. Nr. 50.) Die Denunziation F.s als »laudator temporis praesentis« trifft F. sicher nicht; Engels hat F. immer verübelt, daß er seine Rolle als »Philosoph und Anachoret« bewußt akzeptierte. Gleichwohl bleibt Engels' Hinweis auf den Mangel sozial-historischer Reflexion berechtigt: »Über die geschichtliche Entwicklung der verschiedenen Religionen erfährt man nichts. Höchstens werden Beispiele aus ihnen [ge]geben, um die obigen Trivialitäten zu beweisen. Die Hauptmasse des Artikels besteht aus Polemik gegen Gott und die Christen, ganz in der Weise, wie er's bisher gemacht, nur daß jetzt, wo er sich erschöpft hat, trotz aller Wiederholungen des alten Kohls die Abhängigkeit von den Materialisten viel frecher hervortritt. Wenn man über die Trivialitäten über Naturreligion, Polytheismus, Monotheismus etwas sagen wollte, müßte man die wirkliche Entwicklung dieser Religionsformen dagegenstellen, wozu man sie erst studieren müßte. Das geht uns aber für unsre Arbeit ebensowenig an wie seine Erklärung des Christentums. Für F.s positiv-philosophischen Standpunkt gibt der Aufsatz nichts Neues ...« (ebd., S. 46 f.).

29 Gemeint ist *Das Wesen des Glaubens im Sinne Luthers. Ein Beitrag zum »Wesen des Christentums«*, Leipzig 1844 – s. Anm. 1.
30 Der Rest der Anm. fehlt in B.
31 F. bezieht sich auf die *Ergänzungen und Erläuterungen zum »Wesen der Religion«* in SW I, S. 360.
32 In B ist angemerkt: Wenngleich auch dieser »erst in späterer Zeit abgefaßt worden ist«.
33 Korr. nach B. A: wieder
34 Korr. nach B. In A nicht hervorgehoben
35 In B nicht hervorgehoben
36 S. Anm. 29.
37 Korr. nach B. A.: geistiges ... englisches ... mechanisches
38 B: Geiste
39 B: ; entstanden sind die individuellen Wesen, dagegen unentstanden ... unentstanden die Materie. A irrtümlich: Motive
40 Korr. nach B. In A nicht hervorgehoben
41 B schiebt an dieser Stelle ein: als die biblische Erklärung ... Wassersammlungen,
42 Korr. nach B. A: lediglich
43 Korr. nach B. Fehlt in A
44 Korr. nach B. A: Grund
45 B: Gegensatz
46 Korr. nach B. A: Gibt
47 B merkt an: Hierher gehört auch die Verehrung der schädlichen Tiere.

48 B ergänzt: oder wenigstens wie sie
49 Der letzte Satz fehlt in B.
50 Korr. nach B. A: die
51 B schließt diese Anm. an die vorige direkt an.
52 Korr. nach B. A: auf
53 Der letzte Satz fehlt in B.
54 Korr. nach B. A: objektives
55 Fehlt in B: ; Gott offenbart ... Gottes
56 B ergänzt: Der *wahre* Gedanke, welcher der christlichen Seligkeit namentlich im Gegensatz zum philosophischen Heidentum zugrunde liegt, ist übrigens kein anderer als der, daß nur in der Befriedigung des *ganzen* Wesens des Menschen wahre Seligkeit zu finden, daher das Christentum auch den Leib, das Fleisch an der Gottheit oder, was eins ist, Seligkeit teilnehmen läßt. Doch die Entwicklung dieses Gedankens gehört nicht hierher, gehört dem »Wesen des Christentums« an.

4. Vorwort [zu den »Sämtlichen Werken«]

57 Der Plan, die bisher erschienenen Schriften F.s zu einer *Gesamtausgabe* zusammenzufassen, stammt aus dem Jahre 1844 (vgl. SW B/J XII, S. 108). Am 26. März 1844 schreibt F. an Christian Kapp: »Wenn das Projekt mit der Herausgabe meiner sämtlichen – Schmieralien zustande kommt und ich nicht mehr genötigt bin, einen literarischen Tagelöhner zu machen, aber gleichwohl noch an den deutschen Sklavenboden gefesselt bleibe, dann will ich die Wahrheit dieses Spruchs in meinem Leben bestätigen, im Leben tot für das Geschlecht sein – keine gedruckte Zeile soll es von mir mehr bekommen –, aber nur im Tode erst, in meinem wahren Lichte und Leben, zum Schrekken aller Pfaffen und vornehmen Laffen mich zeigen« (ebd., XII, S. 133).
Das Angebot Wigands befreit F. aus ständigen finanziellen Sorgen. (F. und seine Familie lebten zu der Zeit von den geringen Mitteln, die aus der »Schriftstellerei« und der Beteiligung seiner Frau an einer Bruckberger Porzellanmanufaktur flossen.) So heißt es in einem Brief an Kapp (vom 29. März 1845): »Ich habe mit *Otto Wigand,* um gleich mit der Türe ins

Haus zu fallen, mich nun so gestellt, daß ich im Fall der Not und des Bedürfnisses stets auf ihn rechnen kann und schon im voraus nach Verlauf von sechs Wochen 1000 fl. erhalte, nämlich auf Rechnung meiner Gesamtausgabe, bei der ich für jeden Bogen in weitläufigem Druck vom Wesen des Christentums 33 fl. erhalte. Sämtliche Schriften nochmals gedruckt und soviel Honorar! Wahrlich ein Glück und eine Ehre, daß ich soviel verdiene! Und was ist das alte abgedroschene Zeug meiner Schriften ... Ich habe mich herabgelassen zu den gelehrten und frommen Eseln und bin dadurch zum Esel geworden« (ebd., XIII, S. 144). In einem im Nachlaß erhaltenen Entwurf des »Verlags-Contracts« (vgl. Bd. 6, Nachlaß) zwischen F. und Wigand sind u. a. folgende Punkte notiert: »Herr Dr. Feuerbach übergibt Herrn Otto Wigand seine sämtlichen schon gedruckten Schriften in zweiter, verbesserter, vermehrter und geordneter Ausgabe in Verlag ...« 6 bis 7 Bände waren geplant (es erschienen dann 10 Bände, der letzte 1866), je 21 bis 30 Bogen stark. F. verpflichtet sich, die Manuskripte so zu liefern, daß der Druck spätestens Anfang 1846 beginnen kann (vgl. auch SW B/J XIII, S. 150). Zum ersten Band und über die Vorrede schreibt F. 1846 an Ludwig Noack: »Er enthält nicht nur bekannte Kritiken und Abhandlungen, sondern auch neue; meine vorangegangenen Schriften wesentlich berichtigende, ergänzende und beleuchtende Arbeiten. Auch habe ich in der Vorrede einige freilich nur sehr kurze Andeutungen über den Gang und Zusammenhang meines philos[ophischen] Curriculum vitae gegeben.« Wigand bat F. außerdem um Artikel für die von ihm verlegten periodischen Zeitschriften der Hegelschen Linken. »Während ich über der Gesamtausgabe mich körperlich und geistig fast krank gearbeitet, sagen Sie: ich ›faulenze‹. Und warum? Weil ich nichts in Ihre *Epigonen* liefere. Muß Ihnen denn nicht an meiner Gesamtausgabe mehr gelegen sein als an Ihren Epigonen, die doch nur auf augenblicklichen Effekt berechnet sind? ... Wahrlich, statt daß Sie mich von diesen ernsten und schwierigen Studien – Studien, die jetzt um so mehr mich anstrengen, je ferner diese abstrakten Materien meinem nur noch auf das Menschliche, Sinnliche, Praktische gerichteten Sinne liegen – abziehen, sollten Sie vielmehr alles aufbieten, was mich fördert in dieser Arbeit, alles Störende beseitigen« (ebd., S. 154). Mit dem Hinweis auf die Arbeit an der *Gesamtausgabe* zieht F. sich von jeder aktuellen philosophischen Auseinandersetzung zurück. Er betrachtet die Ausgabe seiner Schriften in dieser Zeit als Generalabrechnung, der er nichts mehr hinzuzufügen gedachte (s. auch ebd., S. 154, 160).

58 »Aus dem Sinn, aus den Augen heißt es hier: geschrieben, zugesiegelt, fortgeschickt! Ergreift einen doch selbst über seine Werke, so wie sie geschrieben sind, ein Ekel! Aus dem Leben in den Kopf und aus dem Kopf rasch wieder in das Leben, das allein ist der wahre Weg. Aber wir arme Deutsche, wir sind alle miteinander lebendige Bücher« (Brief an Christian Kapp vom 26. März 1844 – SW B/J XIII, S. 133).

59 F. meint seine anonym erschienenen *Gedanken über Tod und Unsterblichkeit aus den Papieren eines Denkers, nebst einem Anhang theologisch-satyrischer Xenien, herausgegeben von einem seiner Freunde*, Nürnberg 1830; abgedruckt in Bd. 1.

60 *Abälard und Heloise oder Der Schriftsteller und der Mensch. Eine Reihe humoristisch-philosophischer Aphorismen*, Ansbach 1834

61 *Pierre Bayle nach seinen für die Geschichte der Philosophie und Menschheit interessantesten Momenten dargestellt und gewürdigt*, Ansbach 1838

62 *Das Wesen des Christentums*, Leipzig 1841; abgedruckt in Bd. 5.

63 *Geschichte der neueren Philosophie. Darstellung, Entwicklung und Kritik der Leibnizschen Philosophie*, Ansbach 1837

64 *Geschichte der neueren Philosophie von Baco von Verulam bis Benedikt Spinoza*, Ansbach 1833

65 Diese These vertritt F. in verschiedenen Abhandlungen und Kritiken ab 1839.

66 *Das Wesen des Glaubens im Sinne Luthers. Ein Beitrag zum Wesen des Christentums*, Leipzig 1844

67 F. bezieht sich auf Marx' Äußerung in der *Kritik der Hegelschen Rechtsphilosophie* (1844), die Kritik der Religion sei im wesentlichen beendet; vgl. Anm. 1.

68 Auf diese Stelle weist Engels Marx hin während der Arbeit an der *Deutschen Ideologie*: »Sieh doch, wenn Dich der Kerl weiter interessiert, daß Du ... den ersten Band seiner gesammelten Werke einmal in die Finger bekommst, da hat er noch eine Art

Vorwort geschrieben, worin noch was sein könnte. Ich habe Auszüge gelesen, wo F. von ›Übeln des Kopfs‹ und ›Übeln des Magens‹ spricht, so eine schwache Art Apologie, warum er nicht sich um wirkliche Interessen bekümmert. Gerade wie er mir vor anderthalb Jahren schrieb« (MEGA, III. Abt., 1. Bd., S. 47).

5. WIDER DEN DUALISMUS VON LEIB UND SEELE, FLEISCH UND GEIST

69 Band 1 und 2 der *Sämtlichen Werke* F.s enthalten neben den in dieser Ausgabe Band 2, 3 und 4 abgedruckten, selbständig erschienenen Schriften fünf weitere Texte. Band 1 (*Erläuterungen und Ergänzungen zum »Wesen des Christentums«*, Leipzig 1846): *Der Unterschied der heidnischen und christlichen Menschenvergötterung* (S. 326 ff.) und *Merkwürdige Äußerungen Luthers nebst Glossen* (S. 334 ff.) – beide Texte oder Textzusammenstellungen sind 1844 neben der Luther-Schrift (Anm. 1) entstanden und enthalten nichts prinzipiell Neues. Auch die im selben Band befindlichen *Ergänzungen und Erläuterungen zum »Wesen der Religion«* (S. 360 ff.) sind zur gleichen Zeit wie das *Wesen der Religion* (1845) geschrieben worden und ein Randprodukt der intensiven Arbeit an diesem Thema (Anm. 28). F.s Äußerung gegenüber Ludwig Noack, es handele sich um die »vorausgegangenen Schriften wesentlich berichtigende, ergänzende, beleuchtende Arbeiten«, trifft nach Auffassung des Herausgebers nicht zu, so daß diese Schriften hier nicht abgedruckt wurden. Band 2 (*Philosophische Kritiken und Grundsätze*, Leipzig 1846) enthält an neuen Arbeiten: *Wider den Dualismus von Leib und Seele, Fleisch und Geist* (S. 347 ff.) und die *Fragmente zur Charakteristik meines philosophischen Curriculum vitae* (S. 380 ff.). Der Aufsatz über den *Dualismus von Leib und Seele* ... wurde aufgenommen, weil er F.s Übergang vom Anthropologismus zum Naturalismus kennzeichnet; die *Fragmente*, weil sie ein wichtiges entwicklungsgeschichtliches Zeugnis darstellen. F. verstand den Aufsatz *Wider den Dualismus von Leib und Seele, Fleisch und Geist* als Erläuterung zu den *Grundsätzen der Philosophie der Zukunft* (1843) – s. Bd. 3, Anm. 109. Zur Interpretation s. Rawidowicz, F., S. 177 ff.

6. Fragmente zur Charakteristik meines philosophischen Curriculum vitae

70 Die *Fragmente zur Charakteristik meines philosophischen Curriculum vitae* (SW II, S. 380 ff.) sind von F. aus Exzerpten, Briefen und veröffentlichten Schriften von 1822 bis 1844 zusammengestellt worden. (Die Stellen, die im Nachlaß F.s nachgewiesen werden konnten, sind angemerkt.) Sie sind von Interesse für F.s Entwicklungsgeschichte, auch wenn nicht immer mit letzter Sicherheit bestimmt werden kann, ob die jeweiligen Stücke zu der Zeit und in der Fassung entstanden sind, in der F. sie 1846 drucken läßt. Die weitgehende Übereinstimmung des von ihm redigierten Materials mit den im Nachlaß erhaltenen Originalhandschriften läßt jedoch vermuten, daß auch bei den restlichen Teilen frühere Manuskripte vorlagen. F. selber schränkt in dieser Hinsicht nur das Fragment *1834-36. Tagebuch* ein. Die Zusammenstellung zeigt das Interesse F.s, seine Anthropologie als Konsequenz seines »philosophischen Curriculum vitae« zu belegen.

71 Von 1814 bis 1816 besucht F. Schulen in München und Bamberg, ab 1817 das Ansbacher Gymnasium, an dem er 1822 das Abitur ablegt. Zu der Zeit beschäftigen F. und seine Freunde sich intensiv mit Augustin, Novalis, Böhme. (Wuzer an F.: »... ich denke manchmal zurück, wie Du mir Augustinus Gebete brünstig vorlasest; wie wir zusammen Eichhorns Einleitung, Gibbons Geschichte der römischen Kaiser in Deinem Hause exzerpierten; mit Novalis und dem Görlitzer Schuster zu tun hatten« – vgl. Bd. 2, Anm. 1.) Auch Herder übt einen wichtigen Einfluß auf den jungen F. aus, wie umfangreiche Exzerpte aus *Herders Briefen, das Studium der Theologie betreffend. Anno 1823 im Winter* (UB München 4° Cod.ms. 935ᵃ 29) beweisen. Vgl. dazu Uwe Schott, *Die Jugendentwicklung Ludwig Feuerbachs bis 1825 und ihre Bedeutung für seine spätere Religionskritik*, Theol. Diss. Heidelberg 1971.

72 Die von F. angeführte Stelle stammt (leicht verändert) aus einem Brief an seinen Vater vom 8. Januar 1824 – SW B/J XII, S. 226 ff. F. hört zunächst Vorlesungen bei H. E. G. Paulus, bei dem er bereits von seinem Vater avisiert worden war. F.s Kritik an Paulus' Rationalismus s. ebd., S. 223 f. Von

Karl Daub (1765-1836) hatte F. bereits in Ansbach gehört. Daub ist es auch, der F.s Entschluß unterstützt, in Berlin zu studieren. (Zu F.s Verhältnis zu Daub vgl. Carlo Ascheri, *Ein unbekannter Brief von Ludwig Feuerbach an Karl Daub,* in: *Festschrift Karl Löwith,* Stuttgart (1967), S. 441 ff.)

73 Gemeint ist Johann Simon Erhardt, bei dem F. eine Logikvorlesung hörte.

74 Der Hinweis auf die qualifizierten Berliner Theologen sollte nur das starke Interesse an der Philosophie verdecken.

75 F. immatrikuliert sich in Berlin zunächst als Student der Theologie (24. Juli 1824 bis 11. April 1825). Bis zur Exmatrikulation am 22. April 1826 ist er als stud. phil. eingeschrieben. Außer Hegel hört er: Böckh, von der Hagen (Philologie), Neander, Schleiermacher, Bleek, Uhlemann (Theologie) und bei Ermann Physik. Zum Wechsel zur Philosophie vgl. SW B/J XII, S. 10 ff., S. 222 ff. Die zitierte Stelle stammt aus einem Brief vom 24. Mai 1824 – SW B/J XII, S. 231.

76 F. hört bei Hegel: SS 1824: *Logik und Metaphysik; Religionsphilosophie.* WS 1824/25: *Philosophie der Weltgeschichte; Naturrecht und Staatswissenschaft.* SS 1825: *Logik und Metaphysik; Psychologie und Anthropologie.* WS 1825/26: *Geschichte der Philosophie; Philosophie der Natur.* (Vgl. dazu Bd. 6, Dokumente.)

77 Die unter *1827-28. Zweifel* zusammengefaßten Fragmente können nicht im Nachlaß verifiziert werden. Das ist bedauerlich vor allem deshalb, weil sie zu den interessantesten Dokumenten dieses Abschnitts F.schen Philosophierens gehören. Die drei Fragen, die F. stellt, sind so angelegt, daß ihre Antwort in ein kritisches Verhältnis zur Hegelschen Philosophie bringt. Der in den Fragmenten angedeutete Begriff einer »bestehenden Wirklichkeit«, die der »spekulativ-vernünftigen Wirklichkeit« gegenübersteht, gibt die Richtung späterer, hegelkritischer Argumente an. Vgl. SchrN I, *Einführung,* S. XXV ff.

78 Es handelt sich bei der Schrift *De ratione, una, universali, infinita* um die gedruckte und überarbeitete Fassung seiner Dissertation *De infinitate, unitate atque communitate rationis.* Die Übersetzung der handschriftlichen *Dissertation* und die Ergänzungen der *Habilitationsschrift* sind in Bd. 1 abgedruckt. Dazu und zum Vorgang der Promotion vgl. Bd. 1, Bemerkungen zum Text.

79 Am 5. August 1828 richtet F. an die Universität Erlangen die Bitte, Vorlesungen halten zu dürfen, aber erst nach längerem Briefwechsel zwischen ihm, der Fakultät und dem Ministerium des Inneren trifft am 7. Februar 1829 die Erlaubnis des Ministers ein. Ab Sommersemester 1829 kündigt F. Vorlesungen über *Logik und Metaphysik*, *Einleitung in die Logik und Metaphysik* und *Geschichte der neueren Philosophie* an. Die abgedruckte Stelle stammt mit großer Wahrscheinlichkeit aus der *Logik und Metaphysik*-Vorlesung vom WS 1831/32 und lautet im Original: »Meine Erkenntnis und Einsicht legt es mir nun auf, da ich Logik und Metaph[ysik] lehren w[erde], aber nicht anders als Philosophie, sie nur zu lehren in der Gestalt, wie sie v[on] Hegel ist ausgesprochen w[orden]. Zugleich bemerke ich aber, daß ich von der Logik Hegels sehr wohl den Hegelianismus unterscheide und absondere, daß ich das Wesentliche nur derselben in Methode und Inhalt in freier Art und Manier vortrage, daß ich diese Logik zwar lehre in der Bedeutung der Philosophie, aber nicht in der Bedeutung der höchsten Philosophie, oder sie nicht in der Bedeutung der letzten und obersten Wissenschaft im Zyklus der philosophischen Wissenschaften, sondern nur in der Bedeutung des *Organs* der Philos[ophie], wobei ich auf das Frühere, wobei ich auf das früher Gesagte mich berufen muß, daß das Organ der Philosophie selbst schon Philosophie, das Organ der Erkenntnis selbst schon Erkenntnis und Wahrheit sein müsse; die Logik also nicht als die alles besetzende, okkupierende, erschöpfende Wissensch[aft], sondern als die, die einen leeren Raum in sich [hat], einen freien Platz, in welchem *leeren Raume* die Elemente werdender, neuer aus der Logik [sich] entwickelnder Philosophie einstweilen nur wie die Atome des Demokrit und Leukipp sich bewegen« (UB München 4° Cod.ms. 935c II). Vgl. SchrNl, *Einführung*, S. XLVIII ff.
80 Es handelt sich um Auszüge aus F.s anonym erschienener Schrift *Gedanken über Tod und Unsterblichkeit aus den Papieren eines Denkers, nebst einem Anhang theologisch-satyrischer Xenien, herausgegeben von einem seiner Freunde*, Nürnberg 1830. Sie ist abgedruckt in Bd. 1; vgl. dazu Bd. 1, Bemerkungen zum Text.
81 Gemeint ist *Abälard und Heloise oder Der Schriftsteller und*

der Mensch. Eine Reihe humoristisch-philosophischer Aphorismen, Ansbach 1834
82 Ein Teil der folgenden Äußerungen F.s konnte im Nachlaß verifiziert werden. Sie befinden sich in zusammengehefteten Blättern – UB München 4° Cod.ms. 935ª 24. »Der Glaube an Christus ist der Glaube an den Menschen. Sich trotz aller traurigen Erfahrungen, aller Täuschungen, auch der schmerzlichsten, die man an menschlich[en] Individuen gemacht hat, nicht an *dem Menschen* irre werden, heißt an Christus glauben. Er war die Tugend, das Ideal des Weisen der Stoiker, er war *der Mensch* in corpore, in persona. Er war *reiner* Mensch, ein das Wesen Gottes [...] durch sich durchscheinen lassender Mensch, er war *der* Mensch als *ein* Mensch. Glauben an Christus heißt daher der Welt trotzen, sich durch ihre Seichtigkeit nicht abbringen lassen von dem Glauben an das Positive, das Gute im Menschen, das zu verkörpern und zu individualisieren er bestimmt war. Winter 1835.«
83 Ebd., ohne Zeitangabe
84 Ebd. »Woher der Aufruhr, der Kampf der Zeit? Woher die Empörung gegen alle, die uns auf Vergangnes, in der Religion auf die Bibel, in der Politik auf die Geschichte als die einzige Quelle des Lichts und der Wahrheit zurückführen wollen? Die Menschheit verlangt ihren *Arbeitslohn*. Sie will nicht *umsonst* gedacht, gestrebt, gelitten, gekämpft haben. Sie will einen reellen Gewinnst von ihrer aufregenden, schmerzensreichen Arbeit; sie will jetzt *genießen*, was sie erworben. Die Arbeit hat man [nicht] verwehren und hemmen können, ja man hat sie begünstigt, und doch will man ihr jetzt die Früchte nehmen...«
85 Ebd. Dazu: »Berliner Jahrb. Juli 1834.«
86 Ebd. Dazu: »(Chap. VII. T. 1)«
87 Während seines zweiten Aufenthalts an der Erlanger Universität las F. auch über die *Geschichte der neuern Philosophie*, und zwar im SS 1835 und WS 1835/36; vgl. SchrNI, *Einführung*, S. LVI.
88 Nach dem Scheitern aller akademischen Pläne zieht sich F. nach Bruckberg bei Ansbach (Mittelfranken) zurück und verfaßt dort seine Schriften. (F. und seine Familie wohnten auf dem Schloß »Bruckberg«, in dem sich eine Porzellanmanufaktur be-

fand, an der seine Frau beteiligt war.) F. wendet sich von Bruckberg aus, seinem »Musensitz«, gegen jede »Kathederphilosophie«, auch wenn er sich bei späteren Aussichten auf einen Lehrstuhl zustimmend äußert.
89 Vgl. SW B/J XII, S. 47.
90 F.s *Wesen des Christentums* erschien Leipzig 1841; abgedruckt in Bd. 5, vgl. Bemerkungen zum Text.
91 Vgl. Bd. 2, Anm. 135.
92 Vgl. Anm. 1.
93 Vgl. Bd. 3, Anm. 109.
94 Im Druck steht: kein
95 F. meint das wörtlich, wie aus einem Brief an Otto Wigand hervorgeht. »Ich gratuliere zu Ihren 14 Kindern von Herzen. Die wahre Philosophie besteht darin, nicht Bücher, sondern *Menschen* zu machen« (BwN I, S. 357).

7. Über »Das Wesen der Religion« in Beziehung auf »Feuerbach und die Philosophie« von R. Haym

96 Der Aufsatz *Über das Wesen der Religion in Beziehung auf »Feuerbach und die Philosophie. Ein Beitrag zur Kritik Beider von R. Haym* [Halle] *1847«* erschien 1848 in der von Otto Wigand herausgegebenen Zeitschrift *Die Epigonen,* Band V, S. 165 ff. (gezeichnet mit »L. F.«) und wurde zuerst wieder abgedruckt in BwN I, S. 423 ff.
In den Jahren nach 1846 arbeitet F. vor allem an der Gesamtausgabe seiner Schriften; der Aufsatz zu Rudolf Hayms Buch ist die erste selbständige Publikation neben der Gesamtausgabe. Obwohl sich F. entschieden von den seiner Ansicht nach seichten Schriften des »Literaten- und Gelehrtenpacks« (eines Florencourt, Nauwerck, Julius und der »Berliner Sophisten«) distanziert, schickt er Wigand am 8.–16. November 1847 den Artikel für die *Epigonen* zu. »Ich bin kein Egoist, sondern Kommunist; aber ich habe eine Antipathie gegen alle literarischen Clubs und Salons. Auch muß ich Ihnen offen sagen, daß mir, einzelne wenige Artikel ausgenommen, Ihre Vierteljahrsschrift und Epigonen gar nicht gefallen. Die Juliusse, Bauers, Florencourts besitzen gar keine andere Kunst, als sich *breit*

zu machen auf Ihre und des Publikums Kosten ... Trotzdem
– fahre ich heute nach acht oder neun Tagen fort – daß Sie
keine Zeile mehr von mir verdienen, weil Sie mich nicht zu
unterscheiden wissen, übersende ich Ihnen anbei einen kleinen
Artikel, der übrigens gar nicht darauf berechnet ist, Spektakel
zu machen, einen ganz anspruchslosen Artikel, überdem ein
bloßes Bruchstück. Mir fehlt gegenwärtig alle Stimmung, dieses
Bruchstück zu einem Ganzen zu machen. Ich habe genug mit
Leibniz zu tun und zu denken« (SW B/J XIII, S. 155).
Rudolf Haym (1821-1891) studierte Theologie, dann Philosophie in Halle und Berlin, war 1848 Mitglied des Frankfurter
Parlaments und gehörte dessen rechtem Zentrum an. 1851
habilitierte er sich in Halle und gab ab 1858 die *Preußischen
Jahrbücher* heraus. Mit seinen wissenschaftlich qualifizierten
Schriften über *Wilhelm v. Humboldt* (1856), *Hegel und seine
Zeit* (1857), *Arthur Schopenhauer* (1864), die *Romantische Schule*
(1870) und *Herder* (1877-1885) erreichte er eine breite literarische Wirksamkeit. Außer dem von F. hier rezensierten Werk
schrieb Haym den bisher wenig beachteten Artikel *Philosophie*
(in: *Allgemeine Enzyklopädie der Wissenschaft und Künste ...*,
hg. von J. S. Ersch und J. G. Gruber. Dritte Sektion, hg. von
H. E. Meier, 24. Teil, Leipzig 1848), in dem die Darstellung
der Philosophie F.s einen breiten Raum einnimmt (ebd.,
S. 206 ff.). F. wird hier das Verdienst zugeschrieben, den entscheidenden Schritt über Hegel hinaus getan und den Umschwung der Philosophie nach Hegel eingeleitet und bestimmt
zu haben. Haym sieht die Aufgabe der echten Philosophie in
der Entwicklung der Identität des Ideellen und Reellen und
hofft bei Feuerbach auf den Ansatz zu einer Synthese, die beide
Momente in ein harmonisches Gleichgewicht setzt. (Vgl. dazu
vom Hg., *Philosophie und Wirklichkeit ...*, in: Feuerbach,
WdF.) So heißt es in einem Brief Hayms an Hermann Finke
(vom Januar 1845): »Wie, wenn Feuerbach darin gerade am
meisten recht hätte, daß er die Jenseitigkeit der Spekulation
vernichten, überall Wirklichkeit und Menschlichkeit durchsetzen
will? Wie, wenn sein Fehler gerade in der Subjektivität läge, in
die er das Absolute einkerkern will? Wie, wenn dieser Subjektivismus bei Feuerbach selbst mit jenem Idealismus im
Kampfe läge? Wie, wenn aus der Ertötung dieses Subjektivis-

mus ein wahrer absoluter Idealismus sich entwände? – Feuerbach ist der wiedererstandene Fichte; aber wenn Fichte alle Natur außer und in sich vernichten und seinem grausamen Idealismus zum Opfer bringen wollte, so hat dagegen Feuerbach ganz und gar keine Lust, ›sich die Augen aus dem Kopfe zu reißen‹. Die Philosophie hat in Fichtes Nachfolger Fleisch und Blut angesetzt, und so kömmt das Feuerbachsche Ich nicht nackend wie das Fichtesche auf die Welt; es ist nicht das abstrakte Ich der Wissenschaftslehre, sondern der ganze, vollständige Mensch. Feuerbachs Ich ist der Mensch *mitsamt der Natur,* und wenn deshalb Fichte das Nicht-Ich bekämpfte, so der Verfasser des Wesens des Christentums vielmehr alles Nicht- und Übermenschliche. Hiemit aber hat auch der subjektive Idealismus als solcher seine Kraft und Bedeutung verloren; wenn ich das Ich als das Konkrete *setze,* so verwandelt sich der Satz: Das Ich ist Alles, ohne weiteres in den anderen: Alles = Ich. Bekanntlich ist dies letztere die Formel, in welche Schelling jene erste, die Fichtesche, verwandelte. Das Ich aber blieb dasselbe, nämlich hier wie dort eine Abstraktion. Die absolute Gleichsetzung des konkreten Ich mit dem konkreten Nicht-Ich oder, was dasselbe ist, die aufrichtige und bewußte Setzung des konkreten Ich, welches eben per se die Identität ist, scheint die Aufgabe der Philosophie zu sein. Der Subjektivismus ist demnach nur *Schein* bei Feuerbach oder das Unwahre an ihm; das Wahre ist das Dringen auf das Konkrete. Beides tritt bei ihm hervor, aber im heftigsten Kampf und Widerspruch, so daß es möglich wird, ihn zugleich des äußersten Materialismus und zugleich eines ›mehr als Berkeleyschen Idealismus‹ zu zeihen. Diesen Widerspruch zur Einheit zu bringen ist eine andere Form, in welcher sich die Aufgabe der Philosophie aussprechen läßt. – Der Subjektivismus hat nie Glück gemacht. Fichte hat keine Schule gehabt, und an Feuerbach ist es nicht die subjektive Seite, die am meisten Anklang gefunden hat. Warum hat niemand die Feuerbachsche Philosophie mit der der Wissenschaftslehre verglichen? Du solltest Dich wundern, welche überraschenden Parallelen zwischen den Sätzen des Bruckberger Philosophen und den Schriften Schellings aus seiner Fichteschen Periode ich Dir nachweisen könnte. – Abgesehen von einem kolossalen Mißverstand des ›konkreten Ich‹ ist der Nachdruck,

den Feuerbach auf das Konkrete legt, das eigentlich Befruchtende für die Zeit geworden. Mit jenem Mißverstande aber meine ich die Theorie Max Stirners [vgl. Anm. 13], dem das konkrete Ich = ego = Max Stirner ist, und in praktischer Erscheinung den Kritizismus der (Gebrüder) Bauer, die das Subjekt Feuerbachs gar als das *subjektive Räsonnement* verstehen« (In: *Ausgewählter Briefwechsel Rudolf Hayms,* hg. von Hans Rosenberg, Neudruck Osnabrück 1967, S. 25 f.). Hayms Bemerkungen zu F. sind so ausführlich wiedergegeben worden, weil Haym in ihnen ein systematisches Interesse an F.s Philosophie artikuliert, das aufgrund der historischen Perspektive zu einer differenzierten Sicht der philosophischen Situation der Zeit gelangt.
Gemessen an Hayms intensivem Interesse bleibt F.s Replik farblos. Sie beschränkt sich darauf, einige Punkte der Analyse des *Wesens der Religion* (1846 – Anm. 28) zu beleuchten, und verzichtet auf die naheliegende systematische und historische Reflexion der Entwicklung der Philosophie nach Hegel und F.s Verhältnis zu ihr. Zu Rudolf Haym und F. vgl. auch *Ludwig Feuerbach. Sein Wirken und seine Zeitgenossen ...*, dargestellt von Wilhelm Bolin, Stuttgart 1891, S. 121 ff.
97 Vgl. Anm. 77.
98 In einer Anmerkung zur zweiten Auflage seiner *Darstellung, Entwicklung und Kritik der Leibnizschen Philosophie,* Leipzig 1848 (= SW V, S. 223 ff.), kommt F. auf diesen Zusammenhang zurück. »Das Ich in dem cogito ist schlechthin allgemein, gilt für keinen – d. h. Bestimmten, Einzelnen –, und doch für jeden; ganz richtig, aber nur in demselben Sinn, wie das Wort Baum für keinen und doch für jeden Baum ... gilt, nur mit dem Unterschied, daß dort die Nullität und Universalität des Worts nicht auf ein Objekt, sondern auf das redende, denkende Subjekt bezogen wird. Ich bin allgemein, heißt daher: Ich bin, oder: Ich ist ein bloßes Wort. Will ich darum mit diesem Wort ein wirkliches Ich oder Wesen bezeichnen, so muß ich an die Sinne appellieren, um durch sie das vieldeutige, trügerische, sophistische Wort zurechtzuweisen. Wieviel hat man von dem Betrug der Sinne geredet, wie wenig von dem Betrug der Sprache, von der doch das Denken unabsonderlich ist! Und doch wie plump ist der Trug der Sinne, wie fein der Trug der Sprache! Wie lange hat mich die Allgemeinheit der Vernunft,

die Allgemeinheit des Fichteschen und Hegelschen Ichs an der Nase herumgeführt, bis ich endlich unter dem Beistand meiner fünf Sinne zum Heil meiner Seele erkannte, daß alle Schwierigkeiten und Geheimnisse des Logos und [Ms: in] der Bedeutung der Vernunft ihre Lösung finden in der Bedeutung des Wortes! Darum ist mir das Wort Hayms: ›die Kritik der Vernunft muß zur Kritk der Sprache werden‹, in theoretischer Beziehung ein aus der Seele gesprochenes Wort.«

8. Die Naturwissenschaft und die Revolution

99 Der Aufsatz *Die Naturwissenschaft und die Revolution* erschien in den *Blättern für literarische Unterhaltung*, Leipzig, Jg. 1850 (8. November), Nr. 268 ff., S. 1069 ff.
Am 30. März 1850 wendet sich Jakob Moleschott (1822-1893) an F. mit der Bitte, seine *Lehre der Nahrungsmittel. Für das Volk* (Erlangen 1850) zu rezensieren. »Denn ich bin ehrlich genug, Ihnen die Hoffnung auszusprechen, daß Sie meine Schrift als eine von den Blüten werden gelten lassen, in denen sich die alle neuere Wissenschaft drängende, schwellende Knospe Ihres Prinzips entfaltet ... Die negative Kritik, die in Ihrem Wesen des Christentums so gewaltig Bahn gebrochen hat, wird erst dann ihre allgemeine Anerkennung finden, wenn an die Stelle der veralteten Satzungen ein positives Wissen getreten ist, das, wie alles wahre Wissen, zugleich frei macht und den Forderungen des Gefühls genügt.« Moleschott betrachtet seine Arbeit als kleineren Versuch zur Anthropologie, der die »kitzlichsten Fragen« organisch mit täglichen Bedürfnissen verbinde (SW B/J XIII, S. 175 f.). Gleich nach dem Erscheinen von F.s Anzeige, schreibt Moleschott einen begeisterten Brief an F. (11. November 1850): »Sie haben mir in Ihrem Aufsatze, den Hettner wie ich zu Ihren charakteristischen Arbeiten zählen, einen Zauberspiegel vorgehalten ... Bisher war mein Buch wiederholt von praktischer Seite besprochen worden – die Würdigung der inneren Tendenz konnte ich nur bei Ihnen finden. Sie kennen aus eigenen Studien die Naturgesetze und die Philosophie – und gewiß hat niemand auch mit so vielem historischen Rechte den ganzen spekulativ-dogmatischen Plun-

der von sich geworfen, um es mit lauter Stimme zu verkündigen, daß die einzigen Ideen Naturgesetze sind.« Moleschott nennt F. denjenigen, der die Bahn geebnet habe, um in der »*Naturwissenschaft die Menschwerdung der Philosophie*« zu bewirken. »Sie haben zuerst das knechtische Verhältnis aufgehoben, in dem man die Empirie an das zweifelhafte Licht einer spekulativen Philosophie hinanhielt. Sie haben es zuerst verkündet, daß die begriffene Natur eins ist mit dem Reiche der Ideen – Sie haben nicht bloß den theologischen – *Sie haben auch den philosophischen, den wissenschaftlichen, kurz allen Dogmatismus vernichtet*« (SW B/J XIII, S. 179 f.).

F. schreibt über Moleschott an F. W. Heidenreich – einen mit ihm befreundeten Ansbacher Arzt – am 25. Mai 1852: »Moleschott ist sehr häufig mit *Liebig* und *Mulder* im Kampfe, kein Wiederkäuer, sondern selbständiger Forscher und Denker zugleich. Er ist auf diesem Gebiete der einzige (mir bekannte) radikale und prinzipielle Naturforscher. Nur aus diesem Grunde und aus diesem Gesichtspunkte habe ich auch die Anzeige jener Schrift, die gar nichts anderes sein sollte als eine prosaische Satire auf unsere bisherige Philosophie, übernommen« (ebd., S. 194). F.s kühle Reaktion auf die emphatischen Schreiben Moleschotts zeigt, daß er dessen Arbeiten wohl philosophische Bedeutung zuschrieb (ebd., S. 195 f.), ihn die »widerlichen Popularisationen und Trivialitäten« (ebd., S. 194) jedoch abstießen.

Die hier abgedruckte Rezension veranlaßte den Philosophiehistoriker Heinrich Treitschke, F. in die Nähe des naturwissenschaftlichen Materialismus zu rücken (vgl. Rawidowicz, F., S. 203). Obwohl F. dem Vulgärmaterialismus eines Moleschott, Vogt und Büchner mit seinen religionsphilosophischen und erkenntnistheoretischen Überlegungen den Weg ebnete und deshalb von vielen als Vater des deutschen Materialismus gesehen wurde (s. Friedrich Albert Lange, *Geschichte des Materialismus* ..., Zweites Buch, Leipzig o. J., S. 102 ff.) – und Moleschott, Vogt, Büchner entsprechend als »Ultrafeuerbachianer« – hat F. seine Philosophie trotz aller Anlehnung an materialistische Gedankengänge doch ganz bewußt vom Materialismus seiner Zeitgenossen abgehoben (vgl. Rawidowicz, F., S. 149). So heißt es in einem Brief vom 31. Mai 1867: »Was für ein Unterschied zwischen dem ›Atheismus‹, den ich lehre, und dem ›Materialismus‹ Vogts, Moleschotts und Büchners ist? Es ist lediglich der Unterschied zwischen Zeit und Raum, oder zwischen Menschheitsgeschichte und Naturgeschichte. Die Anatomie, die Physiologie, die Medizin, die Chemie weiß nichts von der Seele, nichts von Gott usw.; wir wissen davon nur aus der Geschichte. Der Mensch ist mir wie ihnen ein Naturwesen, entsprungen aus der Natur; aber mein Hauptgegenstand sind die aus dem Menschen entsprungenen Gedanken- und Phantasiewesen, die in der Meinung und Überlieferung der Menschen für wirkliche Wesen gelten« (BwN II, S. 188). In einem Bild versucht F., die Stellung des Materialismus zu verdeutlichen. Der Materialismus sei ihm die »Grundlage des Gebäudes des menschlichen Wesens und Wissens«; die Philosophie habe aber eine davon abhängige, eigene Sphäre, das »Gebäude«, das den Physiologen und Naturforschern wie Moleschott schon der Materialismus selber sei (ebd., S. 308).

100 Johann Friedrich Eichhorn (1779-1856) war der Nachfolger Altensteins im preußischen Kultusministerium (ab 1840). Er vertrat eine konservative Kulturpolitik, die 1848 seinen Sturz zur Folge hatte.

101 Vgl. Bd. 3, Anm. 109.

102 F. bezieht sich auf den Anfang der Hegelschen *Logik*.

103 Der Satz »Der Mensch ist, was er ißt« rief beträchtliches Aufsehen hervor. F. war selber überrascht von der Wirkung, die dieses Wortspiel hatte, das zudem noch in ausgesprochen satirischer Umgebung (s. o.) seinen Platz hat – wie die Begründung des Scheiterns der Märzrevolution damit, daß der größte Teil des Volks Kartoffeln und keinen das Denken anregenden, phosphorhaltigen Erbsenstoff zu sich nähme. Am 5. November 1862 schreibt er dazu: »Das Echo, das so oft wiederholte, erst neuerdings bei der Fichtefeier wieder mit Hohngelächter erschollene Echo dieses Satzes hat mich in einen solchen Humor versetzt, daß ich mich nicht enthalten konnte, aus diesem Satz eine selbständige, wiewohl kurze Abhandlung, aus diesem Wortspiel tiefen Ernst zu machen. Wie ich aber den Satz: Gott ist, was der Mensch wünscht zu sein, auf dem Grund und Boden des altertümlichen, aber noch jetzt uns beherrschenden Menschen in meiner Theogonie durchgeführt, so habe ich auch die-

sen Satz, teils zu meiner Erholung, teils zur Anknüpfung an meine früheren, seither unterbrochenen Studien, nur auf den Tempeln und Altären des Altertums, zum Hohn der modernen Laffen und Pfaffen aufgebaut und ausgeführt« (SW B/J XIII, S. 287 f.). Der Titel dieses Aufsatzes lautet *Das Geheimnis des Opfers. Oder der Mensch ist, was er ißt* (SW X, S. 3 ff.).

9. SPIRITUALISMUS UND SENSUALISMUS

104 Der Artikel über *Spiritualismus und Sensualismus* erschien anonym in: *Das Jahrhundert. Zeitschrift für Politik und Literatur*, Hamburg (Juli) 1858, Nr. 26, S. 410 ff. Kurz nach Veröffentlichung seines *Systems der Rechtsphilosophie* (Erlangen 1857) schickt Ludwig Knapp sein Buch (am 31. März 1857) mit einem Begleitschreiben an F. »Aus reiner und inniger Achtung Ihres Strebens und Ihrer Wirksamkeit geschieht es, daß ich dem vielleicht unbescheidenen Drange nicht widerstehen kann, Ihnen das beiliegende Buch zur Kenntnisnahme zuzuschicken. Daß Sie vom Blättern zum Lesen kommen oder gar eine öffentliche Beurteilung übernehmen, wird es sich selbst verdienen müssen; ich wage daher in dieser Hinsicht kein bittendes, kaum ein hoffendes Wort. Doch glaube ich, daß der Ernst der Arbeit, die langjährige naturwissenschaftliche Vorstudien verschlang, sie der Aufmerksamkeit, die Sie ihr etwa schenken werden, nicht ganz unwert macht« (*Ludwig Feuerbach ...*, dargestellt von Wilhelm Bolin, Stuttgart 1891, S. 268). Ein in der *Augsburger Allgemeinen Zeitung* im Hochsommer 1857 erschienener Artikel enthielt eine scharfe Polemik gegen Knapps materialistische Begründung des Rechts (ebd., S. 268 f.). Erst im Sommer 1858 schickt F. seine Rezension, die stark durch seine ablehnende Reaktion auf den Artikel der *Augsburger Allgemeinen Zeitung* geprägt ist, an das Hamburger Blatt.

Ludwig Knapp (1821-1858) war ab 1848 Privatdozent für Rechtswissenschaft in Heidelberg. Im *System der Rechtsphilosophie* überträgt Knapp die realistisch-empiristische Ausrichtung F.schen Denkens auf das Gebiet der Rechtsphilosophie und erweist sich auch durch seine Forderung nach Vereinigung von Philosophie und Naturwissenschaft, nach der Begründung der Philosophie auf die Erkenntnisse der positiven Wissenschaften, und in seiner Polemik gegen die Spekulation als Anhänger F.s.

105 Vgl. hierzu die in dem Aufsatz *Wider den Dualismus von Leib und Seele, Fleisch und Geist* (1846 – Anm. 69) enthaltenen Bemerkungen zum Materialismus: »Wahrheit ist weder der Materialismus noch der Idealismus, weder die Physiologie noch die Psychologie; Wahrheit ist nur die *Anthropologie,* Wahrheit nur der Standpunkt der Sinnlichkeit, der Anschauung, denn nur dieser Standpunkt gibt mir *Totalität* und *Individualität.* Weder die Seele denkt und empfindet ... noch das Hirn denkt und empfindet, denn das Hirn ist eine *physiologische Abstraktion,* ein aus der Totalität herausgerissenes, vom Schädel, vom Gesicht, vom Leibe überhaupt abgesondertes, für sich selbst fixiertes Organ ...« Vgl. auch Rawidowicz, F., S. 177 f.

106 S. dazu Anm. 104.

10. Theogonie nach den Quellen des klassischen, hebräischen und christlichen Altertums

107 Die hier aufgenommenen Auszüge aus der *Theogonie nach den Quellen des klassischen, hebräischen und christlichen Altertums* sind abgedruckt nach Band IX der *Sämtlichen Werke,* der im Frühjahr 1857 erschien. F. hatte bereits am 3. März 1848 in einem Brief an seinen Verleger, Otto Wigand, erwogen, seine »vielfachen gründlichen Studien, die ich noch nach Erscheinen meines *Wesen des Christentums,* lediglich in bezug auf diese Schrift gemacht hatte, in einem besonderen Band nieder[zu]legen, um Satz für Satz die historische Richtigkeit und Wahrheit meiner Gedanken zu beweisen« (SW B/J XIII, S. 156). F. arbeitet also bereits vor den *Vorlesungen über das Wesen der Religion,* die er ab Herbst 1848 im Heidelberger Rathaus hält (vgl. Bd. 6, Dokumente), an seinem dritten (und letzten) großen religionskritischen Werk. In den Zusammenhang der abgedruckten Auszüge gehört auch noch der Aufsatz *Zur Theogonie, oder Beweise, daß der Götter Ursprung, Wesen*

und Schicksal der Menschen Wünsche und Bedürfnisse sind (SW X, S. 217 ff. – 1866).
In der *Theogonie* führt F. seine Überlegungen zur Religionskritik vom *Wesen des Christentums* (Bd. 5) und vom *Wesen der Religion* (Bd. 4, Anm. 28) konsequent weiter. »Die Emotionalisierung und Utilisierung der Religion findet hier ihre historisch-philosophische Vertiefung« (Rawidowicz, F., S. 207). Die *Theogonie*, die Götter-Entstehung, wie schon Hesiod eines seiner Werke nannte (BwN I, S. 130), hat wie alle Vorstellungen der Religion ihren Ursprung in den Wünschen und Bedürfnissen des Menschen. Zur Interpretation vgl. BwN I, S. 130 ff.; SW B/J XIII, S. 146 ff.; Rawidowicz, F., S. 208 ff.
Am 6. Mai 1855, also zwei Jahre vor dem Erscheinen der *Theogonie*, schreibt F. an Friedrich Kapp gelegentlich der Übersetzung des *Wesen des Christentums* ins Englische: »Meine neueste, auf dem möglichst allgemeinen weltbürgerlichen Standpunkte verfaßte, von den scholastischen Ausdrücken – wie z. B. der unseligen ›Subjektivität‹ –, von allen speziellen Beziehungen auf die deutsche Schulphilosophie freie, wenn auch wesentlich gegen den transzendenten philosophischen, religiösen, politischen und selbst juridischen Absolutismus der Deutschen gerichtete, durch und durch aus den Quellen des klassischen, hebräischen und christlichen Altertums geschöpfte Darstellung vom Wesen der Religion wird mehr Ansprüche haben, wenn auch nicht auf eine Einwanderung in Amerika, doch wenigstens in die englische Sprache. In dieser neuesten Darstellung vom Wesen der Religion hast Du zugleich auch eine getreue Darstellung von dem Grund und Wesen meines jahrelangen Stumm- und Verstocktseins. Die Studien zu dieser Schrift wurden mir immer zum Selbstzweck, fesselten mich so gewaltig an sich, führten mich auf solche Abwege, daß ich nicht nur diese Schrift, sondern auch alles sonstige Schreiben und Treiben darüber aus den Augen verlor. Endlich ist es so weit, daß sie wohl noch dieses Jahr sich produzieren könnte« (SW B/J XIII, S. 217). In einem Brief vom 12. Dezember 1856 an Wigand erwähnt F. die Schwierigkeiten, unter denen seine Schrift zustandegekommen ist. »Daß diese Stunde [der Entscheidung über die Herausgabe] aber auch nach ›18 Monaten‹

noch nicht gekommen, ist kein Wunder, wenn Sie meine Isoliertheit und verzweifelte Büchernot bedenken, bedenken, daß ich z. B. die zur gründlichen sprachlichen Kenntnis des Homers unerläßlichen sog. Venetianischen Scholien, *horribile dictu,* erst dieses Frühjahr ... erhalten habe, nicht zu erwähnen, daß mir viele andere Hilfsmittel, wie z. B. die Anmerkung *Nitschs* zur Odyssee, auf dem Antiquarienwege – leider muß ich die wohlfeilsten aber langsamsten Wege aufsuchen – erst diesen Sommer und Herbst in die Hände gekommen sind. Ist das nicht zum Desperatwerden? Muß man nicht alle Lust verlieren, wenn alle Augenblicke bloß aus Mangel an Brennmaterial die Maschine stille stehen muß?« (ebd., S. 221).

Kurz vor dem 10. April 1857 kann F. die *Theogonie* an Wigand schicken, nach mehr als sechs Jahren Arbeit an diesem Thema (s. Brief an Ruge, ebd., S. 222; Jakob Moleschotts Äußerung zu F.s Schrift s. ebd., S. 227 f.). Über das Verhältnis der *Theogonie* zum *Wesen des Christentums* schreibt F. am 3. November 1859 an F. Kapp: »Meine Theogonie verhält sich zum W. d. Chr. wie der Mann zum Jüngling, der Meister zum Schüler, wie das: Es *ist* Tag, zu dem: Es *wird* Tag, wie die faktische Gewißheit und Abgemachtheit der Poesie zur Beweisvermittelung der Philosophie« (ebd., S. 241; vgl. dazu Bd. 2, Anm. 18).

F. selber hält die *Theogonie* für sein reifstes und letztes Werk. Am 20. Oktober 1860 schreibt er an Wilhelm Bolin: Die *Theogonie* »ist ungeachtet des für den oberflächlichen Blick abschreckenden gelehrten antiquarischen Wustes nach meinem Urteil meine einfachste, vollendetste, reifste Schrift, in der ich mein ganzes geistiges Leben vom Anfang bis zum Ende reproduziert, aber das, was ich in den früheren Schriften in der Form ermüdender philosophischer Beweise, hier in der Form unmittelbarer, in sich seliger Gewißheit ausspreche, und eben deswegen an den poetischen Vater der griechischen Götter, an *Homer* unmittelbar mich anschließe, mich nicht mehr als wenn auch nur scheinbaren Hegelianer oder Fichtianer, sondern als direkten Homeriden beurkunde und legitimiere. Es ist auffallend, wie im Ignorieren dieser Schrift, in der immense Studien und selbst ... immense Summen Geldes stecken, meine Freunde, mit Ausnahme eines einzigen in Berlin, der ihr Erscheinen sehr liebevoll ankündigte, und Feinde übereinstimmen. Wohl hat *A. Ruge* sie zur Sprache gebracht, aber mit mehr Übel- als Wohlwollen, ja als ein Mensch, der noch bis über beide Ohren in dem Lethestrom der Hegelschen Logik drinnen steckt, mit notwendiger Voreingenommenheit gegen ein solches sensualistisch denkendes Wesen wie ich bin. Wie unzählig anderen seiner Geistesverwandten ist ihm *summa summarum* meines Geistes im ›Wesen des Christentums‹ enthalten und erschöpft, diese Schrift die Grenze meiner Anerkennung, meiner Geltung in seinen Augen; weil sie in ihr noch ein Gemeinschaftliches mit ihrem hegelianischen Wesen erblicken, konsequenterweise erblickt er daher auch in meiner letzten Schrift, ob sich gleich zu dieser das Wesen des Christentums gerade so verhält wie der Kämpfer zum Sieger, der Jünger zum Meister, nur Variationen eines schon dort durchgeführten Themas« (ebd., S. 247 f.; vgl. auch ebd., S. 241). Und zu K. Haag (Brief vom 3. September 1861): »Was aber auch erscheinen wird, es wird nichts sein als weitere Ausführung und Bestätigung des in der *Theogonie* oder in den ›Grundsätzen der Philosophie‹ Ausgesprochenen« (ebd., S. 273).

Die *Theogonie* hat bei F.s Zeitgenossen keine große Beachtung mehr gefunden. Die Rezension Arnold Ruges (*Briefe über Ludwig Feuerbach und seine Theogonie*, in: *Deutsches Museum*, hg. von Robert Prutz, Leipzig 1858, S. 836 ff.), die F. erwähnt, ist zwar im ganzen zustimmend – F. sei der einzig wahre Theologe seiner Zeit –, führt aber die *Theogonie* auf das *Wesen des Christentums* zurück. Für F. dagegen hat der Zusammenhang seiner dort vertretenen religionsphilosophischen Position mit der Antike eine besondere, prinzipielle Bedeutung gewonnen (Rawidowicz, F., S. 208 f.). Weitere Rezensionen verfaßten Moses Heß (in: *Das Jahrhundert. Zeitschrift für Politik und Literatur*, Hamburg 1857, 2. Jg., S. 1049 ff.; vgl. dazu Rawidowicz, F., S. 463 ff.) und M. Vallier (in: *Revue Germanique*, 1858).

F. schreibt selber zur Methode der *Theogonie*: »Was meine philosophische Methode, meine Art und Weise, die Dinge zu behandeln, betrifft? Davon habe ich eine Probe in meiner *Theogonie* geliefert: Prinzipielle Fragen an der Hand der Empirie, Gegenwärtiges aus ferner Vergangenheit, oder viel-

mehr wie Historisches behandelt« (Nachgel. Aph., BwN I, S. 134 f.).
In einem undatierten nachgelassenen Briefentwurf »An Dr. H...« geht F. noch einmal auf die *Theogonie* ein: »Sie geben mir zu, daß ich in meiner Theogonie gründlich bewiesen habe, daß die Götter aus den menschlichen Wünschen entsprungen seien, daß das Wesen jener nichts anderes ausdrücke als das Wesen dieser, aber Sie behaupten, daß diese Erklärung eben nur von den heidnischen Göttern, den Göttern des Polytheismus gelte, nicht aber von dem Einen wahren Gott, dem Gotte der jüdischen und christlichen Theologie und Philosophie; dieser sei seiner Grundlage nach ein metaphysisches Wesen, d. h. ein Wesen an sich, ein absolut selbständiges, nur durch sich selbst seiendes, durch sich selbst zu denkendes Wesen – ein Wesen also, das mit dem menschlichen Wesen, geschweige den menschlichen Wünschen in gar keinem Zusammenhang stehe, also auch nicht aus ihnen erklärt werden könne. Wer aber zugibt, daß die Götter den angegebenen Ursprung haben, der muß denselben auch von dem Gott in der Einzahl gelten lassen; denn so viele Götter es auch geben mag, so sehr verschieden sie auch untereinander an Rang und Macht sein mögen, sie müssen doch alle das mit einander gemein haben, was sie zu Göttern macht, was ihren sie von allen andern, nicht göttlichen Wesen unterscheidenden Gattungsbegriff bildet. Und gerade das, was die Gottheit zu vielen und verschiedenen Göttern macht, das entspringt nicht aus dem Menschen, sondern aus der Natur, aus den Sinnen; das aber, wodurch ein Gott *Gott* ist, wodurch er trotz seiner Besonderheit und Verschiedenheit von andern den Rang und Namen eines Gottes erhält, das wesentliche Merkmal der Gottheit also – das stammt aus dem menschlichen Wesen und Wünschen. Was ist denn nun aber das wesentliche, entscheidende Merkmal eines Gottes? Oder was denken sich die Menschen unter einem Gotte oder Gott überhaupt? Das Vorzüglichste, das Beste, das Höchste, das Vollkommenste, was sie sich nur immer – je nach Beschaffenheit ihrer Lebens- und Sinnesweise – denken können. Was ist denn nun aber wieder dieses Vollkommenste, dieses Höchste, dieses Beste? Das Vermögen, zu *können*, was man *will*. Jupiter ist der Himmel, aber er ist nur deswegen nicht der natürliche, nicht der physikalische oder

meteorologische Himmel, sondern ein Gott, weil er donnern und blitzen, regnen und schneien, Wolken versammeln und wieder zerstreuen kann, wenn und wann er will. So beschränkt das Machtgebiet eines Gottes sein mag, er ist nur Gott, weil er innerhalb dieses seines Gebietes kann, was er will. Der Eine Gott unterscheidet sich nur dadurch von den vielen Göttern, daß sein Machtgebiet nicht auf bestimmte Gegenstände eingeschränkt ist, sondern sich auf alles erstreckt, daß er also alles kann, was er will. ›Alles‹, heißt es in den Psalmen, ›was er will, das tut er, im Himmel, auf Erden, im Meere und in allen Tiefen.‹ Gott tut oder kann, was er will; das heißt, was der Mensch will, aber nicht kann. Denn nur aus diesem peinlichen Zwiespalt zwischen Können und Wollen entspringt die Vorstellung eines Wesens, das kann, was ich will, und eben deshalb ein unendlich höheres und vollkommeneres Wesen als ich ist, die Vorstellung eines Gottes. Ein Wesen, welches das kann, was ich selbst nicht zu können begehre oder versuche, kann ich unmöglich als ein über mir stehendes [Wesen] fassen und schätzen; nur gleiches Wollen bei ungleichem Vermögen gibt einen Maßstab zur Wertschätzung, zu Über- und Unterordnung. Der Ausspruch der Bibel: ›Bei Gott ist kein Ding unmöglich‹, findet daher seine Erklärung erst in *dem* Ausspruch derselben: ›was bei den *Menschen* unmöglich ist, das ist bei Gott möglich‹.« (Unveröffentlichter Brief, in Privatbesitz; abgedruckt in Bd. 6, Briefe)

11. Friedrich Wilhelm Heidenreich

108 F.s Würdigung der Arbeiten Friedrich Wilhelm Heidenreichs ist der zweite (anonyme) Beitrag für *Das Jahrhundert. Zeitschrift für Politik und Literatur* (Hamburg Juli 1858, Nr. 27, S. 421 ff.).
Heidenreich (1798-1857) hatte zusammen mit F. ein Semester in Berlin studiert und war mit der Familie F. durch die Heirat seiner Schwester mit F.s Bruder Anselm verwandt (vgl. SW B/J XII, S. 71 f.). Außer dem engen persönlichen Kontakt zwischen den Familien F. und Heidenreich, der sich in häufigen gegenseitigen Besuchen in Ansbach und Bruckberg äußerte,

bestand ein reger Gedankenaustausch über philosophische und naturwissenschaftliche Fragen. Heidenreich war zuletzt Arzt in Ansbach und heftig engagiert in politischen Fragen. (So gehörte Heidenreich zum Vorstand der »Volksversammlung« Ansbach, die über die Entsendung eines Deputierten zur Frankfurter Nationalversammlung (1848) zu befinden hatte. F. wurde zunächst aufgestellt, die Kandidatur und Wahl aber vom Vorstand dann aus nicht weiter genannten Gründen wieder rückgängig gemacht, worauf Heidenreich aus dem Vorstand austrat – vgl. *Ansbacher Morgenblatt für Stadt und Land* vom 21. April 1848, S. 268 f. und SW B/J XIII, S. 157.) Heidenreich starb am 9. Dezember 1857. F. schreibt darüber (am 9. Februar 1858): »In derselben Woche ... verlor ich durch den Tod meinen besten und ältesten Freund, den als Arzt, Naturforscher und Mensch gleichsam ausgezeichneten *Dr. Heidenreich* in Ansbach. Seit seinem Tode habe ich mich nur mit seinem Geiste, seinen medizinischen und naturwissenschaftlichen Schriften nebst den dazu erforderlichen Studien beschäftigt und so über dem Toten die Lebendigen vergessen« (SW B/J XIII, S. 225). Im Nachlaß F.s befinden sich die Vorarbeiten und das Manuskript des Aufsatzes (UB München 4° Cod.ms. 935ᵃ 5).

12. ÜBER SPIRITUALISMUS UND MATERIALISMUS

109 Die im Folgenden abgedruckten Auszüge sind im zehnten (und letzten) Band von F.s *Sämtlichen Werken* (Leipzig 1866) mit dem Titel *Gott, Freiheit und Unsterblichkeit vom Standpunkte der Anthropologie* enthalten. Die interessanteste selbständige Abhandlung dieses Bandes ist die *Über Spiritualismus und Materialismus, besonders in Beziehung auf die Willensfreiheit* (ebd., S. 39 ff.), gegliedert in Nr. 1-15.
Ursprünglich beabsichtigt F., die Schrift *Einige, wohlgemerkt! nur einige, noch dazu unmaßgebliche Gedanken über Spiritualismus und Materialismus usw.* zu nennen. Die Arbeiten zu diesem Thema reichen bis in die Jahre 1858/1859 zurück. Am 27. November 1860 schreibt F., er habe sich »in den letzten Jahren« mit der »Streitfrage des Idealismus und Materialismus« beschäftigt und beklagt, bei der Arbeit immer wieder auf

längere Zeit unterbrochen worden zu sein. Er betont ihren Zusammenhang mit der Schrift *Wider den Dualismus von Leib und Seele, Fleisch und Geist* (Anm. 69) und den *Grundsätzen der Philosophie der Zukunft* (Bd. 3, Anm. 109). »Ich stehe noch heute auf demselben Standpunkte, nur daß mit dem Zusatze der Jahre er auch an Kenntnissen und Studien reicher und reifer, von allen Schulerinnerungen und Schulbeziehungen freier geworden ist, als er es damals der Zeit und Sache nach war und sein konnte. Von der Richtigkeit und Wahrheit namentlich meiner Ableitung, Entwicklung und Beurteilung der Hegelschen Philosophie habe ich erst neuerdings wieder vollkommen mich überzeugt, wo ich eben damit umging, diese meine so kurz gefaßte Kritik auf eine auch der deutschen Schulpedanterie einleuchtende Weise auszuführen. Ich kam nämlich bei meiner Behandlung der Streitfrage des Materialismus und Idealismus, in welcher, nebenbei bemerkt, bei mir die Medizin, *Hippokrates* und *Galen*, neben *Plato* und *Aristoteles* eine große Rolle spielt, auf die Kritik der Hegelschen Psychologie, von dieser wieder auf eine Kritik der Hegelschen Philosophie überhaupt zurück [Texte Nr. 13 und 15]. Es ist nun aber fast ein Jahr, daß diese Arbeit ins Stocken geraten ist infolge widerwärtiger äußerer Ereignisse. Und leider ist auch mein Publikationstrieb in Anbetracht der jämmerlichen Urteils-, Mut- und Charakterlosigkeit der deutschen Literatur und Politik so fast auf Null herabgesunken, daß ich nicht weiß, wann und wie, ja ob nur überhaupt ich diese verschiedenen, jedoch auf Eins hinauslaufenden Gedankenarbeiten zustande und zu Lichte bringen werde« (SW B/J XIII, S. 252 f.). Am 10. Juli 1862 stellt F. fest (in einem Brief an Julius Duboc), daß seine augenblicklichen Arbeiten noch nicht druckreif seien. Ausdrücklich setzt F. sie in Beziehung zur Schopenhauer-Bewegung und zum Neukantianismus seiner Zeit, die seine Stellungnahme provozieren. »Ein Hauptpunkt ist hier in dieser Arbeit die Lösung des Knotens, aus dem sich *Kant* und nachher *Schopenhauer* mit einem Salto mortale in die intellektuelle oder vielmehr Traumwelt losgemacht haben. Gegenwärtig stehe ich aber an ganz anderen Punkten, im Mittelpunkte des Streites zwischen Idealismus und Materialismus. Erst vor einigen Tagen habe ich die Kritik der idealistischen und somnambulistischen

Psychologie *Hegels* vollendet [= Text Nr. 13]« (ebd., S. 285). Am 19. Mai 1863 berichtet F., er werde in den nächsten Tagen seine »zum Ekel oft erwähnte Arbeit« über Spiritualismus und Materialismus beenden (ebd., S. 297). Ursprünglich sind die Untersuchungen über den Willen und Glückseligkeitstrieb (Texte Nr. 3 ff.) und die über Hegel und den Idealismus (Texte Nr. 13 und 15) nicht als *eine zusammenhängende* Abhandlung konzipiert gewesen (ebd.). Über den Text Nr. 3 schreibt F.: »Der Grundgedanke meiner Arbeit über den Willen ist die Einheit des Willens und Glückseligkeitstriebes: ›*ich will* heißt: ich will nicht Unglück leiden, kurz, ich will glücklich sein‹, – die Hauptaufgabe die aufgrund des Glückseligkeitstriebes versuchte psychologische Vermittlung von Notwendigkeit und Verantwortlichkeit, im Gegensatze zu der phantastisch-metaphysischen Vermittlung *Kants* und *Schopenhauers*« (ebd., S. 297 f. – Brief an W. Bolin vom 19. Mai 1863). Zur Interpretation der F.schen Begriffe Materialismus und Spiritualismus, Idealismus vgl. die ausführliche Darstellung von Rawidowicz, F., S. 216 ff. Die Texte Nr. 13 (und 15) enthalten die letzte zusammenhängende Hegelkritik F.s, vor allem an Hegels *Philosophie des Geistes* – vgl. die Analyse Rawidowicz', F., S. 222 ff.

Obwohl Wilhelm Bolin F. drängte, die Abhandlung über Spiritualismus und Materialismus zu ergänzen (ebd., S. 322), ist es zu weiteren Veröffentlichungen F.s nicht gekommen.

Anhang

110 Die drei im Anhang zusammengefaßten Arbeiten sind keine wissenschaftlichen Abhandlungen, sondern betreffen die Familie Feuerbach; sie werden hier wieder abgedruckt, weil sie noch weitgehend unbekannt sind. Die Familie F. hat in wenigen Generationen eine ganze Reihe »genialischer Naturen« hervorgebracht, die gesonderte Untersuchungen provozierten – *Paul Johann Anselm Feuerbach. Ein Jurisenleben*, erzählt von Gustav Radbruch, Wien 1934; Th. Spoerri, *Genie und Krankheit. Eine psychopathologische Untersuchung der Familie Feuerbach*, Basel und New York 1952 (= Phil. Diss. Tübingen 1952).

Die Broschüre *Andenken an Eduard August Feuerbach,* den Bruder Ludwig F.s, erschien 1843 bei Carl Brügel in Ansbach. Die sehr schwer erhältliche Schrift wird nach dem im Nachlaß F.s befindlichen Exemplar abgedruckt (UB München 4° Cod. ms. 935ª 6b). Kurze Auszüge davon druckte Grün ab (BwN I, S. 413 ff.).

111 Die Autorschaft F.s für den anonymen Artikel *Paul Johann Feuerbach und seine Söhne* in *Wigands Conversations-Lexikon. Für alle Stände,* Band 5, Leipzig 1847, S. 35 ff. ist belegt durch eine Äußerung im Vorwort der Ausgabe des Nachlasses seines Vaters (Anm. 112). Sie beweist allerdings nur, daß der erste Teil (die »Lebensskizze« seines Vaters) aus Ludwig F.s Feder stammt. Der Rest, die Bemerkungen zu den fünf Söhnen, ist aller Wahrscheinlichkeit nach ebenfalls von F., was auch einige stilistische Floskeln vermuten lassen. Daß Ludwig F. sich dann neben seinem Vater am ausführlichsten und mit größter Zustimmung dargestellt hätte, steht dem wohl nicht entgegen. F. hat noch zwei weitere Lexikon-Artikel verfaßt: *Paul Joh. Anselm Ritter von Feuerbach* in der *Allgemeinen deutschen Realencyklopädie für die gebildeten Stände. Conversationslexikon,* 10. Auflage, Band 6, Leipzig 1852, S. 34 ff., und *Ludwig Feuerbach,* ebd., S. 36. Der Artikel enthält gegenüber dem hier abgedruckten nichts Neues; er schließt: »Da F. die Theologie in die Anthropologie, die Religionsphilosophie in die Psychologie, den absoluten Geist in den endlichen subjektiven auflöst, so war es natürlich, daß er einerseits von der Theologie des Atheismus beschuldigt, andererseits von den übrigen philosophischen Richtungen vielfache Anfeindungen erfahren mußte« (vgl. GW 11, S. VI, 9 f.).

112 Das hier zum ersten Mal wiederabgedruckte Vorwort zur Nachlaßausgabe ist mit »Bruckberg, den 20. Januar 1852« datiert. Nach dem Tod von Paul Johann Anselm von Feuerbach (1833) übernahm Eduard F. die Bearbeitung des Nachlasses. Bei Eduard F.s Tod stellte sich heraus, daß das Material unbearbeitet geblieben war (vgl. SW B/J XII, S. 95 f.).
Am 26. Juni 1833 hat Ludwig F. seinem Bruder Eduard »in größter Eile« Einzelheiten über den Nachlaß seines Vaters mitgeteilt (unveröff. Brief UB München 4° Cod.ms. 935ª 6): »Ob ich zu dem projektierten Nekrolog Materialien werde

liefern können, zweifle ich. Unter den Papieren, die Du mitnahmst, wirst Du wahrscheinlich dessen mehr finden. Selbst in Betreff seiner literarischen Arbeiten getraute ich mir nicht, eine ganz zuverlässige, die Zeitfolge und dergl. angebende Übersicht zu geben. Es sind wohl für eine Lebensbeschreibung höchst wichtige Dokumente noch hier. So fand ich heute in dem Schranke vor dem Schreibtisch, den ich, weil d[er] Schlüssel nicht vorgefunden w[erden] konnte, aufsperren ließ, ein Tagebuch aus s[einen] Jugendjahren in Jena, das einst geradezu so, wie es geschrieben ist, wenigstens s[einem] Geist und Stil [?] nach, in eine Biografie aufgenommen w[erden] kann. Es ist ganz vortrefflich; der Vater steht hier in s[einer] ganzen Lebendigkeit, Liebenswürdigkeit [?] und reinen Menschlichkeit da, es ist mit der ergreifenden Wahrheit und dem Feuer, kurz dem Geiste eines Goethes geschrieben, leider nur zu kurz. Aber wegen gewisser Verhältnisse, die, obwohl [er] gerade in ihnen als der reinste, liebenswürdigste und zugleich geistreichste Mensch sich zeigt, aus Rücksicht des rohen Urteils des gemeinen Publikums mit Stillschweigen wohl übergangen w[erden] dürften, bietet es [Ms.: bieten sie] wenig Stoff zu einem Nekrolog ... Wenn ich Materialien aus diesen zerstreuten vorhandenen Stoffen liefern sollte, so bedürfte ich dazu einer Zeit und Arbeit, die die Sache eher verzögern würde und doch nichts Vollständiges gäbe ...«

Ende 1850 fängt F. an, die Publikation vorzubereiten. Am 18. Mai 1851 schreibt er darüber: »Von dem Nachlaß meines Vaters habe ich nichts Ihnen geschrieben, weil ich noch gar nicht mit B[rockhaus] in Unterhandlung getreten bin, weil ich von meinem ersten Editionseifer viel verloren habe, und zwar aus dem Grunde, weil in den Briefen viele noch lebende Persönlichkeiten, viele Familiengeschichten vorkommen, deren Mitteilung ebenso indiskret als interessant ist, die mich daher in eine Kollision verwickeln, deren ich bis jetzt wenigstens noch nicht Herr geworden bin und den Entschluß in mir hervorgebracht haben, die Biographie wenigstens so lange liegenzulassen, bis ich mit dem zweiten wissenschaftlichen Teile fertig oder doch so weit bin, daß ich genau weiß, woran ich mit ihm bin. Ich weiß zwar sehr gut, daß ich keine Zeit zu verlieren habe, daß unsre Zustände und Regierungen gar keinen

Kredit auf eine bessere Zukunft haben und geben; aber ich habe das Meinige getan; die Verzögerung ist nicht meine Schuld. Ein Knoten ist gar leicht zu lösen, wenn man ihn zerhaut; ich darf nur streichen, nur weglassen, wie ich anfangs auch wollte; aber fällt dieses, so muß auch andres fallen, und so gehen dann oft gerade die interessantesten Situationen verloren« (BwRecl. S. 260 f.). Am 19./22. August 1851 bietet F. – nahezu 20 Jahre nach dem Tod seines Vaters – das Manuskript der Verlagsfirma F. A. Brockhaus (Leipzig) an (SW B/J XIII, S. 186 f.). Über seine Arbeit schreibt F. an J. Schibich am 21. Oktober 1851: »Mein Vater war auch keineswegs nur Jurist oder Kriminalist, sondern ein legislatorischer und rechtsphilosophischer Kopf, im universellsten Sinne des Wortes. Seine engeren kriminalrechtlichen Prinzipien verwerfe ich, wenigstens so weit, als sich in ihnen nicht der Psycholog, sondern der Jurist ausspricht – denn sie bestehen aus zwei einander ganz widersprechenden Seelen; aber in seinen allgemeinen rechtsgeschichtlichen und rechtsphilosophischen Ideen, die freilich nur in unedierten Fragmenten bestehen, stimmen wir auf eine merkwürdige Weise überein. Daher es Sie nicht wundern wird, daß ich, abgesehen von früherem sporadischen Zeitaufwand, fast ein ganzes ungeteiltes Jahr auf seinen Nachlaß, dessen biographischen Teil ich bereits fertig und dem Buchhändler angeboten habe, verwenden konnte. Ich halte aber diesen Zeitaufwand auch schon aus dem Grunde für keinen Verlust, weil ich erkannt habe, wie wichtig das Kriminalrecht oder vielmehr die Geschichte desselben für den Denker und Schriftsteller in meinem Sinne ist« (ebd., S. 188). (Brockhaus lehnte die Übernahme ab; gedruckt wurde das Werk dann bei Otto Wigand und von der Verlagsfirma J. J. Weber (Leipzig) vertrieben). Die pekuniären Erwartungen, die F. in die Veröffentlichung des Nachlasses gesetzt hatte, erfüllten sich nicht – vgl. ebd., S. 198.

113 S. Anm. 111.

LUDWIG FEUERBACH
WERKE IN SECHS BÄNDEN
Herausgegeben von Erich Thies

Band 1 »Frühe Schriften«
(1828–1830)

Band 2 »Kritiken und Abhandlungen I«
(1832–1839)

Band 3 »Kritiken und Abhandlungen II«
(1839–1843)

Band 4 »Kritiken und Abhandlungen III«
(1844–1866)

Band 5 »Das Wesen des Christentums«
(1841)

Band 6 »Manuskripte aus dem Nachlaß,
Briefe und Dokumente«,
nebst Bibliographie und Personenregister